2015

辽宁统计年鉴

LIAONING STATISTICAL YEARBOOK

辽宁省统计局　编

中国统计出版社
China Statistics Press

图书在版编目（CIP）数据

辽宁统计年鉴. 2015 / 辽宁省统计局编. -- 北京 : 中国统计出版社, 2015.10

ISBN 978-7-5037- 7640-3

Ⅰ. ①辽… Ⅱ. ①辽… Ⅲ. ①统计资料－辽宁省－2015－年鉴 Ⅳ. ①C832.31-54

中国版本图书馆 CIP 数据核字(2015)第 220758 号

辽宁统计年鉴-2015

作　　者/辽宁省统计局
责任编辑/佘竞雄
封面设计/李雪燕
出版发行/中国统计出版社
通信地址/北京市丰台区西三环南路甲 6 号　邮政编码/100073
电　　话/邮购（010）63376907　书店（010）68783172
网　　址/http://www.zgtjcbs.com
印　　刷/河北天普润印刷厂
经　　销/新华书店
开　　本/880×1230 毫米　1/16
字　　数/1142 千字
印　　张/36
版　　别/2015 年 10 月第 1 版
版　　次/2015 年 10 月第 1 次印刷
定　　价/390.00 元

本书附同版本 CD-ROM 一张，光盘内容以书面文字为准。
如有印装差错，由本社发行部调换。

《辽宁统计年鉴—2015》编委会和编辑出版人员

编辑委员会

主　　编　张　晶

副 主 编　张兆臣　姜海波　王　宏　王洪奇　王利印

　　　　　郑　坚　孙武军

编辑委员　（以姓氏笔划为序）

　　　　　马建伟　田　冰　巩士宏　乔智媛　刘灵杰

　　　　　肖继双　张旭东　张建华　张振刚　金　萍

　　　　　赵　荣　魏静艳

编辑工作人员

总 编 辑　王洪奇

副总编辑　张旭东　徐　凡

编辑人员　徐蓉蓉　刘锦程　王　甜　王　方

编者说明

一、《辽宁统计年鉴—2015》是一部信息高度密集的大型资料性年刊。本书收录了全省和各市、县、区 2014 年经济、社会、科技等方面的统计数据，以及重要年份和改革开放以来的主要统计数据。

二、全书分为二十四个部分，即：1．行政区划和自然资源；2．综合；3．国民经济核算；4．人口；5．就业人员和职工工资；6．固定资产投资；7．能源；8．财政；9．物价；10．人民生活；11．城市概况；12．环境保护；13．农业；14．工业；15．建筑业；16．运输和邮电；17．国内贸易；18．对外经济贸易；19．旅游；20．金融业；21．服务业、22．教育和科技；23．文化、体育、卫生；24．其他社会活动。另附辽宁省与有关省市经济指标对比及各市、县、区主要经济指标。

三、本年鉴中所使用的计量单位均采用国际统一标准计量单位。

四、本年鉴中的资料大部分来自年度统计报表，由于第三次经济普查数据处理工作尚未结束，部分数据使用年度快报数。全国分省资料来自国家统计局出版的有关统计资料。

五、本年鉴中部分数据的合计数或相对数由于单位取舍不同产生的计算误差均未作机械调整。

六、本年鉴中凡带续表的资料，如有注解均加在最后一张续表下面，请使用时注意。

七、本年鉴表中的符号使用说明：“…”表示数据不足本表最小单位数；“空格”表示该项统计指标数据不详或无该项数据；“#”表示其中的主要项。

目 录

一、行政区划和自然资源
Chapter 1 Administrative Division and Natural Resources

二、综合
Chapter 2 General Survey

三、国民经济核算
Chapter 3 National Economy Accounting

四、人口
Chapter 4 Population

五、就业人员和职工工资
Chapter 5 Employment and Wage

六、固定资产投资

Chapter 6 Investment in Fixed Assets

七、能源
Chapter 7 Energy

八、财政
Chapter 8　Government Finance

九、物价
Chapter 9　Price Indices

十、人民生活

Chapter 10 People's Living Conditions

十一、城市概况
Chapter 11 General Survey of Cities

十二、环境保护
Chapter 12 Environment Protection

十三、农业
Chapter 13 Agriculture

十四、工业
Chapter 14　Industry

十五、建筑业
Chapter 15　Construction

十六、运输和邮电
Chapter 16 Transport, Post and Telecommunication Services

十七、国内贸易

Chapter 17　Domestic Trade

十八、对外经济贸易

Chapter 18 Foreign Trade and Economy Cooperation

十九、旅游
Chapter 19 Tourism

二十、金融业
Chapter 20 Financial Intermediation

二十一、服务业
Chapter 21 Service

二十二、教育和科技
Chapter 22 Education, Science and Technology

二十三、文化、体育和卫生
Chapter 23 Culture, Sports and Public Health

二十四、其他社会活动
Chapter 24 Others Social Activities

附录

Appendix

附录

Appendix

一、行政区划和自然资源

Chapter 1 Administrative Division and Natural Resources

1-1 行政区划

(2014年末)

地区	县级市	县	自治县	区	镇	乡	街道
全省	**17**	**19**	**8**	**56**	**645**	**217**	**668**
沈阳	1	3		9	55	18	141
大连	3	1		6	35	20	107
鞍山	1	1	1	4	52	3	61
抚顺		1	2	4	26	21	37
本溪			2	4	18	5	35
丹东	2		1	3	59	5	26
锦州	2	2		3	56	12	47
营口	2			4	35	3	34
阜新		1	1	5	56	9	30
辽阳	1	1		5	30	6	26
盘锦		2		2	29		27
铁岭	2	3		2	78	11	14
朝阳	2	2	1	2	79	49	43
葫芦岛	1	2		3	37	55	40

1-2 县区一览表

地区	县(市)	区
沈阳	新民市、辽中县、康平县、法库县	和平、沈河、大东、皇姑、铁西、东陵、苏家屯、沈北新区、于洪
大连	瓦房店市、普兰店市、庄河市、长海县	中山、西岗、沙河口、甘井子、旅顺口、金州
鞍山	海城市、台安县、岫岩县(满)	铁东、铁西、立山、千山
抚顺	抚顺县、新宾县(满)、清原县(满)	新抚、东洲、望花、顺城
本溪	本溪县(满)、桓仁县(满)	平山、溪湖、明山、南芬
丹东	东港市、凤城市、宽甸县(满)	元宝、振兴、振安
锦州	凌海市、北镇市、义县、黑山县	古塔、凌河、太和
营口	大石桥市、盖州市	站前、西市、老边、鲅鱼圈
阜新	阜新县(蒙)、彰武县	海州、新邱、太平、细河、清河门
辽阳	辽阳县、灯塔市	白塔、文圣、宏伟、弓长岭、太子河
盘锦	盘山县、大洼县	双台子、兴隆台
铁岭	调兵山市、开原市、铁岭县、西丰县、昌图县	银州、清河
朝阳	北票市、凌源市、朝阳县、建平县、喀左县(蒙)	双塔、龙城
葫芦岛	兴城市、绥中县、建昌县	连山、南票、龙港

1-3 自然状况及资源

指　标	2014年
一、自 然 状 况	
1.经　纬　度	
东　　经	118°53′ ~125°46′
北　　纬	38°43′ ~43°26′
2.气　　候	
平均降水量	441.9 毫米
平 均 气 温	10.2摄氏度
平均日照时数	2583.5小时
二、土地资源	
土地总面积	14.84万平方公里
山　　地	8.6万平方公里
平　　地	4.9万平方公里
其　　他	1.3万平方公里
农业用地面积	1123.0万公顷
1.耕地面积	408.5万公顷
2.园地面积	59.7万公顷
3.林地面积	569.9万公顷
4.牧草地面积	34.9万公顷
5.其他农业用地	50.0万公顷
建设用地面积	151.98万公顷
1.居民点和工矿用地面积	115.2万公顷
2.交通用地面积	9.1万公顷
3.水利设施用地	14.8万公顷
未利用地面积	518.5万公顷
三、海洋、水产资源	
海岸线总长度	3034公里
大陆岸线长度	2110公里
岛屿岸线长度	924公里
海水养殖面积	928.503千公顷
滩 涂 面 积	125.912千公顷
海 上 面 积	723.625千公顷
其　　他	78.966千公顷
内陆水域养殖面积	216.896千公顷
水 库 面 积	105.775千公顷
池 塘 面 积	48.87千公顷
其 他 面 积	62.251千公顷
四、水　资　源	
省内流域面积	14.55万平方公里
#辽　　河	6.35万平方公里
鸭 绿 江	1.66万平方公里
沿海诸河	5.75万平方公里
地 表 水:	
河川径流量	123.74亿立方米
#辽　　河	56.52亿立方米
鸭 绿 江	29.14亿立方米
沿海诸河	36.62亿立方米
地 下 水:	
资　源　量	82.29亿立方米
水资源总量	145.93亿立方米

注：本表土地资源数据，由于第二次国土资源调查数据国土资源部没有确定，因此除土地总面积(仅总值数)、建设用地面积(仅总值数)为2011年数据外，其他均为2008年数据。

1-4 主要城市平均气温

(2014年) 单位：摄氏度

城市	1月	2月	3月	4月	5月	6月	7月	8月	9月	10月	11月	12月	年平均
沈阳	-8.5	-5.7	3.7	13.5	17.1	22.2	24.9	24.2	16.7	10.7	1.9	-10.3	9.2
大连	-0.4	-1.3	6.0	13.0	17.3	21.8	24.3	24.9	20.8	14.3	8.0	-0.5	12.4
鞍山	-4.7	-2.8	6.2	15.0	19.0	23.3	26.5	26.0	19.8	13.2	5.4	-5.7	11.8
抚顺	-10.6	-7.5	2.1	11.5	15.6	21.0	23.5	22.5	15.1	9.5	0.4	-13.2	7.5
本溪	-7.7	-4.9	3.7	13.0	16.8	21.2	24.4	23.7	16.9	11.2	2.9	-9.5	9.3
丹东	-5.2	-2.9	4.3	10.8	15.3	21.1	23.5	23.4	18.4	12.2	4.3	-7.5	9.8
锦州	-5.4	-3.9	5.5	14.2	18.2	23.4	25.5	25.2	19.4	12.4	4.6	-4.9	11.2
营口	-5.1	-3.7	4.4	12.8	17.3	22.3	25.5	25.0	19.0	12.7	4.9	-5.4	10.8
阜新	-9.4	-7.1	3.4	12.6	17.4	22.3	24.6	23.6	16.3	9.8	0.9	-9.5	8.7
辽阳	-6.5	-3.8	5.1	14.6	18.3	23.0	26.2	25.2	18.1	12.2	3.9	-7.8	10.7
盘锦	-6.7	-4.8	4.3	13.0	17.5	23.0	25.3	24.7	18.7	11.9	4.0	-6.2	10.4
铁岭	-8.5	-6.1	3.9	13.3	17.1	22.2	24.6	24.3	17.4	11.1	2.5	-9.7	9.3
朝阳	-6.3	-5.2	5.5	14.7	18.6	22.5	25.3	24.1	17.7	11.4	2.5	-6.2	10.4
葫芦岛	-5.3	-3.9	5.0	13.8	17.7	22.9	25.2	24.6	18.6	11.9	4.2	-4.8	10.8

1-5 主要城市平均相对湿度

(2014年) 单位：%

城市	1月	2月	3月	4月	5月	6月	7月	8月	9月	10月	11月	12月	年平均
沈阳	55	49	49	38	59	72	72	71	64	57	55	62	59
大连	59	54	55	53	56	72	75	73	63	64	61	51	61
鞍山	45	38	40	33	50	62	60	58	50	47	46	48	48
抚顺	61	58	54	43	65	76	76	75	70	59	59	70	64
本溪	57	50	51	38	57	72	67	67	63	55	56	62	58
丹东	58	49	58	66	72	78	80	79	69	64	65	58	66
锦州	54	46	42	36	53	63	68	64	58	54	46	40	52
营口	58	51	59	53	65	74	72	72	67	60	62	57	63
阜新	56	45	42	35	52	67	69	66	65	57	48	51	54
辽阳	53	44	47	36	52	65	61	63	60	54	53	56	54
盘锦	59	49	54	49	62	72	76	74	68	64	59	53	62
铁岭	57	53	48	39	60	73	73	70	64	56	52	66	59
朝阳	46	46	32	30	47	65	67	63	64	52	44	39	50
葫芦岛	60	51	49	42	59	70	75	72	69	64	56	45	59

1-6 主要城市降水量

(2014年)　　单位：毫米

城市	1月	2月	3月	4月	5月	6月	7月	8月	9月	10月	11月	12月	全年
沈阳	3.5	6.0	7.2		97.8	96.6	60.2	13.8	27.5	28.5	8.9	12.9	362.9
大连	1.5	7.7	1.2	16.8	73.0	48.6	127.8	63.2	28.1	25.1	39.1	4.4	436.5
鞍山	6.2	5.0	8.5	0.9	60.5	128.7	61.0	17.8	49.2	39.4	8.9	12.5	398.6
抚顺	7.8	12.5	6.1	0.8	67.8	161.1	94.5	109.5	30.3	26.3	7.3	13.7	537.7
本溪	6.9	2.2	14.9	0.2	65.5	180.7	84.4	69.1	47.2	34.8	17.3	12.0	535.2
丹东	3.8	3.7	11.1	18.5	110.6	73.0	363.4	192.1	52.1	16.3	19.2	3.7	867.5
锦州	4.5	2.9	2.3	4.8	85.0	92.9	36.6	60.9	30.2	17.0		1.0	338.1
营口	0.9	3.3	11.3	2.0	63.7	168.1	76.1	11.9	22.7	29.3	16.5	2.4	408.2
阜新	3.9	4.3	4.4	1.7	67.0	120.3	40.0	31.9	68.7	20.2			362.4
辽阳	4.6	3.6	11.0	0.1	49.8	62.5	38.0	42.4	46.9	29.2	22.0	14.7	324.8
盘锦	2.4	5.7	9.5		64.4	142.2	39.7	18.0	59.8	26.2	2.6	1.9	372.4
铁岭	4.2	4.8	8.0	0.5	91.5	120.1	86.6	24.3	32.8	8.6	7.4	9.2	398.0
朝阳	2.5	0.6	9.7	1.1	92.9	102.5	69.4	59.4	73.0	12.6	1.0		424.7
葫芦岛	0.9	8.2	0.9	0.7	75.0	74.3	22.4	78.5	133.6	22.0	2.4	0.2	419.1

1-7 主要城市日照时数

(2014年)　　单位：小时

城市	1月	2月	3月	4月	5月	6月	7月	8月	9月	10月	11月	12月	全年
沈阳	202.6	190.7	267.1	285.1	244.6	197.0	226.2	252.2	246.3	200.1	194.3	183.8	2690.0
大连	176.1	173.2	266.1	251.3	300.0	231.7	229.3	249.1	247.3	220.3	171.8	178.2	2694.4
鞍山	189.5	144.6	249.2	288.0	254.5	214.5	250.5	289.3	265.1	205.2	190.4	196.2	2737.0
抚顺	184.7	183.9	251.9	269.9	234.6	205.7	222.2	267.0	271.8	201.1	184.7	172.0	2649.5
本溪	217.4	197.8	261.7	286.7	261.3	187.9	218.9	280.9	272.8	227.6	206.8	218.0	2837.8
丹东	188.4	177.9	237.6	257.3	261.7	209.5	202.3	261.2	267.4	195.6	176.6	196.3	2631.8
锦州	200.0	167.5	270.4	268.6	269.5	239.0	206.9	274.4	252.6	199.3	189.0	217.1	2754.3
营口	177.6	153.1	237.6	256.9	228.9	213.3	223.0	266.1	241.9	192.3	175.7	193.7	2560.1
阜新	188.5	146.5	261.4	268.5	255.6	224.7	209.9	251.1	239.8	193.3	182.4	193.9	2615.6
辽阳	173.2	129.2	218.3	221.3	232.0	169.3	198.9	247.1	256.6	177.4	154.7	167.0	2345.0
盘锦	191.7	147.1	268.3	273.3	236.6	159.1	119.4	234.0	240.2	129.6	153.6	174.9	2327.8
铁岭	191.4	187.5	258.3	276.0	246.3	210.6	199.2	234.9	245.7	158.5	159.6	137.7	2505.7
朝阳	156.7	113.8	234.3	247.7	244.9	185.9	201.8	259.8	217.5	193.6	167.5	198.1	2421.6
葫芦岛	184.9	155.5	263.1	260.8	222.9	206.8	191.8	214.9	172.9	150.8	184.5	189.5	2398.4

主要统计指标解释

森林面积 指生长着乔木和竹林，郁闭度在0.3以上(不包括0.3)的林地面积，即有林地面积。它是反映森林资源总面积的重要指标。森林面积包括天然林面积和人工林面积。但不包括灌木林地和疏林面积。

森林覆盖率 通常是指森林面积占土地总面积之比，一般用百分数表示。但国家规定在计算森林覆盖率时，森林面积还包括灌木林面积、农田林网树占地面积以及四旁树木的覆盖面积。森林覆盖率，是反映一个国家或地区森林资源和绿化水平的重要指标。计算公式:

森林覆盖率(%)=（森林面积／土地总面积）×100%

本《年鉴》内所列森林覆盖率是按有林地面积计算的。

活立木总蓄积量 指全部土地上树木蓄积的总量。包括森林蓄积、疏林蓄积、散生木蓄积和四旁树蓄积。

森林蓄积量 指森林面积上生长着的林木树干材积总量。它是反映一个国家或地区森林资源总规模和水平的重要指标。

草地面积 指牧区和农区用于放牧牲畜或割草，植被盖度在5%以上的草原、草坡、草山等面积。包括天然的和人工种植或改良的草地面积。

矿产保有储量 指探明的矿产储量(包括工业储量和远景储量)扣除已开采部分和地下损失量后的年底实有储量。它反映全省矿产资源的现状。

二、综合

Chapter 2 General Survey

2-1 平均每天主要社会经济活动

指　标	单位	2005年	2008年	2009年	2010年	2011年	2012年	2013年	2014年
一、全省每天创造财富									
地区生产总值(现价)	亿元	22.05	37.45	41.68	50.57	60.90	68.07	74.56	78.43
农业总产值	亿元	4.58	6.79	7.41	8.51	9.96	11.13	11.92	12.32
地区财政收入	亿元	5.17	10.18	12.64	18.43	21.52	21.21	22.71	19.82
地方财政一般预算收入	亿元	1.85	3.72	4.36	5.49	7.24	8.51	9.16	8.75
布	万米	156.00	129.00	137.00	197.26	197.26	126.03	112.33	186.30
纸及纸板	万吨	0.20	0.20	0.20	0.20	0.21	0.20	0.13	0.11
卷　烟	亿支	1257.00	0.70	0.70	0.70	0.75	0.76	0.76	0.80
啤　酒	万升	5058.00	643.80	676.70	679.50	717.81	723.65	745.21	745.21
发 电 量	亿千瓦小时	2.48	3.12	3.18	3.55	3.75	3.98	4.15	4.40
原　油	万吨	3.45	3.29	2.74	2.60	2.74	2.74	2.74	2.80
钢	万吨	8.38	11.15	13.10	14.25	14.86	14.19	17.42	17.83
水　泥	万吨	7.34	11.16	12.89	13.11	15.87	15.91	16.62	16.10
二、全省每天消费量									
城乡居民消费总额	万元	82164.40	134726.00	159249.30	186564.40	219277.30	253605.48	288340.77	323099.01
每人平均消费额	元	19.70	31.80	37.50	43.90	51.55	59.67	67.98	76.18
三、其他经济活动量									
货物运输总量	万吨	267.80	347.78	382.30	447.41	521.45	583.44	581.66	634.91
旅客运输总量	万人	166.02	248.57	263.48	280.11	272.13	285.24	253.78	261.27
港口货物吞吐量	万吨	82.76	133.61	152.09	186.17	214.72	242.47	269.46	284.04
邮寄函件	万件	34.15	22.82	20.51	21.92	24.11	20.27	18.90	28.49
四、人口变动和婚姻									
出　生	人	899	917	883	1020	862	956	732	781
死　亡	人	667	756	797	1272	827	1110	736	748
结　婚	对	704	880	1046	882	1021	1022	1013	945
离　婚	对	218	253	278	273	305	310	339	346

注：2007年及以前卷烟产量的计量单位为万箱，啤酒产量的计量单位为万吨。

2-2 国民经济和社会发展

指 标	单位	总量指标					
		2009年	2010年	2011年	2012年	2013年	2014年
人口与就业							
人 口							
年底总人口	万人	4256.0	4251.7	4255.0	4244.8	4238.0	4244.2
男性人口	万人	2149.9	2144.7	2143.6	2136.5	2131.4	2132.2
女性人口	万人	2106.1	2107.0	2111.4	2108.3	2106.6	2112.0
就 业							
从业人员数	万人	2277.1	2317.5	2364.9	2423.8	2518.9	2562.2
# 职工人数	万人	572.1	572.8	557.2	572.3	648.1	626.9
城镇登记失业人数	万人	41.6	39.5	39.4	38.1	39.6	41.0
宏观经济							
地区生产总值(现价)	**亿元**	**15212.5**	**18457.3**	**22226.7**	**24846.4**	**27213.2**	**28626.6**
第一产业	亿元	1414.9	1631.1	1915.6	2155.8	2216.2	2285.8
第二产业	亿元	7906.3	9976.8	12152.2	13230.5	13963.9	14384.6
第三产业	亿元	5891.3	6849.4	8159.0	9460.1	11033.1	11956.2
人均地区生产总值	**元**	**35149**	**42355**	**50760**	**56649**	**61996**	**65201**
固定资产投资							
全社会固定资产投资总额	亿元	12292.6	16043.0	17726.3	21836.3	25107.7	24730.8
# 国有经济	亿元	2845.6	3875.5	3718.6	4492.9	5160.3	4944.7
集体经济	亿元	480.7	504.4	457.9	505.3	363.2	290.7
私营个体	亿元	4108.3	5437.5	6637.7	8402.8	10214.2	10607.7
其他经济	亿元	4858.0	6225.7	6912.1	8435.3	9369.9	8887.7
财 政							
地方财政一般预算收入	亿元	1591.2	2004.8	2643.2	3105.4	3343.8	3192.8
地方财政一般预算支出	亿元	2682.4	3195.8	3905.9	4558.6	5197.4	5080.5
物价总指数(上年=100)							
商品零售价格总指数	%	99.8	103.2	105.0	102.2	101.6	101.0
居民消费价格总指数	%	100.0	103.0	105.2	102.8	102.4	101.7
利用外资							
签订利用外资协议额	亿美元	281.8	256.4	196.4	247.7	216.3	188.0
实际外商直接投资额	亿美元	154.4	207.5	242.7	267.9	290.4	274.2
产 业							
农 业							
乡村从业人员	万人	1180.4	1208.5	1223.1	1217.8	1217.1	1222.0
农林牧渔业总产值(现价)	亿元	2704.6	3106.5	3633.6	4062.4	4349.7	4498.4
主要农产品产量							
粮 食	万吨	1591.0	1765.4	2035.5	2070.5	2195.6	1753.9
棉 花	吨	956.0	655.0	736.0	560.0	999.0	100.0
油 料	万吨	55.3	99.6	119.8	120.9	113.6	63.7
甜 菜	万吨	6.2	4.9	7.8	9.7	17.1	10.1
水 果	万吨	477.2	521.6	574.4	632.9	661.4	592.1
肉 类	万吨	389.2	406.7	408.2	418.7	420.3	429.2
水 产 品	万吨	534.7	429.1	453.9	480.8	504.9	515.7
工 业							
主要工业产品产量							
布	亿米	5.0	7.2	7.2	4.6	4.1	6.8
机制纸及纸板	万吨	77.2	88.5	76.2	73.3	48.8	41.2
糖	万吨	5.6	6.1	2.3	5.4	4.1	4.5
家用电冰箱	万台	96.2	87.8	102.2	101.5	84.8	157.0

注：1.本表总量指标中的价值量指标除邮电业务总量指标外均按当年价格计算。
2.本表速度指标中，地区生产总值和三次产业及人均生产总值、农林牧渔业总产值、邮电业务总量指标均按可比价格计算。
3.住房面积为新口径住户调查汇总指标，与2013年数据不可比。
4.2014年城镇居民和农村居民数据为实施城乡住户调查一体化改革之后发布的新口径数据，城乡居民收入均为人均可支配收入，相关指标定义与2013年及之前有所不同，数据不可比。2013年之前农村居民收入数据为农村居民人均纯收入。下同。

总量与速度指标

速度指标(%)							
指数(2014为以下各年)					平均增长速度		
2009年	2010年	2011年	2012年	2013年	2006-2010年	2003-2012年	2009-2014年
99.7	99.8	99.7	100.0	100.1	0.3	0.2	0.0
99.2	99.4	99.5	99.8	100.0	0.2	0.1	-0.1
100.3	100.2	100.0	100.2	100.3	0.4	0.3	0.1
112.5	110.6	108.3	105.7	101.7	1.8	1.8	2.6
109.6	109.4	112.5	109.5	96.7	-1.2	-1.8	1.1
98.6	103.8	104.1	107.6	103.5	-8.1	-6.6	0.8
161.4	**141.3**	**125.9**	**115.0**	**105.8**	**14.0**	**12.8**	**10.5**
126.6	119.7	112.4	106.9	102.2	5.1	6.0	4.5
167.5	143.4	125.7	114.6	105.2	16.7	15.0	11.6
160.9	143.1	128.9	117.1	107.2	12.7	11.9	10.3
159.1	**140.3**	**125.6**	**114.8**	**105.7**	**13.2**	**12.4**	**10.2**
236.7	181.4	139.5	113.3	98.5	30.5	32.0	19.4
227.0	166.6	133.0	110.1	95.8	25.5	24.6	17.2
72.1	68.8	63.4	57.5	80.0	-0.9	13.2	-4.0
282.7	213.5	159.9	126.3	103.9	46.0	44.0	24.4
183.1	142.8	128.7	105.4	94.9	30.5	31.6	14.5
200.7	159.3	120.8	102.8	95.5	24.3	22.8	15.3
189.4	159.0	130.1	111.4	97.8	21.6	20.8	15.4
113.7	110.1	104.9	102.6	101.0	2.8	2.2	2.1
116.0	112.7	107.1	104.1	101.7	2.8	2.8	2.5
66.7	73.3	95.7	75.9	86.9	18.4	13.2	-1.3
177.6	132.2	113.0	102.4	94.4	42.0	21.2	14.7
103.5	101.1	99.9	100.3	100.4	1.7	2.1	0.8
125.6	118.7	112.0	106.7	102.4	5.3	6.0	4.4
110.2	99.3	86.2	84.7	79.9	0.2	3.2	-1.0
10.5	15.3	13.6	17.9	10.0	-24.6	-15.4	-41.1
115.2	63.9	53.2	52.7	56.0	22.0	7.9	-4.4
163.5	206.9	130.0	104.2	59.3	-4.6	-13.1	5.2
124.1	113.5	103.1	93.6	89.5	9.6	10.4	5.8
110.3	105.5	105.1	102.5	102.1	3.3	4.5	2.4
96.4	120.2	113.6	107.3	102.1	0.2	2.5	0.7
136.0	94.4	94.4	147.8	165.9	4.8	-0.8	6.3
53.4	46.6	54.1	56.2	84.4	1.2	3.5	-5.2
80.4	73.8	195.7	84.1	109.8	7.7	2.5	14.5
163.2	178.8	153.6	154.6	185.1	-6.1	7.0	2.0

2-2 续表 1

指 标	单位	总量指标					
		2009年	2010年	2011年	2012年	2013年	2014年
彩色电视机	万台	441.4	576.9	557.5	500.4	440.6	338.2
原 油	万吨	1000.0	950.0	1000.0	1000.0	1001.0	1021.9
发 电 量	亿千瓦小时	1162.5	1295.1	1369.9	1453.1	1516.0	1607.0
钢	万吨	4783.2	5202.7	5424.8	5178.4	6356.5	6507.8
成品钢材	万吨	4943.4	5669.4	5761.1	5924.2	6863.0	6962.2
水 泥	万吨	4704.8	4785.8	5791.1	5809.0	6066.3	5875.6
全部规模以上工业企业主要指标							
固定资产原价	亿元	15419.8	18742.1	19977.7	21748.4	25688.1	26848.3
利润总额	亿元	1382.0	2371.4	2511.2	2435.7	2976.2	2107.6
建 筑 业							
建筑业企业人数	万人	132.6	165.8	171.7	203.2	197.9	174.4
建筑业总产值	亿元	3384.6	4690.3	6218.3	7543.3	8629.7	7851.1
施工房屋面积	万平方米	18760.5	26807.0	34906.3	40040.9	42289.0	47861.0
竣工房屋面积	万平方米	9228.4	13003.3	16692.1	17466.1	19786.4	16514.4
交 通 运 输							
货运量合计	万吨	139541	163303	190329	212957	212306	231743
铁 路	万吨	18262	18622	18716.2	17388	17817	19103
公 路	万吨	105088	127361	151773	174355	172923	189174
水 运	万吨	9651	10434	11632	12631	13379	13810
空 运	万吨	9.5	10.2	8.87	9.6	9.6	12.0
管 道	万吨	6531	6876	8198.93	8573	8177	9644
客运量合计	万人	96172	102241	99328.4	104113	92629	95364
铁 路	万人	13336	13298	12016.4	12018	13012	12820
公 路	万人	81585	87699	86013	90650	78168	80789
水 运	万人	543	490	549	588	534	542
空 运	万人	708	754	750	857	915	1213
沿海主要港口货物吞吐量	万吨	55513	67952	78374	88501.9996	98354	103675
邮 电 通 信 业							
函 件	亿件	0.8	0.8	0.9	0.7	0.7	1.0
报刊期发数	万份	356.1	383.7	554.6	404.0	365.9	327.0
国 内 商 业							
社会消费品零售总额	亿元	5812.6	6809.6	8003.6	9256.6	10524.4	11793.1
对 外 贸 易							
进出口总额	亿美元	629.2	806.7	959.6	1039.9	1142.8	1139.6
进口额	亿美元	294.8	375.5	449.2	460.4	497.4	552.0
出口额	亿美元	334.4	431.2	510.4	579.5	645.4	587.6
国 际 旅 游							
接待旅游人数	万人	293.2	361.8	410.3	473.1	503.1	260.7
旅游外汇收入	亿美元	18.6	22.6	27.1	31.8	34.8	16.2
金 融							
金融机构各项存款余额	亿元	22758.6	27372.5	30832.4	35303.5	39418.0	42053.1
金融机构各项贷款余额	亿元	15549.6	18689.8	22831.7	26306.5	29722.0	33023.5
教育、科技、文化							
教 育							
专任教师数							
普通高等学校	万人	5.6	5.7	5.9	6.1	6.3	6.4
中等学校	万人	14.5	14.5	14.7	14.8	14.8	14.8
小 学	万人	15.0	14.7	14.5	14.5	14.3	14.1

速度指标(%)							
指数(2014为以下各年)					平均增长速度		
2009年	2010年	2011年	2012年	2013年	2006-2010年	2003-2012年	2009-2014年
76.6	58.6	60.7	67.6	76.8	1.0	2.1	-6.3
102.2	107.6	102.2	102.2	102.1	-5.5	-3.0	-2.6
138.2	124.1	117.3	110.6	106.0	7.5	7.2	5.9
136.1	125.1	120.0	125.7	102.4	11.2	10.3	8.1
140.8	122.8	120.8	117.5	101.4	11.9	11.0	8.4
124.9	122.8	101.5	101.1	96.9	12.3	10.5	6.3
174.1	143.3	134.4	123.4	104.5	18.0	12.8	13.2
152.5	88.9	83.9	86.5	70.8	46.1	31.6	21.4
131.6	105.2	101.6	85.9	88.2	12.6	7.9	8.1
232.0	167.4	126.3	104.1	91.0	25.9	24.6	21.0
255.1	178.5	137.1	119.5	113.2	21.3	12.7	21.9
179.0	127.0	98.9	94.6	83.5	20.5	10.8	16.2
166.1	141.9	121.8	108.8	109.2	10.8	9.8	10.6
104.6	102.6	102.1	109.9	107.2	5.5	2.9	1.6
180.0	148.5	124.6	108.5	109.4	11.2	10.5	12.6
143.1	132.4	118.7	109.3	103.2	12.7	15.2	6.9
126.3	117.6	135.3	125.5	125.0	1.6	1.7	2.4
147.7	140.3	117.6	112.5	117.9	18.5	10.1	4.7
99.2	93.3	96.0	91.6	103.0	11.0	6.7	0.8
96.1	96.4	106.7	106.7	98.5	7.0	2.2	1.2
99.0	92.1	93.9	89.1	103.4	11.9	7.6	0.7
99.8	110.6	98.7	92.2	101.5	-5.5	-0.6	-1.6
171.3	160.9	161.7	141.5	132.6	7.3	6.5	10.6
186.8	152.6	132.3	117.1	105.4	17.6	18.2	13.4
125.0	125.0	113.6	135.1	142.9	-9.3	-8.0	3.8
91.8	85.2	59.0	80.9	89.4	2.5	-0.3	-2.3
202.9	173.2	147.3	127.4	112.1	17.8	15.2	15.7
181.1	141.3	118.8	109.6	99.7	14.5	16.9	7.8
187.2	147.0	122.9	119.9	111.0	16.4	17.3	10.5
175.7	136.3	115.1	101.4	91.0	13.0	16.7	5.7
88.9	72.1	63.5	55.1	51.8	22.7	17.7	1.3
87.0	71.6	59.7	50.8	46.5	25.0	19.2	0.9
184.8	153.6	136.4	119.1	106.7	18.0	16.6	15.0
212.4	176.7	144.6	125.5	111.1	18.6	15.5	18.7
114.7	112.7	109.4	106.2	102.0	5.3	5.9	3.3
101.9	101.7	100.2	99.6	99.9	0.1	0.4	0.4
94.0	96.0	97.0	97.5	98.6	-2.2	-1.9	-1.1

2-2 续表 2

指　　标	单位	总量指标					
		2009年	2010年	2011年	2012年	2013年	2014年
在校学生数							
普通高等学校	万人	85.2	88.0	90.2	93.4	96.8	99.8
中等学校	万人	207.8	198.8	190.9	183.1	173.9	170.8
小　　学	万人	225.6	218.3	216.8	213.0	204.4	198.5
科　　技							
科技活动人数	万人	23.5	21.9	23.8	25.5	27.6	28.2
研究与发展经费支出	亿元	241.1	287.5	363.8	390.9	445.9	435.2
技术市场成交额	亿元	119.8	130.7	159.7	230.7	180.0	250.9
家庭、生活、环境							
家　　庭							
家庭总户数	万户	1473.3	1488.8	1498.7	1508.8	1505.5	1515.1
城镇居民平均每户家庭人口	人	2.7	2.7	2.6	2.7	2.5	2.5
农村居民平均每户家庭人口	人	3.2	3.2	3.2	3.2	3.0	2.8
婚　　姻							
结 婚 数	万对	38.2	32.2	37.3	37.3	37.0	34.5
离 婚 数	万对	10.1	10.0	11.1	11.3	12.4	12.6
居　　住							
城市居民人均住宅建筑面积	平方米	26.6	26.9	27.3	27.3	28.8	29.0
农村居民人均住房面积	平方米	27.0	27.3	29.0	29.5	30.8	32.0
生　　活							
城镇常住居民人均可支配收入	元	15761.4	17712.6	20466.8	23222.7	25578.0	29081.7
农村常住居民人均可支配收入	元	5958.0	6908.0	8297.5	9383.7	10523.0	11191.5
城乡储蓄存款余额	亿元	12030.9	13690.3	15529.6	17967.4	19857.9	21396.8
工资和福利							
职工工资总额	亿元	1552.5	1771.8	2171.6	2466.9	3078.3	3135.9
在岗职工平均工资	元	31104	35057	38713	42503	46310	49110
卫　　生							
医疗机构数	个	3711	3879	4001	4171	4743	4810
医　　生	万人	9.2	9.4	9.9	10.1	10.3	10.2
医疗床位数	万张	19.2	20.4	21.7	23.4	24.2	25.6
市政建设							
自来水供应量	亿吨	28.9	26.2	26.6	27.5	27.9	27.3
排水管道长度	公里	13350	14070	14906	15944.74	16420	16783
城市煤气和天然气供气量	亿立方米	11.4	12.1	13.4	14.6	15.7	19.1
道路长度	公里	12866	14238	14468	15513.3	16244	16692
园林绿地面积	公顷	84145	92751	95968	118297	120514	121982
环境、灾害							
工业固体废物综合利用量	万吨	8240.7	8417.5	10747.8	11861.8	11742.3	10719.2
火灾发生数	起	3785	5601	4080	8012	32618	30293
火灾损失	万元	2773	3587	16047	5542.5	21207	17665
交通事故发生数	起	6973	6758	6446	5979	5778	5656
交通事故损失	万元	3145.6	3061.8	2745.2	2917.8	2887	2024.9

速度指标(%)							
指数(2014为以下各年)					平均增长速度		
2009年	2010年	2011年	2012年	2013年	2006-2010年	2003-2012年	2009-2014年
117.2	113.4	110.6	106.9	103.1	6.0	7.6	3.3
82.2	85.9	89.5	93.3	98.2	-3.0	-2.7	-3.8
88.0	90.9	91.5	93.2	97.1	-3.9	-3.6	-2.9
120.0	128.8	118.5	110.6	102.2	3.3	4.9	5.5
180.5	151.4	119.6	111.3	97.6	18.1	19.9	14.4
209.4	192.0	157.1	108.8	139.4	8.6	16.3	16.6
102.8	101.8	101.1	100.4	100.6	1.2	1.2	0.7
93.3	93.3	95.4	94.4	100.4	-0.7	-1.2	-1.1
87.5	88.1	87.5	88.8	92.2	-1.3	-1.1	-2.7
90.3	107.2	92.5	92.6	93.3	4.6	4.7	1.2
124.9	126.2	113.7	111.5	101.8	4.6	10.7	5.4
109.2	108.0	106.5	106.4	100.9	4.1	3.5	2.1
118.6	117.3	110.4	108.5	104.1	1.7	2.5	3.3
176.7	157.2	136.0	119.9	108.9	14.2	13.5	11.6
194.4	167.7	139.6	123.4	110.1	13.4	13.1	13.0
177.8	156.3	137.8	119.1	107.7	14.5	14.4	13.3
202.0	177.0	144.4	127.1	101.9	15.5	14.5	14.4
157.9	140.1	126.9	115.5	106.0	15.1	13.8	10.0
129.6	124.0	120.2	115.3	101.4	2.3	2.0	4.5
110.5	108.1	102.7	100.9	98.7	3.5	2.2	1.9
133.1	125.3	117.8	109.0	105.6	2.8	3.0	5.7
94.5	104.2	102.6	99.3	97.8	-1.5	-0.2	-1.3
125.7	119.3	112.6	105.3	102.2	6.0	6.0	5.5
167.5	157.9	142.5	130.8	121.7	3.9	4.7	8.1
129.7	117.2	115.4	107.6	102.8	6.2	4.6	5.5
145.0	131.5	127.1	103.1	101.2	4.5	6.8	7.5
130.1	127.3	99.7	90.4	91.3	14.6	14.2	5.9
800.3	540.8	742.5	378.1	92.9	-26.1	-9.6	34.4
637.0	492.4	110.1	318.7	83.3	-5.5	4.9	28.5
81.1	83.7	87.7	94.6	97.9	-8.1	-3.6	-4.0
64.4	66.1	73.8	69.4	70.1	-12.3	-4.0	-9.8

2-3 国民经济主要比例关系

单位：%

指　　标	2005年	2006年	2008年	2009年	2010年	2011年	2012年	2013年	2014年
地区生产总值产业比例									
第一产业	11.0	10.1	9.5	9.3	8.8	8.7	8.7	8.1	8.0
第二产业	48.1	49.1	52.4	52.0	54.1	55.2	53.2	51.3	50.2
第三产业	41.0	40.8	38.1	38.7	37.1	36.1	38.1	40.5	41.8
就业人数产业比例									
第一产业	34.1	33.7	31.9	30.6	30.4	29.6	28.7	27.1	26.8
第二产业	28.1	27.7	27.5	27.2	27.7	27.3	26.9	28.8	27.7
第三产业	37.8	38.6	40.6	42.2	42.0	43.1	44.5	44.1	45.4
固定资产投资总额资金来源比例									
国家预算	4.1	4.5	4.5	4.2	2.9	5.2	4.1	4.2	4.2
国内贷款	12.2	11.3	11.5	13.9	15.5	15.2	14.5	13.7	13.8
利用外资	2.9	2.3	3.7	2.9	1.8	1.7	1.5	1.1	0.7
自筹和其他	80.8	81.9	80.3	79.0	79.8	77.9	79.9	81.0	81.3
农业总产值中五业比例									
农　　业	38.3	38.8	36.2	33.8	36.7	36.0	37.9	38.5	38.5
林　　业	2.7	2.8	2.8	2.6	2.7	3.0	3.2	3.1	3.4
牧　　业	38.1	35.6	42.5	43.3	40.9	41.9	39.9	38.5	38.2
渔　　业	18.3	19.9	15.1	16.3	15.8	15.4	15.2	15.8	15.6
农林牧渔服务业	2.6	2.9	3.4	4.0	3.9	3.8	3.8	4.0	4.3
工业总产值中分行业比例									
国有企业	12.7	11.6	14.8	9.6	8.5	6.2	5.5	2.3	2.3
集体企业	3.4	3.0	2.4	2.6	2.5	2.2	2.2	1.6	1.5
其他经济类型企业	83.9	85.5	82.8	87.8	89.0	91.6	92.3	96.0	96.2
货运周转总量比例									
铁　　路	35.1	29.5	19.0	16.7	15.4	14.7	12.0	11.1	9.6
公　　路	12.2	11.6	19.1	19.9	21.3	22.3	23.0	23.2	24.9
水　　运	51.1	57.7	61.2	62.8	62.8	62.4	64.4	65.2	64.6
民　　航	0.1	0.1	0.1	0.1	0.1	0.1	0.1	0.1	0.02
管　　道	1.5	1.1	0.6	0.5	0.5	0.6	0.5	0.4	0.9
客运周转总量比例									
铁　　路	56.7	55.2	52.2	51.4	50.3	51.5	49.3	53.3	51.5
公　　路	31.2	31.7	36.2	37.2	38.3	37.5	38.9	33.8	31.8
水　　运	1.2	1.2	0.9	0.7	0.6	0.7	0.7	0.6	0.6
民　　航	10.9	11.9	10.7	10.6	10.7	10.3	11.1	12.3	16.1

2-4 按总人口平均的国民经济主要指标

指　　标	单位	2005年	2008年	2009年	2010年	2011年	2012年	2013年	2014年
农业总产值(现价)	元／人	3998	5843	6362	7303	8543	9559	10255	10607
固定资产投资总额	元／人	10127	23636	28916	37715	41677	51381	59197	58312
公共财政预算收入	元／人	1615	3199	3743	4713	6214	7307	7884	7528
公共财政预算支出	元／人	2881	5080	6310	7513	9183	10726	11978	12255
粮食产量	公斤／人	417.6	438.9	374.3	415.0	478.6	487.2	517.7	413.5
油料产量	公斤／人	8.8	19.7	13.0	23.4	28.2	28.4	26.8	15.0
棉花产量	公斤／人	0.1	0.1	0.02	0.02	0.02	0.01	0.02	0.002
猪牛羊肉产量	公斤／人	57	60	63	65	65	66	67	68.9
水产品产量	公斤／人	101.7	116.8	125.8	100.9	106.7	113.1	119.0	121.6
水果产量	公斤／人	78.8	99.7	112.3	122.6	135.0	148.9	155.9	139.6
布产量	米／人	13.6	11.0	11.8	16.9	16.9	10.8	9.7	16.0
纸及纸板产量	公斤／人	19.9	13.4	18.2	20.8	17.9	17.2	11.5	9.7
卷烟产量	支／人	11.0	614.0	612.0	624.0	645.4	650.4	657.6	684.7
钢产量	公斤／人	732	960	1125	1223	1275	1218	1498.7	1534.5
发电量	千瓦小时／人	2162	2687	2735	3045	3221	3419	3574.4	3789.2
原油产量	公斤／人	302	283	235	223	235	235	236.0	240.9
水泥产量	公斤／人	641	961	1107	1125	1362	1367	1430.3	1385.4
社会消费品零售总额	元／人	7173	11601	13673	16008	18817	21781	24814	27807
出口总额	美元／人	561	992	787	1014	1200	1364	1522	1385
高等学校在校学生	人／万人	157.7	193.5	201.0	207.0	212.1	219.8	228.23	235.4
普通中学在校学生	人／万人	553.6	510.0	489.0	467.0	551.6	430.7	409.99	402.8
医院床位数	张／万人	42.5	43.2	45.1	48.0	51.0	52.8	57.1	60.3
卫生技术人员数	人／万人	49.9	51.4	52.2	53.7	55.8	57.9	60.1	60.4
医生	人／万人	21.8	21.4	21.6	22.0	23.3	23.7	24.4	24.0
城乡储蓄余额	元／人	16591	23891	28301	32184	36512	42277	46819	50451

注：2005年及以后各年医生数为执业医师和执业助理医师。

主要统计指标解释

可比价格 指在不同时期的价值指标对比时，扣除了价格变动的因素，以确切反映物量的变化。按可比价格计算有两种方法：一种是直接用产品产量乘某一年的不变价格计算；另一种是用价格指数换算。

不变价格 指用同类产品的年平均价格作为固定价格，来计算各年产品价值。按不变价格计算的产品价值消除了价格变动因素，不同时期对比可以反映生产的发展速度。新中国成立后，随着工农业产品价格水平的变化，国家统计局先后五次制定了全国统一的工业产品不变价格和农业产品不变价格，从 1949 年到 1957 年使用 1952 年工(农)业产品不变价格，从 1957 年到 1971 年使用 1957 年不变价格，从 1971 年到 1981 年使用 1970 年不变价格，从 1981 年到 1990 年使用 1980 年不变价格，从 1990 年开始使用 1990 年不变价格。

平均每年增长速度 在我国计算平均增长速度有两种方法，一种是习惯上经常使用的“水平法”，又称几何平均法，是以间隔期最后一年的水平同基期水平对比来计算平均每年增长(或下降)速度。另一种是“累计法”，又称代数平均法或方程法，是以间隔期内各年水平的总和同基期水平对比来计算平均每年增长(或下降)速度。

在一般正常情况下，两种方法计算的平均每年增长速度比较接近，但在经济发展不平衡，出现大起大落时，两种方法计算的结果差别较大。

本《年鉴》内所列的平均每年增长速度均用“水平法”计算。从某年到某年平均增长速度的年份，均不包括基期年在内。如建国四十三年的平均增长速度是以 1949 年为基期计算的，则写为 1950—1992 年平均增长速度，余类推。

各个计划时期 表内所用各个“时期”代表的年份如下：恢复时期为 1950 年到 1952 年；第一个五年计划时期(简称一五时期)为 1953 年到 1957 年；第二个五年计划时期(简称二五时期)为 1958 年到 1962 年；第三个五年计划时期(简称三五时期)为 1966 年到 1970 年；第四个五年计划时期(简称四五时期)为 1971 年到 1975 年；第五个五年计划时期(简称五五时期)为 1976 年到 1980 年；第六个五年计划时期(简称六五时期)为 1981 年到 1985 年；第七个五年计划时期(简称七五时期)为 1986 年到 1990 年；第八个五年计划时期(简称八五时期)为 1991 到 1995 年；第九个五年计划时期(简称九五时期)为 1996 年到 2000 年。

企业(单位)登记注册类型 是以在工商行政管理机关登记注册的各类企业为划分对象，以工商行政管理部门对企业登记注册的类型为依据，将企业登记注册类型分为内资企业、港澳台商投资企业和外商投资企业三大类。内资企业包括国有企业、集体企业、股份合作企业、联营企业、有限责任公司、股份有限公司、私营公司和其他企业；港澳台商投资企业和外商投资企业分别包括合资经营企业、合作经营企业、独资经营企业和股份有限公司。对不在工商行政管理部门进行登记注册的行政机关、事业单位和社会团体，主要按其经费来源和管理方式进行划分。

国有企业 指企业全部资产归国家所有，并按《中华人民共和国企业法人登记管理条例》规定登记注册的非公司制的经济组织。不包括有限责任公司中的国有独资公司。

集体企业 指企业资产归集体所有，并按《中华人民共和国企业法人登记管理条例》规定登记注册的经济组织。

股份合作企业 指以合作制为基础，由企业职工共同出资入股，吸收一定比例的社会资产投资组建，实行自主经营，自负盈亏，共同劳动，民主管理，按劳分配与按股分红相结合的一种集体经济组织。

联营企业 指两个及两个以上相同或不同所有制性质的企业法人或事业单位法人，按自愿、平等、互利的原则，共同投资组成的经济组织。联营企业包括国有联营企业、集体联营企业、国有与集体联营企业和其他联营企业。

有限责任公司 指根据《中华人民共和国公司登记管理条例》规定登记注册，由两个以上、五十个以下的股东共同出资，每个股东以其所认缴的出资额对公司承担有限责任，公司以其全部资产对其债务承担责任的经济组织。有限责任公司包括国有独资公司以及其他有限责任公司。

(1)国有独资公司：指国家授权的投资机构或者国家授权的部门单独投资设立的有限责任公司。

(2)其他有限责任公司：指国有独资公司以外的有限责任公司。

股份有限公司 指根据《中华人民共和国公司登记管理条例》规定登记注册，其全部注册资本由等额股份构成并通过发行股票筹集资本，股东以其认购的股份对公司承担有限责任，公司以其全部资产对其债务承担责任的经济组织。

私营企业 指由自然人投资设立或由自然人控股，以雇佣劳动为基础的营利性经济组织。包括按照《公司法》、《合伙企业法》、《私营企业暂行条例》规定登记注册的私营有限责任公司、私营股份有限公司、私营合伙企业和私营独资企业。

(1)私营独资企业：指按《私营企业暂行条例》的规定，由一名自然人投资经营，以雇佣劳动为基础，投资者对企业债务承担无限责任的企业。

(2)私营合伙企业：指按《合伙企业法》或《私营企业暂行条例》的规定，由两个以上自然人按照协议共同投资、共同经营、共负盈亏，以雇佣劳动为基础，对债务承担无限责任的企业。

(3)私营有限责任公司：指按《公司法》、《私营企业暂行条例》的规定，由两个以上自然人投资或由单个自然人控股的有限责任公司。

(4)私营股份有限公司：指按《公司法》的规定，由五个以上自然人投资，或由单个自然人控股的股份有限公司。

其他内资企业 指上述企业之外的其他内资经济组织。

三、国民经济核算

Chapter 3 National Economy Accounting

3-1 生产总值

单位：亿元

年 份	生产总值	第一产业	第二产业	第三产业	人均生产总值(元)
1978	229.2	32.4	162.9	33.9	680
1979	245.0	40.7	166.4	37.9	717
1980	281.0	46.1	192.3	42.6	811
1981	288.6	49.1	187.5	51.9	823
1982	315.1	54.7	199.7	60.7	884
1983	364.0	72.2	219.7	72.1	1012
1984	438.2	80.4	268.2	89.6	1203
1985	518.6	74.9	328.1	115.6	1413
1986	605.3	92.9	357.8	154.6	1633
1987	719.1	109.5	417.0	192.6	1917
1988	881.0	141.9	492.5	246.6	2285
1989	1003.8	141.9	545.1	316.9	2574
1990	1062.7	168.6	540.8	353.3	2698
1991	1200.1	180.8	590.1	429.2	3027
1992	1473.0	194.6	741.9	536.5	3693
1993	2010.8	260.8	1039.3	710.8	5015
1994	2461.8	319.0	1259.1	883.8	6103
1995	2793.4	392.2	1390.0	1011.2	6880
1996	3157.7	474.1	1537.7	1145.9	7730
1997	3582.5	474.4	1743.9	1364.2	8725
1998	3881.7	531.5	1855.2	1495.1	9415
1999	4171.7	520.8	2001.5	1649.4	10086
2000	4669.1	503.4	2344.4	1821.2	11177
2001	5033.1	544.4	2440.6	2048.1	12015
2002	5458.2	590.2	2609.9	2258.2	13000
2003	6002.5	615.8	2898.9	2487.9	14270
2004	6672.0	798.4	3061.6	2812.0	15835
2005	8047.3	882.4	3869.4	3295.5	19074
2006	9304.5	939.4	4566.8	3798.3	21914
2007	11164.3	1133.4	5544.2	4486.7	26057
2008	13668.6	1302.0	7158.8	5207.7	31739
2009	15212.5	1414.9	7906.3	5891.3	35149
2010	18457.3	1631.1	9976.8	6849.4	42355
2011	22226.7	1915.6	12152.1	8159.0	50760
2012	24846.4	2155.8	13230.5	9460.1	56649
2013	27213.2	2216.2	13963.9	11033.1	61996
2014	28626.6	2285.8	14384.6	11956.2	65201

注：1.1999年初进行了第三产业快速调查，本表中1997、1998年生产总值使用的是快速调查数，以前年度未进行调整。下同。
2.2000年以后的人均生产总值按常住人口计算。
3.2004年以前数据未与经济普查数据衔接。下同。
4.2005-2008年数据已根据2008年第二次经济普查数据进行了修订。下同。
5.2013年及以后年份的三次产业分类执行《三次产业划分规定(2012)》，与之前年份分类标准不同。由于最新产业分类标准中第二产业已非工业与建筑业合计，故将原表式中属于第二产业下的工业、建筑业两列删除，以免误读。下同。

3-2 生产总值指数

(上年=100) 单位：%

年 份	生产总值	第一产业	第二产业	第三产业	人均生产总值
1978	110.7	96.9	115.4	103.4	109.3
1979	104.9	106.9	103.3	111.2	103.6
1980	109.2	103.8	110.0	109.9	107.6
1981	98.4	98.1	94.0	119.4	97.2
1982	105.3	106.6	102.5	113.8	103.7
1983	113.3	128.3	108.8	115.2	112.3
1984	116.8	105.0	119.5	119.5	115.4
1985	113.3	84.0	118.7	120.5	112.4
1986	108.3	111.7	103.5	120.5	107.2
1987	114.1	106.0	111.4	124.8	112.7
1988	111.7	106.9	111.7	113.7	108.7
1989	103.1	95.7	101.6	109.3	101.9
1990	100.9	114.5	97.0	104.8	100.1
1991	106.1	104.2	104.0	110.2	105.4
1992	112.1	104.2	113.6	113.6	111.4
1993	114.9	110.7	116.6	114.3	114.3
1994	111.2	102.1	113.8	111.1	111.2
1995	107.1	104.9	107.1	107.8	106.4
1996	108.6	112.6	107.8	108.4	107.9
1997	108.9	101.3	110.5	109.2	108.7
1998	108.3	113.0	107.6	107.9	107.9
1999	108.2	105.1	108.5	108.9	107.9
2000	108.9	98.4	110.7	109.6	108.6
2001	109.0	106.7	107.5	111.5	108.7
2002	110.2	108.4	109.8	111.3	110.0
2003	111.5	107.2	112.3	111.7	111.3
2004	112.8	107.9	116.0	110.7	112.6
2005	112.7	107.9	114.4	112.1	112.6
2006	114.2	106.3	117.1	112.9	113.5
2007	115.0	104.0	117.8	114.5	114.0
2008	113.4	106.3	116.1	111.6	112.8
2009	113.1	103.1	115.6	112.1	112.5
2010	114.2	105.8	116.8	112.5	113.4
2011	112.2	106.5	114.0	111.0	111.7
2012	109.5	105.1	109.8	110.1	109.4
2013	108.7	104.6	108.9	109.2	108.6
2014	105.8	102.2	105.2	107.2	105.7

注：本表按可比价计算。

3-3 生产总值指数

（1952年=100）

单位：%

年 份	生产总值	第一产业	第二产业	第三产业	人均生产总值
1952	100.0	100.0	100.0	100.0	100.0
1957	212.8	113.8	297.2	174.9	171.9
1965	251.2	134.7	353.4	203.4	172.3
1970	382.9	168.5	588.5	260.9	237.3
1975	578.8	192.8	955.5	359.7	335.3
1978	665.8	173.9	1178.8	380.1	373.7
1979	698.4	185.9	1217.7	422.7	387.2
1980	762.7	193.0	1339.5	464.5	416.6
1981	750.5	189.3	1259.1	554.6	405.0
1982	790.3	201.8	1290.6	631.2	419.9
1983	895.4	258.9	1404.1	727.1	471.6
1984	1045.8	271.8	1677.9	868.9	544.2
1985	1184.9	228.4	1991.7	1047.0	611.7
1986	1283.2	255.1	2061.4	1261.6	655.7
1987	1464.1	270.4	2296.4	1574.5	739.0
1988	1635.4	289.0	2565.1	1790.2	803.3
1989	1686.1	276.6	2606.1	1956.7	818.6
1990	1701.3	316.7	2528.0	2050.6	819.4
1991	1805.1	330.0	2629.1	2259.8	863.6
1992	2023.5	343.9	2986.6	2567.1	962.1
1993	2325.0	380.7	3482.4	2934.2	1099.7
1994	2585.4	388.7	3963.0	3259.9	1222.9
1995	2768.9	407.7	4244.3	3514.2	1301.1
1996	3007.2	459.1	4575.4	3809.4	1403.9
1997	3274.8	465.1	5055.8	4159.9	1526.0
1998	3546.7	525.6	5440.1	4488.5	1646.6
1999	3837.5	552.4	5902.5	4888.0	1776.7
2000	4179.0	543.6	6534.1	5357.2	1929.5
2001	4555.1	580.0	7024.2	5973.3	2097.4
2002	5019.7	628.7	7712.6	6648.3	2307.1
2003	5596.0	673.8	8657.8	7423.3	2567.8
2004	6312.0	726.9	10041.4	8214.6	2891.3
2005	7113.6	784.3	11487.4	9208.6	3255.6
2006	8123.8	833.7	13451.7	10396.5	3695.1
2007	9342.3	867.1	15846.1	11904.0	4212.4
2008	10594.2	921.7	18397.3	13284.8	4751.6
2009	11982.0	950.3	21267.3	14892.3	5345.6
2010	13683.4	1005.4	24840.2	16753.8	6061.9
2011	15352.8	1070.8	28317.8	18596.7	6771.1
2012	16811.3	1125.4	31092.9	20475.0	7407.6
2013	18273.9	1177.1	33860.2	22358.7	8044.7
2014	19333.8	1203.0	35620.9	23968.5	8503.2

注：本表按可比价计算。

3-4 生产总值构成

单位：%

年　份	生产总值	第一产业	第二产业	第三产业
1952	100.0	29.0	48.3	22.7
1953	100.0	23.3	49.5	27.2
1957	100.0	20.3	59.3	20.4
1965	100.0	19.6	60.7	19.7
1970	100.0	20.8	62.4	16.8
1975	100.0	18.1	66.9	15.0
1978	100.0	14.1	71.1	14.8
1979	100.0	16.6	67.9	15.5
1980	100.0	16.4	68.4	15.2
1981	100.0	17.0	65.0	18.0
1982	100.0	17.4	63.4	19.2
1983	100.0	19.9	60.3	19.8
1984	100.0	18.3	61.2	20.5
1985	100.0	14.4	63.3	22.3
1986	100.0	15.3	59.1	25.6
1987	100.0	15.2	58.0	26.8
1988	100.0	16.1	55.9	28.0
1989	100.0	14.1	54.3	31.6
1990	100.0	15.9	50.9	33.2
1991	100.0	15.1	49.2	35.7
1992	100.0	13.2	50.4	36.4
1993	100.0	13.0	51.7	35.3
1994	100.0	13.0	51.1	35.9
1995	100.0	14.0	49.8	36.2
1996	100.0	15.0	48.7	36.3
1997	100.0	13.2	48.7	38.1
1998	100.0	13.7	47.8	38.5
1999	100.0	12.5	48.0	39.5
2000	100.0	10.8	50.2	39.0
2001	100.0	10.8	48.5	40.7
2002	100.0	10.8	47.8	41.4
2003	100.0	10.3	48.3	41.4
2004	100.0	12.0	45.9	42.1
2005	100.0	11.0	48.1	41.0
2006	100.0	10.1	49.1	40.8
2007	100.0	10.2	49.7	40.2
2008	100.0	9.5	52.4	38.1
2009	100.0	9.3	52.0	38.7
2010	100.0	8.8	54.1	37.1
2011	100.0	8.6	54.7	36.7
2012	100.0	8.7	53.2	38.1
2013	100.0	8.1	51.3	40.6
2014	100.0	8.0	50.2	41.8

3-5 分行业增加值

单位：亿元

行　业	2005年	2007年	2008年	2009年	2010年	2011年	2012年	2013年	2014年
总　计	**8047.26**	**11164.28**	**13668.58**	**15212.49**	**18457.27**	**22226.70**	**24846.43**	**27213.22**	**28626.58**
按产业分类									
第一产业	882.41	1133.4	1302.02	1414.9	1631.08	1915.57	2155.82	2216.15	2285.75
第二产业	3869.4	5544.14	7158.84	7906.34	9976.82	12152.15	13230.49	13963.95	14384.64
第三产业	3295.45	4486.74	5207.72	5891.25	6849.37	8158.98	9460.12	11033.12	11956.19
按行业分类									
农林牧渔业	882.41	1133.4	1302.02	1414.9	1631.08	1915.57	2155.82	2321.64	2403.17
工业	3401.8	4892.45	6359.43	6925.63	8789.27	10696.54	11605.07	12300.70	12656.83
建筑业	467.6	651.69	799.41	980.71	1187.55	1455.61	1625.42	1806.97	1875.69
交通运输、仓储和邮政业	493.75	665.63	734.13	790.56	926.81	1143.17	1297.18	1396.68	1488.93
批发和零售业	820.35	1078.67	1257.5	1410.33	1651.66	1960.33	2191.19	2412.95	2653.65
住宿和餐饮业	180.81	231.54	275.86	318.8	369.61	436.13	487.49	536.39	568.77
金融业	232.85	386.34	455.07	560.2	639.27	755.57	969.37	1249.71	1482.17
房地产业	256.77	410.43	500.81	605.27	733.37	876.12	1050.03	1191.23	1145.70
其他服务业	1310.92	1714.13	1984.35	2206.09	2528.65	2987.66	3464.86	3996.95	4351.67

3-6 三次产业贡献率

单位：%

年　份	生产总值	第一产业	第二产业	第三产业
1991	100.0	13.8	41.2	45.0
1992	100.0	6.4	64.2	29.4
1993	100.0	12.1	63.3	24.6
1994	100.0	2.7	63.3	34.0
1995	100.0	8.6	55.7	35.7
1996	100.0	18.0	50.2	31.8
1997	100.0	1.9	64.7	33.4
1998	100.0	17.7	50.2	32.1
1999	100.0	7.4	56.0	36.6
2000	100.0	-2.0	65.4	36.6
2001	100.0	8.0	42.2	49.8
2002	100.0	8.6	47.5	43.9
2003	100.0	6.5	51.0	42.5
2004	100.0	6.4	57.0	36.6
2005	100.0	6.5	53.0	40.5
2006	100.0	2.1	53.6	44.3
2007	100.0	2.7	57.4	39.9
2008	100.0	4.3	60.1	35.6
2009	100.0	2.0	60.7	37.3
2010	100.0	3.2	61.6	35.2
2011	100.0	4.7	62.1	33.2
2012	100.0	4.5	56.5	39.0
2013	100.0	4.1	54.7	41.2
2014	100.0	2.8	47.9	49.3

注：产业贡献率指各产业增加值增量与GDP增量之比。

3-7 三次产业对生产总值增长的拉动

单位：百分点

年 份	生产总值	第一产业	第二产业	第三产业
1991	6.1	0.8	2.5	2.7
1992	12.1	0.8	7.8	3.6
1993	14.9	1.8	9.4	3.7
1994	11.2	0.3	7.1	3.8
1995	7.1	0.6	4.0	2.5
1996	8.6	1.6	4.3	2.7
1997	8.9	0.2	5.8	3.0
1998	8.3	1.5	4.2	2.7
1999	8.2	0.6	4.6	3.0
2000	8.9	-0.2	5.8	3.3
2001	9.0	0.7	3.8	4.5
2002	10.2	0.9	4.8	4.5
2003	11.5	0.7	5.9	4.9
2004	12.8	0.8	7.3	4.7
2005	12.7	0.8	6.7	5.2
2006	14.2	0.3	7.6	6.3
2007	15.0	0.4	8.6	6.0
2008	13.4	0.5	8.1	4.8
2009	13.1	0.3	7.9	4.9
2010	14.2	0.5	8.7	5.0
2011	12.2	0.6	7.6	4.1
2012	9.5	0.4	5.4	3.7
2013	8.7	0.4	4.7	3.6
2014	5.8	0.2	2.8	2.8

注：产业拉动指GDP增长速度与各产业贡献率之乘积。

3-8 各地区生产总值

(2014年)

地区	生产总值(亿元)	第一产业	第二产业	第三产业
沈阳	7098.71	325.29	3541.15	3232.27
大连	7655.58	441.83	3697.35	3516.39
鞍山	2385.90	131.06	1206.40	1048.43
抚顺	1276.58	93.09	693.12	490.38
本溪	1171.25	63.62	641.87	465.76
丹东	1023.23	144.55	460.46	418.23
锦州	1364.00	201.58	632.93	529.49
营口	1546.08	110.52	776.96	658.60
阜新	606.16	119.50	270.88	215.78
辽阳	1014.62	66.75	589.22	358.66
盘锦	1304.22	114.67	739.32	450.23
铁岭	867.29	207.19	361.57	298.54
朝阳	993.52	214.70	422.91	355.91
葫芦岛	721.55	95.00	319.62	306.93

3-8 续表

地区	人均生产总值(元)	构成(%)			指数(上年=100)			
		第一产业	第二产业	第三产业	生产总值	第一产业	第二产业	第三产业
沈阳	85816	4.6	49.9	45.5	106.0	103.2	105.3	106.9
大连	109939	5.8	48.3	45.9	105.8	102.9	105.1	106.9
鞍山	66073	5.5	50.6	43.9	106.0	103.1	105.4	107.1
抚顺	61183	7.3	54.3	38.4	105.8	103.3	105.5	106.5
本溪	67879	5.4	54.8	39.8	106.3	103.3	105.9	107.4
丹东	42317	14.1	45.0	40.9	105.6	103.4	104.9	107.1
锦州	44264	14.8	46.4	38.8	106.0	103.2	105.8	107.2
营口	63234	7.1	50.3	42.6	106.5	103.4	106.4	107.2
阜新	33882	19.7	44.7	35.6	103.9	97.8	104.6	106.4
辽阳	54800	6.6	58.1	35.3	105.9	104.7	105.3	107.3
盘锦	90634	8.8	56.7	34.5	106.1	103.1	105.8	107.3
铁岭	32562	23.9	41.7	34.4	101.5	103.0	100.9	101.3
朝阳	33379	21.6	42.6	35.8	103.9	102.6	102.5	106.6
葫芦岛	28021	13.2	44.3	42.5	104.5	98.2	106.6	104.2

3-9 生产总值(支出法)

单位：亿元

年 份	生产总值	最终消费支出	资本形成总额	货物和服务净流出	消费率%	投资率%
1978	229.20	109.37	62.33	57.50	47.72	27.19
1980	281.00	157.43	56.82	66.75	56.02	20.22
1981	288.61	177.41	53.80	57.40	61.47	18.64
1982	315.07	185.21	67.87	61.99	58.78	21.54
1983	364.02	208.15	86.81	69.06	57.18	23.85
1984	438.17	236.89	127.59	73.69	54.06	29.12
1985	518.59	276.19	174.24	68.16	53.26	33.60
1986	605.33	314.75	215.95	74.63	52.00	35.67
1987	719.12	371.81	256.83	90.48	51.70	35.71
1988	881.24	459.39	335.39	86.24	52.14	38.07
1989	1003.81	543.60	356.47	103.74	54.15	35.51
1990	1062.74	574.24	392.74	95.76	54.03	36.96
1991	1200.10	640.51	452.62	106.97	53.37	37.72
1992	1472.95	769.94	561.81	141.20	52.27	38.14
1993	2010.82	962.51	901.26	147.05	47.87	44.82
1994	2461.78	1239.61	1024.66	197.51	50.35	41.62
1995	2793.37	1501.84	1046.60	244.93	53.76	37.47
1996	3148.23	1728.74	1076.26	343.23	54.91	34.19
1997	3582.46	1943.35	1146.95	491.66	54.42	32.02
1998	3881.73	2128.05	1225.99	527.69	54.82	31.58
1999	4171.69	2330.53	1284.31	556.85	55.87	30.79
2000	4669.06	2587.52	1471.61	609.93	55.42	31.52
2001	5033.08	2828.09	1625.50	579.49	56.19	32.30
2002	5458.22	3031.47	1835.54	591.21	55.54	33.63
2003	6002.54	3102.51	2333.67	566.36	51.69	38.88
2004	6672.00	3248.30	3161.08	262.62	48.69	47.38
2005	8047.26	3688.94	4580.40	-222.08	45.84	56.92
2006	9304.52	4054.93	5519.65	-270.06	43.58	59.32
2007	11164.30	4717.14	6646.09	-198.93	42.25	59.53
2008	13668.59	5595.95	8547.81	-475.17	40.94	62.54
2009	15212.49	6311.05	9412.02	-510.58	41.49	61.87
2010	18457.27	7374.14	11521.78	-438.65	39.95	62.42
2011	22226.70	8867.21	13930.21	-570.72	39.89	62.67
2012	24846.43	10073.26	15492.08	-718.91	40.54	62.35
2013	27213.22	11214.85	16944.62	-946.25	41.21	62.27
2014	28626.58	12192.71	17469.07	-1035.20	42.59	61.02

3-10 生产总值结构(支出法)

年 份	资本形成总额		最终消费支出			
	固定资本形成总额	存货增加	居民消费支出			政府消费支出
				农村居民	城镇居民	
一、绝对数(亿元)						
1985	130.91	43.33	225.51	90.99	134.52	50.68
1986	158.58	57.37	257.88	100.04	157.84	56.87
1987	210.23	46.60	296.93	113.00	183.93	74.88
1988	260.30	75.09	379.61	131.15	248.46	79.78
1989	241.89	114.58	434.09	148.43	285.66	109.51
1990	262.39	130.35	450.76	140.60	310.16	123.48
1991	323.66	128.96	502.22	156.02	346.20	138.29
1992	405.18	156.63	614.28	200.54	413.74	155.66
1993	731.60	169.66	770.19	240.22	529.97	192.32
1994	887.99	136.67	965.96	302.29	663.67	273.65
1995	884.95	161.65	1177.59	350.38	827.21	324.25
1996	920.66	155.60	1327.68	408.76	918.92	401.06
1997	976.45	170.50	1485.79	425.90	1059.89	458.06
1998	1069.57	156.42	1578.49	462.27	1116.22	549.56
1999	1115.82	168.49	1707.30	491.98	1215.32	623.23
2000	1293.92	177.69	1867.36	535.84	1331.52	720.16
2001	1444.15	181.35	2001.97	566.95	1435.02	826.12
2002	1627.56	207.98	2141.47	590.27	1551.20	890.00
2003	2102.10	231.57	2172.06	487.16	1684.90	930.45
2004	2925.14	235.94	2316.03	486.35	1829.68	932.27
2005	4279.75	300.65	2719.91	553.24	2166.67	969.03
2006	5272.12	247.53	2940.79	612.97	2327.82	1114.14
2007	6297.19	348.90	3399.14	653.15	2745.99	1318.00
2008	8098.60	449.21	4172.81	766.60	3406.21	1423.14
2009	8906.44	505.58	4720.31	867.91	3852.40	1590.74
2010	11079.59	442.19	5672.33	1006.04	4666.29	1701.81
2011	13474.62	455.59	6846.44	1167.53	5678.91	2020.77
2012	15049.60	442.48	7894.45	1333.83	6560.62	2178.81
2013	16479.80	464.82	8847.41	1552.40	7295.01	2367.44
2014	16927.43	541.64	9773.63	1777.92	7995.71	2419.08
二、比重(%)						
1985	72.60	27.40	79.54	42.81	57.19	20.46
1986	75.13	24.87	81.65	40.35	59.65	18.35
1987	73.43	26.57	81.93	38.79	61.21	18.07
1988	81.86	18.14	79.86	38.06	61.94	20.14
1989	77.61	22.39	82.63	34.55	65.45	17.37
1990	67.86	32.14	79.85	34.19	65.81	20.15
1991	66.81	33.19	78.50	31.19	68.81	21.50
1992	71.51	28.49	78.41	31.07	68.93	21.59
1993	72.12	27.88	79.78	32.65	67.35	20.22
1994	74.41	25.59	80.02	31.19	68.81	19.98
1995	86.66	13.34	77.92	31.29	68.71	22.08
1996	84.55	15.45	78.41	29.75	70.25	21.59
1997	85.54	14.46	76.80	30.79	78.03	23.20
1998	85.13	14.87	76.44	29.99	70.01	23.56
1999	87.24	12.76	74.18	29.29	70.71	25.82
2000	86.88	13.12	73.26	28.82	71.18	26.74
2001	88.84	11.16	70.79	28.32	71.68	29.21
2002	88.67	11.33	70.64	27.56	72.44	29.36
2003	90.08	9.92	70.01	22.43	77.57	29.99
2004	92.54	7.46	71.30	21.00	79.00	28.70
2005	93.44	6.56	73.73	20.34	79.66	26.27
2006	95.52	4.48	72.52	20.84	79.16	27.48
2007	94.75	5.25	72.06	19.22	80.78	27.94
2008	94.74	5.26	74.57	18.37	81.63	25.43
2009	94.63	5.37	74.79	18.39	81.61	25.21
2010	96.16	3.84	76.92	17.74	82.26	23.08
2011	96.73	3.27	77.21	17.05	82.95	22.79
2012	97.14	2.86	78.37	16.90	83.10	21.63
2013	97.26	2.74	78.89	17.55	82.45	21.11
2014	96.90	3.10	80.16	18.19	81.81	19.84

3-11 三大需求对生产总值增长的贡献率和拉动

年 份	最终消费支出		资本形成总额		货物和服务净流出	
	贡献率(%)	拉动(百分点)	贡献率(%)	拉动(百分点)	贡献率(%)	拉动(百分点)
1991	62.3	3.8	37.0	2.3	0.7	
1992	62.1	7.5	36.3	4.4	1.7	0.2
1993	40.2	6.0	60.1	8.9	-0.3	
1994	56.3	6.3	52.7	5.9	-9.0	-1.0
1995	80.4	5.7	-14.1	-1.0	33.7	2.4
1996	51.4	4.4	9.3	0.8	39.3	3.4
1997	50.2	4.5	19.4	1.7	30.4	2.7
1998	54.5	4.5	30.0	2.5	15.5	1.3
1999	65.5	5.4	16.2	1.3	18.3	1.5
2000	56.8	5.1	35.1	3.1	8.2	0.7
2001	61.6	5.5	35.2	3.2	3.2	0.3
2002	53.0	5.4	37.1	3.8	9.9	0.5
2003	31.6	3.6	67.5	7.8	0.9	0.1
2004	33.8	4.1	58.6	7.0	7.6	0.9
2005	33.9	4.3	73.0	9.3	-6.9	-0.9
2006	34.4	4.9	73.1	10.4	-7.5	-1.1
2007	36.1	5.4	74.1	11.1	-10.3	-1.5
2008	41.7	5.6	75.7	10.1	-17.4	-2.3
2009	41.5	5.4	76.6	10.0	-18.1	-2.4
2010	39.6	5.6	71.7	10.2	-11.3	-1.6
2011	41.3	5.0	70.4	8.6	-11.7	-1.4
2012	42.2	4.0	71.5	6.8	-13.7	-1.3
2013	41.6	3.6	69.3	6.0	-10.9	-0.9
2014	47.4	2.8	38.3	2.2	14.3	0.8

注：1.贡献率指三大需求增量与支出法国内生产总值增量之比。
2.拉动指国内生产总值增长速度与三大需求贡献率的乘积。

3-12 居民消费水平

年份	居民消费水平(元/人)			城镇与农村消费水平对比
	全体居民	农村居民	城镇居民	
1978	267	173	476	2.75∶1
1980	355	235	573	2.44∶1
1981	400	264	632	2.39∶1
1982	410	270	641	2.37∶1
1983	443	301	669	2.22∶1
1984	510	362	735	2.03∶1
1985	605	414	880	2.12∶1
1986	686	454	1012	2.23∶1
1987	780	508	1160	2.28∶1
1988	985	589	1530	2.60∶1
1989	1113	662	1722	2.60∶1
1990	1144	622	1849	2.97∶1
1991	1267	687	2045	2.98∶1
1992	1540	884	2407	2.72∶1
1993	1921	1065	3021	2.84∶1
1994	2397	1348	3704	2.75∶1
1995	2900	1566	4540	2.90∶1
1996	3250	1826	4975	2.73∶1
1997	3619	1906	5665	2.97∶1
1998	3828	2073	5897	2.84∶1
1999	4128	2209	6366	2.84∶1
2000	4490	2403	6903	2.88∶1
2001	4789	2540	7366	2.90∶1
2002	5095	2643	7874	2.98∶1
2003	5159	2630	7147	2.72∶1
2004	5492	2621	7748	2.71∶1
2005	6447	3175	8749	2.76∶1
2006	6926	3508	9317	2.66∶1
2007	7934	3727	10845	2.91∶1
2008	9690	4409	13265	3.01∶1
2009	10906	5039	14786	2.93∶1
2010	13016	5955	17488	2.94∶1
2011	15635	7221	20560	2.85∶1
2012	17999	8652	23065	2.67∶1
2013	20156	10417	25161	2.42∶1
2014	22260	12178	27282	2.24∶1

3-13 居民消费水平指数

单位：%

年 份	以上年为100			以1952年为100		
	全体居民	农村居民	城镇居民	全体居民	农村居民	城镇居民
1978	108.5	97.6	116.3	170.1	143.4	160.2
1980	107.2	119.1	95.2	210.2	187.3	173.4
1981	108.1	109.1	105.5	227.4	204.2	182.9
1982	101.1	100.8	100.2	229.8	205.9	183.2
1983	106.1	108.6	103.1	243.9	223.6	188.9
1984	111.8	115.9	107.1	272.6	259.1	202.3
1985	106.3	104.7	105.8	289.7	271.3	214.1
1986	107.6	105.7	108.5	311.7	286.6	232.2
1987	106.3	105.1	106.7	331.2	301.1	247.8
1988	107.6	104.6	108.9	356.3	314.8	269.7
1989	122.3	157.4	99.9	435.8	495.7	269.4
1990	83.7	56.8	109.9	364.9	281.7	296.1
1991	105.3	104.5	105.5	384.3	294.4	312.5
1992	112.4	112.9	111.5	431.8	332.5	348.3
1993	108.7	108.9	107.6	469.4	361.9	374.8
1994	108.8	108.9	107.7	476.4	330.8	454.7
1995	106.2	102.3	107.3	505.9	338.4	423.8
1996	106.3	106.1	105.9	537.8	359.0	448.8
1997	110.7	110.2	110.4	595.3	395.6	495.5
1998	107.7	109.9	106.3	641.2	434.8	526.7
1999	108.4	107.0	108.6	749.6	465.2	572.0
2000	108.4	107.9	108.2	695.0	502.0	618.9
2001	107.6	106.1	107.8	747.9	532.6	667.2
2002	108.4	107.2	108.4	810.7	571.0	723.2
2003	105.3	109.1	103.6	853.7	622.9	749.2
2004	106.5	99.7	108.4	909.1	621.0	812.2
2005	111.6	114.2	107.5	1014.6	709.2	873.1
2006	106.6	108.6	106.0	1081.5	770.2	925.5
2007	110.1	100.1	112.4	1190.7	770.9	1040.3
2008	116.9	112.2	117.2	1392.0	865.0	1219.2
2009	112.2	114.0	111.1	1561.8	986.1	1354.5
2010	113.4	112.5	112.4	1771.1	1109.4	1522.5
2011	114.3	107.4	117.2	2024.4	1191.5	1784.3
2012	110.4	114.3	107.7	2234.4	1361.5	1921.3
2013	109.5	117.6	106.7	2445.8	1600.8	2049.2
2014	108.7	115.7	106.6	2658.5	1852.1	2184.5

主要统计指标解释

国内生产总值 是按市场价格计算的国内生产总值的简称。它是一个国家(地区)所有常住单位在一定时期内生产活动的最终成果。国内生产总值有三种表现形态，既价值形态、收入形态和产品形态。从价值形态看，它是所有常住单位在一定时期内所生产的全部货物和服务价值超过同期投入的全部非固定资产货物和服务价值的差额，即所有常住单位的增加值之和；从收入形态看，它是所有常住单位在一定时期内所创造并分配给常住单位和非常住单位的初次分配收入之和；从产品形态看，它是最终使用的货物和服务减去进口货物和服务。在实际核算中，国内生产总值的三种表现形态表现为三种计算方法，即生产法、收入法和支出法。三种方法分别从不同的方面反映国内生产总值及构成。

三次产业 根据《国民经济行业分类》（GB/T 4754—2011）规定，我国对三次产业的划分是:

第一产业: 指农、林、牧、渔业（不含农、林、牧、渔服务业）。

第二产业: 指采矿业（不含开采辅助活动），制造业（不含金属制品、机械和设备修理业），电力、热力、燃气及水生产和供应业，建筑业。

第三产业: 即服务业，是指除第一产业、第二产业以外的其他行业。第三产业包括: 批发和零售业，交通运输、仓储和邮政业，住宿和餐饮业，信息传输、软件和信息技术服务业，金融业，房地产业，租赁和商务服务业，科学研究和技术服务业，水利、环境和公共设施管理业，居民服务、修理和其他服务业，教育，卫生和社会工作，文化、体育和娱乐业，公共管理、社会保障和社会组织，国际组织，以及农、林、牧、渔业中的农、林、牧、渔服务业，采矿业中的开采辅助活动，制造业中的金属制品、机械和设备修理业。

最终消费 最终消费是指常住单位在一定时期内对于货物和服务的全部最终消费支出，也就是常住单位为满足物质、文化和精神生产的需要，从本国经济领土和国外购买的货物和服务的支出。它不包括非常住单位在本国经济领土内的消费支出。最终消费分为居民消费和政府消费。

居民消费 居民消费指常住住户在一定时期内对于货物和服务的全部最终消费支出。居民消费除了包括直接以货币形式购买的货物和服务的消费支出外，还包括以其他方式获得的货物和服务的消费支出。

政府消费 政府消费指政府部门为全社会提供的公共服务的消费支出和免费或以较低的价格向居民住户提供的货物和服务的净支出，前者等于政府服务的产出价值减去政府单位所获得的经营收入的价值，政府服务的产出价值等于它的经营性业务支出加上固定资产折旧；后者等于政府部门免费或以较低价格向居民住户提供的货物和服务的市场价值减去向住户收取的价值。

资本形成总额 资本形成总额指常住单位在一定时期内对固定资产和存货的投资支出合计，包括固定资产形成总额和存货增加。

(1)固定资产形成总额: 指从常住单位在一定时期内购置、转入和资产自用的固定资产，扣除固定资产的销售和转出后的价值。可分为有形固定资本形成总额和无形固定资产形成总额。

(2)存货增加: 存货增加指常住单位在一定时期内存货实物量变动的市场价值，即期末价值减期初价值的差额。存货增加可以是正值，也可以是负值，正值表示存货上升，负值表示存货下降。它包括生产单位购进的原材料、燃料和储备物资等存货，以及生产单位生产的产成品、在制品和半成品等存货等。

货物和服务净流出 指货物和服务流出减货物和服务流入的差额。流出包括常住单位向非常住单位出售或无偿转让的各种货物和服务的价值，流入包括常住单位从非常住单位购买或无偿得到的各种货物和服务的价值。地区核算中的货物和服务净流出，除包括本地区对国外贸易和非贸易往来的净出口额外，还包括国内地区间货物和服务流出流入的净流出额。

劳动者报酬 劳动者报酬是指劳动者因从事生产活动所获得的全部报酬。它包括劳动者获得的各种形式工资、奖金和津贴，即包括货币形式的，也包括实物形式的，它还包括劳动者所享受的公费医疗和医药卫生费、上下班交通补贴和单位支付的社会保险费等。单位支付的社会保险费，就是单位直接支付给负责社会保险的政府单位(一般指劳动部门)的社会保险金或为本单位职工离退休、发生死亡、伤残、医疗保险等而支付的保险费。对于个体经济来说，其所有者所获得的劳动报酬和经营利润不易区分，这两部分统一作为劳动者报酬处理。

生产税净额 生产税净额是指生产税减生产补贴后的差额。生产税指政府对生产单位生产、销售和从事经营活动以及因从事生产活动使用某些生产要素，如固定资产、土地、劳动力所征收的各种税、附加费和规费。具体包括销售锐金及附加、增值税、管理费中开支的各种税、应交纳的养路费、排污费和水电费附加、烟酒专卖上缴政府的专项收入等。生产补贴与生产税相反，是政府对生产单位的单方面收入转移，因此视为负生产税处理，包括政策亏损补贴、粮食系统价格补贴、外贸企业出口退税收入等。

固定资产折旧 固定资产折旧是指一定时期内为弥补固定资产损耗按照核定的固定资产折旧率提取的固定资产折旧，或按国民经济核算统一规定的折旧率虚拟计算的固定资产折旧。它反映了固定资产在当期生产中的转移价值。各种类型企业和企业化管理的事业单位的固定资产折旧指实际计提并计入成本费用中的折旧费；不计提折旧的单位，如政府机关、非企业化管理的事业单位和居民住房的固定资产折旧则是按照统一规定的折旧率和固定资产原值计算的虚拟折旧。原则上，固定资产折旧应按固定资产的重置价值来计算，但是我国目前尚不具备对全社会固定资产进行重估价的基础，所以暂时只能采用上述方法来计算。

营业盈余 营业盈余是指常住单位创造的增加值扣除劳动者报酬、生产税净额和固定资产折旧后的余额。它相当于企业的营业利润加上生产补贴，但要扣除从利润中开支的工资和福利等。

四、人口

Chapter 4 Population

4-1 人口数

单位：万人

年 份	年末总人口	按性别分	
		男	女
1978	3394.0	1735.3	1658.7
1980	3486.9	1779.2	1707.7
1981	3534.8	1803.2	1731.6
1982	3592.1	1832.0	1760.1
1983	3629.1	1852.9	1776.2
1984	3654.8	1866.6	1788.2
1985	3686.2	1883.2	1803.0
1986	3726.0	1904.1	1821.9
1987	3777.4	1930.4	1847.0
1988	3825.5	1955.5	1870.0
1989	3876.0	1979.5	1896.5
1990	3917.3	1999.1	1918.2
1991	3938.5	2009.8	1928.7
1992	3957.9	2018.9	1939.0
1993	3982.9	2031.6	1951.3
1994	4007.2	2043.6	1963.6
1995	4034.0	2056.9	1977.1
1996	4056.8	2067.5	1989.3
1997	4077.1	2076.9	2000.2
1998	4090.4	2083.1	2007.3
1999	4103.2	2088.4	2014.8
2000	4135.3	2103.3	2032.0
2001	4147.0	2109.1	2037.9
2002	4155.4	2111.6	2043.8
2003	4161.6	2113.2	2048.4
2004	4172.8	2117.3	2055.5
2005	4189.2	2123.4	2065.8
2006	4210.4	2132.5	2077.9
2007	4231.7	2141.5	2090.2
2008	4246.1	2146.9	2099.2
2009	4256.0	2149.9	2106.1
2010	4251.7	2144.7	2107.0
2011	4255.0	2143.6	2111.4
2012	4244.8	2136.5	2108.3
2013	4238.0	2131.4	2106.6
2014	4244.2	2132.2	2112.0

注：本表至4-6表为公安户籍统计数。

4-2 人口构成

单位：%

年 份	总人口	按性别分	
		男	女
1978	100	51.2	48.8
1980	100	51.0	49.0
1981	100	51.0	49.0
1982	100	51.0	49.0
1983	100	51.1	48.9
1984	100	51.1	48.9
1985	100	51.1	48.9
1986	100	51.1	48.9
1987	100	51.1	48.9
1988	100	51.1	48.9
1989	100	51.1	48.9
1990	100	51.0	49.0
1991	100	51.0	49.0
1992	100	51.0	49.0
1993	100	51.0	49.0
1994	100	51.0	49.0
1995	100	51.0	49.0
1996	100	51.0	49.0
1997	100	50.9	49.1
1998	100	50.9	49.1
1999	100	50.9	49.1
2000	100	50.9	49.1
2001	100	50.9	49.1
2002	100	50.8	49.2
2003	100	50.1	49.9
2004	100	50.7	49.3
2005	100	50.7	49.3
2006	100	50.6	49.4
2007	100	50.6	49.4
2008	100	50.6	49.4
2009	100	50.5	49.5
2010	100	50.4	49.6
2011	100	50.4	49.6
2012	100	50.3	49.7
2013	100	50.3	49.7
2014	100	50.2	49.8

4-3 人口出生率、死亡率、自然增长率

单位：‰

年 份	出生率	死亡率	自然增长率
1978	18.0	5.3	12.7
1980	14.1	5.4	8.7
1981	16.6	5.3	11.3
1982	18.9	5.4	13.5
1983	13.4	5.0	8.4
1984	10.8	5.0	5.8
1985	11.9	5.3	6.6
1986	14.8	5.2	9.6
1987	17.3	5.3	12.0
1988	15.4	5.2	10.2
1989	14.6	5.2	9.4
1990	14.5	5.7	8.8
1991	9.9	5.2	4.7
1992	10.2	5.4	4.8
1993	10.0	5.6	4.4
1994	10.7	5.8	4.9
1995	9.9	5.5	4.4
1996	9.5	5.8	3.7
1997	8.9	5.7	3.2
1998	7.9	5.8	2.1
1999	8.0	6.0	2.0
2000	10.7	6.7	4.0
2001	7.1	5.3	1.8
2002	7.5	5.4	2.1
2003	6.2	5.6	0.6
2004	7.7	6.5	1.2
2005	7.8	5.8	2.0
2006	7.8	5.5	2.3
2007	8.2	5.8	2.4
2008	7.9	6.5	1.4
2009	7.6	6.8	0.8
2010	8.8	10.9	-2.1
2011	7.4	7.1	0.3
2012	8.1	9.4	-1.3
2013	7.6	8.1	-0.5
2014	9.0	7.1	1.9

4-4 各地区年末总户数及总人口

单位：万户、万人

地区	总户数			总人口			男性人口			女性人口		
	2012年	2013年	2014年	2012年	2013年	2014年	2012年	2013年	2014年	2012年	2013年	2014年
全省	**1508.8**	**1505.5**	**1515.1**	**4244.8**	**4238.0**	**4244.2**	**2136.5**	**2131.4**	**2132.2**	**2108.3**	**2106.6**	**2112.0**
沈阳	257.6	260.2	263.0	724.8	727.1	730.8	360.2	360.8	362.2	364.6	366.3	368.6
大连	210.4	211.8	213.0	590.3	591.4	594.3	295.4	295.3	296.2	294.9	296.1	298.1
鞍山	122.5	119.6	119.7	350.3	349.8	348.2	176.8	176.6	175.6	173.5	173.2	172.6
抚顺	85.1	81.9	84.8	219.3	218.0	217.4	109.7	108.9	108.5	109.6	109.1	108.9
本溪	56.9	56.9	56.9	153.2	152.3	152.0	76.7	76.2	76.0	76.5	76.1	76.0
丹东	84.0	84.3	84.7	240.5	239.6	239.5	120.8	120.3	120.2	119.7	119.3	119.3
锦州	107.0	103.9	103.7	307.8	305.9	305.3	154.7	153.6	153.1	153.1	152.3	152.2
营口	88.4	88.0	88.4	235.1	232.5	233.3	119.2	118.0	118.2	115.9	114.5	115.1
阜新	67.4	68.3	68.5	191.6	191.1	191.0	95.6	95.2	95.1	96.0	95.9	95.9
辽阳	68.1	67.8	68.3	180.3	180.0	179.9	91.3	91.1	90.9	89.0	88.9	89.0
盘锦	46.4	46.5	46.2	128.8	129.0	129.2	64.7	64.8	64.7	64.1	64.2	64.5
铁岭	105.5	105.9	106.4	302.2	301.9	302.0	153.4	153.2	153.1	148.8	148.7	148.9
朝阳	112.7	113.1	113.3	340.6	339.5	340.6	174.7	174.1	174.6	165.9	165.4	166.0
葫芦岛	96.8	97.3	98.2	280.0	279.9	280.7	143.3	143.3	143.8	136.7	136.6	136.9

4-5 各地区人口自然变动情况

地区	平均人口(万人)			人口出生率(‰)			人口死亡率(‰)			人口自然增长率(‰)		
	2012年	2013年	2014年	2012年	2013年	2014年	2012年	2013年	2014年	2012年	2013年	2014年
全省	**4249.9**	**4241.4**	**4241.1**	**8.1**	**7.6**	**9.0**	**9.4**	**8.1**	**7.1**	**-1.3**	**-0.5**	**1.9**
沈阳	723.7	726.0	729.0	8.6	8.0	9.9	8.7	7.9	7.9	-0.1	0.1	2.0
大连	589.4	590.9	592.9	9.1	8.1	11.1	8.0	7.9	7.7	1.1	0.2	3.4
鞍山	350.9	350.0	349.0	8.6	7.3	8.1	9.9	8.1	9.0	-1.3	-0.8	-0.9
抚顺	219.7	218.6	217.6	6.7	6.2	7.2	8.5	9.2	8.1	-1.8	-3.0	-0.9
本溪	153.8	152.7	152.2	6.5	6.2	7.2	12.5	8.9	6.7	-6.0	-2.7	0.5
丹东	240.8	240.1	239.5	6.6	6.2	7.9	7.7	8.9	7.8	-1.1	-2.7	0.1
锦州	308.1	306.9	305.6	7.0	6.6	7.2	7.8	10.1	7.2	-0.8	-3.5	0.0
营口	235.3	233.8	232.9	9.0	8.4	9.2	9.3	10.9	6.3	-0.3	-2.5	2.9
阜新	191.8	191.3	191.0	7.0	6.4	7.9	8.0	7.6	6.6	-1.0	-1.2	1.3
辽阳	181.4	180.2	179.9	7.0	6.3	7.0	16.2	6.1	5.9	-9.2	0.2	1.1
盘锦	130.0	128.9	129.1	7.6	7.6	8.9	9.4	5.5	5.5	-1.8	2.1	3.4
铁岭	303.5	302.0	302.0	6.9	6.6	7.8	12.6	5.8	5.7	-5.7	0.8	2.1
朝阳	340.8	340.0	340.1	9.4	9.6	10.7	7.2	9.1	5.2	2.2	0.5	5.5
葫芦岛	280.7	280.0	280.3	8.5	9.0	9.9	11.0	7.1	5.9	-2.5	1.9	4.0

4-6 各地区分年龄人口数

(2014年) 单位：万人

地　区	总人口	18岁以下	18-35岁	35-60岁	60岁以上
全　省	**4244.2**	**572.3**	**959.4**	**1851.6**	**860.9**
沈　阳	730.8	92.7	166.8	319.1	152.2
大　连	594.3	73.1	138.7	253.0	129.5
鞍　山	348.2	47.7	76.5	152.8	71.2
抚　顺	217.4	25.8	47.5	99.5	44.6
本　溪	152.0	16.7	33.2	70.1	32.0
丹　东	239.5	28.8	51.7	107.4	51.6
锦　州	305.3	40.1	64.9	132.1	68.2
营　口	233.3	31.4	58.6	98.8	44.5
阜　新	191.0	25.2	42.4	86.5	36.9
辽　阳	179.9	23.7	37.7	80.3	38.2
盘　锦	129.2	18.6	29.4	57.6	23.6
铁　岭	302.0	41.6	66.3	134.9	59.2
朝　阳	340.6	56.9	78.7	145.1	59.9
葫芦岛	280.7	50.0	67.0	114.4	49.3

4-7 全省历年人口变动抽样调查推算数

年　份	总人口(万人)	出生率(‰)	死亡率(‰)	自然增长率(‰)	文盲率(%)	家庭户规模(人/户)
1990	3946	15.60	6.01	9.59	11.51	3.59
1991	3990	12.10	6.64	5.46		3.60
1992	4016	12.57	6.11	6.46		3.57
1993	4042	12.43	6.11	6.32		3.53
1994	4067	12.26	6.03	6.23	10.46	3.48
1995	4092	12.17	6.15	6.02	9.31	3.49
1996	4116	12.15	6.20	5.95	8.86	3.44
1997	4138	11.78	6.38	5.40	8.21	3.31
1998	4157	11.39	6.81	4.58	8.17	3.27
1999	4171	10.38	7.05	3.33	7.18	3.24
2000	4184	8.46	6.06	2.40	5.79	3.15
2001	4194	7.74	6.10	1.64	5.16	3.12
2002	4203	7.38	6.04	1.34	5.16	3.14
2003	4210	6.90	5.83	1.07	4.74	3.10
2004	4217	6.51	5.60	0.91	4.03	3.13
2005	4221	7.32	6.06	1.26	4.75	2.92
2006	4271	6.40	5.30	1.10	4.17	2.95
2007	4298	6.89	5.36	1.53	3.76	2.91
2008	4315	6.32	5.22	1.10	3.45	2.85
2009	4341	6.06	5.09	0.97	3.29	2.87
2010	4375	6.68	6.26	0.42	2.18	2.78
2011	4383	5.71	6.05	-0.34	2.37	2.72
2012	4389	6.15	6.54	-0.39	2.30	2.70
2013	4390	6.09	6.12	-0.03	1.99	2.70
2014	4391	6.49	6.23	0.26	1.92	2.64

注：文盲率是指15岁及15岁以上人口中，文盲和半文盲人口所占比例。

4-8 全省历年人口变动抽样调查年龄构成指数

单位：%

年 份	0-14岁占总人口比重	15-64岁占总人口比重	65岁及以上占总人口比重	总负担系数	负担少儿系数	负担老年系数
1990	23.22	71.10	5.68	40.65	32.66	7.99
1991	23.33	70.48	6.19	41.88	33.10	8.78
1992	22.78	70.62	6.60	41.60	32.25	9.35
1993	22.00	71.21	6.79	40.44	30.90	9.54
1994	22.26	71.20	6.54	40.45	31.27	9.18
1995	21.37	71.61	7.02	40.15	29.96	10.19
1996	20.61	72.47	6.92	37.98	28.44	9.54
1997	19.12	73.63	7.25	36.62	25.95	10.67
1998	18.51	73.94	7.55	35.24	25.03	10.21
1999	18.48	73.71	7.81	35.67	25.07	10.60
2000	17.68	74.44	7.88	34.34	23.75	10.59
2001	17.68	74.44	7.88	34.34	23.75	10.59
2002	15.70	76.20	8.10	31.23	20.60	10.63
2003	15.90	75.60	8.50	32.27	21.03	11.24
2004	14.50	76.60	8.90	30.55	18.93	11.62
2005	14.18	76.08	9.74	31.44	18.64	12.80
2006	12.61	76.85	10.54	30.13	16.41	13.72
2007	12.68	76.69	10.63	30.40	16.54	13.86
2008	12.03	76.56	11.41	30.62	15.72	14.90
2009	11.14	77.43	11.43	29.15	14.38	14.77
2010	11.42	78.27	10.31	27.76	14.59	13.17
2011	11.09	78.26	10.65	27.78	14.17	13.61
2012	10.80	78.04	11.16	28.15	13.84	14.31
2013	10.62	77.86	11.52	28.43	13.63	14.80
2014	10.53	77.37	12.10	29.26	13.62	15.64

主要统计指标解释

人口数 指一定时点、一定地区范围内的有生命的个人的总和。

年度统计的年末人口数是指每年 12 月 31 日 24 时的人口数。

出生率(又称粗出生率) 指在一定时期内(通常为一年)平均每千人所出生的人数的比率，一般用千分率表示。计算公式:

出生率=（年出生人数／年平均人数）×1000‰

出生人数是指活产婴儿，即胎儿脱离母体时(不管怀孕月数)，有过呼吸或其他生命现象。

年平均人数是指年初、年末人口数的平均数，也可用年中人口数代替。

死亡率(又称粗死亡率) 指在一定时期内(通常为一年)某地区的死亡人数与同期平均人数(或期中人数)之比，一般用千分率表示。计算公式:

死亡率=（年死亡人数／年平均人数）×1000‰

人口自然增长率 指在一定时期内(通常为一年)人口自然增加数(出生人数减死亡人数)与该时期内平均人数(或期中人数)之比，一般用千分率表示。计算公式:

人口自然增长率=（本年出生人数-本年死亡人数／年平均人数）×1000‰

人口自然增长率=人口出生率-人口死亡率

五、就业人员和职工工资

Chapter 5 Employment and Wage

5-1 就业基本情况

指　　标	单位	2006年	2007年	2008年	2009年	2010年	2011年	2012年	2013年	2014年
年末就业人员	**万人**	**2128.1**	**2180.7**	**2198.2**	**2277.1**	**2317.5**	**2364.9**	**2423.8**	**2518.9**	**2562.2**
第一产业	万人	716.2	705.7	700.7	697.5	703.6	699.9	694.7	683.8	687.9
第二产业	万人	590.2	601.4	605	619.2	641.5	645.1	651.1	724.2	710.5
第三产业	万人	821.7	873.6	892.5	960.4	972.4	1019.9	1078.0	1110.9	1163.9
按城乡分就业人员										
城镇就业人员	万人	995.2	1027	1033.5	1096.6	1109	1141.8	1206.0	1301.8	1340.2
国有单位	万人	345.6	336.8	338.1	313.7	312.1	303.8	310.3	292.5	292.5
城镇集体单位	万人	99	90.6	83.9	74.6		34.1	35.1	36.7	33.5
其他内资	万人	117.1	118	128.2	149.3	154.9	165.7	177.4	272.5	256.5
外商投资单位	万人	42.8	44.1	44.7	41	41.8	53.0	51.9	60.1	57.1
港澳台投资单位	万人	10.1	11.5	10.8	11.5	11.9	15.1	15.1	19.5	18.5
其　　他	万人	4.1	3.9	5	6.5	6.9	7.9	9.0	7.7	7.1
私营企业	万人	184.6	202.9	206.1	240.7	271.6	303.3	318.7	337.0	380.3
个　　体	万人	191.9	219.2	216.6	259.2	239.9	259.0	288.6	275.7	294.8
乡村就业人员	万人	1132.9	1153.6	1164.7	1180.5	1208.5	1223.1	1217.8	1217.1	1222.0
在岗职工人数	万人	596.7	582.4	585.6	572.1	572.8	557.2	572.3	648.1	626.9
国有单位	万人	335.8	327.7	327.2	303.2	300.4	294.6	298.8	279.8	281.2
城镇集体单位	万人	97.9	89.6	82.3	72.9	68.5	32.1	33.0	34.6	31.5
其他单位	万人	163	165.1	176.1	196.1	204	230.5	240.6	333.7	314.2
城镇当年就业(再就业)人数	万人	120.4	122.4	112.6	114	115.6	105.4	103.7	102.2	101.7
城镇登记失业人数	万人	53.9	44.5	39	41.6	39.5	39.4	38.1	39.6	41.0
#失业女性	万人	28.1	23.4	18.6	19.4	20.5	19.7	18.3	18.2	20.0
城镇登记失业率	%	5.1	4.4	3.8	3.9	3.7	3.7	3.6	3.4	3.4

5-2 按三次产业分的就业人员

(年末数)

年　份	就业人员合计(万人)				构成(%,以合计为100)		
		第一产业	第二产业	第三产业	第一产业	第二产业	第三产业
1978	1254.1	595.3	433.4	225.4	47.4	34.6	18.0
1980	1441.7	597.1	564.7	279.9	41.4	39.2	19.4
1985	1769.1	634.3	726.4	408.4	35.9	41.0	23.1
1986	1799.2	640.4	735.3	423.5	35.6	40.9	23.5
1987	1835.4	630.7	770.7	434.0	34.4	42.0	23.6
1988	1858.6	625.1	784.2	449.3	33.6	42.2	24.2
1989	1874.8	638.2	777.1	459.5	34.0	41.5	24.5
1990	1897.3	646.0	778.2	473.1	34.0	41.0	25.0
1991	1938.3	666.3	788.5	483.5	34.4	40.7	24.9
1992	1957.8	652.6	797.4	507.8	33.3	40.7	26.0
1993	2006.1	640.3	827.4	538.4	31.9	41.3	26.8
1994	2009.3	627.7	773.3	608.3	31.2	38.5	30.3
1995	2027.8	632.7	787.5	607.6	31.2	38.8	30.0
1996	2031.8	644.7	751.8	635.3	31.7	37.0	31.3
1997	1967.1	639.7	716.7	610.7	32.5	36.4	31.1
1998	1958.8	657.9	684.7	616.2	33.6	35.0	31.4
1999	1994.4	651.5	658.3	684.6	32.7	33.0	34.3
2000	2052.0	685.4	649.6	717.0	33.4	31.7	34.9
2001	2069.3	686.7	625.9	756.7	33.2	30.2	36.6
2002	2025.3	697.6	580.6	747.1	34.4	28.7	36.9
2003	2018.9	700.8	568.8	749.3	34.7	28.2	37.1
2004	2097.3	721.2	586.8	789.3	34.4	28.0	37.6
2005	2120.3	722.1	596.0	802.2	34.1	28.1	37.8
2006	2128.1	716.2	590.2	821.7	33.7	27.7	38.6
2007	2180.7	705.7	601.4	873.6	32.4	27.6	40.1
2008	2198.2	700.7	605.0	892.5	31.9	27.5	40.6
2009	2277.1	697.5	619.2	960.4	30.6	27.2	42.2
2010	2317.5	703.6	641.5	972.4	30.3	27.7	42.0
2011	2364.9	699.9	645.1	1019.9	29.6	27.3	43.1
2012	2423.8	694.7	651.1	1078.0	28.7	26.9	44.5
2013	2518.9	683.8	724.2	1110.9	27.1	28.8	44.1
2014	2562.2	687.9	710.5	1163.9	26.8	27.7	45.4

5-3 各地区按三次产业分的就业人员

(2014年末)

地　区	就业人员合计(万人)			构成(%,以合计为100)		
		第一产业	第二产业	第三产业	第一产业	第二产业	第三产业
全　省	**2562.2**	**687.9**	**710.5**	**1163.9**	**26.8**	**27.7**	**45.4**
沈　阳	403.1	74.0	130.5	198.6	18.4	32.4	49.3
大　连	501.2	62.2	152.2	286.7	12.4	30.4	57.2
鞍　山	177.3	47.9	62.9	66.5	27.0	35.5	37.5
抚　顺	116.2	30.9	30.8	54.5	26.6	26.5	46.9
本　溪	75.4	14.3	26.0	35.1	19.0	34.5	46.5
丹　东	129.9	44.6	33.4	51.8	34.4	25.7	39.9
锦　州	178.1	68.4	36.5	73.2	38.4	20.5	41.1
营　口	168.2	37.1	43.6	87.5	22.1	25.9	52.0
阜　新	109.3	38.7	25.1	45.5	35.4	23.0	41.6
辽　阳	91.0	31.3	27.4	32.2	34.4	30.2	35.4
盘　锦	112.8	41.0	25.0	46.8	36.3	22.2	41.5
铁　岭	145.5	60.7	35.4	49.5	41.7	24.3	34.0
朝　阳	190.3	78.9	46.2	65.2	41.5	24.3	34.2
葫芦岛	149.6	57.7	34.3	57.6	38.5	22.9	38.5

5-4 各地区分行业城镇非私营单位就业人数

(2014年末)　　单位：人

行　业	沈阳	大连	鞍山	抚顺	本溪	丹东	锦州
总　计	**1453911**	**1212869**	**612985**	**307421**	**327044**	**287904**	**328027**
农、林、牧、渔业	2106	5234	3863	4318	843	2828	10494
采　矿　业	26887	2050	3222	36451	13641	3386	4458
制　造　业	337162	488288	214458	66088	84078	55976	66448
电力、燃气及水的生产和供应业	33860	15861	12997	11732	10984	11793	12640
建　筑　业	309589	124447	95876	56063	61099	50249	55048
批发和零售业	85322	52047	35237	11591	6655	7151	14536
交通运输、仓储及邮政业	47380	65221	30994	10082	15452	12416	16000
住宿和餐饮业	23500	20446	4314	1856	1462	2616	1160
信息转输、软件和信息技术服务业	25369	60006	3612	2567	4799	4117	6597
金 融 业	54027	57636	17689	10553	11733	9791	15177
房　地　产　业	29600	46959	10324	4715	6431	11577	5668
租赁和商务服务业	29990	27421	10741	7863	8254	2570	6254
科学研究和技术服务业	62300	21256	26166	5398	3529	10054	8770
水利、环境和公共设施管理业	44299	14623	17756	8530	9604	11436	6243
居民服务、修理和其他服务业	3915	3189	3258	1952	569	856	1669
教育	145623	85159	49753	25258	26459	36396	39108
卫生和社会工作	86732	45919	26350	14292	35093	25320	19056
文化、体育和娱乐业	16037	11117	3741	2437	1913	2072	3511
公共管理、社会保障和社会组织	90213	65990	42634	25675	24446	27300	35190
国际组织							

5-4 续表

单位：人

行　　业	营口	阜新	辽阳	盘锦	铁岭	朝阳	葫芦岛
总　　计	**272361**	**214596**	**185393**	**483213**	**253571**	**302745**	**264649**
农、林、牧、渔业	588	4161	3084	171347	16261	2475	2929
采　矿　业	1136	52416	1161	101839	49420	7690	9063
制　造　业	78054	17551	59225	40169	31717	45212	82639
电力、燃气及水的生产和供应业	8118	8008	3352	4942	8550	9408	6343
建　筑　业	39336	25545	24021	46380	22524	62083	41845
批发和零售业	7731	5481	3567	9191	10169	11691	5318
交通运输、仓储及邮政业	26969	4313	5159	7042	6967	7760	7488
住宿和餐饮业	2543	952	1231	2826	261	1207	1864
信息转输、软件和信息技术服务业	3014	5237	2572	2196	3144	3191	2912
金 融 业	11832	8771	6855	9067	6809	14043	10407
房　地　产　业	4421	4083	3644	5937	3812	4645	2647
租赁和商务服务业	4560	2265	4365	10987	2583	3362	4494
科学研究和技术服务业	3310	3259	2916	4873	5770	5285	4477
水利、环境和公共设施管理业	7035	6133	8743	8485	5837	6336	6053
居民服务、修理和其他服务业	513	606	575	803	355	4460	950
教育	23002	27127	18692	17906	29698	46535	27645
卫生和社会工作	13437	13001	11394	8824	14125	17008	13196
文化、体育和娱乐业	2081	1737	1559	1781	1514	1650	940
公共管理、社会保障和社会组织	34681	23950	23278	28618	34055	48704	33439
国际组织							

5-5　各地区城镇非私营单位就业人员

(年末数)

单位：万人

地　区	2011年			2012年			2013年			2014年		
	单位全部就业人员	全部职工	其他就业人员	单位全部就业人员	全部职工	其他就业人员	单位全部就业人员	全部职工	其他就业人员	单位全部就业人员	全部职工	其他就业人员
全　省	**579.6**	**557.2**	**22.4**	**598.7**	**572.3**	**26.4**	**689.1**	**648.1**	**40.9**	**665.2**	**626.9**	**38.3**
沈　阳	110.0	104.3	5.7	112.8	107.1	5.7	144.2	133.1	11.1	145.4	134.2	11.2
大　连	109.8	104.5	5.4	111.5	106.7	4.8	131.4	125.1	6.3	121.3	114.7	6.5
鞍　山	52.0	49.4	2.6	55.2	51.9	3.2	62.9	59.3	3.6	61.3	57.7	3.6
抚　顺	28.2	27.5	0.7	30.9	29.9	1.0	32.8	31.5	1.4	30.7	29.6	1.1
本　溪	26.4	25.1	1.3	28.0	26.3	1.6	31.7	29.1	2.6	32.7	29.9	2.8
丹　东	26.8	26.3	0.5	26.9	26.2	0.6	31.8	29.0	2.8	28.8	27.1	1.7
锦　州	26.8	26.0	0.8	29.2	28.4	0.8	32.1	29.8	2.2	32.8	30.9	1.9
营　口	26.6	26.4	0.2	28.0	27.7	0.3	29.1	28.7	0.5	27.2	26.8	0.4
阜　新	19.6	18.3	1.3	21.7	19.9	1.8	22.7	20.5	2.2	21.5	19.5	2.0
辽　阳	17.6	17.5	0.1	18.0	17.8	0.2	19.9	19.5	0.4	18.5	18.2	0.4
盘　锦	47.4	46.3	1.1	46.9	44.2	2.7	49.8	46.8	3.0	48.3	46.2	2.1
铁　岭	23.1	22.5	0.6	23.0	22.2	0.8	28.2	27.0	1.2	25.4	24.6	0.8
朝　阳	26.5	25.4	1.1	30.9	28.7	2.2	30.4	28.6	1.8	30.3	28.5	1.7
葫 芦 岛	22.2	21.3	0.9	20.4	19.9	0.6	27.2	25.3	1.9	26.5	24.7	1.8

5-6 各地区个体从业人员

单位：户、万人

地 区	2005年		2011年		2012年		2013年		2014年	
	户数	从业人数	户数	从业人数	户数	从业人数	户数	从业人数	户数	从业人数
全 省	**1274219**	**288.3**	**1612104**	**364.4**	**1677398**	**385.4**	**1704510**	**402.7**	**1806437**	**443.6**
沈 阳	191639	56.9	226122	55.6	248109	57.8	261272	61.3	272201	63.9
大 连	250925	42.1	287637	41.7	301268	45.4	312773	47.9	337901	52.6
鞍 山	91430	24.6	94666	14.4	102302	17.3	93192	14.2	104439	15.8
抚 顺	73769	23.9	106519	34.5	100944	27.4	96903	24.2	97541	31.3
本 溪	38906	12.2	57295	12.9	54063	12.4	50323	16.6	49453	15.3
丹 东	79254	20.3	85987	18.6	88857	16.0	89530	19.1	97792	18.8
锦 州	89065	18.5	126290	29.6	134019	30.9	130724	40.8	137610	49.3
营 口	72557	11.6	130721	62.1	129371	53.4	139403	59.6	148877	66.2
阜 新	59160	16.2	70521	15.8	74591	23.8	77912	19.6	81564	15.3
辽 阳	47225	16.3	73490	12.9	74311	27.9	61522	12.0	62166	12.3
盘 锦	42745	8.6	68572	9.9	71051	10.4	67918	10.2	125361	26.0
铁 岭	87135	14.0	109648	23.3	113012	24.4	121560	21.5	100521	17.5
朝 阳	80647	13.4	86046	16.9	91425	20.0	97833	20.0	75665	11.4
葫芦岛	69762	9.6	88590	16.2	94075	18.3	103645	35.8	115346	47.7

5-7 各地区私营企业从业人员

单位：户、万人

地 区	2005年		2011年		2012年		2013年		2014年	
	户数	从业人数	户数	从业人数	户数	从业人数	户数	从业人数	户数	从业人数
全 省	**165217**	**252.1**	**337170**	**402.6**	**374024**	**421.6**	**390953**	**435.7**	**458812**	**483.7**
沈 阳	47703	54.2	86199	74.2	108938	81.9	112173	88.8	132530	90.6
大 连	56056	90.2	96583	163.9	100970	171.9	106582	182.8	125156	220.3
鞍 山	11482	11.0	22260	15.3	22007	15.4	21493	14.9	24014	16.1
抚 顺	5294	14.6	13804	11.6	14684	12.0	15840	12.4	18176	13.1
本 溪	3821	7.4	7488	7.7	7746	7.6	8113	7.6	9052	7.7
丹 东	6556	9.9	16526	12.2	17409	12.6	17798	13.2	20181	14.7
锦 州	6243	6.9	13320	12.8	14865	13.5	15837	13.6	21428	16.0
营 口	6218	8.6	20972	28.9	22404	30.0	23152	17.4	27311	21.1
阜 新	2834	9.6	9143	12.6	10316	12.3	11555	17.3	12754	13.4
辽 阳	4744	11.2	10921	13.7	12302	13.9	12991	14.6	14378	15.2
盘 锦	3108	6.2	8991	10.0	8950	9.6	10135	10.4	15291	11.1
铁 岭	3891	7.1	10852	10.6	11994	11.1	12637	11.2	13724	18.2
朝 阳	3644	10.0	9968	15.8	10905	16.0	11555	17.3	11480	11.1
葫芦岛	3623	5.2	10143	13.4	10534	13.7	11092	14.2	13337	15.2

5-8 分行业在岗职工人数(一)

单位：万人

行　业	2006年	2007年	2008年	2009年	2010年	2011年	2012年	2013年	2014年
总　计	**476.0**	**473.0**	**485.7**	**485.0**	**493.4**	**557.2**	**572.3**	**648.1**	**626.9**
农、林、牧、渔业	28.8	29.8	30.9	27.2	27.6	26.1	24.5	22.7	23.1
采　矿　业	29.8	29.6	33.3	35.3	35.0	32.8	31.6	33.2	30.6
制　造　业	140.5	138.9	140.4	139.2	140.0	164.6	165.6	175.9	163.6
电力、燃气及水的生产和供应业	16.5	16.8	16.7	16.0	16.3	16.7	16.0	15.8	15.4
建　筑　业	28.8	26.7	27.2	28.2	29.1	44.2	55.1	94.5	87.0
批发和零售业	15.7	13.8	14.9	16.6	16.4	21.1	20.0	26.4	25.2
交通运输、仓储及邮政业	32.7	32.7	32.7	31.0	29.5	32.4	32.3	37.0	37.1
住宿和餐饮业	5.6	6.1	6.2	6.4	6.0	7.0	7.0	7.8	7.0
信息转输、计算机服务和软件业	4.9	5.4	5.9	5.9	6.7	8.2	8.8	12.2	12.6
金 融 业	13.9	14.2	14.7	15.0	15.3	17.3	18.3	18.7	19.2
房 地 产 业	6.0	5.6	6.0	7.0	8.4	11.0	11.8	13.3	13.9
租赁和商务服务业	7.7	7.9	9.9	8.3	10.4	12.3	9.2	12.7	11.9
科学研究和技术服务业	9.2	9.3	9.7	10.4	11.3	13.1	15.1	16.1	15.9
水利、环境和公共设施管理业	10.7	11.0	10.3	10.2	11.0	12.7	13.1	13.6	14.1
居民服务、修理和其他服务业	2.0	1.8	1.9	2.2	2.8	2.9	2.6	2.7	2.7
教育	50.0	50.2	49.1	49.4	50.7	53.3	55.8	56.8	57.8
卫生和社会工作	21.8	21.8	23.1	23.3	24.2	26.8	29.1	31.7	32.7
文化、体育和娱乐业	4.9	4.8	4.8	5.3	4.9	5.1	4.9	5.4	5.1
公共管理、社会保障和社会组织	46.4	46.7	47.7	48.1	47.7	49.2	51.3	51.8	52.1

注：本表到5-17表2011年、2012年、2013年、2014年均为含劳务派遣人数。

5-9 分行业在岗职工人数(二)

行　业	2011年			2012年			2013年			2014年		
	在岗职工	#国有单位	#集体单位	在岗职工	#国有单位	#集体单位	在岗职工	#国有单位	#集体单位	在岗职工	#国有单位	#集体单位
总　计	**557.2**	**294.6**	**32.1**	**572.3**	**298.8**	**33.0**	**648.1**	**279.8**	**34.6**	**626.9**	**281.2**	**31.5**
农、林、牧、渔业	26.1	25.0	0.1	24.5	23.8	0.1	22.7	22.1	0.1	23.1	22.5	0.1
采　矿　业	32.8	14.6	1.4	31.6	13.4	1.4	33.2	6.7	0.8	30.6	5.9	1.3
制　造　业	164.6	31.0	12.5	165.6	30.1	12.5	175.9	21.5	12.0	163.6	20.7	10.8
电力、燃气及水的生产和供应业	16.7	9.6	0.4	16.0	9.5	0.4	15.8	8.0	0.2	15.4	7.6	0.2
建　筑　业	44.2	13.4	7.6	55.1	14.8	8.9	94.5	11.3	10.6	87.0	13.2	9.2
批发和零售业	21.1	3.9	1.8	20.0	3.8	1.3	26.4	3.7	1.2	25.2	3.4	1.1
交通运输、仓储及邮政业	32.4	23.4	0.7	32.3	22.8	0.6	37.0	22.8	1.6	37.1	22.6	1.3
住宿和餐饮业	7.0	2.0	0.3	7.0	1.9	0.4	7.8	2.2	0.4	7.0	2.0	0.3
信息转输、软件和信息技术服务业	8.2	2.4		8.8	2.5		12.2	1.7		12.6	1.9	0.0
金 融 业	17.3	7.2	2.4	18.3	7.7	2.4	18.7	7.6	2.3	19.2	7.5	2.3
房 地 产 业	11.0	3.2	0.2	11.8	2.7	0.3	13.3	1.9	0.2	13.9	2.0	0.2
租赁和商务服务业	12.3	6.1	1.6	9.2	4.7	1.5	12.7	5.9	2.1	11.9	5.4	2.0
科学研究和技术服务业	13.1	10.4	0.3	15.1	12.0	0.3	16.1	11.4	0.6	15.9	11.4	0.4
水利、环境和公共设施管理业	12.7	11.7	0.3	13.1	12.0	0.3	13.6	12.3	0.4	14.1	12.8	0.3
居民服务、修理和其他服务业	2.9	2.0	0.4	2.6	1.7	0.3	2.7	1.5	0.2	2.7	1.7	0.2
教育	53.3	51.2	0.5	55.8	53.8	0.4	56.8	55.0	0.4	57.8	55.6	0.3
卫生和社会工作	26.8	24.2	1.4	29.1	26.4	1.6	31.7	28.8	1.4	32.7	29.7	1.4
文化、体育和娱乐业	5.1	4.6		4.9	4.5		5.4	4.3	0.1	5.1	4.0	0.1
公共管理、社会保障和社会组织	49.2	48.8	0.1	51.3	50.9	0.1	51.8	51.3	0.1	52.1	51.6	0.1
国际组织												

5-10 各地区在岗职工人数

单位：人

地 区	2011年 合计	国有单位	城镇集体单位	其他单位	2012年 合计	国有单位	城镇集体单位	其他单位
全 省	**5571577**	**2945802**	**320882**	**2304893**	**5723311**	**2987820**	**329914**	**2405577**
沈 阳	1042560	523817	53714	465029	1070957	542630	53365	474962
大 连	1044607	292460	27286	724861	1067340	304735	25396	737209
鞍 山	493700	309352	53613	130735	519451	317853	55454	146144
抚 顺	274579	113248	17126	144205	299262	115253	19124	164885
本 溪	251172	178454	21373	51345	263358	188838	23549	50971
丹 东	262680	139026	16563	107091	262136	147501	15022	99613
锦 州	260283	166120	22358	71805	283585	167191	26756	89638
营 口	264097	120274	16231	127592	277057	119954	16694	140409
阜 新	183207	135835	13819	33553	198886	142064	17926	38896
辽 阳	175220	86538	14116	74566	177950	91078	14793	72079
盘 锦	463210	329461	5003	128746	442194	306675	7408	128111
铁 岭	225132	131198	21084	72850	222237	132532	20371	69334
朝 阳	254080	141154	10241	102685	287390	141951	11166	134273
葫芦岛	213270	115085	28355	69830	198552	116609	22890	59053

5-10 续表

单位：人

地 区	2013年 合计	国有单位	城镇集体单位	其他单位	2014年 合计	国有单位	城镇集体单位	其他单位
全 省	**6481415**	**2798453**	**346190**	**3336772**	**6268735**	**2812051**	**314607**	**3142077**
沈 阳	1331298	511320	53348	766630	1341739	547743	40954	753042
大 连	1251468	294945	34428	922095	1147373	285615	26832	834926
鞍 山	593092	318047	67961	207084	576973	312440	58194	206339
抚 顺	314594	108580	19902	186112	296239	105177	18930	172132
本 溪	290866	107933	19802	163131	299274	120646	18147	160481
丹 东	290106	145602	14918	129586	270554	134100	11600	124854
锦 州	298123	164614	23301	110208	308935	169511	28927	110497
营 口	286564	109738	16583	160243	268255	111404	13161	143690
阜 新	204930	90744	10511	103675	194535	92602	10948	90985
辽 阳	195356	94502	19035	81819	181687	88389	16285	77013
盘 锦	468051	313717	4139	150195	461880	309714	4017	148149
铁 岭	269888	138977	20372	110539	245717	131812	17882	96023
朝 阳	286350	142730	10873	132747	285378	146499	10709	128170
葫芦岛	253456	109731	31017	112708	246911	113114	38021	95776

5-11 各地区分行业在岗职工人数

(2014年末)　　单位：人

行　业	沈阳	大连	鞍山	抚顺	本溪	丹东	锦州
总　计	**1341739**	**1147373**	**576973**	**296239**	**299274**	**270554**	**308935**
农、林、牧、渔业	2059	5108	3813	4318	843	2828	10488
采　矿　业	26347	2050	3098	36375	13610	3386	4458
制　造　业	332555	471380	211363	65664	82908	54897	66100
电力、燃气及水的生产和供应业	33395	15514	12358	11722	10143	11470	11814
建　筑　业	248715	115424	85784	53175	46027	38305	42773
批发和零售业	83046	47890	34735	9335	6495	6930	11724
交通运输、仓储及邮政业	46178	64157	30517	10064	15090	12333	15752
住宿和餐饮业	22383	19330	4270	1761	1365	2528	1160
信息转输、软件和信息技术服务业	25251	59410	3600	2567	4305	3610	6593
金 融 业	35689	39326	17338	8992	9182	9396	15133
房　地　产　业	29436	43712	9426	4647	6356	11337	5517
租赁和商务服务业	29311	26784	10353	7777	8170	2533	6250
科学研究和技术服务业	59480	20283	21353	5259	3377	9966	8688
水利、环境和公共设施管理业	40234	13276	14575	7464	5805	10441	6046
居民服务、修理和其他服务业	3774	3063	2947	1906	512	838	1657
教育	140019	81891	43043	24894	25768	36302	38722
卫生和社会工作	81754	43578	23321	13903	34215	24714	17856
文化、体育和娱乐业	15673	10708	3646	2299	1702	2016	3246
公共管理、社会保障和社会组织	86440	64489	41433	24117	23401	26724	34958
国际组织							

5-11 续表　　单位：人

行　业	营口	阜新	辽阳	盘锦	铁岭	朝阳	葫芦岛
总　计	**268255**	**194535**	**181687**	**461880**	**245717**	**285378**	**246911**
农、林、牧、渔业	587	4100	3078	171347	16005	2426	2917
采　矿　业	1135	46634	1161	101449	49420	7690	8866
制　造　业	77889	16931	58024	39456	30895	43984	82087
电力、燃气及水的生产和供应业	7964	7952	3324	4755	8238	9013	6005
建　筑　业	36603	22113	23308	39271	20771	56765	32362
批发和零售业	7644	5053	3536	9156	8852	11324	5086
交通运输、仓储及邮政业	26628	4113	5157	6934	6679	7708	7201
住宿和餐饮业	2479	946	1179	2753	243	1207	1863
信息转输、软件和信息技术服务业	3012	3699	2208	2190	3144	2960	2746
金 融 业	11791	6459	6751	6443	6436	10332	8502
房　地　产　业	4412	3776	3594	5402	3632	4560	2554
租赁和商务服务业	4554	2214	4325	4204	2582	3338	4388
科学研究和技术服务业	3247	3153	2855	4795	5729	4919	4362
水利、环境和公共设施管理业	6972	3867	8702	8358	5291	5418	4335
居民服务、修理和其他服务业	513	574	562	795	349	4440	948
教育	22890	26996	18599	17119	29533	44719	27084
卫生和社会工作	13293	11441	10762	8398	13568	16175	12871
文化、体育和娱乐业	2057	1628	1550	1763	1493	1603	885
公共管理、社会保障和社会组织	34585	22886	23012	27292	32857	46797	31849
国际组织							

5-12 分细行业在岗职工人数

(2014年末) 单位：人

项　目	在岗职工人数合计	国有经济单位	城镇集体经济单位	其他经济单位
全省总计	**6268735**	**2812051**	**314607**	**3142077**
按隶属关系分组				
中　　央		594689		
省　　属		285415		
市　　属		661256		
县及县以下		1225003		
其　　他		45688		
按企、事业和机关分组				
企　　业	4557296	1144714	295316	3117266
＃地　方		611283		
事　　业	1238442	1208294	17113	13035
＃地　方		1172044		
机　　关	458281	455208	883	2190
＃地　方		430392		
按国民经济行业分组				
农、林、牧、渔业	**230726**	**224746**	**554**	**5426**
农　　业	206620	205636	76	908
林　　业	10790	10721	48	21
畜 牧 业	1144	783	3	358
渔　　业	5498	1073	334	4091
农、林、牧、渔服务业	6674	6533	93	48
采 矿 业	**305798**	**58513**	**12581**	**234704**
煤炭开采和洗选业	166201	1448	5743	159010
石油和天然气开采业	44796			44796
黑色金属矿采选业	16206	1039	2692	12475
有色金属矿采选业	11539	851	291	10397
非金属矿采选业	10007	468	3855	5684
开采辅助活动	56661	54588		2073
其他采矿业	388	119		269
制 造 业	**1636292**	**207428**	**108214**	**1320650**
农副食品加工业	74473	4967	320	69186
食品制造业	23627	478	194	22955
酒、饮料和精制茶制造业	21532	74	164	21294
烟草制品业	2035		105	1930
纺织业	18677	716	675	17286
纺织服装、服饰业	64766	403	1133	63230
皮革、毛皮、羽毛及其制品和制鞋业	4395	315	185	3895
木材加工和木、竹、藤、棕、草制品业	14655	375	951	13329
家具制造业	17159	28	114	17017
造纸和纸制品业	10785	729	759	9297
印刷和记录媒介复制业	10429	3198	2034	5197
文教、工美、体育和娱乐用品制造业	7547	53	392	7102
石油加工、炼焦和核燃料加工业	90962	18969	12305	59688
化学原料和化学制品制造业	80943	10251	9714	60978

5-12 续表 1

单位：人

项 目	在岗职工人数合计	国有经济单位	城镇集体经济单位	其他经济单位
医药制造业	29987	859	34	29094
化学纤维制造业	3118	5	110	3003
橡胶和塑料制品业	49892	361	6508	43023
非金属矿物制品业	65838	4649	7465	53724
黑色金属冶炼和压延加工业	290284	125394	9707	155183
有色金属冶炼和压延加工业	42812	1059	4078	37675
金属制品业	78037	3860	10992	63185
通用设备制造业	175266	7919	11859	155488
专用设备制造业	106398	4969	3600	97829
汽车制造业	114442	2747	1049	110646
铁路、船舶、航空航天和其他运输设备制造业	70220	8057	12168	49995
电气机械和器材制造业	68713	924	3406	64383
计算机、通信和其他电子设备制造业	64515	1988	4189	58338
仪器仪表制造业	18452	247	620	17585
其他制造业	6849	3406	673	2770
废弃资源综合利用业	4296	127	395	3774
金属制品、机械和设备修理业	5188	301	2316	2571
电力、热力、燃气及水生产和供应业	**153667**	**76255**	**1575**	**75837**
电力、热力生产和供应业	106542	49830	999	55713
燃气生产和供应业	14044	3188	200	10656
水的生产和供应业	33081	23237	376	9468
建筑业	**870415**	**131571**	**91973**	**646871**
房屋建筑业	488416	58943	55168	374305
土木工程建筑业	232948	56883	15808	160257
建筑安装业	103943	10333	19960	73650
建筑装饰和其他建筑业	45108	5412	1037	38659
批发和零售业	**252376**	**33748**	**10570**	**208058**
批发业	96756	22417	4273	70066
零售业	155620	11331	6297	137992
交通运输、仓储和邮政业	**370752**	**226228**	**13468**	**131056**
铁路运输业	118509	112976	987	4546
道路运输业	133188	63377	10726	59085
水上运输业	45601	9673	31	35897
航空运输业	19597	9036	31	10530
管道运输业	3112	1251		1861
装卸搬运和运输代理业	16999	2040	1455	13504
仓 储 业	10670	5792	193	4685
邮政业	23076	22083	45	948
住宿和餐饮业	**70105**	**19832**	**3102**	**47171**
住宿业	47167	18433	2663	26071
餐饮业	22938	1399	439	21100
信息传输、软件和信息技术服务业	**125610**	**19284**	**228**	**106098**
电信、广播电视和卫星传输服务	66760	16489	184	50087
互联网和相关服务	2189	459	34	1696
软件和信息技术服务业	56661	2336	10	54315

5-12 续表 2

单位：人

项　　目	在岗职工人数合计	国有经济单位	城镇集体经济单位	其他经济单位
金融业	**191790**	**74730**	**22765**	**94295**
货币金融服务业	148967	67710	21550	59707
资本市场服务业	3037	996		2041
保险业	38848	5776	932	32140
其他金融业	938	248	283	407
房地产业	**138954**	**19867**	**1965**	**117122**
房地产开发经营	69322	3756	214	65352
物业管理	55613	8983	1175	45455
房地产中介服务	6545	1085	360	5100
租赁和商务服务业	**118812**	**53662**	**20146**	**45004**
租赁业	939	161	22	756
商务服务业	117873	53501	20124	44248
科学研究、技术服务业	**159005**	**113629**	**3771**	**41605**
研究和试验发展	34105	29474	228	4403
专业技术服务业	106695	69972	2992	33731
科技推广和应用服务业	18205	14183	551	3471
水利、环境和公共设施管理业	**140784**	**127656**	**2636**	**10492**
水利管理业	23005	20320	354	2331
生态保护和环境治理业	6847	6217	135	495
公共设施管理业	110932	101119	2147	7666
居民服务、修理和其他服务业	**27444**	**16844**	**2005**	**8595**
居民服务业	14127	9945	720	3462
机动车、电子产品和日用产品修理业	4251	865	545	2841
其他服务业	9066	6034	740	2292
教育	**577980**	**555599**	**3132**	**19249**
初等教育	158168	155756	435	1977
中等教育	247588	240378	895	6315
高等教育	106916	105329	154	1433
卫生和社会工作	**326700**	**296667**	**14324**	**15709**
卫生	302425	273480	13875	15070
社会工作	24275	23187	449	639
文化、体育和娱乐业	**50685**	**40105**	**597**	**9983**
新闻和出版业	10807	6931	382	3494
广播、电视、电影和影视录音制作业	14530	13132	54	1344
文化艺术业	18567	17619	55	893
体育	3616	1853	15	1748
娱乐业	3165	570	91	2504
公共管理、社会保障和社会组织	**520840**	**515687**	**1001**	**4152**
中国共产党机关	23634	23634		
国家机构	467142	467107	35	
人民政协、民主党派	3323	3323		
社会保障	7332	7332		
群众社团、社会团体和其他成员组织	14903	13923	37	943

5-13 国有单位分行业在岗职工人数

单位：万人

行业	2006年	2007年	2008年	2009年	2010年	2011年	2012年	2013年	2014年
总计	**292.5**	**289.4**	**292.8**	**271.2**	**271.6**	**294.6**	**298.8**	**279.8**	**281.2**
农、林、牧、渔业	27.9	28.8	30.1	26.4	26.6	25.0	23.8	22.1	22.5
采矿业	17.3	17.1	20.8	8.2	8.3	14.6	13.4	6.7	5.9
制造业	35.4	33.8	34.2	30.7	29.4	31.0	30.1	21.5	20.7
电力、燃气及水的生产和供应业	11.0	10.8	10.4	9.5	9.9	9.6	9.5	8.0	7.6
建筑业	9.3	8.7	9.2	9.2	10.1	13.4	14.8	11.3	13.2
批发和零售业	5.2	4.1	3.8	4.6	3.7	3.9	3.8	3.7	3.4
交通运输、仓储及邮政业	27.7	27.5	25.5	23.6	21.6	23.4	22.8	22.8	22.6
住宿和餐饮业	1.8	1.6	1.4	1.4	1.6	2.0	1.9	2.2	2.0
信息转输、软件和信息技术服务业	2.0	1.9	2.1	2.0	2.1	2.4	2.5	1.7	1.9
金融业	6.4	6.0	6.6	6.6	6.5	7.2	7.7	7.6	7.5
房地产业	3.0	2.7	2.5	2.3	2.4	3.2	2.7	1.9	2.0
租赁和商务服务业	5.3	5.7	6.0	4.7	4.7	6.1	4.7	5.9	5.4
科学研究和技术服务业	7.9	8.1	8.2	8.7	9.2	10.4	12.0	11.4	11.4
水利、环境和公共设施管理业	10.2	10.4	9.8	9.6	10.3	11.7	12.0	12.3	12.8
居民服务、修理和其他服务业	1.2	1.1	1.2	1.4	2.0	2.0	1.7	1.5	1.7
教育	49.8	49.9	48.5	48.5	49.3	51.2	53.8	55.0	55.6
卫生和社会工作	20.3	20.3	20.5	21.0	21.9	24.2	26.4	28.8	29.7
文化、体育和娱乐业	4.6	4.5	4.5	4.9	4.5	4.6	4.5	4.3	4.0
公共管理、社会保障和社会组织	46.3	46.5	47.6	47.9	47.5	48.8	50.9	51.3	51.6
国际组织									

5-14 各地区国有单位分行业在岗职工人数

(2014年末)

单位：人

行业	沈阳	大连	鞍山	抚顺	本溪	丹东	锦州
总计	**547743**	**285615**	**312440**	**105177**	**120646**	**134100**	**169511**
农、林、牧、渔业	2016	792	3156	4294	695	2805	10218
采矿业				135	194	779	83
制造业	12635	19632	128942	6752	1040	1727	5641
电力、燃气及水的生产和供应业	12375	3440	9644	5475	5850	5849	8581
建筑业	53427	7354	5702	2424	1626	7225	10794
批发和零售业	9267	2764	2477	1636	2157	1619	1905
交通运输、仓储及邮政业	22757	15088	15064	6265	4773	5417	9465
住宿和餐饮业	4555	2562	1341	902	335	771	491
信息转输、软件和信息技术服务业	4179	1319	2080	446	1868	843	3777
金融业	19638	12673	3722	1547	6805	4071	6271
房地产业	269	2431	2875	660	1577	1019	1993
租赁和商务服务业	15622	9966	6171	3227	1243	1181	2215
科学研究和技术服务业	43679	9093	12792	2535	3009	8070	7930
水利、环境和公共设施管理业	39032	9302	13598	6874	5058	9008	5359
居民服务、修理和其他服务业	1817	972	563	259	510	417	1264
教育	133557	76646	40441	23393	25493	33685	38553
卫生和社会工作	75477	39651	19447	12947	33456	21662	17050
文化、体育和娱乐业	11011	7485	3370	1289	1699	1891	2968
公共管理、社会保障和社会组织	86430	64445	41055	24117	23258	26061	34953
国际组织							

5-14 续表

单位：人

行　业	营口	阜新	辽阳	盘锦	铁岭	朝阳	葫芦岛
总　计	**111404**	**92602**	**88389**	**309714**	**131812**	**146499**	**113114**
农、林、牧、渔业	587	4038	3078	171294	16005	2130	2829
采　矿　业	219	140		54588	210	1035	1011
制　造　业	250	622	10823	1589	4523	1131	9962
电力、燃气及水的生产和供应业	4510	5030	862	1147	3752	5711	4029
建　筑　业	9756	2320	4428	8487	4983	780	3246
批发和零售业	761	1428	819	903	3644	1208	1590
交通运输、仓储及邮政业	9098	3103	2562	2630	5932	6148	5685
住宿和餐饮业	174	498	245	614	38	369	299
信息转输、软件和信息技术服务业	1082	581	7	430	1348	939	70
金 融 业	4889	3226	1162	1739	2101	4029	2837
房　地　产　业	613	1443	1164	666	2212	1699	653
租赁和商务服务业	1836	1981	568	3418	1886	1513	806
科学研究和技术服务业	2905	2867	2654	2704	5527	4170	4155
水利、环境和公共设施管理业	5920	3867	7492	7874	4838	5136	4298
居民服务、修理和其他服务业	352	162	228	308	344	4354	728
教育	22604	26598	18103	16767	29178	43379	26801
卫生和社会工作	11011	10284	9691	7981	11165	14400	11594
文化、体育和娱乐业	1463	1540	1526	1648	1341	1582	876
公共管理、社会保障和社会组织	33374	22874	22977	24927	32785	46786	31645
国际组织							

5-15 城镇集体单位分行业在岗职工人数

单位：万人

行　业	2006年	2007年	2008年	2009年	2010年	2011年	2012年	2013年	2014年
总　计	**37.2**	**34.4**	**32**	**30.3**	**29.6**	**32.1**	**33.0**	**34.6**	**31.5**
农、林、牧、渔业	0.3	0.2	0.2	0.2	0.1	0.1	0.1	0.1	0.1
采　矿　业	1.8	1.7	1.4	1.2	1.2	1.4	1.4	0.8	1.3
制　造　业	15.6	14.8	13.6	12.7	11.9	12.5	12.5	12.0	10.8
电力、燃气及水的生产和供应业	0.4	0.4	0.4	0.3	0.2	0.4	0.4	0.2	0.2
建　筑　业	8.2	7.1	6.3	5.9	6.0	7.6	8.9	10.6	9.2
批发和零售业	2.1	1.8	1.5	1.5	1.8	1.8	1.3	1.2	1.1
交通运输、仓储及邮政业	1.5	1.4	0.9	0.9	0.8	0.7	0.6	1.6	1.3
住宿和餐饮业	0.3	0.3	0.3	0.3	0.3	0.3	0.4	0.4	0.3
信息转输、软件和信息技术服务业	0.1	0.1							
金 融 业	2.7	2.6	2.5	2.3	2.3	2.4	2.4	2.3	2.3
房　地　产　业	0.2	0.2	0.2	0.2	0.2	0.2	0.3	0.2	0.2
租赁和商务服务业	1.5	1.4	2.1	1.9	2.0	1.6	1.5	2.1	2.0
科学研究和技术服务业	0.3	0.3	0.3	0.4	0.3	0.3	0.3	0.6	0.4
水利、环境和公共设施管理业	0.3	0.3	0.3	0.2	0.2	0.3	0.3	0.4	0.3
居民服务、修理和其他服务业	0.3	0.3	0.3	0.3	0.3	0.4	0.3	0.2	0.2
教育	0.2	0.2	0.2	0.2	0.2	0.5	0.4	0.4	0.3
卫生和社会工作	1.2	1.2	1.3	1.5	1.4	1.4	1.6	1.4	1.4
文化、体育和娱乐业								0.1	0.1
公共管理、社会保障和社会组织	0.1	0.1	0.1	0.1	0.1	0.1	0.1	0.1	0.1
国际组织									

5-16 各地区集体单位分行业在岗职工人数

(2014年末) 单位：人

行 业	沈阳	大连	鞍山	抚顺	本溪	丹东	锦州
总 计	**40954**	**26832**	**58194**	**18930**	**18147**	**11600**	**28927**
农、林、牧、渔业		321	61	24	42	18	
采 矿 业			686	994	1462	145	3902
制 造 业	11256	8059	23515	6630	7349	2032	9014
电力、燃气及水的生产和供应业	295	16	218	493	26	160	145
建 筑 业	15737	7865	15838	6563	5016	3158	7952
批发和零售业	2595	670	1133	492	462	704	1679
交通运输、仓储及邮政业	360	617	8589	124	491	428	739
住宿和餐饮业	336	976	157	95	29	175	146
信息转输、软件和信息技术服务业	11			26		93	
金 融 业	2410	205	2027	1205	1040	820	1711
房 地 产 业	256	733	124	40	34	509	94
租赁和商务服务业	3783	4733	1084	960	1073	570	2213
科学研究和技术服务业	1854	388	442	112	42	240	116
水利、环境和公共设施管理业	154	122	732	36	172	385	484
居民服务、修理和其他服务业	480	310	500	133	2	61	135
教育	557	1030	483	6	131	404	105
卫生和社会工作	835	737	2530	624	759	1668	492
文化、体育和娱乐业	35	15	53	373	3	19	
公共管理、社会保障和社会组织		35	22		14	11	
国际组织							

5-16 续表 单位：人

行 业	营口	阜新	辽阳	盘锦	铁岭	朝阳	葫芦岛
总 计	**13161**	**10948**	**16285**	**4017**	**17882**	**10709**	**38021**
农、林、牧、渔业		62		15		11	
采 矿 业	57	4179	1062			53	41
制 造 业	4632	1650	5616	714	5212	1341	21194
电力、燃气及水的生产和供应业	55		82	49			36
建 筑 业	2524	1336	5799	1579	5353	3765	9488
批发和零售业	732	729	121	518	469	70	196
交通运输、仓储及邮政业	49	240	1227	66	207	281	50
住宿和餐饮业		162	11	224	13	9	769
信息转输、软件和信息技术服务业	72						26
金 融 业	281	1219	1191	357	3789	3461	3049
房 地 产 业	50			36	74	15	
租赁和商务服务业	2311	143	466	8	639	300	1863
科学研究和技术服务业	101	58	125	63	121	13	96
水利、环境和公共设施管理业	39		139	88	248		37
居民服务、修理和其他服务业	30	67	10	7	5	45	220
教育	4	101		46	265		
卫生和社会工作	1295	914	436	246	1487	1345	956
文化、体育和娱乐业	10	88		1			
公共管理、社会保障和社会组织	919						
国际组织							

5-17 其他经济单位分行业在岗职工人数

单位：万人

行业	2006年	2007年	2008年	2009年	2010年	2011年	2012年	2013年	2014年
总计	**146.4**	**149.2**	**160.9**	**183.5**	**192.3**	**230.5**	**240.6**	**333.7**	**314.2**
农、林、牧、渔业	0.7	0.7	0.6	0.6	0.9	1.0	0.6	0.5	0.5
采矿业	10.6	10.9	11.1	25.9	25.5	16.8	16.7	25.6	23.5
制造业	89.6	90.3	92.6	95.8	98.7	121.1	123.0	142.5	132.1
电力、燃气及水的生产和供应业	5.2	5.7	5.9	6.2	6.1	6.7	6.2	7.7	7.6
建筑业	11.3	10.9	11.7	13.0	13.0	23.3	31.4	72.6	64.7
批发和零售业	8.4	7.9	9.6	10.6	10.9	15.5	14.9	21.6	20.8
交通运输、仓储及邮政业	3.6	3.8	6.3	6.4	7.2	8.3	8.9	12.6	13.1
住宿和餐饮业	3.5	4.2	4.5	4.7	4.1	4.8	4.7	5.2	4.7
信息转输、软件和信息技术服务业	2.8	3.3	3.8	3.9	4.6	5.8	6.3	10.5	10.6
金融业	4.8	5.6	5.5	6.1	6.5	7.7	8.3	8.8	9.4
房地产业	2.8	2.7	3.3	4.6	5.8	7.6	8.8	11.2	11.7
租赁和商务服务业	0.9	0.8	1.8	1.7	3.7	4.6	3.0	4.6	4.5
科学研究和技术服务业	1.0	0.9	1.2	1.4	1.8	2.4	2.8	4.1	4.2
水利、环境和公共设施管理业	0.2	0.3	0.3	0.4	0.4	0.7	0.8	1.0	1.0
居民服务、修理和其他服务业	0.4	0.4	0.4	0.4	0.5	0.6	0.6	1.0	0.9
教育	0.1	0.1	0.5	0.6	1.2	1.7	1.5	1.5	1.9
卫生和社会工作	0.3	0.3	1.3	0.8	0.9	1.2	1.2	1.4	1.6
文化、体育和娱乐业	0.3	0.3	0.3	0.3	0.4	0.4	0.4	1.0	1.0
公共管理、社会保障和社会组织				0.1	0.1	0.3	0.3	0.3	0.4
国际组织									

5-18 城镇登记失业人数及失业率

(年末数)

年份	城镇登记失业人数(万人)	#女性	女性占城镇登记失业人数(%)	失业率(%)
1980	44.7			
1985	19.7			1.9
1986	20.2			2.0
1987	25.4			2.4
1988	25.8			2.4
1989	28.3			3.3
1990	23.7			2.7
1991	24.9			2.2
1992	26.7			2.4
1993	28.5			2.6
1994	30.0			2.5
1995	30.4			2.6
1996	40.8	22.5	55.1	3.6
1997	43.5	23.4	53.8	3.7
1998	40.0	21.0	52.5	3.4
1999	39.8	21.5	54.0	3.5
2000	40.8	21.6	52.9	3.7
2001	55.5	29.2	52.6	4.8
2002	75.5	39.1	51.8	6.8
2003	72.0	46.0	63.9	6.7
2004	68.2	44.2	64.8	6.3
2005	60.4	35.3	58.4	5.7
2006	53.9	28.1	52.1	5.1
2007	44.5	23.4	52.6	4.4
2008	39.0	18.6	47.7	3.8
2009	41.6	19.4	46.6	3.9
2010	39.5	20.5	51.9	3.7
2011	39.4	19.7	50.0	3.7
2012	38.1	18.3	48.0	3.6
2013	39.6	18.2	46.0	3.4
2014	41.0	20.0	48.8	3.4

5-19 各地区城镇登记失业人数及失业率

地 区	年末城镇登记失业人数(万人)					城镇登记失业率(%)				
	2010年	2011年	2012年	2013年	2014年	2010年	2011年	2012年	2013年	2014年
全 省	**39.5**	**39.4**	**38.1**	**39.6**	**41.0**	**3.7**	**3.7**	**3.6**	**3.4**	**3.4**
沈 阳	7.8	7.6	7.7	9.1	9.5	3.1	3.1	3.0	3.0	3.0
大 连	7.2	8.0	8.5	9.5	9.1	2.7	2.9	2.6	2.6	2.7
鞍 山	2.0	2.0	2.0	2.2	2.8	2.0	2.0	2.0	2.0	2.7
抚 顺	4.0	3.7	3.6	2.4	2.1	4.3	4.2	3.9	2.5	2.8
本 溪	2.9	2.7	2.7	3.0	2.8	4.0	4.2	3.9	4.0	2.9
丹 东	2.2	2.3	2.3	1.5	1.6	4.1	4.2	4.3	2.8	2.9
锦 州	1.8	1.3	1.1	1.4	2.2	3.9	3.8	2.3	2.1	3.5
营 口	1.6	1.7	1.2	1.3	1.6	2.6	3.1	2.0	2.0	2.5
阜 新	1.7	2.0	2.0	2.0	1.6	4.0	3.9	4.0	3.9	3.4
辽 阳	1.2	1.0	0.9	1.2	1.1	2.7	2.6	2.3	2.5	2.5
盘 锦	1.9	1.8	1.7	1.7	1.9	3.7	2.9	2.7	2.7	2.8
铁 岭	1.8	1.9	1.4	1.1	1.3	3.9	3.6	2.7	2.7	3.2
朝 阳	1.5	1.7	1.3	1.0	1.4	2.8	3.8	2.9	1.9	3.1
葫芦岛	2.0	1.7	1.6	1.5	1.5	3.6	3.7	3.1	2.9	3.2

注：铁岭、葫芦岛不含昌图和绥中两县。

5-20 职工工资总额及指数

年份、地区	绝对数(亿元)				指数(上年=100)			
	合计	国有经济单位	城镇集体经济单位	其他经济单位	合计	国有经济单位	城镇集体经济单位	其他经济单位
1990	217.8	158.1	55.3	4.4	112.3	113.6	108.2	122.2
1991	242.1	174.8	61.6	5.7	111.2	110.6	111.4	129.5
1992	282.0	204.1	70.1	7.8	116.5	116.8	113.8	136.8
1993	342.5	248.5	79.1	14.9	121.5	121.8	112.8	191.0
1994	439.7	319.4	90.4	29.9	128.4	128.5	114.3	200.7
1995	496.9	368.1	97.2	31.6	113.0	115.2	107.5	105.7
1996	525.3	394.2	94.6	36.5	105.7	107.1	97.3	115.4
1997	544.5	408.1	92.4	44.0	103.6	103.5	97.6	120.6
1998	521.3	384.9	71.7	64.7	95.7	94.3	197.6	147.0
1999	529.6	388.9	62.1	78.6	101.6	101.0	86.6	121.5
2000	553.1	404.2	57.1	91.8	104.4	103.9	91.9	116.8
2001	595.9	425.3	51.9	118.7	107.7	105.2	90.9	129.3
2002	635.9	437.8	43.7	154.4	106.7	102.9	84.1	130.1
2003	680.6	455.6	41.3	183.7	107.0	104.1	94.5	118.9
2004	759.8	501.0	40.8	218.1	111.6	110.0	98.8	118.7
2005	862.9	566.4	39.7	256.8	113.6	113.1	97.3	117.7
2006	973.0	631.9	44.0	297.1	112.8	111.6	110.8	115.7
2007	1143.0	745.1	46.4	351.5	117.5	117.9	105.5	118.3
2008	1396.4	892.0	53.7	450.7	122.2	119.7	115.8	128.2
2009	1552.5	912.5	56.4	583.6	111.2	102.3	105.0	129.5
2010	1771.8	1013.0	63.4	695.5	114.1	111.0	112.3	119.2
2011	2171.6	1186.5	83.5	901.6	122.6	117.1	131.7	129.6
2012	2466.9	1320.7	99.3	1046.9	113.6	111.3	119.0	116.1
2013	3078.3	1303.4	118.9	1656.0	124.8	98.7	119.7	158.2
2014	3135.9	1362.2	110.9	1662.9	101.9	104.5	93.2	100.4
沈　阳	750.1	311.5	17.5	421.1	107.2	108.2	86.8	107.5
大　连	735.0	205.6	10.7	518.7	99.0	104.0	65.2	98.1
鞍　山	249.4	150.1	17.4	81.9	102.2	102.9	96.0	102.2
抚　顺	143.1	45.3	5.8	92.0	97.3	101.0	95.4	95.7
本　溪	123.7	42.5	4.7	76.5	99.5	98.7	102.1	99.8
丹　东	87.2	44.8	3.1	39.4	94.1	93.1	75.4	97.3
锦　州	131.4	68.3	8.6	54.4	105.8	108.4	126.6	100.2
营　口	113.8	49.0	3.7	61.1	99.8	102.1	81.3	99.5
阜　新	82.0	40.0	3.2	38.9	98.3	109.9	120.1	87.5
辽　阳	90.6	37.3	9.3	43.9	101.0	100.7	88.3	104.4
盘　锦	186.3	95.6	1.3	89.4	104.8	103.2	140.9	106.1
铁　岭	102.6	47.8	6.3	48.5	92.0	97.2	95.7	86.9
朝　阳	126.3	63.3	8.3	54.8	101.9	104.7	105.2	98.4
葫芦岛	104.4	51.2	10.8	42.3	104.2	109.5	116.1	96.1

5-21 在岗职工平均工资及指数

年份、地区	在岗职工平均工资(元)				指数(上年=100)			
	合计	国有经济单位	城镇集体经济单位	其他经济单位	合计	国有经济单位	城镇集体经济单位	其他经济单位
1990	2180	2388	1740	2300	111.0	111.7	108.6	108.6
1991	2371	2582	1904	2741	108.8	108.1	109.4	119.2
1992	2715	2975	2134	3265	114.5	115.2	112.1	119.1
1993	3305	3593	2568	4071	121.7	120.8	120.3	124.7
1994	4269	4766	2940	5717	129.2	132.6	114.5	140.4
1995	4877	5434	3333	6349	114.2	114.0	113.4	111.1
1996	5269	5894	3462	6648	108.0	108.5	103.9	104.7
1997	5591	6226	3583	7266	106.1	105.6	103.5	109.3
1998	7161	7604	4972	8285	128.1	122.1	138.8	114.0
1999	7895	8370	5161	9122	110.2	110.1	103.8	110.1
2000	8811	9221	5721	10196	111.6	110.2	110.9	111.8
2001	10145	10609	6354	11258	115.1	115.1	111.1	110.4
2002	11659	12239	7094	12214	114.9	115.4	111.6	108.5
2003	13008	13603	7629	13665	111.6	111.1	107.5	111.9
2004	14922	15716	8466	15301	114.7	115.5	111.0	112.0
2005	17331	18360	9161	17550	116.1	116.8	108.2	114.7
2006	19624	20681	10888	19797	113.2	112.6	118.9	112.8
2007	23202	24748	12242	22834	118.2	119.7	112.4	115.3
2008	27729	29456	15365	27163	119.5	119.0	125.5	119.0
2009	31104	32572	17369	31266	112.2	110.6	113.0	115.1
2010	35057	36371	20237	35527	112.7	111.7	116.5	113.6
2011	38713	40553	24591	38462	110.4	111.5	121.5	108.3
2012	42503	44062	28634	42559	109.8	108.7	116.4	110.7
2013	46310	46890	32417	47305	109.0	106.4	113.2	111.2
2014	49110	48701	33418	51061	106.0	103.9	103.1	107.9
沈 阳	55365	58915	42106	53678	107.8	102.0	110.7	111.2
大 连	63611	71701	39608	61626	107.7	105.3	83.8	108.7
鞍 山	43039	47692	29879	39659	106.9	105.9	111.3	106.4
抚 顺	45233	42983	30276	47962	106.4	104.0	104.9	107.9
本 溪	40724	34993	25381	46714	98.7	88.4	108.7	105.2
丹 东	32571	33444	25810	32271	101.2	101.1	101.8	100.8
锦 州	41444	41073	30169	44583	104.3	104.2	104.5	105.7
营 口	42193	44126	28251	41973	106.5	100.2	104.4	110.6
阜 新	41413	43036	28119	41420	103.4	105.7	119.3	100.6
辽 阳	46453	41440	41468	53291	107.9	106.0	106.9	109.4
盘 锦	39903	30948	33000	58052	105.7	104.2	146.1	106.7
铁 岭	39808	36121	35308	45099	100.1	102.3	110.9	97.4
朝 阳	40506	43003	42508	37710	103.6	101.6	96.0	106.1
葫 芦 岛	42276	45332	28363	44231	106.4	106.9	99.8	109.4

注：1990-1997年为全部职工平均工资。

5-22 按登记注册类型分在岗职工平均工资

单位：元

年份、地区	合计	国有经济单位	城镇集体经济单位	股份合作单位	联营单位	有限责任公司	股份有限公司	其他经济单位	港澳台商投资单位	外商投资单位
1995	4877	5434	3333							
1996	5269	5894	3462							
1997	5591	6226	3583							
1998	7161	7604	4972	5381	5547	7875	7946	5684	9133	9951
1999	7895	8370	5161	5817	6578	8534	8517	6380	10060	11487
2000	8811	9221	5721	6422	6460	9816	10003	4828	10539	12109
2001	10145	10609	6354	6584	8877	10826	11441	5643	12505	12766
2002	11659	12239	7094	8122	9173	11206	13960	9186	12805	14277
2003	13008	13603	7629	8685	8810	12839	16165	8422	13846	15060
2004	14922	15716	8466	10132	10439	14489	19009	9828	15902	15821
2005	17331	18360	9161	11364	10646	17148	21874	10163	17164	17448
2006	19624	20681	10888	13261	11843	19056	25312	10053	18959	19556
2007	23202	24748	12242	14640	15471	22074	29851	12089	21520	21826
2008	27729	29456	15365	18305	19166	26826	34466	17202	25307	26388
2009	31104	32572	17369	19927	20288	29670	39677	19546	29123	29626
2010	35057	36371	20237	23099	22486	33368	46281	23092	31241	34121
2011	38713	40553	24591	27409	27636	36064	51237	25964	36018	38513
2012	42503	44062	28634	32169	30429	39161	56226	30671	40261	44633
2013	46310	46890	32417	35876	41436	42822	59752	33430	46243	53836
2014	49110	48701	33418	38997	46224	45288	63899	34136	51234	60607
沈　阳	55365	58915	42106	42252	27996	47281	61682	44518	52381	72137
大　连	63611	71701	39608	47766	51903	56975	83989	50754	54098	62631
鞍　山	43039	47692	29879	26024	27207	39731	46955	28772	38811	36317
抚　顺	45233	42983	30276	58725	15200	43566	63714	42677	39696	38931
本　溪	40724	34993	25381	20130		43192	54417	33669	51191	35292
丹　东	32571	33444	25810	25423	24090	30324	40561	23720	40157	33238
锦　州	41444	41073	30169	28432	31050	37753	69873	31621	37542	46326
营　口	42193	44126	28251	29724	40993	40860	48650	29850	42654	40613
阜　新	41413	43036	28119	38063	28818	41719	45956	24444	31257	45235
辽　阳	46453	41440	41468	27122		43362	72746	25731	75471	42091
盘　锦	39903	30948	33000	40683		40424	72683	27959	62430	55250
铁　岭	39808	36121	35308	25228	31200	45723	36147	29045	55930	40035
朝　阳	40506	43003	42508	27649	64571	36752	46744	28353	41077	58232
葫芦岛	42276	45332	28363	71962	40446	40323	53196	29467	24065	54568

注：1995-1997年为全部职工平均工资。

5-23 分细行业在岗职工平均工资

(2014年)　　单位：元

项　　目	在岗职工合计	国有经济单位	城镇集体经济单位	其他经济单位
全省总计	**49110**	**48701**	**33418**	**51061**
按隶属关系分组				
中　　央		73198		
省　　属		63726		
市　　属		42959		
县及县以下		36184		
其　　他		55294		
按企、事业和机关分组				
企　　业	50036	51257	33445	51204
#地　方		32248		
事　　业	47288	47685	32759	29629
#地　方		46514		
机　　关	44780	44882	44909	23659
#地　方		44295		
按国民经济行业分组				
农、林、牧、渔业	**12962**	**12070**	**29508**	**46105**
农　业	10482	10393	24314	28717
林　业	29849	29884	25816	21143
畜牧业	26647	23900	27667	32499
渔　业	44821	24820	22929	51367
农、林、牧、渔服务业	31972	31660	60758	19938
采矿业	**58595**	**71590**	**27459**	**57023**
煤炭开采和洗选业	49153	28750	22212	50318
石油和天然气开采业	86981			86981
黑色金属矿采选业	46523	13950	31354	52442
有色金属矿采选业	39983	39731	33214	40190
非金属矿采选业	34367	24983	32942	35940
开采辅助活动	74951	75025		73049
其他采矿业	45094	55642		35063
制造业	**49572**	**55778**	**28475**	**50321**
农副食品加工业	39809	59095	39038	38447
食品制造业	35597	14787	22531	36142
酒、饮料和精制茶制造业	45102	28716	24220	45316
烟草制品业	111399		115581	111166
纺织业	26854	26637	25679	26908
纺织服装、服饰业	35867	17229	21190	36264
皮革、毛皮、羽毛及其制品和制鞋业	40238	31178	15256	42034
木材加工和木、竹、藤、棕、草制品业	36333	23968	26962	37341
家具制造业	47987	21679	27158	48174
造纸和纸制品业	33442	29526	19056	35027
印刷和记录媒介复制业	36902	37835	29639	39151
文教、工美、体育和娱乐用品制造业	35687	35358	27489	36158
石油加工、炼焦和核燃料加工业	71528	80736	26333	77895
化学原料和化学制品制造业	47416	40719	44672	48970

5-23 续表 1

单位：元

项　　目	在岗职工合计	国有经济单位	城镇集体经济单位	其他经济单位
医药制造业	44165	28259	30000	44646
化学纤维制造业	25426	40000	26643	25360
橡胶和塑料制品业	48874	53596	28408	51919
非金属矿物制品业	34955	30234	28462	36246
黑色金属冶炼和压延加工业	51797	56155	24808	49937
有色金属冶炼和压延加工业	43775	65532	27608	44731
金属制品业	47848	32753	23127	53165
通用设备制造业	48420	64214	26584	49312
专用设备制造业	56701	44019	33317	58233
汽车制造业	70898	35278	25689	72328
铁路、船舶、航空航天和其他运输设备制造业	57653	71531	24832	63649
电气机械和器材制造业	42379	34894	29067	43220
计算机、通信和其他电子设备制造业	42779	48604	32987	43268
仪器仪表制造业	41964	49203	27094	42397
其他制造业	39927	45207	31075	35621
废弃资源综合利用业	33515	18914	29519	34421
金属制品、机械和设备修理业	33056	58213	28831	34055
电力、热力、燃气及水生产和供应业	**60510**	**63130**	**27039**	**58502**
电力、热力生产和供应业	69578	80109	23213	60420
燃气生产和供应业	47771	32640	20791	52804
水的生产和供应业	38065	31074	40625	54635
建筑业	**41219**	**42488**	**34884**	**41903**
房屋建筑业	40888	34650	35786	42512
土木工程建筑业	43898	51238	31085	42495
建筑安装业	39458	41140	35248	40316
建筑装饰和其他建筑业	35228	37489	24607	35193
批发和零售业	**44207**	**59765**	**26583**	**42544**
批发业	54417	72943	28970	49952
零售业	37854	33790	24981	38785
交通运输、仓储和邮政业	**60420**	**62476**	**40028**	**58933**
铁路运输业	77644	78454	28829	67925
道路运输业	36441	30917	43489	41140
水上运输业	74056	72579	45226	74484
航空运输业	102176	108233	120935	96890
管道运输业	49480	23862		66761
装卸搬运和运输代理业	60844	59673	21857	65154
仓 储 业	44767	42597	36518	47902
邮政业	55975	55855	22885	60052
住宿和餐饮业	**37410**	**42093**	**32691**	**35762**
住宿业	39485	42932	34023	37636
餐饮业	33065	30853	24518	33388
信息传输、软件和信息技术服务业	**80021**	**63652**	**30671**	**83030**
电信、广播电视和卫星传输服务	71504	61072	33511	74983
互联网和相关服务	56960	54934	15412	58338
软件和信息技术服务业	90923	83466	30300	91250

5-23 续表 2

单位：元

项目	在岗职工合计	国有经济单位	城镇集体经济单位	其他经济单位
金融业	**88942**	**93184**	**54804**	**93811**
货币金融服务业	95159	94427	54350	110699
资本市场服务业	131225	194590		100686
保险业	62304	62732	65639	62128
其他金融业	55363	44395	53223	63979
房地产业	**47466**	**37327**	**35465**	**49390**
房地产开发经营	61585	50696	30248	62370
物业管理	30783	27725	29923	31384
房地产中介服务	49603	33386	62318	52216
租赁和商务服务业	**38722**	**35613**	**28329**	**47054**
租赁业	57092	43727	41519	60490
商务服务业	38574	35588	28311	46824
科学研究、技术服务业	**63178**	**57145**	**61908**	**79538**
研究和试验发展	71996	71316	39171	78181
专业技术服务业	64543	55415	67541	82976
科技推广和应用服务业	38984	36799	39897	47755
水利、环境和公共设施管理业	**31208**	**30937**	**27727**	**35348**
水利管理业	33817	33802	22121	35732
生态保护和环境治理业	35676	35068	25706	45667
公共设施管理业	30405	30122	28785	34567
居民服务、修理和其他服务业	**35128**	**37244**	**27571**	**32777**
居民服务业	29171	28424	32600	30619
机动车、电子产品和日用产品修理业	35815	35129	25947	37893
其他服务业	44442	52767	24048	29522
教育	**51900**	**52267**	**37918**	**43264**
初等教育	46471	46536	50828	40272
中等教育	48302	48294	43236	49347
高等教育	71804	72099	41663	53479
卫生和社会工作	**51107**	**52564**	**32020**	**41438**
卫生	52298	53894	32310	42228
社会工作	36535	37172	23174	23044
文化、体育和娱乐业	**47733**	**47078**	**31812**	**51421**
新闻和出版业	57607	48023	35469	79928
广播、电视、电影和影视录音制作业	52291	52891	31537	47272
文化艺术业	43097	42888	24200	48398
体育	35360	40519	48667	29531
娱乐业	32568	53019	18133	28196
公共管理、社会保障和社会组织	**43995**	**44217**	**30200**	**19990**
中国共产党机关	44066	44066		
国家机构	44275	44274	53571	
人民政协、民主党派	54426	54426		
社会保障	41498	41498		
群众社团、社会团体和其他成员组织	40609	41878	25135	23143

5-24 各地区在岗职工平均工资

单位：元

地区	2011年				2012年				2013年				2014年			
	合计	国有单位	集体单位	其他单位	合计	国有单位	集体单位	其他单位	合计	国有单位	集体单位	其他单位	合计	国有单位	集体单位	其他单位
全　　省	**38713**	**40553**	**24591**	**38462**	**42503**	**44062**	**28634**	**42559**	**46310**	**46890**	**32417**	**47305**	**49110**	**48701**	**33418**	**51061**
沈　　阳	45306	52049	27711	39834	48835	54455	35081	43817	51344	57771	38042	48270	55365	58915	42106	53678
大　　连	49730	62882	36699	44872	54820	66860	42564	50337	59061	68095	47286	56689	63611	71701	39608	61626
鞍　　山	33730	39501	20182	26037	34527	39412	22799	28322	40263	45033	26856	37287	43039	47692	29879	39659
抚　　顺	36191	35786	23070	38058	38757	38342	24559	40745	42527	41345	28862	44450	45233	42983	30276	47962
本　　溪	36845	41188	19951	29203	38766	41795	21727	35462	41277	39572	23354	44406	40724	34993	25381	46714
丹　　东	27055	32315	24445	20612	28630	32977	23304	22932	32179	33073	25345	32016	32571	33444	25810	32271
锦　　州	33500	33035	25206	36667	37703	37055	29202	41090	39752	39414	28864	42163	41444	41073	30169	44583
营　　口	31902	36332	22141	28903	36028	39826	27160	33944	39615	44050	27058	37936	42193	44126	28251	41973
阜　　新	33110	36859	20710	24125	38558	43216	25603	27686	40035	40727	23564	41190	41413	43036	28119	41420
辽　　阳	36161	31255	31215	43619	40244	35194	38198	47124	43053	39102	38807	48729	46453	41440	41468	53291
盘　　锦	30397	23546	23102	48107	33947	26234	18727	52926	37760	29697	22588	54397	39903	30948	33000	58052
铁　　岭	32640	27777	18600	44737	36479	31185	20453	50640	39763	35304	31834	46287	39808	36121	35308	45099
朝　　阳	31402	33086	30861	29711	36281	41783	36188	31307	39091	42326	44295	35551	40506	43003	42508	37710
葫 芦 岛	31498	31939	18509	36093	35031	34738	24285	39638	39724	42401	28424	40426	42276	45332	28363	44231

5-25 分行业在岗职工工资总额

单位：万元

行　　业	2011年				2012年			
	合计	国有单位	集体单位	其他单位	合计	国有单位	集体单位	其他单位
总　　计	**21715637**	**11865251**	**834721**	**9015665**	**24668874**	**13206768**	**993036**	**10469070**
农、林、牧、渔业	301319	265099	3237	32984	300071	270911	2551	26609
采　　矿　　业	1606814	703659	33614	869541	1713796	716153	35417	962226
制　　造　　业	5991715	1317555	257035	4417126	6566700	1282840	301397	4982464
电力、燃气及水的生产和供应业	771742	479497	9066	283178	839912	511155	10292	318466
建　　筑　　业	1639692	544472	252843	842378	2227315	703373	334392	1189550
批发和零售业	672184	150366	38938	482880	722204	164424	28005	529776
交通运输、仓储及邮政业	1418950	1025582	12483	380884	1652739	1197445	13117	442178
住宿和餐饮业	182172	54609	5937	121626	212863	67680	9694	135490
信息转输、软件和信息技术服务业	480544	124866	575	355104	578477	137158	865	440455
金 融 业	1184190	555412	90799	537980	1426188	631795	110906	683486
房　地　产　业	349806	95389	5530	248888	442151	102396	6869	332886
租赁和商务服务业	360044	162509	35922	161614	302034	162716	39721	99597
科学研究和技术服务业	707005	556603	14838	135564	829309	653892	17656	157761
水利、环境和公共设施管理业	354786	332004	5230	17553	392061	361484	7844	22733
居民服务、修理和其他服务业	85924	61949	8886	15090	89905	64342	8842	16721
教育	2361880	2293052	14192	54637	2702375	2626435	13706	62234
卫生和社会工作	1091322	1009339	42084	39900	1310108	1217798	48334	43976
文化、体育和娱乐业	208516	193796	603	14117	216100	198953	893	16254
公共管理、社会保障和社会组织	1947030	1939494	2912	4624	2144566	2135821	2536	6209

5-25 续表

单位：万元

行业	2013年				2014年			
	合计	国有单位	集体单位	其他单位	合计	国有单位	集体单位	其他单位
总计	**30783095**	**13034309**	**1189056**	**16559729**	**31359227.8**	**13621500**	**1108533.9**	**16629193.9**
农、林、牧、渔业	296404	270620	2050	23733	299441	271213	1667	26561
采矿业	1911145	425472	19196	1466476	1823710	415244	33033	1375433
制造业	8045419	1077873	340693	6626852	8151535	1176399	310478	6664658
电力、燃气及水的生产和供应业	864384	460117	4443	399824	898386	474773	4283	419331
建筑业	4477179	500314	433762	3543103	4141968	595180	382296	3164492
批发和零售业	1084220	201097	27132	855991	1126109	206215	28393	891501
交通运输、仓储及邮政业	2067875	1323104	61587	683184	2233999	1411434	53013	769552
住宿和餐饮业	256944	83439	10033	163472	265832	84241	10216	171374
信息转输、软件和信息技术服务业	893682	103508	935	789238	1006524	120405	699	885420
金融业	1532328	664268	114233	753826	1684826	690192	123063	871571
房地产业	603348	67084	6546	529719	664376	74851	6990	582535
租赁和商务服务业	451263	194072	56838	200354	458163	190032	56791	211339
科学研究和技术服务业	940494	621211	28836	290447	987733	635974	23030	328729
水利、环境和公共设施管理业	414320	375441	8701	30178	435606	391228	7298	37081
居民服务、修理和其他服务业	94603	59478	6148	28977	95646	62041	5509	28097
教育	2842078	2766091	12221	63766	2925917	2835573	11148	79196
卫生和社会工作	1544353	1437424	50541	56388	1631759	1522005	45695	64059
文化、体育和娱乐业	254331	204423	1873	48035	240509	188670	1909	49930
公共管理、社会保障和社会组织	2208729	2199274	3290	6166	2287188	2275829	3023	8336

5-26 各地区在岗职工工资总额

单位：万元

地区	2011年				2012年			
	合计	国有单位	集体单位	其他单位	合计	国有单位	集体单位	其他单位
全省	**21715637**	**11865251**	**834721**	**9015665**	**24668874**	**13206768**	**993036**	**10469070**
沈阳	4594936	2634634	144834	1815468	5232527	2988493	185412	2058622
大连	5142861	1830015	97788	3215057	5865315	2018662	104930	3741724
鞍山	1669034	1209451	108798	350786	1800411	1259356	127215	413840
抚顺	1007425	405964	40327	561133	1181234	440073	50073	691089
本溪	935552	734896	42696	157960	1031904	796589	51824	183491
丹东	709296	449072	39989	220236	744578	484672	34814	225093
锦州	913515	546399	57847	309268	1118828	635308	76945	406575
营口	840214	438638	35090	366486	1024707	477203	44876	502628
阜新	613164	497479	33243	82442	766280	611122	43693	111464
辽阳	672850	280023	70467	322360	759703	320944	90236	348523
盘锦	1408540	774759	11526	622255	1494837	796457	13886	684494
铁岭	746225	364852	38276	343096	821112	411783	41923	367407
朝阳	920490	463886	60653	395950	1149256	590527	70430	488299
葫芦岛	675522	369167	53187	253168	709920	407318	56779	245823

5-26 续表

单位：万元

地　区	2013年				2014年			
	合计	国有单位	集体单位	其他单位	合计	国有单位	集体单位	其他单位
全　省	**30783095**	**13034309**	**1189056**	**16559729**	**31359228**	**13621500**	**1108534**	**16629194**
沈　阳	6999368	2878560	202102	3918705	7501203	3114668	175399	4211136
大　连	7427139	1976027	164420	5286692	7350070	2055791	107207	5187072
鞍　山	2441401	1458842	181421	801139	2494077	1501105	174099	818874
抚　顺	1470479	448375	60739	961365	1430883	452795	57976	920112
本　溪	1242888	430334	46185	766370	1236733	424762	47138	764834
丹　东	926547	480866	40537	405144	872139	447533	30566	394039
锦　州	1241447	630234	68004	543209	1313890	683386	86063	544441
营　口	1139923	479954	45504	614465	1138099	489864	36998	611237
阜　新	834667	363659	26658	444350	820330	399717	32005	388608
辽　阳	897437	370637	105846	420955	906131	373248	93415	439468
盘　锦	1778419	926168	9365	842886	1863271	956179	13197	893896
铁　岭	1115273	491549	66233	557491	1025765	477826	63367	484572
朝　阳	1239660	604403	78571	556686	1263131	632602	82622	547907
葫芦岛	1001364	467619	93472	440273	1043539	512057	108484	422999

5-27 分行业在岗职工平均工资

单位：元

行　业	2011年				2012年			
	合计	国有单位	集体单位	其他单位	合计	国有单位	集体单位	其他单位
总　计	**38713**	**40553**	**24591**	**38462**	**42503**	**44062**	**28634**	**42559**
农、林、牧、渔业	11550	10614	23521	33826	12213	11372	29563	40256
采　矿　业	49244	48463	23408	52150	54578	54480	25544	57040
制　造　业	36462	42305	20938	36534	39467	42348	24072	40321
电力、燃气及水的生产和供应业	46754	50399	21731	43067	52372	54021	27155	51398
建　筑　业	31182	38567	26546	29105	34788	42067	31122	32537
批发和零售业	32112	38954	21625	31619	35950	43282	21768	35310
交通运输、仓储及邮政业	44053	44234	16763	46002	51433	52780	20075	50287
住宿和餐饮业	26242	28648	20609	25618	30743	35246	24659	29386
信息转输、软件和信息技术服务业	61650	52628	23549	65788	67171	55219	26694	72257
金 融 业	69494	77680	38255	71571	78577	83090	46841	83569
房 地 产 业	32740	31331	22271	33672	36462	34124	22066	37767
租赁和商务服务业	28988	26665	21298	34835	33282	34674	27898	33665
科学研究和技术服务业	54990	54890	49626	56074	55775	55584	53601	56843
水利、环境和公共设施管理业	28202	28684	17661	24750	29896	30220	23691	27682
居民服务、修理和其他服务业	28760	30698	24054	25141	33021	36917	26060	26106
教育	45240	45593	32790	36867	48562	48973	33960	38583
卫生和社会工作	41463	42537	29754	33885	45675	46836	31119	38965
文化、体育和娱乐业	40765	41529	18331	33958	44102	44327	20664	44109
公共管理、社会保障和社会组织	39976	40172	20504	16357	42099	42281	26719	18742

5-27 续表

单位：元

行业	2013年				2014年			
	合计	国有单位	集体单位	其他单位	合计	国有单位	集体单位	其他单位
总　计	**46310**	**46890**	**32417**	**47305**	**49110**	**48701**	**33418**	**51061**
农、林、牧、渔业	13195	12368	32904	45606	12962	12070	29508	46105
采　矿　业	56807	64589	22295	55985	58595	71590	27459	57023
制　造　业	45372	48482	28194	46340	49572	55778	28475	50321
电力、燃气及水的生产和供应业	56246	59312	26683	53712	60510	63130	27039	58502
建　筑　业	39621	43561	34432	39847	41219	42488	34884	41903
批发和零售业	41011	54558	22595	39720	44207	59765	26583	42544
交通运输、仓储及邮政业	56132	58419	37916	54365	60420	62476	40028	58933
住宿和餐饮业	33169	37789	26437	31687	37410	42093	32691	35762
信息转输、软件和信息技术服务业	74059	60320	36252	76437	80021	63652	30671	83030
金 融 业	83404	88083	49529	88430	88942	93184	54804	93811
房　地　产　业	45946	34695	34111	48129	47466	37327	35465	49390
租赁和商务服务业	35564	32848	27010	42844	38722	35613	28329	47054
科学研究和技术服务业	60182	56102	49436	73136	63178	57145	61908	79538
水利、环境和公共设施管理业	31194	31439	23728	30996	31208	30937	27727	35348
居民服务、修理和其他服务业	34995	39037	29558	29821	35128	37244	27571	32777
教育	50771	51060	35027	43819	51900	52267	37918	43264
卫生和社会工作	49340	50459	35844	40194	51107	52564	32020	41438
文化、体育和娱乐业	47401	48053	34302	45454	47733	47078	31812	51421
公共管理、社会保障和社会组织	42985	43175	31478	18087	43995	44217	30200	19990

5-28 各地区分行业在岗职工平均工资

(2014年)

单位：元

行业	沈阳	大连	鞍山	抚顺	本溪	丹东	锦州
总　计	**55365**	**63611**	**43039**	**45233**	**40724**	**32571**	**41444**
农、林、牧、渔业	28511	51734	22365	26003	31230	29116	12921
采　矿　业	48048	44853	47938	54148	50369	27295	34429
制　造　业	57497	54247	45892	51989	45688	29672	41879
电力、燃气及水的生产和供应业	70399	68687	61222	55959	36369	38175	49806
建　筑　业	41148	53315	36465	35335	44893	36745	42314
批发和零售业	44027	58079	42776	37116	34139	35061	32344
交通运输、仓储及邮政业	55629	82444	40010	36912	30865	31454	39698
住宿和餐饮业	35261	39576	26505	24627	87359	25392	29748
信息转输、软件和信息技术服务业	86928	92224	61063	62168	39407	50697	60641
金 融 业	120506	134639	62595	73031	45318	42584	65044
房　地　产　业	65673	54384	38283	37364	31308	21291	40366
租赁和商务服务业	39693	50623	29659	34456	40941	23793	24990
科学研究和技术服务业	74744	92235	54631	74483	34692	30522	45638
水利、环境和公共设施管理业	34374	44807	31567	25439	26351	23087	33957
居民服务、修理和其他服务业	34934	42719	28013	39889	24990	23337	33419
教育	61025	72768	41953	45924	36495	35785	43481
卫生和社会工作	69550	78525	40994	43735	34025	29799	41708
文化、体育和娱乐业	56773	57196	36086	38808	32310	30605	37506
公共管理、社会保障和社会组织	49993	62497	38906	42755	36588	35244	38938

5-28 续表

单位：元

行　业	营口	阜新	辽阳	盘锦	铁岭	朝阳	葫芦岛
总　计	**42193**	**41413**	**46453**	**39903**	**39808**	**40506**	**42276**
农、林、牧、渔业	21997	19645	10819	9473	15613	35250	24712
采　矿　业	37809	43403	34149	80476	54502	34854	29064
制　造　业	38027	31431	56521	50880	29971	38866	43995
电力、燃气及水的生产和供应业	60084	62509	82238	57015	53498	57059	86587
建　筑　业	37684	36364	41561	38898	38048	36716	38593
批发和零售业	39245	41250	46283	33714	37490	35761	37053
交通运输、仓储及邮政业	45313	34096	43517	49786	28622	40552	29716
住宿和餐饮业	34613	22270	25095	33447	28763	29303	27489
信息转输、软件和信息技术服务业	59512	53170	63151	73262	56772	61173	59943
金 融 业	81667	61433	79717	80847	41412	59136	71835
房　地　产　业	39680	30256	36321	45124	37201	30962	33953
租赁和商务服务业	27225	26384	32447	29009	30448	32353	31771
科学研究和技术服务业	43266	36234	40181	52679	36824	44735	42754
水利、环境和公共设施管理业	23493	30683	27012	25902	29466	31193	25834
居民服务、修理和其他服务业	38085	32275	31555	32255	41350	13543	28168
教育	48005	51622	42982	48584	43430	46664	44507
卫生和社会工作	40900	37719	41763	38271	38412	44121	36688
文化、体育和娱乐业	33932	33752	36216	43908	40360	39063	39480
公共管理、社会保障和社会组织	40141	37938	37643	45971	38045	40452	38962

5-29　国有单位分行业职工工资总额

单位：万元

行　业	2006年	2007年	2008年	2009年	2010年	2011年	2012年	2013年	2014年
总　计	**6318724**	**7451021**	**8614665**	**9125030**	**10129558**	**11865251**	**13206768**	**13034309**	**13621500**
农、林、牧、渔业	177394	205179	209295	229049	251731	265099	270911	270620	271213
采　矿　业	447602	516551	819843	208675	221642	703659	716153	425472	415244
制　造　业	953740	1058849	1143282	1216148	1249490	1317555	1282840	1077873	1176399
电力、燃气及水的生产和供应业	307249	356931	367542	365902	468089	479497	511155	460117	474773
建　筑　业	204294	214970	242402	303917	371666	544472	703373	500314	595180
批发和零售业	106541	103330	102246	149227	142834	150366	164424	201097	206215
交通运输、仓储及邮政业	667600	762695	741406	809326	884354	1025582	1197445	1323104	1411434
住宿和餐饮业	27106	26148	25707	29716	39897	54609	67680	83439	84241
信息转输、软件和信息技术服务业	79161	77464	81674	93996	102840	124866	137158	103508	120405
金 融 业	244036	265188	365367	395474	473440	555412	631795	664268	690192
房　地　产　业	50613	52707	54283	56972	69316	95389	102396	67084	74851
租赁和商务服务业	87439	94424	117169	132464	145834	162509	162716	194072	190032
科学研究和技术服务业	203572	246864	283124	357649	432281	556603	653892	621211	635974
水利、环境和公共设施管理业	148241	170072	196485	247954	282774	332004	361484	375441	391228
居民服务、修理和其他服务业	23791	20962	25211	34276	53274	61949	64342	59478	62041
教育	1029385	1323509	1579923	1897978	2101899	2293052	2626435	2766091	2835573
卫生和社会工作	439672	507023	593094	726596	850639	1009339	1217798	1437424	1522005
文化、体育和娱乐业	103938	119276	138153	182261	174210	193796	198953	204423	188670
公共管理、社会保障和社会组织	1017348	1328879	1528459	1687451	1813348	1939494	2135821	2199274	2275829

5-30 城镇集体单位分行业职工工资总额

单位：万元

行业	2006年	2007年	2008年	2009年	2010年	2011年	2012年	2013年	2014年
总计	**439975**	**464149**	**513765**	**564377**	**633720**	**834721**	**993036**	**1189056**	**1108534**
农、林、牧、渔业	2844	3646	2861	3349	2965	3237	2551	2050	1667
采矿业	20473	24057	21292	20853	23021	33614	35417	19196	33033
制造业	168188	180203	201521	208171	222885	257035	301397	340693	310478
电力、燃气及水的生产和供应业	4166	5611	7470	6423	4994	9066	10292	4443	4283
建筑业	100747	99303	110885	122143	140216	252843	334392	433762	382296
批发和零售业	21838	22459	17662	21646	34000	38938	28005	27132	28393
交通运输、仓储及邮政业	17839	18582	11415	13073	12678	12483	13117	61587	53013
住宿和餐饮业	3904	3939	4016	5548	6566	5937	9694	10033	10216
信息转输、软件和信息技术服务业	3142	2715	269	373	363	575	865	935	699
金融业	48801	50868	56847	70345	80549	90799	110906	114233	123063
房地产业	2163	2625	4082	3747	4932	5530	6869	6546	6990
租赁和商务服务业	18886	20345	34439	32696	35710	35922	39721	56838	56791
科学研究和技术服务业	5364	5386	8015	10649	12338	14838	17656	28836	23030
水利、环境和公共设施管理业	2386	2999	3054	3919	4436	5230	7844	8701	7298
居民服务、修理和其他服务业	3771	4109	4836	5954	5985	8886	8842	6148	5509
教育	2013	2084	3007	4489	5803	14192	13706	12221	11148
卫生和社会工作	12175	13456	20045	28518	33568	42084	48334	50541	45695
文化、体育和娱乐业	244	174	344	476	452	603	893	1873	1909
公共管理、社会保障和社会组织	1031	1588	1706	2005	2259	2912	2536	3290	3023

5-31 其它单位分行业职工工资总额

单位：万元

行业	2006年	2007年	2008年	2009年	2010年	2011年	2012年	2013年	2014年
总计	**2971070**	**3515195**	**4393707**	**5835691**	**6954732**	**9015665**	**10469070**	**16559729**	**16629194**
农、林、牧、渔业	13501	15924	19108	15728	28976	32984	26609	23733	26561
采矿业	264767	299490	354712	1047349	1218527	869541	962226	1466476	1375433
制造业	1647495	1929735	2340636	2686378	3187697	4417126	4982464	6626852	6664658
电力、燃气及水的生产和供应业	140629	173102	192945	229511	251388	283178	318466	399824	419331
建筑业	199601	217824	286419	374188	418731	842378	1189550	3543103	3164492
批发和零售业	142394	161097	215881	279667	320051	482880	529776	855991	891501
交通运输、仓储及邮政业	85284	100362	198480	233744	281841	380884	442178	683184	769552
住宿和餐饮业	46820	53718	67996	82665	86156	121626	135490	163472	171374
信息转输、软件和信息技术服务业	121501	148811	207003	232379	269227	355104	440455	789238	885420
金融业	178225	260294	260667	334872	415993	537980	683486	753826	871571
房地产业	51863	55500	81550	123943	166214	248888	332886	529719	582535
租赁和商务服务业	15586	20312	43583	46380	111637	161614	99597	200354	211339
科学研究和技术服务业	42056	52034	78131	83136	105741	135564	157761	290447	328729
水利、环境和公共设施管理业	3653	6891	7233	8896	10466	17553	22733	30178	37081
居民服务、修理和其他服务业	5539	6207	6964	8324	10872	15090	16721	28977	28097
教育	1375	1976	13591	18957	33791	54637	62234	63766	79196
卫生和社会工作	4399	6543	12391	21354	25825	39900	43976	56388	64059
文化、体育和娱乐业	6292	5266	6049	7532	10768	14117	16254	48035	49930
公共管理、社会保障和社会组织	91	110	370	689	834	4624	6209	6166	8336

主要统计指标解释

劳动力资源总数 指在劳动年龄内，具有劳动能力，在正常情况下，可能或实际参加社会劳动的人口数。

从业人员 指从事一定社会劳动并取得劳动报酬或经营收入的全部劳动力。包括:

(1)全部职工

(2)城镇私营企业从业人员

(3)城镇个体劳动者

(4)农村社会劳动者

(5)其他社会劳动者

这一指标反映了一定时期内全部劳动力资源的实际利用情况，是研究国情国力的重要指标。

各单位的从业人员是指在各级国家机关、政党机关、社会团体及企业、事业单位中工作，并取得劳动报酬的全部人员。包括职工、再就业的离退休人员、民办教师以及在各单位中工作的外方人员和港、澳、台方人员。

各单位的从业人员反映了各单位实际参加生产或工作的全部劳动力。

在岗职工 是指在本单位工作并由单位支付劳动报酬的在岗职工。

在岗职工可分为在岗长期职工和在岗临时职工。包括由单位派出学习、劳务及病伤产假并由单位支付劳动报酬的人员。

使用的农村劳动力 指国有经济、城镇集体经济、联营经济、股份制经济、外商和港、澳、台投资经济、其他经济单位的职工中，现仍保留农村户籍关系的人员。

在岗长期职工 指用工期限在一年以上(含一年)的职工。包括原固定职工、合同制职工、长期临时工以及国有单位使用的城镇集体所有制单位的人员和其他使用期限在一年以上的原计划外用工。

在岗临时职工 指用工期限不超过一年的职工。包括各单位根据国家有关规定招用的，签订一年以内的劳动合同或使用期不超过一年的临时性、季节性用工。

其他从业人员 指劳动统计制度规定不作职工统计，但实际参加社会劳动并取得劳动报酬的人员。

各单位的其他从业人员是指单位中除职工以外的全部参加本单位生产或工作并取得劳动报酬的人员。包括再就业的离退休人员、民办教师以及在各单位中工作的外方人员和港、澳、台方人员。

离岗职工(离开本单位仍保留劳动关系的职工) 指由于各种原因已离开本人的生产或工作岗位，并已不在本单位从事其他工作，但仍与用人单位保留劳动关系的职工。

城镇集体经济单位职工 指在城镇集体经济单位及其管理部门工作，并由其支付工资的各类人员。

其他经济单位职工 指在联营经济、股份制经济、外商投资经济、港、澳、台投资经济单位工作，并由其支付工资的各类人员。

城镇个体劳动者 指经工商行政管理部门核准登记，领取营业执照，参加生产经营活动，户口在城镇的全部人员。

农村社会劳动者 指农村人口中经常参加合作经济组织〔包括乡(镇)办企业事业单位〕和家庭副业生产劳动的劳动力。凡是由合作经济组织分配劳动任务或承包各种生产任务，并从中直接取得实物、现金收入和从承包的生产任务中获得实物、现金收入的劳动力，不管从事何种劳动，都要统计为农村社会劳动者。国家从乡(村)调用的建勤民工；由集体经费支付工资或补贴的乡(村)脱产管理干部；乡(村)劳动力到国有经济单位或城镇集体经济单位工作，其收入交给合作经济组织，并从中取得实物或现金收入的合同工、临时工、亦工亦农人员；自行外出，但户口没有转出的劳动力，都应包括在内。

城镇登记失业人员 指有非农业户口，在一定的劳动年龄内(16 岁以上及男 50 岁以下、女 45 岁以下)，有劳动能力，无业而要求就业，并在当地就业服务机构进行求职登记的人员。

城镇登记失业率 是城镇登记失业人数与城镇从业人数与城镇失业人数之和的比。计算公式为:

城镇登记失业率=（城镇登记失业人数／城镇从业人数+城镇登记失业人数）×100%

从业人员劳动报酬 指各单位在一定时期内直接支付给本单位全部从业人员的劳动报酬总额。包括职工工资总额和本单位其他从业人员劳动报酬两部分。

在岗职工工资总额 指各单位在一定时期内直接支付给本单位全部在岗职工的劳动报酬总额。

在岗工资总额的计算原则应以直接支付给在岗职工的全部劳动报酬为根据。各单位支付给在岗职工的劳动报酬以及其他根据有关规定支付的工资，不论是计入成本的还是不计入成本的，不论是按国家规定列入计征奖金税项目的，还是未列入计征奖金税项目的，不论是以货币形式支付的还是以实物形式支付的，均包括在在岗职工工资总额内。

计时工资 指按计时工资标准(包括地区生活费补贴)和工作时间支付给个人的劳动报酬，以及根据国家法律、法规和政策规定，因病、工伤、产假、计划生育假、婚丧假、事假、探亲假、定期休假、停工学习、执行国家或社会义务等原因按计时工资标准或计时工资标准的一定比例支付的工资。

计件标准工资 是指实行计件工资制的单位按照批准的计件单价和规定的劳动定额或工作量应支付给计件工人的劳动报酬。

计件超额工资 是计件工资的一部分，指计件工人超额完成定额任务后所得的工资。即计件工人实得的全部计件工资减去应得的计件标准工资后的数额。某些企业的工人由于从事生产的工作物等级高于本人工资等级，因而其计件标准工资高于本人标准工资，其计件超额工资也应是全部工资减去应得的计件标准工资后的数额。

奖金 指支付给职工的超额劳动报酬和增收节支的劳动报酬。

津贴和补贴 指为了补偿职工特殊或额外的劳动消耗和因其他特殊原因支付给职工的津贴，以及为了保证职工工资水平不受物价影响支付给职工的物价补贴。

离岗生活费(离开本单位仍保留劳动关系的职工生活费) 指离开本单位仍保留劳动关系的职工，在离开本单位仍保留劳动关系期间从单位领取的生活费。

其他从业人员劳动报酬 指各单位在一定时期内直接支付给本单位其他从业人员的全部劳动报酬。

在岗职工平均工资 指企业、事业、机关单位的在岗职工在一定时期内平均每人所得的货币工资额。它表明一定时期在岗职工工资收入的高低程度，是反映在岗职工工资水平的主要指标。计算公式为:

在岗职工平均工资=（报告期实际支付的全部在岗职工工资总额／报告期全部在岗职工平均人数）

在岗职工平均实际工资 指扣除物价变动因素后的在岗职工平均工资。计算公式为:

在岗职工平均实际工资=（报告期在岗职工平均工资／报告期在岗职工生活费价格指数）

六、固定资产投资

Chapter 6　Investment in Fixed Assets

6-1 全社会固定资产投资

指标	2006年	2008年	2009年	2010年	2011年	2012年	2013年	2014年
投资总额(亿元)	**5689.6**	**10019.1**	**12292.6**	**16043.0**	**17726.3**	**21836.3**	**25107.7**	**24730.8**
1.按经济类型分								
国有经济	1700.3	2496.8	2845.6	3875.5	3718.6	4492.9	5160.3	4944.7
集体经济	185.3	442.1	480.7	504.4	457.9	505.3	363.2	290.7
私营个体经济	1486.6	3140.7	4108.3	5437.5	6637.7	8402.8	10214.2	10607.7
其他经济	2317.5	3939.4	4858.0	6225.7	6912.1	8435.3	9369.9	8887.7
2.按投资渠道分								
建设项目投资	3835.7	6821.2	8964.6	11640.6	11927.7	14468.2	16404.6	19125.5
房地产开发投资	1142.2	2060.8	2640.6	3465.8	4487.6	5455.8	6450.8	5301.3
3.按资金来源分								
国家预算内资金	258.8	448.1	518.3	472.5	928.4	898.7	1064.5	1048.9
国内贷款	641.0	1153.7	1705.1	2485.7	2691.3	3172.2	3437.2	3409.7
利用外资	132.4	372.4	350.5	280.9	293.8	330.2	264.2	167.3
自筹投资	4034.1	7238.2	8803.6	11843.5	12215.6	15469.9	18232.5	18348.1
其他投资	623.4	806.7	915.1	960.4	1597.2	1965.2	2109.2	1756.8
4.按构成分								
建筑安装工程	3437.6	6208.1	7891.1	10348.8	11597.3	14008.2	17262.7	17813.3
设备、工具、器具购置	1367.4	2574.2	3007.6	3756.0	3740.9	4953.0	5469.6	5045.4
其他费用	884.7	1236.9	1393.9	1938.3	2388.1	2875.1	2375.4	1872.1
5.按建设性质分								
#新建	2320.2	4691.7	5666.6	8174.8	9281.0	12060.7	14126.4	15079.7
扩建	1014.9	1277.2	1344.6	1217.0	1852.4	2038.4	2157.7	2144.4
改建	741.1	1238.8	1764.5	2206.5	1266.9	1359.9	1323.2	1218.7
6.按产业分								
第一产业	155.6	325.1	322.6	358.3	537.0	601.4	526.8	566.1
第二产业	2644.4	4833.1	5833.7	7498.1	7468.9	9424.1	10303.2	10365.2
第三产业	2889.7	4860.8	6136.3	8186.7	9720.4	11810.8	14277.7	13799.5
7.按城乡分								
城镇	4977.8	8882.0	11605.2	15106.3	16415.3	19924.0	22855.4	
农村	711.8	1137.1	687.4	936.7	1311.0	1912.3	2252.3	
8.按主要行业分								
#农业	155.6	325.1	322.6	358.3	537.0	601.4	575.5	662.2
工业	2560.4	4764.4	5704.5	7302.6	7221.3	8954.7	10105.9	10258.3
#能源工业	435.9	541.2	726.8	972.3	767.1	1173.0	1221.1	1097.0
运输邮电业	561.3	804.2	757.6	1080.8	907.5	1068.6	1603.1	1808.5
本年新增固定资产(亿元)	**3394.5**	**6087.6**	**7508.6**	**10150.4**	**10071.2**	**13177.7**	**15029.8**	**17494.8**
房屋建筑面积(万平方米)								
施工面积	19863.9	29420.1	33861.3	49050.4	60774.2	68320.2	71452.5	68646.2
#住宅	10863.3	15741.3	18429.9	24867.6	31734.3	34069.7	35972.2	32316.7
竣工面积	10241.7	12909.2	12731.0	13603.7	15210.7	16867.6	18807.6	16931.0
#住宅	5960.0	6879.9	7152.5	7504.3	9161.0	9103.7	8902.9	8176.7

注：从2011年开始统计范围为500万元的建设项目投资。

6-2 按登记注册类型分全社会固定资产投资

年 份	总计	国有经济	集体经济	私营个体	其他经济
投资额(亿元)					
1985	142.18	110.41	15.73	16.04	
1990	262.88	217.94	22.13	22.81	
1991	317.96	261.15	21.61	35.19	
1992	436.85	362.88	43.19	30.78	
1993	718.25	476.47	98.54	36.66	106.58
1994	887.98	592.97	98.62	41.11	155.28
1995	884.95	584.39	95.46	49.53	155.57
1996	876.07	548.54	102.83	59.83	164.88
1997	953.69	603.76	97.36	54.22	198.35
1998	1052.57	651.21	119.26	95.20	186.90
1999	1102.32	662.95	111.44	132.84	195.10
2000	1267.69	649.42	154.14	149.10	315.02
2001	1420.96	690.71	158.49	179.08	392.68
2002	1605.55	648.90	173.54	240.19	542.92
2003	2082.70	712.23	229.49	336.18	804.81
2004	3000.11	928.20	341.26	589.66	1140.99
2005	4234.06	1245.53	526.28	819.75	1642.50
2006	5689.64	1700.33	185.30	1486.56	2317.45
2007	7435.23	2051.43	278.71	2091.58	3013.50
2008	10019.07	2496.84	442.12	3140.67	3939.44
2009	12292.59	2845.55	480.72	4108.29	4858.03
2010	16043.03	3875.48	504.36	5437.46	6225.73
2011	17726.29	3718.57	457.93	6637.67	6912.12
2012	21836.28	4492.91	505.33	8402.81	8435.23
2013	25107.66	5160.31	363.17	10214.24	9369.94
2014	24730.80	4944.70	290.70	10607.70	8887.70
比上年增长速度(%)					
1985	47.1	50.7	48.3	25.2	
1990	3.7	8.3	23.3	-33.4	
1991	21.0	19.8	-2.4	54.3	
1992	37.4	39.0	99.9	-12.5	
1993	64.4	31.3	128.2	19.1	
1994	23.6	24.5	0.1	12.2	45.7
1995	-0.3	-1.4	-3.2	20.5	0.6
1996	-1.0	-6.1	7.7	20.8	6.0
1997	8.9	10.1	-5.3	-9.4	20.3
1998	10.4	7.9	21.3	75.6	-5.8
1999	4.7	1.8	-8.4	39.5	4.4
2000	15.0	-2.0	38.3	12.2	61.5
2001	12.1	6.4	2.8	20.1	24.7
2002	13.0	-6.1	9.5	34.1	38.3
2003	29.7	9.8	32.2	40.0	48.2
2004	44.0	30.3	48.7	75.4	41.8
2005	41.1	34.2	54.2	39.0	44.0
2006	34.4	36.5	-64.8	81.3	41.1
2007	30.7	20.6	50.4	40.7	30.0
2008	34.8	21.7	58.6	50.2	30.7
2009	22.7	14.0	8.7	30.8	23.3
2010	30.5	36.2	4.9	32.4	28.2
2011	30.0	25.3	8.4	33.5	11.0
2012	23.2	20.8	10.3	26.6	22.0
2013	15.0	14.9	-28.1	21.6	11.1
2014	-1.5	-4.2	-20.0	3.9	-5.1

6-3 按资金来源和构成分全社会固定资产投资

年 份	按资金来源分				按构成分		
	国家投资	国内贷款	利用外资	自筹和其他资金	建筑安装工程	设备工具器具购置	其他费用
投资额(亿元)							
1985	21.14	29.97	1.07	90.00	91.21	38.47	12.50
1990	17.32	54.30	21.61	169.65	162.77	73.21	26.90
1991	16.98	81.18	31.04	188.76	192.75	92.58	32.63
1992	17.20	113.21	25.05	281.39	275.78	108.42	52.65
1993	22.50	149.72	66.74	479.30	462.57	178.46	77.22
1994	16.41	186.28	119.81	565.49	546.98	234.77	106.24
1995	21.78	178.34	112.43	572.40	536.18	223.31	125.46
1996	19.67	151.26	92.58	612.56	531.29	212.99	131.79
1997	29.35	163.36	133.47	627.50	583.67	231.47	138.55
1998	36.63	190.03	94.61	731.30	642.00	273.72	136.85
1999	71.10	216.50	70.62	744.10	718.77	248.24	135.31
2000	72.25	252.22	73.23	869.98	801.57	301.08	165.04
2001	112.21	264.50	53.44	990.80	885.71	325.90	209.34
2002	108.29	279.92	72.16	1145.18	969.71	348.08	287.76
2003	89.35	372.14	58.55	1562.66	1222.23	472.60	387.87
2004	114.00	390.01	90.00	2406.10	1791.86	728.97	479.29
2005	173.74	516.84	124.49	3418.99	2490.04	1050.16	693.86
2006	258.78	640.95	132.44	4657.47	3437.55	1367.37	884.72
2007	363.11	967.00	203.91	5901.21	4703.50	1703.47	1028.26
2008	448.05	1153.72	372.41	8044.89	6208.05	2574.14	1236.88
2009	518.33	1705.09	350.45	9718.72	7891.13	3007.54	1393.92
2010	472.50	2485.74	280.91	12803.88	10348.82	3755.95	1938.26
2011	928.42	2691.33	293.75	13812.79	11597.33	3740.88	2388.08
2012	898.74	3172.24	330.19	17435.11	14008.24	4952.97	2875.07
2013	1064.47	3437.22	264.22	20341.75	17262.71	5469.56	2375.39
2014	1048.90	3409.69	167.31	20104.90	17813.32	5045.41	1872.08
构成(%)							
1985	14.9	21.1	0.7	63.3	64.1	27.1	8.8
1990	6.6	20.7	8.2	64.5	61.9	27.8	10.3
1991	5.3	25.5	9.8	59.4	60.6	29.1	10.3
1992	3.9	25.9	5.7	64.5	63.1	24.8	12.1
1993	3.1	20.8	9.3	66.8	64.4	24.8	10.8
1994	1.8	21.0	13.5	63.7	61.6	26.4	12.0
1995	2.5	20.2	12.7	64.6	60.6	25.2	14.2
1996	2.2	17.3	10.6	69.9	60.6	24.3	15.1
1997	3.1	17.1	14.0	65.8	61.2	24.3	14.5
1998	3.5	18.1	9.0	69.4	61.0	26.0	13.0
1999	6.5	19.6	6.4	67.5	65.2	22.5	12.3
2000	5.7	19.9	5.8	68.6	63.2	23.8	13.0
2001	7.9	18.6	3.8	69.7	62.3	22.9	14.8
2002	6.7	17.4	4.5	71.4	60.4	21.7	17.9
2003	4.3	17.9	2.8	75.0	58.7	22.7	18.6
2004	3.8	13.0	3.0	80.2	59.7	24.3	16.0
2005	4.1	12.2	2.9	80.8	58.8	24.8	16.4
2006	4.5	11.3	2.3	81.9	60.4	24.0	15.5
2007	4.9	13.0	2.7	79.4	63.3	22.9	13.8
2008	4.5	11.5	3.7	80.3	62.0	25.7	12.3
2009	4.2	13.9	2.9	79.0	64.2	24.5	11.3
2010	2.9	15.5	1.8	79.8	64.5	23.4	12.1
2011	5.2	15.2	1.7	77.9	65.4	21.1	13.5
2012	4.1	14.5	1.5	79.9	64.2	22.7	13.1
2013	4.2	13.7	1.1	81.0	68.8	21.8	9.4
2014	4.2	13.8	0.7	81.3	72.0	20.4	7.6

6-4　全社会固定资产投资及构成

(2014年)

指　标	总计	建设项目投资	房地产开发投资	农户个人投资
一、绝　对　数				
1.投资总额(亿元)	24730.8	19125.5	5301.3	304.0
# 住　宅	4077.2	44.1	3844.3	188.9
(1)按资金来源分				
国家预算内投资	1048.9	1048.9		
国内贷款	3409.7	2760.0	648.6	1.1
债　券	0.4	0.4		
利用外资	167.3	103.8	63.6	
自筹投资	18348.1	15014.7	3031.3	302.1
其他投资	1756.4	197.8	1557.9	0.8
(2)按构成分				
建筑安装工程	17813.3	13072.0	4525.0	216.3
设备工器具购置	5045.4	4876.1	110.3	59.0
其他费用	1872.1	1177.4	666.0	28.7
2.本年新增固定资产(亿元)	17494.8	14800.4	2455.0	239.4
3.房屋建筑面积(万平方米)				
施工面积	68646.2	25915.6	38616.9	4113.8
竣工面积	16931.0	7099.9	6147.0	3684.1
# 住　宅	8176.7	129.7	4940.5	3106.5
二、构　成(%)				
(1)按资金来源分				
国家预算内投资	4.2	5.5		
国内贷款	13.8	14.4	12.2	0.4
债　券				
利用外资	0.7	0.5	1.2	
自筹投资	74.2	78.6	57.2	99.4
其他投资	7.1	1.0	29.4	0.3
(2)按构成分				
建筑安装工程	72.0	68.3	85.3	71.2
设备工具器具购置	20.4	25.5	2.1	19.4
其他费用	7.6	6.2	12.6	9.4

6-5 各地区全社会固定资产投资

(2014年)

单位：万元

地　　区	总计	建设项目投资	房地产开发投资	农户个人投资
全　　省	**247308030**	**191255288**	**53013051**	**3039691**
沈　　阳	65640596	45882414	19758182	
大　　连	68076333	53442980	14293353	340000
鞍　　山	19246701	16537178	2529523	180000
抚　　顺	9199862	7951268	1248594	
本　　溪	8852030	7726028	1126002	
丹　　东	9125974	7714718	1411256	
锦　　州	9709623	7697802	2011821	
营　　口	11612587	10066981	1545606	
阜　　新	4340733	3123688	1217045	
辽　　阳	7383065	5999696	1148637	234732
盘　　锦	11719017	8736855	2837162	145000
铁　　岭	6462606	5150645	1311961	
朝　　阳	8400033	7131017	1219016	50000
葫 芦 岛	5448911	4094018	1354893	

注：分市数据由各市提供。全省农户个人投资由国家统计局辽宁调查总队提供。

6-6 各地区按经济类型分全社会固定资产投资

(2014年)

单位：万元

地　　区	总计	国有经济	集体经济	私营个体		联营经济	股份制经济	外商投资经济	港澳台商投资经济	其他经济
					#农户					
全　　省	**247308030**	**49447282**	**2907057**	**106077125**	**3039691**	**174119**	**63495067**	**6049352**	**10115036**	**9042992**
沈　　阳	65640596	8227210	938877	26766557		94100	19537676	4388305	3166682	2521189
大　　连	68076333	20883803	1191401	22870263	340000	32940	15378932	2005652	3373744	2339598
鞍　　山	19246701	1629696	221332	8830211	180000	100	6959289	172168	303441	1130464
抚　　顺	9199862	1724505	71243	5662428			1466909	38500	141218	95059
本　　溪	8852030	4539317	122743	2814458		7500	1209030	64030	13532	81420
丹　　东	9125974	1644510	85563	5144358			1883239	40107	40859	287338
锦　　州	9709623	1263837	117905	4736942			3035293	18537	249733	287376
营　　口	11612587	1211088		7882757			2178162	81907	251940	6733
阜　　新	4340733	763225	24677	2105148		1579	1267479	108287	18297	52041
辽　　阳	7383065	1297795	34179	3625319	234732		948004	16850	106749	1354169
盘　　锦	11719017	2557245	13100	3734987	145000		3630904	212990	815373	754418
铁　　岭	6462606	1350642	1023	3437411		34000	1441179	45897	110280	42174
朝　　阳	8400033	2025744	1000	4277653	50000	3900	2003235		69502	18999
葫 芦 岛	5448911	1385144	91514	2167196			1555859	78745	117691	52762

6-7 各地区按隶属关系和构成分全社会固定资产投资

(2014年) 单位：万元

地　区	总计	按隶属关系分		按构成分		
		中央项目	地方项目	建安工程投资	设备工器具购置	其他费用
全　省	**247308030**	**7427424**	**239880606**	**178133204**	**50454050**	**18720776**
沈　阳	65640596	1433027	64207569	47506904	13295236	4838456
大　连	68076333	2567668	65508665	55781222	7144704	5150407
鞍　山	19246701	293232	18953469	12725087	4693848	1827766
抚　顺	9199862	388080	8811782	4452008	4347127	400727
本　溪	8852030	9700	8842330	5362420	2350363	1139247
丹　东	9125974	468522	8657452	6411090	2041968	672916
锦　州	9709623	317775	9391848	5612595	2373839	1723189
营　口	11612587	135610	11476977	7010911	4076152	525524
阜　新	4340733	87921	4252812	3337429	817023	186281
辽　阳	7383065	148532	7234533	4795498	2008229	579338
盘　锦	11719017	937347	10781670	10398396	1033517	287104
铁　岭	6462606	60595	6402011	4539899	1732669	190038
朝　阳	8400033	149618	8250415	4244976	3447245	707812
葫芦岛	5448911	398137	5050774	4127599	627766	693546

6-8 各地区按主要行业分全社会固定资产投资

单位：亿元

年份、地区	合计	农林牧渔业	采矿业	制造业	电力、燃气及水的生产和供应业	建筑业	交通运输仓储和邮政业	信息传输、计算机服务和软件业	批发和零售业	住宿和餐饮业
2003	2082.70	93.65	101.75	576.18	98.38	61.98	208.95		91.02	
2004	3000.11	94.28	147.42	942.49	110.20	63.66	237.76	50.60	100.99	47.96
2005	4234.06	143.83	226.44	1588.86	144.32	53.14	308.81	41.28	132.04	44.19
2006	5689.64	155.55	256.09	2088.88	215.46	83.96	561.26	97.21	141.67	60.86
2007	7435.23	197.99	334.92	2839.84	342.66	55.61	592.75	67.05	200.15	91.85
2008	10019.07	325.14	400.48	3917.72	446.24	68.67	804.23	116.42	243.21	119.82
2009	12292.59	322.59	388.20	4637.55	678.73	129.24	757.62	132.56	393.60	177.41
2010	16043.03	358.28	635.72	5838.22	828.65	195.49	1080.82	146.51	323.93	210.19
2011	17726.29	536.95	547.44	5975.61	698.28	247.58	907.53	105.46	532.03	323.74
2012	21836.28	601.39	684.21	7494.21	776.31	469.39	1068.60	133.13	763.10	428.46
2013	25107.66	575.50	650.27	8632.10	823.53	253.02	1603.14	122.53	1019.71	498.25
2014	24730.80	662.18	617.38	8869.11	771.83	149.13	1808.53	213.07	406.75	1059.97
沈　阳	6564.06	118.26	11.10	2318.57	177.73	39.75	457.04	321.99	97.56	104.36
大　连	6807.63	267.36	9.60	2011.80	174.43		598.65	84.40	107.27	77.09
鞍　山	1924.67	42.03	28.29	1050.19	47.82	6.08	119.94	73.81	32.66	5.11
抚　顺	919.99	12.37	43.13	408.80	45.57	2.03	28.57		47.26	15.47
本　溪	885.20	14.48	73.37	265.97	33.12	12.39	100.49	4.36	24.10	34.27
丹　东	912.60	17.05	93.02	223.28	11.26	19.38	56.10	183.89	43.90	2.00
锦　州	970.96	13.00	36.00	376.92	36.74	10.86	76.33	9.27	41.75	9.49
营　口	1161.26	4.45	5.47	626.67	25.48	3.38	84.93	98.22	44.84	0.28
阜　新	434.07	19.32	24.41	135.61	25.98		13.81		8.39	15.50
辽　阳	738.31	16.12	72.45	333.92	28.29	8.98	17.22	8.15	18.72	
盘　锦	1171.90	19.09	89.80	391.67	44.60	2.84	175.09	0.53	36.39	6.02
铁　岭	646.26	15.63	4.66	303.70	27.74	2.97	21.93	17.76		
朝　阳	840.00	61.11	122.77	265.04	41.95	30.27	13.28		11.35	1.79
葫芦岛	544.89	2.44	2.16	168.30	52.21	1.76	81.98	2.95	6.97	10.62

6-8 续表 单位：亿元

年份、地区	金融业	房地产业	租赁和商务服务业	科学研究、技术服务和地质勘查业	水利、环境和公共设施管理业	居民服务和其他服务业	教育	卫生、社会保障和社会福利业	文化、体育和娱乐业	公共管理和社会组织
2003	4.57	516.43	5.38	14.92	16.85	101.63		11.90	68.44	110.68
2004	4.13	797.30	25.86	25.27	168.33	13.27	68.24	19.46	32.90	49.84
2005	17.49	981.30	38.87	27.16	274.38	13.58	89.60	23.31	36.05	49.41
2006	10.36	1318.95	58.39	36.75	318.23	27.19	92.43	30.07	60.16	76.17
2007	20.81	1701.06	87.66	49.30	541.95	41.37	101.18	44.66	57.92	66.50
2008	47.20	2306.87	128.74	63.31	684.55	39.87	110.70	54.25	64.34	77.31
2009	41.06	2861.99	158.40	95.04	899.34	59.94	129.12	84.35	132.16	213.68
2010	32.53	3755.53	340.84	122.30	1377.03	89.87	132.68	86.84	186.60	301.00
2011	56.68	4884.53	410.43	107.78	1489.28	156.53	178.05	92.99	184.26	291.14
2012	63.88	5828.43	547.80	161.23	1677.42	210.09	196.22	161.89	282.61	287.93
2013	159.48	6910.35	400.48	194.94	2233.35	208.13	236.20	144.80	280.69	161.19
2014	105.96	5789.74	557.73	261.03	2459.34	211.88	254.42	127.35	253.98	151.42
沈 阳	38.96	2059.39	108.78	117.60	293.58	64.09	92.67	58.35	54.11	30.19
大 连	49.27	1546.43	228.80	96.92	1273.56	77.03	92.39	24.29	83.11	5.24
鞍 山	9.56	256.09	31.05	8.50	133.95	25.58	9.81	11.64	16.82	15.74
抚 顺		146.22	33.96	2.67	98.15	8.02	7.04	4.07	14.37	2.30
本 溪		113.93	18.26	1.77	132.47	8.25	11.84	12.77	14.68	8.70
丹 东	1.41	141.13	44.03	3.49	37.72	5.57	3.73	6.08	14.35	5.22
锦 州	2.17	218.45	23.10	2.00	53.59	6.35	5.23	1.90	21.57	26.24
营 口	4.58	155.98	36.78	21.65	34.83	1.81	2.21	1.16	0.15	8.39
阜 新		140.38	3.01	0.25	38.98	0.07	2.45	1.98	1.98	1.95
辽 阳		124.08	0.73	0.42	87.65	1.31	6.41	1.44	7.91	4.51
盘 锦		287.59	1.84	3.96	85.64	5.07	10.93	0.30	7.14	3.40
铁 岭		136.09	14.01	0.34	94.43		0.40	0.82	5.79	0.00
朝 阳		176.18	8.82	0.55	58.23	2.16	2.83	1.44	8.04	34.17
葫芦岛		137.43	13.00	0.92	45.92	0.87	6.69	1.16	3.93	5.57

6-9　各地区全社会住宅投资

单位：亿元

年份、地区	合计	建设项目	房地产	农村	
					#农户
2000	317.00	252.03	181.29	64.98	53.19
2001	323.49	275.79	227.57	47.71	43.55
2002	376.31	323.76	275.89	52.55	45.06
2003	439.70	388.10	343.47	51.60	43.37
2004	608.55	535.75	494.28	72.80	53.49
2005	751.79	685.11	614.54	66.68	57.44
2006	1041.86	929.38	838.90	112.48	92.59
2007	1380.53	1256.50	1165.89	124.03	101.26
2008	1768.62	1639.17	1579.21	129.45	121.15
2009	2128.39	1984.13	1933.92	144.26	142.35
2010	2724.15	2562.10	2481.35	162.05	158.73
2011	3691.60	3511.95	3410.49	179.65	177.49
2012	4201.12	4020.31	3961.95	180.81	178.30
2013	4874.19	4689.77	4664.99	184.41	181.76
2014	4077.20	44.08	3844.26		188.85
沈　阳	1421.36	5.02	1416.34		
大　连	1084.91	5.21	1064.70		15.00
鞍　山	188.03	0.74	185.14		2.15
抚　顺	86.74	0.58	86.16		
本　溪	85.07	0.05	85.02		
丹　东	108.55	0.15	108.40		
锦　州	162.45		162.45		
营　口	118.17	1.42	116.75		
阜　新	78.72	8.68	70.04		
辽　阳	84.83	2.82	73.59		8.42
盘　锦	200.41		191.60		8.81
铁　岭	109.76	5.73	104.03		
朝　阳	176.18	52.78	121.90		1.50
葫芦岛	92.83		92.83		

注：2013年之前的年度数据为城镇口径。

6-10 各地区全社会施工、竣工房屋面积

单位：万平方米

年份、地区	施工房屋建筑面积	#住宅	竣工房屋建筑面积	#住宅
1990	4353.9		3049.0	2112.1
1991	5267.0		3640.4	2678.8
1992	6123.7		3772.8	2531.6
1993	7379.4		3972.3	2633.3
1994	7756.6		4058.2	2614.5
1995	6844.0	4002.8	3648.6	2477.7
1996	6172.0	3652.3	3536.0	2407.3
1997	5705.7	3447.4	3254.1	2314.4
1998	5816.4	3321.1	3469.5	2144.5
1999	6347.2	3850.9	4002.4	2686.2
2000	7986.4	5449.2	5202.0	3920.1
2001	8877.8	5871.3	5519.0	4033.8
2002	10359.3	6552.0	6309.8	4221.1
2003	11820.7	7017.8	6949.9	4352.1
2004	13594.0	7865.5	7799.1	4846.6
2005	15881.9	8595.4	8177.5	4762.5
2006	19863.9	10863.3	10241.7	5960.0
2007	25805.9	13503.7	11279.3	6189.6
2008	29420.1	15741.3	12909.2	6879.9
2009	33861.3	18429.9	12731.0	7152.5
2010	49050.4	24867.6	13603.7	7504.3
2011	60774.2	31734.3	15210.7	9161.0
2012	68320.2	34069.7	16867.6	9103.7
2013	71452.5	35972.2	18807.6	8902.9
2014	68646.2	32316.7	16931.0	8176.7
沈　阳	21747.7	8213.0	4425.9	993.9
大　连	9996.5	4761.5	1511.7	633.0
鞍　山	6163.8	2529.9	747.6	422.9
抚　顺	2547.4	1143.7	610.5	145.3
本　溪	2332.2	1070.8	518.2	331.0
丹　东	2346.1	1099.6	412.6	136.3
锦　州	2840.4	1224.7	645.2	236.7
营　口	4191.8	2045.1	918.7	513.4
阜　新	2271.0	1024.5	782.5	248.1
辽　阳	1257.4	756.0	296.9	209.1
盘　锦	2104.8	1421.0	634.8	491.9
铁　岭	2496.3	1199.4	739.8	396.0
朝　阳	2580.0	1490.5	979.4	409.0
葫芦岛	1927.2	1193.8	181.4	120.8

6-11 按构成和建设性质分的固定资产投资

单位：亿元

年份、地区	投资额	按构成分			按建设性质分	
		建筑安装工程	设备、工器具购置	其他费用	#新建	#改、扩建
2000	1067.10	676.69	246.37	144.04	249.66	489.24
2001	1203.74	772.27	257.44	174.03	278.91	545.87
2002	1364.04	839.45	276.04	248.55	307.31	600.27
2003	1777.57	1065.42	375.51	336.64	511.82	687.51
2004	2600.80	1579.60	593.60	427.60	807.55	941.98
2005	3672.87	2167.63	882.14	623.09	1388.41	1224.34
2006	3015.85	1164.71	797.28	1976.40	888.65	689.09
2007	6576.05	4176.03	1459.18	940.84	3073.58	1657.19
2008	8881.95	5526.65	2229.01	1126.29	4144.82	2203.95
2009	11605.17	7473.49	2813.46	1318.22	5399.68	2946.08
2010	15106.33	9775.50	3477.08	1853.75	7724.28	3236.78
2011	16415.32	10790.42	3384.03	2240.86	8548.16	2872.64
2012	19924.01	12788.70	4440.28	2695.03	10859.91	3008.00
2013	22855.39	15848.50	4816.44	2190.44	12645.16	3077.30
2014	24426.83	17597.01	4986.40	1843.43	15079.68	3363.13
沈　阳	6564.06	4750.69	1329.52	483.85	2960.91	1199.31
大　连	6773.63	5578.12	714.47	481.04	4747.71	438.41
鞍　山	1906.67	1265.88	463.67	177.12	1398.43	222.68
抚　顺	919.99	445.20	434.71	40.07	675.40	112.51
本　溪	885.20	536.24	235.04	113.92	507.24	263.13
丹　东	912.60	641.11	204.20	67.29	568.14	195.76
锦　州	970.96	561.57	237.38	172.01	564.87	190.98
营　口	1161.26	701.39	407.32	52.55	943.66	57.77
阜　新	434.07	333.89	81.56	18.63	264.22	47.11
辽　阳	714.83	464.30	194.44	56.09	487.91	99.28
盘　锦	1157.40	1032.34	103.35	21.71	772.37	97.47
铁　岭	646.26	454.01	173.24	19.00	464.59	49.65
朝　阳	835.00	419.50	344.72	70.78	365.78	338.10
葫芦岛	544.89	412.76	62.78	69.35	358.44	50.97

注：2013年之前的年度数据为城镇口径。

6-12 按资金来源和隶属关系分的固定资产投资

单位：亿元

年份、地区	按资金来源分					按隶属关系分	
	国家预算资金	国内贷款	利用外资	自筹资金	其他投资	中央项目	地方项目
2000	65.63	245.25	69.30	511.43	175.48	283.93	783.07
2001	107.69	256.03	51.33	592.83	195.86	302.20	901.54
2002	100.68	265.02	65.80	726.20	206.34	269.85	1094.19
2003	82.89	345.98	49.35	1051.91	247.44	250.90	1526.67
2004	105.02	359.85	79.61	1676.65	379.67	363.65	2237.14
2005	164.74	489.57	117.64	2447.25	453.67	476.68	3196.19
2006	252.39	618.77	127.01	3376.11	603.56	606.17	4371.67
2007	355.49	917.52	199.76	4394.80	708.48	861.29	5714.76
2008	422.62	1117.03	367.31	6198.79	776.20	1073.03	7808.91
2009	510.98	1677.54	348.16	8159.79	908.70	815.50	10789.67
2010	465.62	2417.01	278.85	10996.13	948.72	994.90	14111.43
2011	917.24	2581.58	289.69	11040.79	1586.02	799.57	15615.75
2012	853.62	3040.78	323.91	13755.63	1950.07	779.27	19144.74
2013	1033.49	3126.40	258.42	16348.29	2088.79	782.41	22072.98
2014	1048.90	3408.59	167.33	18046.00	1756.01	742.74	23684.09
沈　阳	288.20	736.64	51.51	5627.90	608.47	143.30	6420.76
大　连	395.79	1704.26	51.22	4299.70	550.41	256.77	6516.87
鞍　山	32.21	387.20	13.22	1674.64	173.26	29.32	1877.35
抚　顺	65.07	49.77	1.23	763.48	49.64	38.81	881.18
本　溪	43.36	36.11	2.86	776.90	46.30	0.97	884.23
丹　东	122.42	91.73	3.85	758.77	74.50	46.85	865.75
锦　州	12.11	81.24		867.42	94.19	31.78	939.18
营　口	13.07	33.74	1.09	1081.80	55.69	13.56	1147.70
阜　新	16.14	60.01		363.66	21.14	8.79	425.28
辽　阳	2.87	72.64		603.49	45.62	14.95	699.88
盘　锦	10.61	193.21	46.06	769.00	66.94	93.73	1063.67
铁　岭	34.34	92.73	6.15	460.08	47.22	6.06	640.20
朝　阳	13.00	25.38	0.76	834.16	51.88	14.96	820.04
葫芦岛	62.33	80.87	2.66	398.68	55.86	42.88	502.01

注：本表资金来源分市数据为本年到位资金。投资额：2013年之前的年度数据为城镇口径。

6-13　按行业分的固定资产投资额

(2014年)　　单位：万元

行　　业	投资额	建筑安装工程投资	设备工器具购置	其他费用
全省合计	**244268339**	**175970085**	**49863997**	**18434257**
农、林、牧、渔业	**5724310**	**3897276**	**1450688**	**376346**
农业	2121434	1312456	687781	121197
林业	229048	186590	24160	18298
畜牧业	1444768	901458	418461	124849
渔业	968256	783448	119611	65197
农、林、牧、渔服务业	960804	713324	200675	46805
采矿业	**6173831**	**3347728**	**2449271**	**376832**
煤炭开采和洗选业	499534	219908	266089	13537
石油和天然气开采业	959786	781335	117094	61357
黑色金属矿采选业	2509606	1169275	1172508	167823
有色金属矿采选业	632258	344956	257476	29826
非金属矿采选业	1341176	644937	605056	91183
开采辅助活动	184926	159361	12519	13046
其他采矿业	46545	27956	18529	60
制造业	**88663513**	**51208013**	**31639697**	**5815803**
农副食品加工业	6994957	4122522	2400826	471609
食品制造业	1977709	1192741	653713	131255
酒、饮料和精制茶制造业	1559516	873815	559555	126146
烟草制品业	46478	36695	7300	2483
纺织业	938798	542194	345633	50971
纺织服装、服饰业	1392260	866267	439255	86738
皮革、毛皮、羽毛及其制品和制鞋业	419235	219989	161090	38156
木材加工和木、竹、藤、棕、草制品业	1981779	1134684	739742	107353
家具制造业	1228331	765455	403614	59262
造纸和纸制品业	989503	456941	489317	43245
印刷和记录媒介复制业	555197	228558	309866	16773
文教、工美、体育和娱乐用品制造业	576072	305742	242452	27878
石油加工、炼焦和核燃料加工业	1792298	1202579	517627	72092
化学原料和化学制品制造业	7461003	4329475	2805376	326152
医药制造业	1643066	1034203	430753	178110
化学纤维制造业	231971	182033	44299	5639
橡胶和塑料制品业	2908654	1648505	1119223	140926
非金属矿物制品业	9631584	5003308	3795919	832357
黑色金属冶炼和压延加工业	3530818	1904085	1385101	241632
有色金属冶炼和压延加工业	2632200	1187609	1048470	396121
金属制品业	5210939	3045249	1823507	342183
通用设备制造业	11518326	6793358	4137927	587041

6-13 续表 1

单位：万元

行业	投资额	建筑安装工程投资	设备工器具购置	其他费用
专用设备制造业	7693787	4503065	2790883	399839
汽车制造业	4982030	2726883	1738469	516678
铁路、船舶、航空航天和其他运输设备制造业	2049584	1381978	491825	175781
电气机械和器材制造业	4643458	2929850	1477772	235836
计算机、通信和其他电子设备制造业	2036091	1319277	633724	83090
仪器仪表制造业	828304	479764	329973	18567
其他制造业	440885	277489	125827	37569
废弃资源综合利用业	531070	379387	93912	57771
金属制品、机械和设备修理业	237610	134313	96747	6550
电力、热力、燃气及水生产和供应业	**7718301**	**5055084**	**2243526**	**419691**
电力、热力生产和供应业	5472044	3215429	1911256	345359
燃气生产和供应业	972311	726871	200139	45301
水的生产和供应业	1273946	1112784	132131	29031
建筑业	**1367482**	**927099**	**321694**	**118689**
房屋建筑业	32593	23732	6234	2627
土木工程建筑业	928827	713498	115740	99589
建筑安装业	282486	123039	151315	8132
建筑装饰和其他建筑业	123576	66830	48405	8341
批发和零售业	**10375930**	**7431200**	**2165020**	**779710**
批发业	5072198	3476418	1284283	311497
零售业	5303732	3954782	880737	468213
交通运输、仓储和邮政业	**18008991**	**13903750**	**3097245**	**1007996**
铁路运输业	2134707	1371993	402115	360599
道路运输业	6783160	5316708	1166862	299590
水上运输业	4130867	3283296	815937	31634
航空运输业	629422	542104	74138	13180
管道运输业	316133	262929	44454	8750
装卸搬运和运输代理业	620764	458254	111750	50760
仓储业	3392088	2666616	481989	243483
邮政业	1850	1850		
住宿和餐饮业	**4067536**	**3306278**	**504496**	**256762**
住宿业	2943878	2392974	363088	187816
餐饮业	1123658	913304	141408	68946
信息传输、软件和信息技术服务业	**2130734**	**1785051**	**298020**	**47663**
电信、广播电视和卫星传输服务	420529	294750	120548	5231
互联网和相关服务	119802	85689	26100	8013
软件和信息技术服务业	1590403	1404612	151372	34419

6-13 续表 2

单位：万元

行 业	投资额	建筑安装工程投资	设备工器具购置	其他费用
金融业	**1059566**	**877396**	**130013**	**52157**
货币金融服务	204514	158877	38908	6729
资本市场服务	598909	513008	63861	22040
保险业	48980	39446	9436	98
其他金融业	207163	166065	17808	23290
房地产业	**56289436**	**48226647**	**1262729**	**6800060**
租赁和商务服务业	**5577277**	**3975981**	**953735**	**647561**
租赁业	157191	31896	118696	6599
商务服务业	5420086	3944085	835039	640962
科学研究和技术服务业	**2610300**	**2161439**	**387337**	**61524**
研究和试验发展	957536	837605	97807	22124
专业技术服务业	833691	683671	132794	17226
科技推广和应用服务业	819073	640163	156736	22174
水利、环境和公共设施管理业	**24593350**	**21957634**	**1659863**	**975853**
水利管理业	2248345	2128240	69399	50706
生态保护和环境治理业	600317	476414	108176	15727
公共设施管理业	21744688	19352980	1482288	909420
居民服务、修理和其他服务业	**2038913**	**1488180**	**278835**	**271898**
居民服务业	1265397	906557	112337	246503
机动车、电子产品和日用产品修理业	514559	376550	120141	17868
其他服务业	258957	205073	46357	7527
教育	**2544183**	**2249201**	**158732**	**136250**
卫生和社会工作	**1273451**	**988586**	**219594**	**65271**
卫生	1050693	806823	202480	41390
社会工作	222758	181763	17114	23881
文化、体育和娱乐业	**2537006**	**2051951**	**373301**	**111754**
新闻和出版业	46065	23666	20289	2110
广播、电视、电影和影视录音制作业	173448	114931	41353	17164
文化艺术业	724044	603725	91985	28334
体育	597249	457819	112515	26915
娱乐业	996200	851810	107159	37231
公共管理、社会保障和社会组织	**1514229**	**1131591**	**270201**	**112437**
中国共产党机关	2300	2300		
国家机构	1354060	997017	249442	107601
人民政协、民主党派				
社会保障	3920	1286	952	1682
群众团体、社会团体和其他成员组织	104372	82181	19037	3154
基层群众自治组织	49577	48807	770	

6-14 按行业、隶属关系和注册类型分固定资产投资

(2014年) 单位：万元

行业	投资额						
		中央	地方	内资	港澳台商投资	外商投资	个体经营
全省合计	**244268339**	**7427424**	**236840915**	**226744053**	**10115036**	**6049352**	**1359898**
农、林、牧、渔业	**5724310**	**16932**	**5707378**	**5486830**	**34000**	**49200**	**154280**
农业	2121434		2121434	2066554		9700	45180
林业	229048	2000	227048	229048			
畜牧业	1444768	2995	1441773	1315175		39500	90093
渔业	968256		968256	951466			16790
农、林、牧、渔服务业	960804	11937	948867	924587	34000		2217
采矿业	**6173831**	**810246**	**5363585**	**6061130**	**79556**		**33145**
煤炭开采和洗选业	499534		499534	486634			12900
石油和天然气开采业	959786	798815	160971	880230	79556		
黑色金属矿采选业	2509606		2509606	2509606			
有色金属矿采选业	632258	11431	620827	624563			7695
非金属矿采选业	1341176		1341176	1328626			12550
开采辅助活动	184926		184926	184926			
其他采矿业	46545		46545	46545			
制造业	**88663513**	**1641741**	**87021772**	**84906073**	**544734**	**2549724**	**662982**
农副食品加工业	6994957		6994957	6870139	70225	24743	29850
食品制造业	1977709	2561	1975148	1825920	45337	106452	
酒、饮料和精制茶制造业	1559516		1559516	1534757		6329	18430
烟草制品业	46478	10466	36012	46478			
纺织业	938798		938798	916166	8700	9952	3980
纺织服装、服饰业	1392260		1392260	1366535	4099	14636	6990
皮革、毛皮、羽毛及其制品和制鞋业	419235		419235	403217	4160	7730	4128
木材加工和木、竹、藤、棕、草制品业	1981779		1981779	1942240	4210	17900	17429
家具制造业	1228331		1228331	1159671		68660	
造纸和纸制品业	989503		989503	974053		15450	
印刷和记录媒介复制业	555197		555197	550867			4330
文教、工美、体育和娱乐用品制造业	576072		576072	538563	13000	5666	18843
石油加工、炼焦和核燃料加工业	1792298	343594	1448704	1603016	226	189056	
化学原料和化学制品制造业	7461003	146878	7314125	7209500		99578	151925
医药制造业	1643066		1643066	1640024		3042	
化学纤维制造业	231971		231971	225491		1560	4920
橡胶和塑料制品业	2908654		2908654	2812377	4800	87522	3955
非金属矿物制品业	9631584	40400	9591184	9330466	132614	43850	124654
黑色金属冶炼和压延加工业	3530818	229672	3301146	3482407	2101	41610	4700
有色金属冶炼和压延加工业	2632200	2240	2629960	2489966	80879	56605	4750
金属制品业	5210939	21240	5189699	4881717	43548	190015	95659
通用设备制造业	11518326	170398	11347928	11347143	41243	117210	12730

6-14 续表 1

单位：万元

行业	投资额	中央	地方	内资	港澳台商投资	外商投资	个体经营
专用设备制造业	7693787	113280	7580507	7551816		53430	88541
汽车制造业	4982030	99980	4882050	3891777	1000	1089253	
铁路、船舶、航空航天和其他运输设备制造业	2049584	355006	1694578	1961639		87945	
电气机械和器材制造业	4643458	61103	4582355	4485053	60600	97805	
计算机、通信和其他电子设备制造业	2036091		2036091	1916302	5598	64191	50000
仪器仪表制造业	828304		828304	805229	12594	5701	4780
其他制造业	440885	8073	432812	418384	9800	2826	9875
废弃资源综合利用业	531070		531070	524400		**4157**	**2513**
金属制品、机械和设备修理业	237610	36850	200760	200760		36850	
电力、热力、燃气及水生产和供应业	**7718301**	**1264483**	**6453818**	**7324310**	**247915**	**146076**	
电力、热力生产和供应业	5472044	1206239	4265805	5110827	241217	120000	
燃气生产和供应业	972311	46329	925982	954757	6698	10856	
水的生产和供应业	1273946	11915	1262031	1258726		15220	
建筑业	**1367482**	**7819**	**1359663**	**1367482**			
房屋建筑业	32593	184	32409	32593			
土木工程建筑业	928827	7635	921192	928827			
建筑安装业	282486		282486	282486			
建筑装饰和其他建筑业	123576		123576	123576			
批发和零售业	**10375930**	**258255**	**10117675**	**9914566**	**326993**	**42305**	**92066**
批发业	5072198	19840	5052358	5022764		12040	37394
零售业	5303732	238415	5065317	4891802	326993	30265	54672
交通运输、仓储和邮政业	**18008991**	**1536983**	**16472008**	**17381731**	**335140**	**277687**	**14433**
铁路运输业	2134707	601854	1532853	1919267	215440		
道路运输业	6783160	214167	6568993	6769008		8000	6152
水上运输业	4130867	7900	4122967	4058051	10000	62816	
航空运输业	629422	19650	609772	629422			
管道运输业	316133	114823	201310	306233	9900		
装卸搬运和运输代理业	620764		620764	488893		131871	
仓储业	3392088	578589	2813499	3209007	99800	75000	8281
邮政业	1850		1850	1850			
住宿和餐饮业	**4067536**	**12200**	**4055336**	**3791386**	**119240**	**17462**	**139448**
住宿业	2943878	8600	2935278	2800798	119240	14816	9024
餐饮业	1123658	3600	1120058	990588		2646	130424
信息传输、软件和信息技术服务业	**2130734**	**5292**	**2125442**	**1982759**	**87765**	**60210**	
电信、广播电视和卫星传输服务	420529	5292	415237	391959		28570	
互联网和相关服务	119802		119802	114952		4850	
软件和信息技术服务业	1590403		1590403	1475848	87765	26790	

6-14 续表 2

单位：万元

行　业	投资额	中央	地方	内资	港澳台商投资	外商投资	个体经营
金融业	**1059566**	**34516**	**1025050**	**1029520**	**27712**	**2334**	
货币金融服务	204514	34516	169998	202180		2334	
资本市场服务	598909		598909	571197	27712		
保险业	48980		48980	48980			
其他金融业	207163		207163	207163			
房地产业	**56289436**	**876079**	**55413357**	**45404577**	**8217410**	**2564406**	**103043**
租赁和商务服务业	**5577277**	**53859**	**5523418**	**5261206**	**53870**	**259769**	**2432**
租赁业	157191		157191	157191			
商务服务业	5420086	53859	5366227	5104015	53870	259769	2432
科学研究和技术服务业	**2610300**	**221423**	**2388877**	**2538083**		**62397**	**9820**
研究和试验发展	957536	160924	796612	899336		58200	
专业技术服务业	833691	55669	778022	819674		4197	9820
科技推广和应用服务业	819073	4830	814243	819073			
水利、环境和公共设施管理业	**24593350**	**426793**	**24166557**	**24548415**	**35535**	**5260**	**4140**
水利管理业	2248345	25233	2223112	2243085		5260	
生态保护和环境治理业	600317	18322	581995	600317			
公共设施管理业	21744688	383238	21361450	21705013	35535		4140
居民服务、修理和其他服务业	**2038913**	**35300**	**2003613**	**1970257**		**4872**	**63784**
居民服务业	1265397		1265397	1224279		4872	36246
机动车、电子产品和日用产品修理业	514559		514559	487021			27538
其他服务业	258957	35300	223657	258957			
教育	**2544183**	**123063**	**2421120**	**2499683**			**44500**
卫生和社会工作	**1273451**	**44407**	**1229044**	**1250451**	**4560**	**3150**	**15290**
卫生	1050693	39577	1011116	1042983	4560	3150	
社会工作	222758	4830	217928	207468			15290
文化、体育和娱乐业	**2537006**	**12450**	**2524556**	**2511365**	**606**	**4500**	**20535**
新闻和出版业	46065		46065	46065			
广播、电视、电影和影视录音制作业	173448		173448	168948		4500	
文化艺术业	724044	6232	717812	724044			
体育	597249	3042	594207	592554			4695
娱乐业	996200	3176	993024	979754	606		15840
公共管理、社会保障和社会组织	**1514229**	**45583**	**1468646**	**1514229**			
中国共产党机关	2300		2300	2300			
国家机构	1354060	45583	1308477	1354060			
人民政协、民主党派							
社会保障	3920		3920	3920			
群众团体、社会团体和其他成员组织	104372		104372	104372			
基层群众自治组织	49577		49577	49577			

6-15 各地区按主要行业分固定资产投资

单位：万元

年份、地区	合计	农林牧渔业	采矿业	制造业	电力、燃气及水的生产和供应业	建筑业	交通运输仓储和邮政业	信息传输、计算机服务和软件业	批发和零售业	住宿和餐饮业
2003	17775685	234325	915589	4699166	943523	111335	1929401		796023	
2004	26007969	253367	1288067	7734975	1087657	250849	2194541	503526	970188	416317
2005	36728695	341531	1829455	13593118	1386721	246171	2805633	411454	1190215	379739
2006	49778419	383657	2120810	17907431	2077061	578028	5264691	963092	1276364	561116
2007	65760474	548289	2815200	24505157	3363528	386305	5478029	657518	1876047	850319
2008	88819463	867756	3106769	34622302	4321872	464902	7483593	1149446	2245410	1108692
2009	116051706	1485099	3417380	44368986	6524871	1126099	7214713	1321260	3887762	1726569
2010	151063279	2163769	5643295	55032705	7870743	1717387	10482028	1464595	3098954	1965858
2011	164153167	2655814	4827510	54688918	6669618	2141251	8601729	1046901	4925353	2969173
2012	199240096	2555682	5931491	66438142	7013792	4118104	7238927	10015472	3813846	1296904
2013	228553853	2263570	5449925	75191426	7578787	2231390	9668155	14832606	4686058	1210159
2014	244268339	5724310	6173831	88663513	7718301	1367482	10375930	18008991	4067536	2130734
沈　阳	65640596	1182636	110980	23185674	1777301	397478	4570362	3219870	975649	1043592
大　连	67736333	2333554	95987	20117973	1744334		1072743	5986513	770935	843996
鞍　山	19066701	362529	279196	10498173	476194	24249	1169353	737850	320735	49303
抚　顺	9199862	123662	431256	4088005	455717	20293	472596	285728	154704	
本　溪	8852030	144766	733651	2659669	331208	123898	241017	1004932	342653	43570
丹　东	9125974	170500	930237	2227821	112593	193770	565923	1838902	438958	19981
锦　州	9709623	129976	360046	3774029	367361	108622	417530	758527	94851	92712
营　口	11612587	44533	54672	6266665	254808	33761	849320	982214	448419	2788
阜　新	4340733	193170	244133	1356091	259803		83885	138141	154998	
辽　阳	7148333	156082	701454	3233011	273941	86902	166752	78872	181290	
盘　锦	11574017	45900	897978	3916691	446030	28419	363917	1816581	60232	5292
铁　岭	6462606	156254	46591	3036973	277390	29743	219275	177642		
朝　阳	8350033	611125	1227725	2650360	419497	302719	113536	132793	17924	
葫芦岛	5448911	69623	59925	1652378	522124	17628	69721	850426	106188	29500

注：2013年之前的年度数据为城镇口径。

6-15 续表

单位：万元

年份、地区	金融业	房地产业	租赁和商务服务业	科学研究、技术服务和地质勘查业	水利、环境和公共设施管理业	居民服务和其他服务业	教育	卫生、社会保障和社会福利业	文化、体育和娱乐业	公共管理和社会组织
2003	43986	5014438	53077	143409	105645	960830		108821	637396	1078721
2004	41271	7424980	241364	252248	1654275	101378	610905	188193	324261	468059
2005	173555	9232250	370072	268299	2591290	110551	851655	214137	330560	402289
2006	101482	12236920	571007	345972	3016699	187220	888807	284697	532540	480825
2007	208014	15938297	861383	458820	4992339	354511	964571	390367	536500	575280
2008	471310	21885701	1239833	608542	6180492	327680	1048700	510951	580516	594996
2009	410232	27246609	1574604	945500	8834138	547760	1258501	833296	1288585	2039742
2010	325279	35995812	3336478	1219997	13134381	827292	1319221	848511	1812590	2804384
2011	566805	47040827	4022261	1050982	14267792	1451001	1758492	894835	1788613	2785292
2012	630261	58134809	3619489	1587629	16046049	1990149	1809012	1588693	2739483	2672162
2013	1570515	67211868	3955968	1843694	21459000	1938476	2001481	1378555	2628562	1453658
2014	1059566	56289436	5577277	2610300	24593350	2038913	2544183	1273451	2537006	1514229
沈 阳	389551	20593854	1087761	1176028	2935804	640897	926670	583502	541128	301859
大 连	492733	15464295	2287955	969222	12735566	770253	923859	242899	831079	52437
鞍 山	95628	2545693	309838	84990	1339480	233390	98126	116398	168213	157363
抚 顺		1462172	339632	26734	981466	80169	70362	40699	143669	22998
本 溪		1139302	182569	17680	1324735	82460	118417	127702	146802	86999
丹 东	14119	1411256	440331	34936	377172	55746	37290	60800	143479	52160
锦 州	21739	2184454	231042	20004	535855	63525	52310	18960	215696	262384
营 口	45796	1559839	367764	216493	348304	18135	22094	11573	1529	83880
阜 新		1403752	30106	2500	389777	702	24538	19830	19784	19523
辽 阳		1201306	7078	4041	848663	12650	62047	13940	76617	43687
盘 锦		2876437	18403	39560	790691	50665	109290	3002	71416	33513
铁 岭		1360938	140097	3423	944275		3950	8170	57855	30
朝 阳		1711830	88230	5500	582348	21601	28340	14376	80432	341697
葫芦岛		1374308	46471	9189	459214	8720	66890	11600	39307	55699

注：2013年之前的年度数据为城镇口径。

6-16 固定资产投资各行业资金来源和新增固定资产

(2014年) 单位：万元

行　业	本年资金来源小计	国家预算内资金	国内贷款	利用外资	自筹资金
全省合计	**261584375**	**11115301**	**36455206**	**1805947**	**192796658**
农、林、牧、渔业	**6351991**	**181904**	**1031639**	**44360**	**5056902**
农业	2417901	81197	285946	36360	2002898
林业	234450	31981	10000		192469
畜牧业	1711679	1200	383804	8000	1297289
渔业	989336		213941		775395
农、林、牧、渔服务业	998625	67526	137948		788851
采矿业	**6395431**	**11915**	**290627**	**100725**	**5963233**
煤炭开采和洗选业	505658	5495	45600		454563
石油和天然气开采业	954173		8400	76950	868823
黑色金属矿采选业	2601319		63890	800	2534629
有色金属矿采选业	639296	5630	14460	15812	592504
非金属矿采选业	1450284	790	153877	7163	1272413
开采辅助活动	197257		4400		192857
其他采矿业	47444				47444
制造业	**94326850**	**305844**	**13552738**	**447152**	**79286936**
农副食品加工业	7350404	18820	807210	5100	6350686
食品制造业	2012415	2608	232197	13950	1718605
酒、饮料和精制茶制造业	1689310		146501	12700	1527869
烟草制品业	46702	1245	11900		33557
纺织业	994141		53474	10000	915846
纺织服装、服饰业	1454416		244356		1196514
皮革、毛皮、羽毛及其制品和制鞋业	435070		57891	2000	373027
木材加工和木、竹、藤、棕、草制品业	2066635	3010	239354		1820461
家具制造业	1373359		162100	4792	1206467
造纸和纸制品业	1017471		78146		938425
印刷和记录媒介复制业	571293		75210		496083
文教、工美、体育和娱乐用品制造业	595025		105626	16661	471588
石油加工、炼焦和核燃料加工业	1728168	8633	297885	174000	1199836
化学原料和化学制品制造业	8509368	22770	2526264		5920954
医药制造业	1750730		100139		1601711
化学纤维制造业	220321	2000	24705		190293
橡胶和塑料制品业	3216905	6849	644205	17792	2491067
非金属矿物制品业	10807470	110955	2173410	50955	8421371
黑色金属冶炼和压延加工业	3475694	8000	168860	1000	3281329
有色金属冶炼和压延加工业	2635031	500	406110		2224111
金属制品业	5682478		567844		5105784
通用设备制造业	11654262		1587099		10033599

6-16 续表 1

单位：万元

行　业	本年资金来源小计	国家预算内资金	国内贷款	利用外资	自筹资金
专用设备制造业	8367156	9000	1151787	20944	7164828
汽车制造业	5065882		332811	37716	4630065
铁路、船舶、航空航天和其他运输设备制造业	2231818	110000	380299	20000	1717489
电气机械和器材制造业	5097509		490225	18412	4561169
计算机、通信和其他电子设备制造业	2189249		230427	30529	1895093
仪器仪表制造业	860919		60299	5701	781218
其他制造业	480294		72658	4900	402736
废弃资源综合利用业	516729	1454	112746		395529
金属制品、机械和设备修理业	230626		11000		219626
电力、热力、燃气及水生产和供应业	**8088156**	**499757**	**1549271**	**98032**	**5717793**
电力、热力生产和供应业	5877910	346486	1206817	89222	4088555
燃气生产和供应业	1008971	9100	191370	8810	799691
水的生产和供应业	1201275	144171	151084		829547
建筑业	**1577969**	**201832**	**85928**		**1277136**
房屋建筑业	36123	5345	185		29875
土木工程建筑业	1076207	194837	75165		795863
建筑安装业	318280		10578		305689
建筑装饰和其他建筑业	147359	1650			145709
批发和零售业	**11698895**	**8520**	**989830**	**187372**	**10421643**
批发业	5916854		420384	4661	5461344
零售业	5782041	8520	569446	182711	4960299
交通运输、仓储和邮政业	**18824663**	**2811126**	**4214468**	**9810**	**11543872**
铁路运输业	2236902	1325400	87920		823582
道路运输业	7504492	1407076	1366195		4590047
水上运输业	4037652	57796	1581799		2398057
航空运输业	650751		48000		521206
管道运输业	304639	11580	10000	9810	273249
装卸搬运和运输代理业	705454		182553		522901
仓储业	3381773	9274	938001		2411830
邮政业	3000				3000
住宿和餐饮业	**4153127**	**3800**	**555438**	**17466**	**3560103**
住宿业	2997862	3800	319756	14820	2645485
餐饮业	1155265		235682	2646	914618
信息传输、软件和信息技术服务业	**2267832**	**16007**	**304232**	**28570**	**1918821**
电信、广播电视和卫星传输服务	457808	16007		28570	413231
互联网和相关服务	152358		25142		127216
软件和信息技术服务业	1657666		279090		1378374

6-16 续表 2

单位：万元

行 业	本年资金来源小计	国家预算内资金	国内贷款	利用外资	自筹资金
金融业	**1286921**	**16278**	**15000**		**1255643**
货币金融服务	227389	4108	3600		219681
资本市场服务	762868		10000		752868
保险业	53452	12170			41282
其他金融业	243212		1400		241812
房地产业	**62277730**	**377463**	**7362799**	**706300**	**36412857**
租赁和商务服务业	**5991758**	**44383**	**916251**	**43500**	**4945139**
租赁业	155090		22450		131250
商务服务业	5836668	44383	893801	43500	4813889
科学研究和技术服务业	**2760390**	**45518**	**395209**	**12510**	**2306703**
研究和试验发展	1051079	17357	153042	12510	868170
专业技术服务业	877076	23965	112337		740324
科技推广和应用服务业	832235	4196	129830		698209
水利、环境和公共设施管理业	**25088124**	**5471992**	**3543755**	**65000**	**15693870**
水利管理业	2264280	1173153	248490		827121
生态保护和环境治理业	583983	43444	7084		532239
公共设施管理业	22239861	4255395	3288181	65000	14334510
居民服务、修理和其他服务业	**2140029**	**113516**	**429053**	**4000**	**1572120**
居民服务业	1284729	70019	240084	4000	951518
机动车、电子产品和日用产品修理业	512714		50298		460436
其他服务业	342586	43497	138671		160166
教育	**2664063**	**388192**	**486808**		**1736627**
卫生和社会工作	**1400932**	**269233**	**103734**		**974302**
卫生	1142106	224223	87384		782967
社会工作	258826	45010	16350		191335
文化、体育和娱乐业	**2599951**	**102383**	**561381**	**38500**	**1879513**
新闻和出版业	46070				46070
广播、电视、电影和影视录音制作业	174587	10000	26500		138087
文化艺术业	742175	68512	38595		630707
体育	624205	23871	44300	38500	517534
娱乐业	1012914		451986		547115
公共管理、社会保障和社会组织	**1689563**	**245638**	**67045**	**2650**	**1273445**
中国共产党机关	2300	2300			
国家机构	1525274	235940	59845	1950	1127054
人民政协、民主党派					
社会保障	3920		1000		2920
群众团体、社会团体和其他成员组织	108492		6200	700	101292
基层群众自治组织	49577	7398			42179

6-16 续表 3

单位：万元

行　业	其他资金	投资额	新增固定资产	固定资产交付使用率(%)
全省合计	**19411263**	**244268339**	**172553622**	**70.64**
农、林、牧、渔业	**37186**	**5724310**	**4647370**	**81.19**
农业	11500	2121434	1780680	83.94
林业		229048	181117	79.07
畜牧业	21386	1444768	1100036	76.14
渔业		968256	907963	93.77
农、林、牧、渔服务业	4300	960804	677574	70.52
采矿业	**28931**	**6173831**	**4662320**	**75.52**
煤炭开采和洗选业		499534	498645	99.82
石油和天然气开采业		959786	406757	42.38
黑色金属矿采选业	2000	2509606	1832405	73.02
有色金属矿采选业	10890	632258	448881	71.00
非金属矿采选业	16041	1341176	1277001	95.22
开采辅助活动		184926	168576	91.16
其他采矿业		46545	30055	64.57
制造业	**734180**	**88663513**	**70546698**	**79.57**
农副食品加工业	168588	6994957	5995115	85.71
食品制造业	45055	1977709	1640554	82.95
酒、饮料和精制茶制造业	2240	1559516	1292372	82.87
烟草制品业		46478	36232	77.96
纺织业	14821	938798	734144	78.20
纺织服装、服饰业	13546	1392260	1096807	78.78
皮革、毛皮、羽毛及其制品和制鞋业	2152	419235	361433	86.21
木材加工和木、竹、藤、棕、草制品业	3810	1981779	1653463	83.43
家具制造业		1228331	963454	78.44
造纸和纸制品业	900	989503	733863	74.16
印刷和记录媒介复制业		555197	347760	62.64
文教、工美、体育和娱乐用品制造业	1150	576072	493619	85.69
石油加工、炼焦和核燃料加工业	47814	1792298	3911537	218.24
化学原料和化学制品制造业	39380	7461003	4717633	63.23
医药制造业	48880	1643066	1372802	83.55
化学纤维制造业	3323	231971	351529	151.54
橡胶和塑料制品业	56992	2908654	2106116	72.41
非金属矿物制品业	50779	9631584	6829082	70.90
黑色金属冶炼和压延加工业	16505	3530818	2624754	74.34
有色金属冶炼和压延加工业	4310	2632200	1089841	41.40
金属制品业	8850	5210939	3932774	75.47
通用设备制造业	33564	11518326	10146767	88.09

6-16 续表 4

单位：万元

行　业	其他资金	投资额	新增固定资产	固定资产交付使用率(%)
专用设备制造业	20597	7693787	5972064	77.62
汽车制造业	65290	4982030	3740168	75.07
铁路、船舶、航空航天和其他运输设备制造业	4030	2049584	1532637	74.78
电气机械和器材制造业	27703	4643458	3740913	80.56
计算机、通信和其他电子设备制造业	33200	2036091	1133784	55.68
仪器仪表制造业	13701	828304	697397	84.20
其他制造业		440885	256969	58.28
废弃资源综合利用业	7000	531070	681704	128.36
金属制品、机械和设备修理业		237610	359411	151.26
电力、热力、燃气及水生产和供应业	**223303**	**7718301**	**7168286**	**92.87**
电力、热力生产和供应业	146830	5472044	5249830	95.94
燃气生产和供应业		972311	847777	87.19
水的生产和供应业	76473	1273946	1070679	84.04
建筑业	**13073**	**1367482**	**1027723**	**75.15**
房屋建筑业	718	32593	27055	83.01
土木工程建筑业	10342	928827	715161	77.00
建筑安装业	2013	282486	175366	62.08
建筑装饰和其他建筑业		123576	110141	89.13
批发和零售业	**91530**	**10375930**	**8474821**	**81.68**
批发业	30465	5072198	4189334	82.59
零售业	61065	5303732	4285487	80.80
交通运输、仓储和邮政业	**245387**	**18008991**	**12517577**	**69.51**
铁路运输业		2134707	185251	8.68
道路运输业	141174	6783160	6463633	95.29
水上运输业		4130867	2542319	61.54
航空运输业	81545	629422	57346	9.11
管道运输业		316133	614426	194.36
装卸搬运和运输代理业		620764	469863	75.69
仓储业	22668	3392088	2184739	64.41
邮政业		1850		
住宿和餐饮业	**16320**	**4067536**	**3304060**	**81.23**
住宿业	14001	2943878	2387436	81.10
餐饮业	2319	1123658	916624	81.57
信息传输、软件和信息技术服务业	**202**	**2130734**	**1510192**	**70.88**
电信、广播电视和卫星传输服务		420529	172769	41.08
互联网和相关服务		119802	35839	29.92
软件和信息技术服务业	202	1590403	1301584	81.84

6-16 续表 5　　单位：万元

行　业	其他资金	投资额	新增固定资产	固定资产交付使用率 (%)
金融业		**1059566**	**642717**	**60.66**
货币金融服务		204514	192319	94.04
资本市场服务		598909	168097	28.07
保险业		48980	45206	92.29
其他金融业		207163	237095	114.45
房地产业	**17418311**	**56289436**	**27149765**	**48.23**
租赁和商务服务业	**42485**	**5577277**	**4133268**	**74.11**
租赁业	1390	157191	157381	100.12
商务服务业	41095	5420086	3975887	73.35
科学研究和技术服务业	**450**	**2610300**	**2161256**	**82.80**
研究和试验发展		957536	724324	75.64
专业技术服务业	450	833691	712833	85.50
科技推广和应用服务业		819073	724099	88.40
水利、环境和公共设施管理业	**313507**	**24593350**	**16647921**	**67.69**
水利管理业	15516	2248345	956877	42.56
生态保护和环境治理业	1216	600317	494442	82.36
公共设施管理业	296775	21744688	15196602	69.89
居民服务、修理和其他服务业	**21340**	**2038913**	**1781631**	**87.38**
居民服务业	19108	1265397	932617	73.70
机动车、电子产品和日用产品修理业	1980	514559	642679	124.90
其他服务业	252	258957	206335	79.68
教育	**52436**	**2544183**	**2025684**	**79.62**
卫生和社会工作	**53663**	**1273451**	**1061246**	**83.34**
卫生	47532	1050693	843717	80.30
社会工作	6131	222758	217529	97.65
文化、体育和娱乐业	**18174**	**2537006**	**1898740**	**74.84**
新闻和出版业		46065	21065	45.73
广播、电视、电影和影视录音制作业		173448	146901	84.69
文化艺术业	4361	724044	605744	83.66
体育		597249	599262	100.34
娱乐业	13813	996200	525768	52.78
公共管理、社会保障和社会组织	**100785**	**1514229**	**1192347**	**78.74**
中国共产党机关		2300	2300	100.00
国家机构	100485	1354060	1028614	75.97
人民政协、民主党派				
社会保障		3920	3612	92.14
群众团体、社会团体和其他成员组织	300	104372	117241	112.33
基层群众自治组织		49577	40580	81.85

6-17 各地区固定资产投资施工、竣工房屋面积

单位：万平方米

年份、地区	施工房屋建筑面积	#住宅	竣工房屋建筑面积	#住宅
2000	5693.4	3553.2	3017.0	2092.1
2001	6120.1	3869.7	2991.0	2116.3
2002	7237.3	4429.0	3209.8	2116.1
2003	8254.7	4809.1	3667.4	2214.0
2004	10437.4	5653.5	4711.0	2646.9
2005	12381.8	6329.8	5032.3	2539.0
2006	15104.0	7805.5	6164.4	2950.1
2007	20932.3	10350.5	6847.7	3130.4
2008	23875.5	12389.6	7988.8	3568.3
2009	29221.2	14886.9	8397.8	3638.4
2010	44138.5	21222.0	9245.7	3865.9
2011	54173.3	27752.4	10527.7	5475.6
2012	61131.9	30093.9	11838.7	5407.2
2013	63544.9	31903.4	13418.0	5155.1
2014	64532.5	28953.3	13246.9	5070.2
沈　阳	21747.7	8213.0	4425.9	993.9
大　连	9946.5	4716.5	1461.7	588.0
鞍　山	6124.9	2500.2	708.7	393.2
抚　顺	2547.4	1143.7	610.5	145.3
本　溪	2332.2	1070.8	518.2	331.0
丹　东	2346.1	1099.6	412.6	136.3
锦　州	2838.4	1224.7	653.4	236.7
营　口	4191.8	2045.1	1010.6	513.4
阜　新	2270.8	1024.2	782.1	248.6
辽　阳	1187.8	692.5	227.6	145.8
盘　锦	2045.5	1389.2	602.8	462.1
铁　岭	2496.3	1199.4	739.8	396.0
朝　阳	2530.0	1440.5	929.4	359.0
葫芦岛	1927.2	1193.8	163.5	120.8

注：2013年之前的年度数据为城镇口径。

6-18 各地区按行业分固定资产投资新增固定资产

单位：万元

年份、地区	合计	农林牧渔业	采矿业	制造业	电力、燃气及水的生产和供应业	建筑业	交通运输仓储和邮政业	信息传输、计算机服务和软件业	批发和零售业	住宿和餐饮业
2005	23785868	278332	1466943	9828630	956830	188933	1416108	359388	923303	401408
2006	27641611	354483	1944056	11027672	948659	324995	1756914	394289	1059344	421746
2007	36316002	477202	2100599	14261494	2353587	285779	2493073	319701	1445176	584539
2008	50566948	770661	2355216	21893841	2192069	406054	2328227	618041	1799541	973428
2009	68569660	1151381	2295717	29092046	3411559	938757	4058862	864654	3229421	1261212
2010	94292140	1384973	4126137	35728460	3762066	1134045	4108876	958593	1883003	1080068
2011	90101829	2066201	2964006	34722047	3052749	1429403	4192201	576606	2250995	1194100
2012	115723387	1685006	4524880	45738723	4571954	2425923	4398017	5230732	2093167	924977
2013	133161083	1776515	3792500	53042468	5591912	1396815	5594601	9068492	3593408	833118
2014	172553622	4647370	4662320	70546698	7168286	1027723	8474821	12517577	3304060	1510192
沈　阳	46507700	982269	128871	20129221	1682690	291587	4243901	2914135	1062683	902247
大　连	41885983	2028159	166467	14203428	2180017		653282	3057511	639243	513429
鞍　山	9395071	196381	169549	4998931	197344	4076	785481	357666	232190	23391
抚　顺	9097336	94649	427341	5291992	507383	17505	294657	215112	94963	
本　溪	7162579	96251	392430	2138146	253692	111309	81400	767243	112636	26000
丹　东	7571488	165504	799008	2018730	140867	154810	605863	1078585	271748	7135
锦　州	6044229	92378	299055	2681498	245197	70388	326250	136358	37761	30859
营　口	9782211	30031	52125	4963089	381241	33761	832460	481794	402526	1839
阜　新	3486812	132479	341518	1511500	251946		50194	121280	55874	
辽　阳	4870347	127594	693466	2393987	163273	27802	85445	63076	163590	
盘　锦	9157356	46000	310778	3441750	264527	28419	214910	1700969	60232	5292
铁　岭	5724815	162065	46591	2822195	268880	29743	156945	368051		
朝　阳	6405553	468887	775823	1969609	432448	240695	79953	63401	15374	
葫芦岛	5462142	24723	59298	1982622	198781	17628	64080	1192396	155240	

注：2013年之前的年度数据为城镇口径。

6-18 续表 单位：万元

年份、地区	金融业	房地产业	租赁和商务服务业	科学研究、技术服务和地质勘查业	水利、环境和公共设施管理业	居民服务和其他服务业	教育	卫生、社会保障和社会福利业	文化、体育和娱乐业	公共管理和社会组织
2005	98925	4623591	297858	206698	1313070	106320	608380	180826	213179	317146
2006	53810	5801680	348341	166703	1450509	134351	588452	177265	336290	352052
2007	93356	6552689	392885	330772	2710649	250160	708908	282776	290804	381853
2008	219398	9863600	747145	477847	3731698	317367	669226	334031	390321	479237
2009	215985	11230393	848711	581705	5841711	485911	726414	594542	511926	1228753
2010	125389	13411205	1640555	322560	6987561	276354	14752804	620434	779497	1209560
2011	504351	22398101	1772265	537061	8073340	583466	726459	503195	684118	1871165
2012	357002	24793921	1911086	1027945	9294834	1092993	1580444	861322	1531331	1679130
2013	1276918	23964455	2738600	1323299	11077181	1352353	1604392	1079079	2497186	1557791
2014	642717	27149765	4133268	2161256	16647921	1781631	2025684	1061246	1898740	1192347
沈　阳	380064	6478876	923830	993304	2427365	763155	820409	505898	553572	323623
大　连	55377	6125582	1628418	749682	8043816	657960	571859	167350	417939	26464
鞍　山	41962	1380386	240555	31265	238728	122218	57498	93277	88929	135244
抚　顺		732274	219450	60193	853042	26388	117331	31938	93468	19650
本　溪		1491192	440408	16180	972558	8700	23500	36600	118307	76027
丹　东	4507	953387	81983	30901	862258	40892	53001	135878	129551	36880
锦　州	21739	1140325	68085	8820	309112	57200	64497	18960	178902	256845
营　口	139068	1483052	355773	216728	305558	18490	31094	7903	17160	28519
阜　新		771608	29559	2500	125730	702	33207	20228	13000	25487
辽　阳		719893	7078	4000	239053	4650	51532	13460	74317	38131
盘　锦		2127903	17703	39560	655759	50665	109290	680	71416	11503
铁　岭		1236613		3423	600823		7670	1070	20746	
朝　阳		1376735	79926	2200	606204	21601	17906	16204	80312	158275
葫芦岛		1131939	40500	2500	407915	9010	66890	11800	41121	55699

注：2013年之前的年度数据为城镇口径。

6-19 按构成和建设性质分的建设项目投资

单位：亿元

年份、地区	投资额	按构成分			按建设性质分	
		建筑安装工程	设备、工器具购置	其他费用	#新建	#改、扩建
2000	784.42	462.30	239.86	82.25	249.66	489.24
2001	873.10	529.57	252.15	91.38	278.91	545.87
2002	969.01	560.24	268.07	140.70	307.31	600.27
2003	1279.14	733.57	368.64	176.92	511.82	687.51
2004	1875.04	1082.72	584.61	207.70	807.55	941.98
2005	2792.27	1570.08	868.22	353.97	1388.41	1224.34
2006	3835.65	2250.14	1153.40	432.10	1976.40	1577.74
2007	5078.47	3009.83	1442.12	626.52	3073.58	1657.19
2008	6821.15	3956.06	2193.86	671.23	4144.82	2203.95
2009	8964.61	5388.60	2777.61	798.39	5399.68	2946.08
2010	11640.57	7100.08	3422.75	1117.75	7724.28	3236.78
2011	11927.76	7183.68	3264.08	1480.00	8548.16	2872.64
2012	14468.19	8527.51	4327.53	1613.15	10859.91	3008.00
2013	16404.63	10540.93	4685.31	1178.40	12645.16	3077.30
2014	19125.53	13072.03	4876.09	1177.41	15079.68	3363.13
沈　阳	4588.24	3026.73	1284.12	277.39	2960.91	1199.31
大　连	5344.30	4415.28	691.21	237.81	4747.71	438.41
鞍　山	1653.72	1043.23	453.13	157.36	1398.43	222.68
抚　顺	795.13	345.87	431.95	17.30	675.40	112.51
本　溪	772.60	439.39	232.92	100.29	507.24	263.13
丹　东	771.47	516.65	203.10	51.73	568.14	195.76
锦　州	769.78	407.42	234.98	127.38	564.87	190.98
营　口	1006.70	562.67	405.87	38.16	943.66	57.77
阜　新	312.37	229.03	79.91	3.42	264.22	47.11
辽　阳	599.97	365.23	193.37	41.37	487.91	99.28
盘　锦	873.69	771.84	88.22	13.63	772.37	97.47
铁　岭	515.06	331.85	171.28	11.93	464.59	49.65
朝　阳	713.10	313.63	344.16	55.31	365.78	338.10
葫芦岛	409.40	303.21	61.87	44.33	358.44	50.97

6-20 按资金来源和隶属关系分的建设项目投资

单位：亿元

年份、地区	按资金来源分					按隶属关系分	
	国家预算内资金	国内贷款	利用外资	自筹资金	其他投资	中央项目	地方项目
2000	65.13	184.98	64.15	420.69	67.25	277.40	524.80
2001	107.51	192.97	46.36	479.35	54.48	300.40	580.27
2002	99.49	190.62	59.92	572.13	53.56	266.19	709.54
2003	82.59	229.86	44.51	853.85	80.37	245.37	1045.80
2004	104.88	251.74	71.32	1372.45	74.65	358.04	1516.99
2005	164.74	374.16	108.90	2016.02	128.44	474.18	2318.09
2006	252.39	480.22	102.80	2852.19	148.06	603.41	3232.23
2007	355.49	761.77	121.88	3656.50	182.82	856.53	4221.94
2008	422.62	858.00	260.66	5125.31	154.56	1059.69	5761.46
2009	510.98	1255.05	268.94	6813.10	116.54	787.41	8177.20
2010	465.62	1862.49	209.53	8916.68	186.25	930.91	10709.66
2011	917.25	1908.44	155.06	8707.26	239.75	702.25	11225.51
2012	853.62	2271.51	225.70	10885.87	231.49	702.46	13765.73
2013	1033.49	2345.86	213.26	12600.40	211.62	707.37	15697.26
2014	1048.90	2760.02	103.77	15014.68	198.16	661.84	18463.69
沈　阳	288.20	617.11	16.05	4210.59	43.89	120.44	4467.80
大　连	395.79	1263.52	33.93	3590.45	58.30	211.76	5132.53
鞍　山	32.21	358.79	12.74	1492.08	66.74	21.95	1631.77
抚　顺	65.07	40.66	0.38	690.79	0.34	38.15	756.97
本　溪	43.36	29.72	2.86	708.56	0.002	0.97	771.63
丹　东	122.42	65.44	3.85	672.58	1.45	44.68	726.79
锦　州	12.11	65.38		738.08	12.37	31.78	738.00
营　口	13.07	29.15	0.30	947.37	10.84	13.56	993.14
阜　新	16.14	49.11		257.61		8.39	303.98
辽　阳	2.87	60.83		535.07	1.89	14.85	585.12
盘　锦	10.61	167.35	38.06	615.81	0.50	93.73	779.95
铁　岭	34.34	84.40		403.03	0.18	4.11	510.96
朝　阳	13.00	21.21	0.76	731.10	9.23	14.96	698.14
葫芦岛	62.33	72.14	1.04	318.05	4.25	42.50	366.90

注：本表资金来源分市数据为本年到位资金。

6-21 按行业分的建设项目投资额

(2014年)　　单位：万元

行业	投资额	#新建	#扩建	#改建	建筑安装工程投资	设备工器具购置	其他费用
全省合计	**191255288**	**150796776**	**21444450**	**12186841**	**130720303**	**48760902**	**11774083**
农、林、牧、渔业	**5724310**	**4641823**	**862415**	**185514**	**3897276**	**1450688**	**376346**
农业	2121434	1850754	257678	12300	1312456	687781	121197
林业	229048	149704	75356	3988	186590	24160	18298
畜牧业	1444768	1165031	258853	8684	901458	418461	124849
渔业	968256	682090	127535	151275	783448	119611	65197
农、林、牧、渔服务业	960804	794244	142993	9267	713324	200675	46805
采矿业	**6173831**	**3216051**	**1807013**	**1035791**	**3347728**	**2449271**	**376832**
煤炭开采和洗选业	499534	180208	93634	207812	219908	266089	13537
石油和天然气开采业	959786	918264	10202	31320	781335	117094	61357
黑色金属矿采选业	2509606	1037773	800011	639144	1169275	1172508	167823
有色金属矿采选业	632258	313567	253286	65305	344956	257476	29826
非金属矿采选业	1341176	618256	582970	75632	644937	605056	91183
开采辅助活动	184926	138548	29800	16578	159361	12519	13046
其他采矿业	46545	9435	37110		27956	18529	60
制造业	**88663513**	**67015164**	**11444839**	**5497679**	**51208013**	**31639697**	**5815803**
农副食品加工业	6994957	4729967	1679933	362903	4122522	2400826	471609
食品制造业	1977709	1478877	399735	56401	1192741	653713	131255
酒、饮料和精制茶制造业	1559516	1240092	196511	80509	873815	559555	126146
烟草制品业	46478	31125	4887	10466	36695	7300	2483
纺织业	938798	674584	174574	24768	542194	345633	50971
纺织服装、服饰业	1392260	970588	210395	92128	866267	439255	86738
皮革、毛皮、羽毛及其制品和制鞋业	419235	326198	38371	24556	219989	161090	38156
木材加工和木、竹、藤、棕、草制品业	1981779	1538672	281584	100793	1134684	739742	107353
家具制造业	1228331	960732	176449	9150	765455	403614	59262
造纸和纸制品业	989503	558605	284268	67838	456941	489317	43245
印刷和记录媒介复制业	555197	257113	72204	65282	228558	309866	16773
文教、工美、体育和娱乐用品制造业	576072	403672	51034	58672	305742	242452	27878
石油加工、炼焦和核燃料加工业	1792298	1265931	326112	191279	1202579	517627	72092
化学原料和化学制品制造业	7461003	6260829	543982	420886	4329475	2805376	326152
医药制造业	1643066	1313608	211893	77093	1034203	430753	178110
化学纤维制造业	231971	219311	6225	4875	182033	44299	5639
橡胶和塑料制品业	2908654	2083502	498020	106161	1648505	1119223	140926
非金属矿物制品业	9631584	6643804	1717962	947614	5003308	3795919	832357
黑色金属冶炼和压延加工业	3530818	2309889	475158	652407	1904085	1385101	241632
有色金属冶炼和压延加工业	2632200	2172334	267381	167214	1187609	1048470	396121
金属制品业	5210939	4200048	492771	214034	3045249	1823507	342183
通用设备制造业	11518326	8713109	1468688	537407	6793358	4137927	587041

6-21 续表 1

单位：万元

行　业	投资额	#新建	#扩建	#改建	建筑安装工程投资	设备工器具购置	其他费用
专用设备制造业	7693787	5974844	628784	525786	4503065	2790883	399839
汽车制造业	4982030	4107550	295947	133846	2726883	1738469	516678
铁路、船舶、航空航天和其他运输设备制造业	2049584	1588531	240405	151927	1381978	491825	175781
电气机械和器材制造业	4643458	3725937	378660	251162	2929850	1477772	235836
计算机、通信和其他电子设备制造业	2036091	1755757	172891	30073	1319277	633724	83090
仪器仪表制造业	828304	568186	50155	45658	479764	329973	18567
其他制造业	440885	359228	25790	23193	277489	125827	37569
废弃资源综合利用业	531070	432380	55284	26747	379387	93912	57771
金属制品、机械和设备修理业	237610	150161	18786	36851	134313	96747	6550
电力、热力、燃气及水生产和供应业	**7718301**	**6239356**	**811003**	**592834**	**5055084**	**2243526**	**419691**
电力、热力生产和供应业	5472044	4429393	597677	374829	3215429	1911256	345359
燃气生产和供应业	972311	810368	123993	37950	726871	200139	45301
水的生产和供应业	1273946	999595	89333	180055	1112784	132131	29031
建筑业	**1367482**	**988349**	**95833**	**153446**	**927099**	**321694**	**118689**
房屋建筑业	32593	14298	3424	9887	23732	6234	2627
土木工程建筑业	928827	747102	35808	116980	713498	115740	99589
建筑安装业	282486	167105	37236	17633	123039	151315	8132
建筑装饰和其他建筑业	123576	59844	19365	8946	66830	48405	8341
批发和零售业	**10375930**	**7263734**	**1616032**	**1123152**	**7431200**	**2165020**	**779710**
批发业	5072198	3053781	999111	705113	3476418	1284283	311497
零售业	5303732	4209953	616921	418039	3954782	880737	468213
交通运输、仓储和邮政业	**18008991**	**15240433**	**1568205**	**634444**	**13903750**	**3097245**	**1007996**
铁路运输业	2134707	2008768	99442	22511	1371993	402115	360599
道路运输业	6783160	5517915	666546	290918	5316708	1166862	299590
水上运输业	4130867	3080049	588273	285285	3283296	815937	31634
航空运输业	629422	629422			542104	74138	13180
管道运输业	316133	316133			262929	44454	8750
装卸搬运和运输代理业	620764	552536	7810	3000	458254	111750	50760
仓储业	3392088	3134610	205284	32730	2666616	481989	243483
邮政业	1850	1000	850		1850		
住宿和餐饮业	**4067536**	**3112126**	**448295**	**494224**	**3306278**	**504496**	**256762**
住宿业	2943878	2417430	260415	264583	2392974	363088	187816
餐饮业	1123658	694696	187880	229641	913304	141408	68946
信息传输、软件和信息技术服务业	**2130734**	**1751311**	**118748**	**122987**	**1785051**	**298020**	**47663**
电信、广播电视和卫星传输服务	420529	298635	38565	62259	294750	120548	5231
互联网和相关服务	119802	97766	588	3000	85689	26100	8013
软件和信息技术服务业	1590403	1354910	79595	57728	1404612	151372	34419

6-21 续表 2

单位：万元

行　业	投资额	#新建	#扩建	#改建	建筑安装工程投资	设备工器具购置	其他费用
金融业	**1059566**	**861373**	**68913**	**119076**	**877396**	**130013**	**52157**
货币金融服务	204514	121667	35683	47164	158877	38908	6729
资本市场服务	598909	530918	12601	50389	513008	63861	22040
保险业	48980	23628	16314	3835	39446	9436	98
其他金融业	207163	185160	4315	17688	166065	17808	23290
房地产业	**3276385**	**2860715**	**267978**	**94055**	**2976865**	**159634**	**139886**
租赁和商务服务业	**5577277**	**4841666**	**340963**	**266828**	**3975981**	**953735**	**647561**
租赁业	157191	48627		20004	31896	118696	6599
商务服务业	5420086	4793039	340963	246824	3944085	835039	640962
科学研究和技术服务业	**2610300**	**1976502**	**203602**	**229354**	**2161439**	**387337**	**61524**
研究和试验发展	957536	809096	28182	67231	837605	97807	22124
专业技术服务业	833691	566113	84959	113450	683671	132794	17226
科技推广和应用服务业	819073	601293	90461	48673	640163	156736	22174
水利、环境和公共设施管理业	**24593350**	**22826219**	**914608**	**803960**	**21957634**	**1659863**	**975853**
水利管理业	2248345	2115626	83041	46938	2128240	69399	50706
生态保护和环境治理业	600317	504699	58203	37415	476414	108176	15727
公共设施管理业	21744688	20205894	773364	719607	19352980	1482288	909420
居民服务、修理和其他服务业	**2038913**	**1638185**	**167757**	**175926**	**1488180**	**278835**	**271898**
居民服务业	1265397	1054046	111409	94360	906557	112337	246503
机动车、电子产品和日用产品修理业	514559	350945	51102	61049	376550	120141	17868
其他服务业	258957	233194	5246	20517	205073	46357	7527
教育	**2544183**	**2213004**	**150481**	**166487**	**2249201**	**158732**	**136250**
卫生和社会工作	**1273451**	**831903**	**140886**	**194456**	**988586**	**219594**	**65271**
卫生	1050693	668997	107506	172934	806823	202480	41390
社会工作	222758	162906	33380	21522	181763	17114	23881
文化、体育和娱乐业	**2537006**	**2016308**	**317898**	**168633**	**2051951**	**373301**	**111754**
新闻和出版业	46065	29996		4980	23666	20289	2110
广播、电视、电影和影视录音制作业	173448	90594	69083	8775	114931	41353	17164
文化艺术业	724044	509223	175149	39672	603725	91985	28334
体育	597249	535103	22221	21843	457819	112515	26915
娱乐业	996200	851392	51445	93363	851810	107159	37231
公共管理、社会保障和社会组织	**1514229**	**1262554**	**98981**	**127995**	**1131591**	**270201**	**112437**
中国共产党机关	2300			2300	2300		
国家机构	1354060	1144657	78896	116595	997017	249442	107601
人民政协、民主党派							
社会保障	3920	3920			1286	952	1682
群众团体、社会团体和其他成员组织	104372	72400	13585	7600	82181	19037	3154
基层群众自治组织	49577	41577	6500	1500	48807	770	

6-22 按行业、隶属关系和注册类型分建设项目投资

(2014年) 单位：万元

行业	投资额						
		中央	地方	内资	港澳台商投资	外商投资	个体经营
全省合计	**191255288**	**6618425**	**184636863**	**184435258**	**2069708**	**3493467**	**1256855**
农、林、牧、渔业	**5724310**	**16932**	**5707378**	**5486830**	**34000**	**49200**	**154280**
农业	2121434		2121434	2066554		9700	45180
林业	229048	2000	227048	229048			
畜牧业	1444768	2995	1441773	1315175		39500	90093
渔业	968256		968256	951466			16790
农、林、牧、渔服务业	960804	11937	948867	924587	34000		2217
采矿业	**6173831**	**810246**	**5363585**	**6061130**	**79556**		**33145**
煤炭开采和洗选业	499534		499534	486634			12900
石油和天然气开采业	959786	798815	160971	880230	79556		
黑色金属矿采选业	2509606		2509606	2509606			
有色金属矿采选业	632258	11431	620827	624563			7695
非金属矿采选业	1341176		1341176	1328626			12550
开采辅助活动	184926		184926	184926			
其他采矿业	46545		46545	46545			
制造业	**88663513**	**1641741**	**87021772**	**84906073**	**544734**	**2549724**	**662982**
农副食品加工业	6994957		6994957	6870139	70225	24743	29850
食品制造业	1977709	2561	1975148	1825920	45337	106452	
酒、饮料和精制茶制造业	1559516		1559516	1534757		6329	18430
烟草制品业	46478	10466	36012	46478			
纺织业	938798		938798	916166	8700	9952	3980
纺织服装、服饰业	1392260		1392260	1366535	4099	14636	6990
皮革、毛皮、羽毛及其制品和制鞋业	419235		419235	403217	4160	7730	4128
木材加工和木、竹、藤、棕、草制品业	1981779		1981779	1942240	4210	17900	17429
家具制造业	1228331		1228331	1159671		68660	
造纸和纸制品业	989503		989503	974053		15450	
印刷和记录媒介复制业	555197		555197	550867			4330
文教、工美、体育和娱乐用品制造业	576072		576072	538563	13000	5666	18843
石油加工、炼焦和核燃料加工业	1792298	343594	1448704	1603016	226	189056	
化学原料和化学制品制造业	7461003	146878	7314125	7209500		99578	151925
医药制造业	1643066		1643066	1640024		3042	
化学纤维制造业	231971		231971	225491		1560	4920
橡胶和塑料制品业	2908654		2908654	2812377	4800	87522	3955
非金属矿物制品业	9631584	40400	9591184	9330466	132614	43850	124654
黑色金属冶炼和压延加工业	3530818	229672	3301146	3482407	2101	41610	4700
有色金属冶炼和压延加工业	2632200	2240	2629960	2489966	80879	56605	4750
金属制品业	5210939	21240	5189699	4881717	43548	190015	95659
通用设备制造业	11518326	170398	11347928	11347143	41243	117210	12730

6-22 续表 1 单位：万元

行业	投资额	中央	地方	内资	港澳台商投资	外商投资	个体经营
专用设备制造业	7693787	113280	7580507	7551816		53430	88541
汽车制造业	4982030	99980	4882050	3891777	1000	1089253	
铁路、船舶、航空航天和其他运输设备制造业	2049584	355006	1694578	1961639		87945	
电气机械和器材制造业	4643458	61103	4582355	4485053	60600	97805	
计算机、通信和其他电子设备制造业	2036091		2036091	1916302	5598	64191	50000
仪器仪表制造业	828304		828304	805229	12594	5701	4780
其他制造业	440885	8073	432812	418384	9800	2826	9875
废弃资源综合利用业	531070		531070	524400		4157	2513
金属制品、机械和设备修理业	237610	36850	200760	200760		36850	
电力、热力、燃气及水生产和供应业	**7718301**	**1264483**	**6453818**	**7324310**	**247915**	**146076**	
电力、热力生产和供应业	5472044	1206239	4265805	5110827	241217	120000	
燃气生产和供应业	972311	46329	925982	954757	6698	10856	
水的生产和供应业	1273946	11915	1262031	1258726		15220	
建筑业	**1367482**	**7819**	**1359663**	**1367482**			
房屋建筑业	32593	184	32409	32593			
土木工程建筑业	928827	7635	921192	928827			
建筑安装业	282486		282486	282486			
建筑装饰和其他建筑业	123576		123576	123576			
批发和零售业	**10375930**	**258255**	**10117675**	**9914566**	**326993**	**42305**	**92066**
批发业	5072198	19840	5052358	5022764		12040	37394
零售业	5303732	238415	5065317	4891802	326993	30265	54672
交通运输、仓储和邮政业	**18008991**	**1536983**	**16472008**	**17381731**	**335140**	**277687**	**14433**
铁路运输业	2134707	601854	1532853	1919267	215440		
道路运输业	6783160	214167	6568993	6769008		8000	6152
水上运输业	4130867	7900	4122967	4058051	10000	62816	
航空运输业	629422	19650	609772	629422			
管道运输业	316133	114823	201310	306233	9900		
装卸搬运和运输代理业	620764		620764	488893		131871	
仓储业	3392088	578589	2813499	3209007	99800	75000	8281
邮政业	1850		1850	1850			
住宿和餐饮业	**4067536**	**12200**	**4055336**	**3791386**	**119240**	**17462**	**139448**
住宿业	2943878	8600	2935278	2800798	119240	14816	9024
餐饮业	1123658	3600	1120058	990588		2646	130424
信息传输、软件和信息技术服务业	**2130734**	**5292**	**2125442**	**1982759**	**87765**	**60210**	
电信、广播电视和卫星传输服务	420529	5292	415237	391959		28570	
互联网和相关服务	119802		119802	114952		4850	
软件和信息技术服务业	1590403		1590403	1475848	87765	26790	

6-22 续表 2

单位：万元

行　业	投资额	中央	地方	内资	港澳台商投资	外商投资	个体经营
金融业	**1059566**	**34516**	**1025050**	**1029520**	**27712**	**2334**	
货币金融服务	204514	34516	169998	202180		2334	
资本市场服务	598909		598909	571197	27712		
保险业	48980		48980	48980			
其他金融业	207163		207163	207163			
房地产业	**3276385**	**67080**	**3209305**	**3095782**	**172082**	**8521**	
租赁和商务服务业	**5577277**	**53859**	**5523418**	**5261206**	**53870**	**259769**	**2432**
租赁业	157191		157191	157191			
商务服务业	5420086	53859	5366227	5104015	53870	259769	2432
科学研究和技术服务业	**2610300**	**221423**	**2388877**	**2538083**		**62397**	**9820**
研究和试验发展	957536	160924	796612	899336		58200	
专业技术服务业	833691	55669	778022	819674		4197	9820
科技推广和应用服务业	819073	4830	814243	819073			
水利、环境和公共设施管理业	**24593350**	**426793**	**24166557**	**24548415**	**35535**	**5260**	**4140**
水利管理业	2248345	25233	2223112	2243085		5260	
生态保护和环境治理业	600317	18322	581995	600317			
公共设施管理业	21744688	383238	21361450	21705013	35535		4140
居民服务、修理和其他服务业	**2038913**	**35300**	**2003613**	**1970257**		**4872**	**63784**
居民服务业	1265397		1265397	1224279		4872	36246
机动车、电子产品和日用产品修理业	514559		514559	487021			27538
其他服务业	258957	35300	223657	258957			
教育	**2544183**	**123063**	**2421120**	**2499683**			**44500**
卫生和社会工作	**1273451**	**44407**	**1229044**	**1250451**	**4560**	**3150**	**15290**
卫生	1050693	39577	1011116	1042983	4560	3150	
社会工作	222758	4830	217928	207468			15290
文化、体育和娱乐业	**2537006**	**12450**	**2524556**	**2511365**	**606**	**4500**	**20535**
新闻和出版业	46065		46065	46065			
广播、电视、电影和影视录音制作业	173448		173448	168948		4500	
文化艺术业	724044	6232	717812	724044			
体育	597249	3042	594207	592554			4695
娱乐业	996200	3176	993024	979754	606		15840
公共管理、社会保障和社会组织	**1514229**	**45583**	**1468646**	**1514229**			
中国共产党机关	2300		2300	2300			
国家机构	1354060	45583	1308477	1354060			
人民政协、民主党派							
社会保障	3920		3920	3920			
群众团体、社会团体和其他成员组织	104372		104372	104372			
基层群众自治组织	49577		49577	49577			

6-23 各地区按主要行业分建设项目投资

年份、地区	合计	农林牧渔业	采矿业	制造业	电力、燃气及水的生产和供应业	建筑业	交通运输仓储和邮政业	信息传输、计算机服务和软件业	批发和零售业	住宿和餐饮业
2003	1291.17	23.43	91.56	469.92	94.35	11.13	192.94		79.60	
2004	1880.05	25.34	128.81	773.50	108.77	25.08	219.45	50.35	97.02	41.63
2005	2798.62	34.15	182.95	1359.31	138.67	24.62	280.56	41.15	119.02	37.97
2006	3835.65	38.37	212.08	1790.74	207.71	57.80	526.47	96.31	127.64	56.11
2007	5078.47	54.83	281.52	2450.52	336.35	38.63	547.80	65.75	187.60	85.03
2008	6821.15	86.78	310.68	3462.23	432.19	46.49	748.36	114.94	224.54	110.87
2009	8964.61	148.51	341.74	4436.90	652.49	112.61	721.47	132.13	388.78	172.66
2010	11640.57	216.38	564.33	5503.27	787.07	171.74	1048.20	146.46	309.90	196.59
2011	11927.76	265.58	482.75	5468.89	666.96	214.13	860.17	104.69	492.54	296.92
2012	14468.19	255.57	593.15	6643.81	701.38	411.81	723.89	1001.55	381.38	129.69
2013	16404.63	226.36	544.99	7519.14	757.88	223.14	966.82	1483.26	468.61	121.02
2014	19125.53	572.43	617.38	8866.35	771.83	136.75	1037.59	1800.90	406.75	213.07
沈　阳	4588.24	118.26	11.10	2318.57	177.73	39.75	457.04	321.99	97.56	104.36
大　连	5344.30	233.36	9.60	2011.80	174.43		107.27	598.65	77.09	84.40
鞍　山	1653.72	36.25	27.92	1049.82	47.62	2.42	116.94	73.79	32.07	4.93
抚　顺	795.13	12.37	43.13	408.80	45.57	2.03	47.26	28.57	15.47	
本　溪	772.60	14.48	73.37	265.97	33.12	12.39	24.10	100.49	34.27	4.36
丹　东	771.47	17.05	93.02	222.78	11.26	19.38	56.59	183.89	43.90	2.00
锦　州	769.78	13.00	36.00	377.40	36.74	10.86	41.75	75.85	9.49	9.27
营　口	1006.70	4.45	5.47	626.67	25.48	3.38	84.93	98.22	44.84	0.28
阜　新	312.37	19.32	24.41	135.61	25.98		8.39	13.81	15.50	
辽　阳	599.97	15.61	70.15	323.30	27.39	8.69	16.68	7.89	18.13	
盘　锦	873.69	4.59	89.80	391.67	44.60	2.84	36.39	181.66	6.02	0.53
铁　岭	515.06	15.63	4.66	303.70	27.74	2.97	21.93	17.76		
朝　阳	713.10	61.11	122.77	265.04	41.95	30.27	11.35	13.28	1.79	
葫芦岛	409.40	6.96	5.99	165.24	52.21	1.76	6.97	85.04	10.62	2.95

6-23 续表

年份、地区	金融业	房地产业	租赁和商务服务业	科学研究、技术服务和地质勘查业	水利、环境和公共设施管理业	居民服务和其他服务业	教育	卫生、社会保障和社会福利业	文化、体育和娱乐业	公共管理和社会组织
2003	4.40	15.05	5.31	14.34	10.56	96.08		10.88	63.74	107.87
2004	4.13	21.75	24.14	25.22	165.43	10.14	61.09	18.82	32.43	46.81
2005	17.36	48.97	37.01	26.83	259.13	11.06	85.17	21.41	33.06	40.23
2006	10.15	81.50	57.10	34.60	301.67	18.72	88.88	28.47	53.25	48.08
2007	20.80	96.25	86.14	45.88	499.23	35.45	96.46	39.04	53.65	57.53
2008	47.13	127.77	123.98	60.85	618.05	32.77	104.87	51.10	58.05	59.50
2009	41.02	84.10	157.46	94.55	883.41	54.78	125.85	83.33	128.86	203.97
2010	32.53	133.83	333.65	122.00	1313.44	82.73	131.92	84.85	181.26	280.44
2011	56.68	216.52	402.23	105.10	1426.78	145.10	175.85	89.48	178.86	278.53
2012	63.03	357.66	361.95	158.76	1604.60	199.01	180.90	158.87	273.95	267.22
2013	157.05	270.44	395.60	184.37	2145.90	193.85	200.15	137.86	262.86	145.37
2014	105.96	327.64	557.73	261.03	2459.34	203.89	254.42	127.35	253.70	151.42
沈　阳	38.96	83.57	108.78	117.60	293.58	64.09	92.67	58.35	54.11	30.19
大　连	49.27	117.09	228.80	96.92	1273.56	77.03	92.39	24.29	83.11	5.24
鞍　山	9.56	1.62	30.98	8.50	133.95	23.34	9.81	11.64	16.82	15.74
抚　顺		21.36	33.96	2.67	98.15	8.02	7.04	4.07	14.37	2.30
本　溪		1.33	18.26	1.77	132.47	8.25	11.84	12.77	14.68	8.70
丹　东	1.41		44.03	3.49	37.72	5.57	3.73	6.08	14.35	5.22
锦　州	2.17	17.26	23.10	2.00	53.59	6.35	5.23	1.90	21.57	26.24
营　口	4.58	1.42	36.78	21.65	34.83	1.81	2.21	1.16	0.15	8.39
阜　新		18.67	3.01	0.25	38.98	0.07	2.45	1.98	1.98	1.95
辽　阳		5.27	0.71	0.40	84.87	1.27	6.20	1.39	7.66	4.37
盘　锦		3.93	1.84	3.96	79.07	5.07	10.93	0.30	7.14	3.35
铁　岭		4.90	14.01	0.34	94.43		0.40	0.82	5.79	0.00
朝　阳		49.28	8.82	0.55	58.23	2.16	2.83	1.44	8.04	34.17
葫芦岛		1.94	4.65	0.92	45.92	0.87	6.69	1.16	3.93	5.57

6-24 建设项目投资各行业资金来源和新增固定资产

（2014年） 单位：万元

行业	本年资金来源小计	国家预算内资金	国内贷款	利用外资	自筹资金
全省合计	**202674637**	**11115301**	**29248162**	**1099647**	**159111643**
农、林、牧、渔业	**6351991**	**181904**	**1031639**	**44360**	**5056902**
农业	2417901	81197	285946	36360	2002898
林业	234450	31981	10000		192469
畜牧业	1711679	1200	383804	8000	1297289
渔业	989336		213941		775395
农、林、牧、渔服务业	998625	67526	137948		788851
采矿业	**6395431**	**11915**	**290627**	**100725**	**5963233**
煤炭开采和洗选业	505658	5495	45600		454563
石油和天然气开采业	954173		8400	76950	868823
黑色金属矿采选业	2601319		63890	800	2534629
有色金属矿采选业	639296	5630	14460	15812	592504
非金属矿采选业	1450284	790	153877	7163	1272413
开采辅助活动	197257		4400		192857
其他采矿业	47444				47444
制造业	**94326850**	**305844**	**13552738**	**447152**	**79286936**
农副食品加工业	7350404	18820	807210	5100	6350686
食品制造业	2012415	2608	232197	13950	1718605
酒、饮料和精制茶制造业	1689310		146501	12700	1527869
烟草制品业	46702	1245	11900		33557
纺织业	994141		53474	10000	915846
纺织服装、服饰业	1454416		244356		1196514
皮革、毛皮、羽毛及其制品和制鞋业	435070		57891	2000	373027
木材加工和木、竹、藤、棕、草制品业	2066635	3010	239354		1820461
家具制造业	1373359		162100	4792	1206467
造纸和纸制品业	1017471		78146		938425
印刷和记录媒介复制业	571293		75210		496083
文教、工美、体育和娱乐用品制造业	595025		105626	16661	471588
石油加工、炼焦和核燃料加工业	1728168	8633	297885	174000	1199836
化学原料和化学制品制造业	8509368	22770	2526264		5920954
医药制造业	1750730		100139		1601711
化学纤维制造业	220321	2000	24705		190293
橡胶和塑料制品业	3216905	6849	644205	17792	2491067
非金属矿物制品业	10807470	110955	2173410	50955	8421371
黑色金属冶炼和压延加工业	3475694	8000	168860	1000	3281329
有色金属冶炼和压延加工业	2635031	500	406110		2224111
金属制品业	5682478		567844		5105784
通用设备制造业	11654262		1587099		10033599

6-24 续表 1

单位：万元

行　业	本年资金来源小计	国家预算内资金	国内贷款	利用外资	自筹资金
专用设备制造业	8367156	9000	1151787	20944	7164828
汽车制造业	5065882		332811	37716	4630065
铁路、船舶、航空航天和其他运输设备制造业	2231818	110000	380299	20000	1717489
电气机械和器材制造业	5097509		490225	18412	4561169
计算机、通信和其他电子设备制造业	2189249		230427	30529	1895093
仪器仪表制造业	860919		60299	5701	781218
其他制造业	480294		72658	4900	402736
废弃资源综合利用业	516729	1454	112746		395529
金属制品、机械和设备修理业	230626		11000		219626
电力、热力、燃气及水生产和供应业	**8088156**	**499757**	**1549271**	**98032**	**5717793**
电力、热力生产和供应业	5877910	346486	1206817	89222	4088555
燃气生产和供应业	1008971	9100	191370	8810	799691
水的生产和供应业	1201275	144171	151084		829547
建筑业	**1577969**	**201832**	**85928**		**1277136**
房屋建筑业	36123	5345	185		29875
土木工程建筑业	1076207	194837	75165		795863
建筑安装业	318280		10578		305689
建筑装饰和其他建筑业	147359	1650			145709
批发和零售业	**11698895**	**8520**	**989830**	**187372**	**10421643**
批发业	5916854		420384	4661	5461344
零售业	5782041	8520	569446	182711	4960299
交通运输、仓储和邮政业	**18824663**	**2811126**	**4214468**	**9810**	**11543872**
铁路运输业	2236902	1325400	87920		823582
道路运输业	7504492	1407076	1366195		4590047
水上运输业	4037652	57796	1581799		2398057
航空运输业	650751		48000		521206
管道运输业	304639	11580	10000	9810	273249
装卸搬运和运输代理业	705454		182553		522901
仓储业	3381773	9274	938001		2411830
邮政业	3000				3000
住宿和餐饮业	**4153127**	**3800**	**555438**	**17466**	**3560103**
住宿业	2997862	3800	319756	14820	2645485
餐饮业	1155265		235682	2646	914618
信息传输、软件和信息技术服务业	**2267832**	**16007**	**304232**	**28570**	**1918821**
电信、广播电视和卫星传输服务	457808	16007		28570	413231
互联网和相关服务	152358		25142		127216
软件和信息技术服务业	1657666		279090		1378374

6-24 续表 2

单位：万元

行　业	本年资金来源小计	国家预算内资金	国内贷款	利用外资	自筹资金
金融业	**1286921**	**16278**	**15000**		**1255643**
货币金融服务	227389	4108	3600		219681
资本市场服务	762868		10000		752868
保险业	53452	12170			41282
其他金融业	243212		1400		241812
房地产业	**3367992**	**377463**	**155755**		**2727842**
租赁和商务服务业	**5991758**	**44383**	**916251**	**43500**	**4945139**
租赁业	155090		22450		131250
商务服务业	5836668	44383	893801	43500	4813889
科学研究和技术服务业	**2760390**	**45518**	**395209**	**12510**	**2306703**
研究和试验发展	1051079	17357	153042	12510	868170
专业技术服务业	877076	23965	112337		740324
科技推广和应用服务业	832235	4196	129830		698209
水利、环境和公共设施管理业	**25088124**	**5471992**	**3543755**	**65000**	**15693870**
水利管理业	2264280	1173153	248490		827121
生态保护和环境治理业	583983	43444	7084		532239
公共设施管理业	22239861	4255395	3288181	65000	14334510
居民服务、修理和其他服务业	**2140029**	**113516**	**429053**	**4000**	**1572120**
居民服务业	1284729	70019	240084	4000	951518
机动车、电子产品和日用产品修理业	512714		50298		460436
其他服务业	342586	43497	138671		160166
教育	**2664063**	**388192**	**486808**		**1736627**
卫生和社会工作	**1400932**	**269233**	**103734**		**974302**
卫生	1142106	224223	87384		782967
社会工作	258826	45010	16350		191335
文化、体育和娱乐业	**2599951**	**102383**	**561381**	**38500**	**1879513**
新闻和出版业	46070				46070
广播、电视、电影和影视录音制作业	174587	10000	26500		138087
文化艺术业	742175	68512	38595		630707
体育	624205	23871	44300	38500	517534
娱乐业	1012914		451986		547115
公共管理、社会保障和社会组织	**1689563**	**245638**	**67045**	**2650**	**1273445**
中国共产党机关	2300	2300			
国家机构	1525274	235940	59845	1950	1127054
人民政协、民主党派					
社会保障	3920		1000		2920
群众团体、社会团体和其他成员组织	108492		6200	700	101292
基层群众自治组织	49577	7398			42179

6-24 续表 3

单位：万元

行　业	其他资金	投资额	新增固定资产	固定资产交付使用率(%)
全省合计	**2099884**	**191255288**	**148003856**	**77.39**
农、林、牧、渔业	**37186**	**5724310**	**4647370**	**81.19**
农业	11500	2121434	1780680	83.94
林业		229048	181117	79.07
畜牧业	21386	1444768	1100036	76.14
渔业		968256	907963	93.77
农、林、牧、渔服务业	4300	960804	677574	70.52
采矿业	**28931**	**6173831**	**4662320**	**75.52**
煤炭开采和洗选业		499534	498645	99.82
石油和天然气开采业		959786	406757	42.38
黑色金属矿采选业	2000	2509606	1832405	73.02
有色金属矿采选业	10890	632258	448881	71.00
非金属矿采选业	16041	1341176	1277001	95.22
开采辅助活动		184926	168576	91.16
其他采矿业		46545	30055	64.57
制造业	**734180**	**88663513**	**70546698**	**79.57**
农副食品加工业	168588	6994957	5995115	85.71
食品制造业	45055	1977709	1640554	82.95
酒、饮料和精制茶制造业	2240	1559516	1292372	82.87
烟草制品业		46478	36232	77.96
纺织业	14821	938798	734144	78.20
纺织服装、服饰业	13546	1392260	1096807	78.78
皮革、毛皮、羽毛及其制品和制鞋业	2152	419235	361433	86.21
木材加工和木、竹、藤、棕、草制品业	3810	1981779	1653463	83.43
家具制造业		1228331	963454	78.44
造纸和纸制品业	900	989503	733863	74.16
印刷和记录媒介复制业		555197	347760	62.64
文教、工美、体育和娱乐用品制造业	1150	576072	493619	85.69
石油加工、炼焦和核燃料加工业	47814	1792298	3911537	218.24
化学原料和化学制品制造业	39380	7461003	4717633	63.23
医药制造业	48880	1643066	1372802	83.55
化学纤维制造业	3323	231971	351529	151.54
橡胶和塑料制品业	56992	2908654	2106116	72.41
非金属矿物制品业	50779	9631584	6829082	70.90
黑色金属冶炼和压延加工业	16505	3530818	2624754	74.34
有色金属冶炼和压延加工业	4310	2632200	1089841	41.40
金属制品业	8850	5210939	3932774	75.47
通用设备制造业	33564	11518326	10146767	88.09

6-24 续表 4

单位：万元

行业	其他资金	投资额	新增固定资产	固定资产交付使用率(%)
专用设备制造业	20597	7693787	5972064	77.62
汽车制造业	65290	4982030	3740168	75.07
铁路、船舶、航空航天和其他运输设备制造业	4030	2049584	1532637	74.78
电气机械和器材制造业	27703	4643458	3740913	80.56
计算机、通信和其他电子设备制造业	33200	2036091	1133784	55.68
仪器仪表制造业	13701	828304	697397	84.20
其他制造业		440885	256969	58.28
废弃资源综合利用业	7000	531070	681704	128.36
金属制品、机械和设备修理业		237610	359411	151.26
电力、热力、燃气及水生产和供应业	**223303**	**7718301**	**7168286**	**92.87**
电力、热力生产和供应业	146830	5472044	5249830	95.94
燃气生产和供应业		972311	847777	87.19
水的生产和供应业	76473	1273946	1070679	84.04
建筑业	**13073**	**1367482**	**1027723**	**75.15**
房屋建筑业	718	32593	27055	83.01
土木工程建筑业	10342	928827	715161	77.00
建筑安装业	2013	282486	175366	62.08
建筑装饰和其他建筑业		123576	110141	89.13
批发和零售业	**91530**	**10375930**	**8474821**	**81.68**
批发业	30465	5072198	4189334	82.59
零售业	61065	5303732	4285487	80.80
交通运输、仓储和邮政业	**245387**	**18008991**	**12517577**	**69.51**
铁路运输业		2134707	185251	8.68
道路运输业	141174	6783160	6463633	95.29
水上运输业		4130867	2542319	61.54
航空运输业	81545	629422	57346	9.11
管道运输业		316133	614426	194.36
装卸搬运和运输代理业		620764	469863	75.69
仓储业	22668	3392088	2184739	64.41
邮政业		1850		
住宿和餐饮业	**16320**	**4067536**	**3304060**	**81.23**
住宿业	14001	2943878	2387436	81.10
餐饮业	2319	1123658	916624	81.57
信息传输、软件和信息技术服务业	**202**	**2130734**	**1510192**	**70.88**
电信、广播电视和卫星传输服务		420529	172769	41.08
互联网和相关服务		119802	35839	29.92
软件和信息技术服务业	202	1590403	1301584	81.84

6-24 续表 5

单位：万元

行业	其他资金	投资额	新增固定资产	固定资产交付使用率(%)
金融业		**1059566**	**642717**	**60.66**
货币金融服务		204514	192319	94.04
资本市场服务		598909	168097	28.07
保险业		48980	45206	92.29
其他金融业		207163	237095	114.45
房地产业	**106932**	**3276385**	**2599999**	**79.36**
租赁和商务服务业	**42485**	**5577277**	**4133268**	**74.11**
租赁业	1390	157191	157381	100.12
商务服务业	41095	5420086	3975887	73.35
科学研究和技术服务业	**450**	**2610300**	**2161256**	**82.80**
研究和试验发展		957536	724324	75.64
专业技术服务业	450	833691	712833	85.50
科技推广和应用服务业		819073	724099	88.40
水利、环境和公共设施管理业	**313507**	**24593350**	**16647921**	**67.69**
水利管理业	15516	2248345	956877	42.56
生态保护和环境治理业	1216	600317	494442	82.36
公共设施管理业	296775	21744688	15196602	69.89
居民服务、修理和其他服务业	**21340**	**2038913**	**1781631**	**87.38**
居民服务业	19108	1265397	932617	73.70
机动车、电子产品和日用产品修理业	1980	514559	642679	124.90
其他服务业	252	258957	206335	79.68
教育	**52436**	**2544183**	**2025684**	**79.62**
卫生和社会工作	**53663**	**1273451**	**1061246**	**83.34**
卫生	47532	1050693	843717	80.30
社会工作	6131	222758	217529	97.65
文化、体育和娱乐业	**18174**	**2537006**	**1898740**	**74.84**
新闻和出版业		46065	21065	45.73
广播、电视、电影和影视录音制作业		173448	146901	84.69
文化艺术业	4361	724044	605744	83.66
体育		597249	599262	100.34
娱乐业	13813	996200	525768	52.78
公共管理、社会保障和社会组织	**100785**	**1514229**	**1192347**	**78.74**
中国共产党机关		2300	2300	100.00
国家机构	100485	1354060	1028614	75.97
人民政协、民主党派				
社会保障		3920	3612	92.14
群众团体、社会团体和其他成员组织	300	104372	117241	112.33
基层群众自治组织		49577	40580	81.85

6-25 各地区建设项目施工、竣工房屋面积

单位：万平方米

年份、地区	施工房屋建筑面积	#住宅	竣工房屋建筑面积	#住宅
2000	2125.80	822.50	1132.20	568.50
2001	2019.30	717.10	1018.70	493.50
2002	2368.00	625.40	1110.40	363.90
2003	2830.70	564.50	1417.80	378.20
2004	3633.90	424.80	1898.50	256.60
2005	5250.70	725.60	2516.20	343.40
2006	6525.20	1110.60	3275.60	503.70
2007	9317.20	995.40	3717.70	445.30
2008	8970.97	653.96	4162.71	303.62
2009	10642.16	360.00	4366.03	243.64
2010	17307.47	544.66	4748.32	174.51
2011	19809.01	1107.47	4204.95	250.35
2012	22629.89	808.97	5400.50	274.91
2013	21919.33	486.85	7266.07	129.38
2014	25915.62	428.72	7099.93	129.68
沈　阳	10251.93	2.22	3200.05	
大　连	3666.80	75.86	735.34	10.78
鞍　山	2708.44	9.86	235.11	
抚　顺	940.25	3.60	433.92	
本　溪	946.27	6.00	97.40	
丹　东	908.89	0.15	235.72	
锦　州	1320.44		376.43	
营　口	1583.45	6.91	445.11	4.40
阜　新	987.76	155.74	515.60	44.48
辽　阳	197.67	11.41	33.54	11.41
盘　锦	150.33		1.28	
铁　岭	1085.97	67.34	275.41	
朝　阳	780.82	89.63	515.03	58.61
葫芦岛	386.60			

6-26 各地区按行业分建设项目新增固定资产

年份、地区	合计	农林牧渔业	采矿业	制造业	电力、燃气及水的生产和供应业	建筑业	交通运输仓储和邮政业	信息传输、计算机服务和软件业	批发和零售业	住宿和餐饮业
2005	19464179	278332	1466943	9828630	956830	188933	1416108	359388	923303	401408
2006	22422137	354483	1944056	11027672	948659	324995	1756914	394289	1059344	421746
2007	30472909	477202	2100599	14261494	2353587	285779	2493073	319701	1445176	584539
2008	41978223	770661	2355216	21893841	2192069	406054	2328227	618041	1799541	973428
2009	58021883	1151381	2295717	29092046	3411559	938757	4058862	864654	3229421	1261212
2010	81599523	1384973	4126137	35728460	3762066	1134045	4108876	958593	1883003	1080068
2011	68713502	2066201	2964006	34722047	3052749	1429403	4192201	576606	2250995	1194100
2012	92568783	1685006	4524880	45738723	4571954	2425923	4398017	5230732	2093167	924977
2013	111037073	1776515	3792500	53042468	5591912	1396815	5594601	9068492	3593408	833118
2014	148003856	4647370	4662320	70546698	7168286	1027723	8474821	12517577	3304060	1510192
沈阳	40805874	982269	128871	20129221	1682690	291587	4243901	2914135	1062683	902247
大连	36641028	2028159	166467	14203428	2180017		653282	3057511	639243	513429
鞍山	8031885	196381	169549	4998931	197344	4076	785481	357666	232190	23391
抚顺	8491629	94649	427341	5291992	507383	17505	294657	215112	94963	
本溪	5680337	96251	392430	2138146	253692	111309	81400	767243	112636	26000
丹东	6618101	165504	799008	2018730	140867	154810	605863	1078585	271748	7135
锦州	4967979	92378	299055	2681498	245197	70388	326250	136358	37761	30859
营口	8318433	30031	52125	4963089	381241	33761	832460	481794	402526	1839
阜新	2860155	132479	341518	1511500	251946		50194	121280	55874	
辽阳	4178613	127594	693466	2393987	163273	27802	85445	63076	163590	
盘锦	7068728	46000	310778	3441750	264527	28419	214910	1700969	60232	5292
铁岭	4537179	162065	46591	2822195	268880	29743	156945	368051		
朝阳	5473712	468887	775823	1969609	432448	240695	79953	63401	15374	
葫芦岛	4330203	24723	59298	1982622	198781	17628	64080	1192396	155240	

6-26 续表

年份、地区	金融业	房地产业	租赁和商务服务业	科学研究、技术服务和地质勘查业	水利、环境和公共设施管理业	居民服务和其他服务业	教育	卫生、社会保障和社会福利业	文化、体育和娱乐业	公共管理和社会组织
2005	98925	301902	297858	206698	1313070	106320	608380	180826	213179	317146
2006	53810	582206	348341	166703	1450509	134351	588452	177265	336290	352052
2007	93356	709596	392885	330772	2710649	250160	708908	282776	290804	381853
2008	219398	1274875	747145	477847	3731698	317367	669226	334031	390321	479237
2009	215985	682616	848711	581705	5841711	485911	726414	594542	511926	1228753
2010	125389	718588	1640555	322560	6987561	276354	14752804	620434	779497	1209560
2011	504351	1009774	1772265	537061	8073340	583466	726459	503195	684118	1871165
2012	357002	1639317	1911086	1027945	9294834	1092993	1580444	861322	1531331	1679130
2013	1276918	1840445	2738600	1323299	11077181	1352353	1604392	1079079	2497186	1557791
2014	642717	2599999	4133268	2161256	16647921	1781631	2025684	1061246	1898740	1192347
沈　阳	380064	777050	923830	993304	2427365	763155	820409	505898	553572	323623
大　连	55377	880627	1628418	749682	8043816	657960	571859	167350	417939	26464
鞍　山	41962	17200	240555	31265	238728	122218	57498	93277	88929	135244
抚　顺		126567	219450	60193	853042	26388	117331	31938	93468	19650
本　溪		8950	440408	16180	972558	8700	23500	36600	118307	76027
丹　东	4507		81983	30901	862258	40892	53001	135878	129551	36880
锦　州	21739	64075	68085	8820	309112	57200	64497	18960	178902	256845
营　口	139068	19274	355773	216728	305558	18490	31094	7903	17160	28519
阜　新		144951	29559	2500	125730	702	33207	20228	13000	25487
辽　阳		28159	7078	4000	239053	4650	51532	13460	74317	38131
盘　锦		39275	17703	39560	655759	50665	109290	680	71416	11503
铁　岭		48977		3423	600823		7670	1070	20746	
朝　阳		444894	79926	2200	606204	21601	17906	16204	80312	158275
葫芦岛			40500	2500	407915	9010	66890	11800	41121	55699

6-27 各地区建设项目500万元以上施工、投产项目个数

年份、地区	施工项目(个)	新开工项目(个)	全部建成投产项目(个)	项目建成投产率(%)
2003	8200	6809	5420	66.1
2004	10485	8632	6244	59.6
2005	14339	10535	10068	70.2
2006	13477	10904	9670	71.8
2007	13193	10413	9157	69.4
2008	14749	12544	11710	79.4
2009	19388	16998	14519	74.9
2010	10263	8053	6684	65.1
2011	14690	10624	9063	61.7
2012	14698	9336	9485	64.5
2013	13000	8900	8308	63.9
2014	16642	11624	12190	73.3
沈　阳	5490	4676	4637	84.5
大　连	2813	1451	1964	69.8
鞍　山	1554	879	848	54.6
抚　顺	702	395	510	72.7
本　溪	478	233	298	62.3
丹　东	1011	904	662	65.5
锦　州	901	770	620	68.8
营　口	674	377	388	57.6
阜　新	607	307	466	76.8
辽　阳	496	386	387	78.0
盘　锦	515	378	421	81.8
铁　岭	359	162	270	75.2
朝　阳	811	523	532	65.6
葫芦岛	231	183	187	81.0

6-28 按行业分建设项目500万元以上施工、投产项目个数

(2014年)

行 业	施工项目(个)	#新开工	全部建成投产项目(个)	项目建成投产率(%)
全省合计	**16642**	**11624**	**12190**	**73.3**
农、林、牧、渔业	**812**	**537**	**635**	**78.2**
农业	240	161	191	79.6
林业	55	44	39	70.9
畜牧业	269	190	202	75.1
渔业	126	56	109	86.5
农、林、牧、渔服务业	122	86	94	77.1
采矿业	**750**	**527**	**545**	**72.7**
煤炭开采和洗选业	76	60	68	89.5
石油和天然气开采业	27	21	23	85.2
黑色金属矿采选业	284	186	189	66.6
有色金属矿采选业	88	55	53	60.2
非金属矿采选业	241	174	183	75.9
开采辅助活动	28	28	25	89.3
其他采矿业	6	3	4	66.7
制造业	**8143**	**5692**	**5880**	**72.2**
农副食品加工业	906	684	697	76.9
食品制造业	217	152	159	73.3
酒、饮料和精制茶制造业	182	127	143	78.6
烟草制品业	5	4	4	80.0
纺织业	113	82	78	69.0
纺织服装、服饰业	222	166	169	76.1
皮革、毛皮、羽毛及其制品和制鞋业	66	49	49	74.2
木材加工和木、竹、藤、棕、草制品业	264	193	210	79.6
家具制造业	126	93	100	79.4
造纸和纸制品业	97	72	73	75.3
印刷和记录媒介复制业	55	47	42	76.4
文教、工美、体育和娱乐用品制造业	119	85	87	73.1
石油加工、炼焦和核燃料加工业	142	89	105	73.9
化学原料和化学制品制造业	391	268	261	66.8
医药制造业	113	77	86	76.1
化学纤维制造业	22	15	13	59.1
橡胶和塑料制品业	361	264	244	67.6
非金属矿物制品业	1021	712	671	65.7
黑色金属冶炼和压延加工业	253	147	139	54.9
有色金属冶炼和压延加工业	136	87	86	63.2
金属制品业	528	360	397	75.2
通用设备制造业	1023	701	782	76.4

6-28 续表 1

行　业	施工项目(个)	#新开工	全部建成投产项目(个)	项目建成投产率(%)
专用设备制造业	643	460	464	72.2
汽车制造业	255	156	177	69.4
铁路、船舶、航空航天和其他运输设备制造业	125	68	81	64.8
电气机械和器材制造业	408	298	316	77.5
计算机、通信和其他电子设备制造业	133	95	88	66.2
仪器仪表制造业	82	53	55	67.1
其他制造业	48	33	32	66.7
废弃资源综合利用业	63	39	50	79.4
金属制品、机械和设备修理业	24	16	22	91.7
电力、热力、燃气及水生产和供应业	**573**	**344**	**415**	**72.4**
电力、热力生产和供应业	341	211	252	73.9
燃气生产和供应业	87	47	63	72.4
水的生产和供应业	145	86	100	69.0
建筑业	**196**	**181**	**147**	**75.0**
房屋建筑业	9	9	5	55.6
土木工程建筑业	128	117	102	79.7
建筑安装业	35	32	22	62.9
建筑装饰和其他建筑业	24	23	18	75.0
批发和零售业	**1199**	**966**	**969**	**80.8**
批发业	679	579	573	84.4
零售业	520	387	396	76.2
交通运输、仓储和邮政业	**779**	**448**	**500**	**64.2**
铁路运输业	21	5	5	23.8
道路运输业	410	233	289	70.5
水上运输业	90	37	40	44.4
航空运输业	10	9	7	70.0
管道运输业	19	6	10	52.6
装卸搬运和运输代理业	36	22	22	61.1
仓储业	191	134	127	66.5
邮政业	2	2		
住宿和餐饮业	**421**	**301**	**319**	**75.8**
住宿业	251	168	170	67.7
餐饮业	170	133	149	87.7
信息传输、软件和信息技术服务业	**138**	**109**	**104**	**75.4**
电信、广播电视和卫星传输服务	29	20	24	82.8
互联网和相关服务	10	9	7	70.0
软件和信息技术服务业	99	80	73	73.7

6-28 续表 2

行　业	施工项目（个）	#新开工	全部建成投产项目（个）	项目建成投产率（%）
金融业	**81**	**70**	**62**	**76.5**
货币金融服务	37	33	29	78.4
资本市场服务	22	21	16	72.7
保险业	11	8	9	81.8
其他金融业	11	8	8	72.7
房地产业	**168**	**91**	**121**	**72.0**
租赁和商务服务业	**322**	**237**	**229**	**71.1**
租赁业	20	11	17	85.0
商务服务业	302	226	212	70.2
科学研究和技术服务业	**270**	**216**	**212**	**78.5**
研究和试验发展	77	56	52	67.5
专业技术服务业	94	84	81	86.2
科技推广和应用服务业	99	76	79	79.8
水利、环境和公共设施管理业	**1628**	**1037**	**1172**	**72.0**
水利管理业	168	114	119	70.8
生态保护和环境治理业	76	41	55	72.4
公共设施管理业	1384	882	998	72.1
居民服务、修理和其他服务业	**223**	**180**	**166**	**74.4**
居民服务业	124	101	92	74.2
机动车、电子产品和日用产品修理业	61	52	48	78.7
其他服务业	38	27	26	68.4
教育	**307**	**208**	**235**	**76.6**
卫生和社会工作	**181**	**130**	**129**	**71.3**
卫生	143	104	100	69.9
社会工作	38	26	29	76.3
文化、体育和娱乐业	**208**	**144**	**160**	**76.9**
新闻和出版业	3	3	2	66.7
广播、电视、电影和影视录音制作业	17	14	13	76.5
文化艺术业	72	43	56	77.8
体育	48	29	36	75.0
娱乐业	68	55	53	77.9
公共管理、社会保障和社会组织	**243**	**206**	**190**	**78.2**
中国共产党机关	1	1	1	100.0
国家机构	200	173	160	80.0
人民政协、民主党派				
社会保障	1	1	1	100.0
群众团体、社会团体和其他成员组织	25	15	15	60.0
基层群众自治组织	16	16	13	81.3

6-29 各地区按经济类型分建设项目投资

(2014年) 单位：万元

地　区	总计	国有经济	集体经济	私营个体	联营经济	股份制经济	外商投资经济	港澳台商投资经济	其他经济
全　省	**191255288**	**47371978**	**2771718**	**86299988**	**174119**	**40134361**	**3493467**	**2069708**	**8939949**
沈　阳	45882414	7631729	938877	22942200	94100	9913754	1481455	359110	2521189
大　连	53442980	20337894	1176501	18215211	32940	9481953	1441610	511190	2245681
鞍　山	16537178	1412989	126916	7675690	100	5996777	86746	107496	1130464
抚　顺	7951268	1717955	45240	5239814		812497	11078	29625	95059
本　溪	7726028	3320365	115243	2887530	7500	1209030	64030	13532	108798
丹　东	7714718	1643510	85543	4546787		1102995	14348	39147	282388
锦　州	7697802	1263837	117905	3842413		1989767	18537	186093	279250
营　口	10066981	1163415		6987991		1710892	33269	168857	2557
阜　新	3123688	671977	24677	1245992	1579	1035763	73857	17802	52041
辽　阳	5999696	1279495	34179	2260250		948004	16850	106749	1354169
盘　锦	8736855	2359495	13100	2544862		2520053	199490	345437	754418
铁　岭	5150645	1138319	1023	2770807	34000	1101757	45897	16668	42174
朝　阳	7131017	2025744	1000	3684436	3900	1327436		69502	18999
葫芦岛	4094018	1405254	91514	1456005		983683	6300	98500	52762

6-30 农户个人固定资产投资和建房

年份、地区	投资总额(万元)	#住宅	竣工房屋建筑面积(万平方米)	#住宅
2000	820527	531850	1750.0	1711.0
2001	829920	435463	2061.5	1841.1
2002	927219	450638	2273.0	2013.0
2003	1044548	433702	2273.0	2013.0
2004	1188251	534916	2207.8	2083.4
2005	1328935	574375	2276.9	2153.2
2006	1473789	925869	3042.0	2878.7
2007	1670728	1012628	3276.0	2981.0
2008	2016553	1211542	3595.8	3282.6
2009	2281262	1423481	3904.0	3508.5
2010	2493851	1587274	4068.1	3638.1
2011	2948251	1774916	4132.6	3674.9
2012	3009086	1782976	4176.1	3690.2
2013	3162550	1817636	4259.0	3747.2
2014	3039691	1888523	3684.1	3106.5
沈　阳				
大　连	340000	150000	50.0	45.0
鞍　山	180000	21460	38.9	29.7
抚　顺				
本　溪				
丹　东				
锦　州				
营　口				
阜　新				
辽　阳	234732	84240	69.3	63.3
盘　锦	145000	88120	31.8	29.8
铁　岭				
朝　阳	50000	15000	50.0	50.0
葫芦岛				

注：本表为抽样调查推算数，分市数据由各市统计局提供。

6-31 房地产开发主要指标

指 标	单位	2006年	2008年	2009年	2010年	2011年	2012年	2013年	2014年
土地购置									
本年土地购置面积	万平方米	2316.9	2953.8	2086.8	3134.6	3446.3	3199.5	2502.3	1670.8
本年完成投资额	**万元**	**11421948**	**20607952**	**26405639**	**34657562**	**44875610**	**54558196**	**64507513**	**53013051**
土地开发投资额	万元	1393514	1254806	1316844					
配套工程投资	万元	619007	1019087	709545	738642	630488	744553	885946	
#住 宅	万元	8388987	15792147	19339201	24813478	34104876	39619482	46649928	38442622
#经济适用房屋	万元	574098	495296	637407	503756				
本年资金来源小计	**万元**	**13002851**	**22029829**	**32684449**	**50708103**	**55650848**	**63287555**	**74489873**	**58909738**
#国内贷款	万元	1728346	2769112	4737260	6483457	7671009	8507560	8476357	7207044
利用外资	万元	242602	1140114	1149245	1742831	1920617	1178814	619242	706300
自筹资金	万元	5924162	11475416	15800648	27857536	27758717	33105096	40901661	**33685015**
房屋建筑面积									
施工面积	万平方米	8615.5	14904.6	18579.1	26831.1	34364.3	38502.0	41625.6	38616.9
竣工面积	万平方米	2907.8	3826.1	4031.7	4497.4	6322.8	6438.2	6152.0	6147.0
本年新开工面积	万平方米	4531.4	6761.9	8305.4	12647.9	12444.3	13828.9	13444.5	8192.2
#住 宅	万平方米	3797.7	5563.3	6639.9	9870.4	9910	10644.0	10141.7	6137.7
#经济适用房屋	万平方米	390	214	281.6	252.8				
商品房屋销售额	**万元**	**9278590**	**15376463**	**21685950**	**30633172**	**35691155**	**43627815**	**47592106**	**30920972**
#住 宅	万元	7909896	13338922	18834702	25876571	30092300	36112089	39418642	25188711
#经济适用房屋	万元	340400	288019	300723	205561				
商品房屋销售面积	**万平方米**	**3026.5**	**4091.2**	**5375.5**	**6800.5**	**7541.5**	**8827.9**	**9292.3**	**5754.8**
#住 宅	万平方米	2749.9	3731.2	4864.2	6013.5	6624.1	7655.4	8014.8	4932.1
#经济适用房屋	万平方米	151.7	137.5	138.3	67.1				

6-32 房地产开发企业(单位)的土地购置

年份、地区	本年购置土地面积(万平方米)	本年土地成交价款(万元)
2000	1019.3	
2001	1107.1	
2002	1384.7	
2003	1668.7	1395759
2004	2256.9	1779227
2005	2432.8	2034432
2006	2316.9	2065722
2007	3323.6	2899565
2008	2953.8	3080834
2009	2086.9	2936827
2010	3134.6	4878841
2011	3446.3	5312808
2012	3199.5	4918076
2013	2502.3	5668331
2014	1670.8	4112281
沈　阳	305.2	958511
大　连	342.5	1728550
鞍　山	82.1	154776
抚　顺	77.5	126920
本　溪	98.8	110350
丹　东	76.2	136591
锦　州	82.6	204484
营　口	115.5	167403
阜　新	51.2	58886
辽　阳	21.6	41294
盘　锦	122.1	117367
铁　岭	133.5	52823
朝　阳	63.1	91563
葫芦岛	99.0	162763

6-33 按用途分的房地产开发建设投资

单位：万元

年份、地区	本年完成投资额	住宅	#经济适用房屋	办公楼	商业营业用房	其他
2000	2649062	1812920	250726	155384	445326	235432
2001	3230692	2275667	289402	155329	511287	288409
2002	3883147	2758906	317602	182161	632742	309338
2003	4863947	3434716	234820	131670	866730	430831
2004	7207433	4942767	170802	221662	1253815	789189
2005	8742525	6145405	154200	258764	1502775	835581
2006	11421948	8388987	574098	376442	1539711	1116808
2007	14975793	11658892	509414	391338	1946253	979310
2008	20607952	15792147	495296	668581	3006798	1140426
2009	26405639	19339201	637407	867569	4321470	1877399
2010	34657562	24813478	503756	1029344	5886469	2928271
2011	44875610	34104876		929622	6753253	3087859
2012	54558196	39619482		1633776	8627741	4677197
2013	64507513	46649928		1557668	10979210	5320707
2014	53013051	38442622		1792155	9507965	3270309
沈　阳	19758182	14163406		714983	3991005	888788
大　连	14293353	10647027		725835	1930690	989801
鞍　山	2529523	1851424		32143	453194	192762
抚　顺	1248594	861638		12111	275214	99631
本　溪	1126002	850212		24407	160255	91128
丹　东	1411256	1083955		18639	245194	63468
锦　州	2011821	1624464		25779	222950	138628
营　口	1545606	1167478		6798	296470	74860
阜　新	1217045	700399		11428	290163	215055
辽　阳	1148637	735942		21482	304155	87058
盘　锦	2837162	1916011		97328	624590	199233
铁　岭	1311961	1040267		5740	203369	62585
朝　阳	1219016	872065		93339	179070	74542
葫芦岛	1354893	928334		2143	331646	92770

6-34 按构成分房地产开发建设投资

单位：万元

年份、地区	建筑安装工程	设备、工具器具购置	其他费用	
				#土地购置费
2000	1966063	65137	617862	347314
2001	2351326	52831	826535	516854
2002	2724912	79696	1078539	581343
2003	3198149	68635	1597163	1024229
2004	4918594	89875	2198964	1267595
2005	5912043	139201	2691281	1682273
2006	7657084	113123	3651741	2021204
2007	11662016	170600	3143177	1971841
2008	15705901	351522	4550529	3002435
2009	20848847	358489	5198303	3606763
2010	26754213	543356	7359993	5080384
2011	36067442	1199549	7608619	5225988
2012	42611906	1127517	10818773	7405576
2013	53075712	1311337	10120464	5695472
2014	45249782	1103095	6660174	5351452
沈　阳	17239594	454052	2064536	1748238
大　连	11628457	232555	2432341	2012693
鞍　山	2226545	105389	197589	104749
抚　顺	993272	27635	227687	197394
本　溪	968551	21128	136323	61507
丹　东	1244580	11010	155666	135666
锦　州	1541535	23991	446295	350951
营　口	1387172	14499	143935	121092
阜　新	1048520	16491	152034	131821
辽　阳	990696	10712	147229	125484
盘　锦	2605030	151314	80818	63393
铁　岭	1221637	19614	70710	39853
朝　阳	1058673	5613	154730	92680
葫芦岛	1095520	9092	250281	165931

6-35 房地产开发企业(单位)的资金来源

单位：万元

年份、地区	本年资金来源小计	国内贷款	利用外资	自筹资金	其他资金	#定金及预收款
2000	2837089	645522	55167	971842	1159178	910460
2001	3532286	689515	54351	124710	1545785	1179279
2002	4180547	800959	63316	1658685	1644787	1234539
2003	5582992	1332891	55561	2273464	1917688	1578904
2004	8490919	1366702	82619	3496051	3544047	2740905
2005	9372018	1267527	89308	4586225	3428958	2531636
2006	13002851	1728346	242602	5924162	5107741	3266026
2007	18703917	2598871	924053	8429379	6751614	4520319
2008	22029829	2769112	1140114	11475416	6645187	4543873
2009	32684449	4737260	1149245	15800648	10997296	7506860
2010	50708103	6483457	1742831	27857536	14624279	9666914
2011	55650848	7671009	1920617	27758717	18300505	10950702
2012	63287555	8507560	1178814	33105096	20496085	13905878
2013	74489873	8476357	619242	40901661	24492613	15809722
2014	58909738	7207044	706300	33685015	17311379	10962875
沈　阳	21368774	1195220	354590	14173130	5645834	3937995
大　连	16593733	4407328	172819	7092513	4921073	3062650
鞍　山	3179702	284101	4800	1825530	1065271	692164
抚　顺	1319485	91082	8504	726919	492980	344721
本　溪	1210222	63907		683380	462935	173351
丹　东	1855318	262891		861889	730538	365798
锦　州	2270196	158628		1293429	818139	494828
营　口	1846572	45895	7900	1344261	448516	306168
阜　新	1380860	108970		1060446	211444	148496
辽　阳	1239635	118179		684204	437252	214103
盘　锦	2534901	258566	80000	1531950	664385	454335
铁　岭	1185616	83262	61496	570427	470431	308042
朝　阳	1498864	41700		1030670	426494	178066
葫芦岛	1425860	87315	16191	806267	516087	282158

6-36 房地产开发建设房屋建筑面积和竣工率

年份、地区	施工房屋面积（万平方米）	竣工房屋面积（万平方米）	房屋建筑面积竣工率（%）	竣工房屋价值（万元）
2000	3301.8	1618.9	49.0	1507495
2001	3971.2	1842.7	46.4	1818229
2002	4754.1	1984.3	41.7	2061219
2003	5314.1	2139.7	40.3	2301203
2004	6294.6	2303.6	36.6	2805817
2005	7058.9	2443.9	34.6	2931979
2006	8615.5	2907.8	33.8	3885888
2007	11615.1	3129.9	26.9	4453006
2008	14904.6	3826.1	25.7	6399392
2009	18579.1	4031.7	21.7	7524878
2010	26831.1	4497.4	16.8	9711392
2011	34364.3	6322.8	18.4	15176420
2012	38502.0	6438.2	16.7	15937814
2013	41625.6	6152.0	14.0	14908128
2014	38616.9	6147.0	15.9	15484701
沈　阳	11495.8	1225.9	10.7	3157819
大　连	6279.7	726.3	11.6	2867739
鞍　山	3416.5	473.6	13.9	1144955
抚　顺	1607.1	176.6	11.0	417255
本　溪	1385.9	420.8	30.4	1122330
丹　东	1437.2	176.9	12.3	431384
锦　州	1517.9	277.0	18.2	660243
营　口	2608.4	565.5	21.7	1102408
阜　新	1283.0	266.5	20.8	460778
辽　阳	990.1	194.1	19.6	407658
盘　锦	1895.1	601.5	31.7	1539339
铁　岭	1410.3	464.4	32.9	967285
朝　阳	1749.2	414.4	23.7	884724
葫芦岛	1540.6	163.5	10.6	320784

6-37 各地区房地产开发企业基本情况

年份、地区	开发公司个数(个)	#国有经济	#集体经济	#外商投资经济	#港澳台投资经济	年末从业人员人数(人)
2000	1417	293	161	73	109	42098
2001	1545	209	106	79	103	44612
2002	1635	158	81	70	94	47284
2003	1800	127	61	78	93	49497
2004	2303	121	65	105	126	53579
2005	2744	134	77	136	157	51692
2006	2771	113	56	150	165	56411
2007	2981	104	50	163	184	57032
2008	4841	142	96	261	254	70435
2009	3920	130	59	203	226	73829
2010	4181	126	57	211	245	79346
2011	3647	97	39	155	229	76248
2012	3961	105	39	142	256	92574
2013	4082	73	14	143	268	90809
2014	4021	66	12	141	263	97510
沈　阳	790	8		66	87	25081
大　连	969	16	3	38	98	25891
鞍　山	367	6	3	14	21	5772
抚　顺	161	3	1	2	8	3378
本　溪	129	6		1	4	5558
丹　东	219	2	3	6	5	4685
锦　州	123		1		6	3183
营　口	298	6		6	8	4710
阜　新	166	7		1	3	2367
辽　阳	125			1	1	2275
盘　锦	156	1		2	14	3594
铁　岭	149	8			4	3168
朝　阳	183	1		1		3858
葫芦岛	186	2	1	3	4	3990

6-38 各地区房地产开发经营情况

单位：万元

年份、地区	主营业务收入					主营业务税金及附加	利润总额
		土地转让收入	商品房屋销售收入	房屋出租收入	其他收入		
2000	2339911	33981	2156412	10251	139267	129169	3473
2001	2573462	15737	2408399	13501	135825	141554	-10552
2002	2882505	27624	2763036	13909	77936	173135	-22649
2003	3675534	43475	3518507	15173	98379	217110	-32804
2004	5347879	91369	5075229	76381	104900	339651	88536
2005	6144218	20145	6025782	31680	66611	376911	198983
2006	7223740	41758	7036720	42193	103069	486136	282916
2007	8761740	68877	8575020	20793	97050	636021	488180
2008	11731198	102669	11439215	52501	136813	792186	1087841
2009	15404024	25404	15193794	44263	140563	1064018	1269888
2010	20597959	73968	20159693	135406	228891	1421464	1865672
2011	22947376	190599	22177928	204193	374656	1710041	2753903
2012	24747923	122510	24038626	169517	417271	2046951	2336588
2013	27519657	27437	26830178	240002	422040	2296795	3042733
2014	23276385	17870	22442900	362048	453567	1928645	1542985
沈　阳	8088266	3966	7724792	189420	170089	683426	310413
大　连	6807036	3187	6534975	125665	143209	588594	1037562
鞍　山	1214372	3153	1173425	4056	33739	122588	146481
抚　顺	525825		519210	5620	995	43730	-9224
本　溪	702229	110	684795	924	16400	47733	
丹　东	516903		503683	10437	2783	43631	
锦　州	796688	100	790628	569	5392	58574	37843
营　口	1276482	479	1265401	493	10109	92899	19081
阜　新	366753		364061	955	1737	26943	-8927
辽　阳	325442		321261	503	3679	37371	
盘　锦	783030	288	756979	14370	11393	56042	
铁　岭	641038	4246	580969	3349	52474	45907	66615
朝　阳	614342	800	610141	2092	1309	40027	27156
葫芦岛	617978	1540	612581	3596	261	41180	-32769

6-39 按用途分的商品房屋实际销售面积

单位：万平方米

年份、地区	商品房销售面积	住宅	#经济适用房	办公楼	商业营业用房	其他
2000	948.7	804.4	146.8	20.3	114.3	9.7
2001	1165.7	994.7	179.2	27.1	128.4	15.5
2002	1277.5	1120.4	133.3	20.7	127.7	8.7
2003	1499.1	1320.3	110.4	25.9	133.6	19.3
2004	2013.5	1798.4	72.3	17.2	164.0	33.9
2005	2564.5	2340.4	71.4	16.1	182.6	25.3
2006	3026.4	2749.9	151.7	24.1	201.6	50.8
2007	3830.4	3545.6	114.4	19.1	220.4	45.3
2008	4091.2	3731.2	137.5	35.9	268.0	56.1
2009	5375.5	4864.2	138.3	30.1	394.0	87.2
2010	6800.5	6013.5	67.1	64.7	510.0	212.2
2011	7541.5	6624.1		52.4	583.5	281.5
2012	8827.9	7655.4		79.1	775.9	317.5
2013	9292.3	8014.8		53.6	859.0	364.9
2014	5754.8	4932.1		71.2	522.8	228.7
沈　阳	1498.4	1342.4		14.0	123.0	19.0
大　连	746.4	670.7		6.7	49.5	19.5
鞍　山	355.5	218.4			40.0	97.2
抚　顺	175.4	156.2		0.2	16.2	2.8
本　溪	329.3	273.5		4.4	30.6	20.7
丹　东	256.6	233.1		2.8	17.4	3.3
锦　州	384.7	347.8			25.4	11.4
营　口	262.1	235.4		0.9	19.4	6.4
阜　新	188.2	153.7		0.6	25.3	8.6
辽　阳	171.8	140.5			25.5	5.9
盘　锦	379.0	328.1		5.2	40.8	4.9
铁　岭	407.6	330.8			63.9	12.9
朝　阳	413.7	334.0		36.5	30.5	12.7
葫芦岛	186.2	167.6			15.3	3.3

6-40 按用途分的商品房屋实际销售额

单位：万元

年份、地区	商品房销售额	住宅	#经济适用房	办公楼	商业营业用房	其他
2000	1969468	1514151	213338	81327	350835	23155
2001	2478449	1988320	261222	78822	387466	23841
2002	2732993	2231000	199616	83089	398162	20742
2003	3434521	2813999	185315	87307	488483	44732
2004	4866124	4165674	138291	50524	564718	85208
2005	7174340	6205959	150932	61993	829475	76913
2006	9278590	7909896	340400	131269	1073899	163526
2007	13368797	11893975	278991	90342	1208087	176393
2008	15376463	13338922	288019	171558	1647920	218063
2009	21685950	18834702	300723	187058	2356123	308067
2010	30633172	25876571	205561	524527	3328874	903200
2011	35691155	30092300		307547	4078586	1212722
2012	43627815	36112089		763539	5464026	1288161
2013	47592106	39418642		363416	6365457	1444591
2014	30920972	25188711		414546	4173247	1144468
沈　阳	9315752	7873308		198910	1161482	82052
大　连	6878653	5983672		58118	683051	153812
鞍　山	1658097	893857			225362	538878
抚　顺	882819	711783		236	160925	9875
本　溪	1298219	1025077		26659	166582	79901
丹　东	1201024	1023754		15055	139089	23126
锦　州	1595721	1361951			193661	40109
营　口	1124979	954743		5370	134767	30099
阜　新	736466	536018		4166	169868	26414
辽　阳	759248	553991			178096	27161
盘　锦	1611795	1270767		23124	289075	28829
铁　岭	1707149	1253334			400056	53759
朝　阳	1395896	1106862		82908	161993	44133
葫芦岛	755154	639594			109240	6320

6-41 房地产开发企业(单位)施工、销售情况

(2014年)

指 标	单位	合计	住宅	#90平米以下住房	144平米以上住房	别墅、高档公寓	办公楼	商业营业用房	其他
房屋施工面积	万平方米	38616.9	28524.5	14070.5	3095.3	994.6	816.1	6095.8	3180.5
#新开工面积	万平方米	8192.2	6137.7	3182.5	609.8	182.8	154.2	1267.5	632.8
房屋竣工面积	万平方米	6147.0	4940.5	2926.8	488.0	103.3	74.1	741.1	391.2
#不可销售面积	万平方米	291.3	187.3	123.1	6.8	0.5	2.4	23.9	77.7
竣工房屋价值	亿元	1548.5	1197.9	700.1	140.3	41.0	21.1	227.9	101.6
出租房屋面积	万平方米	73.2	21.1	18.1	0.9			37.0	15.1
商品房销售面积	万平方米	5754.8	4932.1	2940.6	450.1	115.3	71.2	522.8	228.7
#现房销售面积	万平方米	1787.2	1461.0	972.4	145.7	29.2	12.5	206.3	107.5
期房销售面积	万平方米	3967.6	3471.1	1968.2	304.4	86.1	58.7	316.5	121.2
商品房销售额	亿元	3092.1	2518.9	1379.2	337.3	96.1	41.5	417.3	114.4
#现房销售额	亿元	926.7	709.7	447.1	91.6	22.7	11.1	154.0	51.9
期房销售额	亿元	2165.4	1809.1	932.2	245.7	73.4	30.4	263.3	62.6

6-42 房地产开发企业(单位)投资、资金和土地情况

单位：万元

指 标	2006年	2008年	2009年	2010年	2011年	2012年	2013年	2014年
计划总投资	36503869	75407081	91859648	144692113	184107428	227292321	258901273	260882757
自开始建设累计完成投资	22272502	42097592	55564174	83464409	113205599	145384135	178526342	193134053
本年完成投资	11421948	20607952	26405639	34657562	44875610	54558196	64507513	53013051
土地开发投资额	1393514	1254806	1316844					
配套工程投资额	619007	1019087	709545	738642	630488	744553	885946	
按构成分:								
建筑工程	7130483	14396878	18662694	24417347	32471278	38281458	47339656	39678415
安装工程	526601	1309023	2186153	2336866	3596164	4330448	5736056	5571367
设备工器具购置	113123	351522	358489	543356	1199549	1127517	1311337	1103095
其他费用	3651741	4550529	5198303	7359993	7608619	10818773	10120464	6660174
#旧建筑物购置费	217520	202965	173395	296701	252364	313691	407444	71755
土地购置费	2021204	3002435	3606763	5080384	5225988	7405576	5695472	5351452
按工程用途分:								
住 宅	8388987	15792147	19339201	24813478	34104876	39619482	46649928	38442622
经济适用房	574098	495296	637407	503756				
别墅、高档公寓	488660	1232710	1528912	1915220	2067588	1811848	2435467	2493355
办公楼	376442	668581	867569	1029344	929622	1633776	1557668	1792155
商业营业用房	1539711	3006798	4321470	5886469	6753253	8627741	10979210	9507965
其 他	1116808	1140426	1877399	2928271	3087859	4677197	5320707	3270309
本年新增固定资产	5219474	8588725	10547777	12692617	21388327	23154604	22124010	24549766
本年购置土地面积(万平米)	2316.9	2953.8	2086.9	3134.6	3446.3	3199.5	2502.3	1670.8
本年土地成交价款	2065722	3080834	2936827	4878841	5312808	4918076	5668331	4112281

主要统计指标解释

全社会固定资产投资 固定资产投资是社会固定资产再生产的主要手段。通过建造和购置固定资产的活动，国民经济不断采用先进技术装备，建立新兴部门，进一步调整经济结构和生产力的地区分布，增强经济实力，为改善人民物质文化生活创造物质条件。这对我国的社会主义现代化建设具有重要意义。

固定资产投资额是以货币表现的建造和购置固定资产活动的工作量，它是反映固定资产投资规模、速度、比例关系和使用方向的综合性指标。全社会固定资产投资包括国有经济单位投资、城乡集体经济单位投资、各种经济类型的单位投资和城乡居民个人投资。按照我国现行计划管理体制，国有经济单位固定资产投资总额分为基本建设、更新改造、商品房屋建设投资和其他固定资产投资四个部分；城乡集体经济单位投资包括城镇集体所有制单位投资和农村集体所有制单位投资；各种经济类型的单位投资包括联营经济、股份制经济、中外合资经营、中外合作经营、外资、与大陆合资经营、与大陆合作经营、港澳台独资及其他经济类型的单位投资。城镇居民个人投资包括城市、县城、镇、工矿区所辖范围内的个人建房和农村个人建房及购买生产性固定资产的投资。

基本建设投资 基本建设是国有企业、事业单位以扩大生产能力或工程效益为主要目的的新建、扩建工程及有关工作。包括工厂、矿山、铁路、桥梁、港口、农田水利、商店、住宅、学校、医院等工程的建造和机器设备、车辆、船舶、飞机等的购置。

基本建设投资额是以货币表现的基本建设完成的工作量，是反映一定时期内基本建设规模和建设进度的综合性指标。它是根据工程的实际进度按预算价格(预算价格是编制施工图预算时所用的价格)计算的工作量，没有形成工程实体的建筑材料和没有开始安装的设备，都不计算投资完成额。

更新改造投资 更新改造是指国有企业、事业单位对原有设施进行固定资产更新和技术改造，以及相应配套的工程和有关工作(不包括大修理和维护工程)。更新改造投资是以货币表现的更新改造完成的工作量。根据我国现行统计制度，基本建设和更新改造的划分是：(1)列入基本建设计划的项目作为基本建设投资，列入更新改造计划的项目作为更新改造投资；(2)更新改造计划与基本建设计划结合安排的项目及未列入计划的项目，根据工程性质分别作为基本建设投资或更新改造投资。属于对企业、事业单位原有设施进行技术改造或更新的项目和增建主要生产车间、分厂等，其新增生产能力或效益尚未达到大中型标准的项目，以及由于城市环境保护和安全生产的需要而进行的迁建工程，作为更新改造投资。

其他固定资产投资 是指按照国家规定不纳入基本建设和更新改造计划管理，其总投资在五万元以上的固定资产投资。具体包括：国有经济单位用油田维护费和石油开发基金进行的油田维护和开发工程；煤炭、铁矿、森林工业等采掘采伐业用维检费进行的开拓延伸工程；交通部门用公路养路费对原有公路、桥梁进行改建的工程；商业部门用简易建筑费建造的仓库工程。

固定资产投资的资金来源 根据固定资产投资的资金来源不同，分为上年末结余资金、本年资金来源小计和各项应付款。其中本年资金来源小计又分为国家预算内资金、国内贷款、股票、债券、利用外资、自筹资金和其他资金来源七种:

(1)国家预算内资金指国家预算、地方财政、主管部门和国家专业投资公司拨给或委托银行贷给建设单位的基本建设拨款和中央基本建设基金，拨给企业单位的更新改造拨款，以及中央财政安排的专项拨款中用于基本建设的资金。

(2)国内贷款指报告期企、事业单位向银行及非银行金融机构借入的用于固定资产投资的各种国内借款。国内贷款包括：银行利用自有资金及吸收的存款发放的贷款、上级主管部门拨入的国内贷款、国家专项贷款(包括煤代油贷款、劳改煤矿专项贷款等)，地方财政专项资金安排的贷款、国内储备贷款、周转贷款等。

(3)股票是股份制企业通过发行股票筹集到的，用于固定资产投资的资金。

(4)债券是企业(公司)或金融机构通过发行各种债券筹集到的用于固定资产投资的资金，包括由银行代理国家专业投资公司发行的重点企业债券和重点建设债券。

(5)利用外资指报告期收到的用于固定资产投资的国外资金，包括统借统还、自借自还的国外贷款，中外合资项目中的外资，以及无偿捐赠等。其中，国家统借统还的外资，是指由我国政府出面同外国政府、团体或金融组织签订贷款协议、并负责偿还本息的国外贷款。

(6)自筹资金指建设单位报告期收到的，用于进行固定资产投资的上级主管部门、地方和本单位自筹资金。

(7)其他资金来源指报告期收到的除以上各种拨款、借款、自筹资金之外，其他用于固定资产投资的资金。

固定资产投资按国民经济行业分 建设项目归哪个行业，按其建成投产后的主要产品或主要用途及社会经济活动性质来确定。基本建设按建设项目划分国民经济行业，更新改造、国有经济单位其他固定资产投资及城镇集体投资根据整个企业、事业单位所属的行业来划分。一般情况下，一个建设项目或一个企业、事业单位只能属于一种国民经济行业。为了更准确地反映国民经济各行业之间的比例关系，联合企业(总厂)所属分厂属于不同行业的，原则上按分厂划分行业。

固定资产投资按建设性质分 建设项目的性质一般分为新建、扩建、改建、迁建、恢复。基本建设按建设项目划分建设性质，更新改造、国有经济单位其他固定资产投资及城镇集体投资按整个企业、事业单位的建设情况确定建设性质。目前基本建设和更新改造是根据我国现行的计划管理体制区分的，所以基本建设和更新改造都可以分别按新建、扩建等划分。

(1)新建一般是指从无到有、“平地起家”新开始建设单位。有的单位原有的基础很小，经过建设后其新增加的固定资产价值超过原有固定资产价值(原值)三倍以上的也算新建。

(2)扩建一般是指为扩大原有产品的生产能力，在厂内或其他地点增建主要生产车间(或主要工程)、独立的生产线或总厂之下的分厂的企业；事业单位和行政单位在原单位增建业务用房(如学校增建教学用房、医院增建门诊部或病床用房、行政机关增建办公楼等)也作为扩建。

(3)改建一般是指现有企业、事业单位为了技术进步，提高产品质量，增加花色品种，促进产品升级换代、降低消耗和成本，加强资源综合利用和三废治理、劳保安全等，采用新技术、新工艺、新设备、新材料等对现有设施、工艺条件进行技术改造或更新(包括相应配套的辅助性生产、生活福利设施)。有的企业为充分发挥现有生产能力，进行填平补齐而增建不增加本单位主要产品生产能力的车间等，也属于改建。

固定资产投资按用途分 固定资产投资按工程的经济用途分为用于第一产业、第二产业、第三产业和住宅四部分的建设，是研究不同用途的固定资产投资之间比例关系的重要指标。基本建设投资、国有经济单位其他固定资产投资及城镇集体投资的用途按单项工程确定，现有企业、事业单位更新改造投资的用途按更新改造项目确定。

固定资产投资按构成分 固定资产投资活动按其工作内容和实现方式分为建筑安装工程，设备、工具、器具购置，其他费用三个部分。

(1)建筑安装工程(建筑工作量)指各种房屋、建筑物的建造工程和各种设备、装置的安装工程。包括各种房屋建造工程，各种用途设备基础和各种工业窑炉的砌筑工程；为施工而进行的各种准备工作和临时工程以及完工后的清理工作等；铁路、道路的铺设，矿井的开凿及石油管道的架设等；水利工程；防空地下建筑等特殊工程；以及各种机械设备的安装工程；为测定安装工程质量，对设备进行的试行工作。在安装工程中，不包括被安装设备本身的价值。

(2)设备、工具、器具购置指购置或自制达到固定资产标准的设备、工具、器具的价值，固定资产的标准按财务部门规定。新建单位、扩建单位的新建车间按照设计和计划要求购置或自制的全部设备、工具、器具，不论是否达到固定资产标准均计入“设备、工具、器具购置中”。

(3)其他费用指除建筑安装工程和设备、工具、器具购置以外的投资完成额。它包括两种性质的费用，一种是属于增加固定资产的费用，主要有：建设单位管理费，土地、青苗等补偿费和安置补助费、勘察设计费，研究实验费、农林单位牲畜购置费、各种经济林木的营造费、办公和生活家具、器具购置费、引进技术和进口设备项目的其他费用、联合试运转费等；一种是属于不增加固定资产的费用，主要有：施工机械转移费、生产职工培训费、农业开荒费用及报废工程损失费等。

基本建设项目按大中小型划分 基本建设划分大中小型项目原则上应按照上级批准的设计任务书或初步设计所确定的总规模或总投资划分，没有正式批准设计任务书或初步设计的，按国家或省、自治区、直辖市年度基本建设投资计划中所列的总规模或总投资划分。上述两条均不具备的，按本年计划施工工程的建设总规模或总投资划分。生产单一产品的工业项目，按产品的设计能力划分的；生产多种产品的工业项目，按其主要产品的设计能力划分。品种繁多，难以按生产能力划分的，按全部计划投资额划分。划分标准以国家颁发的《大中小型建设项目划分标准》依据。国家曾在1958年、1962年、1977年和1979年先后五次修订《大中小型建设项目划分标准》，因此各历史时期的大中型项目数不完全可比。

施工项目 指报告期内曾进行建筑或安装工程施工活动的建设项目。包括报告期内新开工项目、报告期以前开工跨入报告期继续施工的项目以及报告期施过工并在报告期内全部建设投产或停缓建的项目。

全部建成投产项目 工业项目是指设计文件规定形成生产能力的主体工程及其相应配套的辅助设施全部建成，经负荷试运转，证明具备生产设计规定合格产品的条件，并经过验收鉴定合格或达到竣工验收标准，与生产性工程配套的生产福利设施可以满足近期正常生产的需要，正式移交生产的建设项目。非工业项目是指设计文件规定的主体工程和相应的配套工程全部建成，能够发挥设计规定的全部效益，经验收鉴定合格或达到竣工验收标准，正式移交使用的建设项目。

新增生产能力 指通过固定资产投资活动而增加的设计能力或工程效益，它是用实物形态表示的固定资产投资的成果。新增生产能力的计算，是以能独立发挥生产能力或效益的单项工程(或项目)为对象，当单项工程(或项目)建成，经有关部门鉴定合格，正式移交投入生产，即可计算新增生产能力。

新增生产能力或工程效益有以下几种表现形式:

(1)以建设项目或单项工程建成后的年产能力表示。如煤炭开采、石油开采等。

(2)以建设项目或单项工程建成后处理原料的能力表示。如选矿工程的年处理矿石能力，洗煤厂年洗原煤能力等。

(3)以新增的主要设备数量或容量表示。如棉纺绽枚数、发电机组容量等。

(4)以建筑物容积、容量、面积或长度表示。如水库容量、铁路公路里程等。

新增生产能力的数量一般按设计能力计算。设计能力是指设计文件中规定的在正常情况下能够达到的生产能力，而不论投产后的实际产量如何。以设备数量、建筑物容积、面积、长度等表示的新增生产能力(或效益)，则按建成的实际数量计算。

施工和竣工房屋建筑面积 房屋建筑面积是从房屋外墙线算起的各层平面面积的总和，包括房屋结构(如柱、墙)占用的面积和地下室面积。多层建筑按各自然层面积总和计算，包括房屋内的楼隔层，突出墙面的眺望间、门斗、有柱雨罩的面积。不包括突出墙面结构的构件、艺术装饰等所占的面积，如台阶等。凹阳台、挑阳台按其水平投影面积一半计算建筑面积。

竣工面积 指在报告期内房屋建筑按照设计要求已全部完工，达到住人和使用条件，经验收鉴定合格，正式移交使用单位的建筑面积。

房屋建筑面积竣工率 指一定时间内房屋竣工面积占同期房屋施工面积的比率。它是从房屋建筑施工速度的角度反映投资效果和建筑业经济效益的指标。

新增固定资产 指通过投资活动所形成的新的固定资产价值。包括已经建成投入生产或交付使用的工程价值和达到固定资产标准的设备、工具、器具的价值及有关应摊入的费用。它是以价值形式表示的固定资产投资成果的综合性指标，可以综合反映不同时期、不同部门、不同地区的固定资产投资成果。

建设项目投资率 指一定时期内全部建成投入生产项目个数占同期正式施工项目个数的比率。它是从项目建设速度的角度反映投资效果的指标。

固定资产交付使用率 指一定时期新增固定资产与同期完成投资额的比率。它是反映各个时期固定资产动用速度，衡量建设过程中投资效果的一个综合性指标。

未完工程占用率 指年末未完工程累计完成投资额占全年实际完成投资额的比率。它反映未完工程的相对规模，并可从资金占用的角度反映固定资产投资效果。由于未完工程是指已经开工，但尚未建成交付使用的工程，有个跨年度问题，因此未完工程占用率会出现大于1的情况。

七、能源

Chapter 7 Energy

7-1 能源生产总量及构成

年 份	能源生产总量(万吨标准煤)	占能源生产总量的%			
		原煤	原油	天然气	水电、核电、其他能发电
1978	3890.7	78.9	14.0	5.6	1.5
1980	3765.8	70.8	20.2	6.3	2.7
1985	4953.2	66.2	26.6	4.1	3.1
1986	5011.4	63.4	29.1	4.0	3.5
1987	5094.9	60.5	32.1	4.1	3.3
1988	5410.9	60.6	33.5	4.0	2.0
1989	5766.6	61.7	33.3	4.0	2.0
1990	5958.9	61.1	32.8	3.9	2.2
1991	6082.4	61.4	32.3	3.9	2.4
1992	6233.4	61.8	31.8	4.5	1.9
1993	6327.2	62.8	32.1	4.6	0.5
1994	6384.8	61.6	33.6	4.4	0.4
1995	6239.3	59.5	35.6	4.1	0.8
1996	6610.8	63.0	32.5	3.6	0.9
1997	6638.7	63.3	32.4	3.8	0.5
1998	6422.5	64.3	32.3	2.9	0.5
1999	5649.5	60.4	36.2	3.0	0.4
2000	5380.5	59.1	37.2	3.3	0.3
2001	5376.8	59.4	36.8	3.3	0.5
2002	5809.8	63.6	33.2	2.8	0.4
2003	6288.3	66.7	30.3	2.6	0.4
2004	6749.9	70.3	27.1	1.9	0.7
2005	6219.8	67.4	29.0	2.5	1.1
2006	6513.4	69.8	26.9	2.4	0.9
2007	6311.2	69.2	28.0	1.9	0.9
2008	6257.5	69.7	27.4	1.8	1.1
2009	6037.8	73.3	23.7	1.8	1.2
2010	6769.5	73.9	22.2	1.6	1.9
2011	6890.0	75.5	20.7	1.4	1.9
2012	6393.3	72.8	22.4	1.5	2.8
2013	5521.1	65.7	25.9	2.0	5.4
2014	5147.7	62.1	28.4	2.1	6.4

注：本表中2013年、2014年是第三次经济普查调整后数据，以前年度未进行调整。

7-2 能源消费总量及构成

年 份	能源消费总量(万吨标准煤)	占能源消费总量的%			
		煤炭	石油	天然气	水电、核电、其他能发电
1978	5261.5	64.6	30.2	4.2	1.0
1980	5272.1	67.8	25.8	4.5	1.9
1985	6325.1	78.7	15.2	3.7	2.4
1986	6360.3	79.4	14.6	3.2	2.8
1987	6475.8	81.5	12.7	3.2	2.6
1988	6824.6	83.0	12.3	3.1	1.6
1989	7000.1	83.1	12.8	3.3	0.8
1990	7170.8	82.2	12.8	3.3	1.7
1991	7218.0	83.0	11.7	3.3	2.0
1992	7191.6	83.7	10.7	3.9	1.7
1993	8695.5	74.6	21.8	3.3	0.3
1994	9204.6	76.0	20.9	2.9	0.2
1995	9381.7	77.1	19.6	2.7	0.6
1996	9417.6	79.6	17.3	2.5	0.6
1997	9191.6	82.0	14.9	2.7	0.4
1998	8873.7	82.5	14.6	2.6	0.3
1999	8869.9	80.5	16.7	2.6	0.2
2000	9877.2	77.5	19.8	2.5	0.2
2001	10356.9	73.8	23.7	2.2	0.3
2002	10333.5	77.8	19.8	2.2	0.2
2003	11430.7	78.6	18.8	2.3	0.3
2004	12454.0	79.2	19.0	1.5	0.3
2005	12883.3	71.3	24.1	1.5	0.6
2006	14228.0	71.4	24.3	1.2	0.4
2007	15757.9	73.2	22.6	1.2	0.4
2008	16925.7	73.1	22.7	1.3	0.4
2009	18172.5	73.0	22.5	1.2	0.4
2010	19856.4	67.9	27.3	1.3	0.6
2011	21492.1	65.3	29.0	2.4	0.6
2012	22313.9	61.3	31.6	3.8	0.8
2013	20499.6	62.5	28.2	5.0	1.5
2014	20585.7	62.1	28.2	5.4	1.6

注：本表中2013年、2014年是第三次经济普查调整后数据，以前年度未进行调整。

7-3 能源生产弹性系数

年 份	能源生产比上年增长 %	电力生产比上年增长 %	生产总值比上年增长 %	能源生产弹性系数	电力生产弹性系数
1985	10.3	8.8	13.3	0.84	0.72
1990	3.3	3.6	1.1	3.30	3.60
1991	2.1	3.0	6.1	0.50	0.70
1992	0.5	9.5	12.1	0.40	0.80
1993	11.0	5.2	14.9	0.75	0.35
1994	0.9	-2.2	11.2	0.08	
1995	-2.1	1.3	7.1		0.18
1996	6.0	8.4	8.6	0.70	0.98
1997	0.4	8.9	8.9	0.45	1.00
1998	-3.3	-8.5	8.3		
1999	-12.0	-3.5	8.2		
2000	-4.8	5.3	8.9		0.59
2001	-0.1	2.5	9.0		0.27
2002	8.1	14.5	10.2	0.79	1.42
2003	8.2	10.7	11.5	0.71	0.93
2004	7.3	4.2	12.8	0.57	0.33
2005	0.3	4.0	12.3	0.02	0.33
2006	1.9	10.8	13.8	0.14	0.78
2007	-5.6	10.2	14.5		0.70
2008	-0.9	2.4	13.4		0.18
2009	-3.5	4.9	13.1		0.37
2010	12.1	12.2	14.2	0.85	0.86
2011	1.8	6.2	12.2	0.15	0.51
2012	-7.2	4.5	9.5		0.47
2013	-12.1	5.7	8.7		
2014	-6.8	2.8	5.8		0.48

7-4 能源消费弹性系数

年 份	能源消费比上年增长 %	电力消费比上年增长 %	生产总值比上年增长 %	能源消费弹性系数	电力消费弹性系数
1985	6.8	7.6	13.3	0.55	0.62
1990	1.4	2.6	1.1	1.40	2.60
1991	0.6	6.0	6.1	0.10	1.30
1992	1.0	10.0	12.1	0.10	0.90
1993	11.0	10.6	14.9	0.75	0.72
1994	8.2	-1.8	11.2	0.73	
1995	2.5	4.8	7.1	0.35	0.68
1996	0.4	8.4	8.6	0.04	0.98
1997	-2.5	7.6	8.9		0.85
1998	-3.5	-5.2	8.3		
1999	0.1	12.1	8.2	0.14	1.47
2000	14.1	4.8	8.9	1.58	0.54
2001	1.3	2.0	9.0	0.14	0.22
2002	-0.2	6.0	10.2		0.59
2003	7.2	5.5	11.5	0.63	0.48
2004	12.4	16.5	12.8	0.96	1.28
2005	12.0	5.0	12.3	0.97	0.40
2006	10.8	10.6	13.8	0.78	0.77
2007	9.9	10.7	14.5	0.68	0.74
2008	7.6	3.9	13.1	0.58	0.30
2009	7.4	5.4	13.1	0.56	0.41
2010	9.6	15.3	14.2	0.68	1.08
2011	8.4	8.5	12.2	0.69	0.70
2012	3.6	2.1	9.5	0.38	0.22
2013	3.7	5.7	8.7	0.43	0.66
2014	0.4	1.5	5.8	0.07	0.26

7-5 分行业主要能源品种消费量

(2014年)

行业	煤炭消费量(万吨)	焦炭消费量(万吨)	原油消费量(万吨)	汽油消费量(万吨)	煤油消费量(万吨)	柴油消费量(万吨)	燃料油消费量(万吨)	天然气消费量(亿立方米)	电力消费量(亿千瓦小时)
消费总量	**18002.27**	**3296.94**	**6364.79**	**704.73**	**29.75**	**1060.16**	**362.91**	**54.36**	**2038.73**
农、林、牧、渔业	**21.01**			**64.32**		**95.73**			**29.95**
采矿业	**1572.64**	**25.03**	**34.43**	**4.54**	**0.79**	**65.61**	**25.21**	**15.35**	**150.50**
煤炭开采和洗选业	1366.49	0.03		0.77	0.79	5.82			27.56
石油和天然气开采业	0.20		2.19	0.54		0.54	20.89	15.11	27.99
黑色金属矿采选业	22.87	20.22		1.42		25.79			66.02
有色金属矿采选业	53.27	3.76		0.27		18.16	3.51		12.15
非金属矿采选业	63.90	0.99		0.86		7.21			9.53
开采辅助活动	65.91	0.03	32.24	0.68		8.09	0.81	0.24	6.97
其他采矿业									0.28
制造业	**7329.63**	**3270.19**	**6300.36**	**74.02**	**4.77**	**100.69**	**155.69**	**27.01**	**1045.49**
农副食品加工业	175.45	0.48		7.91		11.39	1.59	0.03	25.96
食品制造业	20.82	0.20		1.08		1.23	0.01	0.09	6.93
酒、饮料和精制茶制造业	31.17			1.32		1.67	0.05	0.14	6.34
烟草制品业	0.32					0.25		0.03	0.32
纺织业	18.78	1.09		0.76		0.50			8.37
纺织服装、服饰业	15.29	0.01		1.09		3.29	0.01	0.01	3.56
皮革、毛皮、羽毛及其制品和制鞋业	0.94			0.34		0.25			1.26
木材加工及木、竹、藤、棕、草制品业	10.28			1.61		1.46		0.02	8.15
家具制造业	4.06			0.83		0.87			3.82
造纸及纸制品业	30.47			1.39		1.37		0.10	10.09
印刷和记录媒介复制业	2.50			0.87		0.44			1.26
文教、工美、体育和娱乐用品制造业	2.38			0.72		0.51			0.30
石油加工、炼焦和核燃料加工业	880.04		5737.43	0.84		0.60	95.86	5.19	66.43
化学原料和化学制品制造业	613.87	4.37	562.60	4.89	0.23	5.12	25.16	4.70	75.98
医药制造业	50.81			0.98		2.00	3.01	0.10	5.40
化学纤维制造业	35.47			0.01		0.02	0.09		14.40
橡胶和塑料制品业	60.76	0.08		4.20	0.01	3.83	0.25	0.10	25.25
非金属矿物制品业	1100.49	355.14	0.33	7.06	0.01	7.42	25.71	13.21	167.59
黑色金属冶炼和压延加工业	4038.61	2831.18		3.72		15.14	1.55	0.68	382.04
有色金属冶炼和压延加工业	57.71	26.69		1.04		1.81	0.18	0.26	87.18
金属制品业	25.28	1.32		5.72		3.20	0.11	0.25	29.54
通用设备制造业	57.68	15.94		9.71	2.08	21.54	0.24	0.11	29.35
专用设备制造业	25.51	29.46		6.09	2.31	7.12	0.11	0.24	28.24
汽车制造业	23.88	3.79		3.71	0.02	2.54	0.04	0.72	18.04
铁路、船舶、航空航天和其他运输设备制造业	7.91	0.09		0.82	0.10	1.94	1.64	0.02	4.88
电气机械和器材制造业	28.59	0.35		5.32	0.01	3.24		0.94	20.64
通信设备、计算机和其他电子设备制造业	1.99			0.68		0.32		0.03	7.96
仪器仪表制造业	0.59			0.57		0.28		0.04	2.48
其他制造业	0.63			0.15		0.24			0.71
废弃资源综合利用业	7.02			0.14		0.67	0.08		1.27
金属制品、机械和设备修理业	0.33			0.45		0.43			1.77
电力、燃气及水的生产和供应业	**8476.75**	**1.72**		**2.36**		**1.40**	**0.50**	**0.82**	**317.63**
电力、热力的生产和供应业	8449.52			1.86		1.17	0.50	0.01	289.23
燃气生产和供应业	24.14	1.72		0.18		0.05		0.81	5.02
水的生产和供应业	3.09			0.32		0.18			23.38
建筑业	**11.59**			**10.28**	**0.66**	**26.31**			**29.38**
房屋和土木工程建筑业	7.03			7.00	0.41	22.06			25.01
建筑安装业	2.53			2.15	0.25	2.57			0.85
建筑装饰业	1.07			1.05		1.12			2.55
其它建筑业	0.96			0.08		0.56			0.97
交通运输储运业和邮政业	**76.00**		**30.00**	**306.73**	**22.76**	**580.70**	**180.93**	**2.61**	**43.00**
铁路运输业	54.82			0.41		17.88			13.91
道路运输业	8.81			305.92		547.07		2.61	21.04
水上运输业	12.37			0.40		15.75	93.93		0.06
航空运输业					22.76		87.00		2.33
管道运输业			30.00						
装卸搬运及其他运输服务业									0.03
仓储业									5.06
邮政业									0.57
批发、零售业和住宿、餐饮业	**56.51**			**19.87**	**0.12**	**8.56**	**0.21**	**1.07**	**84.93**
其他行业	**66.78**			**110.05**	**0.65**	**126**	**0.37**	**0.37**	**123.67**
城乡居民生活	**391.36**			**112.56**		**55.16**		**7.13**	**214.18**

7-6 能源加工转换效率

单位：%

年 份	总效率	发电及电站供热	炼焦	炼油
1985	79.1	37.2	94.5	98.6
1990	82.7	48.1	97.1	98.0
1991	82.2	49.1	98.5	98.9
1992	81.0	48.3	97.5	86.3
1993	80.6	48.1	83.0	99.0
1994	75.2	46.0	72.6	97.0
1995	80.2	50.3	98.6	97.4
1996	77.6	46.0	90.6	98.0
1997	75.9	43.8	91.7	97.8
1998	76.9	44.9	96.0	99.6
1999	76.0	44.8	97.1	95.6
2000	75.3	41.9	93.2	96.7
2001	73.5	43.8	92.8	89.9
2002	76.8	42.8	98.1	98.0
2003	73.3	39.9	98.1	96.2
2004	72.4	38.2	92.3	96.6
2005	74.7	42.1	98.9	92.4
2006	74.1	43.0	96.7	93.6
2007	75.4	43.3	97.3	95.5
2008	75.9	43.5	97.8	95.0
2009	75.6	43.4	98.1	94.4
2010	77.4	46.2	97.3	95.2
2011	76.9	46.5	97.5	94.7
2012	78.6	47.5	97.4	95.7
2013	80.9	52.7	95.8	95.1
2014	81.9	52.8	96.5	97.0

注：本表中2013年、2014年是第三次经济普查调整后数据，以前年度未进行调整。

7-7 平均每天能源消费量

能源品种	单位	2006年	2007年	2008年	2009年	2010年	2011年	2012年	2013年	2014年
煤 炭	万吨	38.93	41.71	42.05	43.92	46.32	49.46	49.91	49.67	49.32
焦 炭	万吨	5.36	6.30	6.69	7.66	8.67	9.28	9.43	8.77	9.03
原 油	万吨	15.22	16.15	16.29	16.09	17.97	18.37	19.18	17.75	17.44
燃料油	万吨	0.63	0.61	1.04	0.82	0.98	1.04	1.16	0.99	0.99
汽 油	万吨	1.07	1.21	1.12	1.27	1.63	1.94	2.14	1.81	1.93
煤 油	万吨	0.09	0.10	0.07	0.06	0.06	0.04	0.09	0.08	0.08
柴 油	万吨	1.61	1.90	2.13	2.22	2.64	3.02	3.35	2.80	2.90
天然气	亿立方米	0.03	0.04	0.04	0.05	0.05	0.11	0.17	0.14	0.15
电 力	亿千瓦小时	3.36	3.72	3.87	4.08	4.70	5.10	5.21	5.50	5.59

注：本表中2013年、2014年是第三次经济普查调整后数据，以前年度未进行调整。

7-8 综合能源平衡表

单位：万吨标准煤

指　　标	2005年	2006年	2008年	2009年	2010年	2011年	2012年	2013年	2014年
一、可供本地区消费的能源量	**12883.32**	**14228.02**	**16925.68**	**18172.45**	**19856.39**	**21492.07**	**22313.93**	**20499.56**	**20585.67**
1.年 初 库 存 量	1066.82	1298.89	1456.92	1572.40	1474.50	1670.64	1907.08	1725.08	1778.87
2.一次能源生产量	6219.88	6513.36	6257.47	6037.79	6769.52	6889.99	6393.34	5521.10	5147.66
3.外省(区、市)调入量	11124.33	11401.45	13665.53	12946.55	14076.39	17776.98	17124.83	15284.65	18102.45
4.进　口　量	1188.15	1450.23	2187.54	2947.55	3099.70	2665.47	3485.17	6342.11	4454.40
5.境内轮船和飞机在境外加油量	24.78	30.92	51.80	47.80	59.43	75.80	82.09	59.53	56.49
6.本省(区、市)调出量(-)	-5018.42	-4895.41	-5749.84	-4336.85	-3933.12	-4884.43	-4264.85	-5821.08	-6861.03
7.出 口 量(-)	-353.65	-415.45	-381.40	-795.18	-974.54	-726.50	-571.30	-785.01	-923.19
8.境外轮船和飞机在境内加油量(-)	-108.77	-32.35	-95.19	-93.91	-92.16	-84.07	-76.76	-46.09	-45.09
9.年末库存量(-)	-1340.71	-1213.01	-1481.48	-1516.50	-1638.51	-1891.80	-1765.67	-1780.73	-1124.89
二、加工转换投入(-)产出(+)量	**-4060.09**	**-4432.55**	**-4537.95**	**-4661.20**	**-4496.71**	**-4450.23**	**-4277.36**	**-2906.01**	**-2507.35**
1.火 力 发 电	-2389.89	-2689.79	-2886.08	-2916.90	-2813.32	-2941.65	-2938.61	-2391.30	-2392.16
2.供　　热	-372.14	-438.60	-516.80	-521.81	-475.59	-483.23	-452.82	-439.18	-433.50
3.洗　选　煤	-673.11	-731.23	-672.78	-698.50	-700.73	-799.94	-721.06	-530.41	-469.41
4.炼　　焦	-18.28	-63.31	-47.39	-43.22	-61.70	-62.58	-68.38	-114.03	-96.49
5.炼　　油	-577.62	-488.98	-407.06	-447.83	-233.92	-297.45	-298.89	214.87	442.60
6.制　　气	-28.99	-20.32	513.73	363.66	-2.01	-1.53	-5.64	-23.31	-30.12
7.天 然 气 液 化									-0.70
8.煤 制 品 加 工						-2.79	-1.78	-0.01	-0.30
9.回　收　能						340.18	351.24	1079.00	1214.93
三、损　失　量	**118.82**	**126.46**	**87.25**	**103.73**	**203.89**	**201.80**	**202.01**	**209.36**	**192.24**
#运输和输配损失	118.82	126.46	87.25	103.73	203.89	201.80	202.01	209.36	192.24
四、终 端 消 费 量	**8704.41**	**9669.01**	**12300.47**	**13407.52**	**15155.78**	**16840.05**	**17834.56**	**17384.18**	**17886.08**
(一)第 一 产 业	215.59	235.33	244.14	249.85	266.73	284.55	287.59	283.99	287.54
(二)第 二 产 业	6176.60	6845.28	8885.83	9833.29	11112.25	12378.85	13014.25	12624.12	12784.46
工　　业	6093.39	6751.67	8775.85	9708.30	10966.99	12217.15	12835.51	12344.40	12494.22
建　筑　业	83.21	93.61	109.98	124.99	145.26	161.70	178.75	279.72	290.24
(三)第 三 产 业	1323.69	1517.86	1960.00	2088.74	2348.51	2614.63	2819.72	2772.44	2994.96
交通运输、仓储及邮电通讯业	1031.92	1147.07	1374.72	1445.64	1597.03	1746.40	1879.08	1775.40	1919.24
批发和零售贸易业、餐饮业	85.04	90.55	135.16	154.11	170.34	203.95	216.58	237.15	249.48
其　　他	206.73	280.23	450.12	488.99	581.15	664.28	724.06	759.88	826.25
(四)生 活 消 费	988.53	1070.54	1210.50	1235.64	1428.30	1562.02	1713.00	1703.64	1819.12
城　　镇	772.71	867.12	993.67	1023.37	1175.58	1276.00	1393.40	1412.93	1508.33
乡　　村	215.81	203.42	216.84	212.27	252.72	286.02	319.60	290.71	310.79
五、平 衡 差 额									

注：1.本表中2013年、2014年是第三次经济普查调整后数据，以前年度未进行调整。
2.能源消费量按照电热当量计算法计算。

主要统计指标解释

能源生产总量　指一定时期内全省一次能源生产量的总和，是观察全省能源生产水平、规模、构成和发展速度的总量指标。一次能源生产量包括原煤、原油、天然气、水电及其他动力能(如风能、地热能等)发电量。不包括低热值燃料生产量、生物质能、太阳能等的利用和由一次能源加工转换而成的二次能源产量。

能源消费总量　指一定时期内全省物质生产部门、非物质生产部门和生活消费的各种能源的总和，是观察能源消费水平、构成和增长速度的总量指标，能源消费总量包括原煤和原油及其制品、天然气、电力。不包括低热值燃料、生物质能和太阳能等的利用。能源消费总量分为三部分，即终端能源消费量、能源加工转换损失量和损失量。

(1)终端能源消费量指一定时期内全省物质生产部门、非物质生产部门和生活消费的各种能源在扣除了用于加工转换二次能源消费量和损失量以后的数量。

(2)能源加工转换损失量指一定时期内全省投入加工转换的各种能源数量之和与产出各种能源产品之和的差额。它是观察能源在加工转换过程中损失量变化的指标。

(3)能源损失量指一定时期内能源在输送、分配、储存过程中发生的损失和由客观原因造成的各种损失量。不包括各种气体能源放空、放散量。

能源生产弹性系数　是研究能源生产量的增长与国民经济增长之间关系的指标。计算公式:

能源生产弹性系数=（能源生产总量年平均增长速度／国民经济年平均增长速度）

国民经济年平均增长速度，可根据不同的目的或需要，用国内生产总值等指标来计算，本资料是采用国内生产总值指标计算的。

电力生产弹性系数　是研究电力生产量的增长与国民经济增长之间关系的指标。一般来说，电力的发展应当快于国民经济的发展，也就是说电力应超前发展。计算公式:

电力生产弹性系数=（电力生产量年平均增长速度／国民经济年平均增长速度）

能源消费弹性系数　是反映能源消费增长速度与国民经济增长速度之间的比例关系的指标。计算公式:

能源消费弹性系数=（能源消费量年平均增长速度／国民经济年平均增长速度）

电力消费弹性系数　是反映电力消费增长速度与国民经济增长速度之间比例关系的指标。计算公式:

电力消费弹性系数=（电力消费量年平均增长速度／国民经济年平均增长速度）

能源加工转换效率　指一定时期内能源经过加工转换后，产出的各种能源产品的数量与同期内投入加工转换的各种能源数量的比率。它是观察能源加工转换装置和生产工艺先进与落后、管理水平高低等的重要指标。计算公式:

能源加工转换效率=（加工转换产出量／加工转换投入量）×100%

八、财政

Chapter 8 Government Finance

8-1 地区财政收入

单位：亿元

年 份	地区财政收入合计	预算收入	中央	地方	财政专户管理资金收入	中央	地方
1981	146.8	97.5	18.0	79.5	49.3	9.6	39.7
1982	155.1	96.9	17.0	79.9	58.2	15.7	42.5
1983	185.3	114.6	46.7	67.9	70.7	20.7	50.0
1984	215.3	127.7	50.6	77.1	87.6	27.0	60.6
1985	288.4	162.2	77.0	85.2	126.2	37.3	88.9
1986	309.2	172.9	74.0	98.9	136.3	34.6	101.7
1987	338.4	185.6	77.6	108.0	152.8	45.8	107.0
1988	366.0	192.8	76.9	115.9	173.2	53.3	119.9
1989	400.5	212.2	78.3	133.9	188.3	62.2	126.1
1990	399.2	196.8	67.5	129.3	202.4	65.1	137.3
1991	491.5	256.8	95.3	161.5	234.7	90.2	144.5
1992	519.5	229.3	77.7	151.6	290.2	136.8	153.4
1993	387.3	292.8	79.1	213.7	94.5	6.8	87.7
1994	443.8	336.8	183.1	153.7	107.0	8.3	98.7
1995	500.6	369.1	184.7	184.4	131.5	11.5	120.0
1996	558.7	410.6	198.9	211.7	148.1	7.6	140.5
1997	584.1	458.9	230.7	228.2	125.2	8.6	116.6
1998	682.9	551.3	251.4	299.9	131.6	13.1	118.5
1999	727.3	579.2	265.0	314.2	148.1	18.5	129.6
2000	830.4	659.1	323.5	335.6	171.3	15.6	155.7
2001	1010.1	816.4	386.9	429.5	193.7	22.6	171.1
2002	1119.1	914.4	423.3	491.1	204.7	20.5	184.2
2003	1283.0	1063.2	491.2	572.0	219.8	25.1	194.7
2004	1572.9	1335.4	631.6	703.8	237.5	26.2	211.3
2005	1888.8	1639.5	723.9	915.6	249.3	10.5	238.8
2006	2332.8	2068.4	898.3	1170.1	264.4	11.9	252.5
2007	3153.8	2824.8	1137.2	1687.6	329.0	12.2	316.8
2008	3716.3	3452.6	1262.6	2190.0	263.7	19.8	243.9
2009	4615.2	4363.9	1460.5	2903.3	251.4	37.9	213.5
2010	6728.2	6546.0	1991.3	4554.7	182.2	33.4	148.8
2011	7824.2	7719.4	2196.3	5523.1	104.8	8.8	96.0
2012	7741.4	7621.0	2408.9	5212.1	120.4	27.5	92.9
2013	8289.0	8179.8	2379.1	5800.7	109.2	16.7	92.5
2014	7235.1	7122.5	2342.4	4780.1	112.6	18.2	94.4

注：1.本表中不含债务类收入。
2.2003年以前中央预算收入为国地税上缴中央收入合计，2003年后为人民银行国库收入。

8-2 历年公共财政预算收入

单位：亿元

年 份	公共财政预算收入	各项税收	国有资本经营收入	国有企业计划亏补	其他各项收入
1980	86.9	41.6	43.3		2.0
1985	85.2	102.3	1.4	-20.2	1.7
1986	98.9	107.1	1.4	-13.3	3.7
1987	108.0	115.5	1.4	-14.8	5.9
1988	115.9	128.4	1.7	-24.9	10.7
1989	133.9	145.6	1.6	-29.7	16.4
1990	129.3	140.3	2.0	-31.0	18.0
1991	161.5	155.7	1.6	-30.2	34.4
1992	151.6	158.6	1.5	-24.5	16.0
1993	213.7	220.0	1.9	-24.8	16.6
1994	153.7	147.5	0.8	-17.3	22.7
1995	184.4	174.0	0.6	-18.0	27.8
1996	211.7	195.8	0.7	-17.1	32.3
1997	228.2	215.1	1.0	-16.6	28.7
1998	264.6	233.5	2.6	-13.1	41.6
1999	279.6	247.5	2.5	-11.2	40.8
2000	295.6	266.4	3.7	-9.7	35.2
2001	370.4	320.0	3.5	-4.7	51.6
2002	399.7	333.0	6.7	-3.5	63.5
2003	447.0	361.4	9.1	-3.3	79.8
2004	529.6	411.5	13.0	-2.9	108.0
2005	675.3	528.4	24.5	-3.0	125.4
2006	817.7	626.2	40.9	-3.0	153.6
2007	1082.7	815.7	57.8	-	209.2
2008	1356.1	1017.1	92.9	-	246.1
2009	1591.2	1184.0	145.7	-	261.5
2010	2004.8	1516.7	131.2	-	356.9
2011	2643.2	1974.9	142.8	-	525.5
2012	3105.4	2317.2	157.4	-	630.8
2013	3343.8	2521.6	180.9	-	641.3
2014	3192.8	2330.6	199.7	-	662.5

注：1.本表财政收入为当年财政决算数据。
2.各项税收1983年利改税以后含企业所得税，1994年以后为新税制收入。
3.国有资产经营收益1998年以前指国企上缴利润，1983年前含企业上缴的基本折旧。
4.其他各项收入指行政性收费、罚没收入、海域场地矿区使用费收入、专项收入和其他各项收入。
5.国有资本经营收入2007年以前为“国有资产经营收益”。

8-3 公共财政预算收入

单位：亿元

项 目	2006年	2007年	2008年	2009年	2010年	2011年	2012年	2013年	2014年
合 计	**817.67**	**1082.69**	**1356.08**	**1591.22**	**2004.84**	**2643.15**	**3105.38**	**3343.81**	**3192.78**
一、各项税收小计	**626.21**	**815.67**	**1017.10**	**1183.98**	**1516.65**	**1974.85**	**2317.19**	**2521.62**	**2330.57**
增值税	124.40	149.11	172.76	163.56	188.84	218.32	216.70	248.41	291.33
营业税	205.37	252.01	304.00	363.94	453.75	556.20	606.49	657.00	562.24
企业所得税	74.00	108.06	142.44	125.09	174.06	227.16	242.39	250.68	252.18
个人所得税	35.63	45.78	51.73	48.94	64.20	76.94	60.92	64.15	70.28
资源税	18.74	24.26	28.25	32.65	46.45	68.12	109.30	142.05	102.14
城市维护建设税	43.87	51.58	58.71	57.69	71.62	102.79	108.41	119.25	118.22
房产税	29.80	29.86	35.38	41.09	45.91	55.87	64.17	72.35	82.20
印花税	9.62	12.66	16.38	16.67	22.81	27.71	28.15	30.28	30.53
城镇土地使用税	16.83	49.42	66.03	85.18	108.05	145.75	221.92	246.28	248.05
土地增值税	11.54	18.24	24.78	47.99	77.59	128.80	190.38	190.21	177.57
车船税	2.23	3.02	11.11	9.80	12.28	14.98	19.90	23.59	26.31
耕地占用税	5.29	5.97	24.33	69.56	96.43	140.40	225.20	239.92	203.89
契税	48.32	64.74	78.15	116.89	152.94	209.84	217.47	235.55	163.84
烟叶税	0.23	0.46	0.53	0.83	0.53	0.83	1.07	1.45	1.47
其他税收收入	0.44	0.51	2.07	4.10	1.20	1.13	4.73	0.45	0.32
二、非税收入小计	**191.46**	**267.03**	**338.98**	**407.24**	**488.18**	**668.30**	**788.19**	**822.20**	**862.21**
专项收入	34.50	50.85	50.67	45.67	55.02	99.28	110.53	107.12	105.53
行政事业性收费收入	81.14	96.54	117.17	93.76	131.92	158.64	194.59	198.04	182.46
罚没收入	29.82	32.91	35.91	41.89	60.10	69.96	88.06	78.94	69.63
国有资本经营收入	35.95	57.79	92.93	145.66	131.19	142.77	157.43	180.86	199.73
国有资源有偿使用收入	6.81	25.63	39.03	69.46	97.84	171.42	206.29	225.58	257.46
其他收入	3.25	3.32	3.27	10.80	12.10	26.23	31.31	31.66	47.39

8-4 地区各项税收及附加收入

单位：亿元

税种分类	2005年	2006年	2008年	2009年	2010年	2011年	2012年	2013年	2014年
收入合计	**1270.34**	**1456.21**	**2295.04**	**2651.89**	**3504.61**	**4216.10**	**4749.42**	**4963.68**	**4822.58**
一、税收合计	**1244.35**	**1428.10**	**2256.94**	**2605.57**	**3445.44**	**4125.00**	**4646.47**	**4856.03**	**4717.13**
1.增值税	517.03	572.17	861.83	816.22	1091.61	1208.15	1307.98	1353.13	1430.91
#国内增值税	455.11	499.23	694.15	677.09	821.27	914.36	919.74	977.66	988.94
2.消费税	67.39	92.17	112.76	392.64	495.03	493.84	557.48	525.59	525.02
#国内消费税	62.80	84.46	99.56	366.23	443.31	435.76	532.49	478.12	480.10
3.营业税	164.69	205.37	303.99	363.94	453.83	556.25	606.74	655.91	562.40
4.个人所得税	82.02	89.09	129.32	122.36	160.51	192.36	152.30	159.83	174.23
5.外商外国企业所得税	31.46	38.43		82.30	128.22	158.05	167.16	183.80	199.49
6.企业所得税	160.64	162.29	373.50	222.42	303.72	407.03	432.10	432.17	424.54
7.资源税	12.05	18.65	28.33	32.73	46.43	68.08	109.16	141.91	101.99
8.投资方向调节税	0.20	0.35	0.45	0.05			0.03		
9.城市维护建设税	39.92	43.86	58.71	74.35	95.09	125.00	136.11	141.71	141.16
10.房产税	24.83	29.80	35.38	41.08	45.92	55.87	64.17	72.35	82.20
11.印花税	7.51	9.62	16.38	16.67	22.81	27.71	28.15	30.26	30.47
12.城镇土地使用税	9.76	16.84	66.03	85.18	108.05	145.75	221.92	246.28	248.05
13.土地增值税	5.95	11.54	24.78	47.99	77.59	128.80	190.37	190.21	177.57
14.车船使用税	1.68	2.23	11.11	9.80	12.28	14.98	19.90	23.59	26.31
15.耕地占用税	3.69	5.29	24.33	69.56	96.43	140.40	225.20	239.92	203.71
16.契税	38.93	48.36	78.12	116.89	152.94	209.84	217.47	235.55	163.84
17.车辆购置税	22.64	26.68	39.19	44.72	66.46	78.35	80.38	91.17	94.20
18.烟叶税			0.53	0.83	0.53	0.83	1.07	1.45	1.47
19.关税	52.80	55.03	90.02	61.89	86.80	112.80	125.66	129.16	129.16
20.其他税收	1.16	0.33	2.18	3.95	1.20	0.91	3.12	2.03	0.40
二、其他收入	**25.99**	**28.11**	**38.10**	**46.32**	**59.17**	**91.10**	**102.95**	**107.65**	**105.45**
1.教育费附加	17.35	19.49	27.13	33.52	42.95	55.90	60.76	63.26	63.07
2.文化事业建设费	0.91	1.05	1.27	1.27	1.53	1.87	2.02	1.47	0.24
3.地方教育费收入	5.41	5.90	8.72	10.74	13.15	32.58	39.76	42.57	41.75
4.矿区使用费	0.33	0.31							
5.罚没收入	1.43	0.72	0.30	0.20	0.85	0.45	0.34	0.28	0.27
6.其他收入	0.56	0.64	0.68	0.58	0.69	0.30	0.07	0.07	0.12

注：1.本表按1994年新税制改革以来的地区实际税收收入整理。
2.增值税和消费税含海关代征，不含出口退税绝对值；国内增值税和国内消费税不含海关代征，含出口退税绝对值。

8-5 各地区地方公共财政预算收入

(2014年)

单位：万元

项目	沈阳	大连	鞍山	抚顺	本溪	丹东	锦州
合计	**7855020**	**7808645**	**2417012**	**1342512**	**1298326**	**1260005**	**1368462**
一、各项税收小计	**6101684**	**6153385**	**1598290**	**865258**	**955398**	**901554**	**943237**
增值税	852445	699655	196787	115395	109246	72910	81558
营业税	1648311	1818416	300801	137848	131887	167953	198838
企业所得税	835220	802210	134870	69966	38275	74807	71913
个人所得税	213655	265334	26964	21674	16220	15835	19303
资源税	33533	280696	101014	42317	82825	58629	26967
城市维护建设税	360868	333163	73529	39742	32591	26159	36394
耕地占用税	263975	318570	86735	195904	210462	176397	187109
契税	386258	510204	93978	67893	35187	79342	43656
烟叶税							
其他税收收入	1507419	1125137	583612	174519	298705	229522	277499
二、非税收入小计	**1753336**	**1655260**	**818722**	**477254**	**342928**	**358451**	**425225**
专项收入	229957	175596	66496	29188	32612	22968	31626
行政事业性收费收入	296023	326785	154136	85255	50216	160909	62258
罚没收入	161662	152203	39141	36413	27881	28164	26517
国有资本经营收入	606698	229558	504976	180222	98026	38695	56743
国有资源有偿使用收入	447708	546329	29651	144221	121255	101326	211659
其他收入	11288	224789	24322	1955	12938	6389	36422

8-5 续表

单位：万元

项目	营口	阜新	辽阳	盘锦	铁岭	朝阳	葫芦岛
合计	**1603585**	**712144**	**1148000**	**1511776**	**933917**	**1017021**	**816069**
一、各项税收小计	**1212358**	**501880**	**783548**	**1120137**	**659770**	**732085**	**598464**
增值税	156296	58786	109053	205222	62486	73102	75351
营业税	286349	105643	156061	220094	134650	149742	159037
企业所得税	98787	37104	62938	41772	47419	44876	44646
个人所得税	31351	8487	15599	28238	12467	16284	11367
资源税	7173	23882	89830	86374	36613	145145	6416
城市维护建设税	66035	18757	42662	67471	22374	24477	30266
耕地占用税	14710	143417	99472	133513	61337	99309	47958
契税	65565	29418	48794	63516	64830	65309	84472
烟叶税							
其他税收收入	486092	76386	159139	273937	217594	113841	138951
二、非税收入小计	**391227**	**210264**	**364452**	**391639**	**274147**	**284936**	**217605**
专项收入	41190	15265	38851	38622	19574	41106	23143
行政事业性收费收入	121649	73547	67423	51429	86309	78177	50247
罚没收入	15820	23317	27693	14978	35803	30420	34127
国有资本经营收入	105901	2670	24760		68350	14081	66649
国有资源有偿使用收入	95194	69254	203791	282356	63502	107038	40474
其他收入	11473	26211	1934	4254	609	14114	2965

8-6 地方公共财政预算支出

单位：亿元

行 业	2006年	2007年	2008年	2009年	2010年	2011年	2012年	2013年	2014年
合 计	**1422.75**	**1764.28**	**2153.43**	**2682.39**	**3195.82**	**3905.85**	**4558.59**	**5197.42**	**5080.49**
一般公共服务	233.81	271.16	307.65	329.16	352.40	415.23	485.71	501.34	436.29
国 防	3.42	5.89	5.38	7.49	7.58	11.43	13.75	11.99	11.97
公共安全	99.26	126.77	147.58	154.16	191.29	210.29	228.80	244.57	235.67
教 育	193.14	252.13	306.36	346.73	405.39	544.09	728.79	669.48	604.49
科学技术	27.72	38.69	49.02	57.49	68.90	87.20	101.24	118.99	108.82
文化体育与传媒	23.58	24.80	29.94	76.25	56.76	68.60	79.25	95.34	92.60
社会保障和就业	322.99	402.98	469.97	518.07	579.84	657.36	727.71	824.03	895.91
医疗卫生	46.30	66.60	83.90	163.32	151.36	182.07	200.19	229.50	273.61
节能环保	21.16	28.07	48.18	55.71	77.44	74.20	93.27	108.59	106.10
城乡社区事务	143.47	171.78	217.22	289.66	360.31	442.58	595.19	807.26	849.50
农林水事务	101.81	121.80	149.29	240.71	289.00	329.20	405.02	466.52	443.85
交通运输	17.76	26.92	37.25	106.60	140.29	220.53	256.10	302.51	310.89
工业商业金融等事务	112.78	150.22	221.28	211.64	441.88	298.81	315.94	366.59	288.56
其他支出	75.57	76.48	80.40	125.40	73.38	364.26	327.63	450.71	422.23

8-7 各地区地方公共财政预算支出

(2014年)

单位：万元

行　业	沈阳	大连	鞍山	抚顺	本溪	丹东	锦州
合　计	**9143712**	**9894552**	**3254078**	**2235027**	**1858365**	**2058919**	**2284708**
一般公共服务	945957	711131	268667	138786	378651	145129	174690
国　防	20356	11926	4580	18895	94	3182	166
公共安全	459946	393079	145264	86868	90485	103205	98455
教　育	1174452	1049086	321904	163819	212364	266658	242524
科学技术	265649	430258	44872	26845	30189	15674	25753
文化体育与传媒	154355	112485	32677	16431	34754	28245	35813
社会保障和就业	1570858	1419795	658108	632103	322724	375274	470191
医疗卫生	446667	508469	228818	98159	74418	118430	141217
环境保护(节能环保)	196912	157159	28304	66885	50179	114771	45999
城乡社区事务	1839636	2305474	855653	412852	343734	283554	330860
农林水事务	492532	409811	156793	209733	131152	293788	384420
交通运输	375222	676829	50529	56758	41446	55450	79299
商业服务业金融等事务	189250	71676	17546	70634	22346	29402	22656
其他支出	1011920	1637374	440363	236259	125829	226157	232665

8-7 续表

单位：万元

行　业	营口	阜新	辽阳	盘锦	铁岭	朝阳	葫芦岛
合　计	**2196512**	**1752720**	**1640131**	**2041160**	**2090819**	**2279700**	**1673740**
一般公共服务	177355	154925	174438	172882	251956	215215	146023
国　防	2212	1642	3654	8419	1482	4766	2179
公共安全	98677	65219	77861	71259	114465	101023	95949
教　育	206022	202065	169026	162351	266837	313829	253563
科学技术	10696	4332	21674	19896	28469	17341	22894
文化体育与传媒	23022	23874	18449	24597	22303	32856	22217
社会保障和就业	430838	287567	324164	281848	283970	427599	396224
医疗卫生	162748	97717	105771	101043	145880	201569	127229
环境保护(节能环保)	30238	62694	21755	54386	72691	81249	19152
城乡社区事务	562417	211003	261112	421247	339164	219904	102024
农林水事务	121996	251551	129668	195295	326283	373728	254978
交通运输	46318	30667	46607	23726	23608	39661	38100
商业服务业金融等事务	12830	21224	24487	20298	23449	27001	20647
其他支出	311143	338240	261465	483913	190262	223959	172561

主要统计指标解释

财政总收入 指国家财政参与社会产品分配所取得的收入，是实现国家职能的财力保证。财政收入所包括的内容几经变化，目前主要包括:

（1）税收收入 包括增值税、营业税、企业所得税、个人所得税、资源税、城市维护建设税、房产税、印花税、城镇土地使用税、土地增值税、车船税、耕地占用税、契税、烟叶税、其他税收收入。

（2）非税收入 包括专项收入、行政事业性收费收入、罚没收入、国有资本经营收入、国有资源有偿使用收入、其他收入。

财政总支出 国家财政将筹集起来的资金进行分配使用，以满足经济建设和各项事业的需要，主要包括以下各项支出:

（1）一般公共服务 反映政府提供一般公共服务的支出。

（2）公共安全 反映政府维护社会公共安全方面的支出，有关事务包括武装警察、公安、国家安全、检察、法院、司法行政、监狱、劳教、国家保密、缉私警察等。

（3）教育支出 反映政府教育事务支出。有关具体教育事务包括教育行政管理、学前教育、小学教育、初中教育、普通高中教育、普通高等教育、初等职业教育、中专教育、技校教育、职业高中教育、高等职业教育、广播电视教育、留学生教育、特殊教育、干部继续教育、教育机关服务等。

（4）科学技术 反映政府用于科学技术方面的支出。

（5）文化体育与传媒 反映政府在文化、文物、体育、广播电视、新闻出版等方面的支出。

（6）社会保障和就业 反映政府在社会保障与就业方面的支出。有关事项包括社会保障与就业管理事务、民政管理事务、财政对社会保险基金的补助、补充全国社会保障基金、行政事业单位离退休、企业改革补助、就业补助、抚恤、退役安置、社会福利、残疾人事业、城市居民最低生活保障、其他城镇社会救济、农村社会救济、自然灾害生活补助、红十字事务等。

（7）医疗卫生 反映政府医疗卫生方面的支出。具体包括医疗卫生管理事务支出、医疗服务支出、医疗保障支出、疾病预防控制支出、卫生监督支出、妇幼保健支出、农村卫生支出等。

（8）环境保护 反映政府环境保护支出。具体包括：环境保护管理事务支出、环境监测与监察支出、污染治理支出、自然生态保护支出、天然林保护工程支出、退耕还林支出、风沙荒漠治理支出、退牧还草支出、已垦草原退耕还草支出。

（9）城乡社区事务 反映政府城乡社区事务支出。具体包括：城乡社区管理事务支出、城乡社区规划与管理支出、城乡社区公共设施支出、城乡社区住宅支出、城乡社区环境卫生支出、建设市场管理与监督支出等

（10）农林水事务 反映政府农林水事务方面的支出。具体包括农业、林业、水利、扶贫支出、农业综合开发支出等。

（11）交通运输 反映政府交通运输方面的支出。包括公路运输支出、水路运输支出、铁路运输支出、民用航空运输支出等。

（12）工业商业金融等事务 反映政府工业、商业、金融等事务支出。具体包括：采掘业支出、制造业支出、电力支出、信息产业支出、旅游业支出、涉外发展支出、粮油事务支出、商业流通事务支出、物资储备支出、金融保险支出、烟草事务支出、安全生产支出、国有资产监督支出、中小企业发展支出、清洁生产支出等。

（13）其他支出 反映不能划分到上述功能科目的其他政府支出。包括预备费、年初预留、住房改革

支出以及其他支出。

中央财政和地方财政 财政是国家为了实现其职能，凭借政治权力，对一部分社会产品进行分配和再分配的经济活动。中央财政和地方财政，是指财政体制上划分中央政府和地方政府以及地方各级政府之间财政管理权限的一项根本制度，它是经济管理体制的重要组成部分，它在财政管理体制中居于主导地位。它具体规定了各级政府筹集资金、支配使用资金的权力、范围和责任，使各级政府在财政管理上有责有权。这对于正确处理中央和地方之间，以及地方各级之间的分配关系，充分发挥各级政府的积极性，更好地完成国家财政收支任务，促进社会主义建设的发展有着极其重要的意义。中央财政收入和地方财政收入，是指中央和地方各级负责组织征收的收入，不是按财政体制计算的收入分成数。其收入中还包括了国外借款。

九、物价

Chapter 9 Price Indices

9-1 各种价格指数

(上年=100)

年 份	居民消费价格指数	城市居民消费价格指数	农村居民消费价格指数	商品零售价格指数	工业生产者出厂价格指数	工业生产者购进价格指数	固定资产投资指数
1980		104.4		105.9			
1985	110.7	111.4	106.7	110.0			
1986	106.7	107.0	105.0	106.0			
1987	108.6	109.8	105.6	109.0			
1988	119.3	119.6	115.9	119.3	122.4	133.9	
1989	118.2	117.2	120.1	118.4	121.2	133.3	
1990	103.3	103.1	104.1	102.7	103.8	117.6	105.9
1991	105.6	106.0	104.2	104.1	119.2	108.1	108.2
1992	106.7	108.1	102.3	106.0	112.1	116.6	120.9
1993	115.2	116.7	110.9	113.5	138.4	149.9	136.4
1994	124.3	126.1	120.9	120.6	119.9	118.2	117.4
1995	116.1	116.1	116.0	114.0	109.9	114.2	104.9
1996	107.9	108.2	106.8	105.4	102.8	103.7	102.2
1997	103.1	103.8	102.1	101.0	100.1	103.1	102.3
1998	99.3	99.8	98.7	97.6	95.8	99.3	99.8
1999	98.6	98.7	98.3	96.1	102.0	99.0	100.0
2000	99.9	100.0	99.7	98.4	108.8	103.9	101.1
2001	100.0	99.9	100.2	99.4	98.6	100.0	100.4
2002	98.9	98.9	98.7	97.4	97.8	98.3	100.7
2003	101.7	101.2	103.7	98.9	103.6	105.1	102.5
2004	103.5	102.8	106.3	101.9	107.1	112.1	104.8
2005	101.4	100.8	104.0	100.1	105.1	108.1	102.8
2006	101.2	101.1	101.6	101.3	104.1	104.2	102.1
2007	105.1	104.6	107.0	104.4	104.4	104.8	104.3
2008	104.6	104.4	105.5	105.3	110.9	111.5	109.1
2009	100.0	100.0	100.3	99.8	94.0	93.3	97.0
2010	103.0	102.8	104.0	103.2	107.4	108.6	103.3
2011	105.2	105.1	105.5	105.0	106.5	108.3	106.6
2012	102.8	102.9	102.5	102.2	99.9	99.0	101.0
2013	102.4	102.4	102.4	101.6	99.0	98.5	100.0
2014	101.7	101.8	101.4	101.0	98.2	98.0	99.7

9-2 各种价格定基指数

年 份	居民消费价格指数(1984=100)	城市居民消费价格指数(1978=100)	农村居民消费价格指数(1984=100)	商品零售价格总指数(1978=100)	工业生产者出厂价格指数(1988=100)	工业生产者购进价格指数(1988=100)	固定资产投资指数(1990=100)
1979		101.7		101.4			
1980		106.2		105.4			
1981		112.3		108.8			
1982		113.9		110.1			
1983		115.8		111.8			
1984		120.0		116.2			
1985	110.7	133.7	106.7	127.8			
1986	118.1	143.1	112.0	135.5			
1987	128.3	157.1	118.3	147.7			
1988	153.0	187.9	137.1	176.2			
1989	180.9	220.2	164.7	208.6	121.2	133.3	
1990	186.8	227.0	171.4	214.3	125.8	156.8	
1991	197.3	240.6	178.6	223.0	150.0	169.5	108.2
1992	210.5	260.1	182.7	236.4	168.1	197.6	130.9
1993	242.5	303.6	202.7	268.3	232.7	296.2	178.6
1994	301.4	382.8	245.0	323.6	279.0	350.1	209.6
1995	350.0	444.4	284.2	368.9	306.6	399.8	219.9
1996	377.6	480.8	303.5	388.8	315.2	414.6	224.7
1997	389.3	499.1	309.9	392.7	315.5	427.4	229.9
1998	386.6	498.1	305.9	383.3	302.2	424.5	229.4
1999	381.2	491.6	305.0	368.4	308.3	420.2	229.4
2000	380.8	491.6	304.1	362.5	335.4	436.6	231.9
2001	380.8	491.1	304.7	360.3	330.7	436.6	232.9
2002	376.6	485.7	300.7	350.9	323.4	429.2	234.5
2003	383.0	494.0	311.9	347.0	335.1	451.1	240.6
2004	396.4	507.8	331.5	353.6	358.9	505.7	252.1
2005	401.9	511.9	344.8	354.0	377.2	546.7	259.2
2006	406.7	517.5	350.3	358.6	392.7	569.7	264.6
2007	427.4	541.3	374.8	374.4	409.9	596.9	275.9
2008	447.2	565.0	395.5	394.4	454.6	665.5	301.0
2009	447.2	565.0	396.7	393.6	427.3	621.0	291.9
2010	460.6	580.8	412.6	406.2	458.9	674.4	301.6
2011	484.6	610.4	435.3	426.5	488.7	730.3	321.5
2012	498.2	628.1	446.2	435.9	488.2	723.0	324.7
2013	510.2	643.2	456.9	442.9	483.3	712.2	324.7
2014	518.9	654.8	463.3	447.3	474.6	698.0	323.7

9-3 居民消费价格分类指数

(2014年，上年=100)

项　　目	全省	城市	农村
居民消费价格总指数	**101.7**	**101.8**	**101.4**
一、食品	**102.7**	**102.9**	**101.7**
1.粮食	103.6	104.1	102.7
2.淀粉及制品	102.1	102.9	100.6
3.干豆类及豆制品	102.6	102.7	102.1
4.油脂	95.4	94.4	97.8
5.肉禽及其制品	99.4	99.5	98.9
6.蛋	112.5	113.3	110.2
7.水产品	103.7	103.6	103.9
8.菜	95.5	95.3	96.6
9.调 味 品	101.7	102.0	101.1
10.糖	100.4	100.9	99.5
11.茶及饮料	101.3	101.3	101.4
12.干鲜瓜果	114.6	115.0	111.7
13.糕点饼干面包	102.5	102.8	101.3
14.液体乳及乳制品	111.3	111.8	107.6
15.在外用膳食品	103.3	103.4	102.4
16.其他食品	102.3	102.4	101.8
二、烟酒	**100.3**	**100.1**	**100.8**
1.烟草	99.9	99.8	100.1
2.酒	100.8	100.6	101.6
三、衣着	**102.2**	**102.1**	**102.7**
1.服　　装	103.3	103.5	102.7
2.衣着材料	102.2	102.0	102.5
3.鞋袜帽	99.7	99.0	102.5
4.衣着加工服务费	106.8	108.3	103.5
四、家庭设备用品及维修服务	**100.3**	**100.3**	**100.5**
1.耐用消费品	99.5	99.3	100.1
2.室内装饰品	101.1	101.2	100.6
3.床上用品	98.5	98.2	100.3
4.家庭日用杂品	100.5	100.5	100.4
5.家庭服务及加工维修服务	106.8	107.2	104.0
五、医疗保健和个人用品	**101.6**	**101.7**	**101.1**
1.医疗保健	101.2	101.1	101.5
2.个人用品及服务	102.4	102.8	100.3
六、交通和通信	**100.4**	**100.4**	**100.3**
1.交通	100.9	100.9	101.0
2.通信	99.9	99.9	99.5
七、娱乐教育文化用品及服务	**101.1**	**101.1**	**101.1**
1.文娱用耐用消费品及服务	96.8	96.6	97.9
2.教育	101.8	101.8	101.7
3.文化娱乐类	101.1	101.2	100.3
4.旅游	102.0	101.8	103.3
八、居住	**101.3**	**101.3**	**101.2**
1.建房及装修材料	100.3	100.0	100.9
2.住房租金	101.8	101.8	101.2
3.自有住房	102.0	102.0	101.9
4.水、电、燃料	100.3	100.3	99.8

9-4 商品零售价格分类指数

(2014年，上年=100)

项　目	全省	城市	农村
商品零售价格总指数	**101.0**	**101.0**	**100.9**
一、食品	**102.6**	**102.7**	**102.2**
1.粮食	103.9	104.1	103.3
2.淀粉及制品	102.5	102.8	101.4
3.干豆类及豆制品	102.7	102.7	102.6
4.油脂	94.9	93.8	97.9
5.肉禽及其制品	99.2	99.3	99.0
6.蛋	112.4	112.9	110.3
7.水产品	103.8	103.6	105.0
8.菜	95.4	95.1	97.1
9.调味品	102.1	102.3	101.3
10.糖	100.4	100.7	99.4
11.干鲜瓜果	114.0	114.1	113.2
12.糕点饼干面包	102.6	102.9	101.2
13.液体乳及乳制品	111.8	112.0	108.6
14.在外用膳食品	103.5	103.6	102.8
15.其他食品	102.3	102.5	101.7
二、饮料、烟酒	**100.5**	**100.4**	**100.8**
1.茶及饮料	101.4	101.4	101.4
2.烟草	99.7	99.7	100.0
3.酒	100.7	100.6	101.5
三、服装、鞋帽	**102.3**	**102.3**	**102.6**
1.服装	103.5	103.7	102.7
2.鞋袜帽	99.9	99.2	102.7
3.其他	99.8	99.4	100.8
四、纺织品	**100.0**	**99.6**	**101.6**
1.衣着材料	102.0	101.8	102.4
2.床上用品	98.5	98.0	100.6
五、家用电器及音像器材	**98.0**	**97.8**	**99.1**
1.家庭设备	99.1	98.9	99.9
2.文娱用耐用消费品	96.3	96.0	98.0
3.专业音像器材	100.0	100.0	100.0
六、文化办公用品	**99.6**	**99.5**	**99.7**
七、日用品	**100.8**	**100.9**	**100.6**
1.日用百货	101.2	101.3	100.6
2.日用杂品	100.8	100.8	100.4
3.洗涤用品	100.6	100.7	100.4
4.其他日用品	100.7	100.6	101.3
八、体育娱乐用品	**100.4**	**100.5**	**99.9**
1.体育用品	100.5	100.7	99.9
2.娱乐用品	100.3	100.4	100.0
九、交通、通信用品	**100.5**	**100.7**	**99.2**
1.交通运输机械	101.3	101.3	100.8
2.通信器材	99.1	99.4	97.5
十、家具	**99.9**	**99.9**	**100.4**
十一、化妆品	**101.0**	**101.2**	**100.1**
十二、金银珠宝	**90.5**	**91.1**	**88.4**
十三、中西药品及医疗保健用品	**101.7**	**101.6**	**102.3**
1.医疗器具及用品	100.6	100.7	100.2
2.中药材及中成药	102.8	102.6	103.7
3.西药	101.2	101.0	101.9
4.保健器具及用品	100.9	101.0	100.6
十四、书报杂志及电子出版物	**101.0**	**101.1**	**100.5**
1.教材及参考书	101.8	102.0	101.2
2.书报杂志	100.5	100.6	100.0
3.电子音像制品	100.3	100.4	100.1
十五、燃料	**98.7**	**98.7**	**98.3**
1.煤炭及制品	93.4	92.9	94.6
2.石油及制品	99.9	99.8	100.0
十六、建筑材料及五金电料	**99.8**	**99.6**	**100.6**
1.建筑装璜材料	99.8	99.5	100.8
2.五金电料	99.9	99.9	100.2

9-5 各市居民消费价格分类指数

(2014年，上年=100)

市名称	居民消费价格指数	食品							
			#粮食	#油脂	#肉禽及其制品	#蛋类	#水产品	#菜类	#茶和饮料
全　省	**101.7**	**102.7**	**103.6**	**95.4**	**99.4**	**112.5**	**103.7**	**95.5**	**101.3**
沈　阳	102.2	104.7	106.6	91.7	101.5	114.4	110.6	95.8	101.7
大　连	102.0	102.5	107.5	95.2	98.8	111.6	97.7	91.0	103.9
鞍　山	101.6	102.5	102.7	95.0	98.2	118.8	100.8	99.3	99.9
抚　顺	101.4	101.5	104.5	89.6	99.6	107.9	103.6	89.0	96.3
本　溪	101.4	102.7	106.3	98.1	101.1	111.4	107.4	95.3	100.2
丹　东	101.6	101.8	105.0	95.0	97.5	109.4	101.3	95.6	99.8
锦　州	101.4	102.5	104.3	96.1	97.5	114.3	102.4	97.5	100.5
营　口	101.7	104.6	101.9	96.0	98.9	113.7	107.6	106.3	100.6
阜　新	101.3	101.5	105.4	97.9	97.7	112.9	101.9	95.0	100.0
辽　阳	101.9	102.2	102.5	98.1	101.5	113.1	100.7	95.9	100.0
盘　锦	101.4	102.1	104.5	95.6	99.0	113.2	106.8	92.7	100.3
铁　岭	101.0	101.0	101.6	98.4	98.6	113.7	102.7	93.6	100.0
朝　阳	101.5	100.8	102.9	94.8	96.1	115.9	100.9	96.5	105.1
葫芦岛	100.5	100.3	102.5	100.8	96.0	112.1	96.0	95.0	103.7

9-5 续表

市名称			烟酒及用品	衣着	家庭设备及服务	医疗保健个人用品	交通和通讯	娱乐教育文化用品	居住
	#干鲜瓜果	#奶及奶制品							
全　省	**114.6**	**111.3**	**100.3**	**102.2**	**100.3**	**101.6**	**100.4**	**101.1**	**101.3**
沈　阳	118.5	112.3	100.5	101.9	99.2	102.8	100.3	99.7	101.0
大　连	111.0	116.9	100.6	103.9	101.1	101.3	100.7	102.4	101.4
鞍　山	115.0	108.0	99.9	102.6	103.1	101.2	100.2	102.6	100.0
抚　顺	111.7	109.0	99.4	100.9	100.5	100.4	100.4	100.6	104.2
本　溪	112.5	105.1	100.1	100.8	99.0	101.2	99.6	100.6	101.7
丹　东	115.2	112.4	99.8	100.4	101.5	102.4	100.6	100.4	103.1
锦　州	109.9	112.0	99.9	100.0	99.4	102.5	100.3	100.0	101.9
营　口	130.5	101.3	98.5	101.3	99.2	99.4	101.7	99.9	100.0
阜　新	111.9	113.4	99.8	101.7	100.1	101.3	100.7	102.9	100.6
辽　阳	106.1	107.0	101.7	100.0	101.1	101.5	101.6	103.5	102.1
盘　锦	109.6	104.3	100.7	104.0	102.1	101.2	99.8	100.0	99.7
铁　岭	109.8	106.2	100.3	102.2	100.5	102.0	100.2	101.6	100.2
朝　阳	107.9	113.8	102.2	100.7	100.6	100.8	99.7	108.2	100.3
葫芦岛	107.7	110.1	97.3	101.8	100.3	101.9	99.7	100.6	100.2

9-6 农业生产资料价格指数

(上年=100)

项　　目	2006年	2007年	2008年	2009年	2010年	2011年	2012年	2013年	2014年
农业生产资料价格指数	**100.5**	**114.2**	**128.1**	**96.7**	**103.7**	**112.8**	**106.9**	**99.9**	**98.9**
1.农用手工工具	104.6	105.6	112.0	102.5	104.9	105.0	106.8	101.8	103.1
2.饲　　料	101.8	109.6	120.9	104.7	112.8	108.1	106.4	103.8	100.7
3.产 品 畜	76.6	196.6	157.9	71.3	99.6	135.5	104.2	91.6	97.9
4.半机械化农具	100.2	102.1	107.2	100.4	102.9	102.2	101.3	100.1	100.1
5.机械化农具	100.0	102.0	106.5	101.4	103.4	103.3	102.0	100.3	101.4
6.化 学 肥 料	100.6	100.9	134.3	94.1	95.3	116.4	108.5	98.0	96.1
7.农药及农药械	101.6	102.0	108.7	103.1	99.0	102.9	102.9	102.0	101.0
8.农 机 用 油	114.3	105.5	114.8	87.3	112.5	111.7	104.4	99.8	97.6
9.其他农业生产资料	103.4	105.4	115.1	101.9	103.6	108.2	111.6	104.2	101.8
10.农业生产服务	109.1	118.1	121.1	112.6	108.4	108.2	106.6	104.0	102.9

9-7 各地区农村消费价格分类指数

(2014年，上年=100)

项　　目	辽中	瓦房店	海城	新宾	凤城	昌图	建平	北票	绥中
总 指 数	**104.5**	**101.0**	**101.7**	**100.6**	**101.6**	**101.0**	**101.5**	**100.4**	**100.9**
一、食　　品	109.6	102.0	101.7	99.9	101.6	100.3	100.8	100.1	100.9
二、烟 酒 及 用 品	100.3	99.9	101.9	100.2	100.5	100.0	102.2	102.0	100.4
三、衣　着　类	104.7	102.1	103.5	101.0	102.5	104.7	100.7	101.2	102.6
四、家庭设备及服务	100.5	100.3	100.9	100.4	100.1	101.0	100.6	100.0	100.5
五、医疗保健及个人用品	100.0	99.8	103.0	100.4	101.6	101.7	100.8	101.4	101.9
六、交 通 和 通 讯	100.9	100.3	100.5	99.9	100.7	100.6	99.7	98.7	101.0
七、娱乐教育文化	101.5	100.3	100.8	99.7	100.4	99.6	108.2	100.9	99.0
八、居　　住	103.6	100.0	101.3	102.4	102.8	101.0	100.3	100.4	100.5

9-8 工业生产者出厂价格分类指数

(上年=100)

类　别	2005年	2006年	2008年	2009年	2010年	2011年	2012年	2013年	2014年
全部工业产品出厂价格总指数	**105.1**	**104.1**	**110.9**	**94.0**	**107.4**	**106.5**	**99.9**	**99.0**	**98.2**
一、按轻重工业分									
1.轻　工　业	101.7	100.4	106.3	98.8	102.9	104.7	101.4	100.0	99.2
以农产品为原料	100.0	100.3	108.9	98.5	103.8	105.5	102.0	100.3	99.2
以非农产品为原料	102.7	100.6	103.6	99.2	102.0	101.7	99.1	98.9	99.0
2.重　工　业	107.3	105.1	112.1	92.2	109.2	106.9	99.6	98.8	97.9
采掘工业	119.0	108.3	114.7	85.8	120.3	110.2	95.5	97.3	96.5
原料工业	107.5	107.7	114.0	91.9	115.2	111.7	101.9	99.0	97.4
加工工业	103.6	100.8	108.9	93.8	103.5	104.6	99.2	98.8	98.3
二、按两大部类分									
1.生产资料	106.5	104.7	111.3	93.2	108.2	107.0	99.7	98.8	98.0
采掘工业	119.1	108.0	115.8	87.6	119.1	110.2	95.5	97.3	96.5
原料工业	107.2	107.8	113.7	91.6	115.8	111.9	101.8	98.9	97.3
加工工业	103.7	100.9	108.1	95.0	103.2	104.7	99.3	99.0	98.4
2.生活资料	99.7	99.6	107.3	98.9	103.0	104.1	101.2	99.8	99.2
食　品	99.8	100.3	110.9	97.6	104.3	106.8	101.9	100.0	99.3
衣　着	99.6	101.7	102.6	101.8	100.8	102.3	102.1	100.7	98.6
一般日用品	100.0	100.5	103.2	97.9	101.5	102.1	99.8	99.6	99.2
耐用消费品	99.6	93.8	100.1	101.0	102.4	100.6	100.1	99.1	99.4
三、按工业部门分									
1.冶金工业	105.3	100.0	117.4	84.9	109.4	108.3	94.6	97.4	95.7
2.电力工业	103.3	102.9	101.8	102.4	102.2	100.8	103.6	100.0	99.4
3.煤炭及炼焦工业	122.8	106.7	120.1	109.0	112.8	109.6	100.1	94.9	94.5
4.石油工业	117.4	117.6	117.1	87.0	125.1	119.4	105.4	99.4	96.7
5.化学工业	109.6	100.5	108.9	94.3	108.4	106.0	98.0	98.4	98.6
6.机械工业	101.5	100.9	102.6	99.9	99.3	102.5	100.1	99.4	99.3
7.建筑材料工业	102.6	101.8	105.0	100.3	102.8	104.4	103.5	100.0	99.4
8.森林工业	101.3	101.0	102.9	99.6	104.1	104.6	103.1	99.5	100.0
9.食品工业	99.5	99.7	112.6	97.3	103.9	106.6	102.1	100.5	99.3
10.纺织工业	101.7	101.3	101.1	97.7	111.2	106.9	98.4	99.9	99.1
11.缝纫工业	100.8	101.0	101.4	101.2	100.5	102.3	102.1	100.7	98.4
12.皮革工业	95.6	102.8	107.3	104.7	103.3	99.2	101.1	100.7	101.2
13.造纸工业	102.2	99.4	107.3	98.0	103.5	103.2	100.4	98.8	98.8
14.文教艺术用品工业	99.5	98.8	100.3	98.5	102.1	99.3	100.1	96.8	98.6
15.其他工业	102.2	102.0	105.2	98.6	103.0	104.3	99.7	96.8	100.9

9-9 工业生产者购进价格分类指数

(上年=100)

类　别	2005年	2006年	2008年	2009年	2010年	2011年	2012年	2013年	2014年
全部原材料、燃料、动力购进总指数	**108.1**	**104.2**	**111.5**	**93.3**	**108.6**	**108.3**	**99.0**	**98.5**	**98.0**
1.燃料、动力类	112.5	110.2	111.7	97.1	112.4	109.6	101.1	97.0	98.1
2.黑色金属材料类	108.2	97.3	120.6	85.5	106.8	108.7	95.9	97.0	96.1
3.有色金属材料和电线类	112.8	122.1	99.1	84.3	111.1	108.9	97.4	95.0	97.1
4.化工原料类	110.4	102.4	107.1	90.6	108.1	107.3	96.5	97.8	98.9
5.木材及纸浆类	101.1	100.4	106.9	99.0	101.2	104.6	101.8	100.5	100.7
6.建筑材料类	105.5	101.1	117.1	98.5	105.3	109.4	103.3	99.8	99.5
7.其它工业原料及半成品类	103.2	101.3	108.1	97.5	104.4	103.0	99.7	100.5	97.9
8.农副产品类	103.9	103.2	115.0	95.6	110.8	114.6	99.3	100.6	98.8
9.纺织原料类	102.9	102.7	103.5	99.9	105.2	106.3	99.7	99.8	99.3

主要统计指标解释

商品零售价格指数 商品零售价格，是指工业、商业、餐饮业和其他零售企业向城乡居民、机关团体出售生活消费品和办公用品的价格。商品零售价格指数，是反映一定时期内商品零售价格变动趋势和变动程度的相对数，利用商品零售价格指数，可以全面掌握市场商品零售价格的变动状况，为国家制定经济政策提供参考依据，同时还可在此基础上编制出其他各种派生价格指数，为研究市场流通、进行国民经济核算提供科学依据。

商品零售价格指数的汇总计算公式为加权算术平均公式，权数资料来源于社会消费品销售额统计和重点调查资料。所选商品为十四个大类，必报商品为 304 种。

居民消费价格指数 居民消费价格，是指城乡居民支付生活消费品和服务项目消费的价格，是社会产品和服务项目的最终价格。居民消费价格指数，是反映一定时期内居民消费价格变动趋势和变动程度的相对数，利用居民消费价格指数，可以全面观察居民消费价格变动对居民生活的影响，为党政领导和决策部门掌握消费价格状况，研究和制定居民消费政策、价格政策、工资政策、货币政策以及进行国民经济核算提供科学依据。

居民消费价格指数还是反映通货膨胀程度的重要指标。

农产品收购价格指数 农产品收购价格，是指各种经济类型的工商企业和其他单位以及个人直接从农民个人和国有农业生产单位收购农产品的价格。农产品收购价格指数，是反映一定时期内农产品收购价格变动趋势和变动程度的相对数，利用这一指数，可以反映农产品收购价格的变动情况及其对农产品生产者、收购者货币收支的影响，为国家制定、检查农产品收购政策，研究收购价格水平，差价政策和比价政策提供科学依据。

农产品收购价格指数的计算公式为加权倒数平均公式，权数资料来源于农村住户主要农村产品出售量、农村住户出售畜禽及渔业产品情况、国家和社会其他农产品收购部门的收购金额或收购量资料、历年农产品收购金额资料等。所选商品为十一个大类，250 种商品。

农业生产资料价格指数 农业生产资料价格，是指工商企业、供销合作社和其他单位及个人向农民出售农业生产资料的价格，也是农业生产资料在流通领域中最后一个环节的价格。农业生产资料价格指数，是反映一定时期内农业生产资料价格变动趋势和变动程度的相对数。利用这一指数可以掌握农业生产资料价格的变动情况，为国家制定有关政策，保障农民利益，促进农业发展提供决策参考依据；同时，也为研究市场流通和新国民经济核算体系提供科学依据。1994 年以前，农业生产资料价格指数仅仅是商品零售价格指数的一个类别，此后，从商品零售价格指数中单列出来，独立编制。

农业生产资料价格指数的计算公式为加权算术平均公式。权数资料来源于供销合作社等部门的销售统计资料和农村住户调查资料中的农业生产资料购买数量和金额资料。所选商品为十个大类，49 种主要商品。

工业品出厂价格指数 是反映工业产品出厂价格水平变动趋势及变动程度的相对数，一般用百分数(%)表示。

原材料、燃料和动力购进价格指数 是反映工业企业作为生产投入，而从物资交易市场和能源、原材料生产企业购买原材料、燃料和动力产品时，所支付的价格水平变动趋势和程度的统计指标，是扣除工业企业物质消耗成本中的价格变动影响的重要依据。

十、人民生活

Chapter 10 People's Living Conditions

10-1 人民物质文化生活提高情况

项目	单位	2005年	2006年	2008年	2009年	2010年	2011年	2012年	2013年	2014年
就业										
每一农村劳动力负担人数	人	1.34	1.34	1.31	1.30	1.30	1.30	1.30	1.38	1.34
每一城镇就业者负担人数	人	2.03	2.01	1.97	1.95	1.95	2.03	1.99	1.84	-
收入										
农村常住居民人均可支配收入	元	3690.2	4090.4	5576.5	5958.0	6908.0	8296.5	9383.7	10522.7	11191.5
城镇常住居民人均可支配收入	元	9107.6	10369.6	14392.7	15761.4	17712.6	20466.8	23222.7	25578.2	29081.7
在岗职工平均工资	元	17331.0	19624.0	27729.0	31104.0	35057.0	38713.4	42502.9	46309.8	49110.4
消费水平										
全省居民消费水平	元	6447	6926	9690	10906	13016	15635	17999	20156	22260
农村居民	元	3175	3508	4409	5039	5955	7221	8652	10417	12178
城镇居民	元	8749	9317	13265	14786	17488	20560	23065	25161	27282
储蓄										
城乡居民年底储蓄存款余额	亿元	6950.2	7701.2	10127.3	12030.9	13690.3	15529.6	17967.4	19857.9	21396.8
平均每人储蓄存款余额	元	16591.0	18291.0	23891.4	28300.8	32183.6	36511.9	42277.2	46819.3	50451.1
住房										
农村平均每人住房面积	平方米	25.1	25.2	26.4	27.0	27.3	29.0	29.5	30.8	32.0
城市平均每人建筑面积	平方米	22.0	23.0	25.7	26.6	26.9	27.3	27.3	28.8	29.0
交通、邮电										
城市每万人拥有公共汽车	辆	8.9	9.7	10.6						
每人每年函件交寄	件	3.0	2.3	2.0	1.8	2.0	2.1	1.7	1.7	2.5
城市公用事业										
自来水普及率	%	93.8	96.7	96.9	97.2	97.4	98.4	98.5	98.8	98.7
燃气普及率	%	88.1	92.3	92.4	93.7	94.2	95.5	96.0	96.2	96.2
文化										
每百户拥有彩色电视机										
城镇	台	122.1	123.5	119.3	121.8	123.1	115.7	114.7	106.9	107.5
农村	台	102.3	106.7	109.8	110.9	111.7	112.1	112.2	109.5	109.8
教育										
学龄儿童入学率	%	99.7	99.8	99.9	99.9	99.9	99.9	99.9	99.9	99.9
每万人口有大学生	人	158.0	172.0	193.9	200.8	206.8	279.0	289.5	300.2	303.8
卫生										
每万人拥有医院病床	张	42.5	42.9	43.1	45.1	48.0	51.0	52.8	57.1	60.3
每万人拥有医生	人	21.8	22.4	21.4	21.6	22.0	23.3	23.7	24.4	24.0

注:1.表中2014年住房面积为新口径住户调查汇总指标，与2013年数据不可比。

2.2014年城镇居民和农村居民数据为实施城乡住户调查一体化改革之后发布的新口径数据，城乡居民收入均为人均可支配收入，相关指标定义与2013年及之前有所不同，数据不可比。2013年之前农村居民收入数据为农村居民人均纯收入。下同。

10-2 城乡居民家庭人均收入及恩格尔系数

年 份	城镇常住居民人均可支配收入(元)	指数(1978=100)	农村常住居民人均可支配收入(元)	指数(1978=100)	城镇居民家庭恩格尔系数(%)	农村居民家庭恩格尔系数(%)
1978	363.3	100.0	185.2	100.0		63.8
1979			235.0	126.9		60.5
1980	493.9	136.0	273.0	147.4		56.3
1981	508.1	139.9	306.6	165.6		53.8
1982	529.4	145.7	334.3	180.5		54.7
1983	548.7	151.0	452.5	244.3		53.0
1984	636.1	175.1	477.4	257.8		54.9
1985	704.3	193.9	485.7	262.3	54.7	51.6
1986	881.9	242.8	533.2	287.9	53.6	51.0
1987	992.4	273.2	599.3	323.6	53.6	50.7
1988	1204.0	331.4	699.6	377.8	50.7	48.5
1989	1417.3	390.1	740.2	399.7	54.3	49.5
1990	1551.0	426.9	836.2	419.2	55.3	54.1
1991	1705.6	469.5	896.7	484.2	55.9	52.6
1992	1936.0	532.9	995.1	537.3	54.4	51.7
1993	2299.5	633.0	1161.0	626.9	50.5	55.1
1994	3047.0	838.7	1423.5	768.6	51.5	58.0
1995	3691.4	1016.1	1756.5	948.4	51.9	60.3
1996	4207.2	1158.1	2150.0	1160.9	50.1	56.5
1997	4518.1	1243.6	2301.5	1242.7	48.1	55.4
1998	4617.2	1270.9	2579.8	1393.0	44.6	52.8
1999	4898.6	1348.4	2501.0	1350.4	43.4	50.6
2000	5357.8	1474.8	2355.6	1271.9	40.7	46.5
2001	5797.0	1595.7	2557.9	1381.2	39.7	45.6
2002	6524.6	1795.9	2751.3	1485.6	38.8	45.0
2003	7240.6	1993.0	2934.2	1584.3	39.4	43.2
2004	8007.6	2204.1	3307.1	1785.7	40.4	46.4
2005	9107.6	2506.9	3690.2	1992.6	38.8	41.6
2006	10369.6	2854.3	4090.4	2208.6	38.8	41.2
2007	12300.4	3385.7	4773.4	2577.4	37.8	39.6
2008	14392.7	3961.7	5576.5	3011.0	39.0	40.6
2009	15761.4	4338.4	5958.0	3217.1	38.0	36.7
2010	17712.6	4875.5	6908.0	3730.0	35.1	38.2
2011	20466.8	5633.6	8297.5	4480.3	35.5	39.1
2012	23222.7	6392.2	9383.7	5066.8	35.0	38.4
2013	25578.2	7040.5	10522.7	5681.8	32.2	32.9
2014	29081.7	—	11191.5	—	28.3	28.3

注：1.1978年可支配收入为推算数。
2.1978-1984年为全省城市数。

10-3 城镇居民家庭基本情况

指 标	单位	2005年	2006年	2008年	2009年	2010年	2011年	2012年	2013年	2014年
一、调查户数	**户**	**3650**	**3650**	**4300**	**4300**	**4300**	**4300**	**4300**	**3345**	**3297**
二、平均每户家庭人口	**人**	**2.85**	**2.80**	**2.75**	**2.73**	**2.71**	**2.64**	**2.67**	**2.51**	**2.52**
三、平均每户就业人口	**人**	**1.40**	**1.39**	**1.39**	**1.40**	**1.38**	**1.30**	**1.34**	**1.36**	-
四、平均每户就业面	**%**	**49.12**	**49.60**	**50.50**	**51.28**	**50.92**	**49.24**	**50.19**	**54.30**	-
五、负担系数	**人**	**2.03**	**2.01**	**1.98**	**1.95**	**1.96**	**2.03**	**1.99**	**1.84**	-
六、平均每人全部年收入	**元**	**9837.20**	**11230.03**	**15836.25**	**17757.70**	**20014.57**	**22879.77**	**25915.72**	**27904.89**	
#可支配收入	元	9107.55	10369.61	14392.69	15761.38	17712.58	20466.84	23222.67	25578.17	29081.75
(一)工资性收入	元	6103.41	6611.44	9494.59	10420.60	11712.68	13093.86	14846.05	15882.02	16239.60
1.工资及补贴收入	元	6003.75	6446.40	9283.71	10233.65	11563.68	12835.69	14589.80	15653.81	
2.其它劳动收入	元	99.66	165.04	210.88	186.95	149.01	258.18	256.25	228.21	
(二)经营净收入	元	486.03	688.16	1483.30	1553.18	1797.82	2285.41	2710.30	3009.60	3421.92
(三)财产性收入	元	95.60	146.49	248.04	239.81	249.59	333.55	493.01	674.17	2147.74
1.利息收入	元	13.12	15.41	42.94	42.01	49.71	59.60	248.98	211.48	
2.股息与红利收入	元	9.45	13.82	58.23	41.41	34.23	33.01	18.36	112.45	
3.保险收益	元	3.57	5.50	9.10	7.50	3.02	4.20	7.15	15.42	
4.其它投资收入	元	13.14	40.82	64.46	62.40	65.71	81.66	23.66	54.07	
5.出租房屋收入	元	55.29	65.78	69.11	75.05	79.84	99.24	182.01	251.79	
6.知识产权收入	元	0.09	2.64	0.02	1.78	10.73	49.37	3.96	4.65	
7.其它财产性收入	元	0.93	2.52	4.17	9.66	6.36	6.47	8.90	16.96	
(四)转移性收入	元	3152.17	3783.94	4610.32	5544.11	6254.48	7166.95	7866.35	8339.10	7272.49
1.养老金或离退休金	元	2573.62	3089.75	3865.03	4638.72	5379.14	6160.02	7017.41	6713.28	
2.社会救济收入	元	35.68	32.80	53.02	50.57	45.48	65.27	70.65	123.77	
3.辞退金	元	44.24	32.22	7.69	6.31	20.68	8.24	1.78	5.35	
4.赔偿收入	元	5.32	22.48	15.92	12.11	3.63	5.70	4.28	2.09	
5.保险收入	元	46.31	31.12	20.46	17.04	17.06	9.87	14.67	5.24	
#失业保险金	元	42.51	26.08	9.92	9.18	11.32	7.37	10.80	5.24	
6.赡养收入	元	82.20	118.99	196.29	224.46	172.73	201.86	199.88	616.60	
7.捐赠收入	元	250.35	302.51	306.19	385.53	379.87	484.48	237.13	370.01	
8.亲友搭伙费	元	13.07	13.72					61.93		
9.提取住房公积金	元	43.82	67.12	33.35	77.89	55.53	39.10	221.93	166.11	
10.记帐补贴	元	42.51	51.69	79.30	102.67	142.68	135.49	36.68	230.16	
11.其它转移性收入	元	15.05	21.53	33.06	28.81	37.68	56.92		106.48	
七、平均每人出售财物收入	**元**	**164.41**	**244.47**	**267.81**	**222.36**	**349.45**	**274.92**	**137.88**	**185.85**	
1.出售住房收入	元	161.11	231.88	257.75	217.88	306.42	242.69	117.13	179.41	
2.出售其它物品收入	元	3.29	12.59	10.06	4.47	43.03	32.23	20.75	6.44	
八、平均每人消费性支出	**元**	**7369.27**	**7987.49**	**11231.48**	**12324.58**	**13280.04**	**14789.61**	**16593.60**	**18029.65**	**20519.57**
1.食品支出	元	2860.98	3102.13	4378.14	4680.85	4658.00	5254.96	5809.39	5803.90	5816.91
2.衣着支出	元	740.83	846.91	1187.41	1338.84	1586.81	1854.63	2042.40	2100.71	1987.20
3.家庭设备用品及服务	元	304.80	362.10	507.40	607.51	785.67	929.37	1069.65	1145.57	1234.80
4.医疗保健支出	元	751.16	767.13	913.13	1018.44	1079.81	1208.30	1309.62	1343.05	1630.76
5.交通和通信支出	元	744.02	797.64	1295.70	1493.17	1773.26	1899.06	2323.29	2589.18	2434.29
6.教育和文化娱乐服务支出	元	849.53	853.92	1145.46	1283.68	1495.90	1614.52	1843.89	2258.46	2275.93
7.居住支出	元	792.75	909.42	1270.95	1293.00	1314.79	1385.62	1433.28	1936.10	4428.24
8.其它商品和服务支出	元	325.18	348.23	533.29	609.09	585.78	643.15	762.07	852.69	711.45

注：表中2014年数据为新口径住户调查汇总指标，与2013年数据不可比，下同。

10-4 城镇居民家庭平均每人可支配收入

(2014年)

指　　标	单位	合计	低收入户	中低收入户	中等收入户	中高收入户	高收入户
可支配收入	**元**	**29082**	**10950**	**19423**	**25965**	**34189**	**61905**
一、工资性收入	元	16240	6952	11923	13001	17913	35098
(一)工资	元	15017	6703	11449	12149	16384	31649
(二)实物福利	元	265	71	145	230	351	604
(三)其他	元	958	178	329	621	1179	2846
二、经营净收入	元	3422	1294	1658	1888	3473	9898
(一)第一产业经营净收入	元	218	267	201	127	273	214
1.农业	元	137	198	127	121	119	107
2.林业	元	25	38	11	-2	67	8
3.牧业	元	28	24	33	8	56	17
4.渔业	元	28	7	29		29	83
(二)第二产业经营净收入	元	527	113	140	56	454	2114
(三)第三产业经营净收入	元	2677	913	1317	1706	2746	7569
三、财产净收入	元	2148	684	1224	1716	2479	5254
(一)利息净收入	元	73	-6	26	58	58	264
(二)红利收入	元	278	13	18	14	79	1436
(三)储蓄性保险净收益	元	1	0	1		5	
(四)转让承包土地经营权租金净收入	元	33	17	3	15	133	3
(五)出租房屋财产性收入	元	152	33	98	102	203	370
(六)出租机械、专利、版权等资产的收入	元	-1	0	-2	0	0	
(七)其他财产净收入	元	-5	1	-16	-5	-1	-2
(八)房屋虚拟租金	元	1615	626	1097	1532	2003	3184
四、转移净收入	元	7272	2021	4618	9359	10324	11655
(一)转移性收入	元	9112	3246	5867	10865	12352	15155
1.养老金或离退休金	元	7879	2412	5020	9885	11003	12790
2.社会救济和补助	元	110	250	107	46	44	75
3.政策性生活补贴	元	11	11	8	10	20	10
4.报销医疗费	元	465	95	143	311	659	1287
5.家庭外出从业人员寄回带回收入	元	26	31	5	17	68	9
6.赡养收入	元	447	264	381	448	408	801
7.其他经常转移收入	元	131	118	157	118	117	148
8.从政府和组织得到的实物产品和服务折价	元	28	29	30	24	27	33
9.现金政策性惠农补贴	元	15	37	17	7	7	2
(二)转移性支出	元	1840	1225	1249	1506	2028	3500

10-5 各地区城镇常住居民人均可支配收入

单位：元

地　区	2006年	2008年	2009年	2010年	2011年	2012年	2013年	2014年
全　省	**10369.61**	**14392.69**	**15761.38**	**17712.58**	**20466.84**	**23222.67**	**25578.17**	**29081.75**
沈　阳	11651.43	17013.06	18474.61	20541.23	23326.20	26430.83	29073.91	34232.87
大　连	13350.10	17500.48	19014.37	21292.56	24276.16	27539.20	30238.04	33591.34
鞍　山	10760.94	15074.42	16530.15	18423.08	21297.11	24194.09	26661.89	27845.94
抚　顺	9304.98	12434.22	13557.01	15302.92	18068.75	20545.01	22702.24	25035.36
本　溪	9477.74	13310.59	14705.47	16774.92	19752.32	22466.46	24960.24	25972.26
丹　东	7859.65	11640.78	12827.31	14535.99	17123.38	19625.08	21744.59	22931.18
锦　州	9980.96	13962.50	15386.09	17375.10	20170.85	22994.67	25340.13	25214.23
营　口	10135.11	14352.26	15858.03	18054.61	20893.72	23986.01	26600.49	28222.30
阜　新	7598.21	10113.77	11116.52	12710.83	14993.73	17123.38	19058.32	21194.83
辽　阳	9649.12	13262.40	14567.58	16570.34	19469.21	22259.45	24618.95	24382.31
盘　锦	12205.45	17046.00	18563.20	21035.41	24265.87	27532.77	30148.38	30857.42
铁　岭	7437.05	10907.22	12054.67	13730.03	16203.39	18586.87	20575.67	19276.26
朝　阳	7440.18	10517.08	11553.65	12960.55	14957.79	17111.74	18891.36	19633.93
葫芦岛	9794.71	13941.53	15305.32	17371.22	20159.00	22941.23	25304.18	23009.93

10-6 城镇居民家庭平均每人总支出

(2014年)

指　　标	合计	低收入户	中低收入户	中等收入户	中高收入户	高收入户
家庭总支出	**29418**	**17008**	**22147**	**24930**	**31747**	**56503**
(一)消费支出	20520	10629	15374	19081	22785	38557
1.食品烟酒	5817	3332	4615	5939	6660	9417
2.衣着	1987	844	1388	1727	2077	4367
3.居住	4428	2382	3281	3990	5271	8006
4.生活用品及服务	1235	510	885	1031	1455	2571
5.交通通信	2434	1031	1772	2075	2225	5657
6.教育文化娱乐	2276	1344	1875	2052	2326	4147
7.医疗保健	1631	933	1104	1602	2163	2617
8.其他用品和服务	711	253	454	665	609	1774
(二)财产性支出	131	48	115	78	165	280
1.生活贷款利息支出	123	47	92	72	164	269
2.其他财产性支出	8	0	23	6	1	11
(三)转移性支出	1840	1225	1249	1506	2028	3500
1.个人所得税	59	1	7	13	26	282
2.社会保障支出	1367	978	962	1190	1461	2445
3.外来从业人员寄给家人的支出	11	3	2		16	38
4.赡养支出	290	201	187	203	362	547
5.其他转移性支出	112	41	92	100	163	188
(四)社会保障支出	1367	978	962	1190	1461	2445
1.个人缴纳的养老保险	986	748	701	847	1040	1729
2.个人缴纳的医疗保险	313	217	229	283	343	540
3.个人缴纳的失业保险	63	13	30	58	75	159
4.其他社会保障支出	4	1	1	2	3	18
(五)购置资产及非经常性转移支出	3106	1676	2826	2210	3326	6020
1.购置资产支出	741	303	982	97	819	1627
2.非经常性转移支出	2366	1374	1844	2113	2507	4392

10-7 各地区城市居民平均每人全年消费支出

单位：元

地 区	2005年	2006年	2008年	2009年	2010年	2011年	2012年	2013年	2014年
全 省	**7369.27**	**7987.49**	**11231.48**	**12324.58**	**13280.04**	**14789.61**	**16593.60**	**18029.65**	**20519.57**
沈 阳	7862.83	8670.32	14667.90	16110.85	16961.44	18146.92	20002.92	24633.69	22519.80
大 连	9996.41	10533.92	14101.38	15329.83	16579.70	18846.40	20417.46	23071.24	24781.60
鞍 山	7631.91	8286.84	11136.03	12065.20	13709.68	14909.06	16388.93	17456.16	16975.10
抚 顺	6747.38	6852.56	8747.72	9265.29	10006.53	12440.24	13767.50	15342.68	17352.58
本 溪	6730.90	7693.69	10166.97	11218.02	12119.39	13981.95	16064.51	17863.27	20134.07
丹 东	5909.87	6087.77	9210.15	10380.10	11322.67	12725.15	14490.39	13773.37	15219.00
锦 州	7203.15	8059.65	9904.18	10795.09	11801.50	13651.75	16967.55	14279.09	15118.29
营 口	7254.28	7910.71	10448.16	11301.20	12223.26	12994.43	16453.15	16467.43	16674.32
阜 新	5413.73	5999.48	7509.61	8384.05	9047.36	11126.98	12796.58	14914.06	15849.16
辽 阳	6527.26	7253.89	9234.49	10459.60	11070.63	12651.18	15090.31	15258.59	15908.24
盘 锦	8858.99	9155.55	12631.38	13486.39	13923.00	15213.02	18152.64	18883.27	18882.00
铁 岭	5503.11	6211.93	8404.29	9366.00	10322.56	12039.06	14385.68	11590.30	12817.00
朝 阳	5329.45	5899.66	8111.40	8634.90	9318.12	10334.12	11375.56	12008.59	12586.00
葫芦岛	6694.50	7549.15	9012.12	10051.28	10969.40	12132.26	12990.57	13344.81	14181.53

注：由于居民收支调查一体化改革，2013年消费数据为全省城镇常住居民新口径数据，与2012年以前的老口径数据不匹配。

10-8 城镇居民家庭平均每人消费支出

(2014年)

指　　标	合计	低收入户	中低收入户	中等收入户	中高收入户	高收入户
消费支出	**20520**	**10629**	**15374**	**19081**	**22785**	**38557**
一、食　　品	5817	3332	4615	5939	6660	9417
1.食品	4205	2620	3534	4480	4889	6012
2.烟酒	445	280	382	459	504	651
3.饮料	110	54	76	108	129	203
4.饮食服务	1058	377	622	892	1138	2551
二、衣　　着	1987	844	1388	1727	2077	4367
1.衣类	1514	616	1046	1307	1545	3425
2.鞋类	474	228	343	420	532	942
三、生活用品及服务	1235	510	885	1031	1455	2571
1.家具及室内装饰品	163	49	88	67	259	399
2.家用器具	269	99	185	236	340	550
3.家用纺织品	131	49	82	108	166	282
4.家庭日用杂品	378	211	281	370	419	674
5.个人用品	240	93	154	207	238	570
6.家庭服务	54	10	95	42	33	96
四、医疗保健	1631	933	1104	1602	2163	2617
1.医疗器具及药品	762	430	562	781	1065	1079
2.医疗服务	869	504	542	821	1098	1537
五、交通通信	2434	1031	1772	2075	2225	5657
交　　通	1526	513	1033	1224	1239	4064
通　　信	908	518	738	851	985	1594
六、教育文化娱乐	2276	1344	1875	2052	2326	4147
1.教育	1175	959	1221	1195	1178	1371
2.文化娱乐	1101	386	654	856	1148	2777
七、居　　住	4428	2382	3281	3990	5271	8006
1.租赁房房租	215	143	148	181	188	456
2.住房维修及管理	340	193	268	156	482	661
3.水电燃料及其他	1307	865	1111	1306	1494	1909
八、其它商品和服务	711	253	454	665	609	1774
1.其他用品	367	98	261	358	280	944
2.其他服务	345	154	192	307	329	830

10-9 城镇居民家庭平均每人消费支出构成

(2014年)

指　标	合计	低收入户	中低收入户	中等收入户	中高收入户	高收入户
消费支出	**100.0**	**100.0**	**100.0**	**100.0**	**100.0**	**100.0**
一、食　品	28.3	31.3	30.0	31.1	29.2	24.4
1.食品	20.5	24.6	23.0	23.5	21.5	15.6
2.烟酒	2.2	2.6	2.5	2.4	2.2	1.7
3.饮料	0.5	0.5	0.5	0.6	0.6	0.5
4.饮食服务	5.2	3.5	4.0	4.7	5.0	6.6
二、衣　着	9.7	7.9	9.0	9.0	9.1	11.3
1.衣类	7.4	5.8	6.8	6.8	6.8	8.9
2.鞋类	2.3	2.1	2.2	2.2	2.3	2.4
三、生活用品及服务	6.0	4.8	5.8	5.4	6.4	6.7
1.家具及室内装饰品	0.8	0.5	0.6	0.4	1.1	1.0
2.家用器具	1.3	0.9	1.2	1.2	1.5	1.4
3.家用纺织品	0.6	0.5	0.5	0.6	0.7	0.7
4.家庭日用杂品	1.8	2.0	1.8	1.9	1.8	1.7
5.个人用品	1.2	0.9	1.0	1.1	1.0	1.5
6.家庭服务	0.3	0.1	0.6	0.2	0.1	0.2
四、医疗保健	7.9	8.8	7.2	8.4	9.5	6.8
1.医疗器具及药品	3.7	4.0	3.7	4.1	4.7	2.8
2.医疗服务	4.2	4.7	3.5	4.3	4.8	4.0
五、交通通信	11.9	9.7	11.5	10.9	9.8	14.7
交　通	7.4	4.8	6.7	6.4	5.4	10.5
通　信	4.4	4.9	4.8	4.5	4.3	4.1
六、教育文化娱乐	11.1	12.6	12.2	10.8	10.2	10.8
1.教育	5.7	9.0	7.9	6.3	5.2	3.6
2.文化娱乐	5.4	3.6	4.3	4.5	5.0	7.2
七、居　住	21.6	22.4	21.3	20.9	23.1	20.8
1.租赁房房租	1.0	1.3	1.0	1.0	0.8	1.2
2.住房维修及管理	1.7	1.8	1.7	0.8	2.1	1.7
3.水电燃料及其他	6.4	8.1	7.2	6.8	6.6	5.0
八、其它商品和服务	3.5	2.4	3.0	3.5	2.7	4.6
1.其他用品	1.8	0.9	1.7	1.9	1.2	2.4
2.其他服务	1.7	1.5	1.3	1.6	1.4	2.2

10-10 城镇居民家庭平均每人食品消费情况(含自产自用)

(2014年) 单位：千克

品　名	合计	低收入户	中低收入户	中等收入户	中高收入户	高收入户
稻谷	56.53	61.59	56.66	56.75	54.60	51.70
小麦	46.94	39.42	42.95	50.04	52.53	51.98
猪肉	18.65	15.28	18.12	21.09	20.45	19.02
牛肉	2.92	1.25	2.17	3.39	3.68	4.65
羊肉	1.33	0.60	1.21	1.51	1.60	1.93
鸡	3.75	2.82	3.70	4.09	4.08	4.27
鲜蛋	11.92	9.12	11.03	12.92	14.01	13.24
鱼类	10.10	6.68	9.09	11.13	12.17	12.37
虾、贝、蟹类	5.23	2.79	4.24	4.84	6.33	8.81
鲜菜	121.88	97.31	114.33	132.03	138.80	133.23
白酒	2.87	2.24	3.20	3.58	2.79	2.62
果酒	12.53	9.08	11.51	13.59	14.25	15.20
啤酒	0.16	0.06	0.12	0.18	0.18	0.29
茶叶	0.16	0.09	0.09	0.17	0.20	0.30
鲜瓜果	65.12	42.42	58.43	68.97	74.36	88.17
糕点	4.81	2.95	4.11	4.71	5.78	7.10
鲜奶	15.48	7.84	12.96	17.49	20.28	20.96
奶粉	0.31	0.20	0.20	0.41	0.35	0.41
酸奶	3.56	0.98	2.47	3.51	4.76	6.94

10-11 城镇居民家庭平均每百户年末耐用品拥有量

(2014年)

品　名	单位	合计	低收入户	中低收入户	中等收入户	中高收入户	高收入户
1.家用汽车	辆	16.35	7.60	8.70	10.43	18.71	36.26
2.摩托车	辆	9.97	18.26	11.35	8.22	7.39	4.66
3.助力车	台	13.82	19.23	16.94	12.64	12.15	8.13
4.洗衣机	台	89.29	85.53	88.82	89.11	90.47	92.50
5.电冰箱(柜)	台	92.92	84.78	93.29	93.81	95.34	97.35
6.微波炉	台	52.59	26.48	43.90	53.84	66.22	72.47
7.彩色电视机	台	107.47	104.75	105.59	107.68	108.08	111.24
8.其中：接入有线电视	台	89.96	84.38	89.82	91.48	91.03	93.11
9.空调	台	25.31	6.64	17.52	18.42	31.26	52.68
10.热水器	台	68.10	40.77	59.70	72.18	80.06	87.75
11.其中：太阳能热水器	台	11.06	9.89	11.06	11.69	11.91	10.77
12.消毒碗柜	台	4.80	0.75	1.33	3.52	4.01	14.38
13.洗碗机	台	0.74	0.41	0.14	0.43	0.93	1.82
14.排油烟机	台	75.66	53.41	72.90	78.50	84.74	88.71
15.固定电话	线	57.24	50.99	53.51	57.28	62.07	62.31
16.移动电话	部	187.02	181.78	191.32	180.67	186.37	194.93
17.其中：接入互联网	部	64.32	57.09	61.11	64.99	60.80	77.62
18.计算机	台	60.71	41.42	56.28	56.91	66.05	82.88
19.其中：接入互联网	台	49.82	32.73	46.59	47.75	53.77	68.27
20.摄像机	台	8.40	1.92	4.03	6.33	10.71	18.99
21.照相机	台	31.54	13.44	21.71	28.96	39.49	54.06
22.中高档乐器	架	3.81	1.28	2.09	3.60	3.51	8.59
23.健身器材	台	2.99	0.94	2.49	2.35	2.85	6.32
24.组合音响	套	4.64	2.54	1.74	4.44	6.69	7.79

10-12 农民家庭基本情况

指　　标	单位	2005年	2006年	2008年	2009年	2010年	2011年	2012年	2013年	2014年
调查户数	**户**	**1890**	**1890**	**1890**	**1890**	**1890**	**2160**	**2160**	**2622.5**	**2019**
调查户人口										
1.常住人口	人	6368	6315	6168	6057	6010	6914	6813	7926	5645
2.平均每户常住人口	人	3.37	3.34	3.26	3.20	3.18	3.20	3.15	3.04	2.80
3.平均每户整、半劳动力	人	2.52	2.50	2.49	2.46	2.45	2.47	2.42	2.20	2.09
4.平均每个劳动力负担人口(含本人)	人	1.34	1.34	1.31	1.30	1.30	1.30	1.30	1.38	1.34
平均每人全年收入										
1.总收入	元	6028.30	6521.40	9346.41	9912.58	10902.52	13898.12	15274.61	17280.05	20135.55
2.可支配收入	元	3690.20	4090.40	5576.48	5958.00	6907.93	8296.54	9383.72	10522.69	11191.49
3.现金收入	元	5491.40	5783.50	8449.53	9219.59	9907.70	12855.16	14171.21	16924.77	19266.85
按人均纯收入分组的户数占调查户数比重										
200元以下	%	1.69	1.32	1.69	1.75	2.01	2.87	3.80	3.07	2.99
200—500元	%	1.06	0.85	0.63	0.69	0.63	0.69	0.42	0.40	0.21
500—800元	%	1.43	1.75	0.79	0.90	0.85	0.83	0.51	0.56	0.38
800—1000元	%	1.38	1.22	1.06	0.74	0.42	0.37	0.46	1.02	0.74
1000—1200元	%	2.38	2.17	1.38	0.79	0.85	0.32	0.37	0.56	0.41
1200—1500元	%	4.87	3.44	2.06	2.22	1.06	0.74	0.74	0.82	0.93
1500—1700元	%	4.18	3.81	1.75	1.69	1.01	0.83	0.65	0.60	0.86
1700—2000元	%	6.35	4.92	2.75	3.02	1.96	1.25	1.16	1.03	1.09
2000—2500元	%	10.21	10.42	5.50	4.92	4.18	2.31	1.71	1.45	1.15
2500—3000元	%	11.22	10.47	7.25	5.66	4.39	2.96	2.69	1.78	1.89
3000—3500元	%	8.84	9.37	6.77	6.19	4.76	3.70	2.87	3.10	1.86
3500—4000元	%	9.26	7.46	6.19	6.14	4.81	3.52	2.92	2.40	2.94
4000—4500元	%	8.31	7.04	5.50	6.19	5.93	3.98	3.43	2.50	2.93
4500—5000元	%	5.03	6.30	7.09	7.09	5.45	4.35	3.38	3.47	3.14
5000元以上	%	23.81	29.46	49.58	52.01	61.69	71.25	74.91	77.26	78.50
平均每人全年支出	**元**	**5566.30**	**5959.40**	**8289.70**	**9147.74**	**9604.74**	**12241.38**	**13326.99**	**16054.71**	**20783.33**
家庭经营费用支出	元	2061.20	2126.60	3386.63	3551.88	3618.78	4833.96	5175.80	6266.44	7840.57
购置生产性固定资产支出	元	238.50	146.90	240.50	316.35	403.47	609.30	571.16	448.26	865.93
税费支出	元	6.30	5.10	4.60	9.72	1.76	9.41	9.64	0.53	-
生活消费支出	元	2699.70	3066.90	3814.03	4255.61	4489.50	5406.41	5998.39	7158.96	7800.75
财产性支出	元	37.10	47.80	31.36	61.36	79.80	0.73	22.75	4.27	10.91
转移性支出	元	521.80	565.10	808.18	949.15	1003.41	1371.32	1537.96	2172.19	499.98

10-13 农民家庭人均总收入与常住居民人均可支配收入

单位：元

指标	2006年	2007年	2008年	2009年	2010年	2011年	2012年	2013年	2014年
一、人均总收入	**6521.4**	**7680.4**	**9346.4**	**9912.6**	**10902.5**	**13898.1**	**15274.6**	**17280.1**	**20135.6**
(一)工资性收入	1499.5	1719.7	2035.5	2239.8	2650.0	3179.7	3630.2	4209.4	4362.3
在非企业组织中得到收入	376.2	398.5	452.6	518.9	543.4	277.3	297.6		
在本乡地域内劳动得到收入	720.8	831.3	977.3	1038.0	1195.1	1694.0	2001.4		
外出从业得到收入	402.5	489.9	605.6	682.8	911.5	1208.4	1331.3		
(二)家庭经营收入	4515.5	5394.8	6529.3	6830.1	7383.6	9632.2	10497.2	11873.8	13681.3
(三)财产性收入	141.8	179.4	201.3	205.5	234.2	244.6	246.2	283.2	249.9
(四)转移性收入	364.7	386.5	580.3	637.2	634.8	841.6	901.0	913.7	1842.1
二、人均可支配收入	**4090.4**	**4773.4**	**5576.5**	**5958.0**	**6907.9**	**8296.5**	**9383.7**	**10522.7**	**11191.5**
(一)工资性收入	1499.5	1719.7	2035.5	2239.8	2650.0	3179.7	3630.2	4209.4	4362.3
在非企业组织中得到收入	376.2	398.5	452.6	518.9	543.4	277.3	297.6		
在本乡地域内劳动得到收入	720.8	831.3	977.3	1038.0	1195.1	1694.0	2001.4		
外出从业得到收入	402.5	489.9	605.6	682.8	911.5	1208.4	1331.3		
(二)家庭经营净收入	2210.8	2592.2	2931.3	3017.3	3486.1	4271.0	4783.4	5160.2	5252.4
1.农业	1432.9	1603.4	1802.5	1823.0	2188.9	2708.0	3219.4	3407.7	3025.4
2.林业	18.0	22.1	11.1	16.9	18.2	23.8	32.1	67.3	154.7
3.牧业	431.6	587.9	652.3	629.8	665.0	825.7	710.7	758.5	795.4
4.渔业	3.1	33.1	44.7	46.7	52.2	15.1	20.3	59.9	88.8
5.工业	44.0	55.6	61.7	68.9	77.6	109.2	133.6	177.1	
6.建筑业	13.3	23.7	46.9	55.8	48.8	65.7	83.0	56.0	
7.交通运输、邮电业	82.0	62.6	69.1	77.4	91.7	124.2	148.0	380.0	
8.批零贸易、餐饮业	116.1	130.2	148.1	189.7	223.1	295.0	323.0	183.2	
9.社会服务业	29.8	32.5	37.2	46.4	53.2	61.6	67.0	42.6	
10.文教卫生业	23.2	17.0	22.3	20.9	24.0	31.7	37.1		
11.其他家庭经营	16.9	24.3	35.4	42.0	43.5	10.9	9.0	27.9	
(三)财产性净收入	141.8	179.4	201.3	205.5	234.2	244.6	246.2	283.2	234.7
(四)转移性净收入	238.3	282.1	408.4	495.4	537.7	601.2	724.0	870.0	1342.1

10-13 续表 单位：元

指　标	构成(%)								
	2006年	2007年	2008年	2009年	2010年	2011年	2012年	2013年	2014年
一、人均总收入	**100.0**	**100.0**	**100.0**	**100.0**	**100.0**	**100.0**	**100.0**	**100.0**	**100.0**
(一)工资性收入	23.0	22.4	21.8	22.6	24.4	22.9	23.8	24.4	21.7
在非企业组织中得到收入	5.8	5.2	4.8	5.2	5.0	2.0	1.9		
在本乡地域内劳动得到收入	11.0	10.8	10.5	10.5	11.0	12.2	13.1		
外出从业得到收入	6.2	6.4	6.5	6.9	8.4	8.7	8.7		
(二)家庭经营收入	69.2	70.2	69.9	68.9	67.7	69.3	68.7	68.7	67.9
(三)财产性收入	2.2	2.3	2.2	2.1	2.1	1.8	1.6	1.6	1.2
(四)转移性收入	5.6	5.0	6.2	6.4	5.8	6.0	5.9	5.3	9.1
二、人均可支配收入	**100.0**	**100.0**	**100.0**	**100.0**	**100.0**	**100.0**	**100.0**	**100.0**	**100.0**
(一)工资性收入	36.7	36.0	36.5	37.6	38.4	38.3	38.7	40.0	39.0
在非企业组织中得到收入	9.2	8.3	8.1	8.7	7.9	3.3	3.2		
在本乡地域内劳动得到收入	17.6	17.4	17.5	17.4	17.3	20.4	21.3		
外出从业得到收入	9.9	10.3	10.9	11.5	13.2	14.6	14.2		
(二)家庭经营净收入	54.0	54.3	52.6	50.6	50.5	51.5	51.0	49.0	46.9
1.农业	35.0	33.6	32.3	30.6	31.7	32.6	34.3	32.4	27.0
2.林业	0.4	.5	0.2	.3	0.3	.3	0.3	.6	1.4
3.牧业	10.6	12.3	11.7	10.6	9.6	10.0	7.6	7.2	7.1
4.渔业	0.1	.7	0.8	.8	0.8	.2	0.2	.6	0.8
5.工业	1.1	1.2	1.1	1.2	1.1	1.3	1.4	1.7	
6.建筑业	0.3	.5	0.8	.9	0.7	.8	0.9	.5	
7.交通运输、邮电业	2.0	1.3	1.2	1.3	1.3	1.5	1.6	3.6	
8.批零贸易、餐饮业	2.8	2.7	2.7	3.2	3.2	3.6	3.4	1.7	
9.社会服务业	0.7	.7	0.7	.8	0.8	.7	0.7	.4	
10.文教卫生业	0.6	.4	0.4	.4	0.4	.4	0.4		
11.其他家庭经营	0.4	.5	0.6	.7	0.6	.1	0.1	.3	
(三)财产性净收入	3.5	3.8	3.6	3.4	3.3	3.0	2.6	2.7	2.1
(四)转移性净收入	5.8	5.9	7.3	8.3	7.8	7.2	7.7	8.3	12.0

10-14 各地区农村常住居民人均可支配收入

单位：元

地 区	2005年	2006年	2008年	2009年	2010年	2011年	2012年	2013年	2014年
全 省	**3690**	**4090**	**5576**	**5958**	**6908**	**8297**	**9384**	**10523**	**11191**
沈 阳	5050	5712	8029	8753	10022	11575	13045	14467	12521
大 连	5903	6984	9818	10725	12317	14213	15990	17717	13547
鞍 山	4750	5282	7291	8094	9250	11146	12617	14207	12093
抚 顺	3743	4160	5560	6146	7203	8780	10062	11310	10971
本 溪	4022	4455	6164	6750	7845	9524	10800	12204	11726
丹 东	4178	4650	6630	7295	8340	10033	11428	12822	11528
锦 州	3730	4165	6089	6627	7756	9447	10788	12137	11723
营 口	4503	5001	6944	7687	8863	10662	12080	13675	12609
阜 新	3090	2852	5030	5382	6372	7615	8772	9939	10566
辽 阳	4133	4600	6423	7076	8095	9844	11183	12379	11156
盘 锦	5067	5711	7701	8479	9750	11437	12935	14462	12723
铁 岭	3756	4222	6050	6585	7739	9271	10569	11869	10888
朝 阳	3002	3365	4900	5170	6142	7536	8689	9949	9754
葫芦岛	3428	3650	5152	5595	6597	7901	8983	9927	9556

10-15 农民家庭人均总支出

单位：元

指 标	2006年	2007年	2008年	2009年	2010年	2011年	2012年	2013年	2014年
总 支 出	**5959.4**	**6922.2**	**8289.7**	**9147.7**	**9604.7**	**12241.4**	**13327.0**	**16054.7**	**20783.3**
(一)家庭经营费用支出	2126.6	2609.2	3386.6	3551.9	3618.8	4834.0	5175.8	6266.4	7840.6
(二)购置生产性固定资产支出	146.9	212.3	240.5	316.4	403.5	609.3	571.2	448.3	865.9
(三)税费支出	5.1	6.2	4.6	9.7	1.8	9.4	9.6	0.5	
(四)生 活 消 费 支 出	3066.9	3368.2	3814.0	4255.6	4489.5	5406.4	5998.4	7159.0	7800.7
1.食 品	1162.5	1334.2	1549.0	1563.3	1714.2	2116.3	2300.0	2518.9	2210.9
2.衣 着	243.0	281.2	298.8	335.9	369.2	446.1	517.9	584.2	531.7
3.居 住	509.7	513.1	601.7	795.5	745.0	860.2	979.8	1279.3	1491.7
4.家庭设备、用品及服务	112.2	142.1	158.9	185.5	185.2	225.4	250.5	299.4	331.7
5.医 疗 保 健	267.9	265.0	283.4	409.6	413.8	482.9	548.8	789.5	1026.4
6.交 通 和 通 讯	337.1	361.8	426.5	416.4	449.0	577.7	668.7	850.3	1049.7
7.文教娱乐用品及服务	354.6	362.8	388.0	437.8	500.3	550.0	556.6	632.9	1014.5
8.其他商品和服务	79.9	108.1	107.8	111.5	112.9	147.8	176.2	204.4	144.2
(五)财产性支出	47.8	38.2	31.4	61.4	79.8	0.7	22.8	4.3	10.9
(六)转移性支出	565.1	673.5	808.2	949.2	1003.4	1371.3	1538.0	2172.2	500.0

10-15 续表

单位：元

指 标	构成(%)								
	2006年	2007年	2008年	2009年	2010年	2011年	2012年	2013年	2014年
总 支 出	**100**	**100**	**100**	**100**	**100**	**100**	**100.0**	**100.0**	**100.0**
(一)家庭经营费用支出	35.7	37.7	40.9	38.8	37.7	39.5	38.8	39.0	37.7
(二)购置生产性固定资产支出	2.5	3.1	2.9	3.5	4.2	5.0	4.3	2.8	4.2
(三)税费支出	0.1	0.1	0.1	0.1		0.1	0.1	0.0	
(四)生 活 消 费 支 出	51.5	48.7	46.0	46.5	46.7	44.2	45.0	44.6	37.5
1.食 品	19.5	19.3	18.7	17.1	17.8	17.3	17.3	15.7	10.6
2.衣 着	4.1	4.1	3.6	3.7	3.8	3.7	3.9	3.6	2.6
3.居 住	8.6	7.4	7.3	8.7	7.8	7.0	7.4	8.0	7.2
4.家庭设备、用品及服务	1.9	2.1	1.9	2.0	1.9	1.8	1.9	1.9	1.6
5.医 疗 保 健	4.5	3.8	3.4	4.5	4.3	4.0	4.1	4.9	4.9
6.交 通 和 通 讯	5.7	5.2	5.1	4.6	4.7	4.7	5.0	5.3	5.1
7.文教娱乐用品及服务	6.0	5.2	4.7	4.8	5.2	4.5	4.2	3.9	4.9
8.其他商品和服务	1.3	1.6	1.3	1.2	1.2	1.2	1.3	1.3	0.7
(五)财产性支出	0.8	0.6	0.4	0.7	0.8	0.0	0.2	0.0	0.1
(六)转移性支出	9.5	9.7	9.7	10.4	10.4	11.2	11.5	13.5	2.4

10-16 农村居民人均食品消费情况

单位：公斤

指　标	2006年	2007年	2008年	2009年	2010年	2011年	2012年	2013年	2014年
一、谷物和薯类	189.12	186.71	192.83	176.14	171.47	169.71	158.50	130.67	138.23
#小　麦	36.35	35.89	34.24	35.92	36.94	38.30	36.13	31.73	41.21
稻　谷	93.69	97.05	98.46	92.44	92.58	103.61	98.36	78.98	80.86
玉　米	39.69	36.51	42.45	31.30	26.72	15.79	16.15	11.65	8.74
薯　类	2.06	2.26	3.06	2.19	1.74	1.03	0.70	2.39	2.29
二、豆类及豆制品	8.32	8.24	9.04	7.66	11.07	6.97	6.20	11.47	6.98
大　豆	3.91	3.60	4.04	3.22	6.21	2.70	1.93	1.81	1.82
三、蔬菜及菜制品	171.78	168.25	162.79	167.92	150.33	111.75	103.09	95.43	101.95
四、油 脂 类	6.86	7.49	7.87	7.57	7.58	9.03	9.27	9.65	9.97
植 物 油	5.88	6.87	7.11	6.89	7.00	8.64	8.78	9.30	9.58
动 物 油	0.98	0.62	0.76	0.68	0.58	0.39	0.50	0.35	0.40
五、肉禽及其制品	22.54	20.14	21.22	22.61	20.46	18.63	19.58	20.72	21.28
#猪　肉	18.46	15.22	15.86	17.80	15.77	14.22	15.17	15.60	16.88
牛　肉	0.40	0.49	0.49	0.38	0.40	0.49	0.46	0.51	0.37
羊　肉	0.35	0.31	0.30	0.34	0.26	0.23	0.25	0.22	0.23
家　禽	1.77	2.58	2.68	2.36	2.01	1.50	1.48	2.27	2.10
肉禽制品	1.57	1.55	1.88	1.74	2.01	2.19	2.22	2.11	-
六、蛋类及蛋制品	9.35	8.87	10.96	10.23	8.72	8.31	8.48	7.30	7.21
七、奶及奶制品	3.08	3.11	3.05	3.19	2.82	3.68	3.54	4.68	4.36
八、水 产 品	6.18	5.80	5.50	5.20	4.85	5.19	5.21	6.20	5.40
鱼　类	3.80	4.24	4.08	3.82	3.52	3.91	3.81	4.31	3.85
虾、贝、蟹类	1.90	1.02	0.94	0.94	0.86	0.81	0.89	1.22	0.93
藻　类	0.18	0.17	0.15	0.16	0.16	0.15	0.18	0.18	0.17
其　他	0.30	0.36	0.32	0.27	0.30	0.32	0.33	0.49	0.44
九、食　糖	0.79	0.70	0.81	0.77	0.87	0.61	0.68	0.76	0.81
十、酒	13.60	14.21	13.29	13.96	12.78	15.14	15.35	14.61	15.50
#白　酒	4.18	4.32	3.93	3.83	3.57	4.24	4.03	4.15	4.32
啤　酒	9.30	9.79	9.28	10.07	9.15	10.83	11.24	10.42	11.15
果　酒	0.08	0.06	0.06	0.05	0.04	0.04	0.03	0.03	0.03
十一、糖　果									0.24
十二、水果及水果制品	19.20	23.10	23.27	24.46	21.58	20.96	25.88	13.87	28.77
十三、坚果及果仁制品	0.59	0.64	0.56	0.58	0.54	0.64	0.88	1.25	1.28

10-17 农民家庭平均每百户年末耐用消费品拥有量

品　名	单位	2005年	2006年	2007年	2008年	2009年	2010年	2011年	2012年	2013年	2014年
洗衣机	台	63.71	68.04	67.72	72.28	74.23	76.24	79.03	80.74	76.46	76.53
电冰箱	台	28.04	32.22	38.84	44.44	53.97	58.73	77.87	81.99	77.12	79.94
空调机	台	0.79	0.53	0.58	0.79	1.01	1.01	2.27	2.22	1.75	1.74
抽油烟机	台	7.35	7.62	7.83	8.36	9.79	10.74	10.14	11.25	12.10	9.61
吸尘器	台	1.48	1.64	1.11	1.27	1.38	1.59	0.97	0.97		
微波炉	台	2.70	4.34	5.45	5.98	6.77	7.25	7.13	7.78	8.39	7.08
热水器	台	5.19	6.08	5.61	7.35	8.73	10.26	14.12	15.88	13.74	12.02
自行车	辆	104.29	105.66	103.12	102.54	103.12	101.61	79.68	81.81	23.34	
摩托车	辆	45.40	50.05	54.60	56.46	57.83	59.21	63.19	64.03	53.48	60.00
汽车(生活用)	台	0.26	0.37	0.48	1.11	1.11	1.43	3.01	3.94	8.00	8.90
电话机	部	87.25	90.98	92.41	91.11	92.35	92.51	80.79	80.69	64.63	71.54
移动电话	部	53.49	66.61	77.94	91.06	107.35	117.72	150.60	158.06	161.83	174.69
彩色电视机	台	102.28	106.67	106.03	109.79	110.90	111.69	112.08	112.18	109.47	109.81
黑白电视机	台	9.05	5.29	4.50	2.65	2.28	2.01	0.42	0.28		
摄像机	台	0.58	0.74	0.74	1.11	1.27	1.22	0.97	1.44	0.69	0.49
影碟机	台	43.54	45.71	41.53	41.96	42.28	41.22	29.17	29.58		
照相机	架	6.14	6.30	6.72	7.09	7.30	7.30	5.65	5.97	4.85	3.80
家用计算机	台	2.59	3.17	2.43	4.02	5.93	9.95	16.67	20.23	20.14	22.07
中高档乐器	件	0.69	0.53	0.69	0.48	0.74	0.74	0.09	0.14	0.16	0.37

主要统计指标解释

城镇居民家庭就业人口 指城镇居民从事社会劳动并取得劳动报酬或经营收入的人口。就业人口包括通过国家统筹规划和指导由劳动部门介绍就业，自愿组织起来就业和自谋职业等方式，在国有制、集体所有制、中外合资、中外合作、外资在华独资的企事业单位和私营企业单位工作或从事个体劳动的有固定性职业或临时性职业的人口。被聘用和留用的离退休人员也计入就业人口。本指标可以反映城镇居民的就业情况，是计算就业面、负担系数的重要资料。

城镇居民家庭总收入 指调查户中生活在一起的所有家庭成员在调查期得到的工薪收入、经营净收入、财产性收入、转移性收入的总和，不包括出售财物和借贷收入。

城镇居民可支配收入 指调查户可用于最终消费支出和其它非义务性支出以及储蓄的总和，即居民家庭可以用来自由支配的收入。它是家庭总收入扣除交纳的所得税、个人交纳的社会保障费以及调查户的记账补贴后的收入。

城镇居民工薪收入 指就业人员通过各种途径得到的全部劳动报酬，包括所从事的主要职业的工资以及从事第二职业、其他兼职和零星劳动得到的其它劳动收入。

城镇居家家庭总支出 指家庭除借贷支出外的全部实际支出。包括消费性支出、购房建房支出、转移性支出、财产性支出、社会保障支出。

城镇居民消费支出 指调查户用于本家庭日常生活的全部支出，包括食品、衣着、家庭设备用品及服务、医疗保健、交通和通讯、娱乐教育文化服务、居住、杂项商品和服务八大类等。不包括用于赠送的商品或服务。消费支出按商品(服务)的用途分类。

城镇居民服务性消费支出 指调查户用于本家庭支付社会提供的各种文化和生活方面的非商品性服务费用。不包括为别人付款的服务。服务消费与商品消费不同，其特点在于其劳动过程和消费过程在时间与空间上的统一。

农村居民家庭纯收入 指农村常住居民家庭总收入中，扣除从事生产和非生产经营费用支出、缴纳税款和上交承包集体任务金额以后剩余的，可直接用于进行生产性、非生产性建设投资、生活消费和积蓄的那一部分收入。它是反映农民家庭实际收入水平的综合性的主要指标。农民家庭纯收入，既包括从事生产性和非生产性的经营收入，又包括取自在外人口寄回带回和国家财政救济、各种补贴等非经营性收入，既包括货币收入，又包括自产自用的实物收入。但不包括向银行、信用社和向亲友借款等属于借贷性的收入。

农村居民家庭整半劳动力 指农村常住居民家庭成员中有劳动能力并经常参加实际劳动的人员。是生产的基本要素指标之一，是发展生产增加农民家庭收入的重要源泉。按规定，农村男 18 周岁至 50 周岁、女 18 周岁至 45 周岁为整劳动力；男 16 周岁至 17 周岁、51 周岁至 60 周岁、女 16 周岁至 17 周岁、46 周岁至 55 周岁为半劳动力。农民家庭整半劳动力，既包括在上述规定劳动年龄内和在劳动年龄以外有劳动能力并经常参加实际劳动的男女整半劳动力；也包括农民家庭常住人员中属于职工的劳动力。但不包括在劳动年龄内已丧失劳动能力的人员。

农村居民家庭生活消费支出 指农村常住居民家庭年内用于日常生产的全部开支。它是用来反映和研究农民家庭实际生活消费水平高低的重要指标。农民家庭生活消费支出，包括用于吃、穿、住、烧、用等生活消费品开支和文化、生活服务费用开支两大部分。

农村居民家庭商品性生活消费支出 指农村常住居民家庭用其货币收入，在市场上购买食品、衣着、家庭用家具器皿、日用杂品、燃料、耐用消费品，以及文教卫生用品等生活消费总量。包括向国有商店、集体商店和集市贸易市场以及其他流通渠道购买的全部生活消费品。农民家庭商品性生活消费支出，是农民家庭生活消费支出的一个重要组成部分，是用来反映和分析农民家庭生活消费水平的商品化程度，及其由自给性经济向商品经济发展趋势的重要指标，也是研究和预测农民家庭对市场消费品需求，制定商品供应计划的重要依据。

城乡储蓄存款余额 城乡储蓄存款，包括城镇居民储蓄存款和农民个人储蓄存款两部分。不包括居民的手存现金和工矿企业、部队、机关团体等集团存款。储蓄存款余额，是指城乡居民存入银行及农村信用社储蓄的时点数(存入数扣除取出数的余额)，如月末、季末或年末数额。

十一、城市概况

Chapter 11 General Survey of Cities

11-1 城市公用事业基本情况

指 标	单位	2005年	2006年	2008年	2009年	2010年	2011年	2012年	2013年	2014年
自来水全年供水总量	亿吨	28.3	28.1	18.4	28.9	26.2	26.6	27.5	27.9	27.3
#生 活 用 水 量	亿吨	10.4	9.3	7.1	9.2	9.1	9.9	10.4	10.8	10.7
人均日生活用水量	升	147.3	134.1	125.8	124.2	121.0	126.0	128.1	128.7	131.8
用 水 普 及 率	%	93.8	96.7	96.9	97.2	97.4	98.4	98.5	98.8	98.7
公共车辆(汽、电车)数	辆	17548	17907	19490	19457	20146	21025			
道 路 长 度	公里	10556	11096	12111	12866	14238	14468	15513	16244	16692
道 路 面 积	万平米	16337	17623	20546	21857	23658	24727	26200	28091	28997
排水管道长度	公里	10519	10860	12192	13350	14070	14906	15945	16420	16783
公用煤气、液化气										
人工煤气全年供气总量	亿立米	6.4	5.4	6.2	5.4	5.5	5.7	6.0	5.9	6.4
##家庭用量	亿立米	4.3	3.6	3.7	3.7	3.8	3.8	4.0	4.0	4.1
煤气管道长度	公里	4897	4702	5033	5081	5476	5580	5465	5567	5835
天然气全年供气总量	亿立米	3.7	5.3	5.6	6.0	6.6	7.7	8.6	9.8	12.7
液化气家庭用量	亿立米	25.1	28.1	24.3	24.1	23.6	23.8	25.0	23.1	22.5
燃气普及率	%	88.1	92.3	92.4	93.7	94.2	95.5	96.0	96.2	96.2
城 市 绿 化										
园林绿地面积	公顷	74583	63535	78841	84145	92751	95968	118297	120514	121982
公园个数	个	259	260	283	294	316	322	338	347	374
公园面积	公顷	8300	9814	9959	10263	11005	11693	12222	12877	13829
清 洁 卫 生										
生活垃圾清运量	万吨	769.0	756.0	796.7	813.3	837.3	876.0	929.9	927.1	917.1
粪便清运量	万吨	148.0	132.0	176.3	129.2	124.3	118.5	113.4	98.1	90.4

注：人均指标按全部城镇人口计算，2000年以前是按城镇人口中的非农人口计算。

11-2 各地区城市设施水平

年份、城市	城市用水普及率(%)	城市燃气普及率(%)	人均城市道路面积(平方米)	人均公园绿地面积(平方米)
2000	98.20	89.30	6.47	5.72
2001	86.92	76.79	6.91	5.01
2002	87.08	81.96	7.08	5.68
2003	87.88	85.55	7.35	6.25
2004	92.99	87.16	7.67	7.12
2005	93.83	88.11	7.95	7.49
2006	96.74	92.34	8.93	8.32
2007	96.94	91.99	9.61	9.03
2008	96.90	92.40	10.00	9.40
2009	97.23	93.74	10.41	9.76
2010	97.44	94.19	11.19	10.21
2011	98.36	95.46	11.27	10.56
2012	98.45	96.02	11.55	10.89
2013	98.77	96.15	12.09	11.06
2014	98.72	96.19	12.75	11.61
沈　阳	100.00	100.00	16.29	14.10
大　连	100.00	99.63	13.47	11.18
鞍　山	100.00	100.00	9.17	11.68
抚　顺	98.62	98.39	10.51	10.41
本　溪	97.89	96.51	10.78	10.32
丹　东	100.00	100.00	16.31	11.21
锦　州	100.00	99.18	11.58	12.75
营　口	97.44	96.71	7.17	10.18
阜　新	98.77	76.67	6.60	12.39
辽　阳	100.00	98.36	16.76	10.58
盘　锦	100.00	100.00	13.33	12.76
铁　岭	97.72	97.52	14.02	11.95
朝　阳	99.78	87.27	6.64	9.24
葫芦岛	100.00	97.87	11.54	14.92

11-3 各地区城市建设情况

年份、城市	建成区面积(平方公里)	征用土地面积(平方公里)	城市人口密度(人/平方公里)
2000	1558.6	22.6	1174
2001	1612.4	11.2	1236
2002	1660.4	21.2	1246
2003	1694.6	36.6	1244
2004	1737.3	38.7	1256
2005	1779.9	71.9	1243
2006	1859.6	77.2	2163
2007	1917.6	72.0	1945
2008	1955.5	226.7	1916
2009	2030.7	83.8	1922
2010	2220.5	128.2	1814
2011	2276.5	185.7	1712
2012	2329.1	194.8	1624
2013	2386.5	105.4	1663
2014	2422.0	70.0	1615
沈　阳	465.0	27.3	1593
大　连	395.5	4.1	2797
鞍　山	169.6	13.6	2581
抚　顺	136.2	1.8	2114
本　溪	109.0	8.6	626
丹　东	53.4	3.8	2861
锦　州	77.1	1.1	2209
营　口	109.6		5459
阜　新	76.5		1747
辽　阳	104.4	2.4	1098
盘　锦	73.0		2658
铁　岭	57.0	0.5	2216
朝　阳	50.0		1113
葫芦岛	85.2		874

11-4 各地区城市市政设施情况

年份、城市	年末实有道路长度(公里)	年末实有道路面积(万平方米)	城市桥梁(座)	城市排水管道长度(公里)	城市污水日处理能力(万立方米)	道路照明灯(千盏)
2000	9249	10152	1253	8354	110.7	298
2001	9462	13793	1260	8394	122.9	372
2002	9875	14270	1247	8880	200.4	482
2003	10204	14885	1326	9120	249.0	635
2004	10407	15635	1300	9308	306.1	664
2005	10556	16337	1232	10519	347.1	786
2006	11096	17623	1314	10860	365.6	804
2007	11530	19452	1395	11655	385.6	947
2008	12111	20546	1406	12192	416.8	1270
2009	12866	21857	1462	13350	444.8	1337
2010	14238	23658	1514	14070	503.1	1380
2011	14468	24727	1549	14906	547.2	1446
2012	15513	26200	1612	15945	606.0	1487
2013	16244	28091	1682	16420	748.2	1558
2014	16692	28997	1663	16783	767.7	1562
沈　阳	3806	8413	352	4109	218.6	246
大　连	3053	4410	220	2679	109.0	276
鞍　山	640	1478	44	930	65.5	63
抚　顺	864	1396	90	933	56.0	28
本　溪	734	1024	183	362	65.0	29
丹　东	499	1055	123	785	10.0	28
锦　州	561	1116	46	535	34.0	27
营　口	547	720	36	553	20.0	316
阜　新	352	517	37	286	10.0	17
辽　阳	1070	1341	120	885	39.6	85
盘　锦	475	942	61	638	20.0	93
铁　岭	285	633	27	391	15.0	49
朝　阳	272	421	13	659	16.0	21
葫芦岛	419	580	47	691	17.8	19

11-5 各地区城市供水情况

年份、城市	年末供水综合生产能力(万立方米/日)	年末供水管道长度(公里)	全年供水总量(万立方米)			用水人口(万人)	人均日生活用水量(升)
				#生活用水	#生产用水		
2000	1393	20627	308500	103812	163667	1751	162.4
2001	1351	21708	297247	101406	164091	1734	160.2
2002	1338	21602	279644	95501	136908	1755	149.1
2003	1347	21999	280510	94322	131973	1780	145.2
2004	1357	23636	281080	101877	126676	1896	147.2
2005	1339	23211	282618	103683	130232	1929	147.3
2006	889	22093	193825	73794	45301	1736	134.1
2007	1333	25422	283174	91560	121342	1963	127.9
2008	1384	26850	294792	91717	121806	2001	125.8
2009	1386	27735	288732	92470	120376	2042	124.2
2010	1391	29123	261879	90763	92543	2060	121.0
2011	1355	31487	266033	99151	87156	2158	126.0
2012	1339	32062	274953	104179	97403	2233	128.1
2013	1320	33118	278710	107547	98206	2295	128.7
2014	1338	36706	272641	107482	93146	2246	131.8
沈 阳	203	6438	57169	32679	8565	517	173.3
大 连	163	5375	39210	16724	8795	327	140.0
鞍 山	170	2908	30470	9075	16467	161	154.3
抚 顺	129	2309	21213	3754	9840	131	78.5
本 溪	118	1092	25702	3722	19525	93	109.6
丹 东	48	1178	6179	2769	1867	65	117.3
锦 州	83	1525	14518	4298	6823	96	122.3
营 口	56	2207	7160	3181	1275	98	89.2
阜 新	35	2012	7503	3749	2554	77	132.9
辽 阳	66	1326	11218	4656	4223	80	159.5
盘 锦	31	1033	7022	2866	2597	71	111.1
铁 岭	22	916	3837	2095	147	44	130.2
朝 阳	25	583	4917	1709	1151	63	74.0
葫芦岛	41	1133	5367	2046	2325	50	111.5

11-6 各地区城市燃气情况

年份、城市	人工煤气生产能力(万立米/日)	管道长度(公里)			全年供气总量			用气人口(万人)		
		人工煤气	液化石油气	天然气	人工煤气(万立米)	液化石油气(吨)	天然气(万立米)	人工煤气	液化石油气	天然气
2000	163.1	4470	195	2950	81957	379194	24923	422.1	568.8	409.9
2001	201.5	4595	217	3169	58642	387530	30764	458.5	645.8	427.6
2002	218.7	4718	254	3355	61430	377990	30701	511.6	698.5	441.5
2003	230.5	4871	290	4286	69121	432358	30338	541.6	734.4	456.5
2004	214.4	4535	198	5214	61112	456355	37698	474.7	726.8	575.9
2005	190.8	4897	437	4979	63614	402659	36817	531.5	713.1	566.6
2006	168.9	4702	478	5610	54347	487296	53495	474.1	718.5	629.5
2007	273.9	4828	550	5940	55785	456504	54085	486.6	718.7	657.3
2008	293.9	5033	589	6364	61958	396282	57736	503.3	693.7	710.5
2009	293.9	5081	626	6941	54441	398309	60035	523.7	693.6	751.1
2010	321.2	5476	644	7405	55177	395058	66173	542.4	652.1	797.0
2011	313.2	5580	656	9059	56625	504938	76601	573.6	665.9	852.4
2012	254.6	5465	690	10160	59736	516426	85701	556.7	665.7	955.9
2013	335.6	5567	670	12426	59264	495244	97745	573.6	639.4	1021.2
2014	338.0	5835	679	13468	63604	492406	126814	591.3	601.1	995.7
沈 阳				5737		134200	51160		56.0	460.6
大 连	140.0	2147	421		25903	158112		228.1	98.0	
鞍 山	26.0	1737		76	19210	5100	287	149.2	9.0	3.0
抚 顺				797		38696	18700		56.0	74.7
本 溪	21.0	544		246	4682	6415	2310	64.2	15.0	12.5
丹 东	61.0	508		278	4229	14015	747	57.9	3.0	3.8
锦 州	60.0	887	14	169	9476	122	898	90.2	1.0	4.3
营 口			20	608		6005	1913		25.0	72.0
阜 新				352		5220	4310		17.0	43.0
辽 阳			3	692		11372	7328		40.0	38.7
盘 锦			10	536		14675	2448		19.0	51.7
铁 岭				769		2945	4420		10.0	34.0
朝 阳				329		5830	1145		11.0	44.4
葫芦岛				825		12665	7861		4.0	45.2

11-7 各地区城市集中供热情况

年份、城市	供热能力		供热总量		管道长度(公里)		供热面积(万平方米)
	蒸汽(吨/小时)	热水(兆瓦)	蒸汽(万吉焦)	热水(万吉焦)	蒸汽	热水	
2000	11569	19154	2201	11388	1303	7211	20030
2001	11435	20564	2747	12888	1659	8617	22048
2002	10911	29269	3437	19616	1722	9679	24963
2003	10975	30874	3999	19719	1707	10927	29669
2004	11844	30488	5269	18729	1711	12376	38150
2005	12583	36051	6435	22508	2312	14093	47621
2006	10967	43765	5936	26157	2143	14770	46773
2007	11718	39717	5886	28036	2023	15387	54118
2008	11612	46395	6253	31218	2228	17057	60990
2009	12013	51183	6479	35643	2294	18129	68464
2010	13186	55770	6521	39613	2302	20599	74526
2011	11544	59855	6599	41926	2283	22694	81581
2012	13038	62826	6320	42748	2259	24787	87108
2013	12787	68631	6521	43494	1357	30493	92109
2014	12776	69158	7505	44083	1373	32045	96587
沈　阳	774	16051	211	11666	208	9272	26800
大　连	5361	12519	3117	6583	306	3465	19663
鞍　山	180	4955	165	3975	12	2550	6016
抚　顺	865	6680	254	2468	5	1263	4631
本　溪		2195		1233		1354	2506
丹　东	2405	1589	1295	791	185	995	3125
锦　州	705	2495	109	2289	70	1339	3617
营　口	316	2236	133	1233	8	1973	2752
阜　新		2588		1766		1516	3337
辽　阳		1827		2139		1087	3166
盘　锦		2079		1620		876	2947
铁　岭		1609		829		778	1721
朝　阳	400	1662	434	1380	44	821	2592
葫芦岛	697	1184	947	709	50	580	2299

11-8 各地区城市园林绿化情况

年份、城市	城市园林绿地面积(公顷)		公园(个)	公园面积(公顷)
		#公园绿地		
2000	61432	8977	197	4751
2001	65394	10002	206	5852
2002	61519	11451	212	6083
2003	65211	12654	225	6946
2004	71797	14513	247	7862
2005	74583	15387	259	8300
2006	63535	16426	260	9814
2007	76888	18291	270	10287
2008	78841	19351	283	9959
2009	84145	20501	294	10263
2010	92751	21593	316	11005
2011	95968	23174	322	11693
2012	118297	24710	338	12222
2013	120514	25708	347	12877
2014	121982	26406	374	13829
沈　阳	28724	7282	66	3138
大　连	18341	3660	90	2115
鞍　山	6508	1883	11	501
抚　顺	5130	1382	16	842
本　溪	23480	980	14	439
丹　东	2187	725	11	662
锦　州	3081	1228	22	784
营　口	4064	1021	13	654
阜　新	3127	970	17	651
辽　阳	4087	847	11	215
盘　锦	2809	902	8	400
铁　岭	2068	539	10	317
朝　阳	1363	586	7	234
葫芦岛	3117	750	12	444

11-9 各地区城市环境卫生情况

年份、城市	清扫保洁面积(万平方米)	生活垃圾清运量(万吨)	粪便清运量(万吨)	市容环卫专用车辆总数(台)	公共厕所(座)	#三类以上
2000	16588	838	160	3009	10523	
2001	16574	768	148	2997	9211	
2002	17772	774	152	3017	10352	
2003	18590	791	144	2920	9529	
2004	18931	779	159	2883	10077	
2005	19588	769	148	3313	9661	
2006	21864	756	132	3381	8321	753
2007	24282	771	152	4058	7889	851
2008	25620	797	176	4134	7868	1041
2009	27546	813	129	4457	6948	1337
2010	28122	837	124	4998	6322	1493
2011	132135	876	119	5200	5863	1653
2012	33403	930	113	5323	5582	1713
2013	35713	927	98	5743	5500	1810
2014	33721	917	90	6097	5353	1896
沈　阳	8627	257	19	1880	960	614
大　连	5284	121	3	899	471	202
鞍　山	4022	55	8	269	218	161
抚　顺	1578	37	3	408	228	61
本　溪	853	32	1	190	222	63
丹　东	733	20	10	334	81	70
锦　州	1366	31	1	241	154	59
营　口	761	33	4	210	162	16
阜　新	490	44	3	103	263	80
辽　阳	1049	24	10	221	269	15
盘　锦	956	22	1	139	77	18
铁　岭	1074	14	1	122	157	53
朝　阳	992	33		139	214	90
葫芦岛	673	21	3	55	123	35

主要统计指标解释

年底自来水生产能力 指年底城建部门管理的自来水厂和自备水源的社会单位取水、净化、送水、出厂输水干管等环节的实际生产能力。

年底供水管道长度 指从送水泵到用户水表之间所有管道的长度。

全年供水总量 指公用自来水厂和自备水源的社会单位全年的供水总量，包括有效供水量及损失水量。

生活用水量 指居民日常生活与公共福利设施的用水量。包括居民、饮食店、旅馆、医院、理发店、浴池、洗衣店、游泳池、商店、学校、机关、部队等单位的用水量。

城市人口用水普及率 指城市用水的非农业人口数(不包括临时人口和流动人口)与城市非农业人口总数之比。计算公式:

用水普及率=（城市用水的非农业人口数／城市非农业人口数）×100%

人工煤气生产能力 指城市煤气厂制气、净化、输送等环节的综合实际生产能力。

全年供气总量 指全年售给各类用户的全部煤气量。包括工业用量、家庭用量和其他用量。

城市用气普及率 指使用煤气(包括人工煤气、液化石油气、天然气)的城市非农业人口数(不包括临时人口和流动人口)与城市非农业人口总数之比。计算公式:

城市煤气普及率=（城市用气的非农业人口数／城市非农业人口总数）×100%

城市供热能力 指热电厂、热力公司和达到标准的集中采暖锅炉房向城市输送的供热源的设计能力。每小时向城市输送的蒸汽、热水能力。

城市供热总量 指热电厂、热力公司和达到标准的集中采暖锅炉房全年向城市输送的全部蒸汽、热水量。

城市供热管道长度 指热电厂、热力公司 和达到标准的集中采暖锅炉房管理的集中供热热源到用户之间的全部供气、供热水的管道长度。

年底实有铺装道路长度 指除土路外，路面经过铺装宽度在3.5米以上的道路，包括高级、次高级道路和普通道路。

城市桥梁 指城市范围内，修建在河道上的桥梁和道路与道路立交、道路跨越铁路的立交桥，以及人行天桥，包括永久性桥和半永久性桥，不包括临时性桥、铁路桥、涵洞。

城市下水道总长度 指所有排水总管、干管、支管及暗渠、检查井、连接井进出口等长度之和。

城市污水日处理能力 指污水处理厂每昼夜处理污水量的设计能力。

年末实有公共汽(电)车 指年底可参加营运的全部车辆数，包括年底营运车辆数和库存查封未参加营运的车辆，不包括非营运车辆，如架线车、油罐车、工程车、货车及其他专用车辆和借人的客运车辆。

营运线路长度 指设置的固定营运线路长度，包括郊区营运线路长度。不包括临时行驶的线路长度。

城市园林绿地面积 指城市公共绿地、专用绿地、生产绿地、防护绿地、郊区风景名胜区的全部面积。

公共绿地 指供游览休息的各种公园、动物园、植物园、陵园以及花园、游园和供游览休息用的林荫道绿地、广场绿地。不包括一般栽植的行道树及林荫道的面积。

十二、环境保护

Chapter 12 Environment Protection

12-1 环境保护基本情况

指　　标	单位	2006年	2007年	2008年	2009年	2010年	2011年	2012年	2013年	2014年
废水排放总量	万吨	212952.93	220996.73	212021.33	217154.68	215868.50	232247.02	238786.35	234508.18	262878.96
#工业废水排放量	万吨	94724.21	95196.71	83072.94	75158.59	71284.39	90457.12	87167.54	78285.60	90630.78
生活污水排放量	万吨	118228.72	125800.02	128948.39	141996.09	144584.11	141698.99	151495.12	156106.49	172114.92
工业废气排放量	万标立方米	271950422	239459177	402189043	252111855	270887017	317007874	319169877	294434651	345274533
二氧化硫排放量	万吨	125.91	123.38	113.07	105.14	91.40	112.62	105.87	102.70	99.46
#工业	万吨	103.69	106.72	100.08	91.88	78.48	104.89	97.90	94.73	92.60
生活	万吨	22.21	16.67	12.99	13.26	12.92	7.72	7.96	7.97	6.85
烟粉尘排放量	万吨	71.45	71.64	69.20	61.27	61.90	69.32	72.63	67.05	112.07
#工业	万吨	45.64	48.72	46.90	40.15	39.79	59.12	62.63	57.28	95.79
生活	万吨	25.81	22.92	22.30	21.12	22.11	7.05	6.99	7.06	13.71
一般工业固体废物产生量	万吨	13012.62	14341.81	15841.42	17221.41	17419.57	28269.61	27279.74	26759.45	28666.32
危险废物产生量	万吨	44.50	61.96	91.24	90.98	105.98	78.49	73.21	104.64	98.08
工业固体废物综合利用量	万吨	4958.01	5710.82	7581.81	8240.68	8417.48	10747.78	11861.83	11742.28	10719.24
工业固体废物综合利用率	%	38.10	39.01	46.83	47.19	47.68	37.89	43.37	43.82	37.14
工业固体废物排放量	万吨	24.69	4.48	1.16	2.75	2.88	8.18	10.40	9.05	5.93

12-2 各地区废水排放及处理情况

(2014年)

地　区	汇总工业企业数(个)	废水治理设施数(套)	工业废水排放总量(万吨)	生活污水排放量(万吨)
全　省	**8364**	**2411**	**90630.78**	**172114.92**
沈　阳	1556	388	9134.34	38668.20
大　连	1128	483	40150.30	31631.98
鞍　山	664	209	6338.10	14708.93
抚　顺	234	115	2190.19	8860.78
本　溪	511	205	2656.03	4318.24
丹　东	507	147	4327.09	6770.30
锦　州	344	104	3353.38	17873.50
营　口	653	133	2794.73	7663.89
阜　新	437	88	4217.12	8927.16
辽　阳	468	156	6625.55	5946.12
盘　锦	368	79	4418.32	5550.08
铁　岭	239	100	1168.13	7509.07
朝　阳	578	88	727.32	7320.00
葫芦岛	677	116	2530.18	6366.67

12-3 各地区工业废气排放及处理情况

(2014年)

地　区	废气治理设施数(套)	工业废气排放总量(亿标立方米)	工业二氧化硫排放量(吨)	工业烟粉尘排放量(吨)
全　省	**14248**	**34527.45**	**926034.67**	**957920.16**
沈　阳	2957	2116.64	131343.61	83226.36
大　连	2206	4686.78	94370.34	72464.97
鞍　山	1538	5240.36	116010.25	137301.30
抚　顺	501	2362.79	54283.88	77166.86
本　溪	900	4778.90	65469.96	152205.91
丹　东	553	1257.86	30543.75	45562.63
锦　州	641	1156.02	38535.22	47705.91
营　口	1345	4293.22	56091.54	96395.57
阜　新	240	1069.67	109144.37	37983.32
辽　阳	941	1700.46	45633.97	46674.60
盘　锦	333	996.13	55450.22	15830.36
铁　岭	370	990.78	25274.00	22391.49
朝　阳	768	2479.15	45693.00	85331.56
葫芦岛	955	1398.68	58190.56	37679.31

12-4 各地区工业固体废物产生及处理利用情况

(2014年)

地　区	一般工业固体废物产生量(万吨)	一般工业固体废物综合利用量(万吨)	一般工业固体废物贮存量(万吨)	一般工业固体废物处置量(万吨)	一般工业固体废物倾倒丢弃量(万吨)	危险废物产生量(万吨)	危险废物综合利用量(万吨)	危险废物处置量(万吨)	危险废物贮存量(万吨)
全　省	28666.32	10719.24	8725.33	9421.72	5.93	98.08	33.41	49.76	16.41
沈　阳	813.14	768.47	32.30	12.37	0.01	5.97	2.16	3.42	0.39
大　连	547.72	458.23	0.00	89.50		13.19	1.26	11.93	0.00
鞍　山	5278.50	1264.32	2751.37	1262.81		1.91	0.90	1.00	0.00
抚　顺	2985.22	1470.31	342.62	1172.29		7.80	3.07	4.61	0.20
本　溪	7050.75	1015.41	328.09	5701.63	5.92	0.71	0.53	0.17	
丹　东	640.11	274.23	65.22	300.66		0.04	0.02	0.02	0.00
锦　州	253.20	235.82	0.01	17.41		29.25	10.90	4.19	15.52
营　口	759.04	655.59	102.61	0.84		0.44	0.00	0.44	0.00
阜　新	900.35	772.90	52.84	76.25		0.12		0.11	0.01
辽　阳	5269.04	848.48	4440.92	29.64		14.76	12.69	2.06	0.01
盘　锦	166.51	153.97	0.00	12.54		19.46	0.00	19.47	0.01
铁　岭	722.19	501.31	267.94	0.03		0.02		0.01	0.01
朝　阳	2613.24	1830.17	51.67	741.23		0.10	0.10		0.00
葫芦岛	667.30	470.05	289.73	4.52		4.33	1.78	2.34	0.24

主要统计指标解释

工业废水排放量 指经过企业厂区所有排放口排到企业外部的工业废水量。包括生产废水、外排的直接冷却水、超标排放的矿井地下水和与工业废水混排的厂区生活污水，不包括外排的间接冷却水(清污不分流的间接冷却水应计算在内)。

工业废水排放达标量 指报告期内废水中各项污染物指标都达到国家或地方排放标准的外排工业废水量，包括未经处理外排达标的，经废水处理设施处理后达标排放的，以及经污水处理厂处理后达标排放的。

工业废水排放达标率 指工业废水排放达标量占工业废水排放量的百分率，计算公式为:

工业废水排放达标率=工业废水排放达标量/工业废水排放量 × 100%

城镇生活污水排放量 指城镇居民每年排放的生活污水。用人均系数法测算。测算公式为:

城镇生活污水排放量=城镇生活污水排放系数 × 市镇非农业人口 × 365

城镇生活污水中化学需氧量（COD)产生量 指城镇居民每年排放的生活污水中的COD的产生量。用人均系数法测算。测算公式为:

城镇生活污水中COD产生量=城镇生活污水中COD产生系数 × 市镇非农业人口 × 365

化学需氧量(COD) 测量有机和无机物质化学所消耗氧的质量浓度的水污染指数。

工业废气排放量 指报告期内企业厂区内燃料燃烧和生产工艺过程中产生的各种排入大气的含有污染物的气体的总量，以标准状态(273K，101325Pa)计算。测算公式为:

工业废气排放量=燃料燃烧过程中废气排放量+生产工艺过程中废气排放量

生活及其他 SO_2 排放量 以生活及其他煤炭消费量和其含硫量为基础，根据以下公式计算:

生活及其他 SO_2 排放量=生活及其他煤炭消费量 × 含硫量 × 0.8 × 2

工业排放量 指报告期内企业在燃料燃烧和生产工艺过程中排入大气的 SO_2 总量，计算公式为:

工业 SO_2 排放量=燃料燃烧过程中 SO_2 排放量+生产工艺过程中 SO_2 排放量

工业烟尘排放量 指企业厂区内燃料燃烧过程中产生的烟气中夹带的颗粒物排放量。

生活及其他烟尘排放量 指除工业生产活动以外的所有社会、经济活动及公共设施的经营活动中燃烧所排放的烟尘纯重量。以生活及其他煤炭消费量为基础进行测算。

工业粉尘排放量 指企业在生产工艺过程中排放的能在空气中悬浮一定时间的固体颗粒物排放量。如钢铁企业的耐火材料粉尘、焦化企业的筛焦系统粉尘、烧结机的粉尘、石灰窑的粉尘、建材企业的水泥粉尘等。不包括电厂排入大气的烟尘。

工业固体废物产生量 指报告期内企业在生产过程中产生的固体状、半固体状和高浓度液体状废弃物的总量，包括危险废物、冶炼废渣、粉煤灰、炉渣、煤矸石、尾矿、放射性废物和其他废物等；不包括矿山开采的剥离废石和掘进废石(煤矸石和呈酸性或碱性的废石除外)。酸性或碱性废石指采掘的废石其流经水、雨淋水的pH值小于4或pH值大于10.5者。

危险废物 指列入国家危险废物名录或根据国家规定的危险废物鉴别标准和鉴别方法认定的，具有爆炸性、易燃性、易氧化性、毒性、腐蚀性、易传染疾病等危险特性之一的废物。

工业固体废物综合利用量 指报告期内企业通过回收、加工、循环、交换等方式，从固体废物中提取或者使其转化为可以利用的资源、能源和其他原材料的固体废物量(包括当年利用往年的工业固体废物贮存量)，如用作农业肥料、生产建筑材料、筑路等。综合利用量由原产生固体废物的单位统计。

工业固体废物综合利用率 指工业固体废物综合利用量占工业固体废物产生量(包括综合利用往年贮存量)的百分率。计算公式为:

工业固体废物综合利用率=工业固体废物综合利用量/（工业固体废物产生量+综合利用往年贮存量）× 100%

工业固体废物贮存量 指报告期内企业以综合利用或处置为目的，将固体废物暂时贮存或堆存在专设的贮存设施或专设的集中堆存场所内的数量。专设的固体废物贮存场所或贮存设施必须有防扩散、防流失、防渗漏、防止污染大气、水体的措施。

工业固体废物处置量 指报告期内企业将固体废物焚烧或者最终置于符合环境保护规定要求的场所，并不再回取的工业固体废物量(包括当年处置往年的工业固体废物贮存量)。处置方式有填埋(其中危险废物应安全填埋)、焚烧、专业贮存场(库)封场处理、深层灌注、回填矿井及海洋处置(经海洋管理部门同意投海处置)等。

工业固体废物排放量 指报告期内企业将所产生的固体废物排到固体废物污染防治设施、场所以外的数量，不包括矿山开采的剥离废石和掘进废石(煤矸石和呈酸性或碱性的废石除外)。

“三废”综合利用产品产值 指报告期内利用“三废”作为主要原料生产的产品价值(现行价)；已经销售或准备销售的应计算产品价值，留作生产自用的不应计算产品价值。

十三、农业

Chapter 13 Agriculture

13-1 农村基层组织和农业基本情况

指　　标	单位	2005年	2006年	2008年	2009年	2010年	2011年	2012年	2013年	2014年
乡　镇　数	个	993	976	944	940	924	903	889	876.0	869
#镇　数	个	611	598	574	576	590	598	605	622.0	636
村民委员会	个	11920	11902	11822	11770	11764	11707	11659	11296.0	11313
乡村户数	万户	695.6	689.2	703.8	710.7	722.9	722.5	720.1	719.2	721.9
乡村从业人员	万人	1113.5	1132.9	1164.7	1180.5	1208.5	1223.1	1217.8	1217.1	1222.0
按行业分的乡村从业人员										
农林牧渔业	万人	686.4	680.9	662.3	661.4	663.6	663.6	660.0	652.0	655.5
工　业	万人	106.1	112.9	124.0	129.7	138.6	142.9	143.3	144.1	145.8
建筑业	万人	77.1	81.9	91.6	94.9	101.7	110.0	110.7	111.9	110.4
交通运输业、仓储及邮电通信业	万人	44.5	43.7	47.2	48.8	51.0	52.8	53.0	54.0	55.3
批发零售贸易业、餐饮业	万人	70.0	71.3	78.8	83.4	87.1	90.1	88.4	92.2	94.8
其他非农行业	万人	129.4	142.2	160.7	162.4	166.5	163.6	162.4	163.0	160.2
年末常用耕地面积	千公顷	3655.2	4085.1	4085.3						
水　田	千公顷	581.7	646.9	643.1						
旱　田	千公顷	3073.5	3438.2	3442.1						
年内减少耕地面积	千公顷	33.1		5.0						
#国家基建占地	千公顷	4.0								
退耕还林还草占地	千公顷	8.7								
耕地改为园地	千公顷	2.8								
农业机械总动力	万千瓦	1922.7	1995.3	2192.9	2299.4	2408.3	2558.1	2678.0	2788.5	2886.9
农用大中型拖拉机	台	42777.0	45035.0	117651.0	135725.0	151708.0	174321.0	190581.0	208000.0	223374
农用大中型拖拉机	万千瓦	158.6	176.6	306.6	354.0	388.2	463.1	510.3	564.2	612.4
小型拖拉机	台	235585.0	244337.0	236861.0	244596.0	263303.0	282623.0	308368.0	322500.0	332527
小型拖拉机	万千瓦	267.8	275.1	253.0	258.0	276.9	287.5	304.8	314.2	322.9
大中型拖拉机配套农具	部	56923.0	60879.0	155061.0	170234.0	187426.0	223748.0	251948.0	274000.0	291961
小型拖拉机配套农具	部	281395.0	311894.0	323030.0	355201.0	410555.0	445088.0	472436.0	491700.0	501750
渔用机动船	艘	37590.0	43912.0	47264.0	44302.0	48238.0	47115.0	45770.0	43343.0	40902
渔用机动船	万千瓦	121.7	131.9	154.0	156.5	159.6	158.2	151.1	155.6	156.7
灌溉面积	千公顷	1715.4	1732.9	1693.3	1707.6	1722.8	1758.0	1860.1	1531.7	1612.5
化肥施用量(折纯)	万吨	119.9	121.1	128.8	133.6	140.1	144.6	146.9	151.8	151.6
乡村办水电站个数	个	146.0	152.0	162.0	165.0	169.0	174.0	177.0	180.0	185
装机容量	千瓦	384200.0	358000.0	379000.0	391333.0	395488.0	397348.0	476073.0	511373.0	519243
农村用电量	亿千瓦小时	153.3	219.0	270.8	283.9	359.5	366.3	373.4	394.8	433.1
农作物总播种面积	千公顷	3801.0	3627.2	3946.4	4064.7	4184.9	4356.2	4361.3	4208.8	4164.1
粮　食	千公顷	3179.7	3089.7	3035.9	3124.1	3179.3	3169.8	3217.3	3226.4	3235.1
谷　物	千公顷	2871.8	2836.4	2739.2	2848.6	2948.3	2943.3	2995.4	3013.3	3032.4
#稻　谷	千公顷	538.1	624.9	658.7	656.7	677.5	659.6	661.8	649.2	562.1
小　麦	千公顷	21.4	8.0	10.3	8.8	7.5	6.9	6.8	5.6	5.8
玉　米	千公顷	2076.7	1983.1	1884.9	1964.1	2093.0	2134.6	2206.7	2245.6	2330.1
豆　类	千公顷	214.8	149.9	203.9	183.6	151.0	143.4	139.9	134.2	117.0
薯　类	千公顷	93.2	103.5	92.8	91.9	80.0	83.1	82.0	78.9	85.7
油　料	千公顷	164.3	106.6	282.4	277.3	347.4	392.0	376.7	354.7	314.0
棉　花	千公顷	2.3	1.5	1.4	0.9	0.4	0.4	0.3	0.5	0.1
糖　料	千公顷	1.8	0.8	2.0	1.8	1.1	1.8	1.9	3.3	2.1
烟　叶	千公顷	16.1	8.3	11.5	12.5	10.9	10.8	11.8	9.8	11.6
蔬　菜	千公顷	353.1	354.0	388.7	402.7	430.2	465.4	487.1	492.1	473.7
果园面积	千公顷	317.0	313.6	323.6	349.7	354.2	359.9	368.5	400.4	403.0

注：农作物总播种面积由粮食作物、经济作物和其他作物构成，2013年粮食作物数据采用抽样调查数据，2013年以前该项指标为全面统计数据。

13-2 主要农牧渔业生产情况

指　　标	单位	2005年	2006年	2008年	2009年	2010年	2011年	2012年	2013年	2014年
农产品产量										
粮　　食	万吨	1745.8	1797.0	1860.3	1591.0	1765.4	2035.5	2070.5	2195.6	1753.9
谷　　物	万吨	1877.0	1708.7	1760.0	1517.2	1677.1	1933.5	1986.5	2122.7	1674.8
#稻谷	万吨	414.5	426.6	505.6	506.0	457.6	501.3	507.8	506.9	451.5
小麦	万吨	8.9	3.1	4.9	4.5	3.7	3.7	3.2	2.7	2.8
玉米	万吨	1340.3	1211.5	1189.0	963.1	1150.5	1360.3	1423.5	1563.2	1170.5
豆　　类	万吨	49.3	40.1	52.9	32.1	37.0	37.0	34.2	31.3	25.7
薯　　类	万吨	50.0	48.2	47.5	41.7	51.3	65.0	49.8	41.6	53.5
油　　料	吨	368411	257100	835027	553499	995980	1197565	1208739	1136410.7	636880.8
#花　生	吨	330103	245000	800740	534697	961477	1165363	1165335	1112919.7	620365.2
油菜籽	吨	1071	1000	1188	798	546	758	937	1221.0	1856.0
芝　麻	吨	6036	2036	2997	815	2176	2330	2139	686.0	361.0
棉　　花	吨	2685	2000	2401	956	655	736	560	999.0	100.0
麻　　类	吨	114	12	21	9		15			
甜　　菜	吨	62379	30000	74952	61941	48728	77977	97317	171219.0	101387.0
烟　　叶	吨	34234	26900	32255	31531	28560	29846	33621	27960.0	33512.6
#烤　烟	吨	31742	24200	29655	29155	24505	26423	30537	26852.0	31994.6
柞蚕茧	吨	43200	44075	53516	50142	49847	54827	50856	51674.0	50774.5
水　　果	万吨	329.3	343.7	422.5	477.2	521.6	574.4	632.9	661.4	592.1
农产品单位面积产量										
谷　　物	公斤/公顷	6536.0	6024.2	6425.2	5326.1	6375.6	6569.2	6631.8	6805.1	5523.0
棉　　花	公斤/公顷	1167.0	1333.3	1696.0	1098.9	1523.3	1821.8	1842.1	1881.4	1111.1
花生	公斤/公顷	2347.0	2549.4	3041.0	2052.0	2892.9	3090.5	3240.4	3259.2	2030.2
油菜籽	公斤/公顷	1471.0	2000.0	1977.0	1995.0	1950.0	2071.0	1952.1	1910.8	1712.2
芝麻	公斤/公顷	1161.0	783.1	1281.0	465.7	1490.4	1906.7	2254.0	1943.3	1823.2
甜菜	公斤/公顷	41865.0	37500.0	37608.0	34033.5	45969.8	44482.0	52041.2	51401.7	49457.1
烤烟	公斤/公顷	2109.0	3226.7	2778.0	2559.7	2500.5	2733.3	2830.6	2875.9	2955.6
大牲畜年末头数	万头	495.9	427.1	524.1	515.6	525.9	530.8	524.4	515.5	502.2
#牛	万头	344.7	281.5	356.4	354.0	366.7	371.2	367.1	365.4	361.8
马	万头	28.2	26.7	27.7	26.5	26.9	24.8	22.9	22.2	20.5
驴	万头	98.9	95.9	116.2	113.9	112.1	116.3	117.4	111.9	105.5
骡	万头	24.1	23.0	23.7	21.2	20.1	18.5	17.0	16.1	14.5
肉猪出栏头数	万头	2063.2	2245.4	2435.5	2597.0	2682.7	2652.1	2728.5	2785.8	2839.4
猪年底头数	万头	1642.4	1416.1	1548.5	1606.2	1567.6	1585.4	1592.6	1624.5	1558.8
羊年底只数	万只	830.2	673.9	733.4	717.0	733.5	725.6	721.8	735.4	793.5
山羊	万只	426.3	410.9	428.0	447.8	414.1	401.8	392.3	401.0	427.4
绵羊	万只	404.0	263.0	305.4	269.2	319.4	323.8	329.5	334.4	366.1
肉类产量	万吨	346.1	329.7	376.0	389.2	406.7	408.2	418.7	420.3	429.2
#猪牛羊肉	万吨	238.8	231.0	252.4	266.8	277.9	275.8	281.3	284.9	292
猪肉	万吨	184.7	189.3	204.2	218.8	228.4	225.9	230.2	233.6	240.3
牛肉	万吨	42.2	35.3	40.5	40.2	41.6	42.0	43.2	43.2	42.8
羊肉	万吨	11.9	6.4	7.8	7.8	7.9	7.9	7.9	8.1	8.9
奶类	万吨	78.8	95.8	120.1	115.6	126.7	132.0	130.2	125.7	134.5
#牛奶	万吨	74.9	91.7	114.1	110.0	121.2	124.5	124.7	120.9	131.2
绵羊毛	吨	10412.0	8580.0	11468.0	10136.0	12154.0	13471.4	14660.0	14987.9	14977.4
山羊毛	吨	1680.0	1877.0	2401.0	2736.0	2565.0	2169.3	1827.0	2554.1	2530.9
羊绒	吨	1053.0	1182.0	1372.0	1216.0	1293.0	1115.9	1056.0	995.9	1062.6
禽蛋	万吨	224.0	195.2	230.0	263.1	275.7	277.4	279.9	278.2	280.1
水产品总产量	万吨	425.3	351.3	494.9	534.7	429.1	453.9	480.8	504.9	515.7
海水产品	万吨	364.2	296.0	411.6	437.9	348.4	368.3	391.5	411.0	419.7
淡水产品	万吨	61.1	55.3	83.3	96.8	80.6	85.7	89.3	93.9	96.0

注：1.粮食作物产量为抽样调查定产数，其他品种产量为全面调查报表数。
2.2006年水产品产量为农业普查衔接数据，2010年、2011年为国家核定数据，下同。
3.全省畜牧业数据为国家核定数据，下同。
4.国家新制度,山羊毛中包括羊绒产量。

13-3 农村基层组织情况

年份、地区	乡镇数（个）	#镇数	村民委员会（个）	乡村户数（万户）	乡村人口数（万人）	乡村从业人员（万人）
1990	1216	436	16498	631.4	2337.5	869.4
1991	1208	453	16512	641.4	2345.5	888.1
1992	1221	466	16535	645.0	2342.9	891.3
1993	1265	483	16529	646.9	2320.0	892.9
1994	1225	505	16509	651.6	2311.7	894.2
1995	1235	538	16483	655.5	2311.1	903.0
1996	1217	580	16444	656.1	2302.9	907.5
1997	1198	592	16372	660.4	2298.8	921.4
1998	1217	634	16310	663.8	2289.9	933.2
1999	1156	652	16287	674.6	2315.5	938.8
2000	1134	639	16192	680.1	2311.5	966.0
2001	1143	658	16033	685.3	2318.6	977.5
2002	1033	622	15950	685.9	2314.5	993.5
2003	1011	617	13720	692.1	2325.6	1016.3
2004	1007	620	12024	696.2	2338.9	1083.8
2005	993	611	11920	695.6	2331.4	1113.5
2006	976	598	11902	689.2	2289.3	1132.9
2007	945	575	11896	701.1	2323.5	1153.6
2008	944	574	11822	703.8	2320.4	1164.7
2009	940	576	11770	710.7	2327.6	1180.5
2010	924	590	11764	722.9	2328.2	1208.5
2011	903	598	11707	722.5	2322.9	1223.1
2012	889	605	11659	720.1	2310.5	1217.8
2013	876	625	11296	719.2	2301.7	1217.1
2014	869	636	11313	721.9	2305.4	1222.0
沈阳	73	55	1203	88.3	275.2	140.8
大连	55	35	844	87.4	263.8	131.9
鞍山	55	52	832	55.3	187.2	97.6
抚顺	47	26	615	27.4	85.2	50.9
本溪	23	18	287	15.6	53.6	29.0
丹东	63	58	672	45.0	147.2	80.7
锦州	73	52	1125	61.4	199.3	105.8
营口	38	35	635	44.9	139.0	75.3
阜新	65	56	623	34.7	115.4	66.7
辽阳	36	30	533	36.7	111.6	56.9
盘锦	31	29	317	23.8	70.9	41.2
铁岭	90	78	1189	64.1	209.4	101.0
朝阳	129	74	1361	76.9	252.4	144.5
葫芦岛	91	38	1077	60.5	195.2	99.6

13-4 乡村从业人员

(年末数)

单位：万人

年份、地区	农林牧渔业	工业	建筑业	交通运输业、仓储及邮电通信业	批发零售贸易业、餐饮业	其他非农行业
1990	631.2	99.1	34.6	20.0	23.1	61.4
1991	650.6	97.0	33.5	20.2	24.8	62.1
1992	637.0	100.0	36.0	22.3	29.2	67.1
1993	621.2	94.4	43.6	25.6	31.5	76.4
1994	611.3	91.8	47.6	30.3	37.6	75.5
1995	617.5	89.1	48.9	31.7	39.7	76.1
1996	629.4	89.7	51.9	32.3	40.7	63.5
1997	624.3	83.9	49.5	33.1	42.7	87.9
1998	633.3	78.1	49.2	33.4	43.8	95.3
1999	643.2	76.8	51.3	35.7	47.3	84.5
2000	651.2	77.6	56.3	37.5	49.8	93.7
2001	649.0	77.2	57.9	37.5	50.7	105.3
2002	659.2	80.5	60.2	38.2	51.5	103.9
2003	667.3	85.8	65.7	39.8	55.0	102.7
2004	685.8	94.9	71.1	43.2	68.9	119.9
2005	686.4	106.1	77.1	44.5	70.0	129.4
2006	680.9	112.9	81.9	43.6	71.3	142.2
2007	669.1	121.8	89.8	45.9	74.4	152.5
2008	662.3	124.0	91.6	47.2	78.8	160.7
2009	661.0	130.0	94.9	48.7	83.4	162.4
2010	663.6	138.6	101.7	51.0	87.1	166.5
2011	663.6	142.9	110.0	52.8	90.1	163.6
2012	660.0	143.3	110.7	53.0	88.4	162.4
2013	652.0	144.1	111.9	54.0	92.2	163.0
2014	655.5	145.8	110.4	55.3	94.8	160.2
沈　阳	73.1	19.5	10.6	6.6	14.2	16.8
大　连	57.4	22.3	13.5	6.4	9.4	22.8
鞍　山	47.4	17.6	8.7	6.4	9.3	8.2
抚　顺	30.4	5.2	3.3	2.2	3.5	6.4
本　溪	14.1	3.6	2.5	1.6	2.5	4.8
丹　东	44.2	10.8	6.1	3.3	6.3	10.0
锦　州	67.2	8.2	8.6	5.0	7.4	9.4
营　口	34.9	13.5	6.3	4.7	6.9	9.0
阜　新	37.9	4.3	4.4	2.0	3.8	14.3
辽　阳	30.9	9.5	4.3	3.1	4.4	4.7
盘　锦	23.5	5.0	2.4	2.0	4.6	3.9
铁　岭	59.0	7.7	10.3	3.4	6.6	14.0
朝　阳	78.6	12.2	18.8	4.8	8.5	21.5
葫芦岛	57.2	6.2	10.5	3.8	7.4	14.5

注：1.本表分行业劳动力是按从事的主行业划分的，如以农业为主、兼营商业的，仍作为农林牧渔业劳动力。
2.工业劳动力中包括村及村以下办的工业劳动力。

13-5 农林牧渔业总产值

单位：亿元

年 份	农林牧渔业总产值	农业	林业	牧业	渔业	农林牧渔服务业
1978	49.2	38.9	1.1	7.1	2.1	
1979	59.9	45.8	1.4	10.6	2.1	
1980	73.5	55.6	2.5	13.2	2.2	
1985	118.1	74.6	4.2	31.3	8.0	
1986	142.0	95.0	4.2	32.3	10.5	
1987	169.2	108.3	4.9	39.6	16.4	
1988	227.4	131.8	5.0	67.7	22.9	
1989	222.8	125.4	4.8	69.8	22.8	
1990	273.8	163.5	6.6	75.5	28.2	
1991	295.9	175.3	6.9	80.6	33.1	
1992	330.1	193.8	7.5	88.6	40.2	
1993	425.7	245.7	9.4	117.4	53.3	
1994	546.8	294.2	11.0	171.9	69.7	
1995	691.8	382.7	12.9	206.0	90.2	
1996	804.7	449.5	13.9	224.7	116.6	
1997	834.7	433.8	15.1	247.1	138.6	
1998	969.8	534.7	17.4	269.6	148.1	
1999	977.1	510.9	18.5	282.4	165.2	
2000	967.4	463.5	19.7	304.2	180.0	
2001	1045.7	503.1	21.8	332.3	188.5	
2002	1132.5	540.1	27.9	361.3	203.2	
2003	1215.0	497.3	38.4	422.0	224.0	33.3
2004	1510.5	611.3	40.7	548.3	272.2	38.0
2005	1671.6	640.1	44.5	636.5	306.7	43.8
2006	1738.1	713.0	52.3	615.3	292.6	64.9
2007	2128.0	837.5	60.3	830.8	326.1	73.3
2008	2476.9	896.9	69.4	1052.4	374.5	83.7
2009	2704.6	913.5	70.0	1171.4	441.9	107.8
2010	3106.5	1140.3	82.5	1270.6	491.0	122.1
2011	3633.6	1307.2	107.4	1521.1	560.0	138.0
2012	4062.4	1539.6	128.7	1621.2	618.7	154.1
2013	4349.7	1673.9	136.5	1675.4	689.3	174.7
2014	4498.4	1734.1	152.4	1717.5	699.8	194.5

注：1.本表按当年价格计算。2003年以后数据按新的国民经济行业分类标准和新的产值计算方法计算。
2.2006—2007年农林牧渔业总产值为与农业普查衔接后国家核定数据。

13-6 农林牧渔业总产值指数

(1952年=100)

单位：%

年 份	农林牧渔业合计	农业	林业	牧业	渔业
1952	100	100	100	100	100
1978	200.0	197.4	489.6	189.7	298.3
1979	206.7	204.0	536.2	199.3	283.2
1980	222.2	206.9	564.9	209.1	279.9
1985	270.0	223.4	734.9	465.3	463.3
1986	288.6	250.0	659.1	444.2	524.0
1987	303.6	263.0	700.2	441.5	664.2
1988	337.0	274.8	627.6	591.3	748.9
1989	322.6	249.9	613.2	606.5	837.7
1990	371.9	309.4	738.0	603.3	885.4
1991	388.5	319.7	737.8	636.8	947.0
1992	419.7	340.3	795.3	699.0	1044.3
1993	474.4	386.3	866.4	827.1	1091.3
1994	473.8	335.1	939.8	1008.3	1126.1
1995	530.7	373.1	1001.3	1111.7	1327.5
1996	612.3	453.8	1065.4	1166.2	1595.9
1997	629.7	426.7	1137.1	1282.3	1802.0
1998	730.9	529.5	1263.6	1407.3	1979.1
1999	755.4	512.8	1319.5	1514.1	2212.7
2000	749.2	470.2	1349.4	1603.6	2302.3
2001	799.0	510.1	1474.7	1710.3	2373.3
2002	865.1	547.2	1856.1	1861.5	2547.0
2003	926.3	570.2	2120.4	2028.8	2726.9
2004	999.5	607.2	2250.0	2225.9	2933.0
2005	1074.5	630.3	2493.0	2473.0	3164.7
2006	1149.7	653.0	2744.8	2683.2	3436.9
2007	1195.7	682.4	2882.0	2777.1	3591.6
2008	1273.6	708.8	3041.1	2999.6	3931.8
2009	1315.6	691.1	3238.8	3167.6	4277.8
2010	1392.4	729.8	3452.6	3310.1	4662.3
2011	1475.9	810.1	3763.3	3349.8	4942.0
2012	1548.3	864.4	3970.3	3453.7	5159.5
2013	1613.3	915.4	4216.5	3477.8	5556.8
2014	1652.7	929.1	4436.2	3557.8	5722.8

注：本表按不变价格计算，2007年以后农林牧渔业产值指数为调整后的口径。

13-7 农林牧渔业总产值指数

(上年=100)

单位：%

年 份	农林牧渔业合计	农业	林业	牧业	渔业	农林牧渔服务业
1978	106.4	110.1	84.3	94.0	103.5	
1979	103.4	103.3	109.5	105.0	94.9	
1980	101.9	101.4	105.4	104.9	98.8	
1985	90.8	80.3	92.2	124.8	118.0	
1986	106.9	111.9	89.7	95.5	113.1	
1987	105.2	105.2	106.2	99.4	126.7	
1988	111.0	104.5	89.6	133.9	112.7	
1989	95.7	90.9	97.7	102.6	111.9	
1990	115.3	123.8	120.4	99.5	105.7	
1991	104.5	103.3	100.0	105.6	106.9	
1992	108.0	106.4	107.8	109.8	110.3	
1993	113.0	113.5	108.9	118.3	104.5	
1994	99.9	86.7	108.5	121.9	103.2	
1995	112.0	111.3	106.5	110.3	117.9	
1996	115.4	121.6	106.4	104.9	120.2	
1997	102.8	94.0	106.7	110.0	112.9	
1998	116.1	124.1	111.1	109.7	109.8	
1999	103.3	96.9	104.4	107.6	111.8	
2000	99.2	91.7	102.3	105.9	104.0	
2001	106.6	108.5	109.3	106.7	103.1	
2002	108.3	107.3	125.9	108.8	107.3	
2003	107.1	104.2	114.2	109.0	107.1	110.8
2004	107.9	106.5	106.1	109.7	107.6	110.3
2005	107.5	103.8	110.8	111.1	107.9	109.2
2006	107.0	103.6	110.1	108.5	108.6	119.7
2007	104.0	104.5	105.0	103.5	104.5	104.0
2008	106.5	103.9	105.5	108.0	109.5	107.6
2009	103.3	97.5	106.5	105.6	108.8	103.2
2010	105.8	105.6	106.6	104.5	109.0	109.0
2011	106.0	111.0	109.0	101.2	106.0	107.0
2012	104.9	106.7	105.5	103.1	104.4	109.2
2013	104.2	105.9	106.2	100.7	107.7	109.0
2014	102.4	101.5	105.2	102.3	103.0	108.5

13-8 各地区农林牧渔业总产值及指数

(2014年)

地 区	农林牧渔业总产值	农业	林业	牧业	渔业
一、绝对数(万元)					
全 省	**44983589.9**	**17341331.0**	**1524398.4**	**17174836.7**	**6997980.6**
沈 阳	6553873	2536549	122145	3394014	260674
大 连	8800166	2123311	87715	2288056	3613690
鞍 山	2464700	1073744	14501	1278937	62704
抚 顺	1865091	726727	273515	547946	274710
本 溪	1261102	397653	355561	408653	82841
丹 东	2528182	861630	101037	730718	757152
锦 州	4172600	1533843	24394	2192691	366485
营 口	1934833	686153	40766	622262	562913
阜 新	2426947	932559	123388	1309511	9103
辽 阳	1370212	625123	28784	518067	167699
盘 锦	2045310	844420	7454	457417	701627
铁 岭	4641105	1640496	157587	2776079	48429
朝 阳	4487911	2075009	352794	1968827	5570
葫芦岛	1878639	546745	35005	876683	366474
二、指数(以上年为100)					
全 省	**102.4**	**101.5**	**105.2**	**102.3**	**103.0**
沈 阳	103.8	102.3	109.1	104.9	103.2
大 连	103.2	92.6	107.1	102.7	109.9
鞍 山	103.2	103.1	206.6	102.6	102.2
抚 顺	103.3	103.3	102.8	103.5	103.6
本 溪	101.5	101.4	103.4	99.7	102.3
丹 东	103.5	104.3	103.1	102.7	103.6
锦 州	103.8	101.6	105.5	105.9	99.3
营 口	103.4	103.7	101.0	102.7	104.0
阜 新	89.9	73.4	119.9	103.1	105.4
辽 阳	103.0	111.1	106.1	91.1	113.3
盘 锦	103.2	103.8	103.2	101.9	103.4
铁 岭	103.1	101.4	102.6	104.1	103.1
朝 阳	104.2	98.2	104.0	110.9	103.3
葫芦岛	98.3	79.5	105.4	109.6	111.0

注：绝对数按当年价格计算。指数按可比价计算。2014年各市产值数据与省产值数据进行了调整衔接。

13-9 农林牧渔业增加值

(2014年) 单位：万元

指　　标	农林牧渔业合计	农业	林业	牧业	渔业	农林牧渔服务业
一、当年现价产值	**44983589.9**	**17341331.0**	**1524398.4**	**17174836.7**	**6997980.6**	**1945043.3**
二、农林牧渔业中间消耗	**20951882**	**6865574**	**632997**	**10234784**	**2447682**	**770844**
1.物 质 消 耗	16659094	4875125	406040	9176313	1758292	443323
(1)用 种 量	1274315	837352	184434	252528		
(2)饲料、饲草	9229811	328746		8010972	890094	
(3)肥　　料	1599687	1574532	25155			
(4)燃　　料	1085382	589180	36450	114596	345156	
(5)农药或兽药	553087	230770	8658	313659		
(6)用 电 量	321048	215985	5772	72766	26526	
(7)农用塑料薄膜	245943	245943				
(8)其它物质消耗	1561478	576327	86690	411793	486668	
2.生产服务支出	4292787	1990449	226957	1058471	689390	327521
三、农林牧渔业增加值	**24031708**	**10475757**	**891401**	**6940053**	**4550299**	**1174199**
中间消耗占总产值(%)	47	40	42	60	35	40
增加值占总产值(%)	53	60	58	40	65	60

13-10 农业机械和农产品加工机械拥有量

机械名称	单位	2007年	2008年	2009年	2010年
农业机械总动力	万千瓦	2087.4	2192.9	2299.4	2408.3
农用大中型拖拉机	台	67556	117651	135725	151629
小 型 拖 拉 机	台	240121	236861	244596	263306
大中型拖拉机配套农具	万部	7.66	15.51	17.02	18.74
小型拖拉机机引农具	万部	33.43	32.3	35.52	41.06
机 引 犁	万部	7.25	8.75	9.12	11.37
机 引 耙	万部	2.92	3.31	3.22	3.70
机 引 播 种 机	万部	11.62	13.22	15.12	16.70
机动水稻插秧机	台	4274	7296	12098	16124
农用排灌动力机械	万台/万千瓦	103.56/328.87	98.81/345.00	103.96/350.59	103.83/353.26
#柴 油 机	万台/万千瓦	17.64/143.04	19.41/159.00	21.42/166.48	22.87/173.64
电 动 机	万台/万千瓦	85.46/181.32	78.85/180.00	82.05/179.27	79.49/175.77
农 用 水 泵	万台	118.6	121.81	128.99	127.67
节 水 灌 溉 机 械	套	53061	104370	105316	110531
联 合 收 割 机	台	1456	2374	3924	5432
机 动 脱 粒 机	万台	11.92	11.7	11.71	12.66
谷 物 烘 干 机	台	368	327	266	412
粮食加工机械	万台	12.12	14.4	14.61	14.57
棉花加工机械	万台	0.02	0.01	0.02	0.02
油料加工机械	万台	0.53	0.47	0.61	0.67
机动喷雾(粉)机	万部	5.59	7.04		9.66
饲草料加工机械	万台	8.93	15.91	16.42	17.17
渔 用 机 动 船	艘	47312	47264	44302	48238

13-10 续表

机械名称	单位	2011年	2012年	2013年	2014年
农业机械总动力	万千瓦	2558.1	2678.02	2788.49	2886.92
农用大中型拖拉机	台	174321	190581	208000	223374
小 型 拖 拉 机	台	282623	308368	322500	332527
大中型拖拉机配套农具	万部	22.37	25.19	27.40	29.20
小型拖拉机机引农具	万部	44.51	47.24	49.17	50.18
机 引 犁	万部	8.91	10.44	11.28	11.61
机 引 耙	万部	2.85	2.95	2.95	2.69
机 引 播 种 机	万部	17.66	20.13	21.28	20.87
机动水稻插秧机	台	21566	26324	32896	34038
农用排灌动力机械	万台/万千瓦	107.51/359.20	106.06/361.02	105.47/361.15	106.62/370.50
#柴 油 机	万台/万千瓦	21.56/170.06	23.90/171.70	21.63/171.98	22.68/179.90
电 动 机	万台/万千瓦	83.18/180.37	81.71/181.04	80.99/181.11	80.80/182.24
农 用 水 泵	万台	129.71	127.33	125.30	121.92
节 水 灌 溉 机 械	套	116001	123306	125200	132176
联 合 收 割 机	台	7984	10922	14500	18630
机 动 脱 粒 机	万台	13.36	13.77	14.72	14.91
谷 物 烘 干 机	台	466	545	751	1149
粮食加工机械	万台	14.33	14.72	14.94	14.91
棉花加工机械	万台	0.02	0.02	0.013	0.012
油料加工机械	万台	0.67	0.67	0.68	0.67
机动喷雾(粉)机	万部	9.46	9.55	9.67	9.70
饲草料加工机械	万台	16.44	16.97	17.07	17.10
渔 用 机 动 船	艘	47115	45770	43343	40902

13-11 机耕、灌溉面积、化肥施用量、农村小水电站和农村售电量

年份	机耕面积(万公顷)	有效灌溉面积(万公顷)		机电提灌面积占有效灌溉面积比重(%)	化肥施用量(万吨)		农村小型水电站		农村售电量(亿千瓦小时)
			#机电提灌		实物量	折纯量	个数(个)	装机容量(千瓦)	
1978	204.5	85.3	68.5	80.2	205.8		111	33837	17.8
1980	208.4	76.0	59.6	78.4	298.4		57	10469	23.8
1985	187.7	72.4	59.7	82.5	273.4	70.9	75		29.3
1986	194.5	73.1	60.1	82.2	264.0	70.1	73		33.8
1987	207.8	76.9	62.8	81.7	265.2	67.3	66		38.7
1988	219.8	76.3	63.4	83.1	273.6	70.1	111	74617	50.6
1989	219.2	76.0	62.8	82.6	281.8	74.6	113	92522	46.0
1990	236.3	105.9	51.6	48.7	301.1	81.4	116	94123	51.3
1991	251.8	108.9	87.7	80.5	313.4	85.1	114	95638	54.8
1992	258.1	114.0	91.3	80.1	320.6	90.5	115	98363	63.5
1993	256.7	117.0	92.7	79.2	320.7	95.1	115	99218	73.7
1994	250.4	118.4	92.3	78.0	325.7	100.2	116	105440	72.7
1995	246.3	120.4	94.0	78.1	334.9	103.1	120	134721	81.6
1996	249.8	123.4	96.6	78.3	346.5	110.7	124	181531	91.3
1997	260.9	127.7	99.0	77.5	344.2	113.0	121	183000	96.0
1998	265.0	133.5	100.8	75.5	349.1	114.1			89.1
1999	278.8	138.9	105.0	75.6	353.8	116.7	97	100360	93.7
2000	290.9	144.1	106.9	74.0	334.6	109.4	119	148000	103.5
2001	277.2	148.2	106.3	71.7	329.2	109.8	133	208800	105.4
2002	275.4	150.0	109.9	73.3	330.8	111.4	134	218800	119.2
2003	272.1	151.3	105.6	69.8	329.3	112.6	134	208800	145.8
2004	277.8	152.0	105.7	69.5	341.2	117.9	140	346700	149.6
2005	297.9	152.7	104.1	68.2	354.2	119.9	146	384200	153.3
2006	301.0	150.0	97.4	64.9	358.5	121.2	152	358000	219.0
2007	301.2	149.1	115.8	77.7	370.1	127.5	153	385300	265.4
2008	321.0	149.3	110.2	73.8	385.5	128.8	162	379000	270.8
2009	328.9	151.0	108.2	71.7	392.8	133.6	165	391333	283.9
2010	342.0	153.8	108.7	70.7	403.4	140.1	169	395488	359.5
2011	373.3	158.8	109.7	69.1	418.3	144.6	174	397348	366.3
2012	384.5	169.9	120.9	71.2	428.3	146.9	177	476073	373.4
2013	388.8	140.8			432.6	151.8	180	511373	394.8
2014	381.9	147.4			433.7	151.6	185	519243	433.1

13-12 各地区化肥施用量

(2014年) 单位：万吨

地区	合计		氮肥		磷肥		钾肥		复合肥	
	实物量	折纯量	实物量	折纯量	实物量	折纯量	实物量	折纯量	实物量	折纯量
全 省	**433.7**	**151.6**	**193.4**	**67.9**	**52.0**	**12.1**	**31.7**	**12.9**	**156.6**	**58.6**
沈 阳	67.6	21.0	27.6	8.5	7.4	1.5	5.5	2.4	27.1	8.7
大 连	49.5	16.5	22.0	6.3	5.7	1.3	4.0	1.9	17.8	7.0
鞍 山	25.4	9.7	14.7	5.2	2.2	0.7	1.2	0.6	7.3	3.3
抚 顺	9.7	3.5	4.7	1.8	1.2	0.4	0.9	0.4	2.8	0.9
本 溪	4.5	1.3	2.5	0.9	0.6	0.1	0.4	0.1	1.0	0.2
丹 东	21.8	7.6	13.9	4.2	2.0	0.3	1.2	0.6	4.7	2.5
锦 州	42.1	17.4	18.3	7.9	3.6	0.8	3.3	1.4	16.9	7.3
营 口	17.3	6.2	7.9	3.1	2.5	0.6	2.0	0.8	4.9	1.6
阜 新	42.1	16.2	16.3	6.8	3.9	0.7	2.6	1.2	19.3	7.5
辽 阳	15.2	5.2	6.9	2.4	2.2	0.6	1.2	0.5	5.0	1.7
盘 锦	14.1	4.7	6.9	2.8	3.2	0.8	1.2	0.4	2.8	0.7
铁 岭	55.6	22.5	17.7	7.2	5.9	1.5	2.4	1.0	29.6	12.8
朝 阳	44.5	11.3	22.4	6.7	8.0	1.6	3.0	0.7	11.1	2.3
葫芦岛	24.4	8.4	11.7	4.3	3.6	1.0	2.7	0.9	6.4	2.2

13-13 灌溉、水库和除涝、治水、治碱情况

指 标	单位	2005年	2006年	2008年	2009年	2010年	2011年	2012年	2013年	2014年
年底灌区数	处	79	73	73	72	70	74	73	221	220
#50万亩以上	处	4	4	4	4	4	4	4	6	6
30-50万亩	处	5	4	4	5	5	6	6	5	5
灌区有效灌溉面积	万公顷	52.6	48.5	48.4	48.4	48.2	50.5	50.1		
#50万亩以上	万公顷	17.4	17.4	17.4	17.4	17.4	17.4	17.4		
30-50万亩	万公顷	12.6	10.6	10.6	12.9	12.9	14.9	14.9		
水库座数	座	963.0	918.0	952.0	952.0	951.0	922.0	905.0	911.0	833.0
大型水库	座	29.0	33.0	33.0	33.0	33.0	33.0	33.0	33.0	34.0
中型水库	座	71.0	74.0	74.0	74.0	74.0	74.0	74.0	76.0	76.0
小型水库	座	863.0	811.0	845.0	845.0	844.0	815.0	798.0	802.0	723.0
水库总容量	亿立方米	335.5	359.3	357.5	359.9	359.3	358.3	358.1		
大型水库	亿立方米	303.1	325.5	325.6	328.0	327.7	326.8	326.8		
中型水库	亿立方米	21.2	22.9	21.3	21.3	21.1	21.2	20.9		
小型水库	亿立方米	11.2	10.9	10.6	10.6	10.5	10.3	10.3		
除涝面积	千公顷	996.3	996.1	995.0	983.2	985.3	989.1	993.1	911.2	911.0
本年新增除涝面积	千公顷	0.3		0.2	1.4	6.2	4.9	15.8	2.2	1.6
治理水土流失面积	万平方公里	5.7	5.9	6.1	6.2	6.3	6.5	6.7	4.5	4.7
本年水土流失治理面积	千公顷	192.6	149.2	128.2	140.4	144.0	181.8	265.9	233.8	217.3
堤防长度	万公里	1.9	1.9	2.0	2.2	2.1	2.2	2.2	2.0	2.1
堤防保护面积	千公顷	1806.6	1897.7	1885.2	1934.7	1935.8	1997.6	2046.6		

注：1.大型水库为库容1亿立方米以上;中型水库为库容1千万至1亿立方米;小型水库为库容10万至1千万立方米。
2.年底灌区数中往年不包含万亩以下灌区，2013年包含。

13-14 各地区农田水利情况

(2014年)

地 区	农田水利情况			
	有效灌溉面积(千公顷)	#机电提灌溉	机电提灌溉面积占灌溉面积(%)	规模以上机电井数(眼)
全 省	**1473.97**			**161388**
沈 阳	255.88			26082
大 连	72.50			19007
鞍 山	74.38			4001
抚 顺	37.09			1831
本 溪	17.17			419
丹 东	79.17			1408
锦 州	169.34			16758
营 口	73.71			12268
阜 新	127.99			26561
辽 阳	72.41			4062
盘 锦	95.46			1081
铁 岭	165.93			17450
朝 阳	158.39			16392
葫芦岛	74.55			14068

13-15 各地区水利设施和除涝治碱面积

(2014年)

地 区	水库数(座)	水库总库容量(亿立方米)	除涝面积(千公顷)
全 省	**833**		**910.98**
省 直			
沈 阳	33		324.04
大 连	210		53.83
鞍 山	21		97.66
抚 顺	114		
本 溪	34		
丹 东	57		39.32
锦 州	26		105.40
营 口	35		48.10
阜 新	58		29.49
辽 阳	5		38.20
盘 锦	16		84.20
铁 岭	90		88.40
朝 阳	69		0.41
葫芦岛	65		1.93

13-16 农作物

年份	农作物总播种面积	粮食作物	经济作物	其他作物	占总播种面积比重(%)			粮食作物						
					粮食作物	经济作物	其他作物		水稻	小麦	玉米	高粱	谷子	薯类
1980	3914.8	3221.1	392.1	301.5	82.3	10.0	7.7	3221.1	385.7	40.9	1416.2	558.3	190.1	42.5
1985	3705.8	2889.5	532.3	283.9	78.0	14.4	7.6	2889.5	480.2	11.8	1198.0	416.7	210.1	72.3
1986	3663.7	3036.9	338.3	288.4	82.9	9.2	7.9	3036.9	510.1	20.5	1258.5	441.3	205.9	65.7
1987	3620.6	3130.8	199.3	290.5	86.5	5.5	8.0	3130.8	548.4	27.2	1341.1	448.4	188.7	64.0
1988	3603.2	3101.3	203.7	298.1	86.1	5.6	8.3	3101.3	553.7	34.4	1318.0	450.5	179.4	70.6
1989	3594.5	3083.5	211.8	299.2	85.8	5.9	8.3	3083.5	553.4	55.0	1313.2	420.3	177.3	73.6
1990	3618.9	3121.6	204.9	292.4	86.3	5.7	8.1	3121.6	543.3	112.8	1365.7	395.0	169.3	73.7
1991	3638.1	3089.9	257.5	290.7	84.9	7.1	8.0	3089.9	542.2	147.2	1372.4	367.5	147.2	78.8
1992	3633.1	3051.5	281.7	299.9	84.0	7.7	8.3	3051.5	556.6	165.7	1384.0	342.0	120.4	88.0
1993	3630.0	3049.2	224.6	356.2	84.0	6.1	9.9	3049.2	484.1	183.1	1416.2	326.0	120.1	99.9
1994	3623.5	3026.4	226.8	370.3	83.5	6.3	10.2	3026.4	458.7	162.4	1464.6	321.7	109.0	95.9
1995	3623.7	3030.9	210.4	382.4	83.6	5.8	10.6	3030.9	472.6	171.3	1517.5	308.3	102.8	102.5
1996	3627.8	3073.1	165.8	388.9	84.7	4.6	10.7	3073.1	478.1	177.9	1576.7	300.2	104.9	110.0
1997	3627.0	3037.1	181.1	408.8	83.7	5.0	11.3	3037.1	491.7	167.9	1573.4	257.6	106.1	105.6
1998	3630.2	3039.2	178.4	412.6	83.7	4.9	11.4	3039.2	496.0	150.2	1638.0	222.8	100.8	109.6
1999	3643.1	3055.3	163.3	424.5	83.9	4.5	11.7	3055.3	501.5	152.9	1677.8	202.5	89.6	130.5
2000	3622.0	2858.6	248.0	515.4	78.9	6.8	14.2	2858.6	489.7	117.5	1422.5	188.6	86.9	167.1
2001	3559.9	2758.1	279.9	522.0	77.5	7.9	14.7	2758.1	449.5	86.1	1366.3	163.0	130.5	151.1
2002	3577.0	2658.6	327.8	590.6	74.3	9.2	16.5	2658.6	457.1	47.2	1395.1	168.8	101.6	145.1
2003	3476.6	2563.6	344.6	568.4	73.7	9.9	16.3	2563.6	392.0	19.8	1401.4	125.3	111.2	138.8
2004	3666.5	2965.8	242.2	458.5	80.9	6.6	12.5	2965.8	492.1	19.9	1835.9	106.4	94.2	103.4
2005	3801.0	3179.7	199.4	421.9	83.7	5.2	11.1	3179.7	538.1	21.4	2076.7	107.8	86.6	93.2
2006	3627.2	3089.7	118.6	418.9	85.2	3.3	11.5	3089.7	624.9	8.0	1983.1	95.7	82.8	103.5
2007	3703.9	3127.2	118.1	458.6	84.4	3.2	12.4	3127.2	660.6	12.4	1998.6	85.1	82.2	96.3
2008	3946.4	3035.9	320.7	589.8	76.9	8.1	15.0	3035.9	658.7	10.3	1884.9	72.7	76.1	92.8
2009	4064.7	3124.1	313.6	627.0	76.9	7.7	15.4	3124.1	656.7	8.8	1964.1	95.2	87.4	91.9
2010	4184.9	3179.3	380.8	624.8	76.0	9.1	14.9	3179.3	677.5	7.5	2093.0	70.6	76.8	80.0
2011	4356.2	3169.8	428.3	758.1	72.8	9.8	17.4	3169.8	659.6	6.9	2134.6	58.9	63.5	83.1
2012	4361.3	3217.3	390.7	753.3	73.8	9.0	17.3	3217.3	661.8	6.8	2206.7	51.1	52.0	82.0
2013	4208.8	3226.4	368.4	614.0	76.7	8.8	14.6	3226.4	649.2	5.6	2245.6	47.1	51.9	78.9
2014	4164.1	3235.1	327.7	601.3	77.7	7.9	14.4	3235.1	562.1	5.8	2330.1	55.6	61.9	85.7

注：2013年农作物总播种面积为粮食作物抽样数据与经济作物全面数据合计，2013年以前为两类作物全面数据合计。

播种面积

单位：千公顷

大豆	其他杂粮	经济作物	棉花	油料				麻类	甜菜	烟叶		其他作物		
					#花生	芝麻	向日葵(籽)				#烤烟		#蔬菜	绿肥
472.9	114.7	392.1	38.5	303.2	97.5	12.3	169.6	25.5	11.1	9.6	8.7	301.5	202.1	67.6
393.0	107.5	532.3	39.1	447.5	251.7	92.7	77.7	2.7	13.7	18.6	10.1	283.9	217.3	23.0
410.3	124.6	338.3	17.9	280.6	161.6	22.9	81.5	2.7	12.9	15.7	7.2	288.4	230.6	19.9
395.2	117.8	199.3	4.6	151.3	86.6	7.1	50.1	2.5	16.1	14.3	8.4	290.5	234.2	17.6
381.5	113.3	203.7	10.3	135.4	83.8	3.3	42.9	2.5	25.9	18.6	12.4	298.1	241.5	13.3
370.3	120.5	211.8	16.2	132.0	83.2	5.1	37.4	1.7	17.0	31.7	24.1	299.2	248.3	11.6
349.0	112.8	204.9	19.1	125.1	78.0	4.7	37.7	1.8	22.5	26.0	20.3	292.4	253.3	11.9
326.2	81.6	257.5	55.4	142.6	92.6	15.0	31.8	1.6	25.1	23.0	18.0	290.7	255.0	6.6
302.3	74.8	281.7	74.9	142.7	90.4	24.5	25.5	1.5	20.8	24.3	19.6	299.9	267.8	6.7
325.1	94.5	224.6	24.6	141.3	91.6	24.4	21.5	0.9	23.2	24.1	17.5	356.2	294.6	43.4
318.6	95.4	226.8	25.7	144.4	102.9	18.1	22.2	0.7	28.8	18.7	13.5	370.3	318.3	
273.0	82.9	210.4	31.0	131.8	94.1	14.1	22.0	0.8	30.2	16.6	13.4	382.4	330.6	33.4
239.2	86.1	162.4	12.4	95.1	67.1	6.5	20.4	0.4	27.2	27.3	24.8	388.9	342.2	
249.2	85.5	181.1	19.5	98.2	69.1	6.1	22.5	0.3	23.8	33.2	29.0	408.8	354.2	
249.6	72.2	178.4	20.5	122.4	91.0	9.0	21.9	0.2	17.1	15.2	13.0	412.6	353.2	
235.1	65.2	163.4	6.9	122.1	89.0	6.7	25.0	0.4	13.7	17.0	15.3	424.5	369.9	
301.9	84.5	248.0	7.3	199.5	142.8	1.4	28.2	0.7	16.5	18.4	16.7	515.4	413.2	
290.4	121.2	279.9	7.3	235.4	184.1	13.1	32.1	0.2	18.0	11.5	10.1	522.0	412.9	
266.6	77.1	327.8	2.9	286.1	227.9	16.2	37.5	0.1	13.1	13.0	11.8	590.6	467.3	
285.2	89.9	344.6	3.9	312.0	253.3	12.3	40.7	0.5	1.1	12.8	11.0	568.4	450.1	
244.4	69.6	242.2	4.4	205.2	173.3	8.2	19.8	0.2	0.9	11.6	10.4	458.5	378.4	
184.9	71.0	199.4	2.3	164.3	140.6	5.2	15.8	0.1	1.5	16.1	15.1	421.9	353.1	
128.9	41.8	118.6	1.5	106.6	96.1	2.6	7.4		0.8	8.3	7.5	418.9	354.0	
130.4	40.4	118.1	1.1	106.8	98.7	2.0	5.8		0.7	8.0	7.3	458.6	376.0	
181.0	59.4	320.7	1.4	282.5	263.3	2.3	14.5	0.01	2.0	11.5	10.7	589.8	388.7	
164.1	55.9	313.6	0.9	277.3	260.6	1.8	12.3	0.01	1.8	12.5	11.4	627.0	402.7	
123.4	50.5	380.8	0.4	347.4	332.4	1.5	12.0		1.1	10.9	9.8	624.8	430.2	
120.2	43.0	428.3	0.4	392.0	377.1	1.2	12.0	0.01	1.8	10.8	9.7	758.1	465.4	
115.8	41.1	390.7	0.3	376.7	359.6	0.9	8.1	0.01	1.9	11.8	10.8	753.3	487.1	
114.9	33.3	368.4	0.5	354.7	341.5	0.4	7.4		3.3	9.8	9.3	614.0	492.1	
106.4	27.5	327.7	0.1	314.0	305.6	0.2	5.7		2.1	11.6	10.8	601.3	473.7	

13-17 各地区农作物播种面积

(2014年)

单位：千公顷

地区	农作物总播种面积	粮食作物	水稻	小麦	玉米	高粱	谷子	薯类	大豆	其他杂粮
全省	**4164.1**	**3235.1**	**562.1**	**5.8**	**2330.1**	**55.6**	**61.9**	**85.7**	**106.4**	**27.5**
沈阳	647.9	485.1	111.8	1.4	347.2	1.4	0.5	10.7	9.9	2.3
大连	322.9	272.3	26.6	0.1	188.9	0.7	1.7	19.6	33.6	1.2
鞍山	252.4	211.3	35.7	0.1	168.4	0.5	0.2	1.3	4.9	0.2
抚顺	127.2	98.3	20.6		71.7	0.1	0.0	2.3	3.2	0.3
本溪	58.3	49.6	8.9		35.6	0.1	0.6	1.6	2.5	0.3
丹东	204.4	161.4	49.9	0.1	100.0	0.3	0.1	4.1	6.2	0.6
锦州	450.1	358.0	29.0	0.0	306.2	7.4	1.8	4.2	7.0	2.3
营口	110.0	94.0	44.2		46.0	0.6	0.4	0.7	1.8	0.3
阜新	485.5	311.2	3.7	0.1	279.8	5.4	5.9	1.2	10.2	5.0
辽阳	158.6	136.7	46.9		86.0	0.1	0.0	2.2	1.3	0.2
盘锦	143.7	126.7	106.0		15.8	0.1			4.8	
铁岭	578.6	472.6	59.7	0.2	388.9	0.3	0.2	12.0	9.6	1.6
朝阳	485.9	374.3	0.0	1.5	308.8	14.3	34.2	3.9	3.8	7.8
葫芦岛	248.1	193.3	6.6	0.0	163.1	1.4	2.6	11.5	7.1	0.9

注：各地区2013年粮食作物数据主要采用抽样调查数据，2013年以前的粮食数据为全面调查数据。

13-17 续表

单位：千公顷

地区	经济作物								其他作物
	棉花	油料	花生	芝麻	向日葵(籽)	甜菜	烟叶	烤烟	蔬菜
全省	**0.1**	**314.0**	**305.6**	**0.2**	**5.7**	**2.1**	**11.6**	**10.8**	**473.7**
沈阳		43.2	41.7		1.3				80.3
大连	0.0	6.2	6.1		0.0				36.1
鞍山		5.4	5.4				0.0		33.4
抚顺		0.8	0.8		0.0		0.5		11.7
本溪		0.4	0.4						4.3
丹东		3.5	2.9				4.1	4.1	20.7
锦州		35.6	34.9		0.2	0.2			48.3
营口	0.0	0.2	0.2						12.5
阜新		146.4	145.9				2.0	2.0	20.9
辽阳		0.9	0.7		0.0				18.7
盘锦	0.0	0.1	0.1			0.1			15.8
铁岭		40.3	40.2				3.0	3.0	50.4
朝阳	0.1	5.8	1.1	0.2	4.1	1.8	1.9	1.7	92.9
葫芦岛	0.0	25.1	24.9	0.0	0.0		0.0		27.6

13-18 主要农产品产量

年份	粮食(万吨)	水稻	小麦	玉米	高粱	谷子	薯类	大豆	其他杂粮	棉花(吨)
1978	1117.2	206.8	9.4	560.0	225.2	30.0	18.5	53.5	13.8	23372
1980	1221.6	235.3	5.5	653.6	226.8	23.3	10.5	53.6	13.0	21348
1985	976.0	263.0	2.8	448.1	150.7	29.9	15.8	54.6	11.2	24166
1986	1222.2	323.8	4.0	607.3	168.4	27.9	15.3	63.5	12.0	11647
1987	1276.2	340.7	5.6	671.5	159.0	25.7	13.5	49.2	11.1	3337
1988	1307.2	340.2	8.2	680.6	161.6	20.0	18.8	44.4	13.6	6381
1989	1018.2	283.8	15.3	496.7	106.9	16.2	12.1	24.1	13.1	7808
1990	1494.7	375.7	44.3	812.3	180.8	30.5	19.4	43.5	14.5	13595
1991	1532.4	403.4	49.8	848.6	181.2	23.3	24.6	37.5	13.1	41987
1992	1568.4	417.7	65.5	864.5	152.7	18.5	26.2	32.4	11.1	27949
1993	1696.0	389.6	66.5	989.1	178.1	24.4	34.5	52.2	14.0	19439
1994	1337.1	297.7	49.5	613.9	181.5	25.5	28.3	48.3	14.4	16727
1995	1423.5	255.3	63.3	804.5	156.6	22.2	35.9	40.3	12.4	23666
1996	1660.1	366.1	59.4	1047.3	183.0	29.1	42.5	43.6	15.8	10813
1997	1313.5	389.4	56.5	674.7	100.3	18.7	39.5	35.1	11.3	15067
1998	1828.9	407.5	61.4	1205.3	141.6	28.6	47.8	52.8	15.0	17876
1999	1648.8	415.8	59.2	988.3	77.1	13.2	51.0	39.3	9.5	4574
2000	1140.0	375.5	35.4	547.9	51.6	9.3	61.5	47.9	8.7	5604
2001	1394.4	341.2	15.7	833.7	74.5	25.7	54.7	55.2	19.2	7508
2002	1510.4	359.2	11.5	889.4	83.1	23.3	60.3	52.6	31.0	2983
2003	1498.3	310.6	6.1	930.5	58.9	24.4	66.2	63.7	16.4	3481
2004	1720.0	382.4	6.9	1352.1	62.0	26.9	50.6	59.2	15.6	4742
2005	1745.8	414.5	8.9	1340.3	70.8	30.8	48.0	43.5	11.6	2685
2006	1797.0	426.6	3.1	1211.5	41.0	17.9	48.2	38.0	8.6	2000
2007	1835.0	505.0	5.3	1167.8	38.7	23.2	50.8	32.0	8.2	2100
2008	1860.3	505.6	4.9	1189.0	31.9	20.4	47.5	48.8	12.2	2401
2009	1591.0	506.0	4.5	963.1	22.9	15.1	41.7	30.0	7.7	956
2010	1765.4	457.6	3.7	1150.5	35.2	24.7	51.3	34.1	8.3	655
2011	2035.5	501.3	3.7	1360.3	36.3	22.1	65.0	34.1	12.7	736
2012	2070.5	507.8	3.2	1423.5	30.5	16.5	49.8	31.2	8.0	560
2013	2195.6	506.9	2.7	1563.2	29.5	16.5	41.6	28.4	6.8	999
2014	1753.9	451.5	2.8	1170.5	28.0	17.4	53.5	22.3	8.0	100

13-18 续表

年 份	油料(吨)	#花生	芝麻	向日葵	麻类(吨)	甜菜(吨)	烟叶(吨)	#烤烟	蔬菜(万吨)
1978	105271	44811	1471	41080	14994	63376	31280	29483	652.0
1980	282529	137440	4059	13142	9487	127239	23617	22361	548.7
1985	540147	402737	43717	76731	2446	226775	34143	18424	589.5
1986	316211	221858	8899	76336	2054	218267	27137	10370	700.9
1987	192045	130062	3070	54351	1660	283685	28869	15692	756.1
1988	167916	133437	1362	29448	2875	481603	36383	22094	784.8
1989	70809	46084	1365	20354	2334	233945	45378	31376	790.0
1990	174537	133427	2879	33939	2586	497538	44005	31575	861.3
1991	202878	153230	8895	38066	2011	585929	39022	28525	893.5
1992	176256	129402	15415	29663	2494	523226	44297	32283	1003.2
1993	218478	168448	18427	27973	1234	538234	49878	31591	1162.7
1994	244305	200079	14022	29192	1050	392366	35721	23534	1130.6
1995	197717	162764	10040	22518	1039	504147	31959	21913	1268.1
1996	170003	134450	5618	28367	396	585516	56091	50344	1438.6
1997	160745	134136	3901	21826	294	400727	60890	51527	1492.2
1998	233611	198115	5798	28422	210	416120	31319	26182	1588.1
1999	197797	166326	4320	24736	355	263581	32487	29938	1650.8
2000	295527	256249	8298	12685	883	286894	31507	28589	1757.0
2001	462553	420504	10367	22994	245	355910	23548	19787	1826.6
2002	564529	507904	14139	34245	155	397226	28679	25987	2098.6
2003	614049	548406	10099	40844	611	33964	26487	22945	2148.2
2004	459299	419110	7293	24153	606	27427	26932	24243	2034.6
2005	368411	330103	6036	27337	114	62379	34234	31742	1954.8
2006	257100	245000	2036	9064	12	30000	26900	24200	2129.8
2007	263800	250000	2159	10541	9	50300	29100	23300	2232.0
2008	835027	800740	2997	25225	21	74952	32255	29655	2438.3
2009	553499	534697	815	11004	9	61941	31531	29155	2604.4
2010	995980	961477	2176	20507		48728	28560	24505	2668.2
2011	1197565	1165363	2330	25917	15	77977	29846	26423	2832.5
2012	1208739	1165335	2139	20284		97317	33621	30537	2977.6
2013	1136411	1112920	686	17764		171219	27960	26852	3171.4
2014	636881	620365	361	10333		101387	33513	31995	3090.1

13-19 各地区主要农产品产量

(2014年)

地　区	粮食(万吨)	水稻	小麦	玉米	高粱	谷子	薯类	大豆	其他杂粮	棉花(吨)
全　省	**1753.9**	**451.5**	**2.8**	**1170.5**	**28.0**	**17.4**	**53.5**	**22.3**	**8.0**	**100**
沈　阳	359.9	97.1	0.5	251.0	1.1	0.1	7.1	2.5	0.5	
大　连	110.2	17.5	0.1	81.3	0.3	0.2	6.0	4.7	0.1	5
鞍　山	118.2	26.1	0.0	90.3	0.2	0.0	0.5	0.9	0.0	
抚　顺	52.4	12.6		37.1	0.0	0.0	1.8	0.7	0.1	
本　溪	24.0	5.5		17.0	0.1	0.1	0.9	0.4	0.0	
丹　东	100.8	37.2	0.0	60.2	0.1	0.0	2.1	1.1	0.1	
锦　州	190.4	22.6	0.0	160.3	3.0	0.3	2.8	1.2	0.1	
营　口	67.1	42.1		23.4	0.4	0.1	0.6	0.4	0.1	5
阜　新	186.3	2.3	0.0	174.6	3.3	2.3	0.9	2.4	0.4	
辽　阳	91.5	37.5		52.1	0.0	0.0	1.5	0.3	0.0	
盘　锦	112.5	97.3		13.6	0.1			1.6	0.0	3
铁　岭	346.0	44.8	0.0	280.6	0.2	0.1	16.0	4.2	0.1	
朝　阳	176.8	0.0	1.1	155.7	7.4	8.9	2.1	0.4	1.3	85
葫芦岛	44.7	3.0	0.0	34.5	0.2	0.2	6.1	0.7	0.0	2

13-19 续表

地　区	油料(吨)	#花生	#芝麻	#向日葵	麻类(吨)	甜菜(吨)	烟叶(吨)	#烤烟	蔬菜(万吨)
全　省	**636881**	**620365**	**361**	**10333**		**101387**	**33513**	**31995**	**3090.1**
沈　阳	123960	120765		2933					548
大　连	12920	12801		2					238
鞍　山	15080	15080					12		245
抚　顺	3525	3488		12			768		59
本　溪	1004	985							21
丹　东	11425	10256					10047	9904	114
锦　州	67309	65910		491		8706			345
营　口	387	387							86
阜　新	248745	247890					7670	7670	126
辽　阳	2647	2595		52					86
盘　锦	251	231				2768			120
铁　岭	123622	123514					9280	9280	308
朝　阳	12459	3290	361	6843		89913	5691	5141	538
葫芦岛	13547	13173					45		254

13-20 主要农产品单位面积产量

(按播种面积计算)

单位：公斤/亩

年 份	粮食	水稻	小麦	玉米	高粱	谷子	薯类	大豆	其他杂粮	棉花
1978	224	367	93	279	238	95	161	69	86	16
1980	253	407	89	308	271	82	165	76	76	37
1985	225	365	158	249	241	95	146	93	69	41
1986	268	427	129	322	254	90	155	103	64	43
1987	272	421	136	334	236	91	141	83	63	48
1988	281	419	159	344	239	74	178	78	80	41
1989	220	348	185	252	170	61	110	44	59	32
1990	319(325)	461	262	397	305	120	176	83	86	48
1991	331(341)	491	226	412	329	105	208	77	85	51
1992	343(347)	500	264	416	298	103	199	71	80	25
1993	371(382)	536	242	466	364	135	231	107	99	53
1994	295(277)	433	204	279	376	156	197	101	100	43
1995	313(306)	360	246	353	339	144	233	98	100	51
1996	360(388)	511	222	443	406	185	257	122	122	58
1997	288(291)	528	224	286	259	118	249	94	88	52
1998	401(430)	548	273	491	424	189	291	141	139	58
1999	360(361)	553	258	393	254	98	261	111	97	44
2000	266(265)	511	201	257	182	71	245	106	69	51
2001	337(343)	506	122	407	305	131	241	127	106	69
2002	379(375)	524	163	425	328	153	277	132	268	69
2003	390(384)	528	206	443	313	146	318	149	122	59
2004	395(440)	518	232	491	389	190	326	162	149	72
2005	381(414)	514	278	430	438	237	343	157	187	78
2006	357(397)	455	258	407	286	144	310	197	137	89
2007	391	510	285	390	303	188	352	164	135	127
2008	409	512	319	421	293	179	341	180	149	113
2009	340	514	341	327	160	115	303	122	92	73
2010	370	450	329	366	332	214	428	184	110	103
2011	428	507	357	425	411	232	521	189		121
2012	429	512	314	430	398	212	405	180	92	123
2013	454	521	324	464	417	213	352	165	136	125
2014	361	535	322	335	335	187	416	140	194	74

13-20 续表

单位：公斤/亩

年 份	油料	#花生	#芝麻	#向日葵	麻类	甜菜	烟叶	#烤烟	蔬菜
1978	33	69	20	37	28	428	147	160	1956
1980	62	94	22	52	25	767	164	171	1811
1985	81	107	31	61	59	1101	122	122	1808
1986	75	92	26	62	51	1131	122	96	2026
1987	85	100	28	72	44	1178	135	125	2152
1988	83	106	28	46	76	1240	130	119	2167
1989	36	37	18	36	88	917	96	87	2121
1990	93	114	40	60	97	1473	113	104	2267
1991	95	110	39	80	83	1554	113	106	2336
1992	82	95	42	78	113	1674	122	109	2498
1993	103	123	50	87	93	1547	138	120	2631
1994	113	130	52	88	80	908	128	116	2368
1995	100	115	47	68	91	1115	128	109	2557
1996	119	134	58	92	71	1437	137	135	2803
1997	109	129	43	65	77	1121	122	119	2809
1998	127	145	43	87	88	1618	137	134	2998
1999	108	125	43	66	60	1278	127	130	2975
2000	99	120	40	30	88	1157	114	114	2835
2001	131	152	53	48	74	1319	137	130	2949
2002	132	149	58	61	110	2015	147	147	2994
2003	131	144	55	67	75	2132	138	139	3088
2004	149	161	60	81	210	2078	155	155	3585
2005	149	156	77	115	158	2791	141	141	3691
2006	161	170	52	82	73	2500	216	215	4011
2007	165	169	72	121	100	2630	243	213	3957
2008	197	203	85	116	117	2507	187	185	4182
2009	133	137	31	60	60	2269	168	171	4311
2010	191	193	99	114		3053	175	167	4135
2011	204	206	127	144	100	2965	185	182	4057
2012	214	216	150	167		3469	190	189	4074
2013	214	217	130	160		3427	190	192	4296
2014	135	135	122	121		3297	193	197	4349

13-21 各地区主要农产品单位面积产量

(按播种面积计算，2014年)

单位：公斤/公顷

地　区	粮食								棉花
		水稻	小麦	玉米	高粱	谷子	薯类	大豆	
全　省	**5421**	**8032**	**4828**	**5023**	**5027**	**2809**	**6234**	**2096**	**1111**
沈　阳	7420	8686	3648	7228	7816	2978	6655	2518	
大　连	4046	6574	7000	4302	4557	1362	3066	1415	1250
鞍　山	5594	7320	4500	5364	3847	2126	3487	1919	
抚　顺	5329	6138		5172	2508	1897	8061	2170	
本　溪	4827	6141		4773	3916	2157	5643	1502	
丹　东	6243	7448	2826	6016	3831	1250	5116	1720	
锦　州	5318	7788	4535	5237	4029	1737	6698	1743	
营　口	7135	9513		5081	6666	3095	8145	2416	1000
阜　新	5986	6276	2982	6240	6056	3948	7825	2369	
辽　阳	6691	7996		6059	4763	1792	6912	2408	
盘　锦	8881	9178		8598	7500			3195	
铁　岭	7322	7507	747	7215	5990	4500	13337	4312	
朝　阳	4722	6450	7283	5043	5162	2597	5372	950	1197
葫芦岛	2310	4523	6000	2114	1071	779	5309	938	250

13-21　续表

单位：公斤/公顷

地　区	油料				麻类	甜菜	烟叶		蔬菜
		#花生	#芝麻	#向日葵				#烤烟	
全　省	**2028**	**2030**	**1823**	**1822**		**49457**	**2902**	**2956**	**65231**
沈　阳	2872	2895		2275					68282
大　连	2076	2090		2000					66040
鞍　山	2771	2771					1000		73424
抚　顺	4257	4228		4000			1692		50807
本　溪	2270	2263							48993
丹　东	3219	3575					2444	2440	55266
锦　州	1893	1887		2135		**52132**			71272
营　口	1845	1845							69347
阜　新	1699	1699					3808	3808	60036
辽　阳	2944	3535		1486					45937
盘　锦	2092	2159				**36907**			75828
铁　岭	3071	3071					3081	3081	61199
朝　阳	2150	2948	1851	1665		**49731**	2929	2955	57902
葫芦岛	539	528					11250		91991

13-22 水果、蚕茧、人参、芦苇生产情况

指标	单位	2005年	2006年	2008年	2009年	2010年	2011年	2012年	2013年	2014年
一、水果										
果园面积	千公顷	317.0	313.6	323.6	349.7	354.1	359.86	368.5	400.4	403.0
#苹果园	千公顷	110.3	109.1	114.0	121.9	125.9	133.96	139.0	155.0	158.0
梨园	千公顷	91.6	87.7	83.2	97.9	98.6	98.84	98.8	113.4	111.1
葡萄园	千公顷	28.1	26.8	26.6	26.8	26.6	27.38	35.3	36.8	37.7
山楂园	千公顷	14.0	12.0	10.6	12.8	12.7	12.44	11.5	10.9	10.8
果树株数	万株	32435.0	33236.7	37020.1	47340.6	46704.8	42561.3	46785.4	44711.8	45065.5
#苹果	万株	5838.5	6172.4	6961.3	8036.5	8799.7	10015.4	12174.0	13341.4	14130.8
梨	万株	5600.2	5386.7	5308.9	6469.2	6580.2	6527.1	6921.0	7940.4	7915.3
葡萄	万株	11679.0	11238.1	11928.3	17060.5	16722.8	12207.6			
山楂	万株	1337.5	1270.5	1035.9	1166.9	1286.4	1292.0			
结果株数	万株	22553.0	22640.6	26275.9	30634.2	31517.8	32039.7	34673.0	34128.7	34253.8
#苹果	万株	3562.3	3813.6	4803.7	5340.5	5830.2	6572.8	7727.0	9139.1	9499.8
梨	万株	3196.4	3225.4	3563.9	4443.6	4691.4	4719.9	5119.0	6002.6	5935.2
葡萄	万株	9785.8	9086.7	9685.6	10856.5	10735.0	10427.1			
山楂	万株	1123.2	1082.7	808.7	932.2	960.1	969.8			
水果产量	吨	3292674	3437027	4225182	4772144	5215623	5743860	6329172	6613757	5920688.1
#苹果	吨	1299595	1301399	1709138	1948100	2094719	2396805	2634128	2752280	2476010.9
梨	吨	690345	705232	937944	1103509	1261402	1401586	1547193	1653343	1370946.5
葡萄	吨	581711	587191	614422	642124	634296	672695	769027	816325	826598.4
山楂	吨	64756	62783	64934	86032	84087	92281	82659	93482	73051.5
二、蚕业										
柞蚕茧产量	吨	43200	44075	53516	50142	49847	54827	50856	51674	50774.5
桑蚕茧产量	吨	159	191	194	224	102	103.0	107	77	58
三、人参										
人参产量	吨	2461.5	2390.5	1817.3	2928.7	3788.0	4392.9	1175.0	1256.0	1494.4
四、芦苇										
芦苇产量	万吨	50.9	54.3	56.7	53.8	46.9	51.9	46.2	46.0	41.8

13-23 水果、蚕茧、人参产量

单位：吨

年 份	水果总产量	#苹果	#梨	#葡萄	#山楂	蚕茧总产量	柞蚕茧	桑蚕茧	人参总产量
1978	937915	656750	227700	7130		40587	40521	66	
1980	782677	610133	109907	6244		56757	56634	123	775
1985	806799	547791	173077	20902	14342	26996	26945	51	985
1986	803832	546862	171840	23521	14717	24790	24760	30	1302
1987	933062	637092	177808	35017	21571	39137	39086	51	1813
1988	958557	621544	195066	53092	24643	34825	34768	57	2639
1989	1003137	655737	174370	72170	33395	39415	39348	67	2437
1990	1112886	759244	166806	73567	36562	40772	40641	131	2766
1991	1011230	570542	204839	89895	50659	23982	23812	170	2704
1992	1527272	979434	222916	121829	73918	26124	25926	198	2719
1993	1888380	1196127	300099	146162	97312	36486	36349	137	3720
1994	1845580	1069137	323985	158210	99411	27808	27720	178	2073
1995	2199889	1277295	402963	153317	98566	32988	32805	183	1431
1996	2480339	1505993	477330	185421	80719	29411	29158	253	1226
1997	2641058	1611487	471870	193380	79456	39685	39532	153	2141
1998	2985505	1674628	610898	275557	85093	44563	44455	108	1304
1999	2566685	1469839	424605	307453	71638	28760	28720	40	1297
2000	2499660	1231479	455404	430282	67148	39051	38959	92	1218
2001	2416697	1134657	509942	396991	61151	43870	43790	80	1492
2002	2344015	1005142	412724	522061	59314	41998	41652	34	2132
2003	2678104	1089937	515892	586124	54253	44402	44362	40	3001
2004	3076521	1222119	605679	613683	61482	39152	38867	285	2316
2005	3292674	1299595	690345	581711	64756	43359	43200	159	2462
2006	3437027	1301399	705232	587191	62783	44266	44075	191	2390
2007	3961160	1551508	874282	625421	66256	48285	48025	260	1892
2008	4225182	1709138	937944	614422	64934	53710	53516	194	1817
2009	4772144	1948100	1103509	642124	86032	50366	50142	224	2929
2010	5215623	2094719	1261402	634296	84087	49949	49847	102	3788
2011	5743860	2396805	1401586	672695	92281	54930	54827	103	4393
2012	6329172	2634128	1547193	769027	82659	50963	50856	107	1175
2013	6613757	2752280	1653343	816325	93482	51751	51674	77	1256
2014	5920688	2476011	1370947	826598	73052	50832.5	50774.5	58	1494

13-24 林业生产情况

指　　标	单位	2005年	2006年	2008年	2009年	2010年	2011年	2012年	2013年	2014年
造 林 面 积	千公顷	126.49	70.77	81.53	129.97	190.67	246.77	246.67	233.30	226.47
按造林用途分:										
用 材 林	千公顷	20.93	2.93	6.15	2.85	26.33	11.95	13.36	8.00	13.47
经 济 林	千公顷	6.18	4.19	3.64	4.26	7.50	16.67	17.85	38.70	25.44
防 护 林	千公顷	98.21	63.65	71.74	122.62	156.80	218.03	215.42	186.60	187.56
薪 炭 林	千公顷	1.17			0.24		0.06			
特种用材林	千公顷					0.03	0.05	0.03		
封山育林面积	千公顷			866.98	989.55	1562.33	1213.83	1101.40	1368.32	100.06
#本年新封面积	千公顷	68.48	4.54	26.66						100.06
零 星 植 树	万株		7097.00	9982.00		14169.00	9777.38	7330.27	6645.66	5979.10
育 苗 面 积	千公顷	17.11	18.19	19.34	16.92	17.94	19.48	21.26	21.10	39.37
#当年新育	千公顷	6.16	6.42	7.33	6.31	7.93	7.35	5.96	6.43	8.25
当年苗木产量	万株	175414.00	303478.00	233273.00	261320.00	489432.00	789389.62	415997.72	417302.82	311263.48
幼林抚育作业面积	千公顷			186.82	366.12	202.00	175.45		95.64	60.46
成林抚育面积	千公顷			76.04	95.46	60.38	74.05	103.20		
木材采运量	万立方米	147.07	229.00	181.00	187.00	194.00	198.00	191.00	178.20	1999.57

13-25 各地区造林面积

地　区	合计						#用材林					
	2009年	2010年	2011年	2012年	2013年	2014年	2009年	2010年	2011年	2012年	2013年	2014年
全　省	**130**	**190.1**	**246.8**	**246.7**	**233.3**	**226.5**	**2.9**	**26.4**	**11.9**	**13.4**	**8.0**	**13.5**
沈　阳	12.4	8.3	29	10.3	16.7	8.7			1.0	1	0.3	0.5
大　连	15.1	10	8.8	10.0	20.7	4.2		0.3			0.1	0.4
鞍　山	3.3	7.3	6.3	6.3	9.7	6.1			0.3	0.3		
抚　顺	3.7	9.5	4.8	6.1	6.3	9.8		6.1	2.9	1.2	0.3	5.6
本　溪	6.6	19.4	2.5	2.0	2.4	3.5	0.7	10.1	0.8	0.2		
丹　东	2.7	8.8	8.3	1.5	5.1	7.0		3.8	2.5	0.4		
锦　州	6.6	12.1	15.8	31.4	33.5	27.1		0.4			1.7	0.2
营　口	1	8.2	4	11.1	7.7	4.4		0.2			0.6	
阜　新	16.7	20.4	27.7	45.4	35.3	50.0		0.1	2.2	3.7	2	2.8
辽　阳	3	7.5	4.5	5.4	4.6	2.9	0.2	2.8	0.3	1.8		1
盘　锦	0.3	0.4	0.7	0.7								
铁　岭	13.3	11.2	14.5	37.0	20.8	19.6	1.6	2.6	2.1	4.8	1	3
朝　阳	41	54.7	104	39.2	41.7	55.5	0.3				2	
葫 芦 岛	4.4	12.3	15.2	40.3	28.6	27.6						
厅直单位					0.2	0.2						0.1

13-25 续表

地　区	#经济林						#防护林					
	2009年	2010年	2011年	2012年	2013年	2014年	2009年	2010年	2011年	2012年	2013年	2014年
全　省	**4.3**	**7.5**	**16.7**	**17.9**	**38.7**	**25.4**	**122.6**	**156.3**	**218.0**	**215.4**	**186.6**	**187.6**
沈　阳	0.6		8.0	3.8	3.0		11.8	8.3	20.0	5.5	13.4	8.2
大　连	1.4	0.3	0.5	0.8	4.0	0.4	13.6	9.4	8.3	9.2	16.6	3.4
鞍　山			0.9		1.9		3.3	7.3	5.1	6.0	7.8	6
抚　顺				0.7	1.0	4.3	3.7	3.4	1.9	4.2	5	
本　溪					0.5		5.9	9.3	1.7	1.8	1.9	3.5
丹　东			0.9		1.0	0.1	2.7	5.2	4.9	1.1	4.1	6.8
锦　州				0.4	5.0	3.9	6.6	11.7	15.8	31.0	26.8	23
营　口		3.5	0.9		0.9	1.5	1.0	4.5	3.1	11.1	6.2	2.8
阜　新		0.1	0.8	3.6	5.1	4.0	16.7	20.1	24.7	38.1	28.2	43.1
辽　阳		0.6	0.4	0.5	0.9	1.2	2.5	4.0	3.8	3.1	3.7	0.7
盘　锦							0.3	0.4	0.7	0.7		
铁　岭	0.9		1.0	4.3	3.2	5.1	10.8	8.5	11.4	27.9	16.6	11.5
朝　阳	1.3	2.5	3.0	2.1	6.3	3.4	39.4	52.4	101.0	37.1	33.4	52.2
葫 芦 岛		0.5		1.7	5.7	1.3	4.4	11.8	15.2	38.6	22.9	26.3
厅直单位					0.1	0.1					0.1	

13-26 大牲畜头数

单位：万头

年份	大牲畜年末头数	#役畜	牛	马	驴	骡
1978	287.3	193.7	136.0	61.4	52.7	37.2
1980	279.1	177.3	130.6	61.9	46.9	39.7
1985	303.3	216.4	134.9	56.9	70.3	41.2
1986	313.9	219.5	140.2	56.1	75.3	42.3
1987	315.2	254.6	140.7	53.7	77.9	42.9
1988	319.1	217.4	142.8	51.9	80.8	43.6
1989	323.8	217.3	147.7	49.4	83.1	43.6
1990	326.1	217.2	150.9	47.0	84.4	43.8
1991	326.0	220.1	149.4	46.1	86.6	43.9
1992	331.6	214.2	155.4	45.1	87.5	43.6
1993	368.3	219.3	192.0	44.7	89.0	42.6
1994	438.9	228.6	261.2	44.3	91.2	42.2
1995	476.4	232.3	301.6	42.2	92.6	40.0
1996	505.4	244.4	330.9	42.2	93.5	38.9
1997	366.7	182.2	193.5	39.5	96.2	37.5
1998	382.1	187.9	209.3	40.6	95.2	37.0
1999	399.8	198.9	228.1	39.9	95.8	35.9
2000	420.7	212.8	254.0	37.0	95.3	34.4
2001	411.7	208.0	251.1	35.7	93.5	31.5
2002	421.5	198.7	264.8	34.4	92.9	29.4
2003	455.0	196.6	301.9	33.3	91.9	28.0
2004	476.9	192.6	329.1	31.3	91.8	24.8
2005	495.9	193.8	344.7	28.2	98.9	24.1
2006	427.1	165.7	281.5	26.7	95.9	23.0
2007	475.9	165.5	332.2	25.9	96.2	21.6
2008	524.1	188.1	356.4	27.7	116.2	23.7
2009	515.6	223.5	354.0	26.5	113.9	21.2
2010	525.9	127.0	366.7	26.9	112.1	20.1
2011	530.8	118.3	371.2	24.8	116.3	18.5
2012	524.4	89.3	367.1	22.9	117.4	17.0
2013	515.5	75.9		22.2	111.9	16.1
2014	502.2			20.5	105.5	14.5

13-27 肉类产量和猪羊头数

年 份	猪牛羊肉产量(万吨)	肉猪出栏头数(万头)	猪年末存栏头数(万头)	羊年末只数(万只)		
					山羊	绵羊
1978		554.3	1184.6	138.2	28.1	110.1
1980	42.9	656.3	1057.5	194.7	36.6	158.1
1985	57.0	647.4	1035.6	193.6	35.5	158.1
1986	58.1	650.9	1031.7	215.5	39.5	176.0
1987	57.3	626.4	930.4	233.7	47.0	186.7
1988	68.9	691.4	1065.4	274.2	60.9	213.3
1989	71.9	733.4	1089.6	294.9	74.3	220.6
1990	78.8	797.2	1093.5	267.2	73.4	193.8
1991	88.8	865.0	1137.7	239.5	75.7	163.8
1992	99.7	945.4	1222.0	247.9	73.7	174.2
1993	115.4	1020.9	1228.6	264.4	88.8	175.6
1994	144.5	1254.4	1340.1	302.0	115.8	186.2
1995	173.9	1461.6	1468.4	373.2	146.5	226.7
1996	190.4	1640.6	1426.5	403.1	164.1	238.9
1997	126.9	1131.0	953.3	292.6	133.7	158.9
1998	138.8	1223.9	1039.9	318.1	146.3	171.7
1999	148.4	1320.3	1123.4	347.8	159.3	188.5
2000	156.5	1413.8	1270.7	386.1	187.3	198.8
2001	169.0	1525.2	1291.8	449.4	212.6	236.8
2002	182.8	1648.7	1304.3	548.4	251.9	296.5
2003	198.6	1754.3	1365.8	730.8	319.7	411.1
2004	216.8	1894.6	1498.0	819.2	387.4	431.8
2005	238.8	2063.2	1642.4	830.2	426.3	404.0
2006	231.0	2245.4	1416.1	673.9	410.9	263.0
2007	236.2	2265.8	1429.4	675.9	412.6	263.3
2008	252.4	2435.5	1548.5	733.4	428.0	305.4
2009	266.8	2597.0	1606.2	717.0	447.8	269.2
2010	277.9	2682.7	1567.6	733.5	414.1	319.4
2011	275.8	2652.1	1585.4	725.6	401.8	323.8
2012	281.3	2728.5	1592.6	721.8	392.3	329.5
2013	284.9	2785.8	1624.5	735.4	401.0	334.4
2014	292.0	2839.4	1558.8	793.5	427.4	366.1

13-28 畜牧业生产情况

指　标	单位	2005年	2006年	2008年	2009年	2010年	2011年	2012年	2013年	2014年
一、畜产品产量										
1.猪牛羊出栏头数										
肉猪出栏头数	万头	2063.2	2245.4	2435.5	2597.0	2682.7	2652.1	2728.5	2785.8	2839.4
出售和自宰的牛	万头	278.8	236.5	277.8	270.0	278.9	281.8	286.9	287.2	283.3
出售和自宰的羊	万只	774.8	597.2	695.9	721.0	729.7	725.8	719.7	734.3	797.5
2.肉类总产量	万吨	346.1	329.7	376.0	389.2	406.7	408.2	418.7	420.3	429.18
#猪　肉	万吨	184.7	189.3	204.2	218.8	228.4	225.9	230.2	233.6	240.3
牛　肉	万吨	42.2	35.3	40.5	40.2	41.6	42.0	43.2	43.2	42.8
羊　肉	万吨	11.9	6.4	7.8	7.8	7.9	7.9	7.9	8.1	8.9
禽　肉	万吨	102.1	93.1	116.3	115.1	121.9	125.2	130.3	128.1	130.6
兔　肉	万吨	0.4	0.4	0.4	0.4	0.4	0.3	0.3	0.2	0.3
3.其他畜产品产量										
奶　类	万吨	78.8	95.8	120.1	115.6	126.7	132.0	130.2	125.7	134.5
#牛　奶	万吨	74.9	91.7	114.1	110.0	121.2	124.5	124.7	120.9	131.2
山羊毛	吨	1680.0	1876.5	2401.1	2735.6	2565.1	2169.3	1827.0	2554.1	2530.9
绵羊毛	吨	10412.0	8580.3	11468.5	10136.0	12153.7	13471.4	14660.0	14987.9	14977.4
羊　绒	吨	1053.0	1182.0	1371.8	1215.5	1292.6	1115.9	1056.0	995.9	1062.6
蜂　蜜	吨	1942.0	2661.6	2006.7	1683.9	1728.1	1659.4	1484.0	1187.0	706.3
禽　蛋	万吨	224.0	195.2	230.0	263.1	275.7	277.4	279.9	278.2	280.1
二、牲畜年末头数										
1.大牲畜	万头	495.9	427.1	524.1	515.6	525.9	530.8	524.4	515.5	502.2
#役　畜	万头	193.8	165.7	188.1	223.5	127.0	118.3	89.3	75.9	—
牛	万头	344.7	281.5	356.4	354.0	366.7	371.2	367.1	365.4	361.8
马	万头	28.2	26.7	27.7	26.5	26.9	24.8	22.9	22.2	20.5
驴	万头	98.9	95.9	116.2	113.9	112.1	116.3	117.4	111.9	105.5
骡	万头	24.1	23.0	23.7	21.2	20.1	18.5	17.0	16.1	14.5
2.猪	万头	1642.4	1416.1	1548.5	1606.2	1567.6	1585.4	1592.6	1624.5	1558.8
3.羊	万只	830.2	673.9	733.4	717.0	733.5	725.6	721.8	735.4	793.5
山　羊	万只	426.3	410.9	428.0	447.8	414.1	401.8	392.3	401.0	427.4
绵　羊	万只	404.0	263.0	305.4	269.2	319.4	323.8	329.5	334.4	366.1

13-29 各地区牲畜饲养情况

(2014年)

地 区	大牲畜年末头数(万头)	#役畜	#牛	#乳牛	马	驴	骡	肉猪出栏头数(万头)	猪年末头数(万头)	羊年末只数(万只)	山羊	绵羊
全 省	**502.2**		**361.8**	**31.6**	**20.5**	**105.5**	**14.5**	**2839.4**	**1558.8**	**793.5**	**427.4**	**366.1**
沈 阳	112.0		105.2	15.3	2.4	3.4	0.9	591.6	378.0	84.4	32.4	52.1
大 连	30.6		27.4	1.5	0.9	1.0	1.3	426.4	221.8	56.9	54.6	2.3
鞍 山	27.1		22.8	0.7	1.7	1.8	0.9	234.7	135.8	52.8	48.3	4.5
抚 顺	12.4		10.9	1.8	0.6	0.2	0.6	78.0	34.7	24.1	23.3	0.8
本 溪	8.6		8.3	0.2	0.1	0.1	0.1	54.6	32.0	26.3	25.7	0.6
丹 东	15.8		12.3	0.6	1.3	1.2	1.0	131.6	83.2	40.9	40.9	0.0
锦 州	82.3		67.0	10.0	3.2	9.7	2.3	535.2	316.5	82.1	7.2	74.9
营 口	6.2		5.0	0.2	0.2	0.8	0.2	86.2	43.9	45.5	43.9	1.6
阜 新	68.6		39.1	8.5	4.0	24.8	0.8	355.7	201.4	181.5	7.0	174.5
辽 阳	4.4		3.9	0.4	0.2	0.2	0.1	82.1	42.8	15.1	13.1	2.0
盘 锦	2.8		2.7	0.4	0.0	0.0	0.01	107.4	79.8	2.7	2.1	0.6
铁 岭	100.0		95.4	5.2	1.4	1.9	1.1	494.0	340.7	54.2	30.0	24.2
朝 阳	148.3		88.1	6.1	3.3	53.4	3.6	371.7	246.2	245.6	60.6	185.0
葫芦岛	23.3		13.6	1.1	1.2	7.0	1.5	385.8	173.1	87.6	44.6	43.1

13-30 各地区畜产品产量

(2014年)

地 区	肉类总产量(万吨)	猪肉	牛肉	羊肉	奶类(万吨)	#牛奶	绵羊毛(吨)	山羊毛(吨)	羊绒(吨)	禽蛋(万吨)	蜂蜜(吨)
全 省	**429.2**	**240.3**	**42.8**	**8.9**	**134.5**	**131.2**	**14977.4**	**2530.9**	**1062.6**	**280.1**	**706.3**
沈 阳	102.0	46.7	18.6	1.4	51.8	51.7	1398.0	106.5	6.3	79.7	15.0
大 连	81.4	34.4	4.4	1.1	5.8	5.4	19.5	359.9	182.0	3.4	7.4
鞍 山	68.7	19.4	3.0	0.7	1.8	1.8	61.7	398.6	180.1	40.4	6.0
抚 顺	16.3	6.4	1.7	0.4	6.3	6.3	26.7	104.1	95.6	9.2	24.9
本 溪	10.1	4.4	1.1	0.4	0.3	0.3	7.9	255.7	114.4	5.0	17.4
丹 东	35.1	11.1	1.6	0.5	2.9	2.8		292.2	171.1	15.3	149.7
锦 州	68.5	44.8	6.6	1.1	27.4	26.5	2327.7	1.0	0.3	63.5	142.3
营 口	22.2	7.2	1.0	0.7	1.0	1.0	30.5	282.0	137.2	16.9	14.0
阜 新	54.3	29.5	4.9	4.4	30.6	30.5	5982.8			21.6	67.8
辽 阳	11.5	6.8	0.8	0.2	0.9	0.9	17.0	113.2	13.4	8.5	13.6
盘 锦	22.3	8.9	0.5	0.04	1.5	1.5	4.1	0.4		10.3	
铁 岭	107.5	49.6	19.8	1.5	14.9	14.4	287.5	298.1	38.3	20.9	36.8
朝 阳	73.6	31.2	10.6	3.4	19.1	19.0	3891.0	18.7	18.6	60.8	97.4
葫芦岛	50.1	32.3	2.4	1.5	4.7	4.6	922.9	300.6	105.2	20.9	114.2

13-31 水产品生产情况

指　标	2005年	2006年	2008年	2009年	2010年	2011年	2012年	2013年	2014年
水产品养殖面积(千公顷)	616.5	387.9	735.0	832.9	961.2	953.0	1015.6	1148.9	1145.4
海水养殖面积	449.3	271.3	534.5	630.7	763.1	751.4	813.0	942.1	928.5
海上养殖	301.0	186.6	340.4	412.2	547.2	553.9	611.7	732.4	723.6
滩涂养殖	95.8	55.5	136.5	141.3	139.0	128.2	130.1	132.7	125.9
陆基养殖	52.5	29.2	57.7	77.2	76.9	69.4	71.3	77.0	79.0
内陆水域养殖面积	167.2	116.6	200.5	202.7	198.1	201.6	202.6	206.8	216.9
#池　塘	46.7	36.7	53.2	59.6	52.4	48.2	47.2	47.9	48.9
水　库	98.5	68.0	114.5	111.7	103.4	105.0	103.9	104.5	105.8
河　沟	2.0	0.6	1.8	1.8	2.7	2.7	1.9	1.9	7.5
水产品产量(万吨)	425.3	351.3	494.9	534.7	429.1	453.9	480.8	504.9	515.7
海水产品产量	364.1	296.0	411.6	437.9	348.4	368.3	391.5	411.0	419.7
#海洋捕捞	152.0	118.4	147.8	148.3	117.0	124.7	128.0	128.2	111.9
人工养殖	212.1	177.6	263.8	289.6	231.5	243.5	263.6	282.8	289.1
#鱼　类	91.3	69.4	76.1	80.3	59.6	70.6	71.5	71.8	5.9
甲壳类	35.0	28.0	30.2	29.7	22.4	23.1	23.4	23.3	2.5
贝　类	173.5	152.6	220.2	241.0	190.5	201.9	219.1	237.3	232.7
藻　类	39.5	27.4	33.3	33.6	26.5	31.2	32.6	32.0	35.1
其　他	24.8	18.6	18.9	39.5	33.2	22.8	24.9	26.3	12.9
淡水产品产量	61.2	55.3	83.3	96.8	80.6	85.7	89.3	93.9	96.0
#天然生产	4.3	2.8	4.9	5.6	5.7	4.6	5.2	5.4	5.6
人工养殖	56.9	52.5	78.4	91.1	75.0	81.1	84.1	88.5	90.4
#鱼　类	54.4	50.3	75.5	87.9	72.6	77.1	79.8	83.3	80.3
甲壳类	5.6	4.1	6.1	7.4	6.4	7.4	8.4	9.2	8.8
国营农场水产品产量	18.2	20.1	23.8	28.2	33.4	40.2	44.4	48.8	

注：指标口径调整，表中2014年鱼类、甲壳类产量与上年不可比。

13-32 水产品产量

单位：万吨

年 份	水产品合计	海水产品	#人工养殖	淡水产品	#人工养殖	比重(%)	
						海水	淡水
1978	46.9	46.2	10.7	0.7	0.7	98.5	1.5
1980	42.1	41.2	11.3	0.9	0.7	97.9	2.1
1985	58.3	55.2	16.7	3.1	2.5	94.7	5.3
1986	67.0	63.2	24.5	3.8	3.4	94.3	5.7
1987	80.6	75.9	32.1	4.7	4.5	94.2	5.8
1988	94.7	88.8	43.2	5.9	5.7	93.8	6.2
1989	101.2	94.8	48.1	6.4	6.0	93.7	6.3
1990	107.3	100.7	51.4	6.6	6.0	93.8	6.2
1991	114.1	106.4	54.9	7.7	6.9	93.3	6.7
1992	132.2	122.6	65.5	9.6	8.8	92.7	7.3
1993	151.7	139.7	73.8	12.0	11.3	92.1	7.9
1994	167.8	151.3	76.5	16.5	15.8	90.2	9.8
1995	197.9	178.4	87.3	19.5	15.8	90.1	9.9
1996	258.0	235.3	111.2	22.7	21.6	91.2	8.8
1997	285.1	258.0	112.3	27.1	24.6	90.5	9.5
1998	312.7	281.4	120.8	31.3	28.5	90.0	10.0
1999	333.8	296.8	139.2	37.0	31.3	88.9	11.1
2000	338.5	302.3	152.1	36.1	29.1	89.3	10.7
2001	350.8	310.5	160.9	40.3	36.8	88.5	11.5
2002	374.8	327.0	178.2	47.8	44.6	87.2	12.8
2003	382.0	330.8	182.8	51.1	48.0	86.6	13.4
2004	402.5	346.1	197.0	56.4	52.2	86.0	14.0
2005	425.3	364.1	212.1	61.2	56.9	85.6	14.4
2006	351.3	296.0	177.6	55.3	52.5	84.3	15.7
2007	361.3	302.1	185.5	59.2	55.1	83.6	16.4
2008	494.9	411.6	263.8	83.3	78.4	83.2	16.8
2009	534.7	437.9	289.6	96.8	91.1	81.9	18.1
2010	429.1	348.4	231.5	80.6	75.0	81.2	18.8
2011	453.9	368.3	243.5	85.7	81.1	81.1	18.9
2012	480.8	391.5	263.6	89.3	84.1	81.4	18.6
2013	504.9	411.0	282.8	93.9	88.5	81.4	18.6
2014	515.7	419.7	289.1	96.0	90.4	81.4	18.6

13-33 农业事业机构和人员数

单位：个、人

年份	农业技术推广站		家畜繁育改良站		乡镇畜牧兽医站		种畜禽场总数		种子站、种子公司	
	机构	人数	机构	人数	机构	人数	机构	人数	机构	人数
1979	1289	8514					70	2629		
1980					1210	9204	69	2946	48	3751
1985	1268	8390	309	764	1224	8479	70	3959	46	3346
1986			89	290	1321	8738	71	4025	46	3300
1987	1268	8514	72	226	1280	8709	74	4660	46	3258
1988	1276	8602	63	218	1323	8902	76	4567	46	3150
1989	1329	8552	72	212	1232	8327	77	5072	46	3070
1990	1332	8323	122	418	1246	8480	77	4734	49	3041
1991	1337	8323	122	381	1234	8988	78	5160	49	2976
1992	1337	8268	99	377	1240	9975	78	5370	49	2898
1993	1105	6074	64	207	1230	10244	49	2917	77	4848
1994	1122	6779	58	419	1233	10374	49	2876	82	5499
1995	1209	13065	7	25	1254	10597	49	2897	82	5499
1996	1292	7738	3	18	1234	10422	49	2342	83	5560
1997	1337	8018	3	18	1240	10674	49	2658	88	5930
1998	1337	8018	93	1301	1242	9838				
1999	1337	8400	55	1196	1217	9800				
2000					1190	9681	49			
2001					1200	9551	49			
2002			70	1325	1038	9399	336			
2003			61		1141	8862	379			
2004			65	1212	1116	8491	441			
2005			67	1195	1081	7529	423			
2006			110	1067	660	4781	639			
2007			33	420	473	2746	796			
2008			32	318	105	1440	944			
2009			32	475	26	186	1268			
2010			37	500	3	39	1333			
2011			33	473	3	21	1279			
2012			35	411	2	22	1091			
2013			33	371	2	22	1114			
2014			28	344	2	18	973			

注：2002年以后种畜场总数为全社会口径。

13-34 农作物受灾及成灾面积

单位：千公顷

年 份	粮豆成灾面积	减产三至五成的	减产五至八成的	减产八成以上的
1981	893.9	348.6	276.7	268.6
1982	1599.7	781.8	544.9	272.9
1983	672.3	432.0	177.2	63.1
1984	1343.3	776.7	391.1	175.5
1985	1983.9	918.8	675.8	389.2
1986	1068.1	502.9	293.1	272.2
1987	1353.1	867.4	371.3	114.4
1988	1676.1	952.6	538.8	184.8
1989	2448.1	1050.0	868.4	529.7
1990	1156.3	776.3	279.5	100.5
1991	1207.2	773.7	272.8	160.8
1992	1431.8	609.0	399.9	203.0
1993	914.9	632.8	161.8	64.0
1994	1995.8	907.6	605.4	442.7
1995	1500.9	799.5	363.5	337.9
1996	996.1	702.8	191.0	102.3
1997	2249.9	1148.0	844.5	257.4
1998	590.4	345.3	141.5	102.9
1999	1321.0	598.4	399.0	323.2
2000	2101.0	690.0	678.0	731.0
2001	1454.6	654.1	480.7	315.7
2002	1437.4	874.5	423.8	139.1
2003	1143.3	665.1	352.7	125.0
2004	500.7	370.4	93.2	37.0
2005	1316.5	888.5	254.2	129.9
2006	1299.2	685.3	412.3	198.5
2007	885.0	637.9	189.9	53.1
2008	1013.7	327.8	386.6	64.2
2009	2042.0	573.1	511.6	465.8
2010	1204.9	683.5	317.0	190.4
2011	418.5	142.5	43.7	12.4
2012	475.3	288.1	86.5	75.6
2013	525.5	307.2	124.9	80.3
2014	1537.9	634.9	452.9	450.1

13-35 国营农场基本情况

指　标	单位	2005年	2006年	2008年	2009年	2010年	2011年	2012年	2013年	2014年
一、农　场　数	个	120	115	109	109	108	108	109	109	109
职　工　人　数	万人	26.7	26.7	28.3	29.3	29.6	29.7	30.5	30.5	29
二、耕　地　面　积	万公顷	13.4	13.8	14.5	14.7	14.7	15.6	15.5	15.5	15.5
三、农业机械总动力	万千瓦	67.9	68.2	84.5	97.1	98.8	106.8	113.6	115.5	118.1
四、农业机械拥有量										
大中型农用拖拉机	台	1653	1465	1789	2843	3815	4023	4097	4340	4489
小型及手扶拖拉机	台	8538	8986	10825	10757	10383	11274	11815	11997	11753
农用排灌动力机械	台	16131	13847	19230	23020	18488	18394	19514	20139	21434
联 合 收 割 机	台	20	20	39	35	120	262	738	926	1061
农 用 载 重 汽 车	辆	756	789	935	958	961	1238	1362	1389	1456
五、农用化肥施用量(折纯)	吨	53294	68025	81110	95435	97923	89164	81233	99534	100980
六、农 业 总 产 值	亿元	63.64	69.45	92.09	103.55	125.03	143.28	159.35	178.50	192.63
七、盈 亏 总 额	亿元	1.18	1.78		2.98	3.30		3.60	3.83	4.07
八、农作物总播种面积	万公顷	14.61	18.56	15.66	15.88	15.96	17.41	16.86	17.21	16.99
#粮食作物	万公顷	13.08	16.87	13.74	13.98	14.05	15.51	14.91	15.29	15.24
棉　花	公顷			2						
油　料	公顷	1470	2038	5104	4540	4575	4976	4268	4197	2627
糖　料	公顷	51	121	139	27	4	31	35	24	30
年末实有果园面积	公顷	11521	12165	12797	13062	13091	12395	13044	13115	12069
九、主要农产品产量										
#粮食作物	万吨	99.47	108.41	117.45	116.83	120.08	131.27	133.80	139.03	139.39
棉　花	吨			2						
油　料	吨	3236	3079	11121	10027	19078	24504	13995	13927	5969
糖　料	万吨	0.20	0.33	0.57	0.13	0.02	0.13	0.16	0.10	0.12
水　果	万吨	7.21	8.05	9.24	11.26	11.88	13.46	16.00	18.84	17.6
十、畜牧业、渔业生产										
1.大牲畜年末头数	万头	9.91	9.43	11.10	12.59	11.55	13.33	12.26	10.54	10.37
2.猪年末头数	万头	50.68	49.50	65.85	84.75	80.94	79.27	81.41	107.59	101.66
3.羊年末只数	万只	9.19	9.10	13.52	15.06	9.68	15.78	14.23	13.00	12.76
#绵　羊	万只	4.24	4.20	6.43	8.90	4.93	10.17	7.44	7.30	6.8
4.畜产品产量										
猪牛羊肉产量	万吨	10.22	11.63	15.60	18.50	22.39	24.94	27.10	29.81	31.22
#猪肉产量	万吨	5.97	6.76	8.50	9.15	10.74	11.76	13.80	12.35	12.8
牛 奶 产 量	万吨	8.79	8.98	11.00	12.10	13.41	13.02	13.93	14.91	14.73
禽 蛋 产 量	万吨	3.18	3.29	4.56	5.63	5.95	7.78	8.28	8.78	9.3
羊 毛 产 量	吨	111	94	109	193	195	210	191	217	257
5.水产品总产量	万吨	18.16	20.10	23.82	28.23	33.41	40.18	44.37	48.80	49.8

主要统计指标解释

农业总产值 是以货币表现的农、林、牧、渔业全部产品的总量，它反映一定时期内农业生产的总规模和总成果。

农、林、牧、渔业的统计范围是:

(1)农业 包括农作物种植业和其他农业。

农作物种植业 包括谷物、豆类、薯类、棉、油料、糖料、麻类、烟叶、蔬菜、药材、瓜类和其他农作物的种植，以及茶园、桑园、果园的生产经营。

其他农业 包括采集野生植物的果实、纤维、树胶、树脂、油料以及柴草、野生药材、菌类等及农民家庭兼营的商品性工业。

(2)林业 包括林木的栽培(不包括茶园、桑园和果园的栽培、管理和收获等活动)、林产品的采集和村及村以下合作经济组织和农户的竹木采伐。

(3)牧业 包括除渔业养殖以外的一切动物饲养和放牧以及野生动物的捕猎和饲养。

(4)渔业 包括水生动物和海藻类植物的养殖和捕捞。

从所有制看，包括国有经济的各种专业农(农、林、牧、渔)场以及国家各级机关团体学校、科研机构、部队经营的农业；集体所有制的乡镇村各级办农场；农村各种经济组织经营的农、林、牧、渔业以及工矿企业家属集体经营的农业；农民家庭自营的农林牧渔业及兼营商品性工业等。

农业总产值的计算方法通常是按农林牧渔业产品及其副产品的产量分别乘以各自单位产品价格求得，少数生产周期较长，当年没有产品或产品产量不易统计的，则采用间接方法匡算其产值，然后将四业产品产值相加即为农业总产值。

1957 年以前的农业总产值中包括了厩肥和农民自给性手工业(如农民自制衣服、鞋、袜，自己从事粮食初步加工等)。1958 年及以后的农业总产值，林业中增加了村及村以下竹木采伐产值；牧业中取消费厩肥产值；副业中取消了农民自给性手工业产值，增加了村及村以下办的工业产值；渔业中增加了海洋捕捞水产品产值。1980 年及以后的农业总产值，在副业中增加了农民家庭兼营业商品部分的产值。从 1984 年起村及村以下办工业产值划归工业。从 1993 年起，取消副业。将野生动物的捕猎划入牧业，野生植物采集和农民家庭兼营商品性工业划归农业。

粮食产量 指全社会的产量。包括国有经济经营的、集体统一经营的和农民家庭经营的粮食产量，还包括工矿企业家属办的农场和其他生产单位的产量。粮食除包括稻谷、小麦、玉米、高粱、谷子及其他杂粮外，还包括薯类和大豆。其产量计算方法，豆类按去豆荚后的干豆计算；薯类(包括甘薯和马铃薯，不包括芋头和木薯)1963 年以前按每 4 公斤鲜薯折 1 公斤粮食计算，从 1964 年开始及以后改为按 5 公斤鲜薯折 1 公斤粮食计算。城市郊区作为蔬菜的薯类(如：马铃薯等)按鲜品计算，并且不做为粮食统计。其他粮食一律按脱粒后的原粮计算。

油料产量 指全部油料作物的生产量。包括花生、油菜籽、芝麻、向日葵籽、胡麻籽(亚麻籽)和其他油料。不包括大豆，也不包括木本油料和野生油料。花生以带壳干花生计算。

水产品产量 指人工养殖的水产品和天然生长的水产品的捕捞量。包括海水的鱼类、虾蟹类、贝类和藻类以及内陆水域的鱼类、虾蟹类和贝类，不包括淡水生植物。

猪、牛、羊肉产量 指当年出栏并已屠宰后除去头蹄下水后带骨肉(即胴体重)的重量。

耕地面积 指年初可以用来种植农作物、经常进行耕锄的田地，除包括熟地、当年新开荒地、连续撂荒未满三年的耕地和当年的休闲地(轮歇地)外，还包括以种植农作物为主并附带种植桑树、茶树、果树和其他林木的土地，以及沿海、沿湖地区已围垦利用的“海涂”、“湖田”等面积。但不包括属于专业性的桑园、茶园、果园、果木苗圃、林地、芦苇地、天然或人工草地面积。

农作物播种面积 指实际播种或移植有农作物的面积。凡是实际种植有农作物的面积，不论种植在耕地上还是种植在非耕地上，均包括在农作物播种面积中，同时还包括因遭灾而重新改种和补种的农作物面积，种一公顷算一公顷。

有效灌溉面积 指具有一定水源，地块比较平整，灌溉工程或设备已经配套，在一般年景下当年能够进行正常灌溉的耕地面积。

农用化肥施用量 指本年内实际用于农业生产的化肥数量。包括氮肥、磷肥、钾肥和复合肥。化肥施用量要求按折纯量计算数量。折纯法化肥施用量是把氮肥、磷肥和钾肥分别按含氮、含五氧化二磷、含氧化钾含量的百分比折算。复合肥按其所含主要成分折算。

农业机械总动力 指主要用于农、林、牧、渔业的各种动力机械的动力总和。包括耕作机械、排灌机械、收获机械、农产品加工机械、运输机械、植物保护机械、牧业机械、林业机械、渔业机械和其他农业机械〔内燃机按引擎马力折成瓦(特)计算，电动机按功率折成瓦(特)计算〕。不包括专门用于乡、镇、村、组办工业、基本建设、非农业运输、科学试验和教学等非农业生产方面用的动力机械与作业机械。

农林牧渔业劳动力 指直接参加农林牧渔业生产劳动的劳动力。

谷物 指籽实主要供作粮食的作物。这类作物包括稻谷、小麦、玉米、谷子、高粱和其他谷物，不包括豆类和薯类作物。

十四、工业

Chapter 14 Industry

14-1 规模以上工业企业单位数和总产值

分 类	企业单位数(个)						
	2008年	2009年	2010年	2011年	2012年	2013年	2014年
总 计	**17269**	**23364**	**23832**	**16914**	**17347**	**17305**	**15707**
在总计中							
国有经济	472	424	387	250	241	161	133
中央企业	92	81	75	67	65	42	33
地方企业	380	343	312	183	176	119	100
集体企业	1195	1254	1166	689	632	529	417
股份合作企业	302	288	261	160	134	85	72
联营经济	25	34	33	24	22	15	11
有限责任公司	2217	2565	2601	2022	2158	2657	2596
股份有限公司	375	429	432	332	337	391	374
私营企业	9818	15157	15898	11172	11653	11512	10319
港澳台投资企业	592	619	601	482	470	464	435
合资经营企业(港或澳台)	364	369	356	290	280	275	257
合作经营企业(港或澳台)	33	29	28	22	17	15	14
港澳台商独资经营企业	184	210	204	163	164	164	155
港澳台商投资股份有限公司	11	11	13	7	8	9	9
外商投资经济	2221	2470	2310	1551	1499	1411	1288
中外合资经营企业	1142	1231	1142	779	734	682	620
中外合作经营企业	121	129	128	93	92	76	63
外资企业	924	1082	1010	655	646	628	580
外商投资股份有限公司	34	28	30	19	20	21	19
其他工业	52	124	143	232	201	80	62
在总计中							
国有及国有控股企业	851	883	852	630	635	651	624
在总计中							
轻工业	5122	6420	6523	4612	4690	4624	4194
重工业	12147	16944	17309	12302	12657	12681	11513
在总计中							
大型企业	127	134	147	247	296	300	278
中型企业	1008	1249	1358	1578	1914	1972	1796
小型企业	16134	21981	22327	14250	14555	14358	13633

注：规模以上2010年以前是指年主营业务收入500万元及以上工业企业，企业规模为大、中、小型，2011年是年主营业务收入2000万元及以上工业企业，2011年企业规模分为大、中、小、微型。

14-1 续表

分　类	工业总产值(亿元)						
	2008年	2009年	2010年	2011年	2012年	2013年	2014年
总　计	**22720.54**	**28152.73**	**36219.42**	**41776.73**	**49031.54**	**52892.01**	**50090.56**
在总计中							
国有经济	3372.05	2705.00	3082.92	2589.31	2719.81	1225.80	1139.53
中央企业	2669.90	2073.36	2362.33	1957.32	1979.64	959.73	901.64
地方企业	702.15	631.63	720.59	631.99	740.16	266.06	237.89
集体企业	540.98	729.60	893.45	931.40	1057.68	870.17	727.39
股份合作企业	160.25	183.05	204.42	244.76	253.86	131.80	121.51
联营经济	33.53	43.05	56.74	40.72	35.51	30.54	19.70
有限责任公司	4226.60	5576.92	7040.69	7647.18	8333.06	10521.72	10289.22
股份有限公司	2977.91	2916.58	3775.10	5451.33	5771.74	6162.36	5975.80
私营企业	6518.94	10184.97	14166.35	16897.11	22277.31	24636.32	22788.40
港澳台投资企业	863.65	1281.08	1571.38	1766.57	1836.89	2270.71	2160.30
合资经营企业(港或澳台)	510.84	728.36	938.82	993.45	1055.11	1463.64	1364.74
合作经营企业(港或澳台)	27.63	39.52	45.17	52.56	57.20	74.57	43.45
港澳台商独资经营企业	310.16	496.91	571.66	705.90	702.52	701.66	704.99
港澳台商投资股份有限公司	15.02	16.28	15.73	14.65	19.66	28.62	47.12
外商投资经济	3895.62	4391.55	5336.91	5859.86	6452.58	6919.64	6762.66
中外合资经营企业	2469.27	2867.13	3385.01	3462.76	4068.26	4517.40	4454.34
中外合作经营企业	104.07	122.65	146.98	170.58	191.44	192.66	143.24
外资企业	1247.38	1331.49	1707.53	2117.34	2090.46	2073.77	2030.04
外商投资股份有限公司	74.90	70.28	97.38	102.49	96.88	125.84	123.91
其他工业	131.04	140.94	91.48	348.51	293.11	122.96	106.05
在总计中							
国有及国有控股企业	9262.58	9289.74	11219.96	12420.83	12889.82	12437.74	12664.82
在总计中							
轻工业	4098.01	5440.96	7053.13	8153.53	10225.94	11164.44	10280.78
重工业	18622.54	22711.77	29166.29	33623.21	38805.60	41727.57	39809.77
在总计中							
大型企业	8643.24	8841.97	11181.88	13798.21	15003.22	15609.22	14666.55
中型企业	5223.97	6136.48	7155.00	6999.79	9895.08	11404.70	10222.99
小型企业	8853.33	13174.29	17882.54	19689.87	23717.31	25515.00	25201.02

14-2 规模以上工业职工人数

单位：万人

分　类	2005年	2006年	2008年	2009年	2010年	2011年	2012年	2013年	2014年
总　计	**276.55**	**302.02**	**319.88**	**386.62**	**401.74**	**368.92**	**405.81**	**400.62**	**369.40**
在总计中									
国有经济	52.06	49.12	55.33	53.80	49.58	38.92	47.23	28.02	25.08
中央企业	26.42	25.15	35.31	35.38	32.39	26.50	30.27	22.25	20.17
地方企业	25.64	23.97	20.02	18.42	17.19	12.42	16.97	5.77	4.91
集体企业	18.92	17.33	15.03	17.03	16.79	13.79	13.09	10.35	8.61
股份合作企业	2.93	2.97	2.23	2.48	2.06	2.02	1.96	1.02	0.83
联营经济	0.34	0.36	1.11	1.24	1.37	0.73	0.73	0.75	0.14
有限责任公司	74.20	78.53	61.64	80.68	81.91	77.57	78.90	101.44	92.63
股份有限公司	15.88	16.07	18.91	17.53	19.50	25.53	28.66	30.99	30.04
私营企业	59.28	78.15	100.57	140.70	153.86	142.31	165.75	164.87	153.10
港澳台投资企业	10.97	12.73	12.85	15.05	16.27	13.90	14.21	13.51	12.77
合资经营企业(港或澳台)	6.77	7.31	7.87	9.27	9.83	7.12	7.47	7.02	6.41
合作经营企业(港或澳台)	0.72	0.84	0.73	0.73	0.95	0.67	0.63	0.47	0.39
港澳台商独资经营企业	3.36	4.47	4.07	4.88	5.30	5.95	5.89	5.80	5.67
港澳台商投资股份有限公司	0.11	0.11	0.19	0.16	0.19	0.15	0.16	0.17	0.29
外商投资经济	41.96	46.72	50.88	56.33	59.37	51.36	53.24	48.86	45.52
中外合资经营企业	17.37	20.32	22.05	25.79	26.88	21.70	23.83	22.87	21.41
中外合作经营企业	2.06	2.35	2.35	2.44	2.58	2.55	2.80	2.32	1.92
外资企业	21.95	23.62	25.43	26.75	28.59	26.12	25.26	22.19	20.74
外商投资股份有限公司	0.58	0.44	1.05	1.34	1.32	0.92	1.24	1.33	1.32
其他工业		0.03	1.32	1.79	1.02	2.81	2.04	0.82	0.66
在总计中									
国有及国有控股企业	116.99	112.96	109.48	116.84	111.85	103.28	113.84	113.56	103.49
在总计中									
轻工业	68.94	77.31	78.71	96.62	100.47	86.47	95.17	93.97	85.38
重工业	207.61	224.71	241.16	290.00	301.27	282.45	310.64	306.66	284.02
在总计中									
大型企业	100.69	105.90	104.40	115.91	119.70	120.15	141.76	140.03	127.40
中型企业	70.07	71.99	78.95	87.11	91.83	88.70	105.66	106.91	99.33
小型企业	105.79	124.13	136.53	183.61	190.21	150.85	157.52	152.04	142.66

14-3 工业总产值

(按经济类型分)　　单位：亿元

年 份	工业总产值	#国有企业	#集体企业	#其他经济类型工业	总计中:国有及国有控股工业
1978	370.40	313.80	63.00		313.80
1980	443.99	362.00	74.80	7.19	362.00
1985	715.07	530.95	163.00	21.12	530.95
1986	786.79	578.69	183.15	24.95	578.69
1987	913.72	668.19	213.22	32.25	668.19
1988	1112.44	798.37	267.13	46.94	798.37
1989	1316.09	951.87	305.04	59.18	951.87
1990	1348.17	983.92	305.42	58.83	983.92
1991	1544.39	1121.03	341.09	82.26	1121.03
1992	1876.95	1326.63	426.56	123.76	1326.63
1993	2609.99	1813.61	551.94	244.44	1813.61
1994	3117.82	1966.44	692.66	458.72	1966.44
1995	3055.54	1876.53	716.28	462.73	1876.53
1996	3354.61	1947.05	804.87	602.69	2106.14
1997	3644.88	2040.10	783.34	821.45	2292.03
1998	3147.86	1687.23	364.46	1096.17	2109.37
1999	3390.27	1600.68	337.14	1452.45	2208.77
2000	4249.46	1326.14	315.12	2608.20	2827.94
2001	4480.32	999.33	265.07	3215.92	2928.95
2002	4888.02	971.82	258.34	3657.86	3051.61
2003	6112.96	973.99	285.24	4853.73	3552.30
2004	8603.90	1303.10	292.76	7008.04	4881.66
2005	10814.51	1375.59	368.45	9070.47	5771.15
2006	14167.95	1641.23	419.10	12107.62	6449.76
2007	18249.53	2092.66	505.28	15651.59	8058.78
2008	22720.54	3372.05	540.98	18807.51	9262.58
2009	28152.73	2705.00	729.60	24718.13	9289.74
2010	36219.42	3082.92	893.45	32243.05	11219.96
2011	41776.73	2589.31	931.40	38256.02	12420.83
2012	49031.54	2719.81	1057.68	45254.05	12889.82
2013	52892.01	1225.80	870.17	50796.04	12437.74
2014	50090.56	1139.53	727.39	48223.64	12664.82

注:本表1997年以前为乡及乡以上工业，1998年以后为规模以上工业产值。

14-4 各地区全部规模以上工业企业主要指标

单位：亿元

年份、地区	企业单位数(个)	实收资本	流动资产合计	固定资产小计	固定资产原价合计	流动负债合计	长期负债合计	所有者权益合计
1998	6249	1484.05	2668.69	3497.46	4537.00	2912.85	1399.70	2283.44
1999	5816	1746.30	2983.00	3859.10	5141.10	3165.20	1300.90	2947.60
2000	6017	2056.60	3155.90	3912.00	5372.80	3220.90	1454.40	3066.30
2001	5847	2288.31	3354.48	4354.16	6112.04	3475.59	1414.73	3460.95
2002	6017	2419.70	3540.88	4514.29	6543.85	3695.87	1508.87	3598.88
2003	6842	2417.98	3843.47	4367.12	6814.11	4003.90	1369.75	3776.27
2004	10635	3316.46	4770.35	5026.97	7543.08	5036.77	1372.94	4519.86
2005	11510	3225.57	5330.42	5493.10	8202.52	5323.14	1549.11	4852.41
2006	14754	3546.87	6476.86	6453.31	9191.33	6237.06	1707.39	5845.19
2007	16556	3911.88	7895.35	7141.43	10922.97	7817.31	1950.54	7001.69
2008	17269	4790.97	8851.42	8857.95	12731.65	8957.66	2292.33	8314.19
2009	23364	5778.87	11357.33	11022.98	15419.80	10906.67	3114.68	10478.28
2010	23832	6072.07	13283.41	12230.66	18742.09	12600.82	3631.24	12082.43
2011	16914	6664.29	14645.77	12456.53	19977.69	13164.38		13298.77
2012	17347	6982.16	15899.64	13152.82	21748.37	14388.74		14448.05
2013	17305	7662.33	17432.94	15137.56	25688.13	16625.95		16076.49
2014	15707	7976.97	17387.88	14954.25	26848.32	16935.31		16266.41
沈　阳	3635	1486.06	3836.16	3471.91	7178.81	3646.02		3821.97
大　连	2844	1879.02	5040.41	2981.57	4385.15	4144.07		3561.7
鞍　山	1247	602.92	1761.2	927.91	1752.98	1647.06		1763.81
抚　顺	966	213.03	690.46	847.58	1362.21	735.61		721.34
本　溪	614	275.27	820.22	839.45	2233.77	1184.19		758.18
丹　东	752	187.01	388.55	256.66	406.76	276.83		378.13
锦　州	821	333.15	510.28	583.06	927.35	426.33		673.59
营　口	1375	738.39	1003.5	846.37	1227.21	1091.68		878.32
阜　新	659	286.74	397.41	355.84	492.73	353.72		329.17
辽　阳	606	338.37	774.14	548.95	863.27	787.58		790.92
盘　锦	507	770.92	878.83	1138.84	2394.66	916.99		892.05
铁　岭	631	250.31	358.31	638.35	912.6	396.71		603.38
朝　阳	708	249.2	412.86	513.1	648.34	482.43		402.08
葫芦岛	341	266.56	460.98	348.34	592.77	481.96		322.45

14-4 续表

单位：亿元

年份、地区	主营业务收入	主营业务成本	主营业务税金及附加	销售费用	利润总额	本年应交增值税	利税总额
1998	3090.51	2608.76	54.75	78.92	-16.50	145.47	183.72
1999	3429.70	2875.10	55.10	92.26	58.20	154.90	268.20
2000	4311.90	3623.50	65.40	109.24	176.20	190.40	432.10
2001	4580.34	3892.85	62.88	114.44	144.46	194.59	401.93
2002	5013.91	4221.40	71.17	135.99	156.16	210.46	437.79
2003	6340.92	5321.37	84.67	163.18	235.95	245.58	566.20
2004	8540.71	7264.61	99.44	199.85	430.78	294.39	824.61
2005	10747.31	9409.07	120.57	236.69	355.98	336.47	813.02
2006	13997.96	12223.93	160.37	282.29	449.75	418.24	1028.36
2007	17965.81	15213.19	234.95	380.86	852.67	565.52	1653.14
2008	22355.49	19640.09	249.38	428.73	658.19	611.30	1518.86
2009	27870.09	23760.52	578.11	539.37	1381.95	765.19	2725.25
2010	36049.59	30578.87	702.10	703.63	2371.35	968.69	4042.14
2011	42845.44	36381.14	734.54	835.36	2511.21	1047.26	4310.54
2012	48199.85	41146.95	872.31	973.43	2435.69	1295.54	4612.30
2013	51533.44	44185.02	882.6	1098.7	2976.15	1492.37	5372.62
2014	48801.56	42575.06	929.58	1039.01	2107.63	1175.39	4222.06
沈　阳	13596.09	11651.21	165.2	425.56	747.08	255.52	1173.26
大　连	9870.31	8525.05	240.9	240.37	426.63	231.13	899.99
鞍　山	3674.66	3233.51	84.5	66.18	128.84	80.09	293.8
抚　顺	2721	2390.19	65.11	37.06	109.24	63.51	238.55
本　溪	2300.43	2045.7	20.83	33.27	98.52	57.81	177.18
丹　东	1274.56	1157.63	7.67	17.31	49.35	33.55	90.67
锦　州	2818.72	2452.87	56.88	42.72	171.95	65.32	294.3
营　口	2742.05	2363.51	41.37	56.83	162.89	107.35	311.66
阜　新	827.41	720.49	4.9	18.85	34.63	18.27	58.16
辽　阳	1888.93	1654.13	50.66	19.51	77.04	41.92	169.79
盘　锦	2978.07	2690.85	110.13	24.13	13.63	93.35	217.25
铁　岭	922.47	790.71	6.28	25.93	30.44	21.02	57.99
朝　阳	1220.95	1092.16	21.37	17.58	28.18	44.22	93.84
葫芦岛	1009.91	877.31	49.55	13.64	17.35	22.99	90.07

14-5 全部规模以上工业企业主要指标

(2014年)

单位：亿元

甲栏分组	企业单位数(个)	工业总产值(当年价格)	资产总计	流动资产合计	固定资产合计	固定资产原价	负债合计	流动负债合计
总　计	**15707**	**50090.56**	**39246.62**	**17387.88**	**14954.25**	**26848.32**	**22769.62**	**16935.31**
按登记注册类型分组								
内资企业	13984	41167.60	31452.98	13363.31	12517.39	22525.54	18300.87	13492.89
国有企业	133	1139.53	3181.45	1305.76	859.20	1737.16	1978.54	1593.13
中央企业	33	901.64	2473.35	982.57	543.01	1359.92	1499.82	1232.94
地方企业	100	237.89	708.10	323.18	316.18	377.24	478.71	360.19
集体企业	417	727.39	287.47	147.61	109.31	233.31	174.64	136.69
股份合作企业	72	121.51	61.39	32.36	20.33	59.04	27.65	22.96
联营企业	11	19.70	14.41	4.13	10.02	31.46	9.21	8.69
国有联营企业	1	1.88	3.35	0.59	2.75	6.00	1.06	1.05
集体联营企业	6	3.40	2.87	2.01	0.77	1.12	2.06	1.70
国有与集体联营企业	2	0.50	0.24	0.11	0.13	0.02	0.15	
其他联营企业	2	13.93	7.95	1.43	6.37	24.31	5.94	5.94
有限责任公司	2596	10289.22	13256.78	5879.37	4957.78	7828.07	8892.55	6412.56
国有独资公司	84	1593.64	2629.96	669.96	1458.08	2524.16	1683.23	1232.87
其他有限责任公司	2512	8695.58	10626.81	5209.41	3499.71	5303.91	7209.32	5179.69
股份有限公司	374	5975.80	4674.41	1860.92	2175.50	4741.39	2708.33	2020.69
私营企业	10319	22788.40	9930.08	4117.19	4365.54	7858.53	4490.74	3285.86
私营独资企业	1960	3668.79	994.78	331.10	504.99	944.61	352.94	244.93
私营合伙企业	94	183.74	66.02	28.46	30.72	71.49	25.59	10.75
私营有限责任公司	7793	17769.35	8278.47	3469.71	3624.97	6485.21	3786.37	2787.46
私营股份有限公司	472	1166.51	590.81	287.92	204.86	357.21	325.84	242.71
其他企业	62	106.05	46.97	15.98	19.71	36.57	19.21	12.32
港、澳、台商投资企业	435	2160.30	2399.39	1161.26	710.75	1047.32	1354.85	1013.88
合资经营企业(港或澳、台资)	257	1364.74	1130.83	589.96	329.64	524.68	715.11	584.63
合作经营企业(港或澳、台资)	14	43.45	28.82	14.75	12.16	25.30	16.97	14.73
港澳台商独资经营企业	155	704.99	1185.40	527.87	351.38	472.07	589.15	390.84
港澳台商投资股份有限公司	9	47.12	54.34	28.68	17.56	25.26	33.62	23.68
其他港澳台商投资企业								
外商投资企业	1288	6762.66	5394.26	2863.31	1726.12	3275.46	3113.90	2428.54
中外合资经营企业	620	4454.34	3322.43	1839.46	938.88	1848.20	2098.44	1662.37
中外合作经营企业	63	143.24	101.32	48.66	43.40	68.99	65.03	55.55
外资企业	580	2030.04	1763.93	898.81	665.43	1211.58	856.57	635.24
外商投资股份有限公司	19	123.91	202.98	74.44	76.95	145.28	92.10	73.81
其他外商投资企业	6	11.12	3.61	1.93	1.47	1.41	1.76	1.57
在总计中：轻工业	4194	10280.78	5607.99	2546.70	2213.35	3932.72	2626.43	1895.56
重工业	11513	39809.77	33638.63	14841.18	12740.90	22915.59	20143.19	15039.75
在总计中：大型企业	278	14666.55	18605.73	8494.99	6167.59	11071.82	11911.90	8937.98
中型企业	1796	10222.99	8174.00	3749.72	3366.17	5594.27	4689.88	3532.15
小型企业	12843	23460.10	11076.66	4871.68	4656.96	8567.61	5381.87	3975.54
微型企业	790	1740.93	1390.23	271.49	763.53	1614.61	785.97	489.64

14-5 续表　　　　单位：亿元

甲栏分组	所有者权益合计	实收资本	主营业务收入	主营业务成本	主营业务税金及附加	利润总额	利税总额	本年应交增值税
总　计	**16266.41**	**7976.97**	**48801.56**	**42575.06**	**929.58**	**2107.63**	**4222.06**	**1175.39**
按登记注册类型分组								
内资企业	12977.07	6027.36	40170.11	35414.02	778.15	1520.61	3258.22	954.48
国有企业	1200.67	644.48	1474.47	1290.84	22.28	1.11	58.20	34.67
中央企业	973.11	472.19	1237.94	1075.80	20.96	3.22	49.23	24.95
地方企业	227.55	172.29	236.53	215.05	1.32	-2.11	8.98	9.72
集体企业	108.60	36.13	728.23	648.13	6.21	35.74	62.81	20.74
股份合作企业	33.69	11.86	118.40	107.81	1.78	4.41	8.91	2.72
联营企业	5.17	1.81	18.23	15.65	0.23	0.98	1.80	0.58
国有联营企业	2.29	0.46	1.88	1.76	0.01	0.10	0.20	0.09
集体联营企业	0.78	0.63	3.40	3.07	0.03	0.21	0.38	0.14
国有与集体联营企业	0.08	0.08	0.52	0.48		0.02	0.02	
其他联营企业	2.02	0.63	12.44	10.34	0.19	0.65	1.19	0.35
有限责任公司	4305.85	2305.49	10247.96	9054.18	126.70	354.33	761.29	276.97
国有独资公司	945.44	384.09	1673.17	1541.32	13.76	31.49	111.83	65.65
其他有限责任公司	3360.40	1921.41	8574.78	7512.86	112.94	322.84	649.46	211.32
股份有限公司	1962.70	1060.93	5761.22	4917.20	430.14	-15.06	575.86	160.37
私营企业	5332.99	1959.24	21716.46	19290.99	188.64	1130.25	1777.20	457.29
私营独资企业	621.75	210.89	3531.66	3161.13	38.12	188.13	296.45	70.05
私营合伙企业	39.41	16.87	166.27	151.45	1.25	7.35	12.37	3.77
私营有限责任公司	4410.01	1625.69	16891.64	14980.31	140.32	876.33	1378.10	360.59
私营股份有限公司	261.81	105.79	1126.89	998.11	8.95	58.45	90.28	22.87
其他企业	27.41	7.41	105.14	89.21	2.18	8.84	12.15	1.12
港、澳、台商投资企业	1024.78	618.67	2006.11	1761.61	8.59	96.19	145.37	40.46
合资经营企业(港或澳、台资)	397.63	247.76	1245.23	1134.49	3.33	35.40	55.19	16.36
合作经营企业(港或澳、台资)	11.28	4.08	41.56	35.66	0.23	2.43	4.17	1.51
港澳台商独资经营企业	595.15	351.06	676.64	552.69	4.92	57.92	84.77	21.88
港澳台商投资股份有限公司	20.73	15.77	42.67	38.77	0.11	0.43	1.25	0.71
其他港澳台商投资企业								
外商投资企业	2264.56	1330.94	6625.34	5399.44	142.84	490.83	818.47	180.45
中外合资经营企业	1212.02	580.14	4363.01	3479.79	127.68	342.62	603.71	129.16
中外合作经营企业	35.40	32.68	140.09	128.07	0.69	2.95	8.08	4.42
外资企业	904.42	671.05	1991.38	1687.42	12.56	124.50	178.03	40.89
外商投资股份有限公司	110.88	45.67	120.03	94.40	1.67	20.57	28.22	5.97
其他外商投资企业	1.84	1.40	10.83	9.76	0.24	0.18	0.43	0.01
在总计中：轻工业	2929.45	1335.88	9933.92	8641.96	118.78	547.11	864.71	197.56
重工业	13336.97	6641.09	38867.63	33933.11	810.80	1560.52	3357.34	977.83
在总计中：大型企业	6667.85	3491.72	14424.21	12233.30	583.29	382.20	1373.67	400.16
中型企业	3476.10	1568.49	9994.97	8555.75	125.73	504.64	887.24	256.60
小型企业	5633.38	2668.68	22665.18	20168.29	209.52	1181.53	1857.95	465.90
微型企业	489.09	248.08	1717.20	1617.73	11.04	39.26	103.19	52.73

14-6 按行业分的全部规模以上工业企业主要指标

(2014年)

单位：亿元

甲栏分组	企业单位数(个)	工业总产值(当年价格)	资产总计	流动资产合　计	固定资产合　计	固定资产原　价	负债合计	流动负债合　计
总　计	**15707**	**50090.56**	**39246.62**	**17387.88**	**14954.25**	**26848.32**	**22769.62**	**16935.31**
煤炭开采和洗选业	109	279.58	746.05	263.80	316.51	548.94	452.61	310.79
石油和天然气开采业	1	361.22	624.80	93.55	513.95	1304.74	310.03	56.09
黑色金属矿采选业	719	1744.46	911.24	396.51	337.64	624.56	459.93	381.15
有色金属矿采选业	183	349.46	179.64	80.60	68.98	96.85	94.78	76.16
非金属矿采选业	355	529.15	242.12	75.44	109.88	172.49	70.59	47.61
开采辅助活动	19	151.16	317.95	175.95	86.14	189.52	212.43	208.38
其他采矿业	2	1.39	0.74	0.64	0.10	0.08	0.63	0.59
农副食品加工业	1403	4393.65	1840.51	855.31	731.78	1409.17	887.25	594.09
食品制造业	281	697.49	413.38	184.16	186.36	325.73	182.02	118.99
酒、饮料和精制茶制造业	212	486.25	281.38	107.92	146.64	277.68	129.15	104.32
烟草制品业	4	81.50	53.00	29.97	21.84	34.00	48.64	48.64
纺织业	282	447.48	223.43	100.10	86.99	133.85	111.72	80.07
纺织服装、服饰业	474	675.54	223.26	125.06	63.40	124.91	103.87	84.17
皮革、毛皮、羽毛及其制品和制鞋业	95	258.86	89.54	37.49	42.99	59.26	28.32	22.53
木材加工和木、竹、藤、棕、草制品业	370	769.17	249.55	96.95	106.19	217.05	96.19	69.55
家具制造业	165	375.82	167.32	75.31	77.89	161.43	56.99	49.49
造纸和纸制品业	194	354.36	180.98	59.45	87.78	143.75	93.85	65.00
印刷和记录媒介复制业	91	123.20	98.55	50.14	37.90	79.83	53.11	45.22
文教、工美、体育和娱乐用品制造业	125	200.13	62.68	32.20	25.41	59.81	20.62	17.21
石油加工、炼焦和核燃料加工业	242	4369.84	1837.48	742.71	869.68	1717.93	1255.41	1051.46
化学原料和化学制品制造业	909	3096.85	2304.66	1028.87	961.27	1306.81	1480.82	1139.36
医药制造业	253	817.67	708.66	309.39	238.25	353.73	299.70	227.75
化学纤维制造业	18	48.24	49.33	17.01	10.50	17.21	35.59	28.85
橡胶和塑料制品业	777	1567.70	1087.07	465.23	429.64	942.65	536.33	345.42
非金属矿物制品业	1588	3604.41	1982.78	915.12	773.89	1320.82	1023.98	777.00
黑色金属冶炼和压延加工业	805	5077.47	5872.05	2232.11	1889.52	4190.22	3703.48	3023.69
有色金属冶炼和压延加工业	307	1253.84	1130.07	481.12	308.25	497.48	602.33	434.94
金属制品业	853	1943.84	1106.70	568.29	414.21	681.09	575.19	441.21
通用设备制造业	1803	4066.61	2756.72	1564.12	924.53	1606.41	1477.58	1165.09
专用设备制造业	853	2311.12	2208.96	1359.95	609.46	1047.11	1340.46	1043.80
汽车制造业	424	3218.73	2427.46	1254.68	637.10	949.73	1577.25	1309.88
铁路、船舶、航空航天和其他运输设备制造业	192	1098.42	2210.82	1468.92	441.07	668.76	1537.20	1188.23
电气机械和器材制造业	775	2127.99	1372.52	749.72	472.36	826.38	681.91	529.36
计算机、通信和其他电子设备制造业	194	904.89	829.76	460.30	190.05	378.79	363.73	286.87
仪器仪表制造业	153	230.69	208.54	131.75	48.42	83.10	95.04	75.33
其他制造业	33	62.28	41.61	19.10	17.55	33.43	16.92	12.72
废弃资源综合利用业	47	76.18	58.66	28.30	17.92	28.52	33.65	23.07
金属制品、机械和设备修理业	38	108.48	38.77	13.92	18.68	38.69	12.17	8.89
电力、热力生产和供应业	278	1676.46	3593.25	569.99	2359.94	3816.42	2456.19	1281.30
燃气生产和供应业	39	72.09	203.10	68.20	102.41	128.28	109.29	93.05
水的生产和供应业	42	76.88	311.55	98.53	171.18	251.09	142.67	67.99

14-6 续表　　　　　　　　　　　　　　　　　　　　　　　　　　　　　　　　单位：亿元

甲栏分组	所有者权益合计	实收资本	主营业务收入	主营业务成本	主营业务税金及附加	利润总额	利税总额	本年应交增值税
总　计	**16266.41**	**7976.97**	**48801.56**	**42575.06**	**929.58**	**2107.63**	**4222.06**	**1175.39**
煤炭开采和洗选业	291.32	94.38	344.67	269.61	6.12	0.74	30.35	22.49
石油和天然气开采业	314.77	314.77	342.54	226.69	46.96	-3.87	76.60	33.51
黑色金属矿采选业	437.85	146.04	1730.59	1491.37	40.05	128.65	242.72	73.89
有色金属矿采选业	83.33	33.00	339.47	289.71	3.30	23.90	41.28	14.07
非金属矿采选业	166.47	32.61	494.60	424.64	6.21	29.21	50.66	15.24
开采辅助活动	105.51	220.05	329.41	338.55	4.81	-12.98	3.41	11.46
其他采矿业	0.11	0.06	1.40	1.27	0.05	0.02	0.07	
农副食品加工业	932.87	359.23	4243.15	3847.86	19.76	192.16	272.38	60.30
食品制造业	229.19	104.30	670.75	580.93	5.11	39.10	58.09	13.88
酒、饮料和精制茶制造业	151.05	223.40	464.04	380.04	11.36	36.76	61.53	13.41
烟草制品业	4.36	1.76	78.27	24.12	42.15	3.51	55.62	9.95
纺织业	109.12	44.88	421.17	381.87	9.02	20.17	38.00	8.81
纺织服装、服饰业	109.57	93.19	631.42	562.77	6.50	25.84	43.39	11.01
皮革、毛皮、羽毛及其制品和制鞋业	60.93	20.23	258.99	222.67	0.98	27.08	29.84	1.61
木材加工和木、竹、藤、棕、草制品业	144.93	47.11	737.58	640.25	4.43	38.90	57.70	14.37
家具制造业	109.05	23.89	355.30	307.89	1.82	15.96	22.88	5.02
造纸和纸制品业	82.34	31.46	340.70	299.43	2.08	19.45	28.20	6.67
印刷和记录媒介复制业	45.36	20.97	120.67	103.01	1.03	8.23	11.25	2.00
文教、工美、体育和娱乐用品制造业	41.30	17.35	201.30	179.48	1.36	10.85	15.44	3.23
石油加工、炼焦和核燃料加工业	576.71	304.88	4285.68	3803.97	390.51	-115.14	376.45	100.73
化学原料和化学制品制造业	813.87	486.14	2743.49	2507.00	32.27	65.39	159.58	61.82
医药制造业	406.88	107.94	783.09	572.84	9.06	81.69	127.00	36.24
化学纤维制造业	10.22	8.56	48.61	43.44	0.10	0.97	1.77	0.70
橡胶和塑料制品业	546.05	258.29	1528.54	1344.27	10.66	65.93	109.25	32.63
非金属矿物制品业	944.75	520.45	3498.23	3068.80	36.39	195.52	323.43	91.25
黑色金属冶炼和压延加工业	2158.01	1038.44	5071.69	4549.86	35.77	116.50	244.22	91.89
有色金属冶炼和压延加工业	515.86	253.90	1231.10	1093.75	6.74	73.02	107.89	28.02
金属制品业	511.50	221.86	1894.04	1679.48	16.28	82.63	134.29	35.29
通用设备制造业	1265.77	521.49	3879.58	3332.34	31.58	215.19	334.85	87.95
专用设备制造业	856.25	322.36	2193.76	1903.71	12.83	95.71	149.02	40.37
汽车制造业	848.11	320.76	3133.66	2468.37	97.72	307.48	511.00	101.59
铁路、船舶、航空航天和其他运输设备制造业	671.67	352.51	1080.17	968.42	8.81	52.62	75.78	13.32
电气机械和器材制造业	676.95	265.62	2127.93	1858.86	10.85	91.44	135.51	33.09
计算机、通信和其他电子设备制造业	459.79	190.09	915.55	792.44	3.48	66.10	83.14	12.80
仪器仪表制造业	111.66	41.48	222.27	178.21	1.49	21.34	28.18	5.35
其他制造业	24.66	14.50	61.23	52.52	0.81	2.80	4.82	1.22
废弃资源综合利用业	24.81	10.38	76.42	66.86	0.61	3.13	6.99	3.25
金属制品、机械和设备修理业	25.46	7.39	107.47	97.38	0.92	4.24	7.00	1.84
电力、热力生产和供应业	1134.42	714.17	1669.18	1495.03	8.67	72.69	152.42	70.84
燃气生产和供应业	93.78	76.01	71.12	62.44	0.53	6.36	9.07	2.13
水的生产和供应业	169.79	111.08	72.73	62.93	0.42	-1.63	0.99	2.19

14-7 按行业分的全部规模以上工业企业主要经济效益指标

(2014年)

行　业	总资产贡献率(%)	资产负债率(%)	工业成本费用利润率(%)	产品销售率(%)
总　计	**11.89**	**58.02**	**4.52**	**97.35**
煤炭开采和洗选业	5.35	60.67	0.16	98.34
石油和天然气开采业	13.48	49.62	-1.43	100.08
黑色金属矿采选业	27.63	50.47	8.17	97.15
有色金属矿采选业	24.02	52.76	7.62	97.84
非金属矿采选业	21.49	29.16	6.35	96.36
开采辅助活动	1.64	66.81	-3.74	99.85
其他采矿业	9.71	85.66	1.54	99.77
农副食品加工业	15.97	48.21	4.75	97.14
食品制造业	14.71	44.03	6.19	97.43
酒、饮料和精制茶制造业	22.40	45.90	8.74	98.53
烟草制品业	104.58	91.77	9.33	96.90
纺织业	17.71	50.00	5.03	94.56
纺织服装、服饰业	20.37	46.52	4.29	96.59
皮革、毛皮、羽毛及其制品和制鞋业	34.02	31.63	11.73	99.98
木材加工和木、竹、藤、棕、草制品业	23.86	38.54	5.60	98.25
家具制造业	14.28	34.06	4.69	97.05
造纸和纸制品业	16.51	51.86	6.07	97.71
印刷和记录媒介复制业	12.41	53.89	7.26	97.54
文教、工美、体育和娱乐用品制造业	26.17	32.90	5.74	97.90
石油加工、炼焦和核燃料加工业	22.78	68.32	-2.85	98.07
化学原料和化学制品制造业	8.58	64.25	2.41	90.82
医药制造业	18.47	42.29	11.63	93.77
化学纤维制造业	5.15	72.15	2.01	101.28
橡胶和塑料制品业	10.94	49.34	4.49	98.32
非金属矿物制品业	17.30	51.64	5.95	97.24
黑色金属冶炼和压延加工业	5.80	63.07	2.32	98.71
有色金属冶炼和压延加工业	10.75	53.30	5.97	99.62
金属制品业	13.17	51.97	4.56	97.71
通用设备制造业	13.28	53.60	5.86	97.59
专用设备制造业	7.71	60.68	4.58	96.85
汽车制造业	21.83	64.98	10.94	97.84
铁路、船舶、航空航天和其他运输设备制造业	2.96	69.53	4.85	98.39
电气机械和器材制造业	10.73	49.68	4.45	98.77
计算机、通信和其他电子设备制造业	10.50	43.84	7.58	98.33
仪器仪表制造业	14.41	45.57	10.53	97.11
其他制造业	12.09	40.67	4.73	98.02
废弃资源综合利用业	12.80	57.36	4.29	99.36
金属制品、机械和设备修理业	18.90	31.39	4.13	98.57
电力、热力生产和供应业	5.89	68.36	4.48	98.56
燃气生产和供应业	5.47	53.81	7.78	92.89
水的生产和供应业	0.98	45.79	-2.02	91.67

14-8 国有及国有控股工业企业主要指标

(2014年) 单位：亿元

行业	企业单位数(个)	实收资本	资产总计	流动资产合计	固定资产合计	固定资产原价	负债合计	流动负债合计
总 计	**624**	**3505.98**	**17791.95**	**7310.66**	**6866.84**	**12519.38**	**11885.01**	**8802.18**
在总计中：亏损企业	199	1460.57	4419.07	1539.16	2275.10	4609.28	3117.31	2315.94
在总计中：中央企业	33	472.19	2473.35	982.57	543.01	1359.92	1499.82	1232.94
地方企业	100	172.29	708.10	323.18	316.18	377.24	478.71	360.19
在总计中:轻工业	108	323.87	912.97	471.26	294.35	495.78	488.08	362.28
重工业	516	3182.11	16878.98	6839.40	6572.49	12023.60	11396.93	8439.90
在总计中:大型企业	101	2547.78	14079.46	6270.33	4722.36	8833.84	9465.50	7166.69
中型企业	191	434.70	1773.12	667.75	907.04	1471.70	1250.44	894.72
小型企业	303	401.88	988.24	306.66	553.90	706.69	607.43	360.25
微型企业	29	121.62	951.13	65.92	683.54	1507.14	561.63	380.52
煤炭开采和洗选业	8	77.35	659.29	217.12	286.29	504.66	402.67	271.43
石油和天然气开采业	1	314.77	624.80	93.55	513.95	1304.74	310.03	56.09
黑色金属矿采选业	7	56.95	247.99	82.71	87.88	90.22	164.25	153.03
有色金属矿采选业	5	2.66	17.00	8.12	6.08	11.38	13.99	11.40
非金属矿采选业	8	2.70	78.68	18.84	35.90	38.24	11.57	4.16
开采辅助活动	3	217.35	304.90	167.44	81.66	182.87	205.59	201.74
其他采矿业								
农副食品加工业	14	3.06	80.00	58.68	21.11	28.72	59.04	57.08
食品制造业	8	1.91	54.61	25.04	28.96	51.60	11.48	7.29
酒、饮料和精制茶制造业	4	151.88	10.80	3.42	7.29	28.37	8.20	4.37
烟草制品业	3	1.72	52.76	29.73	21.84	33.98	48.63	48.63
纺织业	4	0.66	1.65	1.04	0.51	0.92	0.81	0.66
纺织服装、服饰业	9	0.63	2.45	1.32	0.96	1.82	0.79	0.79
皮革、毛皮、羽毛及其制品和制鞋业	1	0.09	0.22	0.11	0.10	0.23	0.12	0.03
木材加工和木、竹、藤、棕、草制品业	2	0.39	1.40	0.92	0.35	0.96	1.59	1.37
家具制造业	2	0.72	2.35	1.51	0.60	1.33	0.91	0.91
造纸和纸制品业	2	0.50	16.29	2.15	1.58	1.44	11.73	0.83
印刷和记录媒介复制业	10	9.36	25.01	17.41	4.72	15.10	18.71	18.24
文教、工美、体育和娱乐用品制造业	1	1.02	0.93	0.55	0.35	0.92	0.83	0.83
石油加工、炼焦和核燃料加工业	22	233.91	1292.56	419.51	723.28	1519.45	875.68	732.81
化学原料和化学制品制造业	31	93.22	325.64	133.98	174.87	187.46	232.57	197.66
医药制造业	10	27.76	160.24	80.15	32.09	55.31	82.49	64.50
化学纤维制造业	1	0.10	4.86	4.60	0.20	0.28	4.90	3.50
橡胶和塑料制品业	7	3.06	17.87	11.22	6.18	10.79	8.07	6.58
非金属矿物制品业	35	33.65	113.79	53.15	47.95	77.42	81.21	74.75
黑色金属冶炼和压延加工业	36	798.29	4645.67	1740.10	1347.73	2966.09	3093.71	2524.95
有色金属冶炼和压延加工业	15	29.57	105.88	38.68	57.55	100.68	68.11	57.23
金属制品业	18	17.48	88.90	53.15	31.52	42.81	47.19	42.27
通用设备制造业	34	96.05	673.60	486.34	157.42	202.74	514.46	413.74
专用设备制造业	33	132.81	1194.64	839.46	249.04	385.77	882.88	700.10
汽车制造业	46	75.17	1229.31	643.19	245.59	336.51	919.79	786.50
铁路、船舶、航空航天和其他运输设备制造业	37	308.39	1979.43	1352.84	353.28	507.67	1393.33	1074.34
电气机械和器材制造业	15	11.14	46.46	31.07	12.32	17.50	25.08	22.10
计算机、通信和其他电子设备制造业	10	25.20	230.71	165.71	20.74	51.37	112.40	98.02
仪器仪表制造业	7	10.56	41.55	27.71	7.71	6.05	16.51	10.98
其他制造业	2	2.32	16.13	6.76	6.05	8.12	6.70	3.41
废弃资源综合利用业	2	0.76	8.69	3.08	4.54	6.32	2.95	2.09
金属制品、机械和设备修理业	4	5.30	9.10	2.03	6.97	9.98	2.30	1.70
电力、热力生产和供应业	129	605.50	3013.78	353.48	2058.63	3413.27	2050.22	1027.71
燃气生产和供应业	11	55.07	138.64	48.29	71.88	90.26	70.55	61.47
水的生产和供应业	27	96.93	273.37	86.48	151.19	226.01	123.01	56.88

14-8 续表

单位：亿元

行　　业	所有者权益	主营业务收入	主营业务成本	主营业务税金及附加	利润总额	本年应交增值税	利税总额
总　　计	**5888.77**	**12780.29**	**10918.50**	**590.82**	**175.50**	**379.69**	**1149.75**
在总计中：亏损企业	1293.48	4771.73	4235.36	402.33	-239.18	129.85	293.62
在总计中：中央企业	973.11	1237.94	1075.80	20.96	3.22	24.95	49.23
地方企业	227.55	236.53	215.05	1.32	-2.11	9.72	8.98
在总计中:轻工业	420.89	588.40	463.56	43.77	20.83	19.33	84.80
重工业	5467.88	12191.89	10454.95	547.06	154.67	360.35	1064.95
在总计中:大型企业	4604.83	9832.73	8275.48	508.22	120.19	278.91	910.82
中型企业	519.67	1408.31	1210.67	72.95	14.80	45.05	132.86
小型企业	378.61	566.61	489.12	5.34	28.85	15.43	49.69
微型企业	385.66	972.65	943.23	4.31	11.65	40.30	56.38
煤炭开采和洗选业	256.27	252.80	186.89	4.81	0.90	18.82	25.52
石油和天然气开采业	314.77	342.54	226.69	46.96	-3.87	33.51	76.60
黑色金属矿采选业	83.75	96.73	78.07	3.73	5.47	3.34	12.54
有色金属矿采选业	3.01	11.81	10.52	0.06	-2.17	0.26	-1.85
非金属矿采选业	67.11	3.73	2.70	0.13	0.21	0.14	0.48
开采辅助活动	99.32	310.19	320.62	4.69	-13.41	11.28	2.68
其他采矿业							
农副食品加工业	20.33	153.50	143.10	0.09	5.38	1.29	6.85
食品制造业	43.13	51.51	43.66	0.21	1.04	0.70	1.96
酒、饮料和精制茶制造业	2.61	17.58	15.87	0.12	1.14	0.53	1.79
烟草制品业	4.13	78.02	24.09	42.15	3.51	9.91	55.57
纺织业	0.84	5.41	4.97	0.01	0.06		0.07
纺织服装、服饰业	1.39	4.91	3.58	0.04	0.22	0.19	0.45
皮革、毛皮、羽毛及其制品和制鞋业	0.09	0.41	0.34			0.02	0.02
木材加工和木、竹、藤、棕、草制品业	-0.19	1.21	1.12	0.01	-0.05		-0.03
家具制造业	1.45	1.96	1.68	0.01	0.13		0.14
造纸和纸制品业	1.33	0.91	0.98		-0.63	0.02	-0.61
印刷和记录媒介复制业	6.30	9.05	7.84	0.05	0.03	0.34	0.42
文教、工美、体育和娱乐用品制造业	0.10	0.28	0.21		-0.07		-0.07
石油加工、炼焦和核燃料加工业	415.72	3461.02	3031.44	384.52	-129.50	86.94	342.32
化学原料和化学制品制造业	90.85	129.67	120.05	0.31	-3.55	1.64	-1.59
医药制造业	77.31	88.01	62.63	0.58	7.67	3.37	11.62
化学纤维制造业	-0.04	6.97	6.79	0.03	-0.64	0.22	-0.40
橡胶和塑料制品业	9.80	23.31	19.01	0.10	1.47	0.33	1.90
非金属矿物制品业	32.58	74.47	62.42	0.41	2.06	2.55	5.02
黑色金属冶炼和压延加工业	1549.51	2474.75	2190.14	17.91	-2.00	39.21	55.13
有色金属冶炼和压延加工业	37.67	110.58	102.98	0.19	-1.62	1.75	0.42
金属制品业	41.71	82.95	69.91	0.29	5.76	2.10	8.15
通用设备制造业	158.46	414.46	355.28	1.78	5.35	10.48	17.61
专用设备制造业	311.56	585.28	506.39	2.05	2.97	9.45	14.51
汽车制造业	309.34	1329.73	943.02	63.10	167.54	61.90	292.55
铁路、船舶、航空航天和其他运输设备制造业	586.10	802.87	719.82	7.36	42.85	6.34	57.57
电气机械和器材制造业	21.37	32.51	27.73	0.25	0.58	0.63	1.46
计算机、通信和其他电子设备制造业	113.13	179.37	151.73	0.37	12.52	1.19	14.82
仪器仪表制造业	25.04	21.96	16.27	0.15	4.05	0.59	4.79
其他制造业	9.43	7.46	6.33	0.01	0.18	0.05	0.24
废弃资源综合利用业	5.74	4.98	3.48	0.06	0.79	0.43	1.28
金属制品、机械和设备修理业	6.49	11.63	9.55	0.33	0.61	0.35	1.28
电力、热力生产和供应业	961.79	1503.94	1358.22	7.41	58.45	66.41	132.46
燃气生产和供应业	68.09	37.65	32.80	0.28	5.08	1.57	6.96
水的生产和供应业	151.36	54.17	49.57	0.24	-3.02	1.85	-0.92

14-9 各地区国有及国有控股工业企业主要指标

(2014年) 单位：亿元

指　　标	沈阳	大连	鞍山	抚顺	本溪	丹东	锦州
企业单位数(个)	187	126	29	37	44	19	21
实收资本	443.16	704.70	326.87	83.06	173.29	46.31	67.55
资产总计	3427.42	4536.73	2277.57	780.24	1319.22	216.00	193.16
流动资产合计	1825.90	2335.40	857.55	266.96	554.14	80.67	56.02
固定资产合计	1043.49	1351.97	448.28	461.34	449.21	78.60	102.58
固定资产原价合计	1443.58	1982.84	1138.11	754.05	1163.55	141.10	184.87
流动负债合计	2055.64	2115.71	1072.65	403.41	878.87	63.96	69.66
主营业务收入	2689.50	2755.89	855.36	728.73	1024.37	121.95	314.80
主营业务成本	2077.99	2378.07	679.45	638.38	955.65	112.57	252.77
主营业务税金及附加	83.71	161.85	17.30	54.34	3.71	0.79	40.82
利润总额	216.79	47.13	16.16	-46.50	5.29	-1.14	-4.24
本年应交增值税	87.92	55.57	25.04	23.73	6.42	2.46	7.91
利税总额	389.64	265.51	58.52	32.24	15.42	2.12	44.63

14-9 续表 单位：亿元

指　　标	营口	阜新	辽阳	盘锦	铁岭	朝阳	葫芦岛
企业单位数(个)	24	23	20	21	21	29	22
实收资本	494.10	80.89	50.15	592.05	71.46	118.45	153.96
资产总计	717.31	299.95	212.63	1362.47	510.44	477.55	573.65
流动资产合计	198.45	84.87	50.80	437.34	123.66	123.84	260.48
固定资产合计	425.60	204.26	107.46	798.87	226.75	279.10	233.04
固定资产原价合计	627.38	297.70	301.79	1797.66	428.75	352.60	435.68
流动负债合计	309.01	99.93	158.84	486.26	202.90	241.11	280.10
主营业务收入	453.97	106.27	351.14	1426.48	208.69	274.97	512.19
主营业务成本	385.34	83.02	334.09	1244.43	170.35	249.95	426.69
主营业务税金及附加	30.26	1.16	40.04	101.23	2.70	0.83	47.85
利润总额	5.95	3.31	-54.30	-23.40	7.27	-12.95	4.27
本年应交增值税	19.06	6.87	7.74	63.32	11.04	7.68	15.56
利税总额	55.28	11.46	-6.51	141.28	21.21	-4.44	67.86

14-10 各地区全部规模以上工业企业主要经济效益指标

年份、地区	总资产贡献率(%)	资产负债率(%)	工业成本费用利润率(%)	产品销售率(%)
1998	4.90	65.55	-0.53	98.18
1999	5.20	60.35	1.73	97.88
2000	7.08	60.46	4.27	97.79
2001	6.13	58.69	3.26	97.33
2002	6.25	59.18	3.24	98.24
2003	7.31	58.76	3.92	98.09
2004	8.48	58.30	5.34	98.13
2005	7.84	58.22	3.46	98.47
2006	8.22	57.50	3.38	98.31
2007	10.67	58.64	5.13	98.06
2008	8.65	58.56	7.15	97.37
2009	11.66	58.36	5.37	97.84
2010	14.84	58.11	7.15	97.85
2011	14.78	57.23	6.26	98.38
2012	14.45	57.93	5.37	97.79
2013	15.00	57.92	6.09	97.81
2014	11.89	58.02	4.52	97.35
沈　阳	14.95	53.76	5.79	98.34
大　连	10.38	62.54	4.54	95.11
鞍　山	8.31	54.55	3.67	96.28
抚　顺	15.26	57.10	4.18	98.25
本　溪	9.59	64.02	4.40	98.38
丹　东	11.76	55.16	4.03	97.04
锦　州	23.80	45.40	6.58	97.91
营　口	15.40	59.91	6.35	98.13
阜　新	8.63	60.77	4.33	97.11
辽　阳	10.82	55.90	4.18	98.82
盘　锦	10.93	60.90	0.47	97.20
铁　岭	6.09	50.50	3.26	98.83
朝　阳	10.72	63.23	2.34	97.30
葫芦岛	10.51	65.55	1.82	97.12

14-11 各地区国有及国有控股工业企业主要经济效益指标

年份、地区	总资产贡献率 (%)	资产负债率 (%)	工业成本费用利润率 (%)	产品销售率 (%)
1998	4.60	65.99	-1.41	97.90
1999	4.64	59.96	0.76	98.47
2000	6.64	60.85	3.98	98.95
2001	5.59	59.63	2.60	98.38
2002	5.57	61.00	2.16	98.93
2003	6.76	59.51	3.14	98.76
2004	8.42	58.06	5.84	98.69
2005	7.45	59.33	2.78	99.86
2006	7.28	57.75	2.62	99.31
2007	8.86	60.88	4.14	99.21
2008	4.16	63.05	3.66	98.63
2009	7.63	65.38	1.96	98.80
2010	9.77	66.00	3.31	98.78
2011	8.96	66.25	1.95	98.94
2012	7.86	67.29	0.08	99.33
2013	8.05	67.68	1.93	98.76
2014	7.78	66.80	1.41	98.33
沈　阳	12.75	71.05	8.51	96.82
大　连	6.83	70.94	1.78	98.23
鞍　山	3.37	59.43	1.96	99.34
抚　顺	6.06	63.53	-6.15	98.96
本　溪	2.91	74.53	0.49	99.92
丹　东	2.54	67.66	-0.92	99.96
锦　州	24.72	61.98	-1.51	96.56
营　口	8.98	54.64	1.39	92.55
阜　新	6.24	63.29	3.07	99.93
辽　阳	-0.25	79.90	-14.81	99.78
盘　锦	11.79	59.02	-1.74	99.78
铁　岭	6.12	63.76	2.90	99.42
朝　阳	2.35	71.75	-4.19	100.10
葫芦岛	12.87	68.17	0.91	97.74

14-12 按行业分的规模以上外商投资工业企业主要指标

(2014年) 单位：亿元

行业	企业单位数(个)	资产总计	负债合计	所有者权益	主营业务收入	利税总额	本年应交增值税
总计	**1288**	**5394.26**	**3113.90**	**2264.56**	**6625.34**	**818.47**	**180.45**
在总计中:轻工业	487	840.84	439.80	401.59	1469.67	143.76	36.24
重工业	801	4553.43	2674.10	1862.97	5155.67	674.71	144.21
在总计中:大型企业	67	2630.98	1590.49	1040.10	2813.92	488.64	93.40
中型企业	285	1552.15	906.94	653.26	2182.07	208.47	53.82
小型企业	889	1146.77	587.68	555.20	1541.65	118.49	32.45
微型企业	47	64.37	28.79	16.00	87.70	2.87	0.78
煤炭开采和洗选业							
石油和天然气开采业							
黑色金属矿采选业	2	0.74	0.32	0.42	6.40	0.68	0.32
有色金属矿采选业	9	12.41	3.48	8.88	24.99	3.82	1.00
非金属矿采选业	6	5.79	1.11	4.66	7.66	1.28	0.45
开采辅助活动	1	2.07	0.53	1.54	4.21	0.22	
其他采矿业							
农副食品加工业	112	183.22	113.35	77.03	444.26	29.51	9.36
食品制造业	33	45.33	16.82	28.42	91.86	7.96	2.23
酒、饮料和精制茶制造业	32	135.23	72.19	63.02	161.74	30.92	6.75
烟草制品业							
纺织业	23	15.40	6.62	8.77	31.72	2.91	0.59
纺织服装、服饰业	110	50.27	23.29	21.05	140.17	8.67	2.55
皮革、毛皮、羽毛及其制品和制鞋业	12	23.07	11.75	11.32	43.91	3.63	0.50
木材加工和木、竹、藤、棕、草制品业	18	41.70	22.06	19.26	47.47	2.74	0.32
家具制造业	34	68.73	26.72	41.80	94.08	5.43	1.12
造纸和纸制品业	16	38.11	24.87	13.22	44.54	1.24	0.43
印刷和记录媒介复制业	4	3.96	0.66	3.31	2.71	0.29	0.08
文教、工美、体育和娱乐用品制造业	20	8.17	3.36	4.81	29.81	2.49	0.51
石油加工、炼焦和核燃料加工业	11	135.79	176.49	-41.49	428.10	20.85	6.20
化学原料和化学制品制造业	70	253.98	163.85	89.79	177.56	9.07	4.55
医药制造业	11	102.64	55.89	46.73	160.54	37.71	9.21
化学纤维制造业							
橡胶和塑料制品业	63	411.87	225.02	186.80	287.27	13.55	4.78
非金属矿物制品业	72	140.61	80.84	59.70	184.99	19.13	5.89
黑色金属冶炼和压延加工业	49	165.16	76.66	88.49	210.10	20.13	5.16
有色金属冶炼和压延加工业	23	48.80	17.32	23.29	55.27	3.76	1.14
金属制品业	76	178.44	90.87	87.20	173.69	12.47	3.49
通用设备制造业	141	473.56	221.85	250.23	499.00	40.61	11.63
专用设备制造业	54	541.42	399.90	140.06	326.34	9.76	2.47
汽车制造业	94	1356.26	849.18	506.38	2141.78	437.37	82.27
铁路、船舶、航空航天和其他运输设备制造业	19	136.46	81.27	55.19	83.43	3.83	1.93
电气机械和器材制造业	71	210.93	115.31	92.93	269.10	18.95	4.23
计算机、通信和其他电子设备制造业	45	263.51	86.37	177.14	291.43	37.10	1.32
仪器仪表制造业	20	30.90	9.18	21.68	40.11	5.44	0.48
其他制造业	8	15.05	5.21	9.81	14.03	1.61	0.60
废弃资源综合利用业	2	4.76	4.13	0.63	1.67	-0.54	0.01
金属制品、机械和设备修理业	2	0.13	0.09	0.04	0.61	-0.11	
电力、热力生产和供应业	18	242.31	113.88	128.43	93.38	21.50	7.84
燃气生产和供应业	4	41.21	11.20	30.00	9.81	4.00	0.98
水的生产和供应业	3	6.29	2.27	4.02	1.59	0.49	0.05

14-13 按行业分的大中型工业企业主要指标

(2014年)　　单位：亿元

行　业	企业单位数(个)	实收资本	资产总计	流动资产合计	固定资产合计	固定资产原价	负债合计	流动负债合计
总　计	**2074**	**5060.21**	**26779.73**	**12244.72**	**9533.76**	**16666.09**	**16601.78**	**12470.13**
煤炭开采和洗选业	22	86.82	700.67	239.28	302.80	531.12	420.35	284.38
石油和天然气开采业	1	314.77	624.80	93.55	513.95	1304.74	310.03	56.09
黑色金属矿采选业	45	72.73	492.07	218.32	166.25	217.49	282.30	260.31
有色金属矿采选业	27	12.45	77.82	36.44	30.78	45.60	42.61	38.31
非金属矿采选业	22	5.84	77.53	25.07	50.67	63.41	17.83	10.00
开采辅助活动	3	217.35	304.90	167.44	81.66	182.87	205.59	201.74
其他采矿业								
农副食品加工业	216	160.62	921.63	447.43	341.07	532.66	477.90	297.68
食品制造业	50	66.68	252.73	121.87	107.55	184.27	108.68	72.32
酒、饮料和精制茶制造业	33	33.60	126.85	47.23	70.14	127.06	52.72	45.06
烟草制品业	3	1.72	52.76	29.73	21.84	33.98	48.63	48.63
纺织业	32	14.38	81.94	49.28	17.78	33.03	54.66	39.43
纺织服装、服饰业	104	18.18	95.91	59.76	23.81	47.83	44.31	37.93
皮革、毛皮、羽毛及其制品和制鞋业	10	12.73	43.61	17.08	25.89	34.19	10.00	9.22
木材加工和木、竹、藤、棕、草制品业	34	9.20	58.43	23.00	28.09	47.84	22.02	11.28
家具制造业	32	8.56	105.95	53.34	44.57	83.10	31.55	29.98
造纸和纸制品业	19	14.27	55.35	14.75	30.86	49.18	31.35	21.83
印刷和记录媒介复制业	9	6.18	24.20	6.56	15.22	30.30	10.81	8.96
文教、工美、体育和娱乐用品制造业	7	1.47	4.39	1.71	2.14	3.20	0.81	0.59
石油加工、炼焦和核燃料加工业	27	255.81	1567.36	596.53	785.60	1598.90	1109.39	927.64
化学原料和化学制品制造业	91	294.53	1487.43	641.25	672.61	769.03	1035.77	794.36
医药制造业	36	58.17	355.90	213.97	70.35	110.14	184.50	151.00
化学纤维制造业	4	6.93	36.31	11.55	8.26	13.88	30.36	24.64
橡胶和塑料制品业	78	138.44	576.76	212.88	226.38	573.34	298.65	165.72
非金属矿物制品业	159	189.69	912.00	423.02	330.57	521.28	472.11	362.28
黑色金属冶炼和压延加工业	119	921.45	5259.99	1991.95	1631.97	3582.93	3419.53	2793.82
有色金属冶炼和压延加工业	32	177.41	795.88	308.29	211.36	347.12	415.05	293.43
金属制品业	83	85.27	566.72	327.52	204.06	277.87	328.92	251.80
通用设备制造业	223	247.98	1640.90	1040.12	486.66	726.15	983.01	793.70
专用设备制造业	90	198.89	1594.62	1067.73	368.43	630.09	1045.32	839.28
汽车制造业	110	235.16	2095.17	1079.43	524.52	756.10	1409.04	1179.37
铁路、船舶、航空航天和其他运输设备制造业	53	324.10	2063.47	1388.03	398.42	571.29	1441.58	1107.05
电气机械和器材制造业	109	119.85	712.31	390.55	259.09	375.19	361.78	281.90
计算机、通信和其他电子设备制造业	43	152.64	676.06	376.57	136.11	268.46	302.11	238.13
仪器仪表制造业	20	19.42	110.66	74.92	20.28	29.80	50.01	38.64
其他制造业	7	9.62	28.77	13.40	10.85	20.65	9.69	6.18
废弃资源综合利用业	3	2.53	8.74	3.57	3.72	5.80	2.81	2.36
金属制品、机械和设备修理业	13	5.40	23.79	7.79	11.77	20.97	4.82	3.43
电力、热力生产和供应业	72	434.12	1790.43	293.02	1103.45	1639.49	1329.68	619.07
燃气生产和供应业	15	35.04	119.93	48.24	52.90	67.84	77.37	67.55
水的生产和供应业	18	90.21	254.97	82.56	141.32	207.92	118.15	55.05

14-13 续表

单位：亿元

行业	所有者权益	主营业务收入	主营业务成本	主营业务税金及附加	利润总额	本年应交增值税	利税总额
总计	**10143.94**	**24419.18**	**20789.05**	**709.02**	**886.84**	**656.76**	**2260.91**
煤炭开采和洗选业	278.64	281.23	211.56	5.59	-0.70	20.93	26.81
石油和天然气开采业	314.77	342.54	226.69	46.96	-3.87	33.51	76.60
黑色金属矿采选业	208.83	370.12	285.08	12.51	45.96	23.67	82.16
有色金属矿采选业	35.11	69.28	54.63	0.91	3.74	4.26	8.91
非金属矿采选业	59.67	81.05	65.56	0.79	5.30	2.16	8.25
开采辅助活动	99.32	310.19	320.62	4.69	-13.41	11.28	2.68
其他采矿业							
农副食品加工业	450.59	1738.34	1556.87	5.58	87.84	29.16	122.68
食品制造业	143.86	269.14	224.82	1.93	18.41	5.93	26.27
酒、饮料和精制茶制造业	73.62	166.75	118.91	7.68	16.46	8.64	32.79
烟草制品业	4.13	78.02	24.09	42.15	3.51	9.91	55.57
纺织业	27.20	99.80	90.55	0.96	2.88	2.41	6.25
纺织服装、服饰业	51.30	239.29	212.80	1.20	8.97	4.62	14.80
皮革、毛皮、羽毛及其制品和制鞋业	33.54	77.80	65.92	0.33	8.57	0.25	9.15
木材加工和木、竹、藤、棕、草制品业	36.17	170.13	142.84	0.97	11.19	4.84	17.00
家具制造业	74.19	165.87	140.12	0.70	7.84	2.37	10.95
造纸和纸制品业	23.55	95.12	79.70	0.30	7.74	2.33	10.37
印刷和记录媒介复制业	13.40	44.31	37.51	0.33	3.23	0.15	3.70
文教、工美、体育和娱乐用品制造业	3.58	21.58	18.95	0.35	1.05	0.80	2.21
石油加工、炼焦和核燃料加工业	456.34	3622.72	3190.85	382.61	-134.99	83.98	331.97
化学原料和化学制品制造业	449.18	1285.42	1215.17	24.66	-10.37	34.41	48.76
医药制造业	171.35	296.60	167.40	2.51	47.44	16.55	66.51
化学纤维制造业	5.95	20.14	16.86	0.04	-0.19	0.30	0.15
橡胶和塑料制品业	277.81	524.61	448.70	2.61	17.24	9.74	29.62
非金属矿物制品业	438.81	1147.83	989.83	8.87	66.56	36.30	111.96
黑色金属冶炼和压延加工业	1837.80	3500.96	3113.62	24.02	43.47	66.03	133.54
有色金属冶炼和压延加工业	379.58	595.75	516.02	2.56	45.54	18.42	66.62
金属制品业	222.95	711.13	623.90	3.15	26.03	13.62	42.81
通用设备制造业	655.04	1547.82	1287.62	8.92	77.71	37.41	124.06
专用设备制造业	548.57	1009.46	852.18	3.73	33.60	19.04	56.41
汽车制造业	685.11	2559.74	1955.91	94.48	279.80	90.31	468.78
铁路、船舶、航空航天和其他运输设备制造业	621.83	897.94	804.51	7.79	47.02	9.55	65.39
电气机械和器材制造业	349.80	785.33	651.15	2.76	33.83	13.91	50.59
计算机、通信和其他电子设备制造业	368.06	529.53	451.58	1.43	46.68	6.20	55.06
仪器仪表制造业	60.17	84.35	62.92	0.50	11.93	2.20	14.63
其他制造业	19.05	22.43	18.37	0.12	0.86	0.39	1.37
废弃资源综合利用业	5.94	9.47	7.94	0.07	0.73	0.57	1.37
金属制品、机械和设备修理业	18.66	67.55	62.64	0.55	2.21	0.90	3.65
电力、热力生产和供应业	460.08	511.19	407.31	3.36	41.69	27.39	72.46
燃气生产和供应业	42.56	34.06	34.21	0.18	0.22	0.76	1.21
水的生产和供应业	137.83	34.62	33.13	0.18	-4.88	1.52	-3.16

14-14 按行业分的大中型工业企业主要经济效益指标

(2014年)

行　业	总资产贡献率 (%)	资产负债率 (%)	工业成本费用利润率 (%)	产品销售率 (%)
总　计	**9.70**	**61.99**	**3.77**	**97.14**
煤炭开采和洗选业	5.14	59.99	-0.17	100.35
石油和天然气开采业	13.48	49.62	-1.43	100.08
黑色金属矿采选业	18.04	57.37	14.25	98.26
有色金属矿采选业	12.83	54.75	5.66	94.52
非金属矿采选业	10.60	22.99	7.05	98.15
开采辅助活动	1.45	67.43	-4.08	99.85
其他采矿业				
农副食品加工业	14.71	51.85	5.30	96.46
食品制造业	10.73	43.00	7.25	98.10
酒、饮料和精制茶制造业	25.99	41.56	11.38	101.12
烟草制品业	104.97	92.17	9.40	96.90
纺织业	8.77	66.71	2.92	95.75
纺织服装、服饰业	16.39	46.19	3.90	93.87
皮革、毛皮、羽毛及其制品和制鞋业	21.69	22.93	12.43	101.98
木材加工和木、竹、藤、棕、草制品业	30.04	37.68	7.07	98.92
家具制造业	10.85	29.78	4.90	98.01
造纸和纸制品业	19.74	56.64	8.83	100.03
印刷和记录媒介复制业	15.99	44.65	7.81	100.47
文教、工美、体育和娱乐用品制造业	51.15	18.42	5.16	98.34
石油加工、炼焦和核燃料加工业	23.72	70.78	-3.97	98.14
化学原料和化学制品制造业	5.27	69.64	-0.78	85.61
医药制造业	19.41	51.84	18.70	90.99
化学纤维制造业	2.16	83.60	-0.91	106.40
橡胶和塑料制品业	6.31	51.78	3.36	98.06
非金属矿物制品业	13.44	51.77	6.18	96.95
黑色金属冶炼和压延加工业	4.26	65.01	1.23	99.31
有色金属冶炼和压延加工业	9.68	52.15	7.39	98.73
金属制品业	8.55	58.04	3.77	98.05
通用设备制造业	9.00	59.91	5.22	97.61
专用设备制造业	4.62	65.55	3.46	95.87
汽车制造业	23.18	67.25	12.39	98.02
铁路、船舶、航空航天和其他运输设备制造业	2.59	69.86	5.18	99.28
电气机械和器材制造业	8.00	50.79	4.38	98.79
计算机、通信和其他电子设备制造业	8.52	44.69	9.23	98.12
仪器仪表制造业	14.12	45.19	16.15	95.19
其他制造业	4.89	33.68	3.82	98.03
废弃资源综合利用业	17.18	32.10	8.35	97.94
金属制品、机械和设备修理业	16.03	20.26	3.40	99.39
电力、热力生产和供应业	6.17	74.27	8.57	96.43
燃气生产和供应业	2.06	64.51	0.45	97.38
水的生产和供应业	-0.84	46.34	-10.65	95.89

14-15 各地区大中型工业企业主要指标

单位：亿元

年份、地区	企业单位数(个)	实收资本	资产总计	流动资产合计	固定资产合计	固定资产原价	固定资产净值年平均余额	负债合计	流动负债合计
1998	1331	1210.42	5699.55	2189.07	3118.29	4065.90	2641.39	3705.71	2378.86
1999	847	1334.40	5933.87	2259.48	3238.46	4362.61	2626.00	3409.07	2296.96
2000	857	1458.65	5908.55	2312.97	3088.51	4351.57	2733.46	3515.17	2338.83
2001	869	1635.55	6398.33	2471.46	3463.49	4947.97	3032.42	3645.86	2527.98
2002	883	1703.09	6718.00	2605.10	3573.53	5269.20	3242.04	3879.93	2706.67
2003	810	1763.21	6879.72	2771.05	3309.07	5432.53	3279.89	3870.74	2924.72
2004	964	2451.48	8343.69	3372.61	4090.47	6285.24	3671.47	4668.19	3528.31
2005	1013	2408.23	9209.77	3981.22	4486.60	6910.54	3915.82	5374.15	4002.55
2006	1085	2551.74	10721.56	4726.19	5175.40	7592.23	4365.99	6162.70	4610.99
2007	1164	2735.46	12761.68	5744.25	5537.97	8709.02	4755.01	7591.30	5842.09
2008	1135	3536.14	14960.78	6547.99	6725.85	9983.83	5403.41	9206.41	6971.63
2009	1383	3987.07	17995.86	8089.60	7874.67	11128.84	6447.18	11147.83	8221.30
2010	1505	4001.97	20118.92	9398.47	8481.96	12939.61	7390.59	12554.80	9331.80
2011	1825	4276.04	21237.69	10030.88	8169.94	13295.54		13100.38	9766.00
2012	2210	4599.30	24664.73	11530.95	8676.11	14257.71		15391.41	11113.24
2013	2272	4994.98	27329.27	12510.92	10105.70	17253.10		17031.50	12783.97
2014	2074	5060.21	26779.73	12244.72	9533.76	16666.09		16601.78	12470.13
沈　阳	543	827.74	5576.08	2760.28	1973.34	3404.23		3313.65	2789.09
大　连	686	1318.40	7609.93	3978.42	2394.79	3544.92		4949.74	3352.99
鞍　山	99	404.62	2930.42	1252.05	615.19	1388.98		1659.97	1302.22
抚　顺	67	115.46	1040.61	401.43	561.39	891.83		637.64	524.13
本　溪	60	204.88	1447.87	614.27	495.68	1275.90		1050.14	940.42
丹　东	114	104.97	504.75	235.69	127.54	227.26		280.88	158.96
锦　州	86	203.72	699.37	298.54	299.15	574.10		371.36	268.50
营　口	84	432.61	1344.26	575.10	591.94	860.09		828.26	684.13
阜　新	50	89.16	386.57	184.11	173.77	269.02		240.53	179.92
辽　阳	55	254.39	1316.36	548.43	369.22	619.29		756.50	583.94
盘　锦	55	656.78	1784.99	643.38	948.00	2076.34		1118.61	708.30
铁　岭	56	116.29	735.85	191.60	356.70	583.99		443.02	283.30
朝　阳	75	160.12	719.28	248.48	350.31	449.49		496.51	361.79
葫芦岛	44	171.07	683.38	312.94	276.75	500.64		454.97	332.44

14-15 续表

单位：亿元

年份、地区	长期负债合计	所有者权益	主营业务收入	主营业务成本	主营业务税金及附加	利润总额	本年应交增值税	利税总额
1998	1303.62	1993.84	2378.74	2005.48	49.13	-25.30	122.79	146.61
1999	1106.82	2524.79	2568.69	2146.07	47.74	50.13	126.41	224.28
2000	1171.62	2386.85	3196.35	2681.87	56.32	142.54	150.46	349.32
2001	1106.09	1635.55	3398.32	2874.07	55.32	118.89	150.07	324.27
2002	1168.43	2837.12	3671.30	3072.43	61.50	121.10	160.23	342.80
2003	937.82	2999.36	4751.49	3937.53	76.37	194.97	189.26	460.60
2004	1133.17	3587.59	6349.30	5352.85	88.45	367.20	230.66	686.31
2005	1349.24	3715.13	8000.32	6990.98	105.92	268.27	262.38	636.57
2006	1480.57	4394.64	9733.03	8502.61	134.49	307.39	317.32	759.19
2007	1674.76	5126.57	11597.55	9788.64	194.05	547.28	398.19	1139.52
2008	1988.99	5754.37	13787.29	12304.22	173.37	217.70	399.19	790.26
2009	2649.68	6815.16	15120.81	12831.03	477.81	655.13	447.61	1580.55
2010	2955.76	7529.34	18663.03	15734.42	588.10	1113.86	574.62	2276.57
2011		8063.52	21459.08	18213.55	602.50	1058.85	645.83	2313.16
2012		9180.03	24719.23	21022.81	724.25	974.84	822.60	2528.44
2013		10206.28	26269.38	22245.91	679.06	1329.03	870.47	2897.85
2014		10143.94	24419.18	20789.05	709.02	886.84	656.76	2260.91
沈　阳		2244.22	6470.70	5285.59	122.31	426.54	157.28	711.53
大　连		2648.79	6977.28	5980.17	213.63	287.34	168.90	670.96
鞍　山		1268.75	1586.45	1326.66	26.04	50.21	43.41	119.90
抚　顺		402.55	1005.86	873.44	56.76	-23.13	33.89	68.20
本　溪		394.94	1237.56	1121.25	6.98	32.02	19.03	58.03
丹　东		223.88	491.59	444.18	2.67	18.60	12.14	33.43
锦　州		325.21	1143.43	968.57	45.35	57.79	27.13	130.42
营　口		515.85	945.80	810.05	30.15	25.58	38.44	94.19
阜　新		155.30	278.84	234.04	2.30	13.36	10.99	26.77
辽　阳		559.11	799.65	691.62	43.13	-2.90	24.55	64.83
盘　锦		665.95	1906.16	1692.10	102.80	-14.46	71.76	160.22
铁　岭		291.53	415.02	348.84	3.72	11.04	14.57	29.55
朝　阳		221.98	529.39	477.07	5.33	-1.21	16.84	20.96
葫芦岛		225.90	631.44	535.47	47.86	6.06	17.83	71.93

14-16 历年主要工业产品产量

年份、地区	化学纤维(万吨)	纱(万吨)	布(亿米)	毛线(吨)	呢绒(万米)	丝(吨)	机制纸及纸板(万吨)	缝纫机(万架)	自行车(万辆)	手表(万只)	灯泡(亿只)
1990	15.6	109.8	6.5	5087.0	1840.0	2905.0	77.5	0.5	97.2	430.4	1.2
1991	15.8	110.1	6.4	4099.0	1781.1	2667.0	75.1	0.4	85.5	467.7	1.5
1992	17.1	112.0	6.0	4981.0	1672.7	1917.0	79.1	0.3	125.9	359.9	1.5
1993	15.7	99.3	5.6	3524.0	1431.4	2280.0	75.4	0.4	195.4	554.5	1.1
1994	17.9	18.2	5.4	2785.0	1548.6	3292.0	82.3	0.3	190.7	397.7	3.3
1995	19.8	18.0	5.8	2725.0	1185.0	3484.0	97.5	0.2	112.1	409.9	3.7
1996	20.7	16.9	4.7	4449.0	745.4	4550.0	95.7	0.2	87.9	316.4	4.3
1997	28.1	17.2	5.4	1902.0	648.5	3588.0	84.2	0.2	55.1	212.4	1.4
1998	30.5	14.3	4.7	1970.0	373.2	1996.0	72.0	0.1	53.1	98.0	1.3
1999	29.2	15.2	5.3	1655.0	606.1	1328.0	58.8	0.1	16.3	97.0	1.1
2000	34.2	18.3	5.0	1633.0	479.0	2414.0	55.2	0.2	46.2	69.0	0.5
2001	36.0	16.0	4.3	1179.0	230.3	1675.0	62.9	0.3	15.2	69.2	1.3
2002	33.5	16.4	5.0	1491.0	168.1	2110.0	52.0	0.3	2.2	86.0	1.5
2003	26.3	15.6	3.4	1447.0	109.2	1640.0	59.1	0.3			1.4
2004	30.7	17.2	4.3	1840.0	379.8	3297.0	72.6	0.7	1.4	152.8	1.8
2005	24.1	18.7	5.7	1541.0	106.0	2191.0	83.4	0.6	0.4	169.6	1.8
2006	22.5	18.2	5.4	1811.0	118.4	2592.0	67.5	0.6		145.1	5.1
2007	21.1	18.0	7.7	1015.0	60.3	2955.0	87.5	0.5		133.4	6.2
2008	17.0	16.8	4.7		54.1	3045.0	56.9	0.1		139.3	8.1
2009	21.4	16.0	5.0	1736.6	88.6	4812.0	77.2			9.1	1.1
2010	19.9	15.4	7.2	2191.0	74.0	7182.0	88.5	0.1	1.2	5.7	1.4
2011	16.4	13.8	7.2	2402.7		4184.3	76.2			6.2	1.5
2012	18.4	12.9	4.6	1526.1		2462.5	73.3		5.0		2.1
2013	17.9	10.3	4.1	2796.0		2310.4	48.8		10.0		2.0
2014	19.8	13.8	6.8	4725.7		4504.2	41.2		4.7		1.9
沈 阳		1.4	0.1	1469.7			4.9				1.8
大 连	1.7	1.4	1.1				16.3				
鞍 山	2.7	1.4	2.6			561.1					
抚 顺	0.5	0.5	0.1								
本 溪		0.1									
丹 东	4.7	0.1	0.2			712.2	7.7				
锦 州	7.1	5.5	0.1				4.5				0.1
营 口	2.0	0.9	1.6			498.5					
阜 新		1.6	0.5	3256.0			1.8				
辽 阳	1.1		0.2								
盘 锦							5.2				
铁 岭						2732.5	0.7				
朝 阳		0.7	0.3						4.7		
葫芦岛		0.4									

注：1. 1993年以前纱产量的计量单位为万件。2007年及以前卷烟产量的计量单位为万箱、啤酒产量的计量单位为万吨。从2009年起自行车产量中不仅包括两轮自行车，还包括电动自行车。

2. 能源产品产量为规上工业企业产量

14-16 续表 1

年份、地区	合成洗涤剂(万吨)	原盐(万吨)	糖(万吨)	卷烟(亿支)	罐头(万吨)	啤酒(亿升)	家用电冰箱(万台)	电视机(万台)	原煤(万吨)	原油(万吨)	天然气(亿立方米)
1990	5.3	129.9	3.2	50.6	5.8	55.0	16.4	115.1	5101.0	1368.7	20.4
1991	4.2	240.4	3.6	42.8	7.6	64.3	11.8	59.6	5234.7	1374.2	20.6
1992	4.3	293.2	5.4	45.3	8.8	78.5	10.3	73.2	5394.6	1387.8	21.1
1993	2.9	282.9	5.2	40.3	4.0	62.8	12.0	49.9	5566.8	1420.1	23.8
1994	3.5	275.9	3.8	40.3	7.6	108.0	12.2	54.3	5509.3	1502.5	21.2
1995	2.9	230.9	3.8	43.2	8.2	113.4	14.2	47.7	5626.4	1552.7	21.1
1996	6.9	232.5	4.0	40.3	8.1	118.8	9.4	56.7	6040.6	1504.3	19.6
1997	5.7	286.1	5.3	40.5	6.0	128.7	6.9	73.2	5883.8	1504.1	19.1
1998	6.8	190.9	5.1	41.8	4.1	129.1	8.5	173.2	5785.7	1452.1	15.6
1999	6.3	282.2	4.5	33.2	2.7	144.3	13.2	229.3	4779.3	1430.3	14.3
2000	7.0	275.9	2.1	23.0	2.9	149.7	23.1	374.7	4454.9	1401.1	14.7
2001	9.1	284.6	4.0	31.0	2.8	144.2	14.7	378.0	4468.2	1385.0	14.7
2002	10.4	280.6	4.2	38.0	3.4	137.1	51.6	404.9	5180.8	1351.2	13.3
2003	9.7	166.6	5.1	41.3	5.2	149.4	106.8	446.0	5871.0	1332.0	13.3
2004	9.8	200.6	3.8	45.9	10.7	155.4	116.3	346.2	6641.9	1283.2	10.3
2005	8.9	180.6	4.2	45.9	5.6	184.6	120.4	550.2	6395.0	1261.0	11.7
2006	14.0	191.3	1.3	47.8	7.3	200.4	133.5	333.9	7367.3	1226.5	11.9
2007	14.7	216.2	1.4	51.1	7.6	231.0	134.3	423.2	6349.1	1207.2	8.7
2008	12.4	184.2	2.0	260.4	7.5	23.5	139.3	500.2	6415.5	1199.3	8.7
2009	10.5	152.5	5.6	260.3	16.4	24.7	96.2	441.4	6624.2	1000.0	8.1
2010	12.2	161.6	6.1	265.3	20.0	24.8	87.8	576.9	6641.6	950.0	8.0
2011	13.8	114.5	2.3	274.5	25.2	26.2	102.2	557.5	7005.1	1000.0	7.2
2012	14.7	141.9	5.4	276.4	40.8	26.4	101.5	500.4	6431.3	1000.0	7.2
2013	16.5	127.7	4.1	278.9	41.0	27.2	84.8	440.6		1001.0	7.2
2014	16.5	165.2	4.5	290.4	59.0	27.2	157.0	338.2	4906.4	1021.9	7.0
沈　阳	7.4			125.0	2.0	11.4	60.9	338.2	851.5		
大　连	2.8	96.2			43.4	4.5	96.1				
鞍　山					7.3	2.2					
抚　顺	2.2					1.2			602.4		
本　溪	2.2				0.5	1.0			40.2		
丹　东					4.6	1.0			13.9		
锦　州						1.4			3.3		
营　口	1.7	25.3		165.4	1.0	0.6					
阜　新						0.5			1417.4		
辽　阳						0.4					
盘　锦		43.2				0.9				1021.9	7.0
铁　岭		0.3				0.9			1707.3		
朝　阳			4.5			1.2			94.3		
葫芦岛		0.2			0.2				176.0		

14-16 续表 2

年份、地区	发电量(亿千瓦小时)	#水电	生铁(万吨)	钢(万吨)	成品钢材(万吨)	铁合金(万吨)	水泥(万吨)	平板玻璃(万重量箱)	硫酸(万吨)	纯碱(万吨)	烧碱(万吨)
1990	435.8	35.5	1145.5	1216.3	939.9	16.0	1092.0	995.3	74.1	76.2	28.3
1991	448.3	40.3	1227.8	1262.5	978.8	15.9	1312.2	1022.4	81.2	71.2	29.4
1992	489.1	32.4	1262.7	1349.9	1082.9	20.3	1644.4	1188.5	86.2	72.4	29.7
1993	505.3	27.4	1314.0	1413.3	1270.3	21.4	1947.9	1350.2	78.6	74.8	27.8
1994	504.0	18.5	1274.1	1340.6	1186.9	24.1	1891.2	1299.0	95.8	73.9	30.5
1995	540.1	41.7	1337.1	1335.9	1074.2	30.4	1911.0	1233.3	106.9	69.1	26.3
1996	583.9	45.2	1358.5	1369.3	1210.3	30.2	1743.1	1591.6	108.7	71.9	37.5
1997	615.2	28.8	1358.1	1354.9	1223.5	23.9	1829.0	1494.2	108.7	71.2	33.4
1998	608.1	21.6	1419.0	1406.5	1149.2	19.5	1663.7	1546.9	100.0	69.2	32.5
1999	610.5	25.5	1448.9	1492.2	1235.6	14.3	1711.1	1536.8	105.5	72.1	30.9
2000	645.6	14.9	1555.4	1553.8	1443.2	13.3	1954.9	1475.3	119.9	74.1	33.4
2001	662.1	22.7	1593.7	1660.7	1655.2	13.6	2090.5	1537.7	118.8	76.5	37.2
2002	725.3	14.5	1886.4	1942.5	2086.7	12.9	2145.8	1470.9	113.1	82.5	45.0
2003	837.0	22.9	2061.0	2169.0	2334.0	17.2	2332.0	1362.0	110.6	80.0	48.3
2004	874.9	38.6	2547.8	2612.8	2657.9	48.6	2495.7	1785.2	121.7	80.7	48.1
2005	904.2	56.7	3113.9	3059.0	3235.9	36.4	2680.7	1854.0	120.7	74.9	53.6
2006	1013.4	47.0	3759.5	3702.3	3848.9	52.3	3341.4	1650.9	107.6	47.4	62.6
2007	1115.0	43.8	4057.6	4140.3	4364.3	61.6	3893.2	1941.2	105.6	32.8	63.4
2008	1139.0	41.8	4101.5	4068.6	4285.3	60.2	4074.4	2275.2	90.5	24.7	55.1
2009	1162.5	28.8	5062.2	4783.2	4943.4	77.0	4704.8	1674.2	81.1		45.8
2010	1295.1	44.0	5508.1	5389.8	5669.4	83.2	4790.9	1635.3	84.4	13.2	56.4
2011	1369.9	31.7	5450.2	5424.8	5761.1	89.7	5791.1	2258.0	78.9	33.8	56.2
2012	1453.1	38.2	5338.2	5178.4	5924.2	92.9	5809.0	2523.4	74.6	45.4	56.7
2013	1516.0	37.6	5968.6	6356.5	6863.0	95.3	6066.3	3015.7	75.5	46.8	56.4
2014	1607.0	19.7	6307.5	6507.8	6962.2	129.5	5875.6	2529.8	180.7	56.2	64.8
沈阳	192.0				63.5		280.4	409.0			14.6
大连	342.3	1.5	137.9	200.9	289.3		1395.4	621.0	4.6	56.2	
鞍山	59.6		1965.3	1920.3	1954.2	4.3	368.9				
抚顺	93.6	0.1	409.2	397.5	381.8	3.9	190.2		7.9		
本溪	42.1	5.8	1841.9	1626.1	1589.2	3.5	330.6	994.0	6.2		
丹东	77.0	11.5	10.4	5.4	6.0	2.5	206.3		4.7		
锦州	42.8		4.2	31.7	48.0	83.9	284.2		10.3		
营口	142.4		1192.0	1193.8	1059.3	12.0	258.4		96.8		6.0
阜新	109.8		40.0				142.0	278.0			
辽阳	13.0	0.8	11.5	378.4	765.8	4.3	1557.3		0.1		
盘锦	24.2						137.9				4.7
铁岭	210.4				12.2	0.6	204.7				
朝阳	79.3		695.2	753.6	754.6	9.2	343.2	227.4	2.4		
葫芦岛	178.7		0.2		38.3	5.3	176.2		47.5		39.5

14-16 续表 3

年份、地区	农用氮、磷、钾化肥(万吨)	#氮肥	#磷肥	化学农药(万吨)	乙烯(万吨)	电石(万吨)	塑料(万吨)	轮胎外胎(万条)	金属切削机床(万台)	汽车(万辆)	铁路机车(台)
1990	63.4	55.0	8.3	1.5	8.4	6.4	14.0	191.8	1.6	2.4	
1991	60.3	51.4	8.9	1.5	14.9	6.8	24.3	223.5	1.8	4.2	
1992	62.8	50.9	11.9	1.5	20.4	5.2	30.0	311.1	2.1	6.1	
1993	54.8	49.6	5.2	1.2	25.1	6.1	39.1	426.7	2.4	5.1	
1994	79.1	67.0	10.3	1.2	28.8	6.8	42.0	292.4	1.7	3.0	238.0
1995	78.2	70.1	7.8	2.3	32.1	8.9	51.3	303.7	1.4	2.5	257.0
1996	82.0	73.9	6.9	1.7	35.3		58.5	309.5	1.3	2.8	300.0
1997	84.7	74.3	8.9	2.1	35.7	3.2	65.7	361.2	1.1	3.9	274.0
1998	76.8	70.7	4.2	1.9	38.7	2.6	71.5	472.9	0.9	4.3	
1999	87.2	78.5	5.2	2.3	39.7	1.4	80.9	499.6	0.9	5.8	
2000	97.6	82.4	8.4	2.2	41.7	2.6	94.1	576.0	1.6	8.2	63.0
2001	97.9	86.6	8.7	2.2	40.2	2.2	99.7	621.2	2.1	7.9	58.0
2002	88.8	80.9	6.1	2.6	44.2	4.3	104.6	643.5	3.1	9.0	71.0
2003	91.7	82.6	6.9	2.1	47.9	5.3	117.4	787.1	5.6	13.0	
2004	88.1	85.4	2.8	1.8	48.2	11.6	129.5	935.7	9.4	14.3	242.0
2005	89.6	84.9	4.7	2.7	47.1	1.9	121.6	1095.6	11.3	15.0	202.0
2006	87.7	79.7	7.9	3.6	49.3	6.9	122.6	1141.8	13.1	29.0	256.0
2007	89.4	84.7	4.7	4.0	42.3	18.4	126.9	1263.3	15.0	37.7	310.0
2008	89.1	85.1	3.9	4.0	46.2	11.8	117.3	1275.8	14.6	34.1	406.0
2009	85.8	70.4	5.4	4.5	48.0	8.9	108.6	1281.9	14.1	50.9	435.0
2010	75.1	67.1	5.1	3.0	91.8	8.7	150.7	1507.9	13.6	70.8	589.0
2011	67.5	65.8	1.6	2.1	106.8	14.0	177.9	1669.9	16.9	75.5	701.0
2012	83.2	82.1	0.8	2.1	103.1	13.7	175.2	1767.2	12.0	87.3	486.0
2013	77.2	77.2		1.8	128.5	5.8	208.4	1956.7	10.4	108.0	437.0
2014	71.9	71.9		2.5	155.2	7.4	300.3	2155.8	11.4	121.8	485.0
沈　阳	0.1	0.1		0.6	7.4		23.6	581.7	5.6	108.7	
大　连	13.0	13.0		0.5			35.4	973.7	4.9	9.7	485.0
鞍　山	1.8	1.8					0.1	75.7	0.1		
抚　顺				0.5	71.8		130.5				
本　溪	7.3	7.3				4.3					
丹　东	0.6	0.6				3.0		0.3	0.4	3.3	
锦　州											
营　口	0.8	0.8					28.6		0.2		
阜　新											
辽　阳				0.3	15.6		4.4				
盘　锦	20.4	20.4		0.4	60.3		73.6				
铁　岭	0.7	0.7							0.1		
朝　阳								524.4			
葫芦岛	27.1	27.1		0.1			4.1				

14-17 工业产品产量

产品名称	单位	2005年	2006年	2008年	2009年	2010年	2011年	2012年	2013年	2014年
化学纤维	万吨	24.1	22.5	17.0	21.4	19.9	16.4	18.4	17.9	19.8
#合成纤维	万吨	18.1	16.6	11.6	14.0	11.5	9.4	11.5	11.1	15.2
纱	万吨	18.7	18.3	16.8	16.0	15.4	13.8	12.9	10.3	13.8
布	亿米	5.7	5.4	4.7	5.0	7.2	7.2	4.6	4.1	6.8
#纯棉布	亿米	1.5	2.8	1.8	1.8	4.7	4.7	2.5	2.3	3.7
混纺交织布	亿米	1.4	1.3	1.1	1.7	1.1	0.8	0.7	0.4	1.6
毛线	吨	1541.0	1811.0		1736.0	2191.0	2402.7	1526.1	2796.0	4725.7
呢绒	万米	106.0	118.4	54.1	88.6	74.0				
丝	吨	2190.9	2592.0	3045.0	4812.0	7182.0	4184.3	2462.5	2310.4	4504.2
丝织品	万米	465.2	1186.1	2560.8						
机制纸及纸板	万吨	83.4	67.5	56.9	77.2	88.5	76.2	73.3	48.8	41.2
缝纫机	万架	0.6	0.6	0.1		0.1				
自行车	万辆	0.4				1.2		5.0	10.0	4.7
表	万只	169.6	145.1	139.3	9.1	5.7	6.2			
日用玻璃制品	万吨	8.4	10.4	33.3	31.9	24.7	3.7	2.0	2.2	16.3
灯泡	万只	18491.7	51401.7	81217.6	10797.0	14101.0	15319.0	20915.0	19531.0	19130.2
合成洗涤剂	吨	89198.5	140546.0	123528.0	104685.4	122031.4	137701.8	146668.4	164651.0	164737.6
牙膏	万支	3379.1	11158.3	10342.0	11496.8	14413.0				
原盐	万吨	180.6	191.3	184.2	152.5	161.6	114.5	141.9	127.7	165.2
糖	万吨	1.1	1.3	2.0	5.6	6.1	2.3	5.4	4.1	4.5
卷烟	亿支	45.9	47.8	260.4	260.3	265.3	274.5	276.4	278.9	290.4
白酒	亿升	27.3	28.9	4.3	4.7	6.4	6.8	8.1	5.5	5.0
啤酒	亿升	184.6	200.4	23.5	24.7	24.8	26.2	26.4	27.2	27.2
味精	万吨	4.7	5.2	3.8	4.0	3.5				
食用植物油	万吨	89.6	136.9	171.7	177.8	193.7	171.8	236.4	244.9	263.6
化学原料药	万吨	3.8	4.0	3.8	14.4	13.2	11.9	14.4	18.0	21.8
家用电冰箱	万台	120.4	133.5	139.3	96.2	87.8	102.2	101.5	84.8	157.0
电视机	万部	550.2	333.9	500.2	441.4	576.9	557.5	500.4	440.6	338.2
#彩电	万部	550.2	333.9	500.2	441.4	576.9	557.5	500.4	440.6	338.2
农用化肥	万吨	89.6	87.7	89.1	85.8	75.1	67.5	83.2	77.2	71.9
#氮肥	万吨	84.9	79.7	85.1	70.4	67.1	65.8	82.1	77.2	71.9
磷肥	万吨	4.8	7.9	3.9	5.4	5.1	1.6	0.8		
化学农药	万吨	2.7	3.6	4.0	4.5	3.0	2.1	2.1	1.8	2.5
乙烯	万吨	47.1	49.3	46.2	48.0	91.8	106.8	103.1	128.5	155.2
合成橡胶	吨	11119.0	26826.0	22190.6	28270.7	36628.7	40170.1	25026.6	23535.7	13261.0
轮胎外胎	万条	1095.7	1141.8	1275.8	1281.9	1507.9	1669.9	1767.2	1956.7	2155.8
交流电动机	万千瓦	773.4	720.8	585.7	671.6	830.5	758.4	612.8	505.4	460.9
金属切削机床	台	112727.0	130967.0	145771.0	140988.0	135872.0	168760.0	119672.0	104469.0	114473.0
数控机床	台	14887.0	22213.0	34332.0	37212.0	39426.0	48984.0	46356.0	45994.0	63328.0
汽车	辆	150488.0	290085.0	340778.0	508452.0	707690.0	755421.0	872692.0	1080121.0	1217813.0
#载货汽车	辆	43438.0	67925.0	96262.0	95480.0	100015.0	114606.0	120490.0	168474.0	146297.0
摩托车	辆	1952.0	26837.0	22125.0	30195.0	33045.0	34900.0	27900.0	1575.0	278.0
轴承	万套	10312.0	10265.0	10249.0	7492.0	19798.0	16811.0	19938.0	17248.4	15330.1
原煤	万吨	6395.0	7367.3	6415.5	6624.2	6641.6	7005.1	6431.3		4906.4
原油	万吨	1261.0	1226.5	1199.3	1000.0	950.0	1000.0	1000.0	1001.0	1021.9
汽油	万吨	965.6	1032.3	1017.1	1043.6	1057.7	1017.5	1088.1	1069.0	1057.7
柴油	万吨	1899.6	1911.2	2045.9	2101.4	2379.9	2284.8	2358.0	2396.5	2331.0
天然气	亿立方米	11.7	11.9	8.7	8.1	8.0	7.2	7.2	7.2	7.0
发电量	亿千瓦小时	904.2	1014.5	1139.0	1162.5	1295.1	1369.9	1453.1	1516.0	1607.0
#水电	亿千瓦小时	56.7	47.0	41.8	28.8	44.0	31.7	38.2	37.6	19.7
生铁	万吨	3114.0	3759.5	4101.5	5062.2	5508.1	5450.2	5338.2	5968.6	6307.5
钢	万吨	3059.1	3702.3	4068.6	4783.2	5389.8	5424.8	5178.4	6356.5	6507.8
成品钢材	万吨	3235.9	3848.9	4285.3	4943.4	5669.4	5761.1	5924.2	6863.0	6962.2
#铁道用钢材	万吨	75.1	75.2	88.1	112.5	91.2	76.0	77.5	91.5	86.2
线材	万吨	261.8	307.5	394.9	506.9	572.1	688.6	664.8	750.5	895.4
铁合金	万吨	36.4	52.3	60.2	77.0	83.2	89.7	92.9	95.3	129.5
焦炭	万吨	1237.9	1503.4	1738.1	1876.5	1875.8	2027.0	2127.8	2146.6	2141.5
水泥	万吨	2680.7	3341.4	4074.4	4704.8	4790.9	5791.1	5809.0	6066.3	5875.6
平板玻璃	万重量箱	1854.0	1650.9	2275.2	1674.2	1635.3	2258.0	2523.4	3015.7	2529.8
硫酸	万吨	120.7	107.6	90.5	81.2	84.4	78.9	74.6	75.5	180.7
纯碱	万吨	74.9	47.4	24.7		13.2	33.8	45.4	46.8	56.2
烧碱	万吨	53.6	62.6	55.1	45.8	56.4	56.2	56.7	56.4	64.8
合成氨	万吨	99.1	78.4	77.0	80.0	79.1	82.9	103.4	106.0	99.8

注：1. 2007年及以前卷烟产量的计量单位为万箱、啤酒及白酒产量的计量单位为万吨；从2009年起自行车产量中不仅包括两轮自行车，还包括电动自行车。

2. 能源产品产量为规上工业企业产量。

14-18 规模以上农产品加工业主要经济指标

(2014年) 单位：亿元

甲栏分组	企业单位数(个)	资产总计	流动资产合计	负债合计	主营业务收入	主营业务成本
农产品加工业合计	**3507**	**3853.27**	**1744.97**	**1817.64**	**8224.26**	**7256.18**
农副食品加工业	1403	1840.51	855.31	887.25	4243.15	3847.86
焙烤食品制造	38	50.03	13.92	13.56	105.32	91.74
糖果、巧克力及蜜饯制造	12	13.29	6.81	3.43	30.44	28.03
方便食品制造	30	40.53	18.82	17.70	74.21	63.21
乳制品制造	20	140.18	79.63	55.65	115.10	97.71
罐头食品制造	61	44.02	24.32	20.47	121.06	107.69
调味品、发酵制品制造	38	37.59	11.90	15.42	84.29	74.06
营养食品制造	16	17.61	3.05	11.70	41.67	32.14
保健食品制造	12	38.27	12.88	24.21	21.04	17.29
冷冻饮品及食用冰制造	15	6.69	2.53	3.37	17.57	15.96
食品及饲料添加剂制造	25	10.96	4.48	5.82	36.43	32.94
其他未列明的食品制造	7	3.08	1.35	2.00	8.83	7.73
酒、饮料和精制茶制造	212	281.38	107.92	129.15	464.04	380.04
烟草制品业	4	53.00	29.97	48.64	78.27	24.12
纺织业	282	223.43	100.10	111.72	421.17	381.87
纺织服装、服饰业	474	223.26	125.06	103.87	631.42	562.77
皮革、毛皮、羽毛及其制品和制鞋业	95	89.54	37.49	28.32	258.99	222.67
木制品制造	172	149.98	65.32	62.61	358.83	300.38
竹、藤、棕、草等制品制造	7	1.96	0.86	0.71	5.94	5.30
木质家具制造	142	136.83	70.39	51.96	296.81	259.31
竹、藤家具制造						
其他家具制造	12	11.29	2.57	0.92	32.88	26.66
造纸和纸制品业	194	180.98	59.45	93.85	340.70	299.43
印刷	87	97.11	49.48	52.89	118.72	101.41
装订及印刷相关服务	4	1.44	0.66	0.22	1.95	1.60
天然植物纤维编织工艺品制造	22	8.59	1.69	1.37	46.28	42.97
地毯、挂毯制造	2	3.51	1.49	2.57	1.52	1.23
动物胶制造	2	1.99	1.03	0.02	6.44	5.57
肥皂及合成洗涤剂制造	15	23.90	9.86	18.44	26.94	22.43
中药饮片加工	58	57.02	13.95	13.34	137.94	120.08
中成药生产	41	57.86	26.10	30.52	82.36	69.32
纤维素纤维原料及纤维制造	3	6.52	5.98	5.77	11.28	10.63
鬃毛加工、制刷及清扫工具的制造	2	0.89	0.60	0.19	2.67	2.04

14-18 续表

单位：亿元

甲栏分组	主营业务税金及附加	利润总额	利税总额	本年应交增值税	全部从业人员年平均人数（万人）
农产品加工业合计	**103.97**	**425.98**	**677.31**	**146.88**	**68.05**
农副食品加工业	19.76	192.16	272.38	60.30	27.06
焙烤食品制造	0.69	9.57	12.64	2.39	0.92
糖果、巧克力及蜜饯制造	0.18	1.27	1.81	0.36	0.15
方便食品制造	0.46	3.46	6.04	2.12	0.79
乳制品制造	0.41	6.99	9.07	1.67	0.67
罐头食品制造	1.43	4.47	7.96	2.06	1.50
调味品、发酵制品制造	0.85	4.39	6.90	1.66	0.74
营养食品制造	0.27	3.07	4.98	1.64	0.51
保健食品制造	0.09	3.07	3.67	0.51	0.17
冷冻饮品及食用冰制造	0.12	0.52	1.07	0.42	0.20
食品及饲料添加剂制造	0.30	0.98	1.85	0.57	0.28
其他未列明的食品制造	0.20	0.59	0.87	0.08	0.05
酒、饮料和精制茶制造	11.36	36.76	61.53	13.41	3.80
烟草制品业	42.15	3.51	55.62	9.95	0.19
纺织业	9.02	20.17	38.00	8.81	4.72
纺织服装、服饰业	6.50	25.84	43.39	11.01	11.61
皮革、毛皮、羽毛及其制品和制鞋业	0.98	27.08	29.84	1.61	1.44
木制品制造	1.60	22.16	28.64	4.88	2.90
竹、藤、棕、草等制品制造	0.03	0.28	0.41	0.10	0.05
木质家具制造	1.56	12.93	18.72	4.15	3.48
竹、藤家具制造					
其他家具制造	0.08	1.80	2.42	0.53	0.20
造纸和纸制品业	2.08	19.45	28.20	6.67	2.72
印刷	1.02	8.12	11.09	1.94	1.47
装订及印刷相关服务	0.01	0.11	0.17	0.05	0.06
天然植物纤维编织工艺品制造	0.21	2.31	3.16	0.64	0.33
地毯、挂毯制造		-0.02	-0.01	0.01	0.04
动物胶制造	0.10	0.30	0.61	0.21	0.02
肥皂及合成洗涤剂制造	0.06	1.60	2.38	0.71	0.24
中药饮片加工	1.80	8.88	16.12	5.44	0.60
中成药生产	0.60	4.04	7.20	2.57	0.76
纤维素纤维原料及纤维制造	0.03	-0.21	0.10	0.28	0.31
鬃毛加工、制刷及清扫工具的制造	0.02	0.31	0.47	0.14	0.07

14-19 规模以上原材料工业主要经济指标

(2014年)

单位：亿元

甲栏分组	企业单位数（个）	资产总计	流动资产合计	负债合计	主营业务收入	主营业务成本
原材料工业合计	**5904**	**16221.23**	**6528.27**	**9573.28**	**21314.54**	**18843.50**
石化工业	1947	5903.34	2347.37	3618.19	8948.85	7925.37
石油和天然气开采业	1	624.80	93.55	310.03	342.54	226.69
石油加工、炼焦和核燃料加工业	242	1837.48	742.71	1255.41	4285.68	3803.97
化学原料和化学制品制造业	909	2304.66	1028.87	1480.82	2743.49	2507.00
化学纤维制造业	18	49.33	17.01	35.59	48.61	43.44
橡胶和塑料制品业	777	1087.07	465.23	536.33	1528.54	1344.27
冶金工业	2014	8093.00	3190.34	4860.52	8372.86	7424.69
黑色金属矿采选业	719	911.24	396.51	459.93	1730.59	1491.37
有色金属矿采选业	183	179.64	80.60	94.78	339.47	289.71
黑色金属冶炼和压延加工业	805	5872.05	2232.11	3703.48	5071.69	4549.86
有色金属冶炼和压延加工业	307	1130.07	481.12	602.33	1231.10	1093.75
建材工业	1943	2224.89	990.56	1094.57	3992.83	3493.44
非金属矿采选业	355	242.12	75.44	70.59	494.60	424.64
非金属矿物制品业	1588	1982.78	915.12	1023.98	3498.23	3068.80

14-19 续表

单位：亿元

甲栏分组	主营业务税金及附加	利润总额	利税总额	本年应交增值税	全部从业人员年平均人数（万人）
原材料工业合计	**608.95**	**580.07**	**1733.86**	**543.75**	**132.56**
石化工业	480.49	13.27	723.65	229.39	44.56
石油和天然气开采业	46.96	-3.87	76.60	33.51	4.76
石油加工、炼焦和核燃料加工业	390.51	-115.14	376.45	100.73	10.42
化学原料和化学制品制造业	32.27	65.39	159.58	61.82	14.36
化学纤维制造业	0.10	0.97	1.77	0.70	0.61
橡胶和塑料制品业	10.66	65.93	109.25	32.63	14.40
冶金工业	85.86	342.07	636.12	207.87	59.31
黑色金属矿采选业	40.05	128.65	242.72	73.89	9.20
有色金属矿采选业	3.30	23.90	41.28	14.07	4.27
黑色金属冶炼和压延加工业	35.77	116.50	244.22	91.89	39.29
有色金属冶炼和压延加工业	6.74	73.02	107.89	28.02	6.55
建材工业	42.60	224.72	374.09	106.49	28.69
非金属矿采选业	6.21	29.21	50.66	15.24	4.14
非金属矿物制品业	36.39	195.52	323.43	91.25	24.55

14-20 规模以上装备制造业主要经济指标

(2014年) 单位：亿元

甲栏分组	企业单位数(个)	资产总计	流动资产合计	负债合计	主营业务收入	主营业务成本
装备制造业合计	**5285**	**13160.24**	**7571.67**	**7660.53**	**15554.42**	**13279.21**
金属制品业	853	1106.70	568.29	575.19	1894.04	1679.48
通用设备制造业	1803	2756.72	1564.12	1477.58	3879.58	3332.34
专用设备制造业	853	2208.96	1359.95	1340.46	2193.76	1903.71
汽车制造业	424	2427.46	1254.68	1577.25	3133.66	2468.37
铁路、船舶、航空航天和其他运输设备制造业	192	2210.82	1468.92	1537.20	1080.17	968.42
电气机械和器材制造业	775	1372.52	749.72	681.91	2127.93	1858.86
计算机、通信和其他电子设备制造业	194	829.76	460.30	363.73	915.55	792.44
仪器仪表制造业	153	208.54	131.75	95.04	222.27	178.21
金属制品、机械和设备修理业	38	38.77	13.92	12.17	107.47	97.38

14-20 续表 单位：亿元

甲栏分组	主营业务税金及附加	利润总额	利税总额	本年应交增值税	全部从业人员年平均人数(万人)
装备制造业合计	**183.96**	**936.76**	**1458.77**	**331.58**	**124.14**
金属制品业	16.28	82.63	134.29	35.29	16.78
通用设备制造业	31.58	215.19	334.85	87.95	37.96
专用设备制造业	12.83	95.71	149.02	40.37	17.21
汽车制造业	97.72	307.48	511.00	101.59	14.98
铁路、船舶、航空航天和其他运输设备制造业	8.81	52.62	75.78	13.32	10.45
电气机械和器材制造业	10.85	91.44	135.51	33.09	15.28
计算机、通信和其他电子设备制造业	3.48	66.10	83.14	12.80	7.86
仪器仪表制造业	1.49	21.34	28.18	5.35	2.63
金属制品、机械和设备修理业	0.92	4.24	7.00	1.84	0.98

主要统计指标解释

工业 指从事自然资源的开采，对采掘品和农产品进行加工和再加工的物质生产部门。具体包括：(1)对自然资源的开采，如采矿、晒盐、森林采伐等(但不包括禽兽捕猎和水产捕捞)；(2)对农副产品的加工、再加工，如粮油加工、食品加工、轧花、缫丝、纺织、制革等；(3)对采掘品的加工、再加工，如炼铁、炼钢、化工生产、石油加工、机器制造、木材加工等，以及电力、自来水、煤气的生产和供应等；(4)对工业品的修理、翻新，如机器设备的修理、交通运输工具(包括小卧车)的修理等。

1984 年以前农村的村及村以下办工业归属农业，1984 年以后的划归工业。

工业统计调查单位 工业统计调查单位分为两类：独立核算法人工业企业和工业活动单位。

(1)独立核算法人工业企业是指从事工业生产经营活动的单位。独立核算法人工业企业应同时具备以下条件：①依法成立，有自己的名称、组织机构和场所，能够承担民事责任；②独立拥有和使用资产，承担负债，有权与其他单位签订合同；③独立核算盈亏，并能够编制资产负债表。

(2)工业活动单位是指在一个场所从事一种或主要从事一种工业生产活动的经济单位。它包括独立核算工业企业按主营业务活动(即工业生产活动)划分的主营业务活动单位和非工业企业所属的工业生产活动单位(即原非独立核算工业生产单位)。工业活动单位，一般应同时具备以下三个条件：①具有一个场所，从事一种或主要从事一种工业活动；②单独组织工业生产、经营或业务活动；③单独核算收入和支出。

国有经济工业(即过去的全民所有制工业或国营工业) 指生产资料归国家所有的一种经济类型。包括中央和地方各级国家机关、部队、科研机构、学校、人民团体和国有经济企事业单位等举办的国有经济工业。1957 年以前的公私合营和私营工业，后均改造为国营工业，1992 年改为国有工业，这部分工业的资料不单独分列时，均包括在国有工业内。

集体经济工业 指生产资料归公民集体所有的一种经济类型，是社会主义公有制经济的组成部分。包括城乡所有使用集体投资举办的企业，以及部分个人通过集资自愿放弃所有权并依法经工商行政管理机关认定为集体所有制的企业。

其他经济类型工业 指除国有经济工业、集体经济工业以外的其他经济类型工业企业(单位)。包括私营经济、个体经济、联营经济、股份制经济(股份有限公司，有限责任公司)；外商投资经济(中外合资经营、中外合作经营、外资企业)；港、澳、台投资经济(与大陆合资经营、与大陆合作经营、港、澳、台独资企业)及其他经济类型的工业。

轻工业 指主要提供生活消费品和制作手工工具的工业。按其所使用的原料不同，可分为两大类：(1)以农产品为原料的轻工业，是指直接或间接以农产品为基本原料的轻工业。主要包括食品制造、饮料制造、烟草加工、纺织、缝纫、皮革和毛皮制作、造纸以及印刷等工业；(2)以非农产品为原料的轻工业，是指以工业品为原料的轻工业。主要包括文教体育用品、化学药品制造、合成纤维制造、日用化学制品、日用玻璃制品、日用金属制品、手工工具制造、医疗器械制造、文化和办公用机械制造等工业。

重工业 是指为国民经济各部门提供物质技术基础的主要生产资料的工业。按其生产性质和产品用途，可以分为下列三类：(1)采掘(伐)工业，是指对自然资源的开采，包括石油开采、煤炭开采、金属矿开采、非金属矿开采和木材采伐等工业；(2)原材料工业，指向国民经济各部门提供基本材料、动力和燃料的工业。包括金属冶炼及加工、炼焦及焦炭化学、化工原料、水泥、人造板以及电力、石油和煤炭加工等工业；(3)加工工业，是指对工业原材料进行再加工制造的工业。包括装备国民经济各部门的机械设备制造工业、金属结构、水泥制品等工业，以及为农业提供的生产资料如化肥、农药等工业。根据上述划分原则，修理业中以重工业产品为修理作业对象的划为重工业，反之划为轻工业。

工业总产值 是以货币表现的工业企业在一定时期内生产的已出售或可供出售工业产品总量，它反映一定时间内工业生产的总规模和总水平。它包括：在本企业内不再进行加工，经检验、包装入库(规定了需包装的产品除外)的成品价值，工业性作业价值，自制半成品、在产品期末初差额价值(生产周期较长的企业计算)。工业总产值采用“工厂法”计算，即以工业企业作为一个整体，按企业工业生产活动的最终成果来计算，企业内部不允许重复计算，不能把企业内部各个车间(分厂)生产的成果相加。但在企业之间、行业之间、地区之间存在着重复计算。

轻重工业总产值的划分也是按“工厂法”计算的，即一个工业企业在正常情况下生产的主要产品的性质属于轻工业，则该企业的全部总产值作为轻工业总产值；一个工业企业生产的主要产品的性质属于重工业，则该企业的全部总产值作为重工业总产值。

工业销售产值 是以货币表现的工业企业在一定时期内销售的本企业生产的工业产品产量。包括已销售的成品、半成品价值，对外提供的工业性作业价值和对本单位基本建设部门、生活福利部门等提供的产品和工业性作业及自制设备的价值。已销售的成品、半成品不论是本期生产的、还是上期生产的，只要是本期销售出去的均包括在内。对外提供的工业性作业是指企业按合同对外提供的工业性劳务。企业为本单位基本建设部门、生活福利部门等提供的产品和工业性作业及自制设备也应视同销售，这部分也作为销售统计。

工业销售产值的计算范围、计算价格和计算方法与工业总产值一致，但两者计算的基础不同：工业销售产值计算的基础是产品销售总量，工业总产值计算的基础是工业产品生产总量。

工业增加值 是指工业企业在报告期内以货币表现的工业生产活动的最终成果。是企业生产产品或提供劳务过程中新增加的价值，是总产出与中间投入之间的差额。

固定资产原值 指企业在建造、购置、安装、改建、扩建、技术改造某项固定资产时所支出的全部货币总额。它一般包括买价、包装费、运杂费和安装费等。

固定资产净值 是指固定资产原价减去历年已提折旧额后的净额。

流动资产 流动资产是指可以在一年或者超过一年的一个营业周期内变现或者耗用的资产，包括现金及各种存款、短期投资、应收及预付货款、存货等。

总资产贡献率 反映企业全部资产的获利能力，是企业经营业绩和管理水平的集中体现，是评价和考核企业盈利能力的核心指标。计算公式为:

总资产贡献率(%)=（(利润总额+税金总额+利息支出)／平均资产总额）×100%

资产负债率 该指标既反映企业经营风险的大小，也反映企业利用债权人提供的资金从事经营活动的能力。计算公式为:

资产负债率(%)=（负债总额／资产总额）×100%

利税总额 指企业产品销售税金及附加加本年应交增值税加利润总额之和。

资金利税率 指在一定时期内已实现的利润、税金总额与同期的资产(固定资产净值和流动资产)之比。计算公式:

资金利税率(%)=（报告期累计实现利税总额／（固定资产净值平均余额+流动资产平均余额））×100%

资金利税率反映每单位(通常是每万元)资金所提供的利税金额。它是考察和评价部门或企业资金运用的经济效益，分析资金投入效果的主要分析指标。

工业成本利润率 指在一定时期的利润与成本费用之比，是反映工业生产成本及费用投入的经济效益指标，同时也是反映降低成本的经济效益的指标。计算公式:

工业成本费用利润率(%)=（利润总额／成本费用总额）×100%

工业增加值率 指在一定时期内工业增加值占同期工业总产值的比重，反映降低中间消耗的经济效益。

计算公式:

工业增加值率(%)=（工业增加值(现价)／（工业总产值(现价)+本年应交销项税额））× 100%

流动资产周转次数　指在一定时期内流动资产完成的周转次数，反映流动资产的周转速度。计算公式:

流动资金周转次数=（产品销售收入／全部流动资产平均余额）

产品销售率　指一定时期内销售产值与同期全部工业总产值之比，反映工业产品生产已实现销售的程度。计算公式:

工业产品销售率(%)=（报告期现价工业销售产值／报告期现价工业总产值) × 100%

产品销售收入　指企业销售产品的销售收入和提供劳务等主要经营业务取得的业务收入总额。

产品销售工厂成本　指企业销售产品和提供劳务等主要经营业务的实际成本。

产品销售税金及附加　指企业销售产品和提供工业性劳务等主要经营业务应负担的城市维护建设税、消费税、资源税和教育费附加。

产品销售利润　指企业销售产品和提供工业性劳务等主要经营业务收入扣除其成本、费用、税金后的利润。

利润总额　指企业实现的利润。

应交增值税　指企业在报告期内应交纳的增值税额。

全员劳动生产率　指根据产品的价值量指标计算的平均每一个职工在单位时间内的产品生产量。是考核企业经济活动的重要指标，是企业生产技术水平、经营管理水平、职工技术熟练程度和劳动积极性的综合表现。目前我国的全员劳动生产率是将工业企业的工业增加值除以同一时期全部职工的平均人数来计算的。计算公式:

全员劳动生产率=（工业增加值／全部职工平均人数）

为了使各年度的全员劳动生产率数字可以比较，各年的全员劳动生产率均按指数换算成 1990 年不变价格。

实物劳动生产率　指根据某种产品实物量计算的平均每个职工(或工人)在单位时间内生产的产品数量。这是通过产品实物来反映劳动者在生产中的劳动效率指标。我国目前有全员实物劳动生产率(通常简称全员效率)和工人实物劳动生产率两个指标。计算公式:

全员实物劳动生产率(全员效率)=（产品产量／全部职工平均人数）

工人实物劳动生产率=（产品产量／生产工人(包括学徒)平均人数）

计算实物劳动生产率的产品产量，是指报告期生产的，并经检验符合质量标准或合同规定的技术要求的合格产品产量。不包括不合格品和废品的数量。

资本金　指企业在工商行政管理部门登记的注册资金合计。企业资本金按投资主体可分为国家资本金、法人资本金、个人资本金和外商资本金等。资本金合计包括企业各种投资主体注册的全部资本金。

总资产　指企业拥有或控制的全部资产。包括流动资产、长期投资、固定资产、无形及递延资产、其他长期资产等，即为企业资产负债表的资产总计项。

(1)流动资产指企业可以在一年内或者超过一年的一个生产周期内变现或耗用的资产合计。包括现金及各种存款、短期投资、应收及预付款项、存货等。

(2)固定资产指企业固定资产净值、固定资产清理、在建工程、待处理固定资产损失所占用的资金合计。

(3)无形资产指企业长期使用而没有实物形态的资产。包括专利权、非专利技术、商标权、著作权、土地使用权、商誉等。

总负债　指企业承担并需要偿还的全部债务。包括流动负债和长期负债等，即为企业资产负债表的负债合计项。

(1)流动负债指企业在一年内或者超过一年的一个营业周期内需要偿还的债务合计，其中包括短期借款、应付及预收款项、应付工资、应交税金和应交利润等。

(2)长期负债指企业在一年以上或者超过一年的一个生活周期内需要偿还的债务合计，其中包括长期借款、应付债务、长期应付款项等。

所有者权益 指企业投资人对企业净资产的所有权。企业净资产等于企业全部资产减去全部负债后的余额，其中包括投资者对企业的最初投入，以及资本公积金、盈余公积金和未分配利润，对股份制企业即为股东权益。

十五、建筑业

Chapter 15 Construction

15-1 建筑业企业概况

年 份	施工企业	内资企业			港澳台商投资企业	外商投资企业
			国有企业	集体企业		
企业单位数(个)						
1985	892	892	192	700		
1990	1537	1537	294	1243		
1991	1509	1509	302	1207		
1992	1652	1652	340	1312		
1993	2425	2396	464	1908	8	21
1994	2757	2715	554	2130	9	33
1995	2648	2607	568	1999	13	28
1996	2410	2368	562	1747	23	19
1997	2387	2329	554	1712	26	32
1998	2366	2299	557	1447	38	29
1999	2626	2547	580	1465	39	40
2000	2738	2667	556	1463	38	33
2001	2662	2585	555	1027	47	30
2002	2505	2426	448	657	42	37
2003	2716	2633	397	526	35	48
2004	3124	3044	373	409	30	50
2005	3299	3215	348	370	33	51
2006	3435	3357	319	350	28	50
2007	3493	3417	298	324	28	48
2008	4265	4189	293	318	24	52
2009	4785	4704	282	299	24	57
2010	5417	5345	277	335	21	51
2011	5534	5460	253	253	24	50
2012	6428	6359	274	323	24	44
2013	6724	6654	189	298	30	40
2014	6711	6649	178	283	27	35
年末从业人员(万人)						
1985	69.26	69.26	36.63	32.63		
1990	97.07	97.07	44.81	52.26		
1991	97.34	97.34	45.27	52.07		
1992	108.55	108.55	47.86	60.69		
1993	159.70	159.70	46.80	63.90		
1994	135.20	135.20	40.08	45.07		
1995	89.66	89.66	37.48	49.49		
1996	102.69	102.69	48.63	52.43		
1997	107.35	107.35	50.39	54.87		
1998	98.51	97.66	43.88	44.89	0.44	0.41
1999	103.22	102.26	43.08	43.78	0.39	0.57
2000	95.99	95.06	35.96	40.55	0.42	0.51
2001	98.62	97.40	31.26	31.48	0.83	0.39
2002	95.14	94.07	25.97	23.72	0.58	0.49
2003	96.68	95.04	22.41	19.80	0.34	1.30
2004	100.35	98.79	19.85	15.58	0.32	1.24

15-1 续表

年 份	施工企业	内资企业			港澳台商投资企业	外商投资企业
			国有企业	集体企业		
2005	91.72	89.92	19.27	13.07	0.36	1.44
2006	99.65	97.65	16.79	12.37	0.80	1.20
2007	99.35	97.08	15.67	10.90	0.42	1.85
2008	109.31	107.61	16.26	11.24	0.42	1.28
2009	132.61	130.66	16.21	12.82	0.46	1.49
2010	165.80	163.80	16.71	14.00	0.33	1.72
2011	171.70	168.24	18.10	11.67	1.63	1.83
2012	203.19	201.83	15.85	13.15	0.48	0.87
2013	197.88	196.44	10.69	11.14	0.40	1.03
2014	174.45	173.28	11.54	8.86	0.58	0.59
建筑业总产值(亿元)						
1980	18.4	18.4	14.5	3.9		
1985	49.6	49.6	30.4	19.2		
1990	126.6	126.6	74.5	52.1		
1991	144.1	144.1	82.6	61.5		
1992	217.3	217.3	120.5	96.8		
1993	318.7	317.3	162.5	144.7	0.4	1.0
1994	385.2	383.0	209.0	168.5	0.4	1.8
1995	407.3	405.0	222.3	176.8	0.4	1.9
1996	400.5	396.9	174.3	130.9	1.7	1.9
1997	429.1	425.1	245.7	169.5	1.7	2.3
1998	419.0	412.7	216.9	143.8	4.1	2.2
1999	489.3	476.7	224.9	160.0	7.2	5.4
2000	598.1	584.9	252.1	176.3	7.7	5.5
2001	761.2	581.5	262.8	162.9	114.8	64.9
2002	839.3	819.9	265.3	140.7	10.1	9.3
2003	1017.1	981.7	285.5	131.6	6.6	28.8
2004	1245.1	1209.8	323.7	104.3	4.6	30.7
2005	1481.7	1447.0	386.6	114.0	6.2	28.5
2006	1775.0	1716.7	387.9	130.2	16.8	41.5
2007	2100.0	2038.7	413.7	133.2	10.7	50.6
2008	2505.2	2467.4	492.0	139.4	9.8	37.8
2009	3384.6	3333.2	565.0	172.0	8.8	42.6
2010	4690.3	4637.5	601.9	219.4	7.1	45.7
2011	6218.3	6086.1	682.4	308.7	71.2	61.0
2012	7543.3	7490.1	750.2	344.8	17.2	35.7
2013	8629.7	8574.7	500.9	346.1	23.3	31.7
2014	7851.1	7802.8	383.7	295.8	23.1	25.3

注：1.施工企业总产值即是施工产值。
2.1996年建筑业统计范围为资质等级四级以上。
3.从1996年以后，农村建筑队改为建筑业企业资质等级四级以下即非等级企业。
4.2004年以后数据，建筑业部分的所有指标口径均为总承包与专业承包企业。

15-2 建筑施工企业个数(含劳务分包)

(2014年)

单位：个

地　区	企业个数	按登记注册类型分组						
		国有企业	集体企业	股份合作企业	联营企业	有限责任公司	股份有限公司	私营企业
全　省	**6711**	**178**	**283**	**48**	**3**	**2029**	**177**	**3918**
沈　阳	2049	51	45	10	1	525	56	1339
大　连	1670	28	33	18	1	378	21	1163
鞍　山	411	16	49	1	1	177	23	138
抚　顺	216	9	32	1		99	9	63
本　溪	234	6	35	1		111	5	75
丹　东	246	11	14	5		74	13	128
锦　州	256	10	17	1		100	8	116
营　口	262	7	6	1		67	2	177
阜　新	233	9	4			75	2	142
辽　阳	280	6	19	3		62	5	184
盘　锦	221	10	3	7		112	20	66
铁　岭	118	6	7			26	4	73
朝　阳	217	2	5			89	4	117
葫芦岛	298	7	14			134	5	137

15-2 续表

单位：个

地　区				按经济组织类型分组			
	其他企业	港澳台商投资企业	外商投资企业	独资企业	合作伙伴企业	股份有限公司	有限责任公司
全　省	**13**	**27**	**35**	**497**	**69**	**363**	**5782**
沈　阳	3	9	10	106	15	95	1833
大　连	1	12	15	68	21	80	1501
鞍　山	2	2	2	68	4	42	297
抚　顺	1		2	41	3	16	156
本　溪	1			43	2	12	177
丹　东	1			25	6	28	187
锦　州			4	28	1	15	212
营　口	1	1		13	2	8	239
阜　新		1		14	1	3	215
辽　阳			1	31	3	14	232
盘　锦	3			13	11	24	173
铁　岭		2		15		8	95
朝　阳				7		8	202
葫芦岛			1	25		10	263

15-3 建筑施工企业主要经济指标

(2014年)

指标	单位	合计	按登记注册类型分组						
			国有企业	集体企业	股份合作企业	联营企业	有限责任公司	股份有限公司	私营企业
施工企业单位个数	个	6711	178	283	48	3	2029	177	3918
全部从业人员年期末人数	万人	186.8	9.4	9.5	0.7	0.1	77.6	7.0	81.2
固定资产原价	亿元	903.8	99.3	28.6	2.5	2.7	396.3	43.2	318.6
固定资产合计	亿元	636.0	63.7	17.1	1.6	1.0	264.2	27.8	250.6
年末自有施工机械设备台数	万台	45.4	3.1	2.9	0.2	0.1	16.9	2.5	19.1
年末自有施工机械设备净值	亿元	332.3	16.8	8.2	1.0	0.1	145.1	16.5	132.1
年末自有施工机械设备总功率	万千瓦	2097.1	129.9	61.8	4.8	1.9	651.7	207.1	1007.7
建筑业总产值	亿元	7851.1	383.7	295.8	26.4	3.6	3528.5	496.5	3060.5
资产合计	亿元	6409.7	459.5	162.1	12.9	3.7	2976.2	468.6	2239.5
流动资产合计	亿元	5183.7	376.4	134.6	8.0	2.3	2433.6	396.2	1764.7
#实收资本	亿元	1103.9	66.8	27.0	4.0	1.5	437.5	64.8	489.7
#固定资产本年折旧	亿元	51.6	4.1	1.1	0.2	0.1	22.3	3.2	19.9
#营业收入	亿元	6884.8	363.9	249.8	22.2	4.5	3092.0	416.2	2684.3
#营业成本	亿元	6042.5	322.6	219.0	18.8	4.1	2752.9	373.4	2308.8
#应付职工薪酬	亿元	762.1	45.2	35.8	3.9	0.2	327.6	37.6	306.0
#营业税金及附加	亿元	232.7	10.4	8.5	1.1	0.1	102.7	13.4	95.2
#管理费用	亿元	279.7	19.0	13.7	1.2	0.31	112.8	12.6	115.6
#管理费用中的税金	亿元	17.4	1.4	0.3	0.1	0.006	7.6	0.7	7.3
#财务费用	亿元	44.2	1.6	0.4	0.15	-0.013	19.0	3.0	19.2
#营业利润	亿元	252.0	6.8	4.3	0.7	0.03	97.9	9.3	131.2
房屋建筑施工面积	万平方米	47861.0	651.5	1291.8	204.2		19263.5	3230.9	23161.3
#本年新开工房屋建筑面积	万平方米	21227.2	301.0	1021.0	167.4		9018.6	1255.8	9419.9
房屋建筑竣工面积	万平方米	16514.4	330.3	871.0	96.8		6791.4	922.1	7470.2
利润总额	亿元	254.4	6.5	4.2	0.7	0.1	99.6	9.5	132.0
利税总额	亿元	486.8	17.1	12.2	1.7	0.2	202.0	23.0	227.7
从事主营业务活动的从业人员平均人数	万人	242.0	10.5	12.9	1.3	0.2	96.7	11.2	107.7
全员劳动生产率	–								
按总产值计算	元/人	324360	363823	228475	201655	208217	364798	445283	284179
技术装备率	元/人	13729	15960	6311	7977	7878	15000	14827	12269
动力装备率	千瓦/人	8.7	12.3	4.8	3.7	10.8	6.7	18.6	9.4
房屋建筑面积竣工率	%	0.3	0.5	0.7	0.5		0.4	0.3	0.3
产值利润率	%	3.2	1.7	1.4	2.8	2.1	2.8	1.9	4.3
产值利税率	%	6.2	4.5	4.1	6.3	4.7	5.7	4.6	7.4
亏损企业个数	个	1126	31	54	12		355	29	624

15-3 续表

指　标	单位	其他企业	港澳台商投资企业	外商投资企　业	按经济组织类型分组 独资企业	合作伙伴企　业	股份有限公　司	有限责任公　司
施工企业单位个数	个	13	27	35	497	69	363	5782
全部从业人员年期末人数	万人	0.2	0.6	0.6	19.4	1.0	11.2	155.2
固定资产原价	亿元	0.9	3.5	8.2	135.9	6.7	61.6	699.6
固定资产合计	亿元	0.6	3.0	6.5	86.0	3.5	48.4	498.2
年末自有施工机械设备台数	万台	0.0	0.3	0.2	6.4	0.4	3.5	35.1
年末自有施工机械设备净值	亿元	0.3	10.6	1.5	26.3	1.6	23.7	280.7
年末自有施工机械设备总功率	万千瓦	3.0	24.0	5.1	204.5	9.9	258.9	1623.9
建筑业总产值	亿元	7.8	23.1	25.3	695.6	38.8	680.4	6436.3
资产合计	亿元	6.4	39.7	41.0	660.9	25.3	590.1	5133.5
流动资产合计	亿元	3.8	31.6	32.5	540.4	15.5	484.7	4143.2
#实收资本	亿元	1.5	4.7	6.5	97.1	7.6	94.4	904.8
#固定资产本年折旧	亿元	0.0	0.1	0.7	5.3	0.4	4.1	42.0
#营业收入	亿元	6.2	21.4	24.3	628.3	34.4	587.9	5634.1
#营业成本	亿元	4.9	17.8	20.3	554.5	29.0	524.2	4934.9
#应付职工薪酬	亿元	0.8	2.8	2.2	82.7	5.0	55.2	619.2
#营业税金及附加	亿元	0.2	0.4	0.5	19.4	1.4	19.5	192.4
#管理费用	亿元	0.5	2.3	1.6	33.6	2.2	16.9	227.0
#管理费用中的税金	亿元	0.0	0.04	0.0	1.8	0.1	0.9	14.5
#财务费用	亿元	0.0	0.40	0.3	2.5	0.2	3.9	37.5
#营业利润	亿元	0.5	0.3	1.0	11.0	1.3	18.3	221.4
房屋建筑施工面积	万平方米	35.0		22.8	1978.6	239.2	4234.5	41408.6
#本年新开工房屋建筑面积	万平方米	34.5		9.0	1356.4	201.9	1840.9	17828.0
房屋建筑竣工面积	万平方米	10.5		22.1	1201.3	107.3	1488.3	13717.5
利润总额	亿元	0.5	0.2	1.1	10.7	1.3	18.6	223.7
利税总额	亿元	0.7	0.6	1.6	29.8	2.6	38.1	416.4
从事主营业务活动的从业人员平均人数	万人	0.2	0.6	0.7	24.0	1.8	15.9	200.4
全员劳动生产率	-							
按总产值计算	元/人	317096	383079	385656	290217	218809	426924	321221
技术装备率	元/人	10297	175475	23395	10962	9077	14871	14010
动力装备率	千瓦/人	12.4	39.8	7.8	8.5	5.6	16.2	8.1
房屋建筑面积竣工率	%	0.3		1.0	0.6	0.4	0.4	0.3
产值利润率	%	6.5	0.9	4.2	1.5	3.4	2.7	3.5
产值利税率	%	8.6	2.8	6.4	4.3	6.6	5.6	6.5
亏损企业个数	个	1	9	11	93	14	63	956

15-4 建筑业总产值

(2014年)

单位：千元

地区	建筑业总产值	按登记注册类型分组						
		国有企业	集体企业	股份合作企业	联营企业	有限责任公司	股份有限公司	私营企业
全省	**785112478**	**38366216**	**29582948**	**2636644**	**364796**	**352847534**	**49650430**	**306049674**
沈阳	202210438	9934137	5210373	721179	29139	93561401	28090191	62537399
大连	208773080	6067294	1557704	305521	242657	82393013	1560637	114893685
鞍山	59648927	2288773	5718422	35520	93000	31595743	1988896	17322613
抚顺	30858974	790077	2763303	235000		19929484	2036280	4855230
本溪	29679894	663480	1228519			19816007	835750	7136138
丹东	40331398	1958343	1561380	554371		19989759	7491392	8752947
锦州	28979257	3841703	2080337	18130		12044881	2702475	8105494
营口	33420069	1790638	345998	16900		7646953	702718	22835866
阜新	23025679	608621	993049			9070470	121019	12172359
辽阳	21462156	677679	1990101	242493		11998479	147788	6372326
盘锦	20050383	5903757	223507	507530		8535294	1425952	3349356
铁岭	22397121	1686431	2153206			8095538	727782	9460111
朝阳	38165539	314535	2018300			15692972	524750	19614982
葫芦岛	26109563	1840748	1738749			12477540	1294800	8641168

15-4 续表

单位：千元

地区				按经济组织类型分组			
	其他企业	港澳台商投资企业	外商投资企业	独资企业	合作伙伴企业	股份有限公司	有限责任公司
全省	**777837**	**2310735**	**2525664**	**69563002**	**3881241**	**68037229**	**643631006**
沈阳	204198	1223310	699111	15699164	954516	29690829	155865929
大连	9600	574101	1168868	7994775	579281	9353056	190845968
鞍山	200020	157940	248000	8453095	328540	5123756	45743536
抚顺	176000		73600	3553380	431000	3344485	23530109
本溪				1905999		1307290	26466605
丹东	23206			3519723	577577	8413320	27820778
锦州			186237	5926190	18130	2819768	20215169
营口	59826	21170		2136636	76726	1922017	29284690
阜新		60161		1601670	60161	126119	21237729
辽阳			33290	2773047	242493	614927	17831689
盘锦	104987			6127264	612817	1506687	11803615
铁岭		274053		3940637		958782	17497702
朝阳				2332835		975302	34857402
葫芦岛			116558	3598587		1880891	20630085

15-5 建筑业企业资产

(2014年)

单位：千元

地区	资产合计	按登记注册类型分组						
		国有企业	集体企业	股份合作企业	联营企业	有限责任公司	股份有限公司	私营企业
全省	**640973239**	**45954032**	**16213724**	**1293545**	**371083**	**297620661**	**46862848**	**223953585**
沈阳	180025020	13923587	4370779	654143	71741	74534142	31632324	51637363
大连	169618619	5125962	790105	228646	253372	80165325	1175419	78157495
鞍山	37505364	1863676	3122946	6264	45970	25001178	598390	6432643
抚顺	15650619	714904	626922	14970		11376269	561009	2061558
本溪	16368158	315121	817674			11848152	346434	3040777
丹东	34526218	1357727	479282	138598		21165005	5718257	5614665
锦州	23984347	4047473	862413	114958		10268128	2981029	5572190
营口	22092987	1150684	404013	16434		4543449	866008	14992005
阜新	12656673	843968	130015			5884527	586109	5150199
辽阳	18112537	491320	859570	42191		9776845	606413	6311992
盘锦	42093868	13528798	780209	77341		22366689	1313905	3714598
铁岭	15406996	1676514	546326			8091058	165620	4800765
朝阳	13076190	313966	1469810			5787169	125267	5379978
葫芦岛	39855643	600332	953660			6812725	186664	31087357

15-5 续表

单位：千元

地区				按经济组织类型分组			
	其他企业	港澳台商投资企业	外商投资企业	独资企业	合作伙伴企业	股份有限公司	有限责任公司
全省	**635933**	**3967025**	**4100803**	**66085925**	**2528017**	**59007022**	**513352275**
沈阳	49072	2382879	768990	19915305	774956	33259876	126074883
大连	8820	1337464	2376011	7753335	495051	7231929	154138304
鞍山	21500	29614	383183	5076192	73734	1450095	30905343
抚顺	99635		195352	1341826	275530	1052334	12980929
本溪				1136054		560942	14671162
丹东	52684			1837009	191282	6707071	25790856
锦州			138156	4913596	114958	3037132	15918661
营口	91894	28500		1554697	108328	1658917	18771045
阜新		61855		973983	61855	686693	10934142
辽阳			24206	1626125	42191	921568	15522653
盘锦	312328			14309007	390132	1533803	25860926
铁岭		126713		2291992		438364	12676640
朝阳				1783776		226059	11066355
葫芦岛			214905	1573028		242239	38040376

15-6 各地区建筑业企业负债

(2014年) 单位：千元

地　区	负债合计	按登记注册类型分组						
		国有企业	集体企业	股份合作企　业	联营企业	有限责任公　司	股份有限公　司	私营企业
全　省	**421829199**	**34168592**	**12143802**	**836086**	**152324**	**211932847**	**38280024**	**117640848**
沈　阳	129112764	9871983	3190551	503892	46054	56639384	27124685	29279178
大　连	105194164	3859595	357280	73247	60520	55233798	818684	41769735
鞍　山	25259344	1051587	2353444	2271	45750	17531663	341113	3646840
抚　顺	10489887	610574	541233	6880		7813690	386121	937145
本　溪	10857726	218917	596199			8524174	227047	1291389
丹　东	23388092	1052124	279387	80118		14943300	4157513	2845100
锦　州	17091267	2847843	673864	107158		7213880	2659630	3530392
营　口	11978716	701065	198960	8920		2392833	628498	7974832
阜　新	8326060	647743	106302			4282438	102750	3149977
辽　阳	12475539	181674	534792	26623		7379127	552413	3784818
盘　锦	31366349	11379379	766693	26977		15220435	992616	2732747
铁　岭	11401580	1135178	454846			6724431	85887	2912685
朝　阳	7521487	165774	1395391			2820226	96103	3043993
葫芦岛	17366224	445156	694860			5213468	106964	10742017

15-6 续表 单位：千元

地　区				按经济组织类型分组			
	其他企业	港澳台商投资企业	外商投资企　业	独资企业	合作伙伴企　业	股份有限公　司	有限责任公　司
全　省	**434930**	**3371491**	**2868255**	**49346028**	**1559296**	**44211327**	**326712548**
沈　阳	29080	1999823	428134	14536698	579026	28313303	85683737
大　连	2625	1225313	1793367	5542643	136680	3224890	96289951
鞍　山	1150	8152	277374	3464815	49171	572447	21172911
抚　顺	63215		131029	1151807	168912	688236	8480932
本　溪				813375		365699	9678652
丹　东	30550			1331511	110668	4690677	17255236
锦　州			58500	3521707	107158	2682324	10780078
营　口	60808	12800		900025	69728	1061721	9947242
阜　新		36850		754045	36850	144694	7390471
辽　阳			16092	834291	26623	745880	10868745
盘　锦	247502			12146072	274480	1201659	17744138
铁　岭		88553		1640678		286684	9474218
朝　阳				1561165		122771	5837551
葫芦岛			163759	1147196		110342	16108686

15-7 各地区建筑业企业实收资本

(2014年) 单位：千元

地　　区	实收资本合　　计	按登记注册类型分组						
		国有企业	集体企业	股份合作企　　业	联营企业	有限责任公　　司	股份有限公　　司	私营企业
全　　省	**110392654**	**6675023**	**2695723**	**399281**	**154445**	**43746195**	**6482212**	**48973695**
沈　　阳	31745705	2288466	596312	144164	28600	11791552	3440095	13043765
大　　连	32272153	595322	254284	113349	34345	11190778	312671	19350752
鞍　　山	7311557	491348	537523	3500	91500	3950075	191187	1917814
抚　　顺	3494858	94146	159293	8090		2414086	156380	608648
本　　溪	3203296	36560	163754			2147689	118060	737233
丹　　东	4739140	190979	150902	63634		1924632	1089409	1299584
锦　　州	3860921	506759	178162	6000		1591682	198977	1346772
营　　口	4125738	319647	58450	5100		853571	188033	2671030
阜　　新	2919157	128620	10453			1192019	374000	1194065
辽　　阳	3643614	179291	263230	12446		1446420	41000	1691936
盘　　锦	4536410	1396291	28413	42998		1865805	238280	906470
铁　　岭	2509327	291490	45521			840195	38600	1223521
朝　　阳	2950832	61164	62940			1476010	20500	1330218
葫 芦 岛	3079946	94940	186486			1061681	75020	1651887

15-7 续表 单位：千元

地　　区				按经济组织类型分组			
	其他企业	港澳台商投资企业	外商投资企　　业	独资企业	合作伙伴企　　业	股份有限公　　司	有限责任公　　司
全　　省	**147154**	**473178**	**645748**	**9711060**	**764480**	**9441245**	**90475869**
沈　　阳	16852	206673	189226	2989013	189616	3726229	24840847
大　　连	5080	142927	272645	1006444	155774	1589809	29520126
鞍　　山	20000	18740	89870	1056687	115000	748100	5391770
抚　　顺	12000		42215	253439	60090	266770	2914559
本　　溪				205314		163680	2834302
丹　　东	20000			341881	83634	1240429	3073196
锦　　州			32569	688631	6000	207526	2958764
营　　口	15069	14838		378097	20169	362412	3365060
阜　　新		20000		139073	20000	409000	2351084
辽　　阳			9291	457636	12446	124970	3048562
盘　　锦	58153			1424704	101751	295600	2714355
铁　　岭		70000		352011		94800	2062516
朝　　阳				124104		90000	2736728
葫 芦 岛			9932	294026		121920	2664000

15-8 各地区建筑业企业主营业务税金及附加与管理费用中的税金

(2014年)

单位：千元

地区	税金合计	按登记注册类型分组						
		国有企业	集体企业	股份合作企业	联营企业	有限责任公司	股份有限公司	私营企业
全省	**23235264**	**1061540**	**793297**	**94396**	**9671**	**10237853**	**1350789**	**9573605**
沈阳	5348476	269800	154246	28571	1055	2423731	638561	1790955
大连	5959719	163147	54596	8114	5484	2131866	45460	3519930
鞍山	1858665	64877	112755	1279	3132	870199	60218	741242
抚顺	1021881	15210	101294	17870		673601	68662	136018
本溪	1232631	21564	42716			888279	26736	253336
丹东	1181478	35679	26690	16916		668518	189885	243790
锦州	856814	102758	25261			373834	93601	255315
营口	1243601	120328	6626	1187		273697	38287	799447
阜新	623012	16601	29182			276153	6498	294578
辽阳	721845	8866	54516	16271		415982	2729	223436
盘锦	544429	126857	1092	4188		269280	52528	84983
铁岭	810969	64782	78828			252174	63008	344396
朝阳	1187026	8970	59577			434974	23393	660112
葫芦岛	644718	42101	45918			285565	41223	226067

15-8 续表

单位：千元

地区				按经济组织类型分组			
	其他企业	港澳台商投资企业	外商投资企业	独资企业	合作伙伴企业	股份有限公司	有限责任公司
全省	**16359**	**42172**	**55582**	**1905579**	**121766**	**1945020**	**19262899**
沈阳	828	21243	19486	439742	30454	698682	4179598
大连	1	11940	19181	222921	13814	314695	5408289
鞍山	139	659	4165	199637	4550	164772	1489706
抚顺	6410		2816	116504	25402	95813	784162
本溪				65460		43250	1123921
丹东				62369	16916	218053	884140
锦州			6045	128249		99126	629439
营口	3480	549		126954	4667	84493	1027487
阜新				45783		6502	570727
辽阳			45	66973	16271	21578	617023
盘锦	5501			127949	9692	55295	351493
铁岭		7781		145854		64466	600649
朝阳				68547		26191	1092288
葫芦岛			3844	88637		52104	503977

15-9 各地区建筑业企业利润总额

(2014年)

单位：千元

地　区	利润总额	按登记注册类型分组						
		国有企业	集体企业	股份合作企　业	联营企业	有限责任公　司	股份有限公　司	私营企业
全　省	**25442407**	**651011**	**424600**	**73016**	**7479**	**9960311**	**949372**	**13197494**
沈　阳	5010452	82624	-9680	29467	682	2009535	514582	2329740
大　连	9083698	97755	61916	11570	5360	3056600	23564	5836160
鞍　山	1355522	61903	33033	-322	1437	710344	21552	516252
抚　顺	1281963	16145	104441	9180		880472	98249	137041
本　溪	881353	44225	99315			520383	6079	211351
丹　东	1429967	15715	24181	20351		731307	163383	473123
锦　州	555939	24954	2460	-419		216151	67867	230429
营　口	2608318	65907	42458	234		686564	9463	1793442
阜　新	439294	16965	5059			112335	4601	300040
辽　阳	394390	10641	15641	4		198240	-2923	172701
盘　锦	295642	97478	-834	2951		123765	27662	39692
铁　岭	512246	112197	27123			132277	1846	234043
朝　阳	1026763	3831	17717			524781	11711	468723
葫芦岛	566860	671	1770			57557	1736	454757

15-9　续表

单位：千元

地　区				按经济组织类型分组			
	其他企业	港澳台商投资企业	外商投资企　业	独资企业	合作伙伴企　业	股份有限公　司	有限责任公　司
全　省	**50585**	**21686**	**106853**	**1072125**	**133524**	**1863824**	**22372934**
沈　阳	1874	16516	35112	81133	32023	587647	4309649
大　连	304	-5937	-3594	140811	17345	619529	8306013
鞍　山	120	2630	8573	95682	1235	57432	1201173
抚　顺	34625		1810	120586	45930	115939	999508
本　溪				143520		17661	720172
丹　东	1907			39896	22258	202470	1165343
锦　州			14497	27554	-419	75260	453544
营　口	6827	3423		108365	7061	139482	2353410
阜　新		294		22024	294	3711	413265
辽　阳			86	31110	4	6226	357050
盘　锦	4928			96644	7793	-26659	217864
铁　岭		4760		140300		12434	359512
朝　阳				21548		49778	955437
葫芦岛			50369	2952		2914	560994

15-10 各地区建筑业企业利税总额

(2014年)

单位：千元

地区	利税总额	按登记注册类型分组						
		国有企业	集体企业	股份合作企业	联营企业	有限责任公司	股份有限公司	私营企业
全省	**48677671**	**1712551**	**1217897**	**167412**	**17150**	**20198164**	**2300161**	**22771099**
沈阳	10358928	352424	144566	58038	1737	4433266	1153143	4120695
大连	15043417	260902	116512	19684	10844	5188466	69024	9356090
鞍山	3214187	126780	145788	957	4569	1580543	81770	1257494
抚顺	2303844	31355	205735	27050		1554073	166911	273059
本溪	2113984	65789	142031			1408662	32815	464687
丹东	2611445	51394	50871	37267		1399825	353268	716913
锦州	1412753	127712	27721	-419		589985	161468	485744
营口	3851919	186235	49084	1421		960261	47750	2592889
阜新	1062306	33566	34241			388488	11099	594618
辽阳	1116235	19507	70157	16275		614222	-194	396137
盘锦	840071	224335	258	7139		393045	80190	124675
铁岭	1323215	176979	105951			384451	64854	578439
朝阳	2213789	12801	77294			959755	35104	1128835
葫芦岛	1211578	42772	47688			343122	42959	680824

15-10 续表

单位：千元

地区				按经济组织类型分组			
	其他企业	港澳台商投资企业	外商投资企业	独资企业	合作伙伴企业	股份有限公司	有限责任公司
全省	**66944**	**63858**	**162435**	**2977704**	**255290**	**3808844**	**41635833**
沈阳	2702	37759	54598	520875	62477	1286329	8489247
大连	305	6003	15587	363732	31159	934224	13714302
鞍山	259	3289	12738	295319	5785	222204	2690879
抚顺	41035		4626	237090	71332	211752	1783670
本溪				208980		60911	1844093
丹东	1907			102265	39174	420523	2049483
锦州			20542	155803	-419	174386	1082983
营口	10307	3972		235319	11728	223975	3380897
阜新		294		67807	294	10213	983992
辽阳			131	98083	16275	27804	974073
盘锦	10429			224593	17485	28636	569357
铁岭		12541		286154		76900	960161
朝阳				90095		75969	2047725
葫芦岛			54213	91589		55018	1064971

15-11 各地区总承包与专业承包建筑企业个数、设备及人数

(2014年)

地　区	建筑业企业个数(个)	年末自有机械设备总功率(万千瓦)	年末自有机械设备净值(万元)	计算建筑业劳动生产率的平均人数(万人)	劳动生产率(元/人)
全　省	**6388**	**2097.1**	**3323113.2**	**242.4**	**323837**
沈　阳	1940	475.2	701289.0	64.4	313809
大　连	1621	798.8	989264.2	55.9	373253
鞍　山	392	224.6	323407.5	13.4	444779
抚　顺	186	43.8	115285.5	11.9	259319
本　溪	199	65.8	168191.1	8.1	366233
丹　东	245	82.2	204263.8	7.2	557649
锦　州	244	45.1	72962.7	11.9	244413
营　口	246	56.1	157563.6	9.0	370613
阜　新	225	24.7	101229.9	6.4	357886
辽　阳	265	72.3	107667.1	10.1	213267
盘　锦	213	86.9	115584.8	6.6	304333
铁　岭	116	42.2	87948.4	6.2	358704
朝　阳	214	40.6	100583.6	22.8	167499
葫芦岛	282	38.7	77872.0	8.4	309593

15-12 各地区国有总承包与专业承包建筑企业个数、设备及人数(按经济类型分)

(2014年)

地　区	建筑业企业个数(个)	年末自有机械设备总功率(万千瓦)	年末自有机械设备净值(万元)	计算建筑业劳动生产率的平均人数(万人)	劳动生产率(元/人)
全　省	**243**	**199.4**	**377566.5**	**20.1**	**372617**
沈　阳	73	43.3	66310.5	5.2	349516
大　连	40	26.8	101070.3	5.3	392274
鞍　山	17	11.5	25271.1	1.1	569587
抚　顺	13	5.7	12103.3	1.0	241922
本　溪	11	8.8	15737.5	0.5	281189
丹　东	12	3.1	4816.3	0.3	579582
锦　州	12	10.1	15357.3	1.7	341032
营　口	8	12.2	19891	0.6	368500
阜　新	14	6.7	21520.4	0.5	285230
辽　阳	7	2.7	9057.7	0.3	310327
盘　锦	11	48.0	38078.7	0.9	671459
铁　岭	7	4.0	18517.3	0.9	197315
朝　阳	7	11.5	24956.9	0.9	287898
葫芦岛	11	5.1	4878.2	0.8	364054

15-13 各地区集体总承包与专业承包建筑企业个数、设备及人数(按经济类型分)

(2014年)

地　区	建筑业企业个数(个)	年末自有机械设备总功率(万千瓦)	年末自有机械设备净值(万元)	计算建筑业劳动生产率的平均人数(万人)	劳动生产率(元/人)
全　省	**332**	**66.8**	**92485.4**	**14.3**	**225911**
沈　阳	56	21.4	17137	2.7	222107
大　连	51	9.4	15023.3	0.9	205654
鞍　山	50	10.6	10424.6	1.7	341622
抚　顺	33	3.7	8510.4	1.1	274796
本　溪	36	1.8	1261.8	0.3	424066
丹　东	19	1.5	5649.5	0.7	317014
锦　州	18	1.9	3497	0.9	242094
营　口	7	0.7	1350.7	0.2	204105
阜　新	4	0.5	673.2	0.2	446114
辽　阳	22	4.5	9015.2	1.7	130752
盘　锦	10	1.5	1824.6	0.5	133596
铁　岭	7	1.5	5014.5	0.9	235684
朝　阳	5	1.8	2308.7	1.5	135329
葫芦岛	14	6.0	10794.9	1.0	169485

15-14 各地区总承包与专业承包建筑企业施工及竣工产值

(2014年)　　单位：千元

地　区	建筑业总产值				竣工产值
		建筑工程产值	安装工程产值	其他产值	
全　省	**785112478**	**659140608**	**96076412**	**29895458**	**428237488**
沈　阳	202210438	172638796	29106103	465539	86878089
大　连	208773080	179049840	20730434	8992806	102068303
鞍　山	59648927	45711581	8424830	5512516	35315127
抚　顺	30858974	24185590	4665166	2008218	21830765
本　溪	29679894	24712955	3439165	1527774	18293576
丹　东	40331398	34463793	2561934	3305671	19320653
锦　州	28979257	24240106	4469591	269560	18392800
营　口	33420069	31677223	1493920	248926	21800535
阜　新	23025679	18570508	2552721	1902450	12672646
辽　阳	21462156	18005276	3004889	451991	9533183
盘　锦	20050383	12118167	5987879	1944337	14512031
铁　岭	22397121	18049970	2849002	1498149	26283258
朝　阳	38165539	34340335	3689481	135723	26873465
葫芦岛	26109563	21376468	3101297	1631798	14463057

15-15 各地区国有总承包与专业承包建筑企业施工及竣工产值(按经济类型分)

(2014年)

单位：千元

地 区	建筑业总产值				竣工产值
		建筑工程产值	安装工程产值	其他产值	
全 省	**74843862**	**59205466**	**11933011**	**3705385**	**45897872**
沈 阳	18172721	16433913	1562443	176365	8516830
大 连	20619088	17612832	2749776	256480	9057476
鞍 山	6362292	5086587	917283	358422	2707184
抚 顺	2458891	1195756	664584	598551	1862807
本 溪	1514767	1184011	330756		478557
丹 东	1967103	1879914	26760	60429	187141
锦 州	5811186	4912732	893137	5317	2054889
营 口	2366138	2330168	35970		152687
阜 新	1540814	1197181	198781	144852	542693
辽 阳	1034320	541269	491641	1410	789073
盘 锦	5943757	1812186	3423824	707747	5126810
铁 岭	1699669	676949	21430	1001290	10530890
朝 阳	2507308	2494308	13000		1396749
葫芦岛	2845808	1847660	603626	394522	2494086

15-16 各地区集体总承包与专业承包建筑企业施工及竣工产值(按经济类型分)

(2014年)

单位：千元

地 区	建筑业总产值				竣工产值
		建筑工程产值	安装工程产值	其他产值	
全 省	**32248731**	**23135270**	**6880713**	**2232748**	**22716324**
沈 阳	5960691	2655112	3303471	2108	4464874
大 连	1863225	1337491	218220	307514	1194129
鞍 山	5753942	4067530	920448	765964	3597799
抚 顺	2998303	1983816	477837	536650	2255340
本 溪	1228519	690339	338600	199580	871723
丹 东	2115751	1629419	99630	386702	1290585
锦 州	2098467	1944174	133263	21030	1939386
营 口	362898	313900	48998		356998
阜 新	993049	842749	150300		853519
辽 阳	2232594	2117294	115300		1482195
盘 锦	731037	454672	276365		295516
铁 岭	2153206	2113236	28770	11200	2079884
朝 阳	2018300	2018300			1340780
葫芦岛	1738749	967238	769511	2000	693596

15-17 各地区总承包与专业承包建筑企业施工及竣工房屋面积

(2014年) 单位：万平方米、千元

地区	房屋建筑施工面积	#本年新开工面积	#投标承包面积	房屋建筑竣工面积	房屋建筑竣工价值
全省	**47861.0**	**21227.2**	**29017.7**	**16514.4**	**23453946.4**
沈阳	12738.4	5139.9	9516.8	3103.3	4279932.1
大连	10543.4	5181.0	7942.7	3686.4	5877973.0
鞍山	11599.3	1656.5	2356.5	1385.4	2049741.9
抚顺	1065.5	878.7	980.2	839.7	1216576.8
本溪	1108.8	845.6	792.5	737.5	1025328.9
丹东	1245.2	845.6	809.4	844.1	1169447.8
锦州	1313.9	839.7	923.4	841.6	1029322.2
营口	1834.0	1152.7	966.1	1021.5	1416147.6
阜新	1059.4	748.8	716.3	517.3	682735.3
辽阳	770.2	450.2	677.1	451.3	565525.2
盘锦	484.2	377.3	304.9	315.5	450873.6
铁岭	1223.3	935.8	917.4	908.2	1273307.7
朝阳	1942.2	1479.1	1468.1	1318.7	1687170.8
葫芦岛	933.1	696.2	646.4	543.7	729863.5

15-18 各地区国有总承包与专业承包建筑企业施工及竣工房屋面积(按经济类型分)

(2014年) 单位：万平方米、千元

地区	房屋建筑施工面积	#本年新开工面积	#投标承包面积	房屋建筑竣工面积	房屋建筑竣工价值
全省	**1869.6**	**797.8**	**1632.5**	**511.8**	**716282.6**
沈阳	821.3	342.2	719.4	272.2	339450
大连	243.8	158.4	240.2	85.3	149718
鞍山	510.3	190.9	459.1	42.1	61546.9
抚顺	33.5	20.6	0.6	16.9	22815.8
本溪	58.0	27.1	21.0		
丹东					
锦州	90.6	27.3	90.6	38.9	58586.1
营口					
阜新					
辽阳	82.0	5.4	82.0	31.5	38618.1
盘锦	4.4	4.4	3.4	4.4	10650.7
铁岭	1.9	1.9	1.9	1.9	2637
朝阳					
葫芦岛	23.8	19.7	14.3	18.6	32260

15-19 各地区集体总承包与专业承包建筑企业施工及竣工房屋面积(按经济类型分)

(2014年)　　单位：万平方米、千元

地　区	房屋建筑施工面积	#本年新开工面积	#投标承包面积	房屋建筑竣工面积	房屋建筑竣工价值
全　省	**1496.0**	**1188.4**	**1274.2**	**967.8**	**1311766.9**
沈　阳	245.1	175.0	206.8	145.0	148165.5
大　连	88.3	73.6	60.8	55.0	72193.3
鞍　山	155.3	138.4	115.4	135.2	188997.6
抚　顺	76.4	76.4	69.0	71.6	125186.8
本　溪	23.1	23.1		21.6	36062.3
丹　东	198.4	108.6	198.4	70.6	92275
锦　州	46.2	45.1	44.0	45.0	47140.1
营　口	41.0	41.0		18.4	29600
阜　新	64.2	64.2	64.2	57.5	70821.9
辽　阳	159.5	129.2	159.1	101.0	122542.1
盘　锦	55.6	55.6	55.6	4.6	4690
铁　岭	114.3	114.3	114.3	114.1	205334.8
朝　阳	155.1	113.3	155.1	95.8	112578
葫芦岛	73.5	30.7	31.6	32.4	56179.5

15-20 各地区总承包与专业承包建筑企业年末资产负债

(2014年)　　单位：千元

地　区	流动资产合计	固定资产合计	固定资产原价	固定资产累计折旧	资产总计	流动负债合计	长期负债合计	负债合计	所有者权益合计
全　省	**518373397**	**63602238**	**90379856**	**38551408**	**640973239**	**360089879**	**19220462**	**421829199**	**219144040**
沈　阳	145553930	15349714	20575947	8210436	180025020	115300588	5116408	129112764	50912256
大　连	138356417	19772719	28841743	12204204	169618619	94385433	4875185	105194164	64424455
鞍　山	29132201	3647920	6068031	3101206	37505364	21923414	988546	25259344	12246020
抚　顺	11807442	1760887	3355043	1715643	15650619	8558855	905166	10489887	5160732
本　溪	12864748	2536435	3713927	1445708	16368158	9611095	188985	10857726	5510432
丹　东	26711361	3888874	5375426	2121125	34526218	19190989	2281938	23388092	11138126
锦　州	18992370	2020851	2781266	1219906	23984347	15067183	1450313	17091267	6893080
营　口	17653531	3184687	3943013	1356734	22092987	10789069	349754	11978716	10114271
阜　新	10119789	1490957	1958158	740736	12656673	7229895	540244	8326060	4330613
辽　阳	14416384	2168335	3834087	1800603	18112537	11431264	728736	12475539	5636998
盘　锦	38159967	2400230	3617268	1961098	42093868	22574446	428385	31366349	10727519
铁　岭	13327399	1269624	1523257	618260	15406996	10939329	56864	11401580	4005416
朝　阳	9642723	1865179	2307966	776504	13076190	5275015	1045542	7521487	5554703
葫芦岛	31635135	2245826	2484724	1279245	39855643	7813304	264396	17366224	22489419

15-21 各地区国有总承包与专业承包建筑企业年末资产负债(按经济类型分)

(2014年)

单位：千元

地 区	流动资产合 计	固定资产合 计	固定资产原 价	固定资产累计折旧	资产总计	流动负债合 计	长期负债合 计	负债合计	所 有 者权益合计
全 省	**71671696**	**9546809**	**15659794**	**6829525**	**87975404**	**64308299**	**1979535**	**68810353**	**19165051**
沈 阳	15255922	3834373	4870569	1323744	20669577	13409817	474595	15258617	5410960
大 连	16891653	1645473	3201660	1613732	20190739	16089709	183610	16451263	3739476
鞍 山	7861630	694320	983957	365378	10206794	7859235	478087	8347701	1859093
抚 顺	1777062	195210	393662	215159	1991507	1468600	13600	1575116	416391
本 溪	3213410	358853	783579	446000	3651943	3001912	38728	3053317	598626
丹 东	1158885	173107	256677	89463	1367106	977459	58680	1056466	310640
锦 州	5727093	321265	587549	362314	6374853	5008308	20790	5029098	1345755
营 口	830433	282410	494388	221121	1180841	710746	504	711250	469591
阜 新	1549254	321594	502896	186161	2034804	1399424	145723	1658088	376716
辽 阳	499295	144046	237785	107886	807833	426015		426015	381818
盘 锦	14062434	579426	1838527	1286271	14852143	11983991	324854	12451106	2401037
铁 岭	1518419	155468	219843	68058	1705118	1021642		1143901	561217
朝 阳	751542	622520	924522	398802	2124461	462900	240364	1069970	1054491
葫芦岛	574664	218744	364180	145436	817685	488541		578445	239240

15-22 各地区集体总承包与专业承包建筑企业年末资产负债(按经济类型分)

(2014年)

单位：千元

地 区	流动资产合 计	固定资产合 计	固定资产原 价	固定资产累计折旧	资产总计	流动负债合 计	长期负债合 计	负债合计	所 有 者权益合计
全 省	**14291916**	**1880812**	**3125347**	**1515298**	**17579010**	**11917264**	**111976**	**13025942**	**4553068**
沈 阳	4171407	473986	880579	460193	5096663	3384482	40530	3740497	1356166
大 连	751116	194005	266021	113461	1018751	417888	464	430527	588224
鞍 山	2352152	307734	488311	223180	3129210	1855021	8323	2355715	773495
抚 顺	517770	80759	191717	110958	641892	517387	15568	548113	93779
本 溪	665556	49841	105780	69644	817674	538271	17446	596199	221475
丹 东	382556	186230	226077	49589	617880	358233		359505	258375
锦 州	865743	95896	92282	35583	977371	761190	7858	781022	196349
营 口	391803	27857	33141	6226	420447	204189		207880	212567
阜 新	96201	28930	14311	8458	130015	83664	22638	106302	23713
辽 阳	693413	149128	420247	271120	901761	534745	4420	561415	340346
盘 锦	815080	35632	50640	19638	857550	792271		793670	63880
铁 岭	430495	85003	125900	52257	546326	410863	415	454846	91480
朝 阳	1418043	51540	48070	18194	1469810	1395390		1395391	74419
葫芦岛	740581	114271	182271	76797	953660	663670	-5686	694860	258800

15-23 各地区总承包与专业承包建筑企业损益及分配

(2014年)

单位：千元

地　　区	主营业务收　　入	主营业务成　　本	主营业务税金及附加	其他业务利　　润	管理费用	营业利润	利润总额	应　收工程款	亏损企业个　　数(个)
全　　省	**685427751**	**585381448**	**21499410**	**482645**	**27970122**	**25202274**	**25442407**	**155178187**	**1126**
沈　　阳	177579057	155196458	4991403	111371	8565264	4992398	5010452	48601706	358
大　　连	186695268	154344323	5613009	239223	6534410	8940325	9083698	44059738	282
鞍　　山	48869394	42521808	1681813	28538	1871219	1300770	1355522	8065768	61
抚　　顺	29497905	24974970	930954	23787	1045483	1275165	1281963	4207462	31
本　　溪	26972597	22585191	1075716	-59	1349173	858919	881353	3831710	30
丹　　东	31759186	27307026	1065374	-7265	1152535	1465717	1429967	5427554	39
锦　　州	26201599	23748459	798320	12220	818744	552881	555939	6136542	49
营　　口	30175555	24634123	1103292	471	988503	2602037	2608318	5944229	21
阜　　新	17135850	14991879	602706	3694	670910	441606	439294	2807897	33
辽　　阳	20589509	17823633	676558	28364	1061099	362778	394390	4647853	61
盘　　锦	17131756	15256592	494012	33947	762455	303148	295642	13574332	58
铁　　岭	19644388	16504015	745789	444	1191577	514040	512246	3234014	15
朝　　阳	33363434	28058327	1122351	4818	1138524	1028275	1026763	2640725	16
葫 芦 岛	19812253	17434644	598113	3092	820226	564215	566860	1998657	72

15-24 各地区国有总承包与专业承包建筑企业损益及分配(按经济类型分)

(2014年)

单位：千元

地　　区	主营业务收　　入	主营业务成　　本	主营业务税金及附加	其他业务利　　润	管理费用	营业利润	利润总额	应收工程款	亏损企业个数(个)
全　　省	**69344752**	**60211028**	**1890435**	**44842**	**3182724**	**1106234**	**1142405**	**20164305**	**43**
沈　　阳	19215243	17605063	474604	14017	767882	105526	133535	3993819	20
大　　连	18423750	16553294	517904	12518	748332	343314	321464	5271782	4
鞍　　山	6508836	5832429	188932	302	301313	105627	145325	3150466	2
抚　　顺	2406557	2133707	54316	3670	95814	19905	21251	902607	1
本　　溪	1433289	1151029	39225	1724	167545	57338	59252	1568947	
丹　　东	1189691	1067954	35714	335	61851	16174	15759	465316	4
锦　　州	5314448	4935152	154387	1309	150095	22015	22539	2155335	2
营　　口	1794166	1516024	70506	15	124937	64686	66077	264774	1
阜　　新	1441644	1109747	75267		70148	26952	27236	255953	1
辽　　阳	1034095	567307	20057		14599	18178	18101	279009	1
盘　　锦	4679957	4109650	126571	7517	237353	104433	91316	1560252	3
铁　　岭	1649551	1188590	65131		190394	113317	112623	169629	
朝　　阳	2356885	728118	24968	3435	129663	111698	110856	55157	
葫 芦 岛	1896640	1712964	42853		122798	-2929	-2929	71259	4

15-25 各地区集体总承包与专业承包建筑企业损益及分配(按经济类型分)

(2014年)

单位：千元

地区	主营业务收入	主营业务成本	主营业务税金及附加	其他业务利润	管理费用	营业利润	利润总额	应收工程款	亏损企业个数(个)
全省	**26897037**	**22574668**	**849056**	**17123**	**1502349**	**501344**	**498298**	**3620646**	**66**
沈阳	5514588	4391448	170011	-475	628543	25891	20469	1168510	14
大连	1775431	1482438	61513	2389	60742	74249	73486	289424	7
鞍山	4584604	3919372	110937	6323	141634	33278	32711	530467	13
抚顺	3017151	2673416	116900	3872	105190	111465	113621	106795	11
本溪	1141112	881122	40576	-625	73007	97564	99315	128625	4
丹东	1576670	1412371	42089	219	40970	44576	44532	131463	2
锦州	669634	594345	24974		36843	1547	2041	263319	6
营口	445597	369594	6407		12349	42696	42692	6750	
阜新	866787	823782	29139		6610	5123	5059	84055	
辽阳	1485399	1275519	68416	544	57053	15450	15645	186774	2
盘锦	661337	596096	4763	410	29079	1877	2117	27544	2
铁岭	2160406	1674461	68756		255628	28113	27123	134921	2
朝阳	1834476	1414661	59572		16151	17717	17717	270697	
葫芦岛	1163845	1066043	45003	4466	38550	1798	1770	291302	3

主要统计指标解释

建筑业统计单位 指从事房屋、构筑物建造和设备安装活动的生产单位，根据不同的组织方式，建筑业统计的调查单位分为法人建筑业企业和附营建筑施工单位。法人建筑业企业是指专门组织的独立核算的法人建筑业企业，它应同时具备的条件是：①依法成立，有自己的名称、组织机构和场所，能够承担民事责任；②独立拥有和使用资产，承担负债，有权与其他单位签订合同；③独立核算盈亏，能够编制资产负债表。另一种调查单位是其他行业的企业、事业单位为完成本单位固定资产建造任务而自行组织的附营建筑施工单位，它应同时具备的条件是：①具有一个场所，从事或主要从事建筑安装活动；②单独组织生产经营活动；③在企业内部单独核算收支。

建筑业总产值(即自行完成施工产值) 指建筑业企业或附属施工单位自行完成的按工程进度计算的建筑安装生产总值。施工产值包括:

①建筑工程产值：指列入建筑工程预算内的各种工程价值。

②设备安装工程产值：指设备安装工程价值。

③房屋、构筑物修理产值：指房屋、构筑物修理所完成的价值，但不包括被修理房屋、构筑物本身的价值和生产设备的修理价值。

④非标准设备制造产值：指加工制造没有定型的、非标准的生产设备的加工费和原材料价值，不论是现场还是附属加工厂为本单位承建工程制造的非标准设备的价值，都应计算产值。

竣工产值 指在报告期内，按照设计所规定的工程内容全部完成，达到了设计规定的交工条件，经有关部门检查验收鉴定合格的单位工程价值之和。

房屋建筑施工面积 指在报告期内施工的全部房屋建筑面积。包括本期内新开工的、上期施工跨入本期继续施工、上期停建本期复工的房屋建筑面积；不包括上期开工后又停工，本期未施工的房屋建筑面积。

房屋建筑竣工面积 指在报告期内，按照设计所规定的工程内容全部完成，达到了设计规定的交工条件，经有关部门检查验收鉴定合格的房屋建筑面积。

住宅竣工面积 指房屋建筑竣工面积中供居住用的房屋建筑竣工面积。

自有机械设备年末总台数 指归本企业(或单位)所有，属于本企业固定资产的生产性机械设备年末总台数。包括施工机械、生产设备、运输设备以及其他设备。

自有机械设备年末总功率 指本企业(或单位)自有施工机械、生产设备、运输设备以及其他设备等列为在册固定资产的生产性机械设备年末总功率，按设定能力或查定能力计算。包括机械本身的动力和为该机械服务的单独动力设备，如电动机等。计量单位用千瓦，动力换算可按 1 马力=0.735 千瓦折合成千瓦数。电焊机、变压器、锅炉不计算动力。

工程结算收入 指企业(或单位)按工程的分部分项自行完成的建筑产品价值并已与甲方在报告期内办理结算手续的工程价款收入，以及向甲方收取的除工程价款以外的按规定列作营业收入的各种款项，如临时设施费、劳动保险费、施工机械调迁费等以及向甲方收取的各种索赔款。

工程结算利润 指已结算工程实现的利润。如为亏损以“-”号表示。其计算公式为:

工程结算利润=工程结算收入-工程结算成本-工程结算税金及附加

企业总收入 指与企业生产经营直接有关的各项收入，包括工程结算收入和其他业务收入，即:

企业总收入=工程结算收入+其他业务收入

十六、运输和邮电

Chapter 16 Transport, Post and Telecommunication Services

16-1 交通运输业基本情况

指　标	2005年	2006年	2008年	2009年	2010年	2011年	2012年	2013年	2014年
运输线路长度(公里)									
铁路营业里程	3922	3927	3928	3962	3988	4035	4757	4875	4899
公路	53521	97191	101144	101117	101545	104026	104679	110072	114504
内河	813	813	813	813	813	813	813	813	813
民航	329166	376435	200359	243991	242959	255196	244980	294175	25484833
#国际航线	69703	63516	32901	43718	45094	51294	34188	39564	36966
客运量总计(万人)	60599	64543	90729	96172	102241	99328	104113	92629	95364
铁路	9503	9883	11958	13336	13298	12016	12018	13012	12820
公路	49917	53317	77510	81585	87699	86013	90650	78168	80789
水运	650	714	597	543	490	549	588	534	542
民用航空	529	629	664	708	754	750	857	915	1213
货运量总计(万吨)	97748	109140	126939	139541	163303	190329	212957	215375	231743
铁路	14271	15750	17400	18262	18622	18716	17388	20484	19103
公路	74799	82142	92938	105088	127361	151773	174355	172923	189174
水运	5730	7518	9267	9651	10434	11632	12631	13379	13810
民用航空	9	11	10	10	10	9	10	10	12
管道	2939	3719	7323	6531	6876	8199	8573	8579	9644
民用汽车拥有量(万辆)	153.8	187.1	242.0	300.1	347.9	402.2	449.6	482.8	538.6
载客汽车辆数(万辆)	89.6	107.3	144.9	182.4	225.7	276.2	328.6	379.9	436.5
载货汽车辆数(万辆)	42.4	47.3	44.0	56.8	67.4	76.9	82.2	73.5	80.0
私人汽车拥有量(万辆)	71.8	98.2	155.8	200.7	242.3	288.9	334	377.8	434.1
民用运输船舶拥有量(艘)									
#机 动 船	735	771	862	736	553	546	557	524	528
驳船	25	27	23	20	11	10	17	10	7
私人运输船舶拥有量(艘)									
#机 动 船	293	282	304	292					
沿海主要港口货物吞吐量(万吨)	30208	35666	48768	55513	67952	78374	88502	98354	103675

注：1.2014年民航加入深航沈阳分公司数据。下同。
2.2013年、2014年管道加入中国石油管道锦州输油气分公司数据。下同。
3.2013年、2014年铁路货运量和货物周转量加入地方铁路数据。下同。

16-2 运输线路长度

单位：公里

年 份	铁路营业里程	#辽宁省	公路通车里程	#有铺装路面简易铺装路面	#高速公路	内河航道里程	民航通航里程	#国内航线
1990	8798	3702	40109	10172	375	508	99545	89199
1991	8993	3758	40195	11471	375	508	136027	129195
1992	8993	3758	41548	13644	391	508	204870	200822
1993	8993	3758	41638	15382	406	508	271841	258947
1994	8807	3758	42763	17155	420	508	305884	242445
1995	8811	3568	43434	18590	509	508	277945	259264
1996	8811	3568	43753	19365	509	508	321207	246776
1997	8813	3569	44041	20171	509	508	179369	166238
1998	8796	3558	44483	21419	707	508	124089	110587
1999	8798	3558	45020	23023	877	813	192148	170339
2000	8800	3556	45547	24264	1068	813	219198	201702
2001	8792	3548	46603	25664	1068	813	192148	170339
2002	8809	3565	48051	27557	1637	813	239243	211331
2003	8887	3939	50095	30600	1637	813	238429	191061
2004	9299	3939	52415	34838	1637	813	335729	276409
2005	9282	3922	53521	37930	1773	813	329166	255545
2006	9309	3927	97191	43333	1849	813	376435	312239
2007	9321	3934	98101	46738	1975	813	248179	204584
2008	9431	3928	101144	52762	2747	813	200359	167458
2009	9437	3962	101117	62497	2833	813	243991	200273
2010	9460	3988	101545	63324	3056	813	242959	197865
2011	9843	4035	104026	65636	3300	813	255196	199802
2012	10948	4757	104679	68762	3912	813	244980	210792
2013	11580	4875	110072	71425	4023	813	294175	254611
2014	11727	4899	114504	72382	4172	813	25484833	25447867

16-3 旅客运输量

单位：万人

年 份	总计	铁路	公路	水运	民航
1990	44547	15823	28367	302	55
1991	46643	14733	31480	355	75
1992	50908	15083	35263	465	97
1993	49756	15072	34050	521	113
1994	50223	15366	34223	502	132
1995	52228	13928	37591	533	176
1996	55828	11884	43193	553	198
1997	53430	10403	42276	540	211
1998	51140	9960	40468	474	238
1999	49239	9937	38382	595	325
2000	51555	10174	40385	616	380
2001	52259	10038	41207	602	412
2002	54339	9701	43554	626	458
2003	50813	8706	41076	542	489
2004	58099	9591	47370	637	501
2005	60599	9503	49917	650	529
2006	64543	9883	53317	714	629
2007	71322	10417	59562	651	692
2008	90729	11958	77510	597	664
2009	96172	13336	81585	543	708
2010	102241	13298	87699	490	754
2011	99328	12016	86013	549	750
2012	104113	12018	90650	588	857
2013	92629	13012	78168	534	915
2014	95364	12820	80789	542	1213

16-4 旅客周转量

单位：亿人公里

年 份	总计	铁路	公路	水运	民航
1990	369.3	254.9	97.4	5.9	11.1
1991	392.8	259.1	111.5	6.9	15.3
1992	503.7	285.2	125.9	8.7	19.6
1993	465.9	306.0	121.3	8.7	29.9
1994	471.4	312.8	120.4	7.7	30.5
1995	451.5	292.5	109.9	8.6	40.5
1996	457.0	261.2	149.5	9.4	36.9
1997	460.9	271.5	145.5	9.2	34.7
1998	476.3	276.7	159.1	7.3	33.2
1999	496.4	291.9	149.6	11.9	43.0
2000	534.4	314.1	159.9	10.7	49.7
2001	562.4	326.5	167.1	8.4	60.4
2002	585.5	340.1	173.8	8.6	63.0
2003	545.3	306.9	164.1	7.2	67.0
2004	662.2	370.4	194.9	8.4	88.5
2005	673.1	381.4	210.1	8.4	73.2
2006	747.2	412.6	236.6	9.2	88.8
2007	806.1	436.6	263.5	8.4	97.6
2008	892.6	465.9	323.0	7.8	95.9
2009	940.0	483.5	350.1	7.0	99.4
2010	1014.0	510.1	388.8	6.4	108.7
2011	1065.4	549.0	399.7	7.0	109.7
2012	1099.4	542.2	427.2	7.5	122.5
2013	1074.7	572.7	362.4	6.5	133.1
2014	1181.5	609.0	375.6	6.5	190.4

注：1.铁路1978以前为沈阳、锦州两路局合计数，1979年以后扣除长春分局数，1983年以后为辽宁境内数，1988年以后还包括地方铁路。
2.公路、水运口径同客运量。

16-5 货物运输量

单位：万吨

年 份	总计	铁路	公路	水运	民航	管道
1990	76326.3	14306	56105	1521	1.3	4393
1991	79057.3	14624	58197	1861	2.3	4373
1992	81084.0	14852	59739	2145	2.0	4346
1993	91578.0	14953	69964	2325	2.0	4334
1994	89876.0	14096	68953	2396	3.0	4428
1995	88464.9	13073	68524	2649	3.2	4216
1996	84823.0	13053	65174	2472	4.0	4120
1997	99588.0	12972	80471	2145	5.0	3995
1998	83478.0	12100	65481	1977	5.4	3915
1999	84625.0	12162	66253	2542	7.4	3660
2000	83603.9	12523	64515	3091	8.9	3466
2001	82295.0	12990	63281	2726	6.8	3292
2002	83573.1	13126	64101	3071	8.1	3264
2003	85825.6	13135	65981	3649	9.0	3052
2004	91401.6	13844	70164	4447	8.6	2938
2005	97748.4	14271	74799	5730	9.4	2939
2006	109140.0	15750	82142	7518	11.0	3719
2007	120615.2	16552	90387	8778	11.2	4887
2008	126938.7	17400	92938	9267	10.4	7323
2009	139541.3	18262	105088	9651	9.5	6531
2010	163303.2	18622	127361	10434	10.2	6876
2011	190329.0	18716	151773	11632	8.9	8199
2012	212956.6	17388	174355	12631	9.6	8573
2013	215375.0	20484	172923	13379	9.6	8579
2014	231743.0	19103	189174	13810	12.0	9644

16-6 货物周转量

单位：亿吨公里

年 份	总计	铁路	公路	水运	民航	管道
1990	1062.5	943.3	150.8	289.3	0.2	218.9
1991	1791.1	980.1	174.2	419.6	0.3	216.9
1992	1947.6	1023.2	207.6	501.3	0.4	215.1
1993	2078.8	1044.1	227.8	593.7	0.6	212.7
1994	2085.8	1038.2	221.3	605.8	0.6	219.9
1995	2090.2	1011.4	198.5	671.1	0.7	208.5
1996	1929.0	1003.6	245.1	479.4	0.9	200.0
1997	1846.7	1047.8	297.6	316.1	0.7	191.5
1998	1568.3	900.7	206.5	314.7	0.9	145.5
1999	1794.3	926.2	207.7	531.2	1.2	127.9
2000	1809.2	962.4	209.4	572.4	1.1	63.9
2001	1861.8	976.7	215.8	607.9	1.1	60.3
2002	1914.3	970.6	221.8	661.0	1.4	59.6
2003	2426.5	1012.8	226.5	1130.6	1.6	55.0
2004	2995.6	1154.2	327.0	1461.1	1.7	51.6
2005	3400.6	1194.8	415.6	1738.2	1.6	50.5
2006	4090.9	1206.0	474.7	2361.6	1.8	46.7
2007	5865.1	1293.3	568.1	3956.6	1.8	45.2
2008	7076.8	1342.5	1354.2	4333.0	1.8	45.3
2009	7793.8	1302.1	1550.5	4896.8	1.6	42.8
2010	9071.2	1398.3	1930.3	5695.7	1.7	45.2
2011	10464.3	1540.7	2328.5	6529.4	1.5	64.2
2012	11616.2	1399.6	2675.4	7483.3	1.6	56.3
2013	12087.6	1344.0	2792.0	7837.2	1.6	112.8
2014	12353.5	1180.4	3074.9	7979.5	2.1	116.6

16-7 铁路机车车辆年末实有数

指 标	单位	2005年	2006年	2008年	2009年	2010年	2011年	2012年	2013年	2014年
中央铁路										
机车台数总计	台	1600	1543	1560	1232	1705	2111	2041	2011	2048
内燃机车	台	1372	1321	1282	891	1282	1444	1453	1415	1379
客车辆数总计	辆	3969	4017	4286	4579	4608	4751	5094	5100	4933
软座车	辆	75	85	277	331	333	407	646	707	50
硬座车	辆	1969	1965	1464	1562	1887	1854	1849	1650	1766
软卧车	辆	258	263	237	275	348	354	374	379	418
硬卧车	辆	1334	1369	1907	1998	1714	1793	1872	1831	2071
餐车	辆	205	205	209	214	212	221	220	210	230
辽宁省境内各分局										
机车台数总计	台	889	964	967	883	990	1205	1146	1111	1175
内燃机车	台	661	742	689	542	567	538	558	515	506
客车辆数总计	辆	2058	2208	2269	2897	3006	3013	3226	3475	3067
软座车	辆	54	61	127	198	303	65	615	690	39
硬座车	辆	1002	1042	776	978	1208	1180	1158	1105	1172
软卧车	辆	112	127	210	242	209	531	238	248	255
硬卧车	辆	708	783	946	1233	1090	1036	1016	1093	1211
餐车	辆	121	115	101	121	128	125	119	126	138

16-8 辽宁省辖区铁路主要站旅客发送量

单位：万人

车站名称	2005年	2006年	2008年	2009年	2010年	2011年	2012年	2013年	2014年
总　计	**9503.4**	**9883.0**	**111958.0**	**13336.0**	**13298.0**	**12016.4**	**12017.5**	**13011.6**	**12819.7**
开原	100.6	113.5	153.6	173.7	157.3	143.3	140.1	127.7	138.5
铁岭	178.8	189.2	230.4	288.2	297.3	233.2	200.0	187.7	210.6
沈阳	1121.4	1272.0	1472.9	1509.3	1433.3	1500.5	1618.8	1808.2	2025.6
苏家屯	138.0	130.8	144.8	147.4	142.5	92.2	94.8	98.6	92.8
辽阳	217.4	217.9	257.3	280.1	284.0	199.4	218.7	311.1	313.7
黑山	2.2	2.3	0.4	0.7	0.3	0.2	…	…	…
鞍山	306.9	291.5	418.6	477.3	484.5	462.0	441.1	392.6	362.7
海城	145.6	151.7	200.8	220.6	236.9	229.1	216.4	203	181.2
大石桥	114.0	122.7	159.4	160.6	168.9	179.1	175.0	152.1	138.8
瓦房店	156.9	177.0	223.0	230.1	233.5	279.6	272.6	240.5	215.2
金州	137.3	144.8	179.2	200.7	247.9	209.0	224.5	199.5	173.4
南关岭	2.6	1.7	2.7	1.8	1.9	1.7	1.7	1.3	1.6
周水子	29.5	24.3	33.1	28.6	58.8	64.6	127.7	108.7	74.9
大连	897.5	948.5	1207.6	1261.9	1247.9	1350.9	1219.7	1103.9	1073.4
皇姑屯	9.9	8.5	10.1	54.1	103.0	68.7	2.8	…	…
大成	5.5	3.7	5.7	3.7	12.2	4.8	0.8	0.7	1.0
抚顺北	96.3	102.1	59.1	86.2	84.0	87.1	107.7	112.9	99.6
大官屯	5.1	3.8	2.2	6.8	0.9	1.5	2.0	1.7	2.6
沈阳东	1.5	0.7	1.6	1.7	0.9	1.4	1.0	0.7	0.2
沈阳北	1217.6	1377.8	1680.7	1882.7	1894.3	1709.8	1541.1	1820	1950.2
营口	35.1	37.3	52.6	66.2	65.5	64.8	66.6	38.4	35.7
旅顺	3.2	2.6	5.3	7.7	3.8	3.2	3.3	1.8	0.4
丹东	168.0	189.0	216.6	248.3	262.0	254.3	239.2	227.6	203.7
凤凰城	93.6	106.7	115.4	105.4	104.2	111.9	116.1	112.6	106.6
本溪	706.7	775.0	1050.0	1232.4	1179.4	850.4	920.3	901.4	707.0
本溪湖	34.8	32.5	20.7	13.9	6.8	…	…	…	…
安平	10.0	11.8	9.8	13.3	157.0	17.0	17.2	15.4	0.9
沈阳西	3.6	3.2	1.8	1.3	1.0	0.6	0.2	0.2	0.3
锦州	406.4	406.6	465.3	482.2	464.6	475.6	466.4	499.3	458.5
葫芦岛	109.6	118.8	169.0	184.4	176.8	173.1	175.1	183.5	167.9
大虎山	53.4	58.5	79.4	85.7	85.8	90.9	87.8	94.8	97.5
渤海	1.8	0.4	0.8	1.7	0.5	0.4	0.3	0.1	…
盘锦	40.6	49.9	80.9	87.9	84.4	84.8	90.9	112.4	165.1
朝阳	75.3	79.9	89.9	91.9	86.9	84.3	83.7	82.7	76.9
阜新	114.7	127.5	133.3	142.9	140.6	139.2	145.3	161.4	146.3

16-9 辽宁省辖区铁路主要站货物发送量

单位：万吨

车站名称	2005年	2006年	2008年	2009年	2010年	2011年	2012年	2013年	2014年
总　计	**14270.9**	**15750.0**	**17400.0**	**18262.0**	**18622.0**	**18716.2**	**17387.5**	**20484.4**	**19102.8**
开原	69.3	53.0	66.9	54.3	33.1	73.0	23.4	34.3	25.7
铁岭	49.2	37.0	37.0	88.4	132.2	16.9	11.5	14.1	22.8
沈阳	53.1	42.8	31.7	1.5	0.1			…	0.1
苏家屯	46.4	37.4	44.9	62.2	135.2	52.6	36.3	26.2	37.9
辽阳	30.6	17.6	27.8	48.5	28.5	68.6	37.2	24.5	7.1
黑山	8.9	9.0	6.8	5.5	4.0	0.2	…	1.8	1.2
鞍山	9.2	7.3	7.0	1.5	…	…	…	…	2.3
海城	72.4	79.5	80.7	89.7	62.2	62.9	61.6	43.4	23.6
大石桥	136.0	121.0	151.7	121.2	409.4	112.8	106.5	83.4	73.5
瓦房店	3.1	2.3	1.8	2.4	1.2	2.5	0.8	0.9	6.4
金州	35.7	50.7	63.2	63.8	47.6	34.3	22.0	25.6	41.6
南关岭	24.2	18.8	25.3	22.8	14.4	21.8	16.2	9.2	6.9
周水子	17.2	18.5	3.1	2.5	2.1	2.1	1.3	0.4	0.4
大成	105.7	103.2	202.8	113.3	101.4	68.5	44.2	32.3	17.1
抚顺北	6.7	11.2	23.2	2.4	10.3	6.7	3.1	2.9	2.3
大官屯	754.9	629.0	588.0	629.9	571.4	512.8	470.1	581.6	563.8
沈阳东	59.6	73.4	62.7	73.4	81.6	82.2	67.9	68.9	75.0
营口	78.5	67.2	118.2	125.1	101.3	90.1	67.1	67.7	38.0
甘井子	332.6	316.1	269.5	272.2	403.9	380.5	292.7	215.4	221.5
旅顺	4.8	3.7	2.9	2.9	2.3	2.1	2.0	1.6	1.7
丹东	194.2	250.2	241.5	379.1	303.9	275.4	317.8	446.3	575.5
凤凰城	15.5	9.3	7.9	4.5	5.2	7.2	5.8	5.2	1.5
本溪	589.4	736.1	1188.1	984.6	1075.7	1078.0	1030.3	1083.9	1062.0
本溪湖	168.9	173.0	142.9	167.0	143.6	114.0	138.1	130.7	104.9
安平	269.2	346.8	370.7	455.1	342.4	394.1	463.5	431.8	431.3
沈阳西	15.5	9.7	…	…	…	…	…	…	…
锦州	300.9	323.9	336.7	294.2	303.3	334.8	338.4	342.6	249.9
葫芦岛	290.7	271.3	247.4	214.2	252.5	273.8	242.9	157.1	185.2
大虎山	11.9	8.7	11.4	5.6	1.8	0.0	0.2	0.6	0.1
渤海	174.3	153.1	160.3	124.5	110.3	118.9	152.4	186.1	198.2
盘锦	46.3	52.5	53.3	53.4	150.5	177.7	175.7	227.6	173.3
朝阳	45.3	43.9	30.9	32.1	32.3	36.9	30.7	23.6	7.4
阜新	577.8	673.6	741.1	772.1	818.7	782.2	638.7	683.6	599.6

16-10 民用车辆拥有量

(2014年末) 单位：辆

指 标	总计	总计中:			总计中:			报废
		营运	非营运	校车	进口	个人	新注册	
合 计	**7427167**	**911636**	**6271086**	**5658**	**327585**	**6085596**	**569848**	**116978**
一、汽车	5386325	797680	4582987	5658	327046	4341184	504538	72021
1.载客汽车	4365154	153835	4205661	5658	324584	3767195	441182	41789
#大型	64171	40225	19019	4927	769	5785	4829	2088
中型	52905	4684	47525	696	996	20985	1387	2544
小型	4167373	108883	4058455	35	321378	3666961	433192	33816
微型	80705	43	80662		1441	73464	1774	3341
#轿车	2819558	98620	2720938		120212	2519943	274073	18870
2.载货汽车	800382	535308	265074		1568	394252	58743	11267
#重 型	220864	192839	28025		368	50559	17796	2994
中 型	48167	38909	9258		37	23250	2683	1416
轻 型	529576	302551	227025		1161	319162	38262	6823
微 型	1775	1009	766		2	1281	2	34
#普通载货	391801	223419	168382		1105	247977	26500	4377
3.其它汽车	220789	108537	112252		894	179737	4613	18965
二、电车	228	228						
无轨	156	156						
有轨	72	72						
三、摩 托 车	1467811	37591	1430220		324	1464912	42118	42351
普通	1455227	37546	1417681		301	1452575	42041	41024
轻便	12584	45	12539		23	12337	77	1327
四、拖拉机	488524		249737			269929	15394	1459
五、挂车	77640	74877	2763		119	7235	7573	775
六、其它类型车	6639	1260	5379		96	2336	225	372

16-11 公路线路年底到达数

(2014年) 单位：公里

指标	公路里程总计	等级公路					
		合计	专用公路		一般公路		
			高速	一级	二级	三级	四级
本年年底到达数	**114504.3**	**99928.5**	**4171.9**	**2930.4**	**17689.7**	**31647.9**	**43488.7**
其中：1.干线公路	15786.6	15786.6	4171.9	2022.5	9305.3	287.0	
国道	6692.1	6692.1	3263.3	824.0	2551.7	53.1	
省道	9094.5	9094.5	908.5	1198.5	6753.6	233.9	
2.县道	12538.2	12538.2		861.0	7453.0	4099.3	124.9
3.乡道	31286.0	31286.0		23.5	720.8	23581.9	6959.8
4.专用公路	907.6	887.5		10.8	71.4	373.1	432.3

16-12 船舶拥有量

指标	单位	2005年	2006年	2008年	2009年	2010年	2011年	2012年	2013年	2014年
民用船舶拥有量										
水运船舶	艘	735	798	862	736	553	564	574	534	535
净载重吨	吨	2981843	4027037	5096348	6222736	7202719	7655909	8113429	8095948	8070791
#拖轮	艘	18	17	12	11	4	5	11	8	13
驳船	艘	25	27	23	20	11	10	17	10	7
净载重吨	吨	12710	21139	38651	48214	40011	32719	31006	31108	21721

16-13 全社会水运客货运输量

年 份	货运量(万吨)	#交通部门	货运周转量(万吨公里)	#交通部门	客运量(万人)	#交通部门	旅客周转量(万人公里)	#交通部门
1990	1521	1433	2892885	2891254	302	290	59396	58990
1991	1861	1787	4196000	4194000	355	342	59296	58990
1992	2145	1894	5013673	4829714	465	418	86880	83157
1993	2325	1843	5936798	5072678	521	396	86605	78167
1994	2426	1969	6152164	5314440	501	379	78201	70172
1995	2649	2262	6711204	5823222	533	400	86146	75792
1996	2472	2136	4794110	3721911	553	415	94208	80454
1997	2145	1916	3161179	2360667	540	404	91795	76555
1998	1977	1679	3147000	2231000	474	340	73000	59000
1999	2542	2270	4528000	3465000	595	425	119000	98000
2000	3091	2733	5724000	4723000	616	421	107000	87469
2001	2726	2019	6079116	4576611	602	381	84299	59082
2002	3071	2567	6609993	4908246	626	356	86095	59785
2003	3649	2942	11305708	9875729	542	307	71790	51295
2004	4447		14611161		637		84187	
2005	5730		17381637		650		83902	
2006	7518		23616152		714		91583	
2007	8778		39565875		651		84116	
2008	9267		43330070		597		77776	
2009	9651		48968411		543		70385	
2010	10434		56957104		490		63899	
2011	11632		65293536		549		70435	
2012	12631		74833231		588		75042	
2013	13379		78371594		534		65178	
2014	13810		79795252		542		65215	

16-14 沿海港口码头长度和泊位数

港 名	2005年	2006年	2008年	2009年	2010年	2011年	2012年	2013年	2014年
港口码头长度(米)	**38699**	**49037**	**58715**	**55427**	**63654**	**67353**	**73168**	**70622**	**74807**
#大连港	26119	31112	37045	33318	37563	37855	40749	38149	39449
营口港	5994	8896	11307	11520	13533	15465	16898	16363	17432
丹东港	2605	3610	3352	3677	4814	5326	6407	6407	7723
锦州港	2058	3542	4853	4698	5530	5530	5530	6119	6119
港口码头泊位(个)	**288**	**310**	**351**	**320**	**371**	**384**	**399**	**388**	**397**
#大连港	192	191	223	196	225	223	231	217	217
营口港	47	57	59	55	68	76	82	76	80
丹东港	26	31	26	27	33	40	38	45	47
锦州港	9	15	19	18	21	21	21	23	23

注：1.码头泊位包括浮筒泊位。
2.2005年均为生产用码头长度和泊位。

16-15 沿海港口吞吐量

指 标	2005年	2006年	2008年	2009年	2010年	2011年	2012年	2013年	2014年
货物吞吐量(万吨)	**30208**	**35666**	**48768**	**55513**	**67952**	**78374**	**88502**	**98354**	**103675**
#大连港	17085	20046	24588	27207	31399	33691	37426	40746	42337
营口港	7537	9477	15085	17603	22579	26085	30107	32013	33073
进 港	13106	16106	22434	26842	32998	37140	44631	50339	51995
#外 贸	5447	5445	7470	10391	16845	17369	12168	14046	15465
内 贸	7659	10661	14964	16451	16153	19771	32463	36294	36530
出 港	17102	19560	26334	28671	34954	41235	43871	48014	51680
#外 贸	4195	4540	4588	3806	4748	5324	5433	5736	6692
内 贸	12907	15020	21746	24865	30205	35911	38438	42279	44988
旅客进出港量(万人)	**659**	**664**	**648.8**	**669.5**	**630.7**	**703.5**	**662.2**	**631.3**	**608.2**
进 港	329	329	328.5	338.8	320.4	354.0	332.5	311.6	310.7
出 港	330	335	320.3	330.7	310.3	349.5	329.7	319.7	297.5

16-16 民用航空运输量

指　标	单位	2005年	2006年	2008年	2009年	2010年	2011年	2012年	2013年	2014年
(一)客运量	**万人**	**531.9**	**628.9**	**664.1**	**707.9**	**753.7**	**750.5**	**857.3**	**915.1**	**1212.6**
国际航线	万人	71.9	76.0	87.1	79.9	98.5	90.6	96.1	97.8	105.3
国内航线	万人	457.1	552.9	573.3	628.0	655.3	658.4	761.2	818.5	1098.9
其中：地区航线	万人	2.9	3.4	3.8	4.7	7.3	8.7	9.6	9.5	15.1
(二)旅客周转量	**万人公里**	**732629.0**	**866387.2**	**959480.2**	**993579.6**	**1086836.0**	**1096744.2**	**1222682.4**	**1322338.5**	**1903916.7**
国际航线	万人公里	96213.4	99478.9	128426.9	110980.8	132347.0	125136.7	126835.0	124194.3	135100.7
国内航线	万人公里	635654.9	766908.3	820718.3	882598.8	954490.0	968947.7	1095847.4	1198144.2	1749004.5
其中：地区航线	万人公里	7991.0	9468.0	10649.0	12022.3	17751.0	19819.7	21176.2	21126.3	31161.6
(三)货(邮)运量	**吨**	**94355.0**	**106806.0**	**104328.1**	**94938.2**	**102411.0**	**88692.6**	**95692.6**	**96032.6**	**120527.0**
国际航线	吨	17888.3	17635.0	14101.7	9412.5	8976.0	8914.6	8935.5	8731.9	8635.6
国内航线	吨	76406.1	89191.0	89909.4	85525.7	93436.0	79745.7	86757.1	87300.7	111573.2
其中：地区航线	吨	365.1	400.0	317.5	312.0	438.0	485.3	337.6	409.7	446.8
(四)货邮周转量	**万吨公里**	**15769.2**	**17990.2**	**17622.5**	**16081.9**	**17059.0**	**15223.6**	**15998.3**	**16034.7**	**20691.0**
国际航线	万吨公里	2117.6	2148.3	2014.9	1288.3	1355.0	1114.8	1138.0	1083.9	1107.9
国内航线	万吨公里	13651.6	15841.9	15520.1	14793.6	15704.0	14103.3	14860.3	14950.8	19496.6
其中：地区航线	万吨公里	98.7	108.7	87.6	86.0	118.0	128.5	87.7	102.9	108.6
(五)总周转量	**万吨公里**	**81122.0**	**95289.9**	**103181.2**	**104626.0**	**108442.0**	**112727.9**	**124473.0**	**124688.5**	**170728.5**
国际航线	万吨公里	10693.6	11009.7	13460.4	11347.3	12723.0	12221.9	12918.8	11602.1	13011.1
国内航线	万吨公里	80028.4	84280.2	88712.8	93278.7	95719.0	100264.3	111554.2	244318.3	155899.6
其中：地区航线	万吨公里	811.7	949.6	1035.5	990.6	1249.0	1885.7	1955.0	1866.0	2912.8

注:2014年口径改为南航北方分公司、南航大连分公司、深航沈阳分公司。

16-17 邮电业务基本情况

指标	单位	2005年	2006年	2008年	2009年	2010年	2011年	2012年	2013年	2014年
邮电业务总量	**亿元**	**450.7**	**564.9**	**819.7**	**948.5**	**1159.9**	**472.2**	**514.1**	**579.6**	**649.6**
邮政业务总量	亿元	23.6	27.7	33.2	39.6	37.2	38.2	42.9	50.2	59.5
电信业务总量	亿元	427.1	537.2	786.5	908.9	1122.7	434.0	471.2	529.5	590.1
函　件	亿件	1.3	1.0	0.8	0.8	0.8	0.9	0.7	0.7	1.0
包　件	万件	309.2	297.1	243.6	223.6	223.6	219.1	243.3	243.9	203.9
快　递	万件	804.4	911.6	1146.6	1319.6	1400.1	6211.5	7757.4	11411.1	16656.4
报刊期发数	万份	338.9	379.7	375.1	356.1	383.7	554.6	404.0	365.9	327.0
固定电话年末用户	万户	1407.8	1418.7	1604.3	1529.1	1428.0	1353.3	1285.1	1222.4	1151.2
城市电话用户	万户	979.6	970.0	1142.1	1075.7	985.8	922.7	861.3	800.1	—
农村电话用户	万户	428.3	448.8	462.2	453.4	442.2	430.6	423.8	422.3	—
年末移动电话用户	万户	1394.9	1677.8	2421.5	2882.1	3341.8	3844.5	4291.3	4583.6	4535.5
年末国际互联网用户	万户	331.8	327.1	455.6	535.4	595.6	665.1	707.9	726.9	772.1
营业网点	处	1685.0	1645.0	1572.0	1560.0	1564.0	1554.0	1552.0	1548.0	3846.0
邮路总长度	万公里	29.0	27.2	30.6	32.6	19.8	13.6	5.0	5.0	5.1
汽车邮路	公里	34187.0	33136.0	52072.8	55638.4	48162.0	57748.0	41729.0	42056.0	47992.0
铁路邮路	公里	4158.0	4158.0	4021.0	7296.0	7016.0	7774.0	7774.0	7374.0	2842.0

注：1.邮电业务总量2010年前数据按2000年不变价计算，2011年后按2010年不变价计算。下同。
2.特快专递数据2010年前取至省邮政公司，2011年后取至省邮政管理局。2010年前的汽车邮路和铁路邮路为单程。下同。

16-18 邮电业务量

年 份	邮电业务总量(万元)	邮政业务总量	电信业务总量	函件(万件)	报刊期发数(万份)	快递(万件)	集邮业务(万枚)	移动电话用户(万户)	互联网用户(万户)	固定电话年末用户(万户)	城市电话用户	农村电话用户
1980	10576			14908	953					15.4	10.3	5.1
1985	17303			21002	1791					22.4	16.5	5.9
1986	18962			22048	1610	3				24.6	18.5	6.1
1987	21733			24175	1752	5				27.7	21.2	6.5
1988	26878			24464	1325	9	786			32.8	25.8	7
1989	34519			23146	705	20	1337			38	30.5	7.5
1990	83986			21964	1176	20	3586			43.1	35.2	7.9
1991	108122			19454	1123	28	5651	0.2		50.3	41.6	8.7
1992	154881			21281	903	46	7817	0.5		66.6	56.5	10.1
1993	242108			23791	1163	92	9812	1.8		98.8	85.3	13.5
1994	322406			25001	816	166	10940	7.9		155.6	135.9	19.7
1995	500819			24288	698	215	13977	19.8		229.1	194.8	34.3
1996	625297			22317	630	259	17290	36.2	0.1	319	261.7	57.3
1997	883518			21642	701	254.2	22681	67.2	0.5	394.3	309.7	84.6
1998	1322580			23450	745	261.9	24367	128.8	2.3	476.8	366.4	110.4
1999	1578635			18140	594	315.8	24179	207.7	12.2	579.2	439.3	139.9
2000	2426099	87084	2339015	17309	415	389.7	19834	429.3	61.8	699.5	519.7	179.8
2001	2130799	160002	1970796	14867	440	466.6	12014	703.8	163.4	860.7	621.5	239.2
2002	2492992	172483	2320509	13094	379	509.1	7822	846.6	335.9	1016.5	712.4	304.1
2003	2909994	190453	2719542	15985	352	619.8	4413	962.9	382.6	1278.6	907.3	371.2
2004	3651650	204598	3447052	13858	352	744.3	3714	1180.9	448.9	1492.7	1074.4	411.8
2005	4507393	235650	4271743	12466	339	804.4	4371	1394.9	331.8	1661.2	1203.4	449.9
2006	5649857	277553	5372304	9938	380	911.6	3800	1677.8	327.1	1701.8	1229.7	472.1
2007	7061352	293973	6767379	8270	330	1019.8	4465	2097.2	395.5	1728.8	1257.1	471.6
2008	8197008	331618	7865390	8330	375	1146.6	4639	2421.5	458.9	1604.3	1142.1	462.2
2009	9485359	396315	9089044	7486	356	1319.6	4160	2882.1	535.4	1529.1	1075.7	453.4
2010	11599440	372194	11227246	8463	384	1400.1	4399	3341.8	595.6	1428.0	985.8	442.2
2011	4721766	382248	4339518	8776	555	6211.5	6202	3844.5	665.1	1353.3	922.7	430.6
2012	5141147	428941	4712206	7433	404	7757.4	—	4291.3	707.9	1285.1	861.3	423.8
2013	5796430	501524	5294906	6899	366	11411.1	—	4583.6	726.9	1222.4	800.1	422.3
2014	6495529	594900	5900629	10400	327	16656.4	—	4535.5	772.1	1151.2	—	—

16-19 各地区邮电业务量

(2014年)

地区	邮电业务总量(万元)	邮政业务总量	电信业务总量	函件(万件)	报刊期发数(万份)	移动电话用户(万户)	互联网用户(万户)	固定电话年末用户(万户)
全省	**6495529.0**	**594900.0**	**5900629.0**	**10398.6**	**327.0**	**4535.5**	**772.1**	**1151.2**
沈阳	1614631.6	172200.0	1442431.6	2300.0	81.0	1005.8	143.0	239.2
大连	1347792.7	139000.0	1208792.7	1100.0	44.0	848.6	132.1	240.3
鞍山	483040.2	41900.0	441140.2	4437.0	16.0	354.3	65.2	85.7
抚顺	252221.3	19000.0	233221.3	300.0	18.0	203.8	41.2	56.6
本溪	193617.5	15300.0	178317.5	500.0	13.0	150.0	36.0	37.8
丹东	284915.2	24900.0	260015.2	200.0	11.0	223.9	42.3	71.4
锦州	336329.2	23800.0	312529.2	200.0	24.0	273.5	57.1	81.5
营口	323580.4	19600.0	303980.4	85.3	22.0	236.8	45.8	55.2
阜新	209863.1	9500.0	200363.1	116.5	11.0	174.4	35.3	44.1
辽阳	233625.1	20486.7	213138.4	111.7	16.0	180.2	34.8	41.0
盘锦	226902.0	23000.0	203902.0	180.0	19.0	156.2	24.5	34.9
铁岭	256564.7	21100.0	235464.7	180.0	18.0	230.6	34.7	43.8
朝阳	282341.3	28400.0	253941.3	100.0	17.0	255.1	40.0	66.0
葫芦岛	279167.7	36600.0	242567.7	588.0	17.0	242.5	40.0	53.8

注:邮电业务总量按各个时期的不变价格计算。

16-20 邮电通信水平

指标	单位	2005年	2006年	2008年	2009年	2010年	2011年	2012年	2013年	2014年
平均每一邮电局所服务面积	平方公里	87.5	89.7	93.8	94.6	95.0	95.2	96.9	96.9	38.5
平均每一邮电局所服务人口	万人	2.5	2.6	2.6	2.7	2.7	2.7	2.8	2.8	1.0
设有邮政局所的乡(镇)比重	%	91.3	90.9	91.0	87.0	87.0	85.0	86.0	88.8	100.0
已通邮的行政村比重	%	100.0	100.0	100.0	100.0	100.0	100.0	100.0	100.0	100.0
平均每人每年发函件数	件	3.0	2.3	2.0	1.8	2.0	2.1	1.8	1.6	2.0
平均每百人每年订报刊数	份	8.0	8.9	9.0	8.4	9.0	13.0	9.5	8.6	9.0
固定电话普及率	部/百人	39.4	39.9	37.7	35.4	33.6	30.9	30.2	29	26
移动电话普及率	部/百人	33.1	39.3	57.0	66.8	78.5	87.8	100.9	108	103
进入长话自动网的县(市)比重	%	100	100	100	100	100	100	100	100	100
已通固定电话的乡(镇)比重	%	100	100	100	100	100	100	100	100	100
已通固定电话的行政村比重	%	100	100	100	100	100	100	100	100	100

主要统计指标解释

铁路营业里程 又称营业长度，指办理客货运输业务的铁路正线总长度。凡是全线或部分建成双线及以上的线路，以第一线的实际长度计算；复线、站线、段管线、岔线和特殊用途线以及不计算运费的联络线都不计算营业里程。铁路营业里程是反映铁路运输业基础设施发展水平的重要指标，也是计算客货周转量、运输密度和机车车辆运用效率等指标的基础资料。

铁路正线延展里程 是正线第一线、第二线、第三线和其他正线建筑里程之和，不包括站线、段管线、岔线及特殊用途线的延展里程。它是作为计算铁路线上钢轨、枕木及路基砂石需要量的主要依据。

铁路电气化里程 指在全部铁路营业里程中已安装了供电线路及设备，可以供电力机车牵引列车运行的区段的总里程。电气化里程占铁路营业里程的比重。

铁路自动闭塞里程 为保证列车安全运行，在一个区间，同一时间内，一般只允许一列列车运行，这种保证列车在这个区间安全间隔运行的技术方法称为“闭塞”，自动闭塞里程是指装有列车自动完成闭塞作用设备的铁路里程。自动闭塞里程占铁路营业里程的比重也是反映铁路现代化的重要标志之一。

公路里程 指在一定时期内实际达到《公路工程技术标准 JTJ01-88》规定的等级公路，并经公路主管部门正式验收交付使用的公路里程数。其计算单位为：Km。它包括大中城市的郊区公路以及通过小城镇街道部分的公路里程，也包括桥梁、渡口的长度，但不包括大中城市的街道、厂矿、林区生产用道和农业生产用道的里程。两条或多条公路共同经由同一路段，只计算一次，不得重复计算里程长度。公路里程是反映公路建设发展规模的重要指标，也是计算运输网密度等指标的基础资料。

内河航道里程 也称“内河通航里程”，是反映内河水运网规模、水平和发展情况的主要指标；是指在一定时期内，能通航运输船舶及排筏的天然河流、湖泊水库、运河及通航渠道的长度。包括全年季节性通航累计三个月以上的航道，但不包括仅供零散流放竹、木排的河道。

民用航空航线里程 指民航运输定期班机飞行的航线长度的总和。航线长度按机场之间的距离计算，通常有两种计算方法：将每条航线长度相加称为重复计算航线里程；如将两线或两条以上航线经过同一区段里程，只计算一次航线长度称为不重复计算航线里程。一般常用的是后者，它能确切反映民航运输网的规模，表明民航事业为国民经济服务和方便人民生活程度的主要指标。

输油(气)管道长度 也称“输油(气)里程”，是反映管道运输发展规模和水平的主要指标；是指油品(或天然气)的实际输送距离，一般按输油(气)管道的单线长度计算。若包括复线和备用线长度则称为输油(气)管道延展长度，是指管道辅设的实际长度。我们通常使用的是不包括复线的“输油(气)管道里程”。

货(客)运量 指在一定时期内，各运输部门实际运送的货物(旅客)数量。是反映运输业为国民经济和人民生活服务的数量指标，也是制定和检查运输生产计划，研究运输发展规模和速度的重要指标。货运按吨计算，客运按人计算。货物不论运输距离长短，货物类别，均按实际重要统计；旅客不论行程远近或票价多少，均按一人一次作为客运量统计。半价票、小孩票也按一人统计。

货(客)运密度 指在一定时期内某种运输方式运输线路的某一区段平均每公司线路通过的货物(旅客)运输周转量。计算单位是吨(人)公里/公里。计算公式为：

货(客)运密度=（货物(旅客)周转量／营业线路长度）

货(客)运密度是反映交通运输线路上货物(旅客)运输量运输繁忙程度的主要指标。是平衡运输线路运输能力和通过能力，规划线路建设及改造、配备技术设备，研究运输网布局的重要依据。

货物(旅客)周转量 指在一定时期内，由各种运输工具运送的货物(旅客)数量与其相应运输距离的乘积之总和，是反映运输生产总成果的重要指标，也是编制和检查运输生产计划，计算运输效率、劳动生产率以及核算运输单位成本的主要基础资料。通常以吨公里和人公里为计算单位。计算货物周转量通常按发出站与到达站之间的最短距离，也就是计费距离计算。

铁路货车平均静载重 指铁路货车在始发站静止状态下平均每车装载的货物重量，用以分析货车完成装车时车辆载重力的利用情况。计算单位为“吨”，计算公式为:

货车平均静载重(吨)=（货物发送吨数／装车数）

静载重的多少取决于运送货物的性质、种类、车辆的类型和装载技术的高低。根据货车的平均标记载重与静载重进行对比，可以反映货车载重能力的利用程度。计算公式为:

货车载重力利用率(%)=（货车平均静载重／货车平均标记载重）× 100%

铁路货运机车日产量 指平均每台货运机车在一昼夜内所完成的总重吨公里数。它既包括载运货物的重量，也包括车辆本身的自重，它从时间和牵引能力两方面反映了机车运用效率。计算单位为“吨公里”，计算公式为:

货运机车平均日产量(吨公里)=（货运总重吨公里数／货运机车台日数)

沿海主要港口货物吞吐量 指由水运进出沿海主要港区范围，并经过装卸的货物数量，包括邮件及办理托运手续的行李、包裹以及补给运输船舶的燃、物料和淡水。其计量单位为吨。货物吞吐量的货种分类及其主要流向流量，反映了港口在国内外物资交流和对外贸易运输中的地位和作用。吞吐量可以分为进口、出口，又可以分为国内贸易和对外贸易。

邮电业务总量 指以货币表现的邮电部门用于传递信息和提供其他邮电服务的总数量。它综合反映了一定时期邮电工作的总成果，是研究邮电业务量构成和发展趋势的重要指标。根据邮电管理体制不同，分为中央国营业务总量和地方国营业务总量。它用各种邮电分类业务量，如函件件数、电报份数、长话张数、市内电话和农村电话的年均户数、订销报刊累计份数等，分别乘以相应的平均单价(不变价)，加总后再加上出租电路和设备的收入、代用户维护电话交换机和线路等设备的收入、其他业务收入求得。

市内电话 指接入县城(包括个别城镇)及县以上城市的市内电话网上，并按市内电话进行经营管理的电话。按计费办法分为包月制和计次制两种。

(1)住宅电话指话机装在居民住宅里的电话。它包括私人付费、公费和免费三个部分。

(2)私人付费电话指住宅居民自费安装并自己缴纳通话费的电话。

十七、国内贸易

Chapter 17 Domestic Trade

17-1 限额以上批发零售贸易业基本情况

登记注册类型	2010年		2011年		2012年		2013年		2014年	
	法人企业(个)	从业人数(人)	法人企业(个)	从业人数(人)	法人企业(个)	从业人数(人)	法人企业(个)	从业人数(人)	法人企业(个)	从业人数(人)
总　　计	**4785**	**300555**	**5522**	**305791**	**6276**	**333843**	**7385**	**375183**	**6691**	**374511**
一、批发业	**2352**	**92162**	**2897**	**93292**	**3321**	**101057**	**3887**	**133065**	**3376**	**130668**
1.按登记注册类型分组										
内资	2264	88248	2795	88857	3223	95487	3782	127366	3272	124132
国有	139	18287	158	18996	153	19515	123	14883	99	13354
集体	34	1397	44	1536	40	1044	39	788	30	897
股份合作	13	299	13	308	14	217	13	620	11	516
联营企业	1	15	2	41	3	285	3	46		
国有联营	1	15	1	13	1	12	2	40		
集体联营							0	0		
国有与集体联营					1	243	1	6		
其他联营			1	28	1	30	0	0		
有限责任公司	519	17259	599	18509	678	20531	922	46278	836	46173
国有独资公司	14	1499	17	986	14	349	30	3310	28	2805
其他有限责任公司	505	15760	582	17523	664	20182	892	42968	808	43368
股份有限公司	60	19220	73	12240	72	10986	85	10560	74	9520
私营企业	1495	31732	1855	36049	2162	41117	2562	53476	2200	53265
私营独资	146	3579	180	3579	192	3826	93	1111	63	1028
私营合伙	19	292	13	196	11	261	4	93	3	85
私营有限责任公司	1280	26392	1591	30617	1879	35379	2348	42182	2050	42195
私营股份有限公司	50	1469	71	1657	80	1651	117	10090	84	9957
其他	3	39	51	1178	101	1792	35	715	22	407
港澳台商投资企业	18	1757	22	2019	24	2551	29	2812	28	2297
与港澳台商合资经营	5	507	6	592	6	1066	8	931	6	305
与港澳台商合作经营			1	24	1	9	2	188	2	190
港澳台商独资	13	1250	14	1400	17	1476	19	1693	20	1802
港澳台商独资股份有限公司			1	3			0	0		
外商投资企业	70	2157	80	2416	74	3019	76	2887	76	4239
中外合资经营	15	892	18	980	16	915	15	975	14	892
中外合作经营							1	3	1	3
外资企业	54	1240	58	1325	54	1993	56	1795	56	2493
外商投资股份有限公司	1	25	3	96	4	111	4	114	5	851
2.按国民经济行业分组										
农、林、牧产品批发业	123	3867	145	3961	169	4247	220	5198	219	5187
食品、饮料及烟草制品批发业	189	18109	225	16788	263	19300	312	21043	294	20008
米、面制品及食用油批发业	65	5079	76	3261	74	3058	85	3136	80	3098
烟草制品批发业	15	8484	15	8212	14	7794	15	8368	14	7664
纺织、服装及家庭用品批发业	124	4644	147	5245	210	7457	245	34550	229	36753
服装批发业	59	2214	73	2705	86	2880	114	21896	100	22260
家用电器批发业	29	1689	40	1690	36	1403	37	1482	41	1433
文化、体育用品及器材批发业	34	1065	41	1202	49	1544	61	1558	58	2268
医药及医疗器材批发业	149	8096	172	8847	180	8776	220	9067	196	10250
矿产品、建材及化工产品批发业	1158	39404	1475	37813	1757	40116	1992	41597	1687	37713
煤炭及制品批发业	115	3106	155	3617	240	4048	269	4228	217	3315
石油及制品批发业	209	20716	312	16557	344	15848	381	15340	362	15334
金属及金属矿批发业	546	9083	606	9109	711	10534	731	11595	627	10423
建材批发业	71	1424	152	2652	170	3400	232	3726	166	3019
化肥批发业	31	1219	34	1678	42	1584	56	1452	48	1457
机械设备、五金交电及电子产品批发	518	14392	614	16110	624	16119	752	16777	617	15207
汽车批发业							99	3333	86	2726
汽车零配件批发业	115	3545	117	4126	133	4604	52	1685	47	1628
摩托车及零配件批发业							12	180	11	175
计算机、软件及辅助设备批发业	40	1003	60	1651	70	1930	64	1493	56	1276
贸易经纪与代理	4	1023	10	1198	8	1165	11	1442	11	1566
其他批发业	53	1562	68	2128	61	2333	74	1833	65	1716

17-1 续表

登记注册类型	2010年		2011年		2012年		2013年		2014年	
	法人企业(个)	从业人数(人)	法人企业(个)	从业人数(人)	法人企业(个)	从业人数(人)	法人企业(个)	从业人数(人)	法人企业(个)	从业人数(人)
二、零售业	**2433**	**208393**	**2625**	**212499**	**2955**	**232786**	**3498**	**242118**	**3315**	**243843**
1.按登记注册类型分组										
内资	2365	187570	2548	190849	2873	208600	3410	211613	3214	213561
国有	121	13319	113	10802	117	11994	99	7843	88	7378
集体	105	4482	95	3223	102	3862	100	4237	78	2917
股份合作	15	270	19	243	20	570	19	315	13	186
联营企业	6	535	5	210	6	579	6	81	4	67
国有联营	3	78	3	73	3	71	4	68	2	23
集体联营	2	450	2	137	3	508	2	13	1	12
国有与集体联营										
其他联营	1	7							1	32
有限责任公司	566	63350	612	64972	705	74468	899	83924	879	85721
国有独资公司	5	1118	2	189	4	1600	7	1547	7	1550
其他有限责任公司	561	62232	610	64783	701	72868	892	82377	872	84171
股份有限公司	66	25111	64	28257	76	31268	84	27283	78	27141
私营企业	1483	80478	1598	82068	1793	82072	2168	86526	2046	89024
私营独资	428	14667	421	11292	466	13233	410	8030	349	7935
私营合伙	17	306	21	298	16	178	9	64	8	60
私营有限责任公司	991	61729	1089	66986	1245	66032	1657	75266	1613	78174
私营股份有限公司	47	3776	67	3492	66	2629	92	3166	76	2855
其他	3	25	42	1074	54	3787	35	1404	28	1127
港澳台商投资企业	32	6094	38	10062	44	10539	52	14908	60	15175
与港澳台商合资经营	12	2974	15	4285	17	3896	19	5845	19	5624
与港澳台商合作经营	2	43								
港澳台商独资	16	3044	20	5611	23	5907	29	8279	37	8812
港澳台商独资股份有限公司	2	33	3	166	4	736	4	784	4	739
外商投资企业	36	14729	39	11588	38	13647	36	15597	41	15107
中外合资经营	14	7105	15	4285	17	7161	13	7394	16	8753
中外合作经营	1	65								
外资企业	19	3909	20	5611	19	5986	21	7351	21	5393
外商投资股份有限公司	2	3650	3	166	1	410	2	852	3	877
2.按国民经济行业分组										
综合零售业	314	112605	326	110664	349	112812	396	114462	396	118038
百货零售业	182	83675	184	77628	203	77209	227	75082	229	78890
超级市场零售业	98	25899	108	29669	109	32467	115	36107	124	36056
食品、饮料及烟草制品专门零售业	87	3509	120	4756	131	4254	182	5137	157	4892
纺织、服装及日用品专门零售业	161	9334	166	9019	194	11185	235	11872	231	12574
服装零售业	84	5678	88	6156	108	8188	125	8345	127	9081
文化、体育用品及器材专门零售业	139	8456	141	7067	151	7306	169	7524	161	7509
体育用品零售业	7	418	8	442	10	444	10	440	8	549
图书零售业	59	5311	58	4440	63	4597	62	4601	62	4489
医药及医疗器材专门零售业	160	19888	171	18925	188	21591	223	22747	190	21346
药品零售业	146	19213	156	18739	169	21331	198	22480	164	21045
汽车、摩托车、燃料及零配件专门	945	34327	1019	39035	1150	48454	1330	50670	1294	51068
汽车零售业	521	21367	582	24841	684	29809	776	32298	784	33858
机动车燃料零售业	323	11418	328	12760	351	16681	416	16360	393	15235
家用电器及电子产品专门零售业	320	12217	351	16775	396	16806	448	16998	427	16961
家用视听设备零售	130	7740	140	8827	166	7867	180	8036	69	2330
日用家电设备零售									105	5950
计算机、软件及辅助设备零售业	139	2996	167	6661	175	6993	197	6912	173	6578
通讯设备零售业	35	1258	31	1133	42	1799	49	1827	59	1905
五金、家具及室内装修材料专门零	187	5063	196	3726	215	5911	286	7745	255	6946
无店铺及其他零售业	120	2994	135	2532	181	4467	229	4963	204	4509
互联网零售业									2	1025
邮购及电视、电话零售业	4	646	4	511	1	1200	0	0	2	45

注：1.由于行业代码调整，原汽车、摩托车及其零配件批发业被拆分为汽车批发业、汽车零配件批发业和摩托车及零配件批发业，因此，与之对应的2010年、2011年、2012年和2013年数据均为原汽车、摩托车及其零配件批发业数据。

2.由于行业代码调整，原家用电器零售业被拆分为家用视听设备零售业和日用家电设备零售，因此，与之对应的2010年、2011年、2012年和2013年数据均为原家用电器零售业数据。

3.由于行业代码调整，从2014年年报开始增加互联网零售业数据。

17-2 限额以上住宿餐饮业基本情况

登记注册类型	2010年		2011年		2012年		2013年		2014年	
	法人企业（个）	从业人数（人）	法人企业（个）	从业人数（人）	法人企业（个）	从业人数（人）	法人企业（个）	从业人数（人）	法人企业（个）	从业人数（人）
总　　计	**1189**	**113081**	**1242**	**106562**	**1274**	**112109**	**1308**	**103247**	**1216**	**93495**
一、住宿业	**523**	**58637**	**558**	**58972**	**557**	**60584**	**593**	**56719**	**579**	**51982**
1.按登记注册类型分组										
内资	451	44393	492	48052	491	49615	532	47496	523	43588
国有	118	13837	127	14453	117	13955	95	10663	82	9584
集体	41	2115	42	2084	38	2135	36	1893	33	1486
股份合作	2	73	1	20	2	75	2	70	1	20
联营企业	2	77	2	109	1	48	1	27	2	87
国有联营	1	45	1	45	1	48	1	27	1	27
集体联营	1	32	1	64					1	60
国有与集体联营										
其他联营										
有限责任公司	94	11603	108	14402	106	15140	130	16509	135	15445
国有独资公司	1	122	3	1956	4	2126	7	1874	6	1722
其他有限责任公司	93	11481	105	12446	102	13014	123	14635	129	13723
股份有限公司	7	1148	6	597	10	622	13	763	14	873
私营企业	187	15540	195	15168	204	15960	249	17148	248	15674
私营独资	58	3348	54	2856	53	3663	62	2948	60	2907
私营合伙	1	60	3	205	6	180	5	132	5	131
私营有限责任公司	119	10338	125	9451	135	11175	172	13187	173	11862
私营股份有限公司	9	1794	13	2656	10	942	10	881	10	774
其他			11	1219	13	1680	6	423	8	419
港澳台商投资企业	38	9037	38	7984	33	6973	27	5105	22	4707
与港澳台商合资经营	22	5191	23	4550	19	3843	16	3446	14	3547
与港澳台商合作经营	4	2118	3	1116	3	1098	1	355		
港澳台商独资	8	1428	9	1983	10	1936	10	1304	8	1160
港澳台商独资股份有限公司	4	300	2	142	1	96	0	0		
外商投资企业	34	5207	28	2936	33	3996	34	4118	34	3687
中外合资经营	26	3382	21	2292	23	3317	22	2992	23	2791
中外合作经营	1	235	1	241	2	264	2	241	2	228
外资企业	6	1170	5	368	7	382	10	885	9	668
外商投资股份有限公司	1	420	1	35						
2.按国民经济行业分组										
旅游饭店	404	52278	429	53187	411	54107	421	49325	399	44565
一般旅馆	107	5525	109	4843	129	5792	153	6604	163	6741
其他住宿服务	12	834	20	942	17	685	19	790	17	676

17-2 续表

登记注册类型	2010年		2011年		2012年		2013年		2014年	
	法人企业（个）	从业人数（人）	法人企业（个）	从业人数（人）	法人企业（个）	从业人数（人）	法人企业（个）	从业人数（人）	法人企业（个）	从业人数（人）
二、餐饮业	**666**	**54444**	**684**	**47590**	**717**	**51525**	**715**	**46528**	**637**	**41513**
1.按登记注册类型分组										
内资	573	33692	588	30825	639	35889	645	33887	582	29516
国有	19	1234	22	1579	27	1687	22	1316	18	1147
集体	21	531	21	499	22	566	12	358	10	259
股份合作	5	128	5	234	5	152	3	103	1	5
联营企业										
国有联营										
集体联营										
国有与集体联营										
其他联营										
有限责任公司	69	5451	74	5052	93	6006	113	7194	111	6628
国有独资公司							2	88	2	48
其他有限责任公司	69	5451	74	5052	93	6006	111	7106	109	6580
股份有限公司	6	649	7	290	10	1006	9	973	9	720
私营企业	449	25411	443	21695	460	25076	472	23186	421	20025
私营独资	243	10104	217	7591	208	8501	201	7403	182	6482
私营合伙	9	235	11	244	8	210	5	149	5	146
私营有限责任公司	185	14331	201	13372	230	15952	252	14991	223	13051
私营股份有限公司	12	741	14	488	14	413	14	643	11	346
其他	4	288	16	1476	22	1396	14	757	12	732
港澳台商投资企业	34	3443	34	2936	22	2305	21	2265	15	2179
与港澳台商合资经营	19	1995	18	1244	9	801	8	568	5	417
与港澳台商合作经营	2	165	2				1	17	1	17
港澳台商独资	13	1283	13	1632	13	1504	12	1680	9	1745
港澳台商独资股份有限公司			1	60						
外商投资企业	59	17309	62	13829	56	13331	49	10376	40	9818
中外合资经营	26	2146	27	1542	24	1353	20	1079	16	859
中外合作经营	4	1450	4	415	2	861	2	910	2	858
外资企业	28	13683	30	11736	29	10982	26	8277	20	7960
外商投资股份有限公司	1	30	1	136	1	135	1	110	2	141
2.按国民经济行业分组										
正餐服务业	622	36567	635	32914	663	36749	662	34415	585	29826
快餐服务业	24	16126	26	12946	29	12928	28	10156	28	9914
饮料及冷饮服务业	10	468	11	444	12	474	13	592	14	632
其他餐饮服务业	10	1283	12	1286	13	1374	12	1365	10	1141

17-3 社会消费品零售总额

(按城乡分)

单位：亿元

年份、地区	社会消费品零售总额	按城乡分	
		城镇	乡村
1978	71.2	52.8	18.4
1985	195.5	137.5	58.0
1986	244.3	175.0	69.3
1987	285.9	205.7	80.2
1988	368.0	269.6	98.4
1989	411.7	307.7	104.0
1990	421.1	322.3	98.8
1991	467.3	363.6	103.7
1992	540.6	415.6	125.0
1993	682.1	589.3	92.8
1994	870.5	756.8	113.7
1995	1122.0	984.4	137.6
1996	1289.4	1130.3	159.1
1997	1450.6	1270.2	180.4
1998	1568.7	1373.0	195.7
1999	1696.1	1493.8	202.3
2000	1847.6	1632.2	215.4
2001	2034.9	1797.8	237.1
2002	2258.4	2005.0	253.4
2003	2330.8	2075.6	255.2
2004	2642.8	2351.2	291.6
2005	2999.0	2669.3	329.7
2006	3434.6	3036.4	398.2
2007	4030.1	3566.5	463.6
2008	4917.5	4350.1	567.5
2009	5812.6	5124.1	688.5
2010	6809.6	6003.0	806.6
2011	8003.6	7446.0	557.7
2012	9256.6	8475.3	781.3
2013	10524.4	9629.1	895.4
2014	11793.1	10678.0	1115.1
沈　阳	3570.1	3369.8	200.3
大　连	2828.4	2699.5	128.9
鞍　山	897.3	745.2	152.1
抚　顺	581.0	547.5	33.5
本　溪	333.8	321.5	12.3
丹　东	478.4	410.7	67.7
锦　州	555.0	486.3	68.7
营　口	436.5	387.0	49.6
阜　新	258.9	194.4	64.5
辽　阳	361.6	333.5	28.2
盘　锦	321.0	283.3	37.6
铁　岭	391.4	254.9	136.5
朝　阳	376.1	338.0	38.1
葫芦岛	403.6	306.5	97.1

注：1.1993年以后是将市和县视为城镇，县以下为乡村。2010年按地区和城乡分组数据为了与历史数据可比按2009年的比重推算。
　　2.社会消费品零售总额中，不含其他行业零售额。

17-4 各地区社会消费品零售总额

(2014年) 单位：万元

项　目	沈阳市	大连市	鞍山市	抚顺市	本溪市	丹东市	锦州市
社会消费品零售总额	35701082.6	28284239.2	8973355.7	5809793.4	3338264.7	4784252.4	5549961.4
按销售单位所在地分							
1.城镇	33697699.4	26994889.3	7452314.4	5474655.6	3215368.8	4106754.4	4863416.4
其中：城区	32053052.4	24830441.3	6113196.8	4826080.8	3044806.0	3033257.1	3641163.6
2.乡村	2003383.2	1289349.9	1521041.3	335137.8	122895.9	677498.0	686545.0

17-4 续表 单位：万元

项　目	营口市	阜新市	辽阳市	盘锦市	铁岭市	朝阳市	葫芦岛市
社会消费品零售总额	4365120.2	2588516.9	3616370.0	3209563.0	3914175.1	3760551.7	4035891.9
按销售单位所在地分							
1.城镇	3869559.6	1943550.9	3334556.2	2833065.4	2549250.9	3380050.2	3064742.4
其中：城区	3191718.2	1633066.6	2088615.5	2322960.6	1580148.4	2301473.0	2057449.3
2.乡村	495560.6	644966.0	281813.8	376497.6	1364924.2	380501.5	971149.5

17-5 限额以上批发零售贸易业商品销售总额

(2014年) 单位：万元

登记注册类型、行业	销售总额	#批发	#零售
总　计	**177916587.6**	**126307352.5**	**51609235.1**
一、批发业	**134441840.2**	**122737728.2**	**11704112.0**
1.按登记注册类型分组			
内资企业	131088423.0	119651088.9	11437334.1
国有企业	10271410.2	7098683.7	3172726.5
集体企业	456646.5	388346.3	68300.2
股份合作企业	116651.5	106197.9	10453.6
联营企业	231.0	231.0	
国有联营企业			
集体联营企业			
国有与集体联营企业	231.0	231.0	
其他联营企业			
有限责任公司	38680160.8	34791717.1	3888443.7
国有独资企业	4725406.9	4390611.5	334795.4
其他有限责任公司	33954753.9	30401105.6	3553648.3
股份有限公司	49901852.4	48386465.4	1515386.0
私营企业	31559804.6	28799863.3	2759941.3
私营独资企业	348319.9	329930.0	18389.9
私营合伙企业	17241.2	17241.2	
私营有限责任公司	28815046.7	26166860.1	2648186.6
私营股份有限公司	2379196.8	2285833.0	93364.8
其他企业	101667.0	79584.2	22082.8
港、澳、台商投资企业	767555.4	720590.2	46965.2
合资经营企业	102294.3	91163.0	11131.3
合作经营企业	66228.2	59540.2	6688.0
独资经营企业	597816.9	568671.0	29145.9
投资股份有限公司	1217.0	1217.0	
外商投资企业	1850548.8	1735211.1	115337.7
中外合资经营企业	255044.2	245954.6	9089.6
中外合作经营企业	431.7	431.7	
外资企业	1499029.7	1397106.6	101924.1
外商投资股份有限公司	96042.2	91718.2	4324.0
2.按国民经济行业分组			
农、林、牧产品批发业	5487050.5	4999231.9	487818.6
食品、饮料及烟草制品批发业	8499487.6	7976521.4	522966.2
米、面制品及食用油批发业	1631864.2	1534217.2	97647.0
烟草制品批发业	4154732.7	4131000.0	23732.7
纺织、服装及家庭用品批发业	6379407.9	5998807.9	380600.0
服装批发业	3401228.8	3350440.8	50788.0
家用电器批发	1172160.3	966577.1	205583.2
文化、体育用品及器材批发业	642503.3	589615.4	52887.9
医药及医疗器材批发业	4992110.0	3521159.7	1470950.3
矿产品、建材及化工产品批发	98214609.3	90927570.2	7287039.1
煤炭及制品批发业	5554219.1	4922943.2	631275.9
石油及制品批发业	59312605.5	56974356.9	2338248.6
金属及金属矿批发业	25222829.8	21089973.9	4132855.9
建材批发业	1934657.1	1792275.5	142381.6
化肥批发业	1269088.7	1256962.0	12126.7
机械设备、五金产品及电子产品批发	8161694.8	6767977.5	1393717.3
汽车批发	1265072.0	1023523.1	241548.9
汽车零配件批发	1108801.5	1024423.1	84378.4
摩托车及零配件批发	96326.1	78424.2	17901.9
计算机、软件及辅助设备批	693373.7	571696.5	121677.2
贸易经纪与代理	568563.6	521300.4	47263.2
其他批发业	1496412.9	1435543.4	60869.5

17-5 续表 单位：万元

登记注册类型、行业	销售总额	#批发	#零售
二、零售业	**43474747.7**	**3569624.7**	**39905123.0**
1.按登记注册类型分组			
内资企业	36082664.7	3282944.4	32799720.3
国有企业	1854071.7	917210.6	936861.1
集体企业	278132.8	34980.4	243152.4
股份合作企业	50238.1	4530.5	45707.6
联营企业	25958.9		25958.9
国有联营企业	11838.9		11838.9
集体联营企业	5227.7		5227.7
国有与集体联营企业			
其他联营企业	8892.3		8892.3
有限责任公司	13386392.9	430052.3	12956340.6
国有独资企业	171684.6	1234.4	170450.2
其他有限责任公司	13214708.3	428817.9	12785890.4
股份有限公司	6885601.2	1119241.6	5766359.6
私营企业	13513728.8	766135.8	12747593.0
私营独资企业	992363.9	126530.5	865833.4
私营合伙企业	13946.8	2696.8	11250.0
私营有限责任公司	12119840.7	615780.4	11504060.3
私营股份有限公司	387577.4	21128.1	366449.3
其他企业	88540.3	10793.2	77747.1
港、澳、台商投资企业	2416256.2	109656.7	2306599.5
合资经营企业	1269753.5	36307.5	1233446.0
合作经营企业	4877.2		4877.2
独资经营企业	1028479.2	53420.8	975058.4
投资股份有限公司	113146.3	19928.4	93217.9
外商投资企业	1763547.4	31303.6	1732243.8
中外合资经营企业	841376.0	22414.1	818961.9
中外合作经营企业	129048.9	7623.2	121425.7
外资企业	707616.5	1266.3	706350.2
外商投资股份有限公司	62283.4		62283.4
2.按国民经济行业分组			
综合零售业	11997208.6	54608.5	11942600.1
百货零售业	9113335.3	20579.5	9092755.8
超级市场零售业	2625962.9	14788.3	2611174.6
食品、饮料及烟草制品专门零	877940.5	38040.4	839900.1
纺织、服装及日用品专门零售	2615742.2	76362.4	2539379.8
服装零售业	1810253.4	18767.2	1791486.2
文化、体育用品及器材专门零	1190951.9	37352.4	1153599.5
体育用品及器材零售	101838.1	3937.7	97900.4
图书、报刊零售	180990.6	12642.7	168347.9
医药及医疗器材专门零售业	2313874.1	228427.6	2085446.5
药品零售业	2213293.9	222635.8	1990658.1
汽车、摩托车、燃料及零配件	17883834.0	2677377.4	15206456.6
汽车零售业	10627789.2	410614.7	10217174.5
机动车燃料零售业	6890180.0	2240089.0	4650091.0
家用电器及电子产品专门零售	3200848.0	234241.5	2966606.5
家用视听设备零售	438570.3	2835.4	435734.9
日用家电设备零售	1516703.0	66137.9	1450565.1
计算机、软件及辅助设备零	668258.4	137303.2	530955.2
通讯设备零售	514852.6	23650.9	491201.7
五金、家具及室内装修材料专门零售	1455151.8	91704.9	1363446.9
无店铺及其他零售业	1939196.6	131509.6	1807687.0
互联网零售	1310373.6		1310373.6
邮购及电视、电话销售	10400.2		10400.2

17-6 各地区限额以上批发零售贸易业商品销售总额

(2014年)　　单位：万元

登记注册类型、行业	沈阳	大连	鞍山	抚顺	本溪	丹东	锦州
总　计	**91930168.0**	**37691790.0**	**13628403.6**	**3800484.9**	**1641121.2**	**1853589.0**	**4449437.6**
一、批发业	**72246361.8**	**28874944.8**	**10434782.4**	**2106083.3**	**929304.0**	**781125.8**	**2334124.3**
1.按登记注册类型分组							
内资企业	70635413.3	27586813.2	10332184.9	2033829.1	829487.3	758749.8	2290323.3
国有企业	2222846.7	1469268.9	3414218.6	241789.9	193603.6	200559.3	300887.6
集体企业	97743.9	234483.1	18465.0	4799.9	16648.2	2951.1	2258.5
股份合作企业	97724.4	8494.1				10433.0	
联营企业	231.0						
国有联营企业							
集体联营企业							
国有与集体联营企业	231.0						
其他联营企业							
有限责任公司	13630395.1	11426141.9	3799381.2	912905.3	174212.4	289121.1	774775.2
国有独资企业	1850879.6	496703.1	220.9	397593.3	12569.0		103504.2
其他有限责任公司	11779515.5	10929438.8	3799160.3	515312.0	161643.4	289121.1	671271.0
股份有限公司	44491485.0	1211255.1	593916.7	419397.7	261298.3	19508.5	
私营企业	10072841.8	13186876.8	2499244.4	454936.3	183724.8	236176.8	1212402.0
私营独资企业	108014.9	38532.7	103336.7	24822.9	502.3	738.4	12031.1
私营合伙企业		7903.1					
私营有限责任公司	9618809.8	12253090.3	1631664.7	408068.0	133440.3	231819.5	1070127.6
私营股份有限公司	346017.1	887350.7	764243.0	22045.4	49782.2	3618.9	130243.3
其他企业	22145.4	50294.3	6959.0				
港、澳、台商投资企业	487688.4	137453.6		47728.2	86826.7		2739.0
合资经营企业	22350.7	66816.0			10388.6		2739.0
合作经营企业		18500.0		47728.2			
独资经营企业	465337.7	50920.6			76438.1		
投资股份有限公司		1217.0					
外商投资企业	649882.1	1143252.0	4866.5				38961.0
中外合资经营企业	24735.6	229797.9					
中外合作经营企业							
外资企业	584792.1	896726.3	4866.5				
外商投资股份有限公司	40354.4	16727.8					38961.0
2.按国民经济行业分组							
农、林、牧产品批发业	419387.2	3331517.9	95088.7	43760.8	622.4	24423.3	797882.2
食品、饮料及烟草制品批发业	2260593.1	2346161.2	470516.0	284561.2	234805.2	225020.3	691477.3
米、面制品及食用油批发业	342794.4	577471.1	110804.3	3903.0	49978.1	12313.1	159792.7
烟草制品批发业	1000548.0	896274.8	317079.6	190703.6	143949.6		252216.1
纺织、服装及家庭用品批发业	1483790.3	1529677.1	2961702.2	54324.9	17935.1	195111.8	107946.5
服装批发业	699464.4	366831.7				3016.2	95715.1
家用电器批发	435973.8	124442.9	59987.7				9187.1
文化、体育用品及器材批发业	3715054.9	700427.5	140770.0	7406.7	65699.0	2429.2	174761.6
医药及医疗器材批发业	59404521.9	16588602.9	6452746.1	1608769.2	516198.3	80744.8	427766.2
矿产品、建材及化工产品批发	991805.0	2185841.8	51867.6	408106.8	81152.0	31393.4	42788.7
煤炭及制品批发业	45140258.2	6326715.9	806449.5	778129.8	239520.9		228039.4
石油及制品批发业	9213279.0	6248840.7	5069869.3	341792.5	136568.1	24595.1	115890.4
金属及金属矿批发业	1330173.7	240421.7	58274.7	8810.3	24716.9	3780.7	
建材批发业	726004.7	207212.6	117615.7	11299.9	7549.0		3855.6
化肥批发业	7998.4		4111.8				
机械设备、五金产品及电子产品批发	3436186.9	3784525.7	209145.1	86261.6	69627.2	231218.6	125103.8
汽车批发	572186.8	241781.6	41775.5	50714.9	13728.9	196225.1	58142.3
汽车零配件批发	390647.6	655983.2	4159.7		2910.9		2739.0
摩托车及零配件批发	78472.0		3589.5				
计算机、软件及辅助设备批	618860.5	65300.8		3504.9			4267.7
贸易经纪与代理	62337.5	185447.2					
其他批发业	1028516.6	284141.9	44826.5	20999.2	24416.3	22177.3	

17-6 续表 1

单位：万元

登记注册类型、行业	沈阳	大连	鞍山	抚顺	本溪	丹东	锦州
二、零售业	**19683805.8**	**8816845.7**	**3193621.3**	**1694401.3**	**711817.7**	**1072463.7**	**2115312.9**
1.按登记注册类型分组							
内资企业	17219248.3	6681616.8	1972101.9	1628817.5	620433.3	864997.7	1910229.7
国有企业	1627596.1	40429.7	16334.7	79664.7	16091.9	2609.5	32307.8
集体企业	108936.6	10245.6	50583.7	6806.9	3905.2	13381.3	58682.7
股份合作企业	39266.1	4489.2		4214.6			
联营企业		10210.2					1628.7
国有联营企业		10210.2					1628.7
集体联营企业							
国有与集体联营企业							
其他联营企业							
有限责任公司	6858516.4	1944097.4	863374.8	758662.1	315975.7	154596.7	558266.3
国有独资企业	46558.5			38112.7			
其他有限责任公司	6811957.9	1944097.4	863374.8	720549.4	315975.7	154596.7	558266.3
股份有限公司	2401333.6	2740808.6	138774.6	485655.3	2661.1	423585.1	421783.8
私营企业	6170495.8	1911496.3	879991.3	293813.9	280567.9	269765.8	837560.4
私营独资企业	252964.0	11021.4	288695.0	20911.5	7454.5	32268.3	57728.6
私营合伙企业	2321.4	432.5	3884.9			3477.5	
私营有限责任公司	5884471.6	1815242.1	540222.1	237453.3	270331.2	227381.8	741755.4
私营股份有限公司	30738.8	84800.3	47189.3	35449.1	2782.2	6638.2	38076.4
其他企业	13103.7	19839.8	23042.8		1231.5	1059.3	
港、澳、台商投资企业	755789.6	1290070.6	156668.6		609.1	14089.1	
合资经营企业	99297.8	991381.6	98137.9			14089.1	
合作经营企业	4877.2						
独资经营企业	628113.9	276975.6	23645.0		609.1		
投资股份有限公司	23500.7	21713.4	34885.7				
外商投资企业	950037.1	752708.3		3712.8			30927.1
中外合资经营企业	548244.0	266969.9					
中外合作经营企业	90933.1	38115.8					
外资企业	248576.6	424400.0		3712.8			30927.1
外商投资股份有限公司	62283.4						
2.按国民经济行业分组							
综合零售业	4343361.9	2654842.2	606818.7	1137030.6	270799.7	125819.6	589668.0
百货零售业	3094706.2	2024687.0	419876.7	1036926.0	239229.2	47297.2	490581.8
超级市场零售业	1125997.0	547441.0	179839.7	86330.7	23860.4	62199.2	98452.4
食品、饮料及烟草制品专门零	564493.7	59613.5	65505.3	4338.9	26373.9	25342.6	23921.6
纺织、服装及日用品专门零售	707629.4	375331.2	593548.9	12925.0	33404.3	140050.8	140816.6
服装零售业	508015.7	202391.5	309529.1	10858.5	13448.2	106154.2	117794.1
文化、体育用品及器材专门零	536628.5	138133.3	327777.9		14775.4	42343.0	71856.9
体育用品及器材零售	14689.7	84225.8	2922.6				
图书、报刊零售	98383.6	24590.0	10212.6		5665.1	4277.3	2775.7
医药及医疗器材专门零售业	1580961.4	385445.4	86704.3	43592.7	21464.6	31394.9	44267.3
药品零售业	1498617.2	380200.7	84864.5	41616.8	18951.8	30417.4	42479.7
汽车、摩托车、燃料及零配件	8250651.4	4521636.4	996131.3	202295.2	153548.0	537257.6	935382.9
汽车零售业	4676265.5	2604763.8	689530.2	192817.5	132296.9	154578.9	339238.8
机动车燃料零售业	3466272.1	1865987.9	221113.3	8462.8	15357.8	373207.8	555828.1
家用电器及电子产品专门零售	1773620.3	437479.0	231392.8	62511.0	80448.9	120490.8	131810.0
家用视听设备零售	28530.8	15301.3	163032.6		12389.4	30215.8	82513.1
日用家电设备零售	865979.5	350326.9	50213.2	57739.8	3539.4	44516.3	17451.3
计算机、软件及辅助设备零	403418.2	51146.1	12493.4	3501.4	51381.6	37926.3	25901.4
通讯设备零售	425276.3	20050.4	5653.6		7291.1	6692.0	3488.1
五金、家具及室内装修材料专门零售	488976.6	134773.3	198740.9	217107.3	83068.8	40440.0	116542.8
无店铺及其他零售业	1437482.6	109591.4	87001.2	14600.6	27934.1	9324.4	61046.8
互联网零售	1310373.6						
邮购及电子销售业	6715.8	3684.4					

17-6 续表 2

单位：万元

登记注册类型、行业	营口	阜新	辽阳	盘锦	铁岭	朝阳	葫芦岛
总　计	**4146338.5**	**2911205.3**	**4410766.5**	**4338236.9**	**1750404.1**	**2882332.9**	**2482309.1**
一、批发业	**2931306.6**	**1951643.2**	**3406671.6**	**3457286.8**	**1106237.2**	**2109374.0**	**1772594.4**
1.按登记注册类型分组							
内资企业	2918150.1	1944035.7	3404104.6	3457286.8	1106237.2	2019646.0	1772162.7
国有企业	248158.8	800218.5	203407.0	238615.6	280986.3	186734.8	270114.6
集体企业	8494.6	56424.3	2140.0			12237.9	
股份合作企业							
联营企业							
国有联营企业							
集体联营企业							
国有与集体联营企业							
其他联营企业							
有限责任公司	1313165.2	376074.9	2695458.2	1670041.1	383499.5	828157.2	406833.5
国有独资企业	18750.0	242567.3	302329.8	1021154.6		279135.1	
其他有限责任公司	1294415.2	133507.6	2393128.4	648886.5	383499.5	549022.1	406833.5
股份有限公司	495750.4	259410.4	417411.7	785956.8	289669.7	304446.9	352345.2
私营企业	845327.4	449807.6	85687.7	762673.3	148327.1	688069.2	733709.4
私营独资企业	2708.0	33385.2		228.5	11464.9	9092.0	3462.3
私营合伙企业			9338.1				
私营有限责任公司	818811.8	394392.1	73690.6	698109.1	131039.5	624115.5	727867.9
私营股份有限公司	23807.6	22030.3	2659.0	64335.7	5822.7	54861.7	2379.2
其他企业	7253.7	2100.0			3754.6		9160.0
港、澳、台商投资企业		5120.5					
合资经营企业							
合作经营企业							
独资经营企业		5120.5					
投资股份有限公司							
外商投资企业	13156.5						431.7
中外合资经营企业	510.7						
中外合作经营企业							431.7
外资企业	12645.8						
外商投资股份有限公司							
2.按国民经济行业分组							
农、林、牧产品批发业		127913.3	16653.9	15602.4	67632.0	105599.1	440967.3
食品、饮料及烟草制品批发业	516428.5	247014.8	225202.2	164621.1	289495.3	330427.5	213163.9
米、面制品及食用油批发业	200270.8	33764.2	24618.8	3084.7	26656.0	79295.1	7117.9
烟草制品批发业	233143.9	174344.3	179326.1	119168.1	262839.3	183896.1	201243.2
纺织、服装及家庭用品批发业	16795.8	1807.2				3184.1	7132.9
服装批发业							7132.9
家用电器批发	12911.8						
文化、体育用品及器材批发业	3375.1	7917.0		85639.6	14217.6	47606.2	26805.6
医药及医疗器材批发业	2130907.8	1554984.9	3125904.9	3032475.6	716861.8	1552439.3	1021685.6
矿产品、建材及化工产品批发	101332.1	1229918.0	9013.1	15895.5	357247.7	46230.8	1626.6
煤炭及制品批发业	852177.3	249438.4	303196.7	2691481.9	348523.5	639610.3	709063.7
石油及制品批发业	771568.0	49335.3	2355028.0	8464.9		794710.1	92888.4
金属及金属矿批发业	200714.6	15040.7	6743.6	38742.8		7237.4	
建材批发业	18249.3	9152.5		67825.3	7893.0	29241.0	63190.1
化肥批发业	3601.6	2100.0					
机械设备、五金产品及电子产品批发	12878.1	12006.0	7604.6	73213.0	12807.5	41634.5	59482.2
汽车批发			2044.6	23401.7	10707.5	10608.3	43754.8
汽车零配件批发	12878.1		2659.0	34068.0		2756.0	
摩托车及零配件批发				1713.0		12551.6	
计算机、软件及辅助设备批							1439.8
贸易经纪与代理	235043.7			85735.2			
其他批发业	2965.8		31306.0		5223.0	28483.6	3356.7

17-6 续表 3

单位：万元

登记注册类型、行业	营口	阜新	辽阳	盘锦	铁岭	朝阳	葫芦岛
二、零售业	**1215031.9**	**959562.1**	**1004094.9**	**880950.0**	**644166.9**	**772958.6**	**709714.9**
1.按登记注册类型分组							
内资企业	1113797.8	916719.7	450653.9	829973.1	522039.6	675180.1	676855.3
国有企业	3065.2	2172.2	2213.5	1977.6	6140.0	14435.9	9032.9
集体企业	7457.4	7207.2	2391.0			6486.4	2048.8
股份合作企业				2268.2			
联营企业		5227.7					8892.3
国有联营企业							
集体联营企业		5227.7					
国有与集体联营企业							
其他联营企业							8892.3
有限责任公司	125230.1	499423.2	220640.5	373221.3	96091.1	321071.1	297226.2
国有独资企业	862.6		49835.7			36315.1	
其他有限责任公司	124367.5	499423.2	170804.8	373221.3	96091.1	284756.0	297226.2
股份有限公司	44722.6	19261.8		110840.4	95365.8		808.5
私营企业	917804.8	381497.1	225408.9	341175.4	312636.9	332667.7	358846.6
私营独资企业	23888.1	26171.1	8290.3	5657.9	63288.8	44874.1	149150.3
私营合伙企业						3830.5	
私营有限责任公司	846786.3	350594.1	199729.1	288989.5	224589.6	283963.1	208331.5
私营股份有限公司	47130.4	4731.9	17389.5	46528.0	24758.5		1364.8
其他企业	15517.7	1930.5		490.2	11805.8	519.0	
港、澳、台商投资企业	93167.1	33841.9	20650.3	671.0	10110.0	14463.6	26125.3
合资经营企业	60120.6	6726.5					
合作经营企业							
独资经营企业		27115.4	20650.3	671.0	10110.0	14463.6	26125.3
投资股份有限公司	33046.5						
外商投资企业	5692.1		20470.0				
中外合资经营企业	5692.1		20470.0				
中外合作经营企业							
外资企业							
外商投资股份有限公司							
2.按国民经济行业分组							
综合零售业	363801.6	531201.8	74059.2	391506.0	289305.2	291316.4	327677.7
百货零售业	221577.0	500453.3	13374.1	284463.0	249993.3	189216.0	300954.5
超级市场零售业	141361.0	30748.5	57921.9	105465.0	39311.9	100311.0	26723.2
食品、饮料及烟草制品专门零	69393.8	11197.5	4606.1	9565.1	1902.5	9466.4	2219.6
纺织、服装及日用品专门零售	22185.5	15500.5	476350.9	17598.9	33422.2	23835.0	23143.0
服装零售业	7336.5	3041.7	473002.6	14518.9	7730.3	20717.3	15714.8
文化、体育用品及器材专门零	6399.3	8896.3	9587.7	5729.0	6560.4	18012.2	4252.0
体育用品及器材零售							
图书、报刊零售	2850.7	4043.9	3463.0	3763.0	5025.2	12604.4	3336.1
医药及医疗器材专门零售业	14405.3	2321.7	2293.5	30469.8	12425.8	37031.4	21096.0
药品零售业	14405.3	1709.0	2293.5	28205.8	11404.8	37031.4	21096.0
汽车、摩托车、燃料及零配件	519193.0	316696.4	285304.6	346334.6	217377.2	318865.8	283159.6
汽车零售业	459087.8	294585.9	227430.2	216022.9	153967.5	253768.2	233435.1
机动车燃料零售业	54112.9	16947.2	56734.7	91031.8	60460.6	57629.3	47033.7
家用电器及电子产品专门零售	97553.8	36216.3	64579.0	32392.2	47561.6	44982.7	39809.6
家用视听设备零售	46332.8		20770.4	11197.9		23302.7	4983.5
日用家电设备零售	25134.0	10220.5	3376.7	6064.9	46266.3	15595.8	20278.4
计算机、软件及辅助设备零	8616.8	7239.0	39255.5	13680.4	1295.3	6084.2	6318.8
通讯设备零售	16790.0	18756.8	1176.4	1449.0			8228.9
五金、家具及室内装修材料专门零售	50676.4	9471.1	24051.4	39802.4	20149.7	29216.1	2135.0
无店铺及其他零售业	71423.2	28060.5	63262.5	7552.0	15462.3	232.6	6222.4
互联网零售							
邮购及电子销售业							

17-7 限额以上批发、零售贸易业商品销售类值

(2014年) 单位：万元

	销售合计	批发	零售
总　计	**174606937.9**	**128280005**	**46326932.9**
1.食品、饮料、烟酒类	16713066.5	12085780.7	4627285.8
(1)食品类	10574376.2	7120267	3454109.2
#粮油类	6320273.2	5386884.6	933388.6
肉禽蛋类	770158.9	292878	477280.9
(2)饮料类	813273.4	349075.4	464198
(3)烟酒类	5325416.9	4616438.3	708978.6
2.服装、鞋帽、针纺织品类	10075515	3262466.1	6813048.9
(1)服装类	8132402.1	3018641	5113761.1
(2)鞋帽类	1153346.7	47155.3	1106191.4
(3)针、纺织品类	789766.2	196669.8	593096.4
3.化妆品类	680723.8	8793.8	671930
4.金银珠宝类	1584592.6	19275.1	1565317.5
5.日用品类	2595571	952102.7	1643468.3
#洗涤用品类	358817.6	47017.4	311800.2
儿童玩具类	63523.7		63523.7
6.五金、电料类	1065638.9	507142.1	558496.8
7.体育、娱乐用品类	149635.3	16418	133217.3
8.书报杂志类	253499.3	78898.6	174600.7
9.电子出版物及音像制品类	37220.6	6985.6	30235
10.家用电器和音像器材类	3628905.6	497134.2	3131771.4
11.中西药品类	7040189.6	3369947.3	3670242.3
#西药	4758776.6	2261060.8	2497715.8
中草药及中成药	951480.6	406315	545165.6
12.文化办公用品类	1677433.1	699889.5	977543.6
13.家俱类	607036.2	42723.7	564312.5
14.通讯器材类	1707296.4	487046.5	1220249.9
15.煤炭及制品类	5447602	5186430.1	261171.9
16.木材及制品类	70412.1	70412.1	
17.石油及制品类	65075562.4	58090863.4	6984699
18.化工材料及制品类	8548730.4	8548730.4	
#化肥类	1149639.9	1149639.9	
19.金属材料类	21064942.8	21063304.4	1638.4
20.建筑及装潢材料类	2660829.2	1786447.1	874382.1
21.机电产品及设备类	4402459.8	4165915.1	236544.7
# 农机类	163165.9	163165.9	
22.汽车类	13146992.5	2042497.8	11104494.7
23.种子饲料类	470626.2	466923.1	3703.1
24.棉麻类	33324	32893.6	430.4
25.其他类	5869132.6	4785642.5	1083490.1

注：此表为快报数，统计范围为限上法人、产业单位和个体。

17-8 限额以上批发零售贸易业主要财务指标

(2014年) 单位：万元

登记注册类型、行业	流动资产合计	固定资产原价	累计折旧	资产总计	负债合计	实收资本	主营业务收入
总计	**47187487**	**9838236**	**2883274**	**64311649**	**48101923**	**11316790**	**151810471**
一、批发业	**35919343**	**5021468**	**1374208**	**45453270**	**34266041**	**7672962**	**118182022**
1.按登记注册类型分组							
内资	33766349	4974624	1355038	42554146	32306263	6944178	116238094
国有	4175399	847140	235331	5112368	3053660	317300	9085745
集体	194883	10802	4743	243101	245879	17866	402409
股份合作	11869	3411	1388	13913	8430	2086	104256
联营企业	0	0	0	0	0	0	0
国有联营	0	0	0	0	0	0	0
集体联营	0	0	0	0	0	0	0
国有与集体联营	0	0	0	0	0	0	0
其他联营	0	0	0	0	0	0	0
有限责任公司	16297155	2046864	319819	19481664	16609491	2380312	34997413
国有独资公司	1945707	62490	19193	2079461	2107953	106788	3990283
其他有限责任公司	14351448	1984374	300626	17402202	14501537	2273524	31007130
股份有限公司	2103812	787471	386803	4047748	1594199	1577059	41966039
私营企业	10974539	1270299	405375	13629893	10788359	2636027	29600897
私营独资	85738	23942	3745	115467	82202	19190	335114
私营合伙	2433	240	189	2509	1354	135	16147
私营有限责任公司	10325242	1197338	380220	12768986	10082500	2506966	27149903
私营股份有限公司	561126	48779	21221	742931	622304	109736	2099733
其他	8693	8638	1580	25458	6245	13529	81336
港澳台商投资企业	1271350	23738	8919	1753088	1377841	309446	606426
与港澳台商合资经营	959821	17697	4955	1381706	1159053	194944	98650
与港澳台商合作经营	16916	241	130	19955	19813	80	49033
港澳台商独资	294613	5800	3835	351427	198975	114423	458743
港澳台商独资股份有限公司	0	0	0	0	0	0	0
外商投资企业	881644	23106	10251	1146036	581937	419337	1337502
中外合资经营	88923	6333	2829	94993	79331	16786	194540
中外合作经营	10869	272	236	54139	51562	800	432
外资企业	759580	14987	6864	973008	431049	398701	1106983
外商投资股份有限公司	22272	1515	322	23896	19995	3050	35548
2.按国民经济行业分组							
农、林、牧产品批发	2881824	190573	51445	3385455	2986535	288003	5112802
食品、饮料及烟草制品批发业	3485684	510993	203178	4006854	1936933	404100	7411528
米、面制品及食用油批发业	911481	114250	43951	1051688	971812	86535	1529029
烟草制品批发业	1484335	210228	115678	1618113	88885	27163	3580886
纺织、服装及家庭用品批发	1621588	845614	63978	2777347	1445238	1220026	5359252
服装批发业	961571	784008	43668	1948542	828709	1070062	3117911
家用电器批发业	304527	18187	5366	365385	310282	31585	731881
文化、体育用品及器材批发业	298294	29330	12357	357925	242187	71316	524652
医药及医疗器材批发业	1830923	140712	56106	2049551	1566390	512555	4413389
矿产品、建材及化工产品批发业	19460170	3004964	886529	25206367	19708185	4160639	85903276
煤炭及制品批发业	2908654	213648	39320	4599275	2861710	503637	4780873
石油及制品批发业	3648124	1482369	599314	5128380	3563370	1762341	51305840
金属及金属矿批发业	9856882	988423	173112	11629016	10318909	934305	22278703
建材批发业	755733	132769	17167	910764	661617	166891	1855116
化肥批发业	968175	44749	6952	1111384	977566	92986	1208697
机械设备、五金产品及电子产品批发	5757479	271171	91771	6951814	5896787	815858	7445750
汽车批发	1518203	71211	20129	2035172	1757620	261266	1176070
汽车零配件批发	317869	34188	11428	390095	288095	45173	1038207
摩托车及零配件批发	17426	5804	991	27859	18284	8321	89563
计算机、软件及辅助设备批发	89319	8848	2795	99103	52279	24547	654912
贸易经纪与代理	354275	7849	3796	446605	273138	143411	556310
其他批发业	229105	20263	5049	271353	210647	57053	1455062

17-8 续表 1 单位：万元

登记注册类型、行业	流动资产合计	固定资产原价	累计折旧	资产总计	负债合计	实收资本	主营业务收入
二、零售业	**11268143**	**4816768**	**1509066**	**18858379**	**13835882**	**3643828**	**33628450**
1.按登记注册类型分组							
内资	10096206	3901683	1198634	16317325	11994784	2684480	30391049
国有	182035	321256	78090	728573	309631	393436	1584569
集体	60131	41410	12435	112784	69204	29965	251446
股份合作	17014	3053	1288	21138	13884	3212	44319
联营企业	6824	1568	816	7742	5952	1246	21019
有限责任公司	3917693	1443658	457628	6260505	4998884	822947	10635511
国有独资公司	15502	91315	17312	90968	89203	4245	120906
其他有限责任公司	3902191	1352342	440316	6169537	4909681	818703	10514605
股份有限公司	1253306	832493	323290	2593773	1622017	196259	5413211
私营企业	4641577	1250565	322661	6567674	4957216	1229762	12358007
私营独资	157701	129445	25560	324131	153617	134266	923144
私营合伙	970	994	271	2134	1165	385	12734
私营有限责任公司	4281211	1044866	276152	5945592	4619918	1006113	11074949
私营股份有限公司	201695	75260	20680	295818	182516	88999	347181
其他	17627	7681	2426	25136	17997	7654	82967
港澳台商投资企业	680768	472820	164510	1538838	1059620	618721	1945350
与港澳台商合资经营	420757	149933	77393	542440	355004	113284	1033320
与港澳台商合作经营	0	0	0	0	0	0	0
港澳台商独资	248163	307886	84898	970559	683621	491737	834794
港澳台商独资股份有限公司	11849	15001	2220	25840	20995	13699	77236
外商投资企业	491169	442265	145922	1002216	781478	340627	1292051
中外合资经营	200587	167454	88593	309021	224872	89644	662372
中外合作经营	0	0	0	0	0	0	0
外资企业	265766	266557	54353	649508	501272	233957	549726
外商投资股份有限公司	24156	5827	2334	34679	46325	17027	53234
2.按国民经济行业分组							
综合零售业	4065745	2362077	754296	7845266	6073003	1354889	8759958
百货零售业	3217547	1681382	545476	6253025	4537295	1022832	6554496
超级市场零售业	812968	665218	202100	1543205	1493765	318706	2024129
食品、饮料及烟草制品专门零售业	126693	76197	17630	233839	131729	71084	514617
纺织、服装及日用品专门零售业	475175	180410	61032	719111	544547	190683	1184281
服装零售业	320594	143037	47470	515941	401192	151004	846906
文化、体育用品及器材专门零售	232919	156047	48765	450713	297813	105587	713456
体育用品及器材零售	9266	6682	2763	18083	11968	7842	45482
图书、报刊零售	73688	50055	22415	120109	88114	21252	161158
医药及医疗器材专门零售业	963357	84291	30854	1076414	892308	180121	2006125
药品零售业	920201	80432	29780	1028174	860241	171407	1920156
汽车、摩托车、燃料及零配件专门	4259223	1470354	471638	6709954	4680971	1228640	15984379
汽车零售业	3685277	752092	224228	4963249	3834930	697020	9847627
机动车燃料零售业	459410	693942	238381	1596135	739541	497910	5858479
家用电器及电子产品专门零售	726213	178643	43207	1012258	654574	296442	2604620
家用视听设备零售	112465	23190	6670	149859	85126	48011	340950
日用家电设备零售	333449	109117	24505	517384	383727	82719	1155721
计算机、软件及辅助设备零售	202034	34005	9160	241468	115327	97402	608189
通信设备零售	70673	8797	2378	91472	63807	63645	440506
五金、家具及室内装修材料专门零	195749	210847	56541	437830	352746	118329	777890
货摊、无店铺及其他零售业	223069	97903	25103	372995	208192	98053	1083125
互联网零售	15311	4228	1410	18612	16070	500	508716
邮购及电视、电话零售	3239	960	69	4634	1720	2090	8946

17-8 续表 2

单位：万元

登记注册类型、行业	主营业务成本	主营业务税金及附加	管理费用	营业利润	利润总额	应付职工薪酬	应交增值税
总　计	**143433499**	**643799**	**2580651**	**1541881**	**1494708**	**3363434**	**1423328**
一、批发业	**113466435**	**417257**	**1275859**	**1000973**	**1036170**	**2277800**	**834809**
1.按登记注册类型分组							
内资	111790785	412402	1212877	916959	955541	2234201	807911
国有	8002142	228166	215360	539743	579094	162638	174911
集体	380531	1835	7448	-1481	-2883	4133	4654
股份合作	97579	488	2268	1437	1231	1680	450
联营企业	0	0	0	0	0	0	0
国有联营	0	0	0	0	0	0	0
集体联营	0	0	0	0	0	0	0
国有与集体联营	0	0	0	0	0	0	0
其他联营	0	0	0	0	0	0	0
有限责任公司	33072966	71282	462989	543496	543737	1724236	320879
国有独资公司	3854833	3073	29340	5045	3993	25969	15072
其他有限责任公司	29218133	68209	433650	538451	539745	1698268	305808
股份有限公司	42225028	12547	99614	-587134	-579058	115478	47455
私营企业	27942581	97814	421995	415285	408206	224823	258672
私营独资	294553	2777	9074	18906	15793	3645	4735
私营合伙	14690	14	280	197	225	313	113
私营有限责任公司	25659803	89126	391009	337653	333484	179620	230008
私营股份有限公司	1973536	5897	21632	58529	58704	41246	23817
其他	69958	269	3203	5613	5213	1213	889
港澳台商投资企业	542139	1306	17465	12919	13606	9543	6155
与港澳台商合资经营	78586	699	8252	-11196	-10859	1634	2021
与港澳台商合作经营	42547	66	474	-1363	-1349	484	534
港澳台商独资	421006	541	8739	25478	25814	7426	3600
港澳台商独资股份有限公司	0	0	0	0	0	0	0
外商投资企业	1133512	3549	45518	71095	67023	34056	20743
中外合资经营	174644	256	3933	856	980	3821	2648
中外合作经营	425		64	-3	-3	8	
外资企业	928533	3232	38303	71262	67041	29048	18795
外商投资股份有限公司	29910	61	3218	-1021	-996	1178	-700
2.按国民经济行业分组							
农、林、牧产品批发	4899177	7409	52763	4098	18334	20961	8654
食品、饮料及烟草制品批发业	6139714	234938	220115	674992	697945	169679	221579
米、面制品及食用油批发业	1431157	5421	18427	32826	51765	10999	4395
烟草制品批发业	2678372	212063	153544	530331	532044	114930	146331
纺织、服装及家庭用品批发	4413769	22613	255772	327389	302270	193957	75552
服装批发业	2349329	17882	216114	262850	230041	117900	51149
家用电器批发业	698156	1072	10562	3417	1644	7443	4377
文化、体育用品及器材批发业	482713	1372	16865	3278	5872	7941	2411
医药及医疗器材批发业	4036006	16769	97345	104816	105604	48903	118525
矿产品、建材及化工产品批发业	84633015	99713	460740	-230719	-209818	275039	321557
煤炭及制品批发业	4580104	9533	47486	107382	107837	19743	36677
石油及制品批发业	51325868	14686	158153	-603398	-596139	156127	141585
金属及金属矿批发业	21603466	47200	160306	129410	136733	58237	83293
建材批发业	1680655	8274	25296	100256	99650	14056	29460
化肥批发业	1181201	2642	9492	-6127	1883	3448	7862
机械设备、五金产品及电子产品批发	6904152	28696	158211	113354	114114	1551283	77736
汽车批发	1070875	6648	31647	3608	4034	14460	27741
汽车零配件批发	979161	1822	14524	35169	35323	1476596	5593
摩托车及零配件批发	76880	4312	718	5552	5548	550	340
计算机、软件及辅助设备批发	621926	1666	7153	16742	19748	5553	5377
贸易经纪与代理	534532	239	5516	-1299	-1363	6038	1770
其他批发业	1423358	5507	8533	5065	3212	4000	7027

17-8 续表 3

单位：万元

登记注册类型、行业	主营业务成本	主营业务税金及附加	管理费用	营业利润	利润总额	应付职工薪酬	应交增值税
二、零售业	**29967064**	**226542**	**1304792**	**540908**	**458539**	**1085634**	**588520**
1.按登记注册类型分组							
内资	27158154	193610	1142599	596582	531966	936798	527318
国有	1431527	8087	32937	26898	25447	27659	14697
集体	208118	2157	7900	23233	23136	5957	6739
股份合作	39447	349	1599	297	326	529	308
联营企业	19849	26	200	109	99	354	185
有限责任公司	9469445	64606	428114	100067	76500	316719	144192
国有独资公司	108480	812	6045	2510	3794	2939	393
其他有限责任公司	9360966	63794	422069	97558	72706	313780	143799
股份有限公司	4876558	21548	179829	240291	192551	271948	134998
私营企业	11041847	96502	488989	202755	211391	310147	225823
私营独资	780374	17456	30036	67730	58070	19274	20484
私营合伙	11268	212	243	692	665	161	147
私营有限责任公司	9949585	75513	442029	124917	142851	281091	198702
私营股份有限公司	300620	3320	16681	9416	9805	9621	6491
其他	71364	336	3033	2931	2516	3487	376
港澳台商投资企业	1709923	13133	105484	-46205	-61647	75111	34923
与港澳台商合资经营	925837	5673	52110	6237	6047	36905	19908
与港澳台商合作经营	0	0	0	0	0	0	0
港澳台商独资	726956	6638	51999	-66162	-81532	35840	10201
港澳台商独资股份有限公司	57130	822	1375	13720	13838	2366	4815
外商投资企业	1098987	19799	56709	-9469	-11781	73725	26278
中外合资经营	574116	3604	19117	-1272	-3511	42140	6400
中外合作经营	0	0	0	0	0	0	0
外资企业	456155	15740	25419	638	493	28218	14789
外商投资股份有限公司	44133	451	11553	-9248	-9177	2805	91
2.按国民经济行业分组							
综合零售业	7394223	110286	649823	169519	107936	460021	244054
百货零售业	5525339	91127	535518	236993	208283	330029	204735
超级市场零售业	1714116	17235	108176	-71012	-104201	121173	27850
食品、饮料及烟草制品专门零售业	435995	5890	20833	24381	21175	15671	9910
纺织、服装及日用品专门零售业	952608	11363	81707	28715	26749	41688	24046
服装零售业	679590	7139	64805	12790	10591	28314	16819
文化、体育用品及器材专门零售	601451	11506	43623	20310	23112	23794	6657
体育用品及器材零售	36716	294	3221	5	-12	1548	1281
图书、报刊零售	127977	1151	19096	1096	4041	13348	577
医药及医疗器材专门零售业	1754549	8152	54885	29632	25554	82785	25902
药品零售业	1678858	7711	50941	26870	22884	81724	24519
汽车、摩托车、燃料及零配件专门	14851203	47986	313080	204916	194826	357108	216912
汽车零售业	9214862	30212	227232	46753	38258	242640	162342
机动车燃料零售业	5392992	14484	74789	146153	144618	107567	50897
家用电器及电子产品专门零售	2358740	15102	72840	28476	24609	64097	29547
家用视听设备零售	292336	4085	13850	12868	12331	7525	6501
日用家电设备零售	1046113	4081	31489	-8258	-7086	21095	10351
计算机、软件及辅助设备零售	563271	3535	16368	8298	7870	19576	8721
通信设备零售	403979	3152	10329	11556	7484	15307	3658
五金、家具及室内装修材料专门零	663636	8171	44869	19979	19484	25618	14352
货摊、无店铺及其他零售业	954660	8087	23132	14980	15094	14852	17140
互联网零售	469125	859	2244	547	1401	1318	7016
邮购及电视、电话零售	7507	100	153	804	804	144	2

17-9 限额以上住宿业和餐饮业经营情况

(2014年) 单位：万元

登记注册类型、行业	法人单位(个)	年末从业人数(人)	营业额				
				客房收入	餐费收入	商品销售收入	其他收入
总　计	**1213**	**93462**	**2383993.1**	**534214.3**	**1698368.2**	**47214.6**	**104196.0**
一、住宿业	**577**	**51951**	**1039367.6**	**480576.0**	**450710.0**	**23533.4**	**84548.2**
1.按登记注册类型分组							
内资	521	43557	860263.4	398499.3	379861.8	17487.4	64414.9
国有	81	9556	151741.8	63364.9	75326.8	1510.2	11539.9
集体	33	1486	24121.8	12525.7	9791.2	101.4	1703.5
股份合作	1	20	400.0	220.0	180.0		
联营企业	2	87	1556.9	535.1	569.3	18.3	434.2
国有联营	1	27	606.9	122.9	32.5	18.3	433.2
集体联营	1	60	950.0	412.2	536.8		1.0
国有与集体联营							
其他联营							
有限责任公司	134	15442	269052.2	128660.5	120229.2	1932.8	18229.7
国有独资公司	6	1722	47922.4	24685.1	21839.2	157.0	1241.1
其他有限责任公司	128	13720	221129.8	103975.4	98390.0	1775.8	16988.6
股份有限公司	14	873	37739.3	13769.2	22663.7	663.5	642.9
私营企业	248	15674	365704.7	177542.5	145659.7	10686.1	31816.4
私营独资	60	2907	62695.5	30746.4	25056.5	1482.5	5410.1
私营合伙	5	131	2090.7	1654.3	379.5	46.3	10.6
私营有限责任公司	173	11862	289853.0	138572.0	117044.3	9036.4	25200.3
私营股份有限公司	10	774	11065.5	6569.8	3179.4	120.9	1195.4
港澳台商投资企业	22	4707	109555.2	49221.4	45820.7	4634.3	9878.8
与港澳台商合资经营	14	3547	75846.5	34158.9	32827.2	3242.0	5618.4
与港澳台商合作经营							
港澳台商独资	8	1160	33708.7	15062.5	12993.5	1392.3	4260.4
港澳台商独资股份有限公司							
外商投资企业	34	3687	69549.0	32855.3	25027.5	1411.7	10254.5
中外合资经营	23	2791	56295.9	23779.4	21530.1	1394.1	9592.3
中外合作经营	2	228	2300.8	1370.4	903.7		26.7
外资企业	9	668	10952.3	7705.5	2593.7	17.6	635.5
外商投资股份有限公司							
2.按国民经济行业分组							
旅游饭店	397	44534	868678.4	375878.5	398523.1	16596.2	77680.6
一般旅馆	163	6741	154234.2	92434.9	48458.0	6738.9	6602.4
其他住宿服务	17	676	16455.0	12262.6	3728.9	198.3	265.2

17-9 续表

单位：万元

登记注册类型、行业	法人单位（个）	年末从业人数（人）	营业额	客房收入	餐费收入	商品销售收入	其他收入
二、餐饮业	**636**	**41511**	**1344625.5**	**53638.3**	**1247658.2**	**23681.2**	**19647.8**
1.按登记注册类型分组							
内资	581	29514	726842.3	52398.4	640057.3	17917.8	16468.8
国有	18	1147	21933.2	7371.4	13061.2	396.8	1103.8
集体	10	259	9833.2	60.4	9760.0		12.8
股份合作	1	5	93.4		93.4		
联营企业							
国有联营							
集体联营							
国有与集体联营							
其他联营							
有限责任公司	111	6628	125954.5	12016.8	105378.3	2365.7	6193.7
国有独资公司	2	48	298.2	7.6	290.6		
其他有限责任公司	109	6580	125656.3	12009.2	105087.7	2365.7	6193.7
股份有限公司	9	720	32806.3	692.3	31761.5	352.5	
私营企业	420	20023	515946.0	30994.1	462894.2	13340.8	8716.9
私营独资	182	6482	210204.0	4702.8	200053.9	4583.7	863.6
私营合伙	5	146	3542.6		3542.6		
私营有限责任公司	223	13051	292669.4	26011.2	250047.8	8757.1	7853.3
私营股份有限公司	10	344	9530.0	280.1	9249.9		
其他	12	732	20275.7	1263.4	17108.7	1462.0	441.6
港澳台商投资企业	15	2179	72620.0	176.2	66822.4	4549.2	1072.2
与港澳台商合资经营	5	417	10475.4		9734.7	63.7	677.0
与港澳台商合作经营	1	17	475.7		475.7		
港澳台商独资	9	1745	61668.9	176.2	56612.0	4485.5	395.2
港澳台商独资股份有限公司							
外商投资企业	40	9818	545163.2	1063.7	540778.5	1214.2	2106.8
中外合资经营	16	859	52553.8	963.1	50120.3	1214.2	256.2
中外合作经营	2	858	32261.1		32261.1		
外资企业	20	7960	458581.8	72.4	456670.6		1838.8
外商投资股份有限公司	2	141	1766.5	28.2	1726.5		11.8
2.按国民经济行业分组							
正餐服务业	584	29824	734001.8	53531.7	645421.2	17918.8	17130.1
快餐服务业	28	9914	571360.7		566169.3	3438.9	1752.5
饮料及冷饮服务业	14	632	20792.3		18603.1	2189.2	
其他餐饮服务业	10	1141	18470.7	106.6	17464.6	134.3	765.2

17-10 限额以上住宿业和餐饮业主要财务指标

(2014年)　　单位：万元

登记注册类型、行业	流动资产合计	固定资产原价	累计折旧	资产总计	负债合计	实收资本	主营业务收入
总　计	**1704040**	**3114309**	**1276883**	**4448832**	**3376295**	**2489792**	**2372168**
一、住宿业	**1226366**	**2443555**	**1028712**	**3166116**	**2407938**	**1061614**	**1038795**
1.按登记注册类型分组							
内资	972134	1652493	618232	2422002	1789245	685500	860263
国有	99130	303640	134563	321202	199402	96860	149697
集体	12357	28158	13183	31879	22831	7685	23271
股份合作	65			278	150	30	810
联营企业	2213	911	322	2857	1073	345	1557
国有联营	229	375	286	373	950	300	607
集体联营	1985	536	36	2485	124	45	950
国有与集体联营							
其他联营							
有限责任公司	309346	700168	257517	864005	615492	290712	270530
国有独资公司	10085	123813	41754	93294	32505	65294	47899
其他有限责任公司	299261	576355	215763	770711	582987	225418	222632
股份有限公司	24017	42423	20065	75175	43977	15431	37691
私营企业	501963	564390	192311	1089604	867819	273437	366741
私营独资	63574	115625	10906	185428	64261	84770	61360
私营合伙	1166	352	90	2466	1813	566	2451
私营有限责任公司	376286	416365	170056	816992	726782	165919	291819
私营股份有限公司	60938	32047	11260	84718	74964	22182	11111
其他	23043	12803	272	37002	38501	1000	9967
港澳台商投资企业	153837	537958	237515	538578	283501	252351	109052
与港澳台商合资经营	132317	364249	142667	384294	240251	145939	75382
与港澳台商合作经营							
港澳台商独资	21520	173709	94847	154283	43250	106412	33670
港澳台商独资股份有限公司							
外商投资企业	100395	253103	172965	205537	335192	123763	69480
中外合资经营	77710	197049	133986	162834	226907	96519	56179
中外合作经营	1356	34475	26390	9666	62731	20563	2288
外资企业	21329	21579	12588	33037	45554	6680	11012
外商投资股份有限公司							
2.按国民经济行业分组							
旅游饭店	1101914	2285294	985656	2878157	2181087	995454	867052
一般旅馆	115812	145061	39534	257845	212347	57639	155075
其他住宿服务	8640	13200	3522	30114	14505	8520	16668

17-10 续表 1

单位：万元

登记注册类型、行业	流动资产合计	固定资产原价	累计折旧	资产总计	负债合计	实收资本	主营业务收入
二、餐饮业	**477674**	**670754**	**248171**	**1282716**	**968356**	**1428178**	**1333373**
1.按登记注册类型分组							
内资	386971	503688	159507	972300	717445	1375171	717873
国有	9305	25494	4329	39510	31360	6965	21667
集体	592	1127	575	1862	938	918	9702
股份合作	95	0	0	95	1	40	90
联营企业							
国有联营							
集体联营							
国有与集体联营							
其他联营							
有限责任公司	96540	124810	35770	275353	220982	82299	124544
国有独资公司	1	0	0	1	86	80	298
其他有限责任公司	96539	124810	35770	275352	220895	82219	124246
股份有限公司	2428	24876	4083	24250	17741	1374	32813
私营企业	271778	324962	113408	621609	436791	1281782	509760
私营独资	35417	97085	33326	130414	44099	64042	207260
私营合伙	1109	239	133	1370	1258	214	3543
私营有限责任公司	232349	224682	77952	463565	381335	1214447	289429
私营股份有限公司	2903	2956	1997	26261	10099	3078	9529
其他	6234	2420	1343	9621	9634	1794	19297
港澳台商投资企业	21595	57427	32851	54996	42584	10871	72732
与港澳台商合资经营	3857	4267	2779	5422	2564	1657	10475
与港澳台商合作经营	134	43	16	417	474	90	476
港澳台商独资	17604	53117	30056	49156	39546	9124	61781
港澳台商独资股份有限公司	0	0	0	0	0	0	0
外商投资企业	69109	109639	55813	255421	208327	42136	542768
中外合资经营	24497	14027	5950	46461	32597	13114	52348
中外合作经营	3178	14768	6401	21911	28843	4239	29690
外资企业	37959	80702	43335	182569	143281	23779	458582
外商投资股份有限公司	3475	142	127	4480	3606	1004	2149
2.按国民经济行业分组							
正餐服务业	392155	541762	185730	989750	761627	1368194	725050
快餐服务业	65728	106226	54238	251411	195811	33497	568818
饮料及冷饮服务业	6025	3957	1766	12777	5387	6631	20803
其他餐饮服务业	13767	18809	6436	28777	5531	19856	18702

17-10 续表 2

单位：万元

登记注册类型、行业	主营业务成本	主营业务税金及附加	管理费用	营业利润	利润总额	应付职工薪酬	应交增值税
总　计	**1212319**	**121292**	**428638**	**-40640**	**-21323**	**306942**	**2647**
一、住宿业	**490812**	**50858**	**285048**	**-89241**	**-68925**	**165243**	**868**
1.按登记注册类型分组							
内资	440506	41347	198341	-61418	-47804	136846	544
国有	83146	8409	43531	-12285	-6205	31624	113
集体	14378	1498	3573	-816	-819	4540	2
股份合作	691	45	21	15	15	18	
联营企业	405	69	433	212	189	224	
国有联营	44	18	195	189	189	63	
集体联营	361	50	238	23	0	161	
国有与集体联营							
其他联营							
有限责任公司	124378	12788	73200	-28143	-27500	54381	82
国有独资公司	31352	1545	5076	-2683	-2679	5847	5
其他有限责任公司	93026	11243	68125	-25460	-24821	48533	78
股份有限公司	26233	891	4148	-1492	-364	2605	60
私营企业	184003	17375	71998	-19023	-13234	42907	284
私营独资	36373	3081	10326	2442	3308	6741	113
私营合伙	1826	188	144	198	55	309	
私营有限责任公司	142929	13523	57242	-16590	-11762	33722	171
私营股份有限公司	2875	583	4287	-5074	-4834	2136	
其他	7270	273	1437	114	113	549	2
港澳台商投资企业	24192	5809	57088	-14168	-6944	15917	315
与港澳台商合资经营	19298	3985	30860	-9555	-9653	13236	274
与港澳台商合作经营							
港澳台商独资	4894	1824	26228	-4614	2709	2681	40
港澳台商独资股份有限公司							
外商投资企业	26114	3702	29619	-13654	-14176	12480	9
中外合资经营	20391	2911	22730	-11080	-11487	10101	9
中外合作经营	803	129	1171	-454	-444	378	
外资企业	4921	662	5718	-2120	-2245	2001	
外商投资股份有限公司							
2.按国民经济行业分组							
旅游饭店	381819	44007	259401	-89426	-72647	143599	562
一般旅馆	97274	6159	22664	871	3652	18920	306
其他住宿服务	11719	692	2983	-686	71	2725	0

17-10 续表 3

单位：万元

登记注册类型、行业	主营业务成本	主营业务税金及附加	管理费用	营业利润	利润总额	应付职工薪酬	应交增值税
二、餐饮业	**721507**	**70434**	**143590**	**48601**	**47602**	**141698**	**1779**
1.按登记注册类型分组							
内资	440593	38599	85757	27955	27728	89619	1110
国有	11538	855	4153	400	1354	3865	7
集体	6625	368	360	1610	1115	781	
股份合作	63	5	18	5	5	9	
联营企业							
国有联营							
集体联营							
国有与集体联营							
其他联营							
有限责任公司	67578	5957	24019	-7628	-7280	22141	626
国有独资公司	231	17	65	-128	-128	170	0
其他有限责任公司	67347	5940	23954	-7500	-7152	21971	626
股份有限公司	25782	1411	1258	1303	1346	1878	0
私营企业	315436	28672	54809	30515	29387	59009	475
私营独资	137974	12259	11910	29760	28284	18050	389
私营合伙	2341	140	90	553	554	388	0
私营有限责任公司	168633	15803	42070	439	783	39737	86
私营股份有限公司	6489	471	740	-236	-234	834	0
其他	13571	1332	1141	1751	1802	1936	3
港澳台商投资企业	30092	3149	8271	-86	-255	12015	520
与港澳台商合资经营	7536	271	1579	248	206	2632	335
与港澳台商合作经营	360	26	0	-120	-120	47	0
港澳台商独资	22197	2852	6692	-215	-342	9336	185
港澳台商独资股份有限公司	0	0	0	0	0	0	0
外商投资企业	250822	28686	49562	20732	20129	40065	148
中外合资经营	24073	2573	5801	1789	1268	8157	0
中外合作经营	11222	1403	1838	-4607	-3941	6478	0
外资企业	214358	24589	41775	24209	23461	24744	148
外商投资股份有限公司	1170	120	148	-659	-659	686	0
2.按国民经济行业分组							
正餐服务业	446637	38871	89275	21367	21351	90857	562
快餐服务业	256190	29951	48673	23472	22654	39904	293
饮料及冷饮服务业	7457	1094	1512	2102	1636	6899	42
其他餐饮服务业	11223	518	4130	1660	1960	4039	882

17-11 各地区限额以上批发零售贸易业企业资产、负债及所有者权益

(2014年) 单位：万元

地　区	资产合计	#流动资产	负债合计	所有者权益合计
全　省	**64311649**	**47187487**	**48101923**	**16078142**
沈　阳	20088478	14431639	15007024	5081454
大　连	22576217	17236900	17013943	5562274
鞍　山	5942477	3515323	3594621	2347855
抚　顺	976979	607054	639980	336999
本　溪	1686383	1469903	1489935	196449
丹　东	772255	544472	521174	251081
锦　州	1172883	914195	926351	230594
营　口	2152773	1653208	1675177	417179
阜　新	1437374	1107400	1197921	239453
辽　阳	1588846	1397531	1437256	151590
盘　锦	2350010	1633270	1681036	641687
铁　岭	613457	405099	389289	224168
朝　阳	1505425	1174006	1252498	224985
葫芦岛	1448093	1097487	1275719	172374

17-12 各地区限额以上批发零售贸易业企业主要财务指标

(2014年) 单位：万元

地　区	主营业务收入	主营业务成本	主营业务税金及附加	管理费用	管理费用中的税金
全　省	**151810471**	**143433499**	**643799**	**2580651**	**136388**
沈　阳	77387287	74929124	209598	913923	46837
大　连	34164847	32069347	101467	689554	22385
鞍　山	11290476	9761146	121785	332430	32923
抚　顺	2533181	2224730	29267	66427	3997
本　溪	1415231	1243376	13137	57150	1865
丹　东	1586329	1415505	19625	39360	2843
锦　州	3737306	3422654	26435	84734	6177
营　口	3986437	3587039	42694	94818	7662
阜　新	2207224	2025819	12208	49737	1431
辽　阳	3721205	3608256	11355	30084	933
盘　锦	3667230	3493724	12941	57625	1956
铁　岭	1509004	1357619	14277	46610	2892
朝　阳	2456098	2289417	15935	56321	3175
葫芦岛	2148615	2005743	13074	61878	1311

17-13 各地区限额以上批发零售贸易业企业增加值

(2014年) 单位：万元

地区	增加值合计	本年提取的固定资产折旧	本年应付职工薪酬	主营业务税金及附加	利润总额	管理费用中税金额
全省	**6174908**	**536579**	**3363434**	**643799**	**1494708**	**136388**
沈阳	920586	161572	698662	209598	-196084	46837
大连	2663683	135398	1949578	101467	454855	22385
鞍山	1060612	81833	202070	121785	622001	32923
抚顺	179960	14613	54167	29267	77915	3997
本溪	131653	10578	62316	13137	43757	1865
丹东	125030	6374	33330	19625	62857	2843
锦州	197337	13047	54167	26435	97511	6177
营口	291063	24098	73950	42694	142659	7662
阜新	131641	13105	52788	12208	52108	1431
辽阳	66011	11234	25233	11355	17257	933
盘锦	105480	30614	39777	12941	20193	1956
铁岭	96346	12327	27561	14277	39288	2892
朝阳	122111	10781	42146	15935	50074	3175
葫芦岛	83397	11007	47689	13074	10315	1311

17-14 各地区限额以上住宿餐饮业增加值

(2014年) 单位：万元

地区	增加值合计	本年提取的固定资产折旧	本年应付职工薪酬	主营业务税金及附加	利润总额	管理费用中税金额
全省	**608981**	**181794**	**306942**	**121292**	**-21323**	**20276**
沈阳	213424	71991	100278	46840	-9148	3464
大连	166401	49824	108044	31237	-27788	5084
鞍山	92073	13217	22978	14935	36969	3975
抚顺	11246	1860	5253	2648	1147	338
本溪	7876	6563	5052	1352	-5427	337
丹东	17410	1757	6252	4646	3811	944
锦州	12575	4190	7739	2306	-2367	707
营口	57596	17648	20627	8489	8484	2348
阜新	1919	1225	3548	814	-3876	208
辽阳	11668	5242	6757	1402	-2319	587
盘锦	1860	3040	7228	2624	-11592	560
铁岭	3270	1141	3124	1041	-2716	680
朝阳	5953	1027	4855	1289	-1779	562
葫芦岛	5710	3071	5208	1671	-4723	483

主要统计指标解释

社会消费品零售额 指各种经济类型的批发零售贸易业、餐饮业、和其他行业对城乡居民和社会集团的消费品零售额的总和。这个指标反映通过各种商品流通渠道向居民和社会集团供应的生活消费品来满足他们生活需要，是研究人民生活、社会消费品购买力、货币流通等问题的重要指标。社会消费品零售额包括: (1)售给城乡居民作为生活用的商品及修建房屋用的建筑材料; (2)售给机关、团体、学校、部队、企业、事业单位的职工食堂和旅店(招待所)附设专门供本店旅客食用，不对外营业的食堂的各种食品、燃料; 企业、单位和国营农场直接售给本单位职工和职工食堂的自己生产的产品; (3)售给部队干部、战士生活用的粮食、副食品、衣着品、日用品、燃料; (4)售给来华的外国人、华侨、港澳台同胞的消费品(包括友谊商店、在海关前后设立的免税商店、外轮供应公司等); (5)居民自费购买的中、西药品、中药材及医疗用品; (6)报社、出版社直接售给居民和社会集团的报纸、图书、杂志，集邮公司(包括邮局集邮专柜)出售的新旧纪念邮票、特种邮票、首日封、集邮册、集邮工具等; (7)旧货寄售商店自购、自销部分的商品零售额; (8)煤气公司、液化石油气站售给居民和社会集团的煤气灶具和罐装液化石油气;

批发零售贸易业商品购、销、存总额 指以各种经济类型的批发、零售贸易业为总体的商品购、销、存。

商品购进总额 指从本企业(单位)以外的单位和个人购进(包括从国外直接进口)作为转卖或加工后转卖的商品。这个指标反映批发零售贸易业从国内、国外市场上购进商品的总量。商品购进总额包括: (1)从工农业生产者购进的商品; (2)从出版社、报社的出版发行部门购进的图书、杂志和报纸; (3)从各种经济类型的批发零售贸易企业(单位)购进的商品; (4)从其他单位购进的商品，如从机关、团体、企业、单位购进的剩余物资，从餐饮业、服务业购进的商品，从海关、市场管理部门购进的缉私和没收的商品，从居民收购的废旧商品等; (5)从国(境)外直接进口的商品。

商品销售总额 指对本企业(单位)以外的单位和个人出售(包括对国(境)外直接出口)的商品。这个指标反映批发零售贸易业在国内市场上销售商品以及出口商品的总量。商品销售总额包括: (1)售给城乡居民和社会集团消费用的商品; (2)售给工业、农业、建筑业、运输邮电业、批发零售贸易业、餐饮业、服务业、公用事业等作为生产、经营使用的商品; (3)售给批发零售贸易业作为转卖或加工后转卖的商品; (4)对国(境)外直接出口的商品。

批发零售贸易业年末库存 指年末各种经济类型的批发零售贸易企业(单位)已取得所有权的商品。它反映各地区、各批发零售贸易企业(单位)的商品库存情况和对市场商品供应的保证程度。期末库存包括: (1)存放在批发零售贸易业经营单位(如门市部、批发站、经营处)仓库、货场、货柜和货架中的商品; (2)挑选、整理、包装中的商品; (3)已记入购进而尚未运到本单位的商品，即发货单或银行承兑凭证已到而货未到部分; (4)寄放他处的商品，如因购货方拒绝承付而暂时存放在购货方的商品和已办完加工成品收回手续而未提回的商品; (5)委托其他单位代销(未作销售或调出)尚未售出的商品; (6)代其他单位购进尚未交付的商品。

城乡集市贸易成交额 指在农村集市和城市集市上买卖双方(包括农民、非农业居民、机关、团体、工商企业、个体商贩)成交的全部商品金额，是反映集市贸易规模的综合性指标。

十八、对外经济贸易

Chapter 18 Foreign Trade and Economy Cooperation

18-1 对外经济贸易基本情况

单位：户、个、亿美元

指　　标	2005年	2006年	2008年	2009年	2010年	2011年	2012年	2013年	2014年
进出口总额	**410.1**	**483.9**	**724.4**	**629.2**	**806.7**	**959.6**	**1039.9**	**1142.8**	**1139.6**
出口总额	234.4	283.2	420.5	334.4	431.2	510.4	579.5	645.4	587.6
进口总额	175.7	200.7	303.8	294.8	375.5	449.2	460.4	497.4	552.0
进出口差额	58.7	82.5	116.7	39.6	55.7	61.2	119.1	148.0	35.6
外商直接投资合同项目	**2686**	**2336**	**1319**	**1629**	**1480**	**1050**	**745**	**565**	**478**
外商直接投资合同金额	**110.2**	**152.4**	**203.0**	**281.8**	**256.4**	**196.4**	**247.7**	**216.3**	**188.0**
实际外商直接投资额	**35.9**	**59.9**	**120.2**	**154.4**	**207.5**	**242.7**	**267.9**	**290.4**	**274.2**
外商投资企业基本情况									
年底登记户数	16542	16402	14564	12928	18377	11787	17960	17250	17091
投资总额	815.1	944.9	1247.6	1317.8	1476.2	1659.7	1855.6	1832.1	1986.4
注册资本	495.3	596.7	801.3	849.4	975.4	1057.7	1171.3	1135.9	1203.5
#外方	361.7	432.2	642.1	692.9	801.5	864.9	962.6	927.6	986.1
对外经济合作									
合同金额	7.1	8.5	26.2	29.1	19.7	20.0	22.9	27.7	28.1
#对外承包工程	5.5	6.6	23.2	25.6	17.2	17.5	19.3	23.7	19.6
对外劳务合作	1.7	1.9	3.0	2.6	2.4	2.4	3.6	3.9	8.5
完成营业额	6.5	7.2	11.1	18.2	15.1	16.1	19.5	23.8	26.4
#对外承包工程	4.3	4.9	8.5	15.8	13.2	14.0	16.3	20.6	23.7
对外劳务合作	2.3	2.2	2.6	2.4	2.2	2.0	3.2	3.1	2.7

18-2 外贸进出口总额

单位：亿美元、%

年　份	进出口总额				指数(上年=100)		出口额指数(1953年=100)
		出口额	进口额	差额(+、-)	出口额	进口额	
1978	15.9	15.2	0.7	14.5	130.1	190.6	1614.9
1980	40.5	39.8	0.7	39.1	152.9	104.2	4234.0
1985	53.9	50.4	3.5	46.9	101.0	280.6	5363.8
1986	34.3	30.8	3.5	27.0	61.1	100.3	3276.6
1987	42.2	37.9	4.3	33.6	123.0	132.1	4029.8
1988	44.5	38.7	5.8	32.9	102.3	124.9	4121.3
1989	53.4	44.5	8.9	35.6	114.8	154.2	4729.8
1990	63.2	56.1	7.1	49.0	126.0	78.3	5957.4
1991	67.3	57.7	9.6	48.1	103.0	138.3	6138.3
1992	76.6	61.8	14.8	37.0	106.9	153.2	6569.3
1993	84.6	62.1	22.5	39.6	100.7	151.7	6901.1
1994	97.0	68.7	28.3	40.4	110.5	125.5	7627.8
1995	109.9	82.6	27.3	55.2	120.3	96.7	9175.6
1996	112.5	83.4	29.1	54.3	100.9	106.4	9264.4
1997	129.6	88.9	40.7	48.2	106.6	139.9	9877.8
1998	127.4	80.5	46.9	37.1	87.8	75.4	8942.3
1999	137.3	82.0	55.3	26.7	101.9	117.9	9111.1
2000	190.2	108.5	81.7	26.8	132.3	147.7	12055.5
2001	199.1	111.1	88.0	23.1	102.4	107.7	12344.4
2002	217.4	123.7	93.7	30.0	111.3	106.5	13744.4
2003	265.6	146.3	119.3	27.0	118.3	127.3	16255.5
2004	344.4	189.2	155.2	34.0	129.3	130.1	21022.2
2005	410.1	234.4	175.7	58.7	123.9	113.2	26044.4
2006	483.9	283.2	200.7	82.5	120.8	114.2	31466.7
2007	594.7	353.3	241.5	111.8	124.7	120.3	39239.0
2008	724.4	420.5	303.8	116.7	119.0	125.8	46722.2
2009	629.2	334.4	294.8	39.6	79.5	97.0	37155.6
2010	806.7	431.2	375.5	55.7	128.9	127.4	47911.2
2011	959.6	510.4	449.2	61.2	118.4	119.6	56711.1
2012	1039.9	579.5	460.4	119.1	113.5	102.5	64388.9
2013	1142.8	645.4	497.4	148.0	111.4	107.8	69556.7
2014	1139.6	587.6	552.0	35.6	91.0	111.0	69361.9

注:1998年以后为海关统计数。

18-3 按贸易性质分进出口总额

单位：万美元

分　类	2010年	2011年	2012年	2013年	2014年	2014年比上年增长%
进出口总额	**8067121**	**9595724**	**10399104.9**	**11428474.9**	**11395990.2**	**-0.3**
出口总额	**4311970**	**5104050**	**5795017.9**	**6454062.6**	**5875923.7**	**-9.0**
一般贸易	1800131.5	2228121	2956298.2	3651281.6	3229525.4	-11.6
国家间、国际组织无偿援助和赠送的物资	689.3	545	2100.4	4493.9	1176.8	-73.8
来料加工装配贸易	551159.4	579241	478659.3	604354.4	594478.6	-1.6
进料加工贸易	1510317.1	1824227	1828754.5	1674077.6	1556444.0	-7.0
边境小额贸易	40559	49456	63124.4	73051.4	79353.8	8.6
对外承包工程货物	5094.9	26721	29430.8	15666.6	30133.7	92.3
租赁贸易	441.3	15	104.6	1035.3	407.9	-60.6
出料加工贸易	286.7	54		1.3	53.3	4029.2
易货贸易	45.7	68		10.4	1.9	-81.7
海关特殊监管区域		348909	323885.2	345925.5	381329.0	10.2
保税监管场所进出境货物		224035	205978.8	195921.1	244100.5	24.6
海关特殊监管区域物流货物		124874	117906.4	150004.4	137228.5	-8.5
其他贸易	68896.5	46678	112660.5	84164.6	3019.2	-96.4
进口总额	**3755151**	**4491674**	**4604087**	**4974412.2**	**5520066.6**	**11.0**
一般贸易	1931520.4	2477696	2603561	2836244.3	3125033.5	10.2
华侨、港澳同胞、外籍华人捐赠物资	42.9	7	33			
来料加工装配贸易	520143.7	507725	487389	593380.7	550135.1	-7.3
进料加工贸易	712366.4	905437	788930	805442.9	970368.0	20.5
边境小额贸易	13954.8	31727	37091	31443.3	21110.6	-32.9
来料加工装配进口的设备	1244.3	1180	600	563.8		
租赁贸易	116.1	63	40	13.2	10.1	-23.4
外商投资企业作为投资进口的设备、物品	23340.2	53962	45479	34974.1	34090.8	-2.5
出料加工贸易	33.4	27			68.9	
易货贸易	48.4	119	15	3.5		
海关特殊监管区域		500357	628434	660481.9	808565.0	22.4
保税监管场所进出境货物		287279	430512	452865.0	610790.1	34.9
海关特殊监管区域物流货物		201901	190083	203100.3	193922.8	-4.5
其他贸易	22362.4	13374	12515	11861.6	10000.0	-15.7

18-3 续表

单位：万美元

分类	比重(%)				
	2010年	2011年	2012年	2013年	2014年
进出口总额					
出口总额	**100**	**100**	**100.0**	**100**	
一般贸易	41.7	43.7	51.0	56.6	55.0
国家间、国际组织无偿援助和赠送的物资				0.1	
来料加工装配贸易	12.8	11.3	8.3	9.4	10.1
进料加工贸易	35	35.7	31.6	25.9	26.5
边境小额贸易	0.9	0.9	1.1	1.1	1.4
对外承包工程货物	0.1	0.5	0.5	0.2	0.5
租赁贸易					
出料加工贸易					
易货贸易					
海关特殊监管区域		6.8	5.6	5.4	6.5
保税监管场所进出境货物		4.4	3.6	3.0	4.2
海关特殊监管区域物流货物		2.4	2.0	2.3	2.3
其他贸易	1.6	0.9	1.9	1.3	0.1
进口总额	**100**	**100**	**100**	**100**	
一般贸易	51.4	55.2	56.5	57.0	56.6
华侨、港澳同胞、外籍华人捐赠物资					
来料加工装配贸易	13.9	11.3	10.6	11.9	10.0
进料加工贸易	19	20.2	17.1	16.2	17.6
边境小额贸易		0.7	0.8	0.6	0.4
来料加工装配进口的设备					
租赁贸易					
外商投资企业作为投资进口的设备、物品	0.6	1.2	1.0	0.7	0.6
出料加工贸易					
易货贸易					
海关特殊监管区域		11.1	13.6	13.3	14.6
保税监管场所进出境货物		6.4	9.4	9.1	11.1
海关特殊监管区域物流货物		4.5	4.1	4.1	3.5
其他贸易	0.6	0.3	0.3	0.2	0.2

18-4 各地区进出口总额

单位：万美元

地 区	2006年	2007年	2008年	2009年	2010年	2011年	2012年	2013年	2014年
进口总额									
总 计	**2006871**	**2414687**	**3038290**	**2948357**	**3755151**	**4491674**	**4604087**	**4974412**	**5519624**
沈 阳	263091	275007	300527	304679	377887	579513	678313	733289	865613
大 连	1453765	1729200	2168111	2006491	2472262	2881629	2943100	3138534	3505503
鞍 山	66186	100699	150181	152582	246151	273417	173491	218296	188157
抚 顺	14749	23236	34001	42957	50144	38189	26909	21773	23495
本 溪	40254	54510	126198	150165	189236	218424	168557	176685	139176
丹 东	33428	41600	49888	56234	105408	151813	172230	171002	157317
锦 州	26783	33646	46990	94046	113938	111589	127653	143277	181538
营 口	48110	53482	69951	47262	71567	107763	161021	232164	234141
阜 新	508	992	628	793	2510	4662	9539	6762	4968
辽 阳	17475	48971	46423	22616	28788	25587	31363	23541	34929
盘 锦	5420	6535	10671	8288	11322	26219	40568	48882	25980
铁 岭	1438	2103	1485	1078	8408	1875	8504	21814	33533
朝 阳	7124	4058	3573	8318	8349	22538	22667	15821	18275
葫芦岛	28540	40648	29663	52848	69181	48456	40172	22573	57885
出口总额									
总 计	**2832250**	**3532507**	**4205447**	**3344142**	**4311970**	**5104050**	**5795032**	**6454063**	**5875924**
沈 阳	265822	331933	412336	352349	407717	482512	596514	699581	710285
大 连	1725809	2145260	2530561	2177367	2725909	3169350	3468242	3743743	2945693
鞍 山	213853	240689	317427	103906	144221	200499	237445	269713	272819
抚 顺	52457	66265	88227	45881	52355	61464	70706	85628	68314
本 溪	85989	123570	242452	64629	158375	193931	240515	269614	310164
丹 东	140501	161847	138491	144908	187443	235980	287511	340612	301553
锦 州	65553	95748	74063	80647	117852	149552	175144	207205	241108
营 口	117326	135281	168578	120037	220593	325860	388176	436890	452392
阜 新	4038	9063	10534	10608	12036	15323	18861	26580	31216
辽 阳	39410	68135	79115	87013	96151	51192	59855	68395	66276
盘 锦	10182	20597	25908	29230	36662	53823	70551	81780	65700
铁 岭	10028	13273	15201	42017	46129	53190	46429	63614	69261
朝 阳	26074	30965	35026	37028	41277	31274	39809	50423	75651
葫芦岛	75208	89881	67528	48522	65250	80100	95273	110287	127733

18-5 海关同主要国家(地区)进出口总额

单位：万美元

国家、地区	进出口总额				进口总额				出口总额			
	2011年	2012年	2013年	2014年	2011年	2012年	2013年	2014年	2011年	2012年	2013年	2014年
香　港	380050	352473	417016	319077	10257	15244	9874	9509	369793	337229	407142	309568
澳　门	169	1635	1636	1676		1144	1	191	169	492	1635	1485
日　本	1721208	1558982	1563288	1487737	623327	546351	551361	529222	1097881	1012631	1011927	958514
菲律宾	70292	61640	69141	79898	22399	22299	24431	31688	47893	39340	44710	48209
韩　国	865247	901567	944830	956558	377018	344214	404365	418004	488229	557353	540465	538554
泰　国	117233	143627	218330	179540	55642	55132	119635	86576	61591	88496	98695	92964
马来西亚	79270	145786	232403	270492	42346	55941	42877	32630	36924	89845	189525	237862
新加坡	240257	297949	417894	380372	30464	35708	30076	43435	209793	262241	387819	336937
印度尼西亚	273427	267348	291428	237228	56688	60422	56410	48697	216739	206926	235018	188530
土耳其	32187	32100	35466	38628	6717	9025	12080	11871	25470	23075	23386	26757
孟加拉	9900	8265	17881	23929	187	178	334	204	9713	8087	17547	23725
巴基斯坦	14432	22558	22825	27698	2631	3235	2796	3733	11801	19323	20029	23964
匈牙利	22286	19569	25386	31166	12399	7679	13319	17231	9888	11890	12066	13934
德　国	570366	715864	750283	867786	452353	576246	574033	706706	118013	139618	176249	161080
法　国	90251	88275	91202	105672	62051	49443	40087	67898	28200	38832	51115	37774
意大利	96902	92840	101704	127263	31998	35356	32911	53344	64904	57485	68793	73919
比利时	60793	57097	55445	81197	11391	13984	7923	20964	49402	43113	47522	60233
英　国	110662	116647	159475	137185	31924	22378	27565	41767	78738	94269	131910	95418
丹　麦	28050	33364	31162	31172	16154	18077	16551	17110	11896	15286	14611	14062
瑞　典	35819	31538	38505	28847	21452	17135	19897	18680	14367	14403	18608	10167
瑞　士	24502	18210	13201	18225	20104	12772	8631	14756	4398	5437	4570	3470
奥地利	17661	19549	15113	18480	12578	16277	11106	15160	5084	3272	4008	3320
西班牙	56262	67262	74580	81293	11125	13553	16228	25363	45137	53708	58352	55930
荷　兰	145779	179185	235562	158551	8761	24333	64451	15528	137018	154852	171111	143023
俄罗斯	216756	245462	241897	243095	115152	135627	128338	125209	101603	109835	113558	117886
波　兰	22563	53376	39662	39505	4911	4132	6942	17287	17652	49244	32720	22218
捷　克	10268	13318	14109	17566	6371	6366	6342	13172	3897	6951	7766	4395
罗马尼亚	6205	8655	8246	10049	2909	3346	4143	7299	3296	5308	4103	2750
保加利亚	2155	3142	3910	2607	652	546	1548	1255	1503	2595	2362	1351
埃　及	34651	17593	21214	21537	157	30	15	20	34494	17563	21199	21516
利比亚	755	33532	4576	5131		29392	41		755	4139	4535	5131
加拿大	113710	153295	167477	161671	51544	69066	71639	78782	62166	84229	95838	82889
美　国	784037	1023228	1089378	1022220	285603	336354	295019	368638	498434	686874	794359	653582
巴　西	328223	323068	422674	322229	255454	228292	299696	229158	72769	94776	122979	93071
澳大利亚	469487	401624	472108	464675	393486	286956	391392	369198	76001	114668	80716	95477
新西兰	28002	33634	54193	61283	20886	24386	42840	51220	7116	9248	11352	10063

18-6 海关主要商品出口数量

品　名	单位	2005年	2006年	2008年	2009年	2010年	2011年	2012年	2013年	2014年
冻鸡	吨	14923.0	13253.0	23513.0	17925.0	32393.8	30840.9	19416.0	31172.0	37250.5
水海产品	吨	312342.0	405784.0	423595.0	395516.0	441945.7	572674.5	627047.0	680007.0	734760.1
玉米	万吨	83.5	53.3	2.0	1.6	2.3	2.3	14.0	1.3	0.8
鲜苹果	吨	26571.0	25220.0	57371.0	59390.0	61846.9	60582.1	56032.0	62798.0	53704.5
大豆	吨	123968.0	127976.0	172235.0	176835.0	82412.2	85979.0	171388.0	121952.0	116834.9
食用植物油	吨	54876.0	68184.0	55430.0	46443.0	25521.0	23742.6	34615.0	74529.0	57377.7
天然蜂蜜	吨	3053.0	2914.0	3896.0	4323.0	5831.5	3571.8	4326.0	9304.0	10453.5
蘑菇罐头	吨	8250.0	9987.0	16913.0	9956.0	17171.6	16376.3	15467.0	16239.0	16647.0
烤烟	吨	1935.0	541.0	3327.0	3784.0	1818.1	2986.8	1678.0	2657.0	3079.6
滑石	吨	185522.0	214999.0	228772.0	144826.0	208655.3	246540.2	260084.0	268570.0	281720.8
粗苯	吨	7970.0	59360.0	83346.0	14987.0					
原油	万吨	52.3	5.1	23.7	28.9	7.6	8.9	11.0		24.0
成品油	万吨	314.9	386.4	343.9	534.6	487.1	426.3	315.0	475.6	534.9
石蜡	吨	344942.0	342066.0	290621.0	306405.0	284712.2	279939.0	293996.0	299684.0	323606.7
合成有机染料	吨	14725.0	19935.0	11529.0	9304.0	8853.2	6367.9	6408.0	4672.0	5290.0
纸及纸板	吨	4937.0	2635.0	2930.0	4249.0	5916.0	6963.8	15481.0	35670.0	20913.8
棉坯布	万米	623.8	486.5							
合成短纤与棉混纺机织物	万米	3790.7	4158.8	4926.3	3066.2	4131.5	4359.5	3962.0	3605.0	4008.8
水泥	万吨	63.2	49.2	25.8	4.4	11.8	14.5	14.0	10.0	20.6
钢材	万吨	300.1	580.0	745.2	291.5	567.1	593.0	739.0	818.0	1275.1
金属加工机床	台	9914.0	21576.0	31597.0	22267.0	29339.0	28206.0	28332.0	22827.0	25427.0
轴承	万套	4707.7	4061.8	4546.0	2713.0	4284.9	5092.4	5224.0	4634.0	5241.8
电动机及发电机	万个	36095.7	34949.6	30528.9	21684.8	32271.6	29258.2	26232.0	20515.0	19242.0
变压器	万个	2321.0	3963.0	7794.3	8215.2	11468.0	8802.8	5788.0	4844.0	6098.3
电视机	万个	258.3	300.2	481.6	450.4	561.9	470.0	421.0	396.0	370.7
汽车和汽车底盘	个	5212.0	9148.0	23305.0	13828.0	16523.0	19026.0	24924.0	24653.0	38512.0
船舶	个	6247.0	7822.0	8425.0	8487.0	10194.0	11433.0	18846.0	20163.0	8969.0
皮革服装	万个	202.3	176.4	105.5	85.4	61.6	60.5	85.0	53.0	43.1
鞋	万双	4029.2	5224.8	3210.4	2665.7	3503.9	3695.4	6559.0	11265.0	5835.2

18-7 海关主要商品进口数量

品　名	单位	2005年	2006年	2008年	2009年	2010年	2011年	2012年	2013年	2014年
大豆	万吨	161.5	95.0	75.1	113.0	214.5	195.0	225.0	236.0	231.2
食用植物油	吨	50531.0	16037.0	33270.0	1437.0	3487.5	1514.7	2858.0	3929.0	14052.5
食糖	吨	8695.0	9831.0	7175.0	22507.0	28143.1	35910.7	115558.0	603324.0	593851.8
天然橡胶	吨	49816.0	61869.0	54594.0	33988.0	40253.3	41909.0	34158.0	53731.0	61282.8
纸浆	吨	27097.0	20028.0	12859.0	23902.0	19226.7	35945.4	66929.0	101957.0	105933.5
棉花	吨	15381.0	19449.0	23211.0	15424.0	24078.9	23700.6	29169.0	19624.0	14104.4
铁矿砂及其精矿	万吨	1381.9	1458.4	2169.0	2915.0	2920.7	3105.6	2592.0	2800.0	3136.8
煤	万吨	90.2	66.6	143.6	610.5	643.7	794.0	952.0	1762.0	1393.4
原油	万吨	773.1	951.8	1157.9	1728.8	1552.1	1166.6	1348.0	1573.0	1855.2
成品油	万吨	10.8	33.8	36.8	47.2	87.1	121.6	159.0	154.0	175.1
纸及纸板	吨	32174.0	28412.0	36777.0	28784.0	34344.5	36916.5	30932.0	32019.0	27935.0
棉机织物	万米	2809.4	2883.2	1698.1	1075.8	1180.4	1147.7			1189.2
合成纤维长丝机织物	万米	7116.8	7927.1	8331.5	5934.4	6929.5	7895.4	5912.0	6246.0	4938.5
钢坯及粗锻件	吨	20357.0	8932.0	7666.0	227156.0	37134.1	16981.5	6401.0	9327.0	18399.3
钢材	吨	590661.0	488538.0	703322.0	649117.0	756953.4	932075.6	728949.0	667980.0	822510.4
金属加工机床	个	3419.0	19515.0	4232.0	14876.0	16677.0	3825.0	2579.0	1796.0	2541.0
电动机及发电机	万个	3997.5	5169.8	7277.9	5099.1	4778.9	4514.8	4733.0	3460.0	2675.3
印刷电路	万个	34216.6	38662.6	39206.8	34084.8	60204.5	90389.5	65988.0	51329.0	43193.1
汽车和汽车底盘	个	22531.0	26570.0	7134.0	7734.0	10788.0	6847.0	19071.0	12059.0	14905.0

18-8 利用外资概况

单位：个、万美元

年份	总计		对外借款		外商直接投资		外商其他投资	
	项目	金额	项目	金额	项目	金额	项目	金额
签订利用外资合同								
1990	550	85298	70	34403	365	46703	115	4192
1991	720	92238	40	33733	575	54006	105	4499
1992	2264	269694	39	68353	2148	197922	77	3419
1993	4147	431588	27	49074	4054	379615	66	2899
1994	2810	499888	63	50495	2677	448846	70	547
1995	2484	466820	54	60702	2406	397449	24	8669
1996	1901	502673	27	24728	1853	445601	21	32344
1997	1734	550991	17	57080	1698	438835	19	55076
1998	1740	506974	26	46747	1708	438957	6	21270
1999	1785	505987	44	51200	1736	444517	5	10270
2000	1908	555807	17	26983	1883	517775	8	11049
2001	1893	592312	14	31611	1876	546649	3	14052
2002	2132	742914	5	11194	2125	718520	2	13200
2003	2328	982243	1	12000	2327	970243		
2004	2491	866200			2491	866200		
2005	2686	1101596			2686	1101596		
2006	2336	1524039			2336	1524039		
2007	1844	2078104			1844	2078104		
2008	1319	2029661			1319	2029661		
2009	1629	2818381			1629	2818381		
2010	1480	2563510			1480	2563510		
2011	1050	1963942			1050	1963942		
2012	745	2476813			745	2476813		
2013	565	2163235			565	2163235		
2014	478	1879752			478	1879752		
实际利用外资额								
1990		78725		51749		24831		2145
1991		97157		61429		31360		4368
1992		85931		39512		43916		2503
1993		169055		43402		122731		2922
1994		198135		55230		142388		517
1995		190691		49377		140405		909
1996		237915		44637		167142		26136
1997		305876		29775		221446		54655
1998		314104		71742		220471		21891
1999		303820		85470		206366		11984
2000		301620		35472		255219		10929
2001		358627		33282		311293		14052
2002		425538		20777		391561		13200
2003		571074		12812		558262		
2004		540679				540679		
2005		359042				359042		
2006		598554				598554		
2007		909673				909673		
2008		1201925				1201925		
2009		1544390				1544390		
2010		2075010				2075010		
2011		2426739				2426739		
2012		2679315				2679315		
2013		2903996				2903996		
2014		2742335				2742335		

18-9 各地区实际利用外商投资额

单位：万美元

地区	2005年	2006年	2008年	2009年	2010年	2011年	2012年	2013年	2014年
总计	**359042**	**598554**	**1201925**	**1544390**	**2075010**	**2426739**	**2679315**	**2903996**	**2742335**
沈阳	212312	303444	528842	531038	505361	550247	580435	581093	452062
大连	100153	224475	441180	600199	1003025	1101208	1235033	1359985	1400453
鞍山	6936	13534	58161	74177	90496	110256	127520	138391	159010
抚顺	4207	5279	12866	31284	44182	20826	12635	52108	35731
本溪	3856	5035	11305	20108	30100	35214	46140	51449	60084
丹东	6432	11449	30606	50003	70454	101688	120100	110012	72670
锦州	6647	9557	31090	36805	50045	53780	100409	114009	125457
营口	7840	10078	32035	50491	86036	110283	121330	133041	140134
阜新	1328	1844	5166	6413	11013	14958	18295	20506	25106
辽阳	3299	5121	20038	81718	33352	39118	45093	52009	60003
盘锦	1464	2052	8390	30178	91335	200108	161004	150334	74895
铁岭	1564	3172	12021	17197	26288	30345	40217	55539	55894
朝阳	584	2494	5020	7332	11039	14269	18103	21020	25032
葫芦岛	2420	1020	5205	7447	22284	44439	53001	64500	55804

18-10 按国别、地区分实际利用外商投资额

单位：万美元

国家、地区	2005年	2006年	2008年	2009年	2010年	2011年	2012年	2013年	2014年
香港	139993	167937	532055	674180	1147685	1610711	1465255	1518436	1207781
澳门	1436	1332	7835	32817	30242	12464	13720	26713	8315
台湾	5793	16668	31574	79920	90200	69762	43008	60379	28205
印度尼西亚	395	12		3			50	80	
日本	41003	73991	98480	115592	126158	144210	214451	430131	301666
马来西亚	4675	3440	6821	13910	8064	1422	1663	8045	10761
菲律宾	373	450	924	987	660	8918	2589	2849	1612
新加坡	13158	27636	26259	26408	50185	13050	37755	112578	109643
韩国	51435	93564	162223	156053	135474	139784	146673	201222	91633
泰国	2780	2472	5066	2732	40	2825	4540	587	102
比利时	495	1050	1000	7		1	1299	815	7371
丹麦	215	596		8976	2	6	239	165	34
英国	4861	3508	12907	17235	18597	14813	7016	18839	17751
德国	3693	7238	2048	14030	7198	23975	52073	39122	44467
法国	31	1520	438	1317	1463	1906	2320	3377	1000
意大利	2426	4986	2397	473	219	1780	6663	13012	1461
荷兰	2921	4255	2875	3539	5799	1222	2415	30654	45875
西班牙	84	1036	492	1242	5324	443	6038	11231	6604
芬兰		25	280		42	28	17	408	83
瑞士	503	101	2856	1194	234	35898	11496	19824	19076
加拿大	4499	13849	6390	23996	19657	10580	13413	17122	23386
美国	28262	55693	67548	82296	67450	55484	120614	78931	137945
澳大利亚	3949	9726	7863	11457	7177	2225	15287	11221	25468
新西兰	1005	903	1466	1152	9057	2070	8590	366	303

18-11 项目、合同外资额

(按国别、地区分)　　单位：个、万美元

国家、地区	2007年		2008年		2009年		2010年	
	项目	合同外资额	项目	合同外资额	项目	合同外资额	项目	合同外资额
香港	455	913623	337	747395	509	1224091	521	1444286
澳门	11	8839	8	19819	20	65623	22	38708
台湾	77	67182	90	169541	137	264515	145	260442
印度尼西亚	2	-34		-130				
日本	305	85584	233	198502	231	204429	221	112441
马来西亚	14	10022	6	6534	6	11277	8	10005
菲律宾	3	13325	1	-969	2	1235	1	315
新加坡	42	44165	34	62084	23	43892	25	34943
韩国	507	266657	343	272915	352	418856	256	172781
泰国	1	-229	1	5179	1	2600		-876
比利时	1	-3628		990	2	-136	1	117
丹麦	1	366	1	8237	1	-189		-5
英国	25	46789	18	29353	16	6448	5	18198
德国	20	17137	17	8173	14	30050	18	7611
法国	3	-647	5	-38	6	8653	4	1168
意大利	10	8124	5	3045	3	-3156	2	632
荷兰	6	602	11	7437	2	-1014	1	1596
西班牙	6	3946	3	2663	3	3025	5	4421
芬兰				338	1	314		
瑞士	4	4490	1	58	3	206	2	2686
加拿大	60	31488	24	24300	38	64563	28	37098
美国	132	101580	89	133151	113	153389	62	44853
澳大利亚	18	8550	14	3915	6	9391	18	8931
新西兰	4	6984	3	4130	5	724	4	9924

18-11 续表　　单位：个、万美元

国家、地区	2011年		2012年		2013年		2014年	
	项目	合同外资额	项目	合同外资额	项目	合同外资额	项目	合同外资额
香　港	392	1254359	244	1267282	210	1173266	128	929530
澳　门	23	13745	12	4645	2	10845	4	13151
台　湾	48	67519	21	63380	18	32130	15	23703
印度尼西亚		-77				57		
日　本	196	85834	176	232852	91	261811	70	215911
马来西亚	3	-1814	13	-494	3	4180	4	806
菲律宾	3	10115	1	12726		1320		-6
新加坡	27	25182	16	99631	23	106784	23	78767
韩　国	126	82325	99	77653	86	142270	96	30870
泰　国	1	-152	1	5560		-2215	1	680
比利时	2	-197	1	1589		3229		
丹　麦		-358	2	196	1	66		
英　国	14	6946	1	8287	5	6546	4	-295
德　国	15	11022	12	35913	12	24781	19	38226
法　国	8	4181	3	4522	4	1074	3	1389
意大利	7	4031	4	4958	3	5966	1	631
荷　兰	4	2087	5	7348	4	-1401	1	3106
西班牙	2	5069	5	4524	3	7646	4	1623
芬　兰					1	218		83
瑞　士	4	41510	1	3288	5	20153	3	23591
加拿大	20	11552	9	16162	11	19383	10	-1287
美　国	37	13561	28	99654	23	39902	23	75558
澳大利亚	11	17009	5	7175	8	14777	5	27145
新西兰	2	18471	2	415		-4		-10385

18-12 按行业分实际利用外商投资项目及合同额情况

行 业	2005年	2006年	2008年	2009年	2010年	2011年	2012年	2013年	2014年
一、合同项目(个)									
总 计	**2686**	**2336**	**1319**	**1629**	**1480**	**1050**	**745**	**565**	**478**
农、林、牧、渔业	69	55	37	38	26	32	13	12	17
采 矿 业	25	16	7	6	4	6	9	7	2
制 造 业	1717	1366	682	538	463	372	257	124	91
电力、燃气及水的生产和供应业	15	29	19	24	26	29	18	9	7
建 筑 业	42	38	14	30	28	29	28	3	7
交通运输、仓储及邮政业	12	24	18	15	17	18	11	18	11
信息传输、计算机服务和软件业	129	90	79	139	86	57	34	23	26
批发和零售业	151	158	127	137	185	177	158	165	127
住宿和餐饮业	125	101	49	24	40	28	26	15	27
金 融 业	4	2	3	2	3	3		5	13
房地产业	178	242	43	120	182	75	64	58	38
租赁和商务服务业	139	122	164	190	148	112	81	81	73
科学研究、技术服务和地质勘查业	31	46	48	291	211	84	33	25	23
水利、环境和公共设施管理业	3	9	7	12	14	11	5	7	2
居民服务和其他服务业	28	17	12	44	36	11	6	7	7
教育	2	1			1				1
卫生、社会保障和社会福利业	1	2		2				2	
文化、体育和娱乐业	15	18	10	17	10	6	2	4	6
公共管理和社会组织									
国际组织									
二、合同外资额(万美元)									
总 计	**1101596**	**1524039**	**2029661**	**2818381**	**2563510**	**1963942**	**2476813**	**2163235**	**1879752**
农、林、牧、渔业	21048	25350	28955	50217	24257	58736	54900	34462	32402
采 矿 业	6938	8470	13548	17037	5373	1897	13639	16001	16275
制 造 业	716719	898064	1193627	1006115	690925	590282	1206273	1089177	841844
电力、燃气及水的生产和供应业	10534	20512	48938	34665	34899	96486	67258	92742	58748
建 筑 业	6333	6743	5142	41671	68918	82021	140841	15097	-7775
交通运输、仓储及邮政业	11875	32056	40903	30601	51753	18496	77602	160889	153403
信息转输、计算机服务和软件业	41606	21198	117275	198482	109805	24811	83029	56605	54026
批发和零售业	32004	29688	49065	14828	50439	79976	82493	142071	88233
住宿和餐饮业	15442	15115	20524	8370	1694	13349	34719	19554	27931
金 融 业	3767	837	12779	-6778	9500	16368	4366	17546	91870
房地产业	180554	365030	351803	409007	701894	586127	400008	365711	229748
租赁和商务服务业	29677	27549	57172	145132	116944	115743	120101	66195	171997
科学研究、技术服务和地质勘查业	11235	46610	72689	593208	441232	114210	116458	63882	65050
水利、环境和公共设施管理业	2006	3995	8452	27588	61070	24796	11695	3010	19606
居民服务和其他服务业	4658	8213	2384	224129	172766	113634	42448	-7152	1763
教育	12	18	37		4				258
卫生、社会保障和社会福利业	2084	3008	30	4000		79		3983	40
文化、体育和娱乐业	5104	11583	6338	20109	22037	26931	20983	23462	34333
公共管理和社会组织									
国际组织									

18-13 按行业分实际利用外商投资额情况

单位：万美元

行　　业	2005年	2006年	2008年	2009年	2010年	2011年	2012年	2013年	2014年
总　　计	**359042**	**598554**	**1201925**	**1544390**	**2075010**	**2426739**	**2679315**	**2903996**	**2742335**
农、林、牧、渔业	2353	5367	15759	14150	18622	33769	42030	40877	39794
采 矿 业	1660	2252	7830	11015	4137	235	8363	24290	18345
制 造 业	176122	342981	525614	695686	761130	1132689	1245637	1468341	1301938
电力、燃气及水的生产和供应业	3915	11202	31389	28020	38321	55448	281335	159734	92254
建 筑 业	5575	1698	2636	5826	33075	41593	73382	63142	6316
交通运输、仓储及邮政业	9059	9211	31017	22499	31424	8658	67133	143036	211107
信息传输、计算机服务和软件业	8315	15871	35468	70799	48026	27845	88680	99319	133314
批发和零售业	4647	19912	19339	28767	35741	103071	75823	120873	97672
住宿和餐饮业	3789	5750	10426	2701	8011	9683	51047	18027	45268
金 融 业	559	334	6149	869	40344	26916	25070	25205	91912
房地产业	98312	152248	448306	353215	702800	697546	458258	577257	499154
租赁和商务服务业	5928	10159	45072	50407	46954	67868	50286	66124	103788
科学研究、技术服务和地质勘查业	1639	7734	13051	132051	115323	54851	106336	40211	55681
水利、环境和公共设施管理业	1132	871	2995	4504	39741	43274	5509	6661	4345
居民服务和其他服务业	3965	8157	1377	113335	131414	100536	74633	29510	25988
教育	98				1	1	2		65
卫生、社会保障和社会福利业	17	58		23	1010	7	35	113	26
文化、体育和娱乐业	1835	4749	5497	10523	18936	22119	22756	21276	15368
其 他						630			

18-14 年末登记外商投资企业行业分布情况

行　业	企业数(户)					投资总额(百万美元)				
	2010年	2011年	2012年	2013年	2014年	2010年	2011年	2012年	2013年	2014年
总　计	**11787**	**11787**	**17960**	**17250**	**17091**	**165969**	**165969**	**185564**	**183207**	**198640**
农、林、牧、渔业	255	255	252	217	215	1589	1589	1822	1839	2155
采 矿 业	41	41	48	43	41	521	521	910	694	716
制 造 业	6715	6715	6835	6157	5811	74760	74760	78797	78645	85181
电力、燃气及水的生产和供应业	133	133	170	174	177	6880	6880	7568	10506	11217
建 筑 业	302	302	416	387	368	6188	6188	7301	5635	5147
交通运输、仓储及邮政业	151	151	380	417	426	4683	4683	5119	6206	7068
信息转输、计算机服务和软件业	516	516	2387	2337	2258	3006	3006	3062	2646	2660
批发和零售业	1059	1059	2548	2690	2820	4048	4048	4401	6244	7805
住宿和餐饮业	385	385	995	1063	1122	1973	1973	1851	1695	1526
金 融 业	24	24	231	279	337	1140	1140	1091	1093	1998
房地产业	910	910	1006	994	1002	42824	42824	54029	48741	52921
租赁和商务服务业	633	633	1838	1678	1724	8783	8783	9428	9342	10735
科学研究、技术服务和地质勘查业	385	385	486	466	456	4768	4768	5483	5300	4774
水利、环境和公共设施管理业	66	66	72	56	50	2511	2511	2531	2742	2728
居民服务和其他服务业	116	116	181	189	181	589	589	271	366	454
教育	3	3	4	4	4	1	1	1	1	1
卫生、社会保障和社会福利业	5	5	4	5	3	69	69	53	55	5
文化、体育和娱乐业	88	88	107	94	96	1636	1636	1845	1418	1549

18-14 续表

行　业	注册资本(百万美元)									
						#外方				
	2010年	2011年	2012年	2013年	2014年	2010年	2011年	2012年	2013年	2014年
总　计	**105770**	**105770**	**117131**	**113599**	**120350**	**86489**	**86489**	**96255**	**92762**	**98611**
农、林、牧、渔业	930	930	1205	1008	1297	744	744	1009	1008	1055
采 矿 业	348	348	520	374	380	248	248	407	271	274
制 造 业	41692	41692	42954	42188	43750	32575	32575	33333	32423	33840
电力、燃气及水的生产和供应业	3097	3097	3161	3896	4109	2210	2210	2258	2996	3114
建 筑 业	3989	3989	5322	4189	3727	3540	3540	4797	3835	3421
交通运输、仓储及邮政业	2490	2490	2782	3178	3740	1449	1449	1518	1706	2193
信息转输、计算机服务和软件业	2009	2009	2030	1739	1645	1646	1646	1658	1409	1292
批发和零售业	2129	2129	2392	3056	4040	1880	1880	2121	2704	3545
住宿和餐饮业	983	983	889	984	876	723	723	660	777	705
金 融 业	916	916	876	886	1501	739	739	687	728	1158
房地产业	33058	33058	40375	37492	40683	27527	27527	34084	31458	34454
租赁和商务服务业	7466	7466	7987	8087	8886	7286	7286	7769	7714	8439
科学研究、技术服务和地质勘查业	3522	3522	3795	3764	2973	3195	3195	3386	3386	2616
水利、环境和公共设施管理业	1616	1616	1579	1583	1565	1509	1509	1462	1444	1441
居民服务和其他服务业	399	399	176	233	275	235	235	150	191	234
教育	1	1	0			1	1			
卫生、社会保障和社会福利业	29	29	23	25	5	25	25	23	24	4
文化、体育和娱乐业	1096	1096	1065	771	898	957	957	931	686	826

主要统计指标解释

利用外资　指我国各级政府、部门、企业和其他经济组织通过对外借款、吸收外商直接投资以及用其他方式筹措的境外现汇、设备、技术等。

外商直接投资　是指外国企业和经济组织或个人(包括华侨、港澳台胞以及我国在境外注册的企业)按我国有关政策、法规，用现汇、实物、技术等在我国境内开办外商独资企业、与我国境内的企业或经济组织共同举办中外合资经营企业、合作经营企业或合作开发资源的投资(包括外商投资收益的再投资)以及经政府有关部门批准的项目投资总额内，企业从境外借入的资金。

对外承包工程　包括各对外承包公司以招标议标承包方式承揽的下列业务(1)承包国外工程建设项目；(2)承包我国对外经援项目；(3)承包我国驻外机构的工程建设项目；(4)承包我国境内利用外资进行建设的工程项目；(5)与外国承包公司合营或联合承包工程项目时我国公司分包部分；(6)以服务成果向业主收费的技术服务项目(包括承担地形地貌测绘；地质资源勘探与普查；建设区域规划；提供设计文件、图纸、生产工艺技术资料和工程技术经济咨询；工程项目的可行性考察、研究和评估；进行技术指导和培训人员等)；(7)对外承包兼营的房屋开发业务。对外承包工程的营业额是以货币表现的本期内完成的对外承包工程的工作量，包括以前年度签订的合同和本年度新签订的合同在报告期完成的工作量。

对外劳务合作　指以收取工资的形式向业主或承包商提供技术和劳动服务的活动。我国对外承包公司在境外开办的合营企业，中国公司同时又提供劳务的，其劳务部分也纳入劳务合作统计。劳务合作营业额按报告期内向雇主提交的结算数(包括工资、加班费和奖金等)统计。

十九、旅游

Chapter 19 Tourism

19-1 旅游事业发展情况

指　　标	单位	2005年	2006年	2008年	2009年	2010年	2011年	2012年	2013年	2014年
入境旅游人数	**人次**	**1301955**	**1612987**	**2418707**	**2931954**	**3617999**	**4103329**	**4731340**	**5031286**	**2607019**
外　国　人	人次	1111091	1372550	2072737	2507403	3070097	3444122	3885864	4017005	2006223
港澳台同胞	人次	190864	240437	345970	424551	547902	659207	845476	1014281	600796
平均逗留天数	天	3.2	3.1	3.0	3.1	3.1	3.2	3.2	2.9	2.9
国内居民出境人数	**人次**	**212996**	**438156**	**969000**	**1623038**	**1469022**	**1324000**	**1416000**	**2035000**	**2503050**
国内旅游人数	**万人次**	**9860**	**13166**	**19836**	**24195**	**28277.5**	**32563.5**	**36281.5**	**40427.2**	**45925**
旅游收入										
国际旅游收入	万美元	73777	93430	152618	185621	225932.9	271314	318345	347713.6	161800
国内旅游收入	亿元	674.7	896.1	1635.5	2098.8	2533.4	3159.3	3742	4432.6	5190.2
星级饭店总数	**个**	**499**	**497**	**540**	**515**	**543**	**551**	**512**	**512**	**533**
旅行社数	**个**	**1003**	**1073**	**1116**	**1110**	**1170**	**1162**	**1165**	**1243**	**1296**

注：2014年入境旅游人数指标改为入境过夜旅游人数。

19-2 按国别分外国入境旅游人数

单位：人次

国　别	2005年	2006年	2008年	2009年	2010年	2011年	2012年	2013年	2014年
总　计	**1111091**	**1372550**	**2072737**	**2507403**	**3070097**	**3444122**	**4731340**	**5031286**	**2607019**
日　本	429841	503850	708085	869432	1018917	1072999	1035389	742632	362419
菲律宾	5932	9118	14701	21446	21327	25659	28556	20541	20109
新加坡	17977	20676	36907	40618	51797	75938	95820	106024	69701
泰　国	5002	6784	10285	9483	10725	16563	15390	13966	12546
印度尼西亚	4632	8821	11346	13219	14486	16275	18005	18069	14926
美　国	31497	38973	63346	77118	118961	119775	117337	122329	55857
加拿大	8671	11163	18297	21283	27374	29143	33629	34437	30889
英　国	9659	14338	34614	41504	55666	59156	47153	49747	35742
法　国	6542	9466	17671	16678	22617	25970	32384	34115	20986
德　国	17234	22356	34106	34398	37634	41400	49736	57598	49022
意大利	4149	6031	10162	10475	10811	13879	20378	20158	10655
俄罗斯	63459	88553	132801	159078	216104	224800	276869	323372	170418
澳大利亚	7325	9332	14980	18303	21471	26869	35315	35408	28668
新西兰	1846	2588	4691	6262	6771	9213	14669	16223	16181

注：2014年入境旅游人数指标改为入境过夜旅游人数。

19-3 按地区分接待入境旅游人数

单位：人次

地　区	2005年	2006年	2008年	2009年	2010年	2011年	2012年	2013年	2014年
接待旅游人数	**1301955**	**1612987**	**2418707**	**2931954**	**3617999**	**4103329**	**4731340**	**5031286**	**2607019**
沈　阳	326513	400036	476357	495325	550313	634895	750011	813067	619724
大　连	600030	700032	950045	1050043	1166020	1170035	1284176	1190035	965615
鞍　山	68409	86246	155055	202293	264607	291745	383265	438511	191082
抚　顺	19669	33097	77201	87069	111529	138539	169685	200307	147030
本　溪	52201	82199	217816	367384	562000	594217	578611	619822	123973
丹　东	103494	128000	190762	267860	326796	400540	491701	530891	116195
锦　州	54952	68117	114820	150381	200134	253092	308580	344131	113675
营　口	17011	21109	49670	59787	85708	155538	198032	241280	69461
阜　新	2313	3033	10953	19190	23000	25531	27225	28633	20353
辽　阳	9803	12660	18080	21058	27864	33470	38506	44332	38763
盘　锦	14464	33626	82110	115000	180936	243895	314184	365184	105758
铁　岭	7051	13006	33054	39827	48061	57203	66057	70210	34495
朝　阳	1544	3180	7563	11010	13847	16626	19073	21268	18555
葫芦岛	24501	28646	35221	45727	57184	88003	102234	123615	42340

注：2014年入境旅游人数指标改为入境过夜旅游人数。

19-4 按地区分旅游外汇收入

单位：万美元

地　区	2005年	2006年	2008年	2009年	2010年	2011年	2012年	2013年	2014年
旅游外汇收入	**73777**	**93430**	**152618**	**185621**	**225933**	**271314**	**318345**	**347714**	**161800**
沈　阳	17272	23156	33009	36999	40024	49980	63195	66451	32837
大　连	40000	46500	65835	72748	80386	80519	87349	81341	46012
鞍　山	4945	6080	12052	15607	22435	21614	27400	50086	14924
抚　顺	504	915	3439	3965	5882	10828	12982	15123	12128
本　溪	1702	3891	10985	19715	27095	43209	48878	48636	11485
丹　东	3680	4493	9040	12535	16151	21310	26642	24473	8192
锦　州	1841	3095	6512	8317	11820	14754	18506	21213	10972
营　口	718	943	2159	2641	3728	6186	7187	10657	6221
阜　新	90	136	488	835	1005	1133	1153	1243	874
辽　阳	468	649	1007	1212	1699	2080	1896	2869	2436
盘　锦	747	1359	3828	5486	8916	11095	13327	13201	9454
铁　岭	330	634	1776	2275	2698	3321	4014	4689	2718
朝　阳	77	167	464	664	853	1026	1181	1403	1244
葫芦岛	676	938	2024	2622	3241	4259	4634	6329	2302

19-5 按地区分国内旅游人数及收入

(2014年)

单位：万人次、百万元

地　区	国内旅游接待人数	过夜旅游者	一日游游客	国内旅游收　入	过夜旅游者	一日游游客
全　省	**45925.3**	**21584.9**	**24340.4**	**519020**	**243939**	**275081**
沈　阳	8087.7	3801.2	4286.5	90074	42335	47739
大　连	5619.8	2641.3	2978.5	96535	45371	51163
鞍　山	3949.5	1856.3	2093.2	39914	18760	21154
抚　顺	3702.5	1740.2	1962.3	38935	18300	20636
本　溪	3545.3	1666.3	1879.0	36095	16965	19130
丹　东	3468.5	1630.2	1838.3	41917	19701	22216
锦　州	3544.9	1666.1	1878.8	26546	12477	14070
营　口	1835.3	862.6	972.7	24300	11421	12879
阜　新	1042.9	490.2	552.7	7666	3603	4063
辽　阳	2794.2	1313.3	1480.9	25463	11968	13496
盘　锦	2299.3	1080.7	1218.7	29160	13705	15455
铁　岭	1949.5	916.3	1033.2	17173	8071	9102
朝　阳	1631.1	766.6	864.5	21052	9895	11159
葫芦岛	2454.7	1153.7	1301.0	24189	11369	12820

主要统计指标解释

旅游者人数 (1)入境国际旅游者人数：指来中国参观、访问、旅行、探亲、访友、休养、考察、参加会议和从事经济、科技、文化、教育、宗教等活动的外国人、港澳同胞和台湾同胞的人数。包括入境旅游者和入境一日游游客。不包括外国在我国的常驻机构，如使领馆、通讯社、企业办事处的工作人员；来我国常住的外国专家、留学生以及在岸逗留不过夜人员。

(2)出境居民人数：指大陆居民因公务活动或私人事务短期出境的人数。公务活动出境居民人数包括在国际交通工具上的中国服务员工，因私出境居民人数不包括在国际交通工具上的中国服务员工。

(3)国内旅游者人数：指我国大陆居民和在我国常住 1 年以上的外国人、港澳台同胞离开常住地在境内其他地方的旅游设施内至少停留一夜，最长不超过 12 个月的人数；和国内居民离开惯常住地 10 公里以上，出游时间超过 6 小时不足 24 小时，并未在境内其他地方的旅游住宿设施过夜的国内一日游游客。

国际旅游(外汇)收入 指入境旅游的外国人、港澳同胞和台湾同胞在中国大陆旅游过程中发生的一切旅游支出，对于国家来说就是国际旅游(外汇)收入。

国际旅行社 指经营对外招徕并接待外国人、港澳同胞和台湾同胞来中国、回内地旅游业务的旅行社。

国内旅行社 指负责经营招徕、组团、接待国内游客的旅游业务，以及不对外招徕，负责经营接待国际旅行社或其它涉外部门组织的外国人、港澳同胞和台湾同胞来中国、回内地的旅游业务的旅行社。

星级饭店 指设备、设施、服务符合《旅游饭店星级的划分与评定》(中华人民共和国国家标准)，通过相关旅游管理部门评定，并取得星级饭店称号的饭店(含预备星级饭店)。

二十、金融业

Chapter 20 Financial Intermediation

20-1 金融机构存款、贷款余额

单位：亿元

指　　标	2005年	2006年	2008年	2009年	2010年	2011年	2012年	2013年	2014年
年末存款余额	**11967.0**	**13596.8**	**18223.2**	**22758.6**	**27372.5**	**30832.4**	**35303.5**	**39418.0**	**42053.1**
其中：财政存款	116.6	144.3	306.7	515.6	593.2	655.6	776.6	880.6	864.1
储蓄存款	6950.2	7701.2	10127.3	12030.9	13690.3	15529.6	17967.4	19857.9	21396.8
委托存款	34.6	36.5	129.0	189.0	313.9	137.6	143.2	217.6	242.8
年末贷款余额	**7958.1**	**9117.2**	**11794.6**	**15549.6**	**18689.8**	**22831.7**	**26306.5**	**29722.0**	**33023.5**

注：2005-2010年为金融机构(含外资)人民币存款、贷款余额；2011-2014年为金融机构(含外资)本外币存款、贷款余额。下同。

20-2 金融机构贷款余额

单位：亿元

指　　标	2010年	2011年	2012年	2013年	2014年
年末贷款余额	**18689.8**	**22831.7**	**26306.5**	**29722.0**	**33023.5**
一、境内贷款	**18688.4**	**22683.4**	**26092.5**	**29484.2**	**32800.0**
其中：(一)短期贷款	6143.8	8122.4	9819.4	11643.4	12703.6
1.个人贷款及透支	875.2	1052.8	1247.4	1686.9	1915.0
其中：个人消费贷款	68.1	89.8	121.7	254.2	389.9
2.单位普通贷款及透支	4888.1	6023.0	7203.7	8381.2	9360.3
其中：经营性贷款	4511.5	5857.8	7091.1	8274.6	9195.7
固定资产贷款	305.6	163.4	112.6	105.4	155.8
3.普通并购贷款			0.2	4.0	5.3
4.银团贷款	60.5	71.9	33.5	22.7	21.5
5.贸易融资	320.1	974.7	1334.5	1548.5	1401.5
(二)中长期贷款	11481.2	13757.0	15418.8	17004.4	18714.4
1.个人贷款	2572.3	3216.0	3699.4	4386.3	4842.1
其中：个人消费贷款	2135.0	2608.6	2979.8	3543.0	3916.5
2.单位普通贷款	8250.1	9603.1	10582.5	11309.3	12138.2
其中：经营性贷款	2127.4	2054.4	2109.3	2320.2	2514.4
固定资产贷款	6062.0	7548.6	8473.2	8989.1	9623.9
3.普通并购贷款	2.5	10.3	23.8	31.8	38.1
4.银团贷款	533.5	764.8	901.1	1039.0	1416.1
5.贸易融资	122.9	156.2	206.3	232.9	275.4
6.境外筹资转贷款		6.6	5.8	5.2	4.4
(三)融资租赁		19.7	14.3	8.4	4.7
(四)票据融资	957.6	779.2	820.3	792.7	1269.9
(五)各项垫款	2.4	5.0	19.8	35.2	107.4
二、境外贷款	**1.3**	**148.3**	**213.9**	**237.8**	**223.5**

20-3 各地区金融机构存款余额

单位：万元

地区	2010年		2011年		2012年		2013年		2014年	
	金融机构存款余额	#储蓄存款余额	金融机构存款余额	#储蓄存款余额	金融机构存款余额	#储蓄存款余额	金融机构存款余额	#储蓄存款余额	金融机构存款余额	#储蓄存款余额
全省	**273725498**	**136902654**	**308324441**	**155295877**	**353034740**	**179673816**	**394180177**	**198579193**	**420531036**	**213968065**
沈阳	80919886	33382310	90406779	37782809	104415503	43707886	115765816	48215573	124580194	52082604
大连	85035192	33748155	93950797	37387777	107677779	42372326	119536466	45692427	121530312	47585009
鞍山	19026424	11211010	20639697	12457395	22694349	14451960	25300889	15911886	28608615	17525473
抚顺	9276919	6205005	10419733	6966516	11617016	8197299	12838892	9012553	13670394	9764244
本溪	7275114	4708767	8596851	5294505	9444047	5973127	10293344	6604490	11163021	6889473
丹东	9194074	6544583	10617870	7706864	12448375	8996650	13629915	9929407	14883139	10839883
锦州	10114016	6892809	11375584	7811064	12955839	9080531	15172334	10221011	17255308	10941435
营口	9461850	5957239	11120831	6839406	12942493	8095744	15106731	9267086	17490741	10227215
阜新	5052726	3231482	6070627	3794163	6861254	4443717	8042587	5044477	8374790	5544579
辽阳	8294317	5284981	9756015	5890931	11550523	6822162	13221259	7544870	14081856	8154462
盘锦	8398341	5151827	9526352	5842839	11079089	6802846	12376247	7736680	13067206	8531712
铁岭	6249288	4327388	7355191	5263886	8364831	6237771	9228533	7039437	10309396	7949393
朝阳	7055481	5003437	8832094	6147210	10241619	7349783	11608798	8407145	12480463	9196587
葫芦岛	8111707	5249017	9361708	6101069	10741971	7142014	12057875	7952151	13034910	8735997

20-4 各地区金融机构贷款余额

(2014年)

单位：万元

地区	金融机构贷款余额				
		境内贷款	短期	中长期	境外贷款
全省	**330235368**	**328000094**	**127035973**	**187144427**	**2235274**
沈阳	102671995	101826522	29811368	68251220	845473
大连	109593553	108618417	39660020	64400438	975136
鞍山	18174876	17761650	9537610	7706826	413226
抚顺	6671902	6671852	3008415	3121212	50
本溪	8744385	8744385	5534565	2258901	
丹东	9236400	9235459	4681824	4273979	941
锦州	11379692	11379692	3994770	6954126	
营口	15535657	15535234	7768194	7281603	423
阜新	7002299	7002299	3309661	3547384	
辽阳	9115441	9115417	5483068	3003331	24
盘锦	7997416	7997416	3882231	3849288	
铁岭	7760249	7760249	3671346	3664348	
朝阳	8302081	8302080	2933888	4951813	1
葫芦岛	8049424	8049424	3759012	3879957	

主要统计指标解释

信贷资金 国家银行用于发放贷款的资金叫信贷资金。中国人民银行信贷资金的来源有各项存款、对国际金融机构负债、流通中货币、银行自有资金及当年结益等。信贷资金的运用有各项贷款、黄金占款、外汇占款、财政借款及在国际金融机构中的资产等。

存款 企业、机关、团体或居民根据可以收回的原则，把货币资金存入银行或其他信用机构保管并取得一定利息的一种信用活动形式。根据存款对象的不同可划分为企业存款、财政存款、机关团体存款、基本建设存款、城镇储蓄存款、农村存款等科目。它是银行信贷资金的主要来源。

贷款 银行或其他信用机构根据必须归还的原则，按一定利率，为企业、个人等提供资金的一种信用活动形式。我国银行贷款，分流动资金贷款、固定资产贷款、城乡个体工商户贷款以及农户贷款等科目。

二十一、服务业

Chapter 21 Service

21-1 分地区重点服务业企业主要财务指标

(2014年)

单位：万元

地区	企业单位数(个)	固定资产原价	本年折旧	资产总计	负债合计	所有者权益合计	营业收入	营业成本
全省	**7713**	**49700247**	**2967095**	**115324412**	**68678173**	**46646239**	**32454262**	**24042630**
沈阳	2140	9751768	717213	23725250	15680701	8044549	6679975	4457604
大连	2091	18418031	851339	42916610	24277742	18638867	13154095	10192861
鞍山	837	2609226	173331	6096504	3232669	2863835	2529096	1673507
抚顺	287	1797735	120100	2032828	656886	1375942	804919	602629
本溪	146	2040197	72549	6156104	4069058	2087046	1310410	1172683
丹东	273	2170198	122902	5622723	3657952	1964770	901813	453583
锦州	497	2802054	178432	3313315	1596520	1716795	1321673	1007792
营口	402	4924411	413767	15371907	9753618	5618289	2901668	2379213
阜新	148	671103	38595	723533	294379	429154	284724	210194
辽阳	231	1071519	61914	3103711	2043601	1060111	517774	346667
盘锦	234	826555	57358	3126296	1796047	1330248	713343	557318
铁岭	86	923965	40049	969673	391425	578248	424516	334351
朝阳	195	766057	54518	843461	437394	406067	471249	329201
葫芦岛	146	927428	65029	1322498	790181	532318	439008	325026

21-1 续表

单位：万元

地区	营业税金及附加	销售费用、管理费用、财务费用合计	营业利润	利润总额	应付职工薪酬	应交增值税	从业人员平均人数(人)
全省	**478753**	**6730979**	**1823832**	**2506702**	**5248273**	**471640**	**786361**
沈阳	168318	1819367	379592	531658	1175826	121101	183645
大连	145004	2471138	573212	874014	2316440	201475	271052
鞍山	47127	407834	382509	425531	309423	47468	64061
抚顺	12416	208917	-9361	8569	196027	16031	34262
本溪	10636	283974	-135743	-118293	144980	16324	25697
丹东	13936	275292	162446	176426	102853	13502	24669
锦州	16598	228733	72747	93519	165192	9923	36528
营口	20068	414240	304581	337577	391591	16664	58915
阜新	4232	75143	497	7521	63962	1709	12230
辽阳	14064	123175	39758	50205	85889	7479	20195
盘锦	9030	129271	19741	30777	100607	7372	16786
铁岭	4661	85537	949	15915	51252	4972	8669
朝阳	6733	105633	27540	51567	62640	1970	14590
葫芦岛	5930	102725	5364	21716	81592	5650	15062

21-2 按企业性质分重点服务业企业主要财务指标

(2014年) 单位：万元

项　目	企业单位数(个)	固定资产原　价	本年折旧	资产总计	负债合计	所有者权益合计	营业收入	营业成本
总　计	**7713**	**49700247**	**2967095**	**115324412**	**68678173**	**46646239**	**32454262**	**24042630**
内资企业	7320	36829153	2016224	101024506	60192943	40831563	26977684	20774026
国有企业	720	7135947	367420	12539890	8614447	3925443	4520774	3725871
集体企业	224	496713	45144	1235039	620284	614755	579175	385178
股份合作企业	49	86346	8952	196919	152207	44712	53952	33805
联营企业	10	17814	461	25704	30617	-4913	39674	32626
有限责任公司	2393	17410268	824243	64216773	38396727	25820046	11617193	9065972
国有独资公司	175	7618201	276814	25589039	15799051	9789988	2758060	2284183
其他有限责任公司	2218	9792066	547430	38627735	22597676	16030058	8859133	6781789
股份有限公司	309	7407047	418309	11394491	5451019	5943473	4624140	3606429
私营企业	3266	3961120	302422	10720991	6536918	4184074	5109241	3638944
私营独资企业	296	231414	19790	370265	208980	161285	234048	136930
私营合伙企业	97	24006.1	2870	91167	33470	57697	62132	21204
私营有限责任公司	2661	3497260	258243	9637123	5993601	3643523	4499540	3272005
私营股份有限公司	212	208440	21519	622436	300867	321569	313521	208805
其他企业	349	313900	49273	694698	390725	303973	433536	285202
港、澳、台商投资企业	113	6432678	368083	4818810	3376633	1442177	1861543	1183550
其中：与港澳台商合资经营企业	48	1234024	72165	1759200	943095	816105	635323	416600
港澳台商独资经营企业	55	3329159	178388	2115172	378968	1736205	846744	511377
外商投资企业	280	6438416	582788	9481096	5108598	4372499	3615035	2085054
其中：中外合资经营企业	76	2203807	113710	6041427	3814351	2227076	1002368	584276
外资企业	181	2847623	202317	2486525	1081072	1405452	2058358	1098974

21-2 续表 单位：万元

项　目	营业税金及附加	销售费用、管理费用、财务费用合计	营业利润	利润总额	应付职工薪　酬	应　交增值税	从业人员平均人数(人)
总　计	**478753**	**6730979**	**1823832**	**2506702**	**5248273**	**471640**	**786361**
内资企业	400893	5287902	1061319	1724375	4301719	336594	688759
国有企业	46342	905578	-109056	58278	892794	43268	144768
集体企业	12477	122132	61897	64380	159867	12614	37136
股份合作企业	1639	17472	-1776	378	8016	19335	2220
联营企业	475	2571	3398	3496	1832	151	427
有限责任公司	195248	2326410	438202	840297	1808629	161390	251010
国有独资公司	80541	717679	-189978	19195	588233	53138	65926
其他有限责任公司	114707	1608731	628179	821102	1220396	108252	185084
股份有限公司	34183	653803	388117	428273	476631	30238	50165
私营企业	103631	1144471	253791	301627	862821	66218	182138
私营独资企业	6782	62177	25945	25666	39719	1544	11779
私营合伙企业	1567.6	25264	14458	14547.8	13665	1721	2464
私营有限责任公司	90033	974456	193239	237927	768299	57903	158564
私营股份有限公司	5248	82574	20149	23486	41138	5050	9331
其他企业	6899	115467	26746	27646	91128	3381	20895
港、澳、台商投资企业	37123	435336	197912	206667	242612	67507	26955
其中：与港澳台商合资经营企业	10183	143806	62125	65477	75235	11454	8953
港澳台商独资经营企业	19437	174391	145161	147743	111769	27029	12341
外商投资企业	40738	1007742	564601	575660	703943	67540	70647
其中：中外合资经营企业	9509	244753	160632	164373	111494	23030	17468
外资企业	24979	551070	369351	369623	457652	40875	42148

21-3 分行业重点服务业企业主要财务指标

(2014年) 单位:万元

行业	企业单位数(个)	固定资产原价	本年折旧	资产总计	负债合计	所有者权益合计	营业收入	营业成本
总计	**7713**	**49700247**	**2967095**	**115324412**	**68678173**	**46646239**	**32454262**	**24042630**
铁路运输业	11	619788	23827	905297	322873	582423	635466	564650
道路运输业	1158	4738388	341565	9266770	4966428	4300342	3053159	2601886
水上运输业	93	12825057	451431	32803710	20652335	12151375	4269641	3316926
航空运输业	12	1363666	65692	1561720	674264	887456	390882	359081
管道运输业	3	531342	22137	368544	10754	357790	39215	32797
装卸搬运和运输代理业	330	1589566	101149	3771052	1806373	1964679	2668250	2413223
仓储业	244	1305779	71421	6230893	5226207	1004686	3603635	3393509
邮政业	33	346503	10922	290201	98276	191924	423644	358887
电信、广播电视和卫星传输服务	131	13546968	1134250	6866247	3333044	3533203	4305877	2343693
互联网和相关服务	43	45317	5255	129983	86073	43911	171435	120120
软件和信息技术服务业	506	497211	49872	2428439	1301092	1127347	2522241	2004373
房地产业	891	3167079	97931	7661987	4802070	2859917	1313587	714597
其中：物业管理	654	700193	30123	2342921	1746747	596174	824114	518140
房地产中介服务	108	218577	8981	851441	702457	148984	129981	38929
自有房地产经营活动	122	2236741	57580	4422256	2311099	2111156	354640	154068
其他房地产业	7	11568	1247	45370	41767	3602	4852	3460
租赁业	79	134072	14808	848184	641244	206939	112007	71491
商务服务业	1500	3320793	175115	25455040	16347971	9107069	3041602	1874167
研究和试验发展	60	258708	17081	1007962	357834	650128	254570	194988
专业技术服务业	892	775024	71156	3530496	2067595	1462901	2521375	1741488
科技推广和应用服务业	168	227966	12933	824398	452712	371686	189130	121909
水利管理业	14	1448625	33504	1214887	134807	1080080	42764	53381
生态保护和环境治理业	15	88288	4175	128938	27947	100991	25459	16005
公共设施管理业	172	290404	20965	1250857	831314	419544	315733	195523
居民服务业	195	300327	29682	538778	394328	144450	206984	76773
机动车、电子产品和日用产品修理业	157	76239	4718	159792	95818	63974	155181	119824
其他服务业	16	5342	436	9565	4364	5201	10003	4108
教育	172	254778	13407	360656	198275	162381	186410	99918
卫生	265	1011382	110929	1379955	906492	473463	1080527	879829
社会工作	6	1499	59	2427	728	1699	1914	1181
新闻和出版业	52	183319	16906	1261603	625206	636396	280165	182356
广播、电视、电影和影视录音制作业	59	72245	7716	159060	81877	77184	111811	63519
文化艺术业	30	29456	2404	101582	78714	22868	31236	11875
体育	32	101094	4921	164798	151490	13308	23962	11597
娱乐业	83	412070	38334	466338	226354	239983	108058	50696
其他	291	131952	12396	4174254	1773313	2400941	358341	48262

注：铁路运输业中不含沈阳铁路局数据。

21-3 续表

单位:万元

行　　业	营业税金及附加	销售费用、管理费用、财务费用合计	营业利润	利润总额	应付职工薪　酬	应　交增值税	从业人员平均人数
总　计	**478753**	**6730979**	**1823832**	**2506702**	**5248273**	**471640**	**786361**
铁路运输业	2701	32764	44437	37650	50333	4167	5461
道路运输业	80743	554555	-111845	132436	636971	83223	138809
水上运输业	26212	778223	396613	463911	524263	59079	47017
航空运输业	3044	81626	-52570	-43371	134752	4763	9365
管道运输业	57	2338	4023	4021	10404	915	765
装卸搬运和运输代理业	8044	197931	82181	99665	279834	17856	31369
仓储业	9237	325284	-103972	23299	68048	13437	11491
邮政业	1545	56843	8394	13762	209816	1047	24477
电信、广播电视和卫星传输服务	74669	1088764	769709	778142	472631	113424	50043
互联网和相关服务	1401	43849	6456	8187	18871	3628	2490
软件和信息技术服务业	9041	519677	112072	139832	720796	35130	65438
房地产业	69172	521078	41158	53936	350213	6326	86780
其中：物业管理	42838	271751	5141	7676	265232	1351	73914
房地产中介服务	6764	92811	-7536	-7813	55569	507	8283
自有房地产经营活动	19447	155252	43683	53916	28038	4461	4164
其他房地产业	123	1264	-130	157	1374	7	419
租赁业	2429	15493	19589	21287	9794	3280	1840
商务服务业	78742	1028892	71543	177322	560518	23022	126611
研究和试验发展	2459	72480	-7630	6379	44505	5150	4052
专业技术服务业	37680	570059	179410	188398	556613	72630	60303
科技推广和应用服务业	3733	42257	22843	22868	25898	4582	6119
水利管理业	1613	15618	-27165	-27656	9881	28	1602
生态保护和环境治理业	331	7091	3793	3681	4021	43	800
公共设施管理业	13718	87673	18516	22493	61339	511	16107
居民服务业	10721	94224	14006	17180	35252	407	11462
机动车、电子产品和日用产品修理业	2752	25461	6338	6994	24518	3827	5288
其他服务业	460	4561	755	750	3181	91	1061
教育	4650	70657	9941	12399	57627	1192	10619
卫生	2839	183714	32439	33292	250157	387	43708
社会工作	32	546	153	176	475	6	173
新闻和出版业	2908	105209	-6644	8304	61755	10240	9550
广播、电视、电影和影视录音制作业	2509	37132	10041	11630	13246	2179	2659
文化艺术业	1022	15790	67447	67769	6979	102	1457
体育	1952	19451	-7125	-7085	5711	256	1700
娱乐业	5365	39233	12150	19027	15367	398	3976
其他	16974	92506	206777	210025	24505	315	3769

注：铁路运输业中不含沈阳铁路局数据。

主要统计指标解释

重点服务业企业 指一定规模以上的服务业法人单位，包括：交通运输、仓储和邮政业，信息传输、软件和信息技术服务业，租赁和商务服务业，科学研究和技术服务业，水利、环境和公共设施管理业，居民服务、修理和其他服务业，教育，卫生和社会工作，文化、体育和娱乐业；以及物业管理、房地产中介服务、自有房地产经营活动、其他房地产业等行业。

二十二、教育和科技

Chapter 22 Education, Science and Technology

第十七章

22-1 教育事业基本情况

指 标	2007年	2008年	2009年	2010年	2011年	2012年	2013年	2014年
学 校 数(所)	**17657**	**17183**	**16092**	**16773**	**16399**	**16009**	**16414**	**16474**
一、高等教育	116	121	144	148	148	148	149	144
研究生培养机构	47(14)	47(14)	47(14)	47(14)	47(14)	50(14)	51(14)	45(8)
普通高校	78	83	107	112	112	112	115	116
成人高校	24	24	23	22	22	22	20	20
二、高中阶段教育	831	801	776	758	761	734	727	855
普通高中	445	435	426	419	422	417	416	415
职业高中	252	237	224	214	217	192	190	183
普通中专	133	128	125	124	121	124	120	112
成人中专	1	1	1	1	1	1	1	1
技工学校								144
三、义务教育	9481	8769	7798	7254	6829	6460	6277	6036
普通初中	1736	1707	1686	1657	1637	1607	1572	1533
小学	7670	6987	6037	5523	5118	4779	4631	4429
特殊教育学校	75	75	75	74	74	74	74	74
四、学前教育	7229	7492	7374	8613	8661	8667	9261	9439
幼儿园	7229	7492	7374	8613	8661	8667	9261	9439
专 任 教 师(人)	**407629**	**410267**	**414538**	**422059**	**418452**	**425081**	**427101**	**441753**
一、高等教育	53878	56766	59110	60285	61334	62972	65127	66604
普通高校	50344	53495	55835	57404	58742	60502	62706	64246
成人高校	3534	3271	3265	2881	2592	2470	2421	2358
二、高中阶段教育	64438	65425	66173	66594	67766	68933	69070	78204
普通高中	41141	42553	43570	44684	45965	47276	48320	48924
职业高中	12432	12057	11279	10983	11021	10387	9954	9910
普通中专	10492	10407	10916	10546	10390	10864	10397	10280
成人中专	373	408	408	381	390	406	399	400
技工学校								8690
三、义务教育	258096	254472	253354	249743	248905	247683	244038	241986
普通初中	102391	101369	101548	100674	101483	101083	99362	98888
小学	153693	151039	149711	146922	145457	144633	142656	141049
特殊教育	2012	2064	2095	2147	1965	1967	2020	2049
四、学前教育	31217	33604	35901	45437	40447	45493	48866	54959
幼儿园	31217	33604	35901	45437	40447	45493	48866	54959
招 生 数(人)	**1955469**	**1963561**	**1865157**	**1845405**	**1856324**	**1791557**	**1797707**	**1748137**
一、高等教育	342602	370381	355645	362060	382750	395836	405010	388058
研究生	23104	25185	27859	29031	30615	31917	32824	31240
博士	2526	2608	2712	2756	2863	2930	2959	2656
硕士	20578	22577	25147	26275	27752	28987	29865	28584
普通高等教育	234466	252385	245312	252234	263843	275676	282103	284838
本科	143255	149941	151604	155215	165587	174209	180758	185716
专科	91211	102444	93708	97019	98256	101467	101345	99122
成人高等教育	85032	92811	82474	80795	88292	88243	90083	71980
本科	39441	34747	31678	30836	33395	32839	31338	33175
专科	45591	58064	50796	49959	54897	55404	58745	38805
二、高中阶段教育	398952	407310	402794	384835	370734	349713	340925	339647
普通高中	233730	244280	248271	240387	236157	228358	222938	208916
职业高中	88520	78835	72557	64558	62942	48218	47008	39381
普通中专	67808	74434	72651	68279	61592	62561	60734	58438
成人中专	8894	9761	9315	11611	10043	10576	10245	10451
技工学校								22461
三、义务教育	873952	852454	765911	746311	748139	723319	709662	689434
普通初中	477858	458511	427882	397158	376932	369357	358177	356709
小学	395108	393197	337183	348465	370138	353057	350633	331754
特殊教育	986	746	846	688	1069	905	852	971
四、学前教育	339963	333416	340807	352199	354701	322689	342110	330998
幼儿园	339963	333416	340807	352199	354701	322689	342110	330998

22-1 续表

指 标	2007年	2008年	2009年	2010年	2011年	2012年	2013年	2014年
在 校 学 生(人)	**6926663**	**6864102**	**6713279**	**6594819**	**6541458**	**6440842**	**6271306**	**6260553**
一、高等教育	1066778	1126297	1147417	1153396	1186282	1231943	1274264	1287377
研究生	67305	70063	76239	82019	87078	90061	93189	92575
博士	10786	11336	11795	12406	12917	13253	13848	13305
硕士	56519	58727	64444	69613	74161	76808	79341	79270
普通高等教育	777758	820374	852467	880247	902231	934078	968034	998281
本科	526720	561099	582354	602201	624546	645816	675819	705124
专科	251038	259275	270113	278046	277685	288262	292215	293157
成人高等教育	221715	235860	218711	191130	196973	207804	213041	196521
本科	104799	103340	88753	76863	77196	80737	81634	82035
专科	116916	132520	129958	114267	119777	127067	131407	114486
二、高中阶段教育	1191776	1183106	1162245	1143216	1120209	1076534	1031372	1050631
普通高中	742391	724152	718333	715443	712632	695933	681460	652613
职业高中	227583	230088	216180	197993	184869	157402	138493	130478
普通中专	202506	206802	204307	203438	193828	194753	183128	173253
成人中专	19296	22064	23425	26342	28880	28446	28291	29489
技工学校								64798
三、义务教育	3939809	3813895	3624247	3463738	3373006	3272873	3109523	3048614
普通初中	1478469	1437573	1359494	1272295	1195997	1134585	1057488	1055661
小学	2452598	2367350	2255977	2182522	2168074	2129695	2044058	1984633
特殊教育	8742	8972	8776	8921	8935	8593	7977	8320
四、学前教育	728300	740804	779370	834469	861961	859492	856147	873931
幼儿园	728300	740804	779370	834469	861961	859492	856147	873931
毕 业 生 数(人)	**1905407**	**1914609**	**1891032**	**1814258**	**1794656**	**1776321**	**1751284**	**1710419**
一、高等教育	266936	297599	319655	340816	337244	334979	348911	359205
研究生	15655	21542	20742	21676	24178	27110	28780	28815
博士	1898	1859	2049	1976	1990	2075	2243	1853
硕士	13757	19683	18693	19700	22188	25035	26537	26962
普通高等教育	169576	202312	206211	219564	236341	235984	241049	247510
本科	95693	111074	125788	132522	140017	147471	146687	152303
专科	73883	91238	80423	87042	96324	88513	94362	95207
成人高等教育	81705	73745	92702	99576	76725	71885	79082	82880
本科	35855	34487	43375	38932	30912	26711	28631	31039
专科	45850	39258	49327	60644	45813	45174	50451	51841
二、高中阶段教育	379678	386741	396094	368743	376031	369270	359393	370325
普通高中	249165	256952	248791	226130	233805	237962	231626	231520
职业高中	60167	63311	72545	76029	69010	57464	52033	44915
普通中专	67809	61674	68063	61075	66918	65725	68035	63361
成人中专	2537	4804	6695	5509	6298	8119	7699	6993
技工学校								23536
三、义务教育	949974	924178	904926	853770	814048	782898	752689	693601
普通初中	468608	464040	475495	455348	435895	410708	386556	335469
小学	480567	459368	428542	397516	377227	371386	365054	357346
特殊教育	799	770	889	906	926	804	1079	786
四、学前教育	308819	306091	270357	250929	267333	289174	290291	287288
幼儿园	308819	306091	270357	250929	267333	289174	290291	287288
每一教师负担学生数(人)								
普通高等学校	15.4	15.3	15.3	17.2	17.7	17.2	17.7	17.7
小 学	16	15.7	15.1	14.9	14.9	14.7	14.3	14.1

注:研究生培养机构分为高校和科研机构两部分，括号内表示的是科研机构数，可培养研究生的高校在普通高校里已经统计过，因此加总时不再计算。

22-2 各级各类学校情况

年 份	普通高等学 校	中等专业学 校	#中等师范学校	普通中学	农业中学职业中学	小学	幼儿园	盲、聋哑学校
一、学校数(所)								
1985	62	149	28	2511	775	15904	7424	36
1986	64	160	31	2507	750	15762	7177	35
1987	64	163	31	2517	734	15729	6672	38
1988	63	169	32	2509	681	15732	11416	46
1989	63	167	31	2499	653	15679	8633	48
1990	63	166	31	2489	618	15630	9714	51
1991	62	167	31	2478	613	15540	9300	53
1992	61	165	30	2457	598	15230	9372	52
1993	61	166	30	2433	608	14805	12536	53
1994	61	165	30	2448	606	14655	10923	52
1995	61	171	30	2459	594	14594	11220	50
1996	61	173	29	2447	561	14464	9945	51
1997	62	174	30	2434	537	14386	10176	53
1998	61	170	26	2444	523	14084	9899	52
1999	64	151	12	2429	450	13748	9935	52
2000	58	133	9	2401	383	13356	9990	50
2001	61	119	5	2376	333	12739	6913	73
2002	66	137	5	2362	340	12161	6639	75
2003	69	130	5	2341	298	11339	7033	75
2004	70	127	4	2317	309	10281	6891	75
2005	75	125	4	2274	285	9311	7069	74
2006	77	127	4	2237	274	8434	7071	74
2007	78	133	4	2181	252	7670	7229	75
2008	83	128	4	2142	237	6987	7492	75
2009	107	125	4	2112	224	6037	7374	75
2010	112	125	4	2076	214	5523	8613	74
2011	112	121	4	2059	217	5118	8661	74
2012	112	124	4	2024	192	4779	8667	74
2013	115	120	2	1988	190	4631	9261	74
2014	116	112	2	1948	183	4429	9439	74
二、教职工数(人)								
1985	51718	20282	3622	168036	16390	230139	59594	1102
1986	52404	22437	4052	170815	18218	233434	64637	1169
1987	54572	23448	4577	176662	20075	235433	69138	1208
1988	56047	24981	4656	181151	20998	241978	88908	1364
1989	58438	24885	4926	182481	20918	246153	81554	1431
1990	57825	25143	5049	184851	20920	249322	77645	1551
1991	58277	24832	4869	187373	21253	248415	78709	1686
1992	59008	25295	4904	189663	20774	248454	82566	1775
1993	59138	25492	4973	186545	21518	239700	83082	1876
1994	58687	25429	5029	184758	21266	237673	71633	2056
1995	58455	25757	5044	189553	22979	237981	69346	1847
1996	57727	25935	4785	189329	21597	235189	64877	1907
1997	57359	25368	4424	188057	22068	233770	62089	1882
1998	58078	24387	3681	175632	20291	224535	56463	2012

22-2 续表 1

年 份	普通高等学校	中等专业学校	#中等师范学校	普通中学	农业中学职业中学	小学	幼儿园	盲、聋哑学校
1999	59590	22602	1984	175820	19443	222460	54582	1891
2000	61707	18651	1457	175455	17858	216677	52422	1911
2001	65237	16211	719	178162	16974	211684	39271	2375
2002	69667	16560	622	177547	17104	205229	39592	2457
2003	75632	15615	627	179521	20123	199829	42852	2474
2004	79093	15062	423	180225	20480	194973	45983	2563
2005	82816	15052	422	180016	20833	190548	48558	2565
2006	84535	15658	639	177916	20683	180474	50258	2589
2007	87215	16789	536	177652	18464	176929	52539	2598
2008	89848	16437	541	178899	17746	173159	56110	2646
2009	91974	16935	535	180483	16740	170584	59595	2658
2010	93183	16096	560	180343	16080	167199	78647	2682
2011	94834	15664	525	182269	15896	164991	64742	2642
2012	96584	15840	501	182553	14903	163205	71829	2648
2013	97536	14847	304	180436	14119	162234	77888	2657
2014	97927	14299	294	179522	13911	160104	88145	2764
三、教师数(人)								
1985	19046	8658	1834	114708	10218	191669	32490	717
1986	21196	9586	2060	117852	11417	195086	33925	742
1987	21963	10114	2264	123376	12645	197593	34294	790
1988	22640	11466	2495	129309	13195	206399	37070	884
1989	23933	11587	2545	130884	13091	209873	44427	964
1990	23292	11633	2665	132769	13067	212196	42776	1061
1991	23384	11703	2642	135487	13464	211353	43835	1152
1992	23503	11856	2686	137044	13045	210141	49473	1257
1993	23575	12003	2661	135397	13336	201664	48909	1254
1994	23530	12129	2735	135499	13429	202349	43828	1378
1995	23400	12378	2730	137185	13765	198815	44598	1326
1996	23079	12502	2592	139660	13561	198408	43103	1369
1997	23109	12435	2367	140643	13915	197347	42274	1334
1998	23394	12282	2059	138546	13983	192539	38981	1398
1999	25179	11286	1103	139497	13691	191011	37881	1357
2000	27508	9285	795	139731	12517	185884	36383	1399
2001	30364	8441	391	142503	11875	181444	22801	1743
2002	33819	8742	337	142232	11798	175549	23521	1829
2003	38086	8521	349	144016	13453	170947	24946	1854
2004	40697	8472	257	144608	13718	167203	26937	1927
2005	43960	8728	259	144647	14031	163589	28594	1903
2006	46816	9230	401	143219	13932	155848	29818	1948
2007	50344	10492	354	143532	12432	153693	31217	2012
2008	53495	10407	360	143922	12057	151039	33604	2064
2009	55835	10916	359	145118	11279	149711	35901	2095
2010	57404	10546	381	145358	10983	146922	45437	2147
2011	58742	10390	362	147448	11021	145457	40447	1965
2012	60502	10864	391	148359	10387	144633	45493	1967
2013	62706	10397	236	147682	9954	142656	48866	2020
2014	64246	10280	232	147812	9910	141049	54959	2049

22-2 续表 2

年 份	普通高等学校	中等专业学校	#中等师范学校	普通中学	农业中学职业中学	小学	幼儿园	盲、聋哑学校
四、在校学生数(人)								
1985	95161	70371	20350	1868360	147212	4223416	929591	3365
1986	107434	81860	26526	2014999	149910	4189324	928257	3446
1987	112652	89384	30526	2048761	137783	4107393	937057	3617
1988	120510	97540	31018	1962214	146140	4082650	1270266	3958
1989	122543	102879	28894	1830394	147422	4126831	976651	4065
1990	123314	103902	28442	1810876	149780	4073374	936852	4468
1991	124777	104269	28888	1887654	151572	3915360	1037576	4769
1992	134671	110011	29447	1969532	155112	3736363	1134184	5089
1993	155554	124707	32019	1911632	155231	3686796	1257278	5100
1994	171284	133067	33162	1922132	167876	3750611	1090474	5186
1995	179412	140870	32182	2008338	182984	3751941	1021123	5050
1996	182684	143911	27537	2029776	185244	3790718	936111	4815
1997	188159	149730	24426	1950241	195742	3886760	879987	4870
1998	199223	155459	23723	1884915	207315	3829655	853886	4882
1999	235819	156847	18872	1961673	194860	3666131	838133	4837
2000	297710	148905	16845	2167017	170517	3444172	835542	4933
2001	372336	143044	7949	2323395	154398	3230517	726634	8590
2002	450536	151810	2857	2398928	164241	3061398	667930	8926
2003	514191	173347	4006	2410745	186817	2891925	675118	8429
2004	583465	208597	4233	2360549	197555	2794330	673088	8539
2005	659351	220233	4438	2314498	201774	2666155	685587	8296
2006	720548	209940	4596	2268575	218446	2546811	715301	8300
2007	777758	202506	3921	2220860	227583	2452598	725300	8742
2008	820374	206802	3464	2161725	230088	2367350	740804	8972
2009	852354	204307	3178	2077827	216180	2255977	779370	8776
2010	880247	203438	3105	1987738	197993	2182522	834469	8921
2011	902231	193828	2727	1908629	184869	2168074	861961	8935
2012	934078	194753	2415	1830518	157402	2129695	859492	8593
2013	968034	183128	1706	1738948	138493	2044058	856147	7977
2014	998281	173253	1396	1708274	130478	1984633	873931	8320
五、招生数(人)								
1985	34076	29545	7929	715460	80307	717494		772
1986	32827	33191	11544	715455	69237	748948		690
1987	34756	34311	10929	683593	57539	669707		757
1988	38398	36156	10388	657379	59625	674101		1012
1989	35149	31655	8539	610627	59407	710199		635
1990	35102	30047	8911	629468	55550	596030		975
1991	36094	33803	9101	696406	58782	523096	498215	836
1992	45129	39517	10232	721178	60251	559753	596844	768
1993	55071	44226	10398	653170	60781	652210	689042	705
1994	52183	43849	9637	690513	68753	750424		750
1995	53310	43821	7957	756666	67881	703538	607336	715
1996	55048	41930	6385	660620	61469	643884	564749	766
1997	56373	47282	7732	600728	74485	611404	527969	721
1998	60302	45681	7290	668295	75897	512002	502367	693
1999	87851	42839	3523	755550	56341	503795	481840	609

22-2 续表 3

年 份	普通高等学 校	中等专业学 校	#中等师范学校	普通中学	农业中学职业中学	小学	幼儿园	盲、聋哑学校
2000	110211	30399	3743	830026	50470	508907	483092	576
2001	127577	37222	2303	817663	52691	484661	440299	913
2002	151116	56814	1376	812406	63208	463091	394029	1082
2003	163802	73948	1708	820180	72508	432650	376388	803
2004	184473	78223	1582	766071	66032	416143	358325	738
2005	210495	83121	1446	761646	73151	379941	344990	698
2006	220608	70802	1341	763321	94223	388660	344455	753
2007	234466	67808	1152	711588	88520	395108	339963	986
2008	252385	74434	1049	702791	78835	393197	333416	746
2009	245312	72651	1073	676153	72557	337183	340807	846
2010	252234	68279	1069	637545	64558	348465	352199	688
2011	263843	61592	848	613089	62942	370138	354701	1069
2012	275676	62561	726	597895	48218	353057	322689	905
2013	282103	60734	459	581115	47008	350633	342110	852
2014	284838	58438	451	565625	39381	331754	330998	971
六、毕业生数(人)								
1985	17495	20226	6318	502101	27994	689598		517
1986	20583	22752	6138	494658	43709	704016		459
1987	29394	26932	7019	522777	54614	680861		405
1988	31552	28004	9724	587835	42195	637753		471
1989	32708	26326	10882	572508	47204	593257		429
1990	33768	29716	9400	550359	45627	591654		377
1991	33530	33223	8484	538346	49550	660343	415665	419
1992	35208	33377	9564	540132	50882	685996	516460	439
1993	33615	30449	7821	542163	50122	630759	650232	330
1994	35923	30362	8588	575786	49965	636786		478
1995	44072	33966	9304	601421	51246	672482		522
1996	51068	37503	11093	573876	57709	576164		543
1997	49591	40340	10497	626046	63502	500252		513
1998	47557	37850	7721	686541	66788	555892		527
1999	49964	40100	7158	618065	60060	644042		551
2000	49834	35843	5921	551157	70175	722325		467
2001	60271	42499	4825	581476	66852	679852	379010	883
2002	72791	42856	559	666377	53324	622536	366891	871
2003	98908	47479	1964	740994	48605	595278	350428	790
2004	115889	39344	715	752884	50831	511757	324423	878
2005	144984	58457	1045	757448	61219	499069	299493	971
2006	154970	60828	1451	766410	62835	506789	307386	853
2007	169576	67809	1739	717773	60167	480567	308819	799
2008	202312	61674	1175	720992	63311	459368	306091	770
2009	206211	68063	995	724286	72545	428542	270357	889
2010	219564	61075	971	681478	76029	397516	250929	906
2011	236341	66918	918	669700	69010	377227	267333	926
2012	235984	65725	909	648670	57464	371386	289174	804
2013	241049	68035	620	618182	52033	365054	290291	1079
2014	247510	63361	742	566989	44915	357346	287288	786

22-3 研究生数

单位：人

年 份	招生数	在校学生数			毕业生数		
		小计	攻读硕士学位	攻读博士学位	小计	攻读硕士学位	攻读博士学位
1980	143	709					
1985	2091	3687	3170	155	584	578	6
1986	1989	5009	4146	208	670	639	13
1987	1771	5570	4857	317	1193	838	17
1988	1575	5160	4668	379	1929	1604	24
1989	1322	4637	4180	417	1763	1599	86
1990	1404	4343	3858	462	1677	1558	84
1991	1320	4144	3581	563	1500	1401	75
1992	1415	4290	3671	619	1245	1159	85
1993	2016	4955	4185	770	1307	1222	85
1994	2602	6274	5298	976	1273	1138	135
1995	2367	7236	5972	1264	1425	1272	153
1996	2647	7787	6313	1474	1962	1753	209
1997	2978	8304	6621	1683	2316	2106	210
1998	3197	9164	7292	1872	2126	1852	274
1999	4005	10574	8203	2371	2426	2101	325
2000	5804	13655	10726	2929	2910	2532	378
2001	7898	18446	14637	3809	2971	2589	382
2002	9569	23949	19131	4818	3674	3135	539
2003	13242	31796	25694	6102	5027	4395	632
2004	16254	40678	33392	7286	6726	5914	812
2005	18901	49772	41340	8432	9342	8315	1027
2006	20998	58424	49283	9141	11516	10249	1267
2007	22407	65025	55403	9622	15177	13530	1647
2008	24490	67806	57622	10184	21010	19446	1564
2009	27104	73997	63345	10652	20160	18432	1728
2010	29031	82019	69613	12406	21676	19700	1976
2011	30615	87078	74161	12917	24178	22188	1990
2012	31917	90061	76808	13253	27110	25035	2075
2013	32824	93189	79341	13848	28780	26537	2243
2014	31240	92575	79270	13305	28815	26962	1853

22-4 分学科研究生情况

(2014年)

单位：人

项 目	招生数			在校学生数			毕业生数		
		博士	硕士		博士	硕士		博士	硕士
总 计	**31240**	**2656**	**28584**	**92575**	**13305**	**79270**	**28815**	**1853**	**26962**
哲 学	196	27	169	660	170	490	229	19	210
经济学	1606	180	1426	4526	756	3770	1635	161	1474
法 学	1593	87	1506	4585	425	4160	1607	58	1549
教育学	1703	23	1680	4020	73	3947	1483	14	1469
文 学	1300	19	1281	3686	58	3628	1610	8	1602
历史学	170	3	167	478	8	470	182		182
理 学	2047	178	1869	6467	973	5494	1814	142	1672
工 学	11256	1258	9998	35038	6980	28058	9996	764	9232
农 学	731	90	641	2123	435	1688	588	49	539
医 学	5423	540	4883	15134	1958	13176	4986	457	4529
军事学									
管理学	4140	251	3889	12887	1469	11418	3766	180	3586
艺术学	1075		1075	2971		2971	919	1	918
普通高校	**31195**	**2652**	**28543**	**92435**	**13296**	**79139**	**28767**	**1851**	**26916**
哲 学	196	27	169	660	170	490	229	19	210
经济学	1606	180	1426	4526	756	3770	1635	161	1474
法 学	1585	87	1498	4557	425	4132	1598	58	1540
教育学	1703	23	1680	4020	73	3947	1483	14	1469
文 学	1300	19	1281	3686	58	3628	1610	8	1602
历史学	170	3	167	478	8	470	182		182
理 学	2047	178	1869	6467	973	5494	1814	142	1672
工 学	11219	1254	9965	34926	6971	27955	9957	762	9195
农 学	731	90	641	2123	435	1688	588	49	539
医 学	5423	540	4883	15134	1958	13176	4986	457	4529
军事学									
管理学	4140	251	3889	12887	1469	11418	3766	180	3586
艺术学	1075		1075	2971		2971	919	1	918
科研院所	**45**	**4**	**41**	**140**	**9**	**131**	**48**	**2**	**46**
哲 学									
经济学									
法 学	8		8	28		28	9		9
教育学									
文 学									
历史学									
理 学									
工 学	37	4	33	112	9	103	39	2	37
农 学									
医 学									
军事学									
管理学									
艺术学									

22-5 普通高等学校基本情况

单位：人

项目	2011年						2012年					
	学校数(所)	招生数	在校学生数	毕业生数	教职工数	#专任教师	学校数(所)	招生数	在校学生数	毕业生数	教职工数	#专任教师
总计	**112**	**263843**	**902231**	**236341**	**94834**	**58742**	**112**	**275676**	**934078**	**235984**	**96584**	**60502**
综合大学	15	43566	147030	43271	15038	9182	14	45462	156465	44936	16155	9711
理工院校	46	115995	404870	102120	41547	25468	47	124658	425757	103720	42407	26432
农林院校	6	15192	47257	13259	4378	2684	6	17343	50936	13177	4630	2871
医药院校	13	19277	69253	15734	9294	5773	13	21675	75685	14968	9414	6018
师范院校	8	22253	71038	20388	8374	5435	8	21762	73410	19108	8338	5442
语文院校	2	3945	15132	3865	1347	961	2	3679	14670	3823	1332	934
财经院校	11	21881	72048	18372	7447	4403	11	19773	65158	16433	6509	4018
政法院校	2	5063	15021	5420	1287	692	3	5148	11732	4093	1656	875
体育院校	2	2244	8026	1875	880	542	2	2020	8013	1949	874	548
艺术院校	6	10526	37809	9089	3937	2785	5	10159	37408	9979	3934	2815
民族院校	1	3901	14747	2948	1305	817	1	3997	14844	3798	1335	838

22-5 续表

单位：人

项目	2013年						2014年					
	学校数(所)	招生数	在校学生数	毕业生数	教职工数	#专任教师	学校数(所)	招生数	在校学生数	毕业生数	教职工数	#专任教师
总计	**115**	**282103**	**968034**	**241049**	**97536**	**62706**	**116**	**284838**	**998281**	**247510**	**97927**	**64246**
综合大学	14	44549	155117	45319	15998	9846	13	43437	148343	41645	15303	9515
理工院校	50	130467	451323	108894	43934	28500	51	133864	473721	113539	44651	29764
农林院校	5	15516	46602	11292	4416	2685	5	15087	49379	11928	4314	2736
医药院校	13	22102	80863	16402	9856	6428	13	23061	86665	16965	10052	6613
师范院校	9	22156	75375	19868	8586	5723	10	23070	77075	20715	8785	5886
语文院校	2	3692	14544	3787	954	784	2	3396	14265	3539	997	806
财经院校	11	21089	68508	17533	6011	3683	11	21045	70916	18499	5940	3787
政法院校	3	5239	14525	2341	1666	932		4440	15660	5000	1649	937
体育院校	2	2034	7968	1980	925	495	2	2075	8038	1981	926	497
艺术院校	5	11226	38350	9934	3855	2778	5	11160	39093	10032	3961	2847
民族院校	1	4033	14859	3699	1335	852	1	4203	15126	3667	1349	858

22-6 高等教育学校(机构)学生数

单位：人

项目	2011年				2012年			
	招生数	在校学生数	毕(结)业生数	授予学位数	招生数	在校学生数	毕(结)业生数	授予学位数
研究生数	30615	87078	24178	23924	31917	90061	27110	26759
博士	2863	12917	1990	1873	2930	13253	2075	1917
硕士	27752	74161	22188	22051	28987	76808	25035	24842
普通本科、专科生	263843	902231	236341	137482	275676	934078	235984	145610
本科	165587	624546	140017	137482	174209	645816	147471	145610
专科	98256	277685	96324		101467	288262	88513	
成人本科、专科生	88292	196973	76725	4099	88243	207804	71885	4905
本科	33395	77196	30912	4099	32839	80737	26711	4905
专科	54897	119777	45813		55404	127067	45174	
网络本科、专科生	88408	183338	37419	1661	95246	225026	48731	2194
本科	41736	92568	19072	1661	45957	111567	23779	2194
专科	46672	90770	18347		49289	113459	24952	
在职人员攻读博士、硕士学位	5921	18667		5074	5966	19235		4603
自考助学班		3455	1620			1609	903	
研究生课程进修班		615	455			2218	494	
普通预科生		1240				1264		
进修及培训		21020	141982			59889	200703	
留学生	3886	6524	2386	886	5298	8797	3715	969

22-6 续表

单位：人

项目	2013年				2014年			
	招生数	在校学生数	毕(结)业生数	授予学位数	招生数	在校学生数	毕(结)业生数	授予学位数
研究生数	32824	93189	28780	28421	31240	92575	28815	28604
博士	2959	13848	2243	2021	2656	13305	1853	1735
硕士	29865	79341	26537	26400	28584	79270	26962	26869
普通本科、专科生	282103	968034	241049	145225	284838	998281	247510	150590
本科	180758	675819	146687	145225	185716	705124	152303	150590
专科	101345	292215	94362		99122	293157	95207	
成人本科、专科生	90083	213041	79082	4767	71980	196521	82880	4696
本科	31338	81634	28631	4767	33175	82035	31039	4696
专科	58745	131407	50451		38805	114486	51841	
网络本科、专科生	108705	258143	66645	3306	98503	266157	82546	4315
本科	55729	132811	31085	3306	51958	142276	38365	4315
专科	52976	125332	35560		46545	123881	44181	
在职人员攻读博士、硕士学位	6828	21507		4337	6589	22614		4779
自考助学班		2148	1774			3395	564	
研究生课程进修班		1634	1637			1681		
普通预科生		1664					798	
进修及培训		99504	188749			90140	197203	
留学生	5147	9873	3663	1055	5106	11623	3595	1073

22-7 普通本科分学科学生数

单位：人

项　目	2011年			2012年		
	招生数	在校学生数	毕业生数	招生数	在校学生数	毕业生数
总　计	**165587**	**624546**	**140017**	**174209**	**645816**	**147471**
#师范	5353	21666	6379	5607	21636	6529
哲　学	77	253	74	68	305	39
经济学	7716	29764	7184	8188	30556	7097
法　学	3943	15482	4694	3944	14719	4488
教育学	3996	14850	3634	4439	15488	3673
文　学	32631	121021	26298	30836	121728	29086
历史学	339	1276	263	314	1272	294
理　学	10209	38373	8762	11268	40738	9519
工　学	65396	245707	56570	69945	253315	58423
农　学	1750	6346	1499	2161	6894	1613
医　学	11842	48912	8980	13999	53340	9296
军事学						
管理学	27688	102562	22059	29047	107461	23943
艺术学						

22-7　续表

单位：人

项　目	2013年			2014年		
	招生数	在校学生数	毕业生数	招生数	在校学生数	毕业生数
总　计	**180758**	**675819**	**146687**	**185716**	**705124**	**152303**
#师范	6711	24008	5942	7169	26077	5931
哲　学	79	347	56	79	326	87
经济学	8847	32673	7184	9070	34142	7436
法　学	4514	15762	3709	4221	16191	4024
教育学	4757	16672	3498	5041	17853	3684
文　学	13401	54010	13636	13508	53631	13086
历史学	377	1343	306	352	1361	311
理　学	8425	31245	6823	8999	32457	6991
工　学	73180	270860	59334	76081	284560	61550
农　学	2257	7411	1508	2325	8053	1516
医　学	14402	57708	9810	14766	62121	10414
军事学						
管理学	31091	114528	25416	31373	118474	26551
艺术学	19428	73260	15407	19901	75955	16653

22-8 普通专科(高职)分学科学生数

单位：人

项目	2011年			2012年		
	招生数	在校学生数	毕业生数	招生数	在校学生数	毕业生数
总计	**98256**	**277685**	**96324**	**101467**	**288262**	**88513**
#师范生	6210	13950	5954	6007	15280	4237
农林牧渔大类	2673	8053	2860	3007	7975	2965
交通运输大类	6182	16170	4359	8591	20623	5122
生化与药品大类	3465	9851	3304	3489	10331	3008
资源开发与测绘大类	1877	5540	1772	2737	6505	1753
材料与能源大类	2079	5948	2084	2166	6482	1603
土建大类	8085	19355	5762	8526	22554	4998
水利大类	318	1044	226	319	1075	276
制造大类	17275	49096	16330	18198	51742	15273
电子信息大类	9327	30365	12012	8700	26760	11029
环保、气象与安全大类	235	635	329	309	761	175
轻纺食品大类	1177	3874	1483	1139	3368	1395
财经大类	17020	50235	15849	15464	49590	15656
医药卫生大类	4861	12583	4616	5069	14009	3706
旅游大类	3877	12015	3710	4054	11834	4010
公共事业大类	1039	2831	995	1211	2946	803
文化教育大类	13643	35934	14978	12914	36261	12225
艺术设计传媒大类	3842	11077	4155	4211	11952	3515
公安大类	52	245	617	149	299	111
法律大类	1229	2834	883	1214	3195	890

22-8 续表

单位：人

项目	2013年			2014年		
	招生数	在校学生数	毕业生数	招生数	在校学生数	毕业生数
总计	**101345**	**292215**	**94362**	**99122**	**293157**	**95207**
#师范生	6065	15868	5388	6086	14762	5200
农林牧渔大类	2884	8207	2575	2941	8433	2628
交通运输大类	8602	23139	5015	8729	25313	6063
生化与药品大类	2836	9563	3451	2805	8701	3436
资源开发与测绘大类	2514	6768	1928	2075	7078	1826
材料与能源大类	1520	5540	2139	1302	4830	1918
土建大类	9041	25423	6447	9065	26411	7995
水利大类	455	1079	446	316	1078	302
制造大类	18702	53409	16549	17999	54224	16682
电子信息大类	7733	24971	9996	8432	24111	9042
环保、气象与安全大类	211	746	218	206	721	228
轻纺食品大类	1087	3420	1276	831	2949	1101
财经大类	16612	48597	17003	16057	47666	16891
医药卫生大类	5401	14650	4883	6202	16149	4590
旅游大类	4015	11836	3905	3644	11628	3774
公共事业大类	992	2973	912	1013	2980	943
文化教育大类	12508	35726	12830	12034	34160	12879
艺术设计传媒大类	5021	12585	3721	4452	13398	3619
公安大类	149	386	52	188	476	113
法律大类	1062	3197	1016	831	2851	1177

22-9 成人本科分学科学生数

单位：人

项　　目	2011年			2012年		
	招生数	在校学生数	毕业生数	招生数	在校学生数	毕业生数
总　　计	**33395**	**77196**	**30912**	**32839**	**80737**	**26711**
#师范生	2064	4974	2328	700	2480	1042
哲　学	7	7		26	33	
经济学	447	1368	602	444	1236	590
法　学	2678	4880	2008	2632	5429	1844
教育学	2065	4828	2809	1971	4972	1703
文　学	2971	7755	5103	2755	6453	3784
历史学	14	41	81	23	46	15
理　学	318	734	519	384	838	340
工　学	11700	25701	9508	10797	27530	7762
农　学	570	1051	374	495	1066	378
医　学	6111	16510	4273	6635	18152	4761
管理学	6514	14321	5635	6677	14982	5534
艺术学						

22-9　续表

单位：人

项　　目	2013年			2014年		
	招生数	在校学生数	毕业生数	招生数	在校学生数	毕业生数
总　　计	**31338**	**81634**	**28631**	**33175**	**82035**	**31039**
#师范生	555	2291	985	378	1345	882
哲　学	21	54		17	71	
经济学	330	1175	332	239	851	563
法　学	2211	4965	2484	1855	4356	2376
教育学	1635	4712	1724	1843	4477	1958
文　学	1911	4636	2272	1886	4208	2212
历史学	13	41	17	12	33	19
理　学	300	739	296	339	737	331
工　学	11095	28029	9759	11042	27838	10701
农　学	504	1022	474	619	1171	413
医　学	6912	19577	5233	8593	22430	5418
管理学	5984	15320	5650	6292	14596	6553
艺术学	422	1364	390	438	1267	495

22-10 成人专科分学科学生数

单位：人

22-10 续表

单位：人

项　目	2011年			2012年			2013年			2014年		
	招生数	在校学生数	毕业生数	招生数	在校学生数	毕业生数	招生数	在校学生数	毕业生数	招生数	在校学生数	毕业生数
总　计	**54897**	**119777**	**45813**	**55404**	**127067**	**45174**	**58745**	**131407**	**50451**	**38805**	**114486**	**51841**
总计中：师范生	1439	2210	616	1203	2144	450	1347	2355	764	769	2045	1133
农林牧渔大类	1259	2975	447	842	3027	744	626	2155	1412	544	1579	999
交通运输大类	5003	12164	4354	4346	11706	4174	3922	11171	4700	2519	8975	4263
生化与药品大类	893	1524	756	923	1990	592	707	1681	942	449	1232	844
资源开发与测绘大类类	1515	2987	1341	1695	3219	1378	2042	3754	1368	1074	3109	1487
材料与能源大类	475	1213	911	416	1033	583	368	1012	366	436	801	631
土建大类	2041	3528	840	2524	5025	941	3124	5855	2213	2754	6223	2271
水利大类	30	104	69	33	63	25	27	60	41	75	102	32
制造大类	10824	24129	10767	12214	25546	10134	12758	26714	10312	7160	21383	11401
电子信息大类	3742	8358	4743	3851	8335	3945	3511	7652	3357	2914	6984	3359
环保、气象与安全大类		31	4		2	31				93	93	
轻纺食品大类	123	239	143	117	243	75	153	263	93	71	275	54
财经大类	9959	20705	9924	9504	20706	8910	9786	20250	9692	8140	19091	8917
医药卫生大类	7557	19860	3003	6118	20893	4565	7833	23609	4837	4955	22125	5653
旅游大类	1787	3225	1181	1727	3688	1164	1960	3734	1740	791	2892	1586
公共事业大类	679	1180	428	876	1581	501	1098	1965	584	1248	2373	861
文化教育大类	5688	10624	4215	7128	13194	4447	7286	14435	5550	3624	11445	6401
艺术设计传媒大类	3057	6396	2543	2796	6239	2711	3212	6449	2979	1567	5065	2788
公安大类												
法律大类	265	535	144	294	577	254	332	648	265	391	739	294

22-11 网络本科分学科学生数

单位：人

项目	2011年			2012年		
	招生数	在校学生数	毕业生数	招生数	在校学生数	毕业生数
总计	**41736**	**92568**	**19072**	**45957**	**111567**	**23779**
#师范生						
哲学						
经济学	1795	4200	1007	1902	4777	1215
法学	1259	4491	1620	998	3744	1555
教育学						
文学		70	25		51	5
历史学						
理学		89	15		49	39
工学	16191	28569	4219	18927	39920	6468
农学						
医学	7418	20974	3786	7688	22862	4986
管理学	15073	34175	8400	16442	40164	9511
艺术学						

22-11 续表

单位：人

项目	2013年			2014年		
	招生数	在校学生数	毕业生数	招生数	在校学生数	毕业生数
总计	**55729**	**132811**	**31085**	**51958**	**142276**	**38365**
#师范生						
哲学						
经济学	1856	4877	1536	1948	4946	1708
法学	1088	3231	1253	1171	3233	964
教育学						
文学		26	4		4	
历史学						
理学		38	11		22	16
工学	23203	52355	9967	18573	53759	15391
农学						
医学	10224	26870	6047	11217	31812	6096
管理学	19358	45398	12267	19049	48500	14190
艺术学		16				

22-12 网络专科分学科学生数

单位：人

项目	2011年			2012年		
	招生数	在校学生数	毕业生数	招生数	在校学生数	毕业生数
总　计	**46672**	**90770**	**18347**	**49289**	**113459**	**24952**
#师范生						
农林牧渔大类						
交通运输大类	1558	2859	448	1362	3556	669
生化与药品大类						
资源开发与测绘大类	2075	3430	140	3335	5708	809
材料与能源大类	632	956	55	367	1018	256
土建大类	10444	19232	3963	11250	25149	5138
水利大类	820	1599	346	998	2128	443
制造大类	7837	14401	2096	8019	18899	3314
电子信息大类	1306	3196	663	1298	3527	850
环保、气象与安全大类	339	549		792	1213	96
轻纺食品大类						
财经大类	9423	18527	4761	13375	32255	8697
医药卫生大类	4514	9836	1801	4550	10858	3058
旅游大类	147	434	158	179	469	133
公共事业大类	6903	13872	3123	3149	6832	879
文化教育大类		10	21		7	3
艺术设计传媒大类						
公安大类						
法律大类	674	1869	772	615	1840	607

22-12 续表

单位：人

项目	2013年			2014年		
	招生数	在校学生数	毕业生数	招生数	在校学生数	毕业生数
总　计	**52976**	**125332**	**35560**	**46545**	**123881**	**44181**
#师范生						
农林牧渔大类						
交通运输大类	1207	3853	1045	854	3004	1328
生化与药品大类						
资源开发与测绘大类	5502	9394	1649	3354	9590	2934
材料与能源大类	425	943	473	439	1041	310
土建大类	12858	29188	7507	10536	29145	10003
水利大类	1175	2706	549	765	2549	839
制造大类	7621	20774	5217	5858	17855	7998
电子信息大类	1371	3790	909	1057	3408	1234
环保、气象与安全大类	1090	1991	272	695	1982	659
轻纺食品大类						
财经大类	7995	20994	7593	9552	21657	8177
医药卫生大类	6447	13671	3538	6650	16729	3426
旅游大类	189	423	130	188	449	143
公共事业大类	6520	16216	6037	5968	15097	6566
文化教育大类						
艺术设计传媒大类						
公安大类						
法律大类	576	1389	641	629	1375	564

22-13 各类中等职业学校(机构)基本情况

(2014年)

单位：人

项　　目	学校数(所)	毕业生数	招生数	在校学生数	教职工数	#专任教师
1. 调整后中职	28	11804	13977	38157	3646	2693
2. 普通中等专业学校	82	51557	44461	135096	10653	7587
# 中等师范学校	2	742	451	1396	294	232
3. 成人中专	1	6993	10451	29489	535	400
4. 职业高中	183	44915	39381	130478	13911	9910

22-14 中等职业学校(机构)学生分科类情况

(2014年)

单位：人

项　　目	招生数	#应届毕业生	#初中毕业生	在校学生数	毕业生数	#获得职业资格证书
总　　计	**108270**	**89906**	**84531**	**333220**	**115269**	**81742**
其中：女	47286	40687	38627	157172	55531	37243
农林牧渔类	16268	7257	6605	47077	14023	9832
资源环境类	1204	576	574	2362	823	761
能源与新能源类	545	525	525	1000	293	130
土木水利类	2589	2069	1747	6807	4277	4032
加工制造类	19374	17981	16395	57228	19823	15094
石油化工类	1305	1256	1053	4275	2202	1347
轻纺食品类	144	125	124	521	555	319
交通运输类	11261	10654	10460	32980	9807	7560
信息技术类	11360	9976	9576	36693	13068	10044
医药卫生类	8232	7491	7052	30800	13032	8320
休闲保健类	1904	1835	1714	6045	1360	996
财经商贸类	9449	7865	7589	26413	9016	6459
旅游服务类	5571	5305	4879	16796	4772	3703
文化艺术类	5176	4556	4107	19447	5986	3093
体育与健身	1225	1073	1068	4153	1446	728
教育类	10786	10384	10154	35903	13551	8584
司法服务类	827	481	481	1929	703	641
公共管理与服务类	265	169	163	1000	171	59
其他	785	328	265	1791	361	40

22-15 普通高中学校和学生情况

(2014年) 单位：人

项　目	学校数(所)	高级中学	完全中学	十二年一贯制学校	招生数	在校学生数	毕业生数
总　计	**415**	**329**	**68**	**18**	**208916**	**652613**	**231520**
教育部门	321	277	41	3	182635	573055	205798
其他部门办	1	1			320	1131	581
地方企业							
社会力量办	93	51	27	15	25961	78427	25141
城区	314	241	60	13	142807	445722	158049
教育部门	230	193	35	2	119994	375990	135737
其他部门办	1	1			320	1131	581
地方企业							
社会力量办	83	47	25	11	22493	68601	21731
镇区	94	84	7	3	63018	197903	70464
教育部门	88	81	6	1	60523	190754	67853
其他部门办							
地方企业							
社会力量办	6	3	1	2	2495	7149	2611
乡村	7	4	1	2	3091	8988	3007
教育部门	3	3			2118	6311	2208
其他部门办							
地方企业							
社会力量办	4	1	1	2	973	2677	799

22-16 普通初中学校和学生情况

(2014年) 单位：人

项　目	学校数(所)	初级中学	九年一贯制	招生数	在校学生数	毕业生数
总　计	**1533**	**1022**	**511**	**356709**	**1055661**	**335469**
教育部门	1488	1003	485	334865	993993	317326
其他部门办	9	4	5	734	1980	652
地方企业						
社会力量办	36	15	21	21110	59688	17491
城区	637	497	140	188167	559742	175231
教育部门	602	482	120	171555	511884	161471
其他部门办	8	4	4	706	1892	634
地方企业						
社会力量办	27	11	16	15906	45966	13126
镇区	596	360	236	133356	392098	125355
教育部门	587	356	231	128734	380088	121427
其他部门办	1		1	28	88	18
地方企业						
社会力量办	8	4	4	4594	11922	3910
乡村	300	165	135	35186	103821	34883
教育部门	299	165	134	34576	102021	34428
其他部门办						
地方企业						
社会力量办	1		1	610	1800	455

22-17 普通小学学校和学生情况

(2014年)

单位：人

项　目	学校数(所)	招生数	在校学生数	毕业生数
总　计	**4429**	**331754**	**1984633**	**357346**
教育部门	4400	325346	1943175	348771
其他部门办		144	1271	247
地方企业	1	4	53	12
社会力量办	28	6260	40134	8316
城区	1182	184569	1044626	179865
教育部门	1165	179819	1015107	174639
其他部门办		131	1145	215
地方企业				
社会力量办	17	4619	28374	5011
镇区	735	87233	554556	104591
教育部门	727	86071	545752	101850
其他部门办		13	126	32
地方企业				
社会力量办	8	1149	8678	2709
乡村	2512	59952	385451	72890
教育部门	2508	59456	382316	72282
其他部门办				
地方企业	1	4	53	12
社会力量办	3	492	3082	596

22-18 各级普通学校毕业生升学率和学龄儿童入学率

单位：%

年　份	学龄儿童入学率	小学升初中	初中升高级中学
1990	99.4	92.0	34.7
1991	99.0	92.5	37.1
1992	99.0	92.6	38.7
1993	99.0	90.3	39.1
1994	99.1	93.4	40.9
1995	99.4	93.0	41.7
1996	99.3	96.0	41.9
1997	99.4	96.1	44.7
1998	99.4	95.7	48.2
1999	99.3	95.2	50.0
2000	99.3	93.9	57.4
2001	99.7	95.6	57.4
2002	99.4	98.1	66.3
2003	99.7	98.7	68.1
2004	99.7	99.2	74.7
2005	99.7	99.3	82.7
2006	99.8	99.6	85.4
2007	99.9	99.4	94.4
2008	99.9	99.8	97.7
2009	99.9	99.8	97.7
2010	99.9	99.9	97.3
2011	99.9	99.9	93.4
2012	99.9	99.5	92.9
2013	99.9	98.1	94.9
2014	99.9	99.8	96.2

注：初中升高级中学包含升入技工学校(2012年数据)。

22-19 教育发展水平

年 份	各类学校在校生占全省人口(%)	平均每万人口中有(人)			大中小学生各占学生总数(%)		
		大学生	中学生	小学生	大学生	中学生	小学生
1980	20.7	18.0	778.5	1276.8	0.9	37.3	61.2
1985	17.4	25.9	549.1	1150.6	1.5	31.5	65.9
1986	17.6	29.0	584.1	1130.4	1.6	33.1	64.0
1987	17.2	30.0	582.8	1094.8	1.7	33.7	63.2
1988	16.8	31.7	554.6	1074.0	1.9	32.9	63.7
1989	16.3	31.8	513.6	1071.7	1.9	31.2	65.2
1990	15.6	31.6	464.7	1045.3	2.0	29.6	66.7
1991	15.7	31.8	519.2	996.8	2.0	33.0	63.3
1992	15.1	34.1	598.8	946.3	2.3	33.1	62.8
1993	17.9	38.7	470.6	918.0	2.2	26.6	51.2
1994	18.2	44.7	524.7	941.7	2.5	28.8	51.7
1995	18.0	46.0	538.8	922.5	2.6	30.0	51.4
1996	15.8	46.8	604.6	927.7	3.0	38.3	58.7
1997	15.9	48.4	584.6	953.3	3.0	36.9	60.1
1998	15.1	50.3	540.7	921.3	3.3	35.8	60.9
1999	17.2	60.2	563.8	893.5	3.9	38.2	58.9
2000	21.5	71.4	596.2	825.7	4.8	39.9	55.3
2001	22.3	87.9	618.4	762.3	6.0	42.1	51.9
2002	22.5	107.4	647.3	730.0	7.2	43.6	49.2
2003	19.3	123.7	666.8	695.9	8.3	44.9	46.8
2004	18.0	140.2	664.8	671.5	9.5	45.0	45.5
2005	17.5	158.0	655.8	638.9	10.9	45.1	44.0
2006	18.7	172.0	643.8	607.9	12.1	45.2	42.7
2007	16.5	184.7	629.6	582.5	13.2	45.1	41.7
2008	16.4	193.9	614.1	559.4	14.2	44.9	40.9
2009	15.8	200.8	588.4	531.3	15.2	44.6	40.2
2010	15.5	206.8	561.4	512.8	16.1	43.8	40.0
2011	15.6	279.0	569.2	509.9	20.5	41.9	37.5
2012	15.1	289.5	544.0	500.5	21.7	40.8	37.5
2013	15.0	300.2	512.2	481.5	23.2	39.6	37.2
2014	14.8	303.8	501.3	468.3	23.9	39.4	36.8

22-20 各地区普通高等学校基本情况

(2014年)

单位：人

地　区	学校数(所)	招生数	在校学生数	毕业生数	教职工数	#专任教师
总　计	**116**	**284838**	**998281**	**247510**	**97927**	**64246**
沈　阳	47	113959	399694	96610	41521	26806
大　连	30	77827	286224	65673	27916	18281
鞍　山	3	9138	36235	9906	3175	2128
抚　顺	5	11538	43059	11144	3539	2427
本　溪	2	4150	13152	3468	1337	738
丹　东	3	8522	27024	7514	2561	1556
锦　州	9	22770	81594	21224	7078	4901
营　口	3	6122	15537	4129	1541	1066
阜　新	2	8754	32438	8628	2936	2262
辽　阳	3	5863	17080	6915	1318	1114
盘　锦	2	2596	7056	1775	1172	491
铁　岭	4	6391	16626	4361	1941	1130
朝　阳	1	1809	5101	1597	757	499
葫芦岛	2	5399	17461	4566	1135	847

22-21 各地区中等职业学校基本情况

(2014年)

单位：人

地 区	学校数(所)	招生数	在校学生数	毕业生数	教职工数	#专任教师
总 计	**296**	**108270**	**333220**	**115269**	**28745**	**20590**
沈 阳	82	25681	81977	27163	8079	5520
大 连	52	16939	49884	16984	4158	2893
鞍 山	16	5599	17944	5231	1572	1144
抚 顺	16	4766	15754	5732	1605	1158
本 溪	9	3707	11318	5447	1461	1160
丹 东	17	6231	19795	6602	1481	1033
锦 州	13	8680	23179	7558	1607	1208
营 口	14	5040	16359	6500	1401	1070
阜 新	15	6005	18868	6652	1562	1053
辽 阳	10	5050	13121	4500	848	673
盘 锦	6	2740	10360	3366	703	573
铁 岭	20	6024	19212	7245	1254	913
朝 阳	14	7101	22761	7580	1972	1386
葫芦岛	12	4707	12688	4709	1042	806

22-22 各地区普通高中基本情况

(2014年)

单位：人

地 区	学校数(所)	招生数	在校学生数	毕业生数	教职工数	#专任教师
总 计	**415**	**208916**	**652613**	**231520**	**58969**	**48924**
沈 阳	87	34524	105526	35483	11026	9286
大 连	79	30427	95017	32373	9490	7861
鞍 山	35	15469	47857	17407	4321	3567
抚 顺	23	8927	28494	10601	2947	2334
本 溪	13	6536	20831	7673	2040	1681
丹 东	23	13018	41530	14707	3107	2618
锦 州	27	14525	45572	16844	3612	2865
营 口	15	10795	32931	11603	2864	2487
阜 新	20	9975	31629	11312	2353	1851
辽 阳	14	7787	24724	9163	2210	1880
盘 锦	11	9389	29951	9778	2475	2040
铁 岭	20	12997	40594	14487	3172	2651
朝 阳	28	20504	64989	25038	5905	4940
葫芦岛	20	14043	42968	15051	3447	2863

22-23 各地区普通初中基本情况

(2014年) 单位：人

地　区	学校数(所)	招生数	在校学生数	毕业生数	教职工数	#专任教师
总　计	**1533**	**356709**	**1055661**	**335469**	**120553**	**98888**
沈　阳	212	58240	169711	52582	18989	14574
大　连	208	50236	148856	47301	16172	14081
鞍　山	128	31054	88909	27270	10384	8355
抚　顺	80	13724	40107	13562	5740	4868
本　溪	43	10187	30046	10038	4314	3404
丹　东	102	19691	57769	19933	6673	5602
锦　州	104	24095	70699	21829	7883	6408
营　口	86	21536	62091	18251	6357	5493
阜　新	75	15572	47471	16062	6093	4681
辽　阳	67	15990	47527	15402	5046	4214
盘　锦	63	12264	42374	12070	5219	3814
铁　岭	110	23944	71120	23681	8603	7381
朝　阳	143	32768	98403	31379	10875	8957
葫芦岛	112	27408	80578	26109	8205	7056

22-24 各地区普通小学基本情况

(2014年) 单位：人

地　区	学校数(所)	招生数	在校学生数	毕业生数	教职工数	#专任教师
总　计	**4429**	**331754**	**1984633**	**357346**	**160104**	**141049**
沈　阳	295	62464	351110	57922	25119	22085
大　连	551	53640	287555	50050	20274	18009
鞍　山	566	28098	168184	31188	13599	11103
抚　顺	129	12399	74697	13804	7639	6803
本　溪	72	8930	54326	10100	6163	5112
丹　东	456	13771	98836	19729	9036	8030
锦　州	395	19824	132367	24266	11102	10022
营　口	164	19251	111835	21856	7964	7524
阜　新	81	13748	84698	15624	8448	7411
辽　阳	174	11808	76436	16129	6257	5505
盘　锦	51	10618	66557	11791	5501	5121
铁　岭	320	20158	129642	24077	11852	10479
朝　阳	668	32123	190842	33225	15713	13620
葫芦岛	507	24922	157548	27585	11437	10225

22-25 各地区特殊教育基本情况

(2014年)　　单位：人

地　区	学校数(所)	招生数	在校学生数	毕业生数	教职工数	#专任教师
总　计	**74**	**971**	**8320**	**786**	**2764**	**2049**
沈　阳	15	185	1538	210	632	422
大　连	11	271	1646	204	463	328
鞍　山	7	72	609	36	262	182
抚　顺	3	71	438	61	103	88
本　溪	2	20	202	15	55	39
丹　东	6	43	629	40	221	187
锦　州	7	26	509	14	208	161
营　口	4	66	740	49	199	160
阜　新	5	45	359	18	146	113
辽　阳	3	30	277	8	101	83
盘　锦	1	13	122	2	25	23
铁　岭	4	55	639	31	142	115
朝　阳	3	61	346	58	131	96
葫芦岛	3	13	266	40	76	52

22-26 各地区每十万人口各级学校平均在校生数

(2014年)　　单位：人

地　区	幼儿园	小学	初中阶段	高中阶段	高等学校
总　计	**2062.1**	**4682.9**	**2490.9**	**2522.0**	**3037.7**
沈　阳	2099.7	4828.9	2334.1	2026.6	7231.4
大　连	2440.4	4862.3	2517.0	2150.5	6461.6
鞍　山	2351.7	4808.0	2541.7	2071.1	1345.7
抚　顺	1374.0	3426.5	1839.8	2133.3	2144.7
本　溪	1812.5	3567.0	1972.8	2068.5	1142.8
丹　东	1688.9	4125.0	2411.1	2509.4	1236.9
锦　州	1938.9	4327.1	2311.2	2291.6	3553.5
营　口	2055.7	4810.1	2670.6	2194.1	692.3
阜　新	1881.3	4432.1	2484.1	2774.7	2518.0
辽　阳	1974.1	4246.4	2640.4	2271.3	960.1
盘　锦	2256.7	5159.5	3284.8	2955.2	547.6
铁　岭	2120.7	4294.2	2355.7	2107.8	571.4
朝　阳	2054.3	5621.3	2898.5	2690.6	180.9
葫芦岛	1971.4	5628.7	2878.8	2215.1	640.1

注：高中阶段为生源数据且各市不含技工学校数据。

22-27 科技活动基本情况

指　标	单位	2005年	2006年	2008年	2009年	2010年	2011年	2012年	2013年	2014年
科技活动人员	**万人**	**18.6**	**18.8**	**20.4**	**23.5**	**21.9**	**23.8**	**25.5**	**27.6**	**28.2**
# 科学家和工程师	万人	12.3	12.9	14.8						
研究与试验发展折合全时人员	**万人年**	**6.7**	**7.0**	**7.9**	**9.2**	**8.5**	**8.1**	**8.7**	**9.5**	**10**
# 科学家和工程师	万人年	5.6	5.9	6.8						
科技经费筹集额	**亿元**	**217.0**	**231.1**	**363.4**						
# 政府资金	亿元	42.7	48.9	78.4						
企业资金	亿元	153.3	158.0	263.3						
金融机构贷款	亿元	7.4	11.6	9.2						
科技经费内部支出	**亿元**	**204.2**	**224.2**	**346.1**						
# 劳务费	亿元	36.2	39.5	57.0						
固定资产购建费	亿元	43.0	62.8	96.7						
研究与试验发展经费支出	**亿元**	**125.3**	**136.4**	**194.2**	**241.1**	**287.5**	**363.8**	**390.9**	**445.9**	**435.2**
# 基础研究	亿元	3.0	6.2	5.1	6.2	7.3	11.6	14.8	15.7	20.1
应用研究	亿元	23.2	20.4	29.6	25.8	36.2	52.7	60.9	55.6	62.3
试验发展	亿元	93.1	103.4	153.0	209.1	244.0	299.5	315.2	374.6	352.9
研究与试验发展经费支出占生产总值比重	**%**	**1.6**	**1.5**	**1.1**	**1.6**	**1.6**	**1.6**	**1.6**	**1.6**	**1.5**
技术市场成交额	**亿元**	**86.5**	**80.6**	**99.7**	**119.8**	**130.7**	**159.7**	**230.7**	**180**	**250.9**
专利申请受理数	**件**	**15672**	**17052**	**20899**	**25803**	**34218**	**37123**	**39490**	**45996**	**37860**
发明	件	3267	4368	6499	7125	9884	14715	19740		
实用新型	件	8192	8594	10348	12634	14996	17684	15691		
外观设计	件	4213	4090	4052	6045	9338	4724	4059		
专利申请授权数	**件**	**6195**	**7399**	**10665**	**12198**	**17093**	**19176**	**21216**	**21656**	**19525**
发明	件	942	1063	1516	1994	2357	3164	3995		
实用新型	件	4235	5277	8256	8585	12067	13584	14824		
外观设计	件	1018	1059	893	1620	2669	2428	2397		

22-28 科学研究和开发机构基本情况

指　标	单位	2005年	2006年	2008年	2009年	2010年	2011年	2012年	2013年	2014年
科技活动人员	万人	2.00	1.90	2.00	1.90	1.81	1.88	1.93	2.26	2.34
#科学家和工程师	万人	1.60	1.30	1.60						
研究与试验发展折合全时人员	万人年	0.55	0.55	0.59	1.09	1.13	1.22	1.29	1.38	1.38
#科学家和工程师	万人年	0.49	0.49	0.55						
#基础研究	万人年	0.05	0.06	0.06	0.10	0.13	0.12	0.16	0.17	0.16
应用研究	万人年	0.16	0.15	0.20	0.36	0.37	0.40	0.52	0.54	0.45
试验发展	万人年	0.34	0.20	0.32	0.63	0.63	0.70	0.61	0.65	0.78
科技经费筹集额	亿元	26.00	29.00	41.60						
#政府资金	亿元	14.90	16.50	25.70						
企业资金	亿元	6.40	8.90	8.50						
金融机构贷款	亿元		0.50							
科技经费内部支出	亿元	25.90	28.40	38.10						
# 劳务费	亿元	6.50	6.90	9.70						
固定资产购建费	亿元	5.30	6.10	8.20						
研究与试验发展经费支出	亿元	11.20	12.00	16.90	31.10	44.15	45.74	53.31	58.80	56
#基础研究	亿元	1.00	1.30	1.80	2.60	3.26	3.69	5.55	5.44	6.4
应用研究	亿元	3.20	4.00	5.90	12.30	14.66	16.05	22.09	27.02	22.4
试验发展	亿元	5.00	3.00	6.10	16.20	26.22	26.01	25.67	26.30	27.2

22-29 大中型工业企业科技活动基本情况

指　　标	单位	2006年	2008年	2009年	2010年	2011年	2012年	2013年	2014年
有科技活动的企业	个	294	303			253	276	369	356
占全部企业的比重	%	27.1	22.0			13.8	12.5	16.3	17.2
科技机构数	个	303.0	332.0	399.0	358.0	280.0	309.0	354.0	320
科技活动人员	万人	9.8	10.5		10.5	11.4		12.8	
# 科学家和工程师	万人	5.9	7.1						
研究与试验发展折合全时人员	万人年	3.4	4.0	5.2	4.5	4.0	4.2	4.6	4.8
# 科学家和工程师	万人年	2.7	3.3						
科技机构科技活动人员	万人	3.3	3.8	4.1		3.1	4.2	4.0	3.7
# 科学家和工程师	万人	2.1							
科技经费筹集额	亿元	137.9	242.3						
# 政府资金	亿元	9.8	20.9						
企业资金	亿元	116.5	213.9						
金融机构贷款	亿元	7.3	6.1						
科技经费内部支出	亿元	136.7	233.2						
# 开发新产品经费支出	亿元	82.9	122.6	199.2	196.7	241.8	254.4	293.6	268.6
科技经费支出占主营业务收入比重	%	1.4	1.6	1.4	1.0	1.1	1.1	1.2	1.1
研究与试验发展经费支出	亿元	85.9	129.0	166.4	191.3	238.2	259.8	290.8	272
技术引进经费支出	亿元	19.4	22.7	27.4	6.4	3.5	5.2	5.5	7.3
消化吸收经费支出	亿元	2.1	3.2	4.7	4.6	3.0	6.1	4.7	3.1
购买国内技术支出	亿元	2.8	20.3	18.9	15.8	17.4	14.4	6.2	4.2

22-30 高等学校科技活动情况

指　　标	单位	2005年	2006年	2008年	2009年	2010年	2011年	2012年	2013年	2014年
科技活动人员	万人	2.6	2.9	3.3	5.7	5.8	5.9	5.7	6.4	6.6
# 科学家和工程师	万人	2.2	2.5	2.8						
研究与试验发展机构	个	277	320	396						
研究与试验发展折合全时人员	万人年	1.3	1.5	1.6	1.5	1.6	1.5	1.6	1.7	1.7
# 科学家和工程师	万人年	1.3	1.5	1.6						
# 基础研究	万人年	0.4	0.6	0.6	0.6	0.6	0.6	0.6	0.7	0.8
应用研究	万人年	0.6	0.7	0.9	0.8	0.8	0.9	0.9	0.9	0.8
试验发展	万人年	0.3	0.2	0.1	0.1	0.1	0.1	0.1	0.1	0.09
科技经费筹集额	亿元	21.4	24.0	31.6						
# 政府资金	亿元	8.0	8.7	12.8						
企业资金	亿元	11.6	13.7	17.3						
金融机构贷款	亿元									
科技经费内部支出	亿元	19.1	22.0	28.0						
# 劳务费	亿元	3.9	4.1	4.3						
固定资产购建费	亿元	2.7	3.3	5.2						
研究与试验发展经费支出	亿元	12.3	15.6	21.1	23.6	24.5	32.6	37.3	41.4	42.3
# 基础研究	亿元	1.4	2.4	3.1	3.6	4.0	7.9	8.6	10.3	13.6
应用研究	亿元	7.1	8.9	9.9	11.8	15.8	20.5	18.9	19.8	24.7
试验发展	亿元	3.7	4.2	8.1	8.3	4.7	4.2	9.8	11.3	4

主要统计指标解释

普通高等学校 指按照国家规定的设置标准和审批程序批准举办的，通过全国普通高等学校统一招生考试，招收高中毕业生为主要培养对象，实施高等教育的全日制大学、独立设置的学院和高等专科学校、高等职业学校和其他机构。

大学、独立设置的学院主要实施本科层次以上教育，高等专科学校、高等职业学校实施专科层次教育，其他机构是承担国家普通招生计划任务不计校数的机构。包括普通高等学校分校和批准筹建的普通高等学校等。

成人高等学校 指按照国家规定的设置标准和审批程序批准举办的，通过全国成人高等学校统一招生考试，招收具有高中毕业或同等学历的在职从业人员为主要培养对象，利用函授、业余、脱产等多种形式对其实施高等学历教育的学校。包括职工高等学校、农民高等学校、管理干部学院、教育学院、独立函授学院、广播电视大学、其他机构等。其他机构是承担国家成人招生计划任务不计校数的机构。

小学学龄儿童净入学率 指调查范围内已入小学学习的学龄儿童占校内外学龄儿童总数(包括弱智儿童，不包括盲聋哑儿童)的比重。计算公式为:

小学学龄儿童净入学率=已入学的小学学龄儿童数/校内外小学学龄儿童总数 × 100%

国家财政性教育经费 包括国家财政预算内教育经费，各级政府征收用于教育的税费，企业办学校教育经费，校办产业、勤工俭学和社会服务收入用于教育的经费。

财政预算内教育经费 指中央、地方各级财政或上级主管部门在年度内安排，并计划拨到教育部门和其他部门主办的各级各类学校、教育事业单位，列入国家预算支出科目的教育经费，包括教育事业拨款、科研经费拨款、基建拨款和其他经费拨款。

科技活动 指在自然科学、农业科学、医药科学、工程与技术科学、人文与社会科学领域(简称科学技术领域)中，与科技知识的产生、发展、传播和应用密切相关的有组织的活动。可分为研究与试验发展(R&D)、研究与试验发展成果应用及相关的科技服务三类活动。该定义是联合国教科文组织考虑成员国特别是发展中国家开展科技统计工作的需要，而对科技活动所作的统计界定。

科技活动人员 指直接从事科技活动、以及专门从事科技活动管理和为科技活动提供直接服务，累计的实际工作时间占全年制度工作时间 10%及以上的人员。(1)直接从事科技活动的人员包括：在独立核算的科学研究与技术开发机构、高等学校、各类企业及其他事业单位内设的研究室、实验室、技术开发中心及中试车间(基地)等机构中从事科技活动的研究人员、工程技术人员、技术工人及其它人员；虽不在上述机构工作，但编入科技活动项目(课题)组的人员；科技信息与文献机构中的专业技术人员；从事论文设计的研究生等。(2)专门从事科技活动管理和为科技活动提供直接服务的人员，包括：独立核算的科学研究与技术开发机构、科技信息与文献机构、高等学校、各类企业及其他事业单位主管科技工作的负责人，专门从事科技活动的计划、行政、人事、财务、物资供应、设备维护、图书资料管理等工作的各类人员，但不包括保卫、医疗保健人员、司机、食堂人员、茶炉工、水暖工、清洁工等为科技活动提供间接服务的人员。该指标用来反映投入科技活动人力的规模。

科学家与工程师 指科技活动人员中具有高、中级技术职称(职务)的人员和不具有高、中级技术职称(职务)的大学本科及以上学历人员。该指标用来反映投入科技活动人力的素质。

研究与试验发展（R&D） 指在科学技术领域，为增加知识总量，以及运用这些知识去创造新的应用进行的系统的创造性的活动，包括基础研究、应用研究、试验发展三类活动。国际上通常采用 R&D 活动的规模和强度指标反映一国的科技实力和核心竞争力。

基础研究 指为了获得关于现象和可观察事实的基本原理的新知识(揭示客观事物的本质、运动规律，获得新发现、新学说)而进行的实验性或理论性研究，它不以任何专门或特定的应用或使用为目的。其成果以科学论文和科学著作为主要形式。用来反映知识的原始创新能力。

应用研究 指为获得新知识而进行的创造性研究，主要针对某一特定的目的或目标。应用研究是为了确定基础研究成果可能的用途，或是为达到预定的目标探索应采取的新方法(原理性)或新途径。其成果形式以科学论文、专著、原理性模型或发明专利为主。用来反映对基础研究成果应用途径的探索。

试验发展 指利用从基础研究、应用研究和实际经验所获得的现有知识，为产生新的产品、材料和装置，建立新的工艺、系统和服务，以及对已产生和建立的上述各项作实质性的改进而进行的系统性工作。其成果形式主要是专利、专有技术、具有新产品基本特征的产品原型或具有新装置基本特征的原始样机等。在社会科学领域，试验发展是指把通过基础研究、应用研究获得的知识转变成可以实施的计划(包括为进行检验和评估实施示范项目)的过程。人文科学领域没有对应的试验发展活动。主要反映将科研成果转化为技术和产品的能力，是科技推动经济社会发展的物化成果。

研究与试验发展人员 指参与研究与试验发展项目研究、管理和辅助工作的人员， 包括项目(课题)组人员，企业科技行政管理人员和直接为项目(课题)活动提供服务的辅助人员。反映投入从事拥有自主知识产权的研究开发活动的人力规模。

研究与试验发展人员全时当量 指全时人员数加非全时人员按工作量折算为全时人员数的总和。例如:有两个全时人员和三个非全时人员(工作时间分别为 20%、30%和 70%)，则全时当量为 2+0.2+0.3+0.7=3.2人年。为国际上比较科技人力投入而制定的可比指标。

专业技术人员 指从事专业技术工作和专业技术管理工作的人员，即企事业单位中已经聘任专业技术职务从事专业技术工作和专业技术管理工作的人员，以及未聘任专业技术职务，现在专业技术岗位上工作的人员。包括工程技术人员，农业技术人员，科学研究人员，卫生技术人员，教学人员，经济人员，会计人员，统计人员，翻译人员，图书资料、档案、文博人员，新闻出版人员，律师、公证人员，广播电视播音人员，工艺美术人员，体育人员，艺术人员及企业政治思想工作人员，共十七个专业技术职务类别。用来反映科技人力资源情况。

科技活动经费筹集 指从各种渠道筹集到的计划用于科技活动的经费，包括政府资金、企业资金、事业单位资金、金融机构贷款、国外资金和其他资金等。反映各社会经济主体对促进科技进步所做的努力。

政府资金 指从各级政府部门获得的计划用于科技活动的经费，包括科学事业费、科技三项费、科研基建费、科学基金、教育等部门事业费中计划用于科技活动的经费以及政府部门预算外资金中计划用于科技活动的经费等。

企业资金 指从自有资金中提取或接受其他企业委托的，科研院所和高校等事业单位接受企业委托获得的，计划用于科研和技术开发的经费。不包括来自政府、金融机构及国外的计划用于科技活动的资金。

金融机构贷款 指从各类金融机构获得的用于科技活动的贷款。

科技活动经费内部支出 指报告年内用于科技活动的实际支出，包括劳务费、科研业务费、科研管理费，非基建投资购建的固定资产、科研基建支出以及其他用于科技活动的支出。不包括生产性活动支出、归还贷款支出及转拨外单位支出。反映科技投入实际完成情况。

劳务费 指以货币或实物形式直接或间接支付给从事科技活动人员的劳动报酬及各种费用。包括各种形式的工资、津贴、奖金、福利、离退休人员费用、人民助学金等。反映改善科技人员待遇情况。

固定资产购建费 指报告年内使用非基建投资购建的固定资产和用于科研基建投资的实际支出额，即固定资产实际支出和科研基建投资实际完成额之和。固定资产是指长期使用而不改变原有实物形态的主要物资设备、图书资料、实验材料和标本以及其他设备和家具、房屋、建筑物。反映用于改善科研条件和科研手段方面的投入情况。

新产品 指采用新技术原理、新设计构思研制、生产的全新产品，或在结构、材质、工艺等某一方面比原有产品有明显改进，从而显著提高了产品性能或扩大了使用功能的产品。既包括政府有关部门认定并在有效期内的新产品，也包括企业自行研制开发，未经政府有关部门认定，从投产之日起一年之内的新产品。用来反映科技产出及对经济增长的直接贡献。

二十三、文化、体育和卫生

Chapter 23 Culture, Sports and Public Health

23-1 文化事业基本情况

项　目	2005年	2006年	2008年	2009年	2010年	2011年	2012年	2013年	2014年
一、文化事业机构数(个)	**20871**	**19085**	**17479**	**15255**	**14690**	**13563**	**13054**	**12910**	**12915**
文化部门	12315	10338	6475	2279	2130	2106	2093	2074	2075
其他部门	8556	8747	11004	12976	12560	11457	10961	10836	10840
二、文化事业人员数(人)	**76970**	**92380**	**68767**	**78359**	**75215**	**70313**	**67659**	**71622**	**71620**
文化部门	53698	61946	33248	19677	19044	19307	19731	20009	20008
其他部门	23272	30434	35519	58682	56171	51006	47928	51613	51612
三、各类文化艺术事业单位数(个)									
文化馆、艺术馆	124	123	123	122	122	122	123	123	122
公 共 图 书 馆	126	126	128	128	128	128	129	129	128
博物馆	37	37	54	61	61	61	62	63	63
电影院									
艺术表演场所	59	50	40	40	38	38	30	26	28
艺术表演团体	70	66	65	63	52	38	23	23	24
电影放映单位									

23-2 广播电视事业

项　目	单位	2010年	2011年	2012年	2013年	2014年
一、职 工 人 数	**人**	**26392**	**27332**	**28531**	**28436**	**28700**
二、广播事业情况						
广 播 电 台	座	15	4	4	4	无
发射台及转播台	座	34	35	34	34	35
发射机功率	千瓦	1151	1200	1225	1225	1171
平均每天播音时间	小时：分	82	83	80	80	1842
广播人口综合覆盖率	%	98.48	98.51	98.59	98.63	98.81
年广播节目制作时间	小时	457602	442709	432646	393806	389989
新闻	小时	53662	59338	60348		51608
综艺	小时	153476	136956	133584		125417
专题	小时	145270	148479	135010		125651
广播剧	小时	4404	2176	7652		6049
广告	小时	62729	58229	56210		44174
其他	小时	38064	37529	39839		37089
三、电视事业情况						
电 视 台	座	13	5	5	5	无
电视发射及转播台	座	367	368	368	369	359
发射机功率	千瓦	578	583	581	579	496.94
平均每周播出时间	小时：分	13547:42	14017:11	14065:15	14120:39	14183
电视人口综合覆盖率	%	98.59	98.64	98.68	98.72	98.96
电视节目制作时间	小时	188895	184320	176710	184836	178639
新闻	小时	30945	30247	28514		28712
综艺	小时	56107	53809	50333		50705
专题	小时	33836	30122	37961		36516
影视剧	小时	1189	1080	1335		1414
广告	小时	39673	42997	35758		33521
其他	小时	27148	26064	22806		27771

23-3 图书、杂志和报纸出版情况

年 份	图书				杂志			报纸		
	种数(种)	#新出版	总印数(万册)	总印张数(万印张)	种数(种)	总印数(万册)	总印张数(万印张)	种数(种)	总印数(万份)	总印张数(万印张)
1990	2776	2087	20000	79000	236	14000	30000	65	83000	63000
1991	3603	2799	22000	94000	242	15000	33000	67	99000	71000
1992	3203	2336	21000	90000	255	16000	30000	70	94000	70000
1993	3602		23000	120000	289	16000	38000	84	87000	88000
1994	4419	2986	24000	108000						
1995	3585	1975	18000	79000	295	15000	34000	88	90000	88000
1996	4419	2228	23000	107000	288	14000	31000	97	88000	117000
1997	4979	2678	22000	104000	286	14000	31000	89	99000	124000
1998	5251	2838	24000	114000	274	13000	31000	85	105000	175000
1999	5256	2711	23000	106000	277	13000	32000	85	110000	206000
2000	5008	2752	17082	108047	289	8634	22369	87	125845	319018
2001	5117	2719	18176	123953	306	14043	33907	97	124584	1097498
2002	6632	3026	16374	106225	321	12896	31246	17	52989	110635
2003	6519	2826	15428	92405	322	10881	30241	17	50631	150874
2004	5511	2899	11666	83959	234	6891	25647	81	145408	510101
2005	6598		12394	88222	325	10890	30251	81	145800	510235
2006	7370		12355	91425	324	8025	30537	123	159117	720835
2007	5533	3043	6686	51332	326	10793	39720	122	268855	743621
2008	7216	3592	13588	85791	322	10033	39777	81	179132	830147
2009					317	8424	37759	113	144362	702087
2010	9060	4925	14705	115552	317	4507	40073	75	156800	820203
2011	9883	5208	15148	120937	316	10003	41657	73	161277	998342
2012	9994	5596	11680	95977	312	9840	41715	69	165968	989664
2013	10737	6772	11788	96271	315	9185.15	39698	70	163232	814552
2014	11942	7405	12713	103992	315	8964.98	383769.5	70	151009.9	8489481.17

注：2002年报纸为省级报纸统计数。

23-4 图书出版分类构成情况

(2014年)

	种数(种)	总印数(万册)	总印张(千印张)
标准图书合计	**11937**	**12710.0854**	**1039830.2**
马列主义、毛泽东思想	38	12.891	2350.83
哲　　学	134	60.6195	8455.31
社会科学总论	188	81.9545	13020.28
政治、法律	237	86.6777	14853.69
军　　事	17	6.3956	1058.18
经　　济	1019	635.1369	109209.89
文化、科学、教育、体育	4835	9260.9679	612510.13
语言、文字	761	346.7637	44595.29
文　　学	1212	1045.5077	99780.47
艺　　术	1333	319.4014	29280.76
历史、地理	381	161.6707	21258.12
自然科学总论	15	3.744	733.68
数理科学、化学	141	43.435	6546.16
天文学、地球科学	21	4.03	493.15
生物科学	48	16.254	1592.36
医药、卫生	226	64.9834	8550.8
农业科学	52	147.4425	4966.62
工业技术	842	263.3088	38117.69
交通运输	273	113.3501	17877.49
航空、航天	1	0.4	39.66
环境科学	34	7.053	959.31
综合性图书	129	28.098	3580.33
非标图书合计	**5**	2.85	92.59

23-5 体委系统职工人数

(2014年)

单位：人

人员分类	合计	#优秀运动队	#体育运动学校	#少儿业余体校	#公共体育场馆	#体育服务公司
全　省	**4624**	**2231**	**1316**	**739**	**338**	
运动员	1803	1650	142	11		
专职教练员	1198	257	445	496		
专职文化教师	371	36	314	21		
科技人员	9	2	7			
宣传出版人员						
医务人员	16	7	4	5		
管理人员	1200	274	403	200	323	
其它人员	27	5	1	6	15	

23-6 运动员历年创世界纪录情况

年　份	项数(项)	#女子	人数(人)	#女子	次数(次)	#女子
1985	1	1	2	2	2	2
1986	1	-	1	-	1	-
1987	3	2	7	5	12	9
1988	2	2	4	4	9	9
1989	10	10	4	4	10	10
1990	2	1	4	3	2	1
1991	8	8	6	6	10	10
1992	3	3	8	8	20	20
1993	20	18	14	12	30	27
1994	3	3	4	4	4	4
1995	1	1	1	1	1	1
1996	2	2	1	1	3	3
1997	9	9	5	5	11	11
1998	17	15	14	12	20	18
1999	13	12	9	8	22	21
2000	4	3	2	1	7	6
2001	4	4	6	6	4	4
2002	11	11	7	7	13	13
2003	13	-	7	-	34	-
2004	4	4	3	3	4	4
2005	3	3	3	3	4	4
2006	3	3	1	1	3	3
2007						
2008						
2009	3	3	2	2	4	4
2010						
2011	1	1	1	4	4	4
2012	3	3	1	1	4	4
2013						
2014						

注:总计的项数和人数中剔除了历年重复数(以下同)。

23-7 运动员分项获得世界冠军情况

(2014年)

项　目	项数(项)	#女子	人数(人)	#女子	次数(次)	#女子
总　计	**7**	**3**	**5**	**3**	**7**	**3**
乒乓球	1	1	1	1	1	1
击　剑	5	1	2	1	5	1
桥　牌	1	1	2	1	1	1

23-8 运动员近年获得世界冠军情况

年　份	项数(项)	#女子	人数(人)	#女子	次数(次)	#女子
1985	3	1	3	1	4	1
1986	6	4	8	4	8	4
1987	4	3	6	4	8	6
1988	2	1	4	3	10	8
1989	11	10	5	4	11	10
1990	11	7	7	4	12	8
1991	15	13	7	5	16	14
1992	6	5	8	7	13	12
1993	24	24	18	18	24	24
1994	4	4	7	5	12	8
1995	7	3	9	5	8	4
1996	6	6	5	5	8	8
1997	7	7	4	4	7	7
1998	14	8	11	9	15	8
1999	14	12	9	8	15	13
2000	9	7	6	5	9	7
2001	9	9	4	4	9	9
2002	12	10	10	8	12	10
2003	18		12		19	
2004	11	10	11	10	12	11
2005	6	6	6	6	6	6
2006	11	10	11	10	11	10
2007	14	14	12	12	20	20
2008	13	13	10	10	15	15
2009	7	7	4	4	7	7
2010	6	6	12	12	13	13
2011	7	9	11	23	26	23
2012	7	5	9	7	8	6
2013	13	11	12	10	15	13
2014	7	7	5	5	7	7

23-9 运动员分项创获亚洲冠军情况

(2014年)

项目	项数(项)	#女子	人数(人)	#女子	次数(次)	#女子
总计	**12**	**6**	**12**	**6**	**12**	**6**
赛艇	3	2	3	2	3	2
皮划艇	1	1	1	1	1	1
摔跤	1	1	1	1	1	1
射击	2	1	2	1	2	1
游泳	2	1	2	1	2	1
排球	1		1		1	
帆板	1		1		1	
田径	1		1		1	

23-10 与外国体育活动交往情况

项目	单位	2005年	2006年	2008年	2009年	2010年	2011年	2012年	2013年	2014年
来我省的体育团体										
次数	次	17	6	29	15	10	5	5	8	4
人数	人	148	97	214	188	98	74	92	151	57
我省派出的体育团体										
次数	次	86	104	42	15	20	13	10	2	4
人数	人	326	336	176	108	140	164	101	38	20

23-11　卫生机构、床数、人员数

(2014年)

卫生机构名称	机构数(个)	床位数(张)	人员数(人)				
			合计	卫生技术人员			
				小计	执业(助理)医师	#执业医师	注册护士
总　计	**35445**	**255553**	**339189**	**256286**	**101636**	**105825**	**13212**
一、医院	**962**	**210194**	**219958**	**179076**	**63841**	**83948**	**9716**
综合医院	584	145209	161509	133321	47034	64087	6578
中医医院	106	21848	22327	18220	7403	6915	1618
中西医结合医院	8	1400	1478	1216	506	525	86
民族医院	1	300	153	111	55	15	29
专科医院	262	41237	34453	26199	8838	12402	1405
口腔医院	20	408	2101	1758	899	592	27
眼科医院	20	1022	1517	1003	295	494	37
肿瘤医院	5	3622	2988	2419	858	1109	140
心血管病医院	3	220	139	95	43	38	5
胸科医院	1	385	270	192	59	102	15
妇产(科)医院	31	4517	6809	5221	1932	2379	243
儿童医院	4	1151	1721	1448	502	638	86
精神病医院	41	14634	5951	4345	1092	2505	185
传染病医院	14	5171	4279	3216	939	1568	266
皮肤病医院	7	332	460	346	118	157	37
结核病医院	5	1860	1235	843	222	447	57
骨科医院	19	2307	1693	1323	538	511	81
康复医院	22	2427	1518	1012	310	472	57
整形外科医院	4	65	119	96	28	60	4
美容医院	10	172	533	382	153	177	15
其他专科医院	56	2944	3120	2500	850	1153	150
护理院	1	200	38	9	5	4	
二、基层医疗卫生机构	**33297**	**35295**	**93240**	**58902**	**30020**	**18323**	**2989**
社区卫生服务中心(站)	1138	5639	15411	12948	5394	5342	928
社区卫生服务中心	360	5530	11115	9144	3639	3685	760
社区卫生服务站	778	109	4296	3804	1755	1657	168
卫生院	1025	29610	24918	18840	8713	5023	1365
街道卫生院	13	229	255	200	106	60	16
乡镇卫生院	1012	29381	24663	18640	8607	4963	1349
中心卫生院	249	10565	9579	7418	3390	2105	529
乡卫生院	763	18816	15084	11222	5217	2858	820
村卫生室	19844		26557	1915	1601	314	
门诊部	499	46	5718	5002	2584	1664	254
综合门诊部	252	6	3485	3037	1525	964	168
中医门诊部	55	40	470	395	233	90	48
中西医结合门诊部	13		122	113	55	37	8
专科门诊部	179		1641	1457	771	573	30
诊所.卫生所.医务室	10791		20636	20197	11728	5980	442
诊所	9261		17581	17281	10324	5273	398
卫生所、医务室	1530		3055	2916	1404	707	44

23-11 续表 1

卫生机构名称	机构数(个)	床位数(张)	人员数(人)				
			合计	卫生技术人员			
				小计	执业(助理)医师	#执业医师	注册护士
三、专业公共卫生机构	**1035**	**3728**	**23191**	**16653**	**7115**	**2979**	**418**
疾病预防控制中心	131		7907	5796	3086	443	69
省属	1		409	253	110	2	
省辖市(地区)属	17		2215	1687	920	114	20
地辖市属	73		3398	2534	1313	249	31
县属	31		1532	1056	570	42	11
其他	9		353	266	173	36	7
专科疾病防治院(所、站)	86	2371	3067	2247	1014	637	138
专科疾病防治院	8	1153	795	601	252	220	35
职业病防治院	6	848	621	476	191	163	32
其他	2	305	174	125	61	57	3
专科疾病防治所(站、中心)	78	1218	2272	1646	762	417	103
口腔病防治所(站、中心)	11		373	305	171	88	2
精神病防治所(站、中心)	1	126	38	24	7	15	1
结核病防治所(站、中心)	50	964	1430	1001	419	274	89
职业病防治所(站、中心)	3	100	186	144	61	28	4
地方病防治所(站、中心)	10		201	161	99	8	7
药物戒毒所(中心)	1	10	41	8	3	3	
其他	2	18	3	3	2	1	
健康教育所(站、中心)	10		165	75	59	6	2
妇幼保健院(所、站)	110	1227	4651	3650	1907	928	145
省属	1	53	183	147	44	55	8
省辖市(地区)属	13	14	429	333	191	51	11
地辖市属	64	636	2539	2011	1081	539	72
县属	27	514	1371	1059	535	260	51
其他	5	10	129	100	56	23	3
妇幼保健院	36	1113	2478	1967	922	608	83
妇幼保健所	45	72	1452	1128	649	227	43
妇幼保健站	29	42	721	555	336	93	19
急救中心(站)	13	130	1129	634	284	318	15
采供血机构	23		1304	889	188	402	14
卫生监督所(中心)	93		2765	2272			
省属	1		184	152			
省辖市(地区)属	14		728	617			
地辖市属	56		1355	1113			
县属	22		498	390			
其他							
计划生育技术服务机构	569		2203	1090	577	245	35
四、其他卫生机构	**151**	**6336**	**2800**	**1655**	**660**	**575**	**89**
疗养院	15	6336	1623	968	352	421	39
医学科学研究机构	6		108	62	32	7	4
医学在职培训机构	3		50	13	4	2	6
临床检验中心(所、站)	2		14	8			
统计信息中心	4		49	7			1
其他	121		956	597	272	145	39

23-11 续表 2

卫生机构名称	药师(士)	技师(士)	#检验师	其他	其他技术人员	管理人员	工勤技能人员
总　计	**14297**	**10067**	**21316**	**5517**	**12640**	**17458**	**28163**
一、医院	**9934**	**6713**	**11637**	**4260**	**8878**	**11562**	**20442**
综合医院	7259	4815	8363	3189	5985	7704	14499
中医医院	974	660	1310	433	1002	1153	1952
中西医结合医院	75	49	24		58	61	143
民族医院	8	5	4		1	38	3
专科医院	1618	1184	1936	638	1803	2606	3845
口腔医院	32	11	208	24	80	113	150
眼科医院	32	26	145	35	115	252	147
肿瘤医院	177	108	135	60	109	198	262
心血管病医院	4	4	5	4	6	6	32
胸科医院	16	10			5	42	31
妇产(科)医院	400	309	267	90	426	444	718
儿童医院	87	66	135	18	93	56	124
精神病医院	151	123	412	119	286	491	829
传染病医院	291	231	152	63	239	301	523
皮肤病医院	22	19	12	4	27	21	66
结核病医院	66	46	51	50	64	70	258
骨科医院	102	54	91	25	103	109	158
康复医院	48	32	125	43	106	156	244
整形外科医院	3	3	1		8	3	12
美容医院	18	17	19	4	51	43	57
其他专科医院	169	125	178	99	85	301	234
护理院					29		
二、基层医疗卫生机构	**2171**	**1396**	**5399**	**939**	**1999**	**2466**	**5231**
社区卫生服务中心(站)	650	473	634	155	643	948	872
社区卫生服务中心	546	381	514	120	516	714	741
社区卫生服务站	104	92	120	35	127	234	131
卫生院	1128	657	2611	455	1356	1518	3204
街道卫生院	10	6	8	2	14	16	25
乡镇卫生院	1118	651	2603	453	1342	1502	3179
中心卫生院	459	264	935	160	481	465	1215
乡卫生院	659	387	1668	293	861	1037	1964
村卫生室							
门诊部	313	210	187	44			716
综合门诊部	248	160	132	16			448
中医门诊部	15	11	9	4			75
中西医结合门诊部	9	6	4	1			9
专科门诊部	41	33	42	23			184
诊所.卫生所.医务室	80	56	1967	285			439
诊所	47	26	1239	247			300
卫生所、医务室	33	30	728	38			139

23-11 续表 3

卫生机构名称	药师(士)	技师(士)	#检验师	其他	其他技术人员	管理人员	工勤技能人员
三、专业公共卫生机构	**2111**	**1900**	**4030**	**218**	**1474**	**3013**	**2051**
疾病预防控制中心	1214	1171	984	101	419	1005	687
省属	124	124	17	17	13	98	45
省辖市(地区)属	484	468	149	47	158	233	137
地辖市属	402	384	539	25	137	494	233
县属	167	160	266	12	109	128	239
其他	37	35	13		2	52	33
专科疾病防治院(所、站)	240	168	218	38	223	318	279
专科疾病防治院	68	56	26	9	86	47	61
职业病防治院	64	54	26	9	46	38	61
其他	4	2			40	9	
专科疾病防治所(站、中心)	172	112	192	29	137	271	218
口腔病防治所(站、中心)	1		43	3	21	33	14
精神病防治所(站、中心)	1	1				2	12
结核病防治所(站、中心)	126	79	93	26	93	183	153
职业病防治所(站、中心)	23	17	28		16	12	14
地方病防治所(站、中心)	19	14	28		7	12	21
药物戒毒所(中心)	2	1				29	4
其他							
健康教育所(站、中心)	2	2	6	2	50	27	13
妇幼保健院(所、站)	345	287	325	52	235	462	304
省属	13	11	27	22	4	15	17
省辖市(地区)属	58	52	22	4	31	42	23
地辖市属	184	154	135	14	132	250	146
县属	79	59	134	8	61	140	111
其他	11	11	7	4	7	15	7
妇幼保健院	164	127	190	31	107	214	190
妇幼保健所	129	118	80	14	83	173	68
妇幼保健站	52	42	55	7	45	75	46
急救中心(站)	8	6	9	4	65	79	351
采供血机构	210	209	75	10	175	112	128
卫生监督所(中心)			2272		87	267	139
省属			152		9	17	6
省辖市(地区)属			617		5	59	47
地辖市属			1113		55	137	50
县属			390		18	54	36
其他							
计划生育技术服务机构	92	57	141	11	220	743	150
四、其他卫生机构	**81**	**58**	**250**	**100**	**289**	**417**	**439**
疗养院	28	21	128	88	92	224	339
医学科学研究机构	3	3	16		13	31	2
医学在职培训机构			1		10	18	9
临床检验中心(所、站)	8	8				6	
统计信息中心			6		31	9	2
其他	42	26	99	12	143	129	87

23-12 各地区卫生机构、床位数

(2014年)

地区	卫生机构数(个)	#医院	#乡镇卫生院	#门诊部	#疾病预防控制中心(防疫站)	#妇幼保健院(所站)	医疗机构床位数(张)	每千人口医疗机构床位数(张)
总计	**35445**	**962**	**1012**	**499**	**131**	**86**	**255553**	**5.82**
沈阳	4966	207	113	154	16	22	55777	6.73
大连	3846	123	95	195	17	4	42211	6.04
鞍山	3428	78	71	45	8	6	22988	6.36
抚顺	1418	52	48	23	9	6	13100	6.30
本溪	624	34	34	12	8	4	11114	6.45
丹东	1580	44	76	7	10	4	15374	6.36
锦州	2416	55	74	1	8	4	13573	4.41
营口	2179	73	47	13	9	2	11207	4.58
阜新	1414	48	63	1	8	3	10606	5.94
辽阳	1848	54	36	9	8	1	12677	6.85
盘锦	1070	41	31	8	6	4	8170	5.67
铁岭	3095	39	92	11	9	15	11289	4.24
朝阳	4586	58	136	12	8	6	14864	5.00
葫芦岛	2975	56	96	8	7	5	12603	4.89

23-13 各地区卫生机构人员数

(2014年) 单位：人

地区	卫生机构人员合计	#卫生技术人员	#执业(助理)医师	#注册护士	每千人口执业(助理)医师数	每千人口注册护士数
总计	**339189**	**101636**	**91213**	**105825**	**2.31**	**2.41**
沈阳	76168	23815	22247	26097	2.87	3.15
大连	59117	18146	17138	20889	2.60	2.99
鞍山	27137	8074	7017	8338	2.23	2.31
抚顺	15544	5024	4429	5089	2.41	2.45
本溪	13367	3499	3103	4788	2.03	2.78
丹东	17139	5016	4313	5022	2.07	2.08
锦州	17263	4870	4239	4131	1.58	1.34
营口	16183	5130	4412	4686	2.10	1.92
阜新	15792	4110	3448	5126	2.30	2.87
辽阳	12059	3891	3436	3518	2.10	1.90
盘锦	12896	3974	3694	4105	2.76	2.85
铁岭	18334	5690	4719	4145	2.14	1.56
朝阳	22671	6023	5205	5803	2.03	1.95
葫芦岛	15519	4374	3813	4088	1.70	1.59

主要统计指标解释

文化事业机构 指从事专业文化工作和为专业文化工作服务的独立建制的单位。不包括这些单位另外举办独立核算的其他机构和各部门的业余文化组织。该指标主要反映文化事业机构发展规模水平。

艺术表演团体 指从事戏曲、音乐、舞蹈、杂技等专业艺术表演，有独立帐户的单位，不包括半工半艺、半农半艺和民间职业剧团。该指标主要反映全国专业艺术表演团体发展规模水平。

艺术表演观众人数(人次) 指售票、包场演出或民族地区免费演出的艺术表演观众人次数，不包括彩排审查和内部观摩演出的观看人次数。该指标主要反映全国观看专业艺术表演团体演出的效益规模。

卫生机构 包括医疗机构、疾病预防控制中心(防疫站)、采供血机构、卫生监督及监测(检验)机构、医学科研和在职培训机构、健康教育所等。

医疗机构 包括医院、社区卫生服务中心(站)、疗养院、卫生院、门诊部、诊所(卫生所、医务室)、妇幼保健院(所、站)、专科疾病防治院(所、站)、急救中心(站)和临床检验中心。医疗机构分为非赢利性医疗机构和赢利性医疗机构。

医院 包括综合医院、中医医院、中西医结合医院、民族医院、各类专科医院和护理院。

卫生技术人员 指卫生机构中医生、护理人员、药剂人员、检验人员等卫生技术人员。

医生 指在医疗、预防保健机构工作且取得《执业医师证书》的执业医师和执业助理医师。

卫生服务总费用 反映全国当年用于医疗卫生保健服务所消耗的资金总额，用筹资来源法测算。政府预算卫生支出指各级政府用于卫生事业的财政预算拨款。社会卫生支出指政府预算外的卫生资金投入，主要表现为社会医疗保险。其中包括如企事业单位和乡村集体经济单位举办的医疗卫生机构的设施建设费，企业职工医疗卫生费，行政事业单位负担的职工公费医疗超支部分等。居民个人卫生支出指城乡居民用自己可支配的经济收入支付的各项医疗卫生费用和医疗保险费用。

二十四、其他社会活动

Chapter 24 Others Social Activities

24-1 历届省人民代表大会的代表人数

届 别	年份	代表总数			占代表总数比重(%)	
			#女代表	#少数民族代表	#女代表	#少数民族代表
一 届	1954	588		100		17.00
二 届	1959	566	107	39	18.90	6.89
三 届	1964	795				
四 届	1975					
五 届	1978	1200	292	160	24.33	13.33
六 届	1983	900	219	146	24.33	16.22
七 届	1988	725	142	118	19.59	16.28
八 届	1993	745	159	115	21.34	15.44
九 届	1998	622	123	97	19.77	15.59
十 届	2003	619	108	102	17.45	16.48
十一届	2008	616	115	87	18.67	14.12
十二届	2013	619	140		22.62	

24-2 历届省政治协商会议的委员人数

届 别	年份	委员总数			占委员总数比重(%)	
			#中国共产党委员	#少数民族委员	#中国共产党委员	#少数民族委员
一 届	1954	122	28	16	22.95	13.11
二 届	1959	376	123	32	32.71	8.51
三 届	1963	403	125	31	31.02	7.69
四 届	1977	586	245	57	41.81	9.73
五 届	1983	595	220	65	36.97	10.92
六 届	1988	696	245	83	35.20	11.93
七 届	1993	695	242	81	34.82	11.65
八 届	1998	723	283	97	39.14	13.42
九 届	2003	750	284	98	37.87	13.07
十 届	2008	796	285	119	35.80	14.95
十一届	2013	845	321	129	37.99	15.27

24-3 工会组织情况

年 份	工会基层组织数(个)	全省已建工会组织的基层单位的职工与会员人数(人)				工会专职工作人员数(人)
		职工人数	#女职工	会员人数	#女会员	
1980	19004	6149000	2340000	5182000		26000
1985	22763	8267000	3388000	7421000	3078000	43709
1986	23190	8341973	3462049	7605645	3202109	47842
1987	24742	8536873	3532603	7880001	3257621	47301
1988	25753	8712119	3611855	8034410	3370064	41910
1989	27217	8840457	3665482	8181168	3394077	44150
1990	27836	8968227	3750636	8340951	3497883	46875
1991	28642	8979281	3768625	8387414	3541636	48521
1992	29222	9164759	3828618	8567567	3584922	45584
1993	30083	9177011	3781547	8537051	3540817	41276
1994	27629	9133500	3843987	8420047	3501514	31215
1995	28448	9290683	3987323	9234588	3796173	36167
1996	27517	9095895	3796520	8577752	3564856	39693
1997	24310	8395588	3276594	7180188	2956720	33321
1998	23317	7198855	2994485	6694517	2784204	23766
1999	21647	6199418	2529928	5659855	2315330	21406
2000	41167	8018747	3360629	7515909	3100980	27396
2001	64659			8155000		
2002	41715	8877337	2566828	8606854	2454640	18372
2003	35717	7933711	2540304	7698113	2388475	18683
2004	39963	8402783	2947246	8223150	2820343	20346
2005	43614	8830676	3351654	8621046	3121658	19626
2006	48691	9685316	2927952	9371941	2756933	19931
2007	54264	10882834	2709465	10459638	2578179	21363
2008	67933	11757290	3002389	11338255	2879836	60436
2009	70531	17864409	2998480	11338291	2941172	41272
2010	70055	10617046	3082698	10383383	3025012	32154
2011	91353	9427994	3342545	9114672	3250838	44785
2012	103187	10093887	3551648	9813753	3484323	43643
2013	93575	10154010	3598173	9920926	3527320	56282
2014	93869	10228166	3651549	10021327	3593884	42984

注:1998年以后工会专职工作人员数为工会专职干部人数。

24-4 妇联组织情况

单位：个

项　目	2006年	2008年	2009年	2010年	2011年	2012年	2013年	2014年
妇联组织总计								
一、地方妇联	**1703**	**1709**	**1634**	**1871**	**1633**	**1612**	**1662**	**1683**
省级和市级	15	15	15	15	15	15	15	15
县(市)、区、乡(镇)级	1130	1144	1103	1063	1034	1023	1042	1106
街道妇联	558	550	516	793	584	574	605	657
二、农林场妇联								
建立基层妇代会组织数	15711	15313	17427	11216	11133	10937	15713	18681
# 一类妇代会								
二类妇代会								
各类妇女工作委员会	10023	10489	31010	22491	20324	18075	34737	33702
各类妇女联谊组织数	76	79		47				
民主党派中的妇女组织	56	59	68	53	77	76		

24-5 律师、公证、调解工作基本情况

项　目	单位	2005年	2006年	2008年	2009年	2010年	2011年	2012年	2013年	2014年
一、律师工作										
律师事务所	个	484	506	569	586	644	685	719	741	820
律师	人	5134	5301	5943	6298	6648	7430	7925	8540	9130
专职律师	人	4890	5067	5443	5649	5985	6771	7204	7762	8210
兼特邀职律师	人	244	234	500	313	339	349	337	339	379
聘请担任常年法律顾问的单位	处	7978	8015	7722	9319	8243	7963	8745	9221	10800
民事诉讼代理	件	31768	31602	35373	40558	43807	41708	48999	52395	56301
经济诉讼代理	件	12902	12337							
行政诉讼代理	件	2022	2074	2747	1757	1535	1486	1769	1868	1848
刑事 辩 护	件	13332	13608	17631	22447	19336	21584	20660	22402	25473
非诉讼法律事务	件	37468	34974	13211	16783	14339	17649	13095	12999	17986
解答法律咨询	万人次	20.56	24.69	16.16	15.90	15.77	19.16	17.89	16.35	13.78
代写法律事务文书	万件	5.44	5.75	3.80	3.46	3.80	2.98	3.08	2.56	2.6
涉外及港澳台	件	1119	678	9	85	284	234	199		
二、公证工作										
公证处	个	107	106	107	106	106	106	108	108	105
公证人员	人	1021	1110	1141	1118	1118	1219	1260	1356	1390
#公证员	人	576	562	546	510	510	523	516	521	519
公证员助理	人	138	218	245	252	252	342	342	451	528
办理公证文书	万件	63.42	69.09	66.40	74.00	74.80	74.67	71.62	77.03	64.74
三、人民调解工作										
专职司法助理员	人	1682	1734	3892	2642	3449	3824	4744	3603	4842
人民调解委员会	个	21513	22371	20682	19929	20267	20008	20118	20289	19523
调 解 人 员	万人	16.59	15.51	15.50	17.40	17.20	15.17	15.09	15.37	13.57
调解民间纠纷	万件	14.13	14.41	13.31	16.10	15.30	17.71	16.13	18.48	23.05

24-6 国内公证文书分类

(2014年)

分　类	办证件数(件)	比重(%)
合　计	**462049**	**100.00**
合同(协议)	120155	26.00
继承	74287	16.08
单方法律行为	133824	28.96
现场监督	10909	2.36
保全证据	9830	2.13
公司章程	19	0.00
组织资格	23	0.00
财产权	521	0.11
身份	1069	0.23
收养关系	45	0.01
婚姻状况	841	0.18
亲属关系	5136	1.11
有无违法犯罪记录	493	0.11
其他有法律意义事实	2779	0.60
证书(执照)	4707	1.02
签名(印鉴)	15519	3.36
文本相符	27528	5.96
赋予执行效力	35582	7.70
执行证书	972	0.21
抵押登记	549	0.12
提存	311	0.07
保管	28	0.01
其他	16922	3.66

24-7 涉外公证文书分类

(2014年)

分　类	办证件数(件)	比重(%)
合　计	**180215**	**100.00**
合同(协议)	210	0.12
继承	23	0.01
委托	1960	1.09
声明	2125	1.18
遗嘱		
其他单方法律行为	357	0.20
公司章程	11	0.01
组织资格	85	0.05
收养关系	3	0.00
婚姻状况	11118	6.17
亲属关系	28632	15.89
出生	27749	15.40
死亡	993	0.55
生存、居住	663	0.37
学历(学位)	8072	4.48
经历	266	0.15
职务(职称)	645	0.36
身份	895	0.50
有无违法犯罪记录	23968	13.30
其他有法律意义事实	4038	2.24
证书(执照)	26325	14.61
签名(印鉴)	10281	5.70
文本相符	19845	11.01
其他	11951	6.63

24-8 调解民间纠纷分类

项　目	调节纠纷(件)						
	2008年	2009年	2010年	2011年	2012年	2013年	2014年
合　计	**133078**	**161055**	**152950**	**177117**	**161251**	**184754**	**230504**
婚姻	33958	42316	34582	41944	35019	41080	**50005**
继承							
赡、抚、扶养							
家庭							
房屋宅基地	9825	10741	10701	13488	8916	10714	12544
债务							
生产经营						5193	6961
邻里	29629	42316	48363	59923	58896	73095	95775
损害赔 偿	7130	8067	6973	5866	5748	5955	7712
其他	52536	57615	86913	55896	52672	48717	57507

24-8　续表

项　目	各类纠纷所占比重(%)						
	2008年	2009年	2010年	2011年	2012年	2013年	2014年
合　计	**100**	**100**	**100**	**100**	**100**	**100**	**100**
婚姻	25.52	26.27	22.61	23.68	21.60	22.24	21.69
继承							
赡、抚、扶养							
家庭							
房屋宅基地	7.38	6.67	7.00	7.62	5.50	5.80	5.44
债务							
生产经营						2.81	3.02
邻里	22.26	26.27	31.62	33.83	36.32	39.56	41.55
损害赔 偿	5.36	5.01	4.56	3.31	3.54	3.22	3.35
其他	39.48	64.23	56.82	31.56	32.48	26.37	24.95

24-9 交通事故发生情况

(2014年)

类 别	发生起数(起)	死亡人数(人)	受伤人数(人)	损失折款(万元)
总 计	**5656**	**2015**	**5403**	**2024.9**
机动车	4371	1517	4198	2320.1
#摩托车	908	360	881	219.0
拖拉机	15	6	11	3.2
非机动车	191	44	175	22.4
#自行车				
行人乘车				
其他	29	17	15	8.8

24-10 结婚登记和离婚情况

年 份	准予登记结婚(对)			准予登记离婚(对)	离婚率(‰)
		初婚(人)	再婚(人)		
1983	331960	640749	23171	8649	0.24
1984	387829	748957	26701	8810	0.24
1985	419729	811197	28261	8963	0.24
1986	440722	845008	36436	14416	0.39
1987	472011	900299	43723	19006	0.51
1988	415219	785176	45262	22379	0.59
1989	395049	739189	43448	22530	0.59
1990	383976	710383	57569	24459	0.63
1991	340245	628962	51528	23541	0.60
1992	411425	772983	49867	24565	0.62
1993	330506	612579	48433	26825	0.68
1994	294877	539149	50605	29890	0.75
1995	304103	553927	54279	29554	0.74
1996	308500	560821	56179	30279	0.75
1997	275310	496601	54019	32828	0.81
1998	264684	473115	56253	34772	0.85
1999	257598	462363	52833	34657	0.85
2000	272644	482897	62391	35300	0.86
2001	253586	448154	59018	40376	0.97
2002	235007	402638	67376	40731	0.98
2003	250933	427360	74506	49299	1.18
2004	290391	496718	84064	74093	1.78
2005	257021	426672	92552	79680	1.90
2006	308815	516992	106182	77273	1.84
2007	288947	481636	101872	86000	2.03
2008	321107	519911	128017	92354	2.18
2009	381661	624029	139293	101452	2.37
2010	321965	504961	138969	99762	2.39
2011	372640	610054	135226	111152	2.63
2012	372862	669605	76119	113198	2.66
2013	369619	671778	67460	123743	2.90
2014	345097	627524	62670	126197	2.90

24-11 各地区结婚登记和离婚情况

(2014年)

地　区	准予登记结婚(对)	初婚(人)	再婚(人)	准予登记离婚(对)
全　省	**345097**	**627524**	**62670**	**126197**
沈　阳	71660	130632	12688	29869
大　连	48305	89762	6848	15937
鞍　山	28319	53705	2933	8992
抚　顺	16778	29521	4035	8411
本　溪	12102	21806	2398	5320
丹　东	16454	31154	1754	5969
锦　州	18988	35365	2611	6458
营　口	24702	41071	8333	7589
阜　新	14362	26536	2188	5495
辽　阳	14568	26797	2339	5469
盘　锦	11858	21900	1816	4566
铁　岭	22569	37255	7883	10011
朝　阳	22955	43406	2504	5852
葫芦岛	20023	37003	3043	6081

24-12 收养性社会福利事业单位基本情况

(2014年)

指　标	单位数(个)	工作人员数(人)	床位数(张)	年末收养人数(人)
收养性福利事业单位	**1663**	**15926**	**157240**	**91145**
#光荣院	23	419	2597	1276
社会福利院	55	1955	13273	8046
城镇老年性福利机构	836	8326	83507	46618
农村老年性福利机构	693	5068	57507	35116

24-13 各地区城乡居民最低生活保障制度情况

(2014年)

地 区	城乡居民最低生活保障情况			
	城镇低保人数(人)	保障资金(万元)	农村低保人数(人)	保障资金(万元)
全 省	**802412**	**379695**	**806706**	**162943**
沈 阳	83113	41563	61198	17498
大 连	53315	27458	54098	15487
鞍 山	42344	21072	41198	7601
抚 顺	96489	35800	48834	8632
本 溪	45510	18253	16913	3770
丹 东	39268	23553	45338	8054
锦 州	33317	22150	73621	11751
营 口	61876	22816	69595	10735
阜 新	87836	64363	57870	17598
辽 阳	40559	15698	55591	9986
盘 锦	28715	9864		
铁 岭	59488	23107	107630	19341
朝 阳	79869	30231	77368	15284
葫芦岛	50713	23767	97452	17206

24-14 各地区优抚事业基本情况

(2014年) 单位：人

地 区	优抚对象总人数	革命伤残人员	烈军属人数	在乡复员军人	其他人员
全 省	**235280**	**29793**	**7241**	**28328**	**169918**
沈 阳	24232	4664	582	2030	16956
大 连	40222	5369	1047	3711	30095
鞍 山	14326	2373	473	2374	9106
抚 顺	8242	1762	693	1273	4514
本 溪	7619	1482	207	1116	4814
丹 东	14272	2427	590	3222	8033
锦 州	28170	2941	930	4242	20057
营 口	14320	1618	430	1763	10509
阜 新	8982	1008	292	782	6900
辽 阳	8722	879	277	559	7007
盘 锦	3673	605	160	779	2129
铁 岭	25201	1553	383	2468	20797
朝 阳	20430	1784	602	2355	15689
葫芦岛	16869	1328	575	1654	13312

24-15 各地区基本养老保险情况

年份、地区	年末参加基本养老保险人数(万人)	在职职工	#企业	离退休人数	基金收支情况(亿元) 基金征缴收入	基金支出
2000	1029.9	748.9	679.7	281.0	134.6	469.5
2001	1022.8	733.9	666.7	288.9	135.4	178.6
2002	1039.2	737.0	669.6	302.2	162.2	202.9
2003	1070.4	754.9	688.6	315.5	178.2	216.4
2004	1101.0	767.2	695.1	333.8	215.0	243.9
2005	1193.6	832.8	760.5	360.8	252.0	287.7
2006	1248.8	865.8	790.2	383.0	294.3	356.8
2007	1299.7	891.6	825.8	408.1	352.0	425.9
2008	1406.2	976.4	910.6	429.9	464.2	525.5
2009	1457.4	1008.0	943.8	449.4	524.6	644.6
2010	1496.9	1024.2	961.5	472.7	583.1	754.8
2011	1556.6	1070.1	1008.2	486.5	727.2	883.6
2012	1609.2	1098.8	1036.9	510.4	850.3	1037.5
2013	1729.5	1171.6997	1109.5063	557.8	1422.2	1251.1
2014	1769.2	1167.3	1107.3	601.9	1031.6	1477.9
沈　阳	355.8	241.3	234.0	114.5	201.5	273.7
大　连	281.9	194.5	182.9	87.5	229.0	245.3
鞍　山	106.1	70.0	66.4	36.1	41.2	86.9
抚　顺	103.1	65.3	64.5	37.8	34.9	88.2
本　溪	94.9	66.6	61.3	28.3	32.6	63.5
丹　东	91.5	58.3	55.8	33.2	42.4	69.0
锦　州	88.3	53.5	46.5	34.8	50.9	74.3
营　口	82.0	56.0	54.3	25.9	35.1	60.1
阜　新	56.3	36.5	34.3	19.8	16.5	39.4
辽　阳	67.0	47.5	45.4	19.6	34.0	46.5
盘　锦	62.6	40.0	35.8	22.6	23.2	42.1
铁　岭	55.8	35.6	33.1	20.2	26.1	44.6
朝　阳	61.1	45.6	43.1	15.5	29.6	36.8
葫芦岛	56.5	38.4	36.4	18.1	28.1	42.1
省本级	206.2	118.2	113.5	88.0	206.1	265.2

注：铁岭含昌图，葫芦岛含绥中。

24-16 各地区失业保险情况

单位：万人

年份、地区	参保人数						领取失业保险金人数
		企业				事业单位	
			国有企业	集体企业	其他企业		
2000	694.0	638.4	415.6	164.2	24.8	54.5	18.2
2001	648.0	590.0	364.6	158.4	34.2	66.5	20.3
2002	591.1	517.2	315.7	128.4	37.7	73.9	82.0
2003	622.2	486.3	248.4	124.6	77.4	102.5	67.0
2004	616.2	467.3	214.0	120.7	94.2	108.8	81.7
2005	607.7	454.6	204.4	119.2	93.9	108.9	46.5
2006	614.1	456.3	209.2	116.1	92.8	109.0	25.9
2007	622.1	458.9	209.3	115.9	93.9	106.2	19.6
2008	622.7	472.1	199.9	117.1	111.0	99.4	15.7
2009	625.3	473.8	207.3	112.5	125.5	97.0	13.4
2010	626.9	489.8	202.3	85.9	134.6	95.9	11.4
2011	632.3	495.7	194.6	94.8	143.5	97.4	9.7
2012	660.7	517.6	209.7	83.9	158.0	97.0	7.4
2013	663.2	520.1	202.0	85.9	232.1	92.6	7.5
2014	664.3	522.4	203.9	83.7	234.8	88.7	8.5
沈　阳	138.3	114.9	34.2	21.1	59.7	17.5	1.8
大　连	138.9	93.7	30.2	10.5	53.1	17.5	2.8
鞍　山	61.4	54.8	27.8	14.0	13.0	6.6	0.2
抚　顺	49.0	44.6	20.9	5.1	18.5	2.6	0.7
本　溪	37.5	28.5	13.8	9.1	5.6	4.2	0.3
丹　东	23.0	20.5	4.6	3.0	12.9	1.9	0.4
锦　州	33.1	25.9	13.8	5.3	6.7	7.3	0.2
营　口	22.8	20.8	4.0	0.6	16.2	1.0	0.5
阜　新	20.0	14.0	6.4	2.6	5.1	4.4	0.1
辽　阳	22.3	18.6	6.1	2.3	10.2	3.5	0.4
盘　锦	32.3	26.4	15.1	0.2	11.1	2.1	0.3
铁　岭	25.7	20.7	9.5	3.1	8.1	4.8	0.2
朝　阳	24.1	15.7	3.7	2.0	10.1	6.3	0.1
葫芦岛	24.6	16.2	7.0	4.8	4.4	5.1	0.3

注：表中数据来自人社厅(2012年铁岭不含昌图、葫芦岛不含绥中)。
铁岭含昌图，葫芦岛含绥中。

24-17 各地区基本医疗保险情况

年份、地区	年末参保人数(万人)				基金收支情况(亿元)	
	合计	在职职工	退休人员	居民医疗	基金征缴收入	基金支出
2000	108.1	71.5	36.6		6.9	
2001	304.3	216.9	87.4		10.7	
2002	619.0	430.3	188.7		27.1	15.5
2003	697.6	480.4	217.2		37.5	26.3
2004	783.7	536.4	247.3		53.3	39.8
2005	864.2	584.2	280.0		68.2	55.2
2006	959.3	651.9	307.4		89.4	66.6
2007	1200.2	741.3	346.5	112.4	112.7	84.2
2008	1507.4	822.8	386.5	298.1	148.9	108.5
2009	1895.7	902.6	444.5	548.6	191.3	144.3
2010	2056.2	944.6	464.1	647.5	196.5	173.9
2011	2120.1	1005.3	494.1	620.7	233.6	219.4
2012	2251.9	1062.1	524.8	664.9	279.3	258.8
2013	2333.3	1077.9	546.9	708.5	348.3	312.2
2014	2387.2	1072.5	576.7	738.0	370.1	349.4
沈　阳	491.8	226.5	131.4	133.9	104.0	96.7
大　连	505.4	288.5	95.1	121.8	93.8	90.2
鞍　山	180.3	61.7	53.2	65.4	20.0	19.5
抚　顺	149.1	60.5	52.2	36.4	18.1	19.2
本　溪	110.4	50.0	29.6	30.8	13.5	12.7
丹　东	106.9	49.1	32.0	25.8	13.2	12.2
锦　州	129.5	55.8	43.9	29.9	14.1	12.0
营　口	117.6	44.6	25.4	47.6	14.6	12.7
阜　新	87.8	34.9	21.7	31.3	8.4	9.0
辽　阳	85.3	38.4	21.4	25.4	14.2	13.9
盘　锦	112.6	36.9	14.7	61.0	17.9	15.7
铁　岭	102.5	45.9	20.6	36.0	12.0	9.6
朝　阳	102.7	30.9	14.7	57.1	10.7	10.7
葫芦岛	94.9	42.0	17.2	35.6	11.2	11.3
省本级	10.5	6.8	3.7		4.5	4.2

注:铁岭含昌图，葫芦岛含绥中。支出为医院(药店)实际发生额。

主要统计指标解释

社会福利事业单位 指集中收养社会孤老、残、幼的机构，包括由民政部门管理的社会福利院、儿童福利院、精神病人福利院和城镇集体举办的福利院及农村集体举办的敬老院以及优抚医院和具有收养能力的社区服务中心等。该指标主要反映我国在社会福利性单位投入的水平。

社会福利事业单位收养人数 包括民政部门管理和城镇、农村集体举办的社会福利事业单位中收养的老人、少年儿童、缺乏生活自理能力的残疾人员和精神病人。该指标主要反映收养性社会福利单位的收养能力。

社会福利企业单位 指以安置城镇有一定劳动能力的盲、聋、哑和肢体残疾人员就业为目的，享受国家减免税待遇的国有或集体企业。包括福利工厂、福利商业和服务业、假肢厂和安置农场等单位。该指标主要反映我国对残疾人照顾的特殊政策。

农村五保户 指农村中既无劳动能力，又无经济来源的老、弱、孤、残的农民，其生活由集体供养，实行保吃、保穿、保住、保医、保葬(孤儿保教)，简称“五保”，享受五保待遇的家庭叫五保户。该指标主要反映农村弱势群体的人员数量。

离婚率 指当年离婚人数占年平均人口的比重，计算公式为:

$$离婚率=当年离婚对数 \times 2/年平均人口数 \times 1000‰$$

聋儿入普幼普小率 指本年度内进入普通幼儿园、普通小学的聋儿数与在训聋儿数(不含当年新收训聋儿数)之比。该指标主要反映经过康复训练的聋儿进入普通幼儿园和普通小学的情况。

综合防治康复精神病人数 指在开展精神病防治康复工作地区，采取不同形式，接受综合性防治康复措施、开放式管理的精神病人数。该指标主要反映精神病患者接受治疗康复情况。

监护率 指通过监护小组、家庭病床、工疗站、社会就业以及精神卫生机构，接受社会化、综合性、开放式治疗与康复的精神病人占经调查摸底、登记在册的精神病人数的百分比。该指标主要反映对精神病患者落实治疗康复措施的情况。

精神病人社会参与率 指生活能自理，并参加生产劳动和社会生活的精神病人数占监护精神病人数的百分比。该指标主要反映精神病人康复状况和参与社会的情况。

未入学适龄残疾儿童少年 指根据义务教育法规定应接受义务教育，但因各种原因未能入学的适龄视力残疾、听力与言语残疾、智力残疾、肢体残疾、精神残疾、多重残疾儿童少年。适龄残疾儿童少年的年龄段参照各省级人民政府依照义务教育法规定的入学年龄。该指标主要反映因各种原因未能入学的适龄残疾儿童的年度变化,为制定残疾儿童义务教育发展规划及其应采取的方针、政策和措施提供依据,同时为各地开展资助残疾儿童就学工作提供依据。

律师 指依法取得律师执业证书，担任法律顾问，民事(刑事、行政)案件代理人、刑事案件辩护人、办理非诉讼业务，解答法律询问，代写法律事务文书等，为社会提供法律服务的人员。

公证人员 指在公证处工作的人员总称，包括公证处主任、副主任、公证员、公证员助理(助理公证员)和其他从事辅助性工作的人员。

公证文书 指公证处根据当事人申请，依照事实和法律，按照法定程序制作的，具有法律效力的司法证明文书。根据公证书用途和使用地，公证书分为国内公证书、国内经济公证书、涉外民事公证书、涉外经济公证书四类。

调解员 指在人民调解委员会担负调解民间纠纷工作的人员，包括调解委员会的委员和调解小组的调解员。该指标主要反映从事人民调解工作的人员数量。

调解民间纠纷 指调解委员会按照法律规定，根据自愿原则，用说服教育的方法调解民间发生的有关民事权利和义务争执的件数，包括调解成功数和调解未成功数。该指标主要反映人民调解委员会的工作量。

立案 指人民检察院对受理的报案、控告、举报或自首及自行发现的犯罪线索、犯罪嫌疑人进行初步调查后，认为存在职务犯罪事实和应追究刑事责任，并决定作为刑事案件进行侦查的诉讼活动，是追究犯罪的开始。该指标主要反映人民检察院依法将职务犯罪线索作为刑事案件进行侦查的诉讼活动。

大案 指贪污、贿赂案数额在 5 万元以上，挪用公款案数额在 10 万元以上，集体私分、巨额财产来源不明、隐瞒境外存款案数额在 50 万元以上以及按照《人民检察院直接受理的渎职、侵权重、特大案件标准(试行)》认定的案件。该指标主要反映人民检察院立案查办的职务犯罪案件中经济损失大、社会危害严重的案件。

要案 指县、处级以上干部的犯罪案件。该指标主要反映国家工作人员中县、处级以上干部因职务犯罪被人民检察院依法立案侦查的情况。

决定逮捕 指人民检察院对直接受理、自行侦查的案件，认为需要逮捕犯罪嫌疑人时，依据法律做出的逮捕决定。该指标主要反映人民检察院对直接受理的案件行使决定逮捕权的情况。

批准逮捕 指人民检察院对公安机关、国家安全机关、监狱管理机关提出逮捕的犯罪嫌疑人进行审查，根据事实，依法做出逮捕决定。该指标主要反映人民检察院对提请逮捕机关提请逮捕犯罪嫌疑人进行审查后依法做出批准逮捕决定的情况。

决定起诉 指人民检察院对公安机关、国家安全机关、监狱管理机关和检察机关内设机构反贪污贿赂部门等移送起诉的案件进行审查，根据事实，做出提起公诉的案件。该指标主要反映人民检察院对各种刑事案件向人民法院提起公诉的情况。

申诉 指经检察机关信访部门审查处理后，移送到检察机关申诉部门的申诉案件，包括不服检察机关处理决定和不服法院刑事判决和裁定的申诉的案件。

受理劳动争议案件数 指劳动争议仲裁委员会根据国家有关规定，对劳动争议当事人的申请予以审查，符合受理条件而正式立案、准备处理的劳动争议案件数。

基本养老保险

1.（参保）职工人数：指报告期末按照国家法律、法规和有关政策规定参加基本养老保险并在社保经办机构已建立缴费记录档案的职工人数，包括中断缴费但未终止养老保险关系的职工人数，不包括只登记未建立缴费记录档案的人数。

2.（参保）离退休人员人数：指报告期末参加基本养老保险的离休、退休和退职人员的人数。

3.基本养老保险基金收入：指根据国家有关规定，由纳入基本养老保险范围的缴费单位和个人按国家规定的缴费基数和缴费比例缴纳的养老保险基金，以及通过其他方式取得的形成基金来源的收入。包括单位和职工个人缴纳的基本养老保险费、基本养老保险基金利息收入、上级补助收入、下级上解收入、转移收入、财政补贴和其他收入。

4.基本养老保险基金支出：指按照国家政策规定的开支范围和开支标准从养老保险基金中支付给参加基本养老保险的离休、退休、退职人员个人的养老金、丧葬抚恤补助，以及由于保险关系转移、上下级之间调剂资金等原因而发生的支出。包括离休金、退休金、退职金、各种补贴、医疗费、死亡丧葬补助费、抚恤救济费、社会保险经办机构管理费、补助下级支出、上解上级支出、转移支出、其他支出等。

5.基本养老保险基金累计结余：指截止报告期末基本养老保险基金收支相抵后的累计余额。

离休、退休、退职人员 指正式办理了离休、退休、退职手续，并享受相应的离休、退休、退职待遇的人员。

基本医疗保险

1.参保人数：指报告期末按国家有关规定参加基本医疗保险的人数。包括参加保险的职工人数和退休人员人数。

2.基金收入：指根据国家有关规定，由纳入基本医疗保险范围的缴费单位和个人，按国家规定的缴费基数和缴费比例缴纳的基金，以及通过其他方式取得的形成基金来源的款项，包括：单位缴纳的社会统筹基金收入、个人缴纳的个人账户基金收入、财政补贴收入、利息收入、其他收入。

3.基金支出：指按照国家政策规定的开支范围和开支标准从社会统筹基金中支付给参加基本医疗保险的职工和退休人员的医疗保险待遇支出，和从个人帐户基金中支付给参加基本医疗保险的职工和退休人员的医疗费用支出，以及其他支出。包括：住院医疗费用支出、门急诊医疗费用支出、个人账户基金支出、其他支出。

4.基金累计结余：指截止报告期末基本医疗保险的社会统筹和个人帐户基金累计结余金额。包括银行存款、财政专户、债券投资和其他。

失业保险

1.参保人数：指报告期末按照国家法律、法规和有关政策规定参加了失业保险的城镇企业事业单位的职工及地方政府规定参加失业保险的其他人员的人数。

2.失业保险基金收入：指按照规定从企业、事业及其他单位筹集的失业保险费及其他并入失业保险基金收入的总额。包括单位和个人缴纳的失业保险费、失业保险基金利息收入、上级补助收入、下级上解收入、转移收入、财政补贴和其他收入。

3.失业保险基金支出：指报告期内为保障失业人员和下岗职工基本生活、促进其再就业等支出的基金总额。包括失业救济金、医疗费、死亡丧葬补助费、抚恤救济费、转业训练费支出、失业保险经办机构管理费、补助下级支出、上解上级支出、转移支出和其他支出。

4.基金累计结余：指截止报告期末失业保险基金收支相抵后的累计余额。

工伤保险

1.参加保险人数:指报告期末依据国家有关规定参加工伤保险的职工人数。

2.享受保险待遇人数:指劳动者因工负伤致残、死亡或因患职业病致残，根据有关规定享受工伤保险待遇职工或供养直系亲属人数。包括伤残人数、职业病人数、因工死亡人数、供养直系亲属人数。

3.基金收入:指根据国家有关规定，由参加工伤保险的单位按国家规定的缴费基数和缴费比例缴纳的工伤保险基金，以及通过其他形式取得的形成基金来源的款项。包括：单位缴纳的社会统筹基金收入、财政补贴收入、利息收入、其他收入。

4.基金支出:指按照国家政策规定的开支范围和开支标准从工伤保险基金中支付给参加工伤保险的人员及供养直系亲属工伤保险待遇支出及其他支出。包括工伤医疗费、伤残补助金、工亡补助金、护理费、丧葬补助费、工伤预防费用、职业康复费用和其他支出。

5.基金累计结余:指截止报告期末工伤保险基金累计结余金额。包括银行存款、财政专户、债券投资和其他。

生育保险

1.参保人数:指报告期末依据有关规定参加生育保险的职工人数。

2.基金收入:指根据国家有关规定，由参加生育保险的单位按照国家规定的缴费基数和缴费比例缴纳的生育保险基金，以及通过其他方式取得的形成基金来源的款项，包括：单位缴纳的基金收入、利息收入和其他收入。

3.基金支出:指按照国家政策规定的开支范围和开支标准，从生育保险基金中支付给参加生育保险的职工，因妊娠、分娩和计划生育手术而享受的待遇及其他支出。包括：生育津贴、医疗费用支出及其他支出。

4.基金累计结余:指截止报告期末生育保险基金累计结余金额。包括银行存款、财政专户、债券投资和其他。

离休、退休、退职人员保险福利费用 指离休、退休、退职人员实际得到的生活费用总额，包括从社会保险经办机构和单位得到的费用。

1.离休金：指按规定支付给离休人员的生活费用。

2.退休金：指按规定支付给退休人员的生活费用。

3.退职生活费：指按规定支付给退职人员的生活费用。

4.医疗卫生费：指单位直接支付给离休、退休、退职人员的医疗费、住院费以及住院伙食补助等费用。

5.其他：指离休金、退休金、退职生活费和医疗卫生费以外的其他保险福利费用，如丧葬抚恤救济费、生活补贴、物价补贴、冬季取暖补贴等。

附　录

Appendix

附录1 2014年各省(市、区)

地区	地区生产总值				第一产业增加值	
	绝对值(亿元)	位次	比上年增长(%)	位次	绝对值(亿元)	位次
全 国	**636462.7**		**7.4**		**58331.6**	
北 京	21330.8	13	7.3	25	159.0	29
天 津	15722.5	17	10.0	4	199.8	28
河 北	29421.2	6	6.5	27	3447.5	5
山 西	12759.4	24	4.9	31	788.1	25
内蒙古	17769.5	15	7.8	22	1627.2	17
辽 宁	**28626.6**	**7**	**5.8**	**29**	**2285.8**	**12**
吉 林	13803.8	22	6.5	27	1524.6	20
黑龙江	15039.4	20	5.6	30	2611.5	9
上 海	23560.9	12	7.0	26	124.3	30
江 苏	65088.3	2	8.7	15	3634.3	3
浙 江	40153.5	4	7.6	24	1779.3	15
安 徽	20848.8	14	9.2	11	2392.4	11
福 建	24055.8	11	9.9	6	2014.9	13
江 西	15708.6	18	9.7	7	1683.7	16
山 东	59426.6	3	8.7	15	4798.4	1
河 南	34939.4	5	8.9	13	4160.8	2
湖 北	27367.0	9	9.7	7	3176.9	6
湖 南	27048.5	10	9.5	10	3148.8	8
广 东	67792.2	1	7.8	22	3166.7	7
广 西	15673.0	19	8.5	17	2412.2	10
海 南	3500.7	28	8.5	17	809.6	24
重 庆	14265.4	21	10.9	1	1061.0	22
四 川	28536.7	8	8.5	17	3531.1	4
贵 州	9251.0	26	10.8	2	1275.5	21
云 南	12814.6	23	8.1	20	1991.2	14
西 藏	920.8	31	10.8	2	91.6	31
陕 西	17689.9	16	9.7	7	1564.9	18
甘 肃	6835.3	27	8.9	13	900.8	23
青 海	2301.1	30	9.2	11	215.9	27
宁 夏	2752.1	29	8.0	21	216.8	26
新 疆	9264.1	25	10.0	4	1538.6	19

注:1.地区生产总值绝对值按现价计算，速度按不变价计算。
2.工业增加值统计范围是全部国有及规模以上非国有工业企业。
3.本部分数据为各地(含辽宁省)快报数，与年报略有出入。
4.不包括港澳台数据，以下各表同。

主要经济指标

第二产业增加值		第三产业增加值		人均地区生产总值		全社会固定资产投资	
绝对值(亿元)	位次	绝对值(亿元)	位次	绝对值(元)	位次	绝对值(亿元)	位次
271392.4		**306738.7**		**46652.3**		**512760.7**	
4545.5	24	16626.3	5	99994.5	2	6924.2	26
7731.4	17	7791.3	14	105201.5	1	10518.2	21
15020.2	6	10953.5	11	39984.3	18	26671.9	4
6343.3	21	5628.0	22	35064.2	24	12296.1	17
9119.8	14	7022.6	16	71043.7	6	17585.0	13
14384.6	**8**	**11956.2**	**8**	**65201.2**	**7**	**24730.8**	**6**
7287.3	19	4992.0	24	50162.3	11	11486.5	20
5504.0	22	6923.9	17	39226.2	20	9878.2	22
8164.8	16	15271.9	6	97342.6	3	6016.5	27
31057.5	2	30396.5	2	81874.4	4	41938.7	2
19152.7	4	19221.5	4	72966.6	5	24262.8	7
11204.0	12	7252.3	15	34426.6	26	21688.5	10
12515.4	10	9525.5	13	63471.7	8	18219.8	12
8388.3	15	5636.6	21	34660.5	25	15109.9	15
28788.1	3	25840.1	3	60879.1	10	42495.5	1
17902.7	5	12875.9	7	37072.7	22	30782.2	3
12840.2	9	11349.9	10	47123.6	13	22965.3	9
12481.9	11	11417.8	9	40287.1	17	21269.7	11
31345.8	1	33279.8	1	63452.1	9	26294.0	5
7335.6	18	5925.2	20	33089.8	27	13843.2	16
874.4	30	1816.7	28	38923.7	21	3112.3	29
6531.9	20	6672.5	18	47859.2	12	12281.1	18
14519.4	7	10486.2	12	35128.1	23	23318.7	8
3847.1	26	4128.5	25	26392.8	31	9025.7	24
5281.8	23	5541.6	23	27263.6	29	11498.6	19
336.8	31	492.4	31	29251.7	28	1069.2	31
9689.8	13	6435.2	19	46928.6	14	17192.1	14
2924.9	27	3009.6	27	26426.9	30	7884.1	25
1232.1	29	853.1	30	39633.1	19	2861.2	30
1343.1	28	1192.1	29	41833.8	15	3173.8	28
3927.8	25	3797.7	26	40607.4	16	9438.3	23

附录1 续表 1

地 区	商品房销售面积				商品房销售额			
	绝对值(万平方米)	位次	比上年增长(%)	位次	绝对值(亿元)	位次	比上年增长(%)	位次
全 国	**120648.5**		**-7.6**		**76292.4**		**-6.3**	
北 京	1454.2	26	-23.6	28	2738.7	14	-22.4	29
天 津	1613.0	23	-12.7	25	1486.9	20	-8.0	20
河 北	5706.2	8	0.5	11	2928.0	12	5.3	9
山 西	1576.3	25	-4.1	16	746.1	27	2.5	13
内蒙古	2457.2	20	-10.2	21	1064.8	23	-9.6	24
辽 宁	**5754.8**	**7**	**-38.1**	**31**	**3092.1**	**10**	**-35.0**	**31**
吉 林	1581.7	24	-28.6	30	808.6	26	-18.6	28
黑龙江	2475.7	19	-25.9	29	1208.5	22	-23.6	30
上 海	2084.7	21	-12.5	24	3499.5	7	-10.5	25
江 苏	9846.8	1	-14.0	26	6898.4	2	-12.8	27
浙 江	4676.8	12	-4.3	17	4923.0	3	-8.8	21
安 徽	6202.2	6	-1.0	12	3345.2	9	5.1	10
福 建	4119.5	13	-11.9	23	3763.5	6	-11.1	26
江 西	3067.2	18	-3.2	14	1621.8	16	-1.6	16
山 东	9180.1	3	-11.1	22	4879.7	4	-6.4	19
河 南	7879.7	4	7.8	4	3440.6	8	11.9	4
湖 北	5602.0	9	5.7	8	3088.3	11	10.7	6
湖 南	5439.5	10	-8.6	19	2299.1	15	-9.0	22
广 东	9315.8	2	-5.3	18	8461.8	1	-5.4	18
广 西	3156.5	16	5.4	9	1532.1	19	11.4	5
海 南	1004.0	29	-15.7	27	935.2	24	-9.4	23
重 庆	5100.4	11	5.9	7	2815.0	13	4.9	11
四 川	7142.4	5	-2.3	13	3997.4	5	-0.6	14
贵 州	3178.1	15	6.9	6	1370.3	21	7.3	8
云 南	3194.2	14	-3.5	15	1596.4	18	7.3	7
西 藏	59.3	31	133.5	1	34.3	31	223.1	1
陕 西	3093.6	17	1.6	10	1598.0	17	-0.6	15
甘 肃	1325.5	27	8.6	3	602.3	28	27.1	3
青 海	415.8	30	9.0	2	211.3	30	33.0	2
宁 夏	1129.5	28	7.7	5	465.0	29	4.8	12
新 疆	1815.9	22	-10.0	20	840.5	25	-2.4	17

居民消费价格指数(上年＝100)				农林牧渔业总产值			
绝对值(%)	位次	比上年增长(%)	位次	绝对值(亿元)	位次	比上年增长(%)	位次
102.0		**2.0**		**102226.1**		**4.2**	
101.6	28	1.6	28	420.1	28	-0.01	31
101.9	21	1.9	21	441.7	27	3.0	27
101.7	23	1.7	23	5994.8	4	4.0	21
101.7	25	1.7	25	1530.5	24	4.0	20
101.6	30	1.6	30	2779.8	16	3.1	24
101.7	**24**	**1.7**	**24**	**4498.4**	**10**	**2.4**	**28**
102.0	15	2.0	15	2763.0	17	4.1	18
101.5	31	1.5	31	4894.8	9	5.5	6
102.7	3	2.7	3	322.2	30	1.0	30
102.2	9	2.2	9	6443.4	3	3.1	25
102.1	13	2.1	13	2844.6	15	1.0	29
101.6	27	1.6	27	4223.7	11	4.6	13
102.0	14	2.0	14	3522.3	13	4.5	14
102.3	7	2.3	7	2726.5	20	4.8	11
101.9	17	1.9	17	9198.3	1	4.0	22
101.9	18	1.9	18	7549.1	2	4.2	16
102.0	16	2.0	16	5452.8	6	5.6	5
101.9	19	1.9	19	5304.8	7	4.7	12
102.3	8	2.3	8	5234.2	8	3.0	26
102.1	12	2.1	12	3947.7	12	3.7	23
102.4	6	2.4	6	1252.2	25	4.9	10
101.8	22	1.8	22	1595.0	23	4.3	15
101.6	29	1.6	29	5888.1	5	4.0	19
102.4	4	2.4	4	2118.5	21	6.6	2
102.4	5	2.4	5	3263.3	14	6.2	3
102.9	1	2.9	1	138.7	31	4.2	17
101.6	26	1.6	26	2741.8	19	5.1	9
102.1	10	2.1	10	1618.8	22	5.4	8
102.8	2	2.8	2	327.5	29	5.4	7
101.9	20	1.9	20	445.5	26	6.1	4
102.1	11	2.1	11	2744.0	18	6.8	1

附录1　续表 2

地　区	粮食		油料		蔬菜		水果	
	绝对量(万吨)	位次	绝对量(万吨)	位次	绝对量(万吨)	位次	绝对量(万吨)	位次
全　国	**60702.6**		**3507.4**		**76005.5**		**26142.2**	
北　京	63.9	31	0.7	30	236.2	29	96.5	27
天　津	176.0	27	0.5	31	460.2	27	62.7	29
河　北	3360.2	8	150.2	8	8125.7	2	2019.0	3
山　西	1330.8	18	17.3	24	1271.4	22	770.8	15
内蒙古	2753.0	10	170.3	7	1472.7	20	322.3	22
辽　宁	**1753.9**	**14**	**63.7**	**16**	**3090.1**	**9**	**870.6**	**12**
吉　林	3532.8	4	85.7	13	876.0	24	229.7	25
黑龙江	6242.2	1	17.1	25	985.6	23	258.7	24
上　海	112.5	28	1.3	29	393.2	28	86.2	28
江　苏	3490.6	5	146.6	9	5417.0	4	861.6	13
浙　江	757.4	23	30.7	22	1762.8	14	714.8	16
安　徽	3415.8	6	228.8	6	2551.0	11	965.3	9
福　建	667.0	24	29.8	23	1801.4	13	790.8	14
江　西	2143.5	12	121.7	10	1312.4	21	627.1	19
山　东	4596.6	3	335.9	3	9973.7	1	3134.0	1
河　南	5772.3	2	584.3	1	7272.5	3	2560.2	2
湖　北	2584.2	11	341.7	2	3671.5	7	972.3	8
湖　南	3001.3	9	233.8	5	3763.5	6	920.0	10
广　东	1357.3	17	105.5	11	3274.7	8	1560.7	5
广　西	1534.4	15	61.3	18	2610.1	10	1560.6	6
海　南	186.6	26	11.6	27	551.5	25	413.0	20
重　庆	1144.5	21	56.9	20	1689.1	18	347.6	21
四　川	3374.9	7	300.8	4	4069.3	5	884.5	11
贵　州	1138.5	22	98.0	12	1625.6	19	196.4	26
云　南	1860.7	13	64.7	15	1735.5	15	669.0	17
西　藏	98.0	30	6.4	28	68.2	31	1.4	31
陕　西	1197.8	19	62.3	17	1724.7	16	1849.9	4
甘　肃	1158.7	20	72.4	14	1705.2	17	636.6	18
青　海	104.8	29	31.5	21	158.6	30	2.6	30
宁　夏	377.9	25	16.5	26	540.8	26	290.2	23
新　疆	1414.5	16	59.3	19	1815.4	12	1466.9	7

糖料		肉类合计		猪肉		牛肉		羊肉	
绝对量（万吨）	位次	绝对量（万吨）	位次	绝对量（万吨）	位次	绝对量（万吨）	位次	绝对量（万吨）	位次
13361.2		**8706.7**		**5671.4**		**689.2**		**428.2**	
		39.3	27	24.0	27	1.7	29	1.2	27
		46.4	26	29.9	26	3.4	25	1.6	26
75.6	8	468.1	5	281.2	8	52.4	4	30.4	4
8.0	22	87.5	24	64.2	22	5.8	24	6.7	19
160.2	7	252.3	15	73.3	21	54.5	3	93.3	1
10.1	**20**	**429.2**	**8**	**240.3**	**12**	**42.8**	**6**	**8.9**	**14**
6.4	23	262.0	14	140.4	18	46.0	5	4.5	20
41.1	14	230.2	16	142.6	17	40.6	7	11.9	10
0.6	24	23.4	31	18.8	28	0.1	31	0.5	31
10.1	21	379.5	11	232.4	13	3.3	26	8.0	16
62.7	11	157.1	20	127.0	19	1.2	30	1.7	25
19.7	18	414.0	10	264.8	10	17.9	14	15.5	8
53.1	13	213.7	18	151.1	16	2.9	27	2.2	24
64.5	10	339.8	13	259.8	11	13.1	18	1.1	28
0.0	27	770.2	1	406.8	4	66.6	2	36.0	3
27.3	16	719.0	2	478.0	2	82.1	1	25.4	5
30.4	15	440.4	6	339.6	5	21.9	11	8.6	15
65.9	9	546.5	4	458.1	3	18.9	12	11.1	11
1504.7	3	429.4	7	282.6	7	7.0	23	0.9	30
7952.6	1	420.0	9	266.3	9	14.4	17	3.2	23
424.9	5	79.5	25	48.6	24	2.6	28	1.1	29
10.3	19	214.2	17	158.5	15	8.4	21	3.4	22
55.8	12	714.7	3	527.2	1	33.4	10	25.3	6
168.3	6	201.8	19	165.6	14	14.7	16	3.8	21
2110.4	2	378.5	12	292.4	6	33.6	9	14.6	9
		26.4	30	1.5	31	16.0	15	7.9	17
0.1	25	116.7	22	91.8	20	7.7	22	7.5	18
26.4	17	95.5	23	52.7	23	18.1	13	17.9	7
0.1	26	33.4	28	10.5	29	10.6	19	10.9	12
		28.5	29	7.7	30	8.8	20	9.5	13
471.9	4	149.3	21	33.9	25	39.2	8	53.6	2

附录1 续表 3

地 区	原油		发电量		生铁		粗钢	
	绝对量(万吨)	位次	绝对量(亿千瓦小时)	位次	绝对量(万吨)	位次	绝对量(万吨)	位次
全 国	**21142.9**		**56495.8**		**71159.9**		**82269.8**	
北 京			364.0	29			2.1	30
天 津	3074.8	3	625.5	27	2182.5	8	2287.1	9
河 北	592.3	9	2499.9	10	16932.6	1	18530.3	1
山 西			2647.0	8	4052.0	5	4325.4	5
内蒙古	21.5	17	3857.8	3	1330.7	16	1661.5	19
辽 宁	**1021.9**	**7**	**1647.8**	**16**	**6167.7**	**4**	**6511.4**	**3**
吉 林	663.9	8	771.7	25	1132.8	19	1264.8	20
黑龙江	4000.0	1	881.3	22	456.7	25	476.3	26
上 海	5.7	20	792.3	24	1643.3	14	1774.5	15
江 苏	206.0	12	4347.6	1	7080.1	2	10195.5	2
浙 江			2885.3	6	1140.3	18	1748.3	16
安 徽			2033.9	13	1998.6	10	2451.4	8
福 建			1873.4	14	907.7	21	1820.8	14
江 西			873.3	23	2075.3	9	2235.3	11
山 东	2713.2	5	3691.1	4	6719.1	3	6411.0	4
河 南	470.5	10	2729.9	7	2779.6	6	2882.2	7
湖 北	79.0	13	2382.3	11	2437.6	7	3056.4	6
湖 南			1313.7	18	1780.7	12	1917.6	13
广 东	1245.4	6	3948.4	2	1082.4	20	1710.4	17
广 西	58.7	15	1310.0	19	1231.7	17	2084.3	12
海 南	28.5	16	244.6	30			22.4	29
重 庆			675.8	26	444.6	26	785.6	24
四 川	19.2	18	3079.4	5	1931.4	11	2243.0	10
贵 州			1747.7	15	498.6	24	551.6	25
云 南			2550.0	9	1704.9	13	1689.1	18
西 藏			32.3	31				
陕 西	3767.8	2	1620.8	17	884.0	23	1038.3	23
甘 肃	71.2	14	1241.1	20	898.8	22	1074.0	22
青 海	220.0	11	580.3	28	127.0	28	144.3	28
宁 夏	7.9	19	1156.6	21	201.7	27	161.5	27
新 疆	2875.3	4	2090.9	12	1337.5	15	1213.4	21

钢材		水泥		农用化肥		汽车	
绝对量(万吨)	位次	绝对量(万吨)	位次	绝对量(万吨)	位次	绝对量(万辆)	位次
112557.2		**247613.5**		**6887.2**		**2372.5**	
195.0	27	703.6	29			206.3	6
7303.9	4	957.9	28	16.0	28	51.2	13
23995.2	1	10677.4	11	203.1	13	97.8	11
4701.0	7	4700.0	22	424.4	7		
1763.2	19	6294.0	18	126.1	16	2.4	24
6946.0	**5**	**5807.6**	**19**	**71.9**	**19**	**112.1**	**9**
1412.2	22	3702.7	23	17.9	27	237.4	2
483.5	26	3702.6	24	48.4	24	10.8	22
2309.1	16	686.0	30	1.5	29	247.4	1
13255.2	2	19395.8	1	234.8	11	121.6	8
4171.0	8	12390.0	7	35.7	26	30.9	18
3265.7	11	12921.0	6	299.7	10	93.4	12
3019.6	13	7760.9	16	48.9	23	18.1	20
2611.1	15	9831.2	12	135.8	15	46.2	14
8939.4	3	16496.3	3	555.0	2	103.0	10
4704.1	6	17080.7	2	491.7	5	40.9	15
3429.0	10	11418.1	9	1206.0	1	174.5	7
1989.3	17	12060.1	8	113.6	17	29.5	19
3447.1	9	14783.4	4	58.4	21	216.8	4
3262.6	12	10706.5	10	111.5	18	209.2	5
29.7	30	2151.6	25	66.3	20	9.0	23
1322.0	23	6688.8	17	215.2	12	231.4	3
2935.2	14	14612.7	5	453.6	6	32.4	17
552.4	25	9456.4	14	529.2	3		
1935.1	18	9596.9	13	318.4	9	11.0	21
1.1	31	342.2	31				
1683.9	20	9129.7	15	179.2	14	37.5	16
1108.1	24	4931.5	21	50.2	22	0.7	26
131.4	29	1859.6	26	504.9	4		
165.6	28	1793.9	27	46.5	25		
1489.5	21	4974.6	20	323.6	8	1.1	25

附录1 续表 4

地 区	主营业务收入		主营业务成本		利润总额		资产总额	
	绝对值(亿元)	位次	绝对值(亿元)	位次	绝对值(亿元)	位次	绝对值(亿元)	位次
全 国	**1094646.5**		**937493.4**		**64715.3**		**925244.9**	
北 京	19439.6	17	16422.3	17	1493.2	17	33018.7	10
天 津	28275.9	15	24405.0	15	2042.8	12	23246.3	17
河 北	46532.2	7	40846.9	7	2421.7	7	39177.3	6
山 西	17119.9	22	14820.7	21	210.6	27	29184.9	12
内蒙古	19064.0	18	15615.7	19	1294.4	19	25751.5	15
辽 宁	**49686.1**	**6**	**43541.6**	**6**	**2011.7**	**13**	**38035.9**	**7**
吉 林	23220.0	16	19352.5	16	1397.7	18	16453.7	20
黑龙江	13086.0	23	10485.5	23	985.0	21	14449.7	24
上 海	34725.0	12	28507.8	12	2646.5	6	34349.7	9
江 苏	142387.9	2	123159.7	2	8839.7	1	100150.4	1
浙 江	63237.0	5	54099.3	5	3543.7	5	63198.6	4
安 徽	36653.6	10	31968.3	9	1775.2	14	28283.3	13
福 建	36300.1	11	31424.0	11	2081.7	9	27435.1	14
江 西	30597.1	14	26866.2	14	2043.9	11	15535.7	22
山 东	143488.1	1	125581.8	1	8763.4	2	91367.5	2
河 南	66787.5	4	58022.7	4	4771.4	4	48528.8	5
湖 北	40708.0	8	34531.1	8	2174.6	8	31490.4	11
湖 南	33303.2	13	27987.8	13	1523.2	16	20843.5	18
广 东	113827.8	3	96949.1	3	6611.9	3	86745.5	3
广 西	18455.1	19	15886.6	18	963.8	22	13915.5	25
海 南	1742.3	30	1436.1	30	88.5	30	2423.0	30
重 庆	18057.1	21	15361.3	20	1160.5	20	14563.1	23
四 川	37559.7	9	31674.6	10	2046.3	10	36172.9	8
贵 州	8108.0	27	6432.6	27	530.5	24	11041.6	26
云 南	10041.6	24	7823.9	25	478.9	25	16595.5	19
西 藏	113.5	31	86.2	31	12.4	31	656.9	31
陕 西	18313.6	20	14313.1	22	1706.5	15	23897.3	16
甘 肃	9092.6	25	7983.7	24	233.2	26	10730.6	27
青 海	2249.8	29	1848.1	29	98.9	29	5300.9	29
宁 夏	3468.9	28	2985.1	28	102.5	28	6769.1	28
新 疆	9005.0	26	7074.1	26	661.2	23	15932.0	21

负债合计		客运量		货运量		社会消费品零售总额			
绝对值(亿元)	位次	绝对量(万人)	位次	绝对量(万吨)	位次	绝对值(亿元)	位次	比上年增长(%)	位次
525865.5		**2209361.2**		**4381088.6**		**271896.1**		**12.0**	
16737.8	12	65062.8	15	26550.7	28	9638.0	11	8.6	30
14411.5	16	18299.9	25	49752.9	25	4738.7	23	6.0	31
22683.5	6	60725.7	16	209945.9	5	11820.5	9	12.4	17
21192.5	9	34168.3	24	164918.8	11	5717.9	19	11.3	26
15839.7	14	18283.2	26	191869.4	10	5657.6	21	10.6	27
21674.1	**8**	**94172.2**	**9**	**222138.0**	**4**	**11857.0**	**8**	**12.1**	**22**
8876.3	22	35004.2	23	48311.4	26	6080.9	16	12.1	21
8181.1	24	46841.4	20	60212.5	23	7015.3	15	12.2	20
16951.5	11	13317.2	28	89980.0	20	9303.5	13	8.7	29
54997.3	1	155207.1	3	196152.9	8	23458.1	3	12.4	18
37188.7	4	130144.5	7	194249.7	9	17835.3	4	11.7	25
16590.5	13	139553.0	5	434297.6	1	7957.0	14	13.0	4
14953.8	15	58718.9	17	111756.8	17	9346.7	12	12.9	5
8042.0	25	67794.6	14	151877.5	15	5292.6	22	12.7	10
49660.9	3	74377.9	11	264458.3	3	25111.5	2	12.6	15
22716.7	5	140180.3	4	200801.1	7	14005.0	5	12.7	11
17109.7	10	100730.1	8	150761.6	16	12449.3	6	12.8	8
11049.9	18	161837.6	2	203053.0	6	10723.5	10	12.8	9
50131.7	2	180788.8	1	343490.6	2	28471.1	1	11.9	23
8696.6	23	51904.6	18	163022.8	12	5772.8	18	12.5	16
1257.8	30	14209.5	27	23632.5	29	1224.5	28	12.2	19
9033.0	21	68398.7	13	97376.8	19	5710.7	20	13.0	3
21797.5	7	138274.1	6	159034.3	13	12393.0	7	12.7	12
7013.3	26	86570.8	10	85672.5	21	2936.9	25	12.9	6
10697.6	19	49080.1	19	108544.1	18	4632.9	24	12.7	13
258.4	31	1571.3	31	1914.4	31	364.5	31	13.1	1
13334.7	17	74187.8	12	157012.0	14	5918.7	17	12.8	7
6759.7	27	38985.5	21	57239.2	24	2668.3	26	12.6	14
3585.1	29	5444.2	30	14637.8	30	620.8	30	13.0	2
4493.1	28	9186.5	29	41307.7	27	737.2	29	10.3	28
9949.5	20	37175.5	22	72168.2	22	2436.5	27	11.8	24

附录1 续表 5

地区	进出口总额				出口总额			
	绝对值(亿美元)	位次	比上年增长(%)	位次	绝对值(亿美元)	位次	比上年增长(%)	位次
全国	**43030.4**		**3.4**		**23427.5**		**6.1**	
北京	4156.5	4	-3.3	29	623.5	8	-1.2	28
天津	1339.1	8	4.2	20	526.0	10	7.3	20
河北	598.8	13	9.1	12	357.1	13	15.4	12
山西	162.5	24	2.9	22	89.4	24	11.8	15
内蒙古	145.5	26	21.3	8	63.9	25	56.2	2
辽宁	**1139.6**	**9**	**-0.5**	**27**	**587.6**	**9**	**-8.9**	**29**
吉林	263.8	23	2.1	24	57.8	26	-14.3	30
黑龙江	389.0	18	0.1	26	173.4	21	6.8	22
上海	4664.1	3	5.6	17	2101.6	4	2.9	26
江苏	5637.6	2	2.4	23	3418.7	2	4.0	25
浙江	3551.5	5	5.8	16	2733.5	3	9.9	17
安徽	492.7	14	8.2	15	314.9	15	11.5	16
福建	1775.0	7	4.8	19	1134.6	6	6.6	23
江西	427.8	16	16.4	11	320.4	14	13.7	14
山东	2771.2	6	4.0	21	1447.5	5	7.9	19
河南	650.3	12	8.5	14	393.8	12	9.4	18
湖北	430.6	15	18.4	9	266.5	16	16.7	11
湖南	310.3	19	23.2	6	200.2	19	35.1	6
广东	10767.3	1	-1.4	28	6462.2	1	1.5	27
广西	405.5	17	23.5	5	243.3	17	30.2	8
海南	158.7	25	5.4	18	44.2	28	19.2	10
重庆	954.5	10	39.0	2	634.1	7	35.5	5
四川	702.5	11	8.8	13	448.5	11	6.9	21
贵州	108.1	27	30.4	4	94.0	23	36.5	3
云南	296.2	20	17.1	10	188.0	20	20.0	9
西藏	22.5	30	-32.1	31	21.0	30	-35.7	31
陕西	274.1	22	36.2	3	139.3	22	36.2	4
甘肃	86.5	28	-15.5	30	53.3	27	14.0	13
青海	17.2	31	22.5	7	11.3	31	33.2	7
宁夏	54.4	29	68.9	1	43.0	29	68.6	1
新疆	276.7	21	0.4	25	234.8	18	5.5	24

城镇常住居民人均可支配收入				农村常住居民人均可支配收入			
绝对值（元）	位次	比上年增长（%）	位次	绝对值（元）	位次	比上年增长（%）	位次
28844		**9.0**		**10489**		**11.2**	
48532	2	8.9	15	18867	3	10.3	28
31506	6	8.7	22	17014	4	10.8	22
24141	21	8.6	26	10186	13	10.9	19
24069	22	8.1	30	8809	22	10.8	22
28350	10	9.0	10	9976	16	11.0	18
29082	**9**	**8.9**	**15**	**11191**	**9**	**10.1**	**31**
23218	25	8.8	19	10780	11	10.2	30
22609	27	8.4	27	10453	12	11.6	10
48841	1	8.8	19	21192	1	10.3	28
34346	4	8.7	22	14958	5	10.6	26
40393	3	8.9	15	19373	2	10.7	24
24839	14	9.0	10	9916	18	12.0	6
30722	7	9.0	10	12650	6	10.9	19
24309	18	9.9	2	10117	14	11.3	14
29222	8	8.7	22	11882	8	11.2	15
23672	23	8.9	15	9966	17	11.1	17
24852	13	9.6	4	10849	10	11.9	7
26570	11	9.1	8	10060	15	11.4	12
32148	5	8.8	19	12246	7	10.6	26
24669	15	8.7	22	8683	24	11.4	12
24487	16	9.3	7	9913	19	12.6	3
25147	12	9.1	8	9490	20	11.7	9
24234	20	9.0	10	9348	21	11.5	11
22548	28	9.6	4	6671	30	13.1	1
24299	19	8.2	29	7456	27	10.9	19
22016	30	7.9	31	7359	28	12.3	4
24366	17	9.0	10	7932	26	11.8	8
21804	31	9.7	3	6277	31	12.3	4
22307	29	9.6	4	7283	29	12.7	2
23285	24	8.4	27	8410	25	10.7	24
23214	26	10.1	1	8724	23	11.2	15

附录2 2014年省辖市

指标名称	单位	沈阳		大连		鞍山	
		全市	市辖区	全市	市辖区	全市	市辖区
一、行政区划							
所辖行政区数	个	9	-	6	-	4	-
所辖行政县(旗)数	个	3	-	1	-	3	-
所辖行政县级市数	个	1	-	3	-	1	-
二、土地面积及水资源							
行政区域土地面积	平方公里	12860	3471	12574	2567	9255	792
其中：建成区面积	平方公里	465	465	396.00	396.00	170.00	170.00
城市建设用地面积	平方公里	465	465	378.00	378.00	170.00	170.00
其中：居住用地面积	平方公里	156	156	105.00	105.00	58.00	58.00
公共设施用地面积	平方公里	44	44	30	30	11	11
工业用地面积	平方公里	100	100	100	100	53	53
水资源总量	万平方米	141500	-	109700.00	-	98500.00	-
三、人口与就业							
(一)人口							
年末总人口	万人	730.84	528.44	594.29	304.27	348.20	151.15
农业户籍人口	万人		-		-	174.15	-
年平均人口	万人	728.98	526.52	592.87	302.76	348.97	151.28
年出生人口	人	71926	55740	65764.00	37801.00	28379.00	11555.00
年死亡人口	人	57811	43074	45825.00	21445.00	31579.00	13707.00
年末总户数	万户	262.97	192.95	213.03	114.35	119.67	55.48
常住人口	万人	828.70	649.00	698.40		361.40	154.40
城镇人口	万人	666.30	-	545.30	-	260.00	-
(二)从业人员							
从业人员期末人数(城镇)	人	1536601.00	1430822.00	1212869.00	974482.00	612985.00	440188.00
第一产业(农、林、牧、渔业)	人	2915.00	1227.00	5234.00	1938.00	3863.00	856.00
第二产业	人	714355.00	670313.00	630646.00	468633.00	326553.00	268609.00
(1)采矿业	人	26954.00	26190.00	2050.00	55.00	3222.00	2658.00
(2)制造业	人	339867.00	317604.00	488288.00	362490.00	214458.00	182080.00
(3)电力、热力、燃气及水生产和供应业	人	33860.00	30400.00	15861.00	13534.00	12997.00	9798.00
(4)建筑业	人	313674.00	296119.00	124447.00	92554.00	95876.00	74073.00
第三产业	人	819331.00	759282.00	576989.00	503911.00	282569.00	170723.00
(1)批发和零售业	人	86756.00	82729.00	52047.00	51022.00	35237.00	12525.00
(2)交通运输、仓储和邮政业	人	104490.00	100332.00	65221.00	61670.00	30994.00	13829.00
(3)住宿、餐饮业	人	30426.00	30078.00	20446.00	19471.00	4314.00	3206.00
(4)信息传输、计算机服务和软件业	人	25684.00	25360.00	60006.00	59938.00	3612.00	3439.00
(5)金融业	人	54047.00	54047.00	57636.00	52109.00	17689.00	15291.00
(6)房地产业	人	30215.00	28992.00	46959	45655	10324	8043
(7)租赁和商务服务业	人	31381.00	28894.00	27421	24333	10741	6548
(8)科学研究、技术服务和地质勘查业	人	63845.00	61950.00	21256	19356	26166	20396
(9)水利、环境和公共设施管理业	人	44299.00	40436.00	14623	13239	17756	13248
(10)居民服务和其他服务业	人	8481.00	8015.00	3189	3055	3258	2705
(11)教育	人	145840.00	128925.00	85159	62136	49753	27738
(12)卫生、社会保障和社会福利业	人	87201.00	79060.00	45919	33987	26350	18016
(13)文化、体育和娱乐业	人	16453.00	15640.00	11117	10255	3741	2913
(14)公共管理和社会组织	人	90213.00	74824.00	65990	47685	42634	22826
(15)国际组织	人						
城镇私营和个体从业人员	人	1504560		2479358		184395	143654
城镇登记失业人数	人	95453	89184	91075	60610	27813	21820
四、综合经济							
(一)地区生产总值(当年价格)	**万元**	**70987051**	**57507649**	**76555761**	**35405836**	**23858951**	**11238300**
第一产业增加值	万元	3252872	885543	4418300	852781	1311209	84460
第二产业增加值	万元	35411488	27399917	36973547	18941749	12063974	5663687
第三产业增加值	万元	32322691	29222189	35163914	15611306	10483768	5490153
地区生产总值(2010年价格)	万元	67537442	54901667	70477401.00	33129692.00	24143250.00	11675198.00
人均地区生产总值	元	85816	88835	109939	138099	66860	74286
地区生产总值增长率	%	5.95	6.09	6	6	6	6

基本情况(地区数)

抚顺		本溪		丹东		锦州	
全市	市辖区	全市	市辖区	全市	市辖区	全市	市辖区
4	-	4	-	3	-	3	-
3	-	2	-	1	-	2	-
	-		-	2	-	2	-
11272	1416	8411	1518	15290	941	10047	825
136.00	136.00	109	109	53	53	77	77
136.00	136.00	92	92	53	53	77	77
34.00	34.00	28	28	20	20	35	35
16	16	20	20	1	1	3	3
46	46	20	20	13	13	13	13
196300.00	-	115800	-	292066	-	65820	-
217.37	142.63	152.03	93.28	239.47	78.44	305.27	93.69
75.86	-	49.11	-	132.96	-	181.93	-
217.66	142.93	152.17	93.44	239.56	78.44	305.58	93.68
15564.00	9471.00	11015	6137	18928	6709	21890	7237
17541.00	12117.00	10210	7511	18591	6734	21988	6123
84.76	58.26	56.90	36.37	84.71	30.04	103.67	34.57
208.10	145.15	172.40	110.72	241.80	78.20	307.60	103.94
156.60	-	134.30	-	158.80	-	164.60	-
307421.00	259104.00	327044.00	270233.00	287904.00	172917.00	328027.00	250152.00
4318.00	1322.00	843.00	46.00	2828.00	95.00	10494.00	2734.00
170334.00	150950.00	169802.00	139666.00	121404.00	74028.00	138594.00	123036.00
36451.00	30943.00	13641.00	10685.00	3386.00	414.00	4458.00	3539.00
66088.00	59175.00	84078.00	74484.00	55976.00	32631.00	66448.00	58192.00
11732.00	11060.00	10984.00	9965.00	11793.00	8744.00	12640.00	11065.00
56063.00	49772.00	61099.00	44532.00	50249.00	32239.00	55048.00	50240.00
132769.00	106832.00	156399.00	130521.00	163672.00	98794.00	178939.00	124382.00
11591.00	10841.00	6655.00	5617.00	7151.00	5416.00	14536.00	11992.00
10082.00	7583.00	15452.00	14613.00	12416.00	9682.00	16000.00	10822.00
1856.00	1497.00	1462.00	1234.00	2616.00	2127.00	1160.00	969.00
2567.00	2379.00	4799.00	3967.00	4117.00	3197.00	6597.00	5865.00
10553.00	9171.00	11733.00	11211.00	9791.00	6688.00	15177.00	15177.00
4715	4037	6431.00	5561.00	11577.00	10049.00	5668.00	4718.00
7863	7312	8254.00	7693.00	2570.00	1245.00	6254.00	4417.00
5398	4840	3529.00	3082.00	10054.00	5698.00	8770.00	6560.00
8530	7186	9604.00	7306.00	11436.00	7440.00	6243.00	3884.00
1952	1846	569.00	525.00	856.00	680.00	1669.00	837.00
25258	16948	26459.00	19306.00	36396.00	17906.00	39108.00	21915.00
14292	11375	35093.00	31253.00	25320.00	14714.00	19056.00	12952.00
2437	2325	1913.00	1522.00	2072.00	1212.00	3511.00	2852.00
25675	19492	24446.00	17631.00	27300.00	12740.00	35190.00	21422.00
344828		125439	100351	335178		653544	394750
21209	18144	27526	23397	15581		22249	21545
12765826	**9239425**	**11712452**	**8270624**	**10226035**	**2304523**	**13633588**	**6469996**
928224	243551	636181	163052	1446898	99918	2015800	203991
6931171	5267700	6418698	4622173	4593456	881796	6326555	3002838
4906431	3728174	4657573	3485399	4185681	1322809	5291233	3263167
11898809.00	8727671.00	11793107	8367333	9412819	2101763	12729935	5976040
61183	63492	67879	73081	42291	29470	44243	66231
6	5	6.29	4.77	5.60	5.10	5.16	4.48

附录2 续表 1

指标名称	单位	沈阳		大连		鞍山	
		全市	市辖区	全市	市辖区	全市	市辖区
(二)财政							
公共财政收入	万元	7855020	6851862	7808645	6180654	2417012	1767738
其中：税收收入	万元	6101684	5309915	6153385	5027485	1598290	1218114
其中：企业所得税	万元	835220	812483	802210	721009	134870	103175
个人所得税	万元	213655	209645	265334	245602	26964	19985
公共财政支出	万元	9143712	7652856	9894552	7941677	3254078	2259210
其中：一般性公共服务支出	万元	945957	784653	711131	571566	268667	168985
科学技术支出	万元	265649	261760	430258	418580	44872	39367
教育支出	万元	1174452	854196	1049086	755668	321904	193569
文化体育与传媒支出	万元	154355	128204	112485	91506	32677	18342
医疗卫生支出	万元	446667	333637	508469	405767	228818	74091
节能保护支出	万元	196912	143656	157159	148342	28304	16437
城乡社区事务支出	万元	1839636	1711351	2305474	1849401	855653	729278
交通运输支出	万元	375222	344627	676829	662336	50529	22010
社会保障和就业支出	万元	1570858	1481909	1419795	1234348	658108	516721
住房保障支出	万元	484061	459801	212997	169292	225320	189429
(三)金融							
年末金融机构各项存款余额	万元	123095522	117357641	116137779	101767375	28412370	20713297
其中：居民储蓄存款余额	万元	51476332	47365048	46667061	35774573	17436949	10642040
年末金融机构各项贷款余额	万元	100269468	97789286	99263729	90067585	16547207	13014682
(四)保险							
保费收入	万元	2125879	-	1992748	-	490602	-
其中：财产险	万元	676105	-	718641	-	190543	-
人身险	万元	1426534	-	1274107	-	300059	-
赔款、给付	万元	769326	-	349056	-	226581	-
其中：财产险	万元	369696	-	320796	-	107658	-
人身险	万元	376363	-	28260	-	118923	-
五、工业							
规模以上工业法人企业:							
(一)工业企业数	个	**3635**	**2138**	**2844**	**1205**	**1247**	**313**
(1)内资企业	个	3237	1763	2135	705	1182	284
其中：国有企业	个	36	31	27	22	9	5
私营企业	个	2426	1175	1645	433	738	142
(2)港、澳、台商投资企业	个	110	107	122	81	24	13
(3)外商投资企业	个	288	268	587	419	41	16
(二)工业总产值(当年价)	万元	**137591451**	**95729137**	**106519903**	**58490514**	**35996721**	**12433961**
(1)内资企业	万元	105137335	64011913	72759379	31427725	34388932	11987351
其中：国有企业	万元	2083783	1954078	1418935	1276073	6134946	6072356
私营企业	万元	67769318	32120703	39962602	4643315	18953324	3659396
(2)港、澳、台商投资企业	万元	4485285	4293901	6693485	5417452	522477	211604
(3)外商投资企业	万元	27968831	27423323	27067039.00	21645337.00	1085312.00	235006.00
(三)企业财务							
从业人员年平均人数	万人	87.94	57.79	90	43	32	20
流动资产合计	万元	38361572	35943574	50404091	40278113	17611970	12598992
固定资产合计	万元	34719124	25828373	29815746	17551957	9279100	5629084
主营业务收入	万元	135960871	94316977	98703149	56816921	36746611	14110101
主营业务成本	万元	116512059	80162234	85250522	48565424	32335092	11661789
主营业务税金及附加	万元	1652028	1420068	2409038	2002658	844953	213546
本年应交增值税	万元	2555233	1826073	2311262	1298215	800892	371013
利润总额	万元	7470761	5080915	4266292	2219108	1288372	376108
六、交通运输、通讯与能源							
(一)交通运输							
铁路旅客运量	万人	4144.60	-	2214.07	-	776.49	-

抚顺		本溪		丹东		锦州	
全市	市辖区	全市	市辖区	全市	市辖区	全市	市辖区
1342512	1027592	1298326	946587	1260005	221821	1368462	792800
865258	626458	955397	713704	901554	198922	943237	524560
69966	52246	38276	25664	74808	40471	71913	54378
21674	19014	16220	10880	15835	8317	19303	15223
2235027	1614699	1854923	1304906	2058998	225841	2284708	1101716
138786	89131	378293	234752	145323	26957	174690	105276
26845	23842	30196	22735	16876	1861	25753	8335
163819	100745	212238	129432	266686	40916	242524	112362
16431	6276	34932	26999	29555	1070	35813	19657
98159	54366	74749	42559	119876	16334	141217	46154
66885	25800	45861	27782	110858	1695	45999	31677
412852	333732	348462	294973	281441	28846	330860	220227
56758	48452	41435	22614	55463	475	79299	27391
632103	559163	320046	290771	368719	49147	470191	275206
64652	49256	51823	34292	51310	14781	57956	34434
13504218	10910407	10591564	8257075	14883139	7659442	17170172	11699951
9848141	7841099	6847919	5080402	10839883	4887343	10902089	6231309
6642608	5315614	7295068	6234320	9236400	4822848	11187082	8290249
299987	-	230417	-	367133	-	302886	-
76714	-	51705	-	87434	-	117693	-
223273	-	178712	-	279699	-	185193	-
123226	-	77027	-	134055	-	145767	-
55847	-	29644	-	44609	-	66472	-
67379	-	47383	-	89446	-	79295	-
966	**506**	**614**	**427**	**752**	**131**	**821**	**193**
911	459	578	407	666	105	758	144
6	3	5	2	7	4	9	5
664	312	273	214	510	75	549	66
19	16	17	12	12	6	26	20
36	31	19	8	74	20	37	29
27948364	**18152825**	**24306959**	**19569712**	**13149134**	**1685504**	**28981941**	**10452145**
26718227	17105041	20836564	16441780	11380984	1328686	25763135	7828055
96141	88489	22092	5439	37942	21784	116498	93690
14028208	6297513	7682832	5767076	7429577	735711	15566163	1704707
490809	387708	3180435	3111635	292324	88985	1437464	1310765
739328.00	660076.00	289960	16297	1475826	267833	1781342	1313325
20	14	14.17	12.47	13.65	2.18	14.81	5.70
6904588	5884737	8202236	7142170	3885473	881628	5102839	3219737
8475843	7477431	8394478	7541695	2566627	781850	5830608	2049981
27210017	17854306	23004281	18362804	12745608	1597380	28187190	10182426
23901881	15445739	20456983	16444178	11576275	1424188	24528693	8683485
651146	601091	208290	140416	76672	8236	568821	437600
635052	578242	578127	378370	335501	37960	653169	262039
1092419	397069	985243	609327	493519	47260	1719491	408320
176.35	-	1324.65	-	392.43	-	940.85	-

附录2 续表 2

指标名称	单位	沈阳		大连		鞍山	
		全市	市辖区	全市	市辖区	全市	市辖区
铁路货物运量	万吨	544	-	2343	-	1191	-
公路客运量(全社会)	万人	20801.00	-	10354.00	-	7929.00	-
公路货运量(全社会)	万吨	22940	-	28800	-	20516	-
水运客运量(全社会)	万人		-	430.00	-		-
水运货运量(全社会)	万吨		-	12527	-		-
民用航空客运量	万人	451.30	-	582	-		-
民用航空货邮运量	吨	42890	-	6	-		-
沿海港口货物吞吐量(规模以上)	万吨		-	42337	-		-
内河港口货物吞吐量(规模以上)	万吨		-		-		-
公路里程	公里	12532	-	12454	-	7249	-
境内高速公路里程	公里	630	-	531	-	229	-
民用汽车拥有量	辆	1455314	-	1149344	-	382184	-
其中：私人汽车拥有量	辆	1151380	-	942315	-	294902	-
(二)邮电通信							
年末邮政局(所)数	处	226	144	240	137	102	36
邮政业务收入	万元	174867	-	163000.00	-	36500.00	-
电信业务收入	万元	1065340	-	894465.00	-	285000.00	-
固定电话年末用户数	万户	250.51	-	240.30	-	85.71	-
移动电话年末用户数	万户	1043.93	-	848.56	-	354.31	-
其中：3G移动电话用户	万户	391.24	-	331.79	-	121.66	-
互联网宽带接入用户数	万户	161.38	-	132	-	65	-
(三)能源电力							
综合能源消费量	万吨/标准煤	1266	-	1622	-	2125	-
全社会用电量	万千瓦时	2963291	2538214	3104773	2559994	2632692	1640013
其中：工业用电	万千瓦时	1527098	1252098	2026237	1718429	2273875	1426556
城乡居民生活用电	万千瓦时	493078	422347	407271	291226	164008	85935
七、贸易、外经与旅游							
(一)贸易							
社会消费品零售总额	万元	35701083	32461671	28284239	22778915	8973356	4601923
限额以上批发零售贸易业商品销售总额	万元	91930168	88859152	37691790	34279495	13628404	7659617
限额以上批发零售企业数(法人数)	个	2029	1740	1515.00	1237.00	769.00	426.00
其中：零售业	个	916	782	451	382	455	241
限额以上批发零售贸易业企业财务							
年末从业人数	万人	12.51	11.38	7	7	5	1
流动资产合计	万元	14431639	14042754	17236900	15936778	3515323	2455307
固定资产合计	万元	2781672	2549252	1242190	1152254	1636092	581941
主营业务收入	万元	77387287	74937387	34164847	31258743	11290476	6616446
主营业务成本	万元	74929124	72833171	32069347	29282774	9761146	6136531
主营业务税金及附加	万元	209598	181444	101467	96726	121785	58608
本年应交增值税	万元	530638	494339	396547	379523	169325	88605
利润总额	万元	-196084	-370258	454855	426974	622001	189603
(二)外经							
货物进口额(海关数)	万美元	865725	-	3554948	-	188157	-
货物出口额(海关数)	万美元	714304	-	3022478	-	264919	-
外商直接投资合同项目	个	145	128	223	212	61	39
当年实际使用外资金额	万美元	227403	223802	1400453	1062260	159010	119825
(三)旅游							
入境游客人数(含一日游游客)	人	591314	-	966000	-	386300	-
其中：外国人	人	453044	-	818873	-	325305	-
港、澳、台同胞	人	138270	-	147127	-	60995	-
国际旅游(外汇)收入	万美元	70529	-	46012	-	35100	-
八、固定资产投资							
(一)固定资产投资							
固定资产投资(不含农户)	万元	65640596	51085702	67736333	45114727	19066701	7619715
其中：房地产开发投资	万元	19758182	18818861	14293353	13098386	2529523	1876887
其中：住宅	万元	14163406	13311177	10647027.00	9659116.00	1851424.00	1330451.00
全年新增固定资产	万元	46507700	34268762	41885983.00	26658099.00	9395071.00	3674480.00

抚顺		本溪		丹东		锦州	
全市	市辖区	全市	市辖区	全市	市辖区	全市	市辖区
1067	-	3496	-	670	-	2758	-
2932.00	-	2876.00	-	5392.00	-	6061.00	-
9385	-	8348	-	7296	-	17398	-
	-		-	52.00	-		-
	-		-	527	-	155	-
	-		-		-		-
	-		-		-		-
	-		-	13758	-	9520	-
	-		-	17	-		-
6443	-	4260	-	8742	-	8083	-
267	-	209	-	336	-	234	-
203218	-	115275	-	194870	-	324452	-
161403	-	84134	-	154893	-	260673	-
81	30	69	39	95	27	96	30
20100.00	-	13104	-	27242	-	24500	-
156608.00	-	153344	-	179842	-	188272	-
56.62	-	36.58	-	71.35	-	81.51	-
203.85	-	172.90	-	223.89	-	273.47	-
77.69	-	64.03	-	77.39	-	84.21	-
41	-	34.84	-	42.29	-	57.07	-
1270	-	1329	-	255	-	321	-
1409923	1050452	1402167	1265791	853799		853473	495963
1205666	902184	1259547	1159933	620242		547229	367473
104136	73381	71756	50367	108821		145308	52032
5809793	5018771	3338265	2424541	4784252	2138412	5549961	3312366
3800485	3090967	1872143	1754368	1853589	1527048	4449438	3113477
220.00	174.00	303	257	183	106	263	170
113	84	215	181	145	74	163	100
1	1	1.35	1.25	0.75	0.30	1.94	1.50
607054	582349	1469903	1369048	544472	438071	914195	773008
155214	143612	93984	83585	93166	58071	143488	101455
2533181	2341537	1415231	1321952	1586329	907167	3737306	2982768
2224730	2070594	1243376	1185614	1415505	836797	3422654	2734399
29267	20667	13137	12098	19625	5812	26435	19918
50639	39936	16628	14054	15630	3118	51537	17276
77915	42871	43757	40781	62857	16793	97511	85057
23495	-	139176	-	157317	-	181538	-
68314	-	310173	-	301553	-	257963	-
11	10	11	9	19	12	7	3
35731	27263	60084	42075	72670	63690	125457	65180
147030	-	123973	-	605246	-	114000	-
81706	-	105416	-	598870	-	80000	-
65324	-	18557	-	6376	-	34000	-
12128	-	11485	-	37232	-	10973	-
9199862	6199966	8852030	6201696	9125974	2805238	9709623	5171746
1248594	1060542	1126002	733197	1411256	773112	2011821	1440012
861638.00	716305.00	850712	668256	1083955	624303	1624464	1192841
9094374.00	6517173.00	7154279	5575077	7571488	1506658	6044229	1641163

附录2 续表 3

指标名称	单位	沈阳		大连		鞍山	
		全市	市辖区	全市	市辖区	全市	市辖区
(二)房地产							
商品房屋销售面积	万平方米	1498.40	1291.03	746	594	356	187
其中：住宅	万平方米	1342.38	1152.67	671	539	218	75
其中：别墅、高档公寓	万平方米	66.76	66.76	23	21	6	2
商品房屋销售额	万元	9315752	8492626	6878653.00	6095052.00	1658097.00	1023700.00
其中：住宅	万元	7873308	7145105	5983672	5325395	893857	386706
其中：别墅、高档公寓	万元	510051	510051	288210	274764	44942	12479
待售面积	万平方米	1221.59	978.35	1300	1059	274	161
(三)保障性住房建设							
保障性住房本年完成投资	万元			994697.00	503208.00	805150.00	431700.00
其中：廉租房	万元			80326.00	53311.00	9315.00	9200.00
保障性住房施工面积	万平方米			260.96	130.07	750.97	557.20
其中：廉租房	万平方米			36.59	19.59	13.12	12.64
保障性住房竣工面积	万平方米					172.92	169.65
其中：廉租房	万平方米						
九、教育、科技、体育、文化与卫生							
(一)教育							
学校数							
普通高等学校数	所	47	-	30	-	3	-
中等职业教育学校数	所	112	108	79	71	23	13
普通中学数	所	299	218	287	156	163	67
小学数	所	295	231	551	237	566	82
专任教师数							
普通高等学校专任教师数	人	26806	26806	18281	18281	2128	2128
中等职业教育学校专任教师数	人	6606	6357	4275	3681	1572	946
普通中学专任教师数	人	23860	17874	21942	12576	12877	5848
小学专任教师数	人	22085	14689	18009.00	10093.00	10148.00	3626.00
在校学生数							
普通高等学校在校学生数	人	399694	399694	286224	286224	36235	36235
高中阶段在校学生数	人	179359	159084	165032	95018	69204	40052
中等职业教育学校在校学生数	人	93292	88048	70015	63818	17944	13302
普通中学在校学生数	万人	27.52	20.60	24	14	14	5
小学在校学生数	万人	35.11	26.03	29	18	17	6
初中毕业生升学率	%	115	140	94	99	82	97
成人高等学校在校学生数	人	83388	83388	56288	56288	13982	13982
(二)科技							
科技活动人员	人	103428	102704	82009	76095	16137	14401
R&D人员数	人	54279	53896	54978	49937	8764	7706
R&D内部经费支出	万元	1378062	-	1359723	-	361169	-
专利申请受理量	项	15044	-	10993	-	3121	-
专利申请授权量	项	6661	-	5886	-	1819	-
其中：发明	项	1656	-	1363.00	-	350.00	-
(三)文化							
体育场馆数	个	16	13	57.00	50.00	7.00	4.00
剧场、影剧院数	个	49	49	6.00	6.00	11.00	8.00
公共图书馆图书总藏量	千册、件	13154.00	12772.00	15431.99	13994.78	2419.00	1797.00
订销报刊杂志累计份数	千份	135774.00	110936.15	106839.62	81034.57	55450	40888
广播节目综合人口覆盖率	%	100.00	100.00	99	100	98	100
电视节目综合人口覆盖率	%	100.00	100.00	100	100	98	100
有线电视入户率	%	69.90	105.95	83	127	40	83

抚顺		本溪		丹东		锦州	
全市	市辖区	全市	市辖区	全市	市辖区	全市	市辖区
175	136	329.27	217.17	256.57	98.70	384.65	225.60
156	122	273.50	214.95	233.06	92.66	347.83	216.90
2	1	0.04	0.04	0.57	0.57	3.97	4.00
882819.00	696635.00	1298219	888234	1201024	527724	1595721	1020850
711783	575092	1025077	850219	1023754	470688	1361951	945613
8330	7130	157	157	7788	7788	21252	21252
130	49.5	142.31	127.21	116.22	22.19	163.26	65.00
66101	42047	25443	22682	162723	120284	265138	102725
		6530		2450		1387	1231
63	36.78	14.94	10.68	82.41	70.30	94.78	69.55
		1.94		0.25		0.57	0.51
33.32	11.24	13.29	9.24	15.38	9.22	23.17	0.60
		1.94		0.65		0.40	0.40
7	-	8	-	3	-	9	-
16	13	13	11	17	11	13	9
103	60	56	36	125	36	131	45
129	61	72	43	456	66	395	73
2601	2601	2306	2306	1556	1556	4901	4901
1038	903	2315	1955	1033	569	1208	861
7202	4746	6444	4014	8220	2497	9273	3200
6803.00	3945.00	6163	3542	8030	1802	10022	2905
46754	46754	21411	21411	29636	29636	86219	86219
44548	33951	36307	27132	41530	13446	68751	35975
16054	14108	15476	13760	17119	10035	23179	18267
7	4	5.09	3.17	9.93	2.73	11.63	4.10
7	5	5.43	3.18	9.88	2.38	13.24	4.39
101	122	108	123	95	99		
2385	2385	4835	4835	3610	3610	22484	22484
10355	10137	8650	6840	6982		9768	
5848	5715	6068	5265	3916		6326	
88581	-	287090	-	36715	-	139414	-
1012	-	378	-	327	-	1044	-
675	-	177	-	18	-	690	-
56.00	-	36	-	2	-	102	-
16.00	13.00	6	6	6	3	49	33
9.00	7.00	5	3	12	6	9	5
1083.00	967.46	1070.83	899.45	1462.00	134.00	2062.90	866.00
26681.7		21139.98	14633.24	23422.40	10836.80	28265.00	14385.00
99		99.61	99.81	98.50	98.50	99.15	100.00
99		99.09	99.17	98.60	100.00	99.11	100.00
97		63.68	56.05	95.00	98.00	89.16	89.16

附录2 续表 4

指标名称	单位	沈阳		大连		鞍山	
		全市	市辖区	全市	市辖区	全市	市辖区
(四)卫生							
医院、卫生院数	个	340	262	295	264	152	59
医院、卫生院床位数	张	55775	52360	40772.00	26753.00	19355.00	12219.00
医生数(执业医师+执业助理医师)	人	23815	22159	17914	13525	5400	3376
注册护士	人	26097	25127	20818	15992	6624	4940
十、人民生活							
在岗职工平均人数	万人	143.71	133.87	115.55	93	57.95	41
在岗职工工资总额	万元	8132490	7758729	7350070	6301813	2494077	1891269
(一)居民收支							
家庭总收入	元	-	36193	-		-	27846
工资性收入	元	-	20618	-	20298	-	16256
经营净收入	元	-	7074	-	2660	-	2623
财产性收入	元	-	1490	-	2587	-	1876
转移性收入	元	-	2538	-	8047	-	7091
城镇居民人均可支配收入	元	-	31720	-	33591	-	27846
城镇居民人均消费支出	元	-	24223	-	24782	-	16975
其中：(1)食品烟酒	元	-	7571	-	6992	-	5192
(2)衣着	元	-	2495	-	2062	-	1825
(3)居住	元	-	2412	-	5936	-	3522
(4)生活用品及服务	元	-	1401	-	1523	-	947
(5)交通和通信	元	-	4042	-	3394	-	1627
(6)教育文化和娱乐	元	-	3180	-	2447	-	2103
(7)医疗保健	元	-	1797	-	1664	-	1337
(8)其他用品及服务	元	-	1325	-	764	-	421
(二)居民生活							
每百户居民家庭拥有量							
(1)家用汽车	辆	-	25	-	22	-	12
(2)消毒碗柜	台	-	6	-	7	-	3
(3)洗碗机	台	-	1	-	1	-	1
(4)固定电话	部	-	65	-	59	-	39
(5)移动电话	部	-	217	-	189	-	178
其中：接入互联网	部	-	56	-	68	-	94
(6)计算机	台	-	89	-	70	-	51
其中：接入互联网	台	-	78	-	59.00	-	44.00
(7)电冰箱(柜)	台	-	101	-	101.00	-	96.00
(8)彩色电视机	台	-	106	-	107	-	109
(9)中高档乐器	架	-	5	-	7	-	3
(10)照相机	架	-	62	-	40	-	29
(11)摄像机	架	-	15	-	12	-	5
(12)洗衣机	台	-	100	-	91	-	88
城镇人均住房建筑面积	平方米	-	31.70	-		-	28
居民消费价格指数(上年为100)	%	-	102.20	-	102	-	102
十一、社会保障							
城镇基本养老保险参保人数	人	3557761	3348521	1944772	1610670	841228	573163
城镇基本医疗保险参保人数	人	4917558	4639112	5054191	4151502	1149546	952174
城镇职工基本医疗保险参保人数	人	3579016	3377811	3836171.00	3143102.00	617358.00	503294.00
失业保险参保人数	人	1383028	1308305	1437023	1250203	614051	532229
工伤保险参保人数	人	1868034	1713380	2555047	2283934	629182	476423
生育保险参保人数	人	2925247	2775046	1525993	1311983	483184	372781
社会福利院数	个	170	150	320	220	172	77
社会福利院床位数	张	38000	28017	41000	25000	17766	8296
社区服务设施数	个	959	959	738	569	432	325
城市社区综合服务设施覆盖率	%	100.00	100.00	100	100	37	87
城镇居民最低生活保障人数	人	83113	63995	52166	31847	42344	33662

抚顺		本溪		丹东		锦州	
全市	市辖区	全市	市辖区	全市	市辖区	全市	市辖区
100	51	69	32	120	36	129	31
10856.00	8438.00	10654	8127	14443	6657	12989	8109
5024	3956	2640	1964	5016	2385	9109	5401
5089	4413	4065	3224	5022	2842	4131	2881
30.31	26	29.13	24.20	26.78	15.72	31.70	24.90
1382811	1218299	1206743	1032519	872139	492400	1313890	1093073
-	25035	-		-	22931	-	
-	11838	-	14353	-	12515	-	13300
-	1805	-	2727	-	2590	-	3509
-	1556	-	1654	-	1106	-	1644
-	9836	-	9137	-	6720	-	6762
-	25035	-	25972	-	22931	-	25214
-	17353	-	20134	-	15218	-	15118
-	5506	-	6514	-	5130	-	1656
-	1467	-	1824	-	1487	-	3700
-	3942	-	3250	-	3006	-	741
-	1003	-	1210	-	939	-	1524
-	1807	-	2170	-	1394	-	1561
-	1701	-	2246	-	1589	-	1089
-	1431	-	1963	-	1228	-	299
-	495	-	956	-	445	-	
-	7	-	7	-		-	
-	4	-	71	-		-	
-	1	-	1	-		-	
-	47	-	48	-		-	
-	193	-	194	-		-	
-	65	-	59	-		-	
-	60	-	71	-		-	
-	49.00	-	63	-		-	
-	95.00	-	92	-		-	
-	116	-	108	-		-	
-	2	-	3	-		-	
-	33	-	26	-		-	
-	6	-	5	-		-	
-	91	-	84	-		-	
-	26	-	24.70	-		-	
-	101	-	101.40	-	101.60	-	101.40
1457829		801999	618238	870705	490289	773333	513543
1491023		1026939	845451	1068573	622235	1295403	815948
1127064.00		731923	610027	810974	499111	996268	607864
490018		375138	336138	230010	158442	331061	212663
584016		348497	288353	291020	180935	389090	287372
444021		274285	213649	274151	159520	265039	203213
147	96	88	73	112	48	136	39
12000	8400	8247	5683	9570	3579	11811	2774
1816	1720	228	169	188	104	1342	276
100	100	100.00	100.00	100.00	100.00	30.00	51.00
96489	81662	45510	31911	39268	21727	33043	17374

附录2 续表 5

指标名称	单位	沈阳		大连		鞍山	
		全市	市辖区	全市	市辖区	全市	市辖区
十二、公共管理							
(一)事故							
交通事故死亡人数	人	445	344	239	161	152	71
交通事故损失额	万元	552	472	860	555	159	80
火灾事故死亡人数	人	27	23	17	14	2	2
火灾事故损失额	万元	5184	4163	4607	3127	1022	325
(二)社会治安							
刑事案件立案数	起	11554	9549	7176	5136	3270	1690
罪犯人数	人	14417	11892	8536	6191.00	4710	2587.00
其中：青少年人数(年龄14-25周岁)	人	1179	1020	646	475	703	331
十三、市政公用事业							
(一)基础设施							
城市维护建设资金支出	万元	-	942938	-	961337.00	-	72560.00
年末实有城市道路面积	万平方米	-	8413	-	4410.00	-	1478.00
排水管道长度	公里	-	4108	-	2679	-	905
供水综合生产能力(包括自备水源)	万立方米/日	-	202.92	-	163	-	170
供水总量	万吨	-	57169	-	39210	-	30410
售水量	万吨	-	41243	-	28262	-	25542
其中：居民生活用水量	万吨	-	20822	-	11364	-	3664
用水人口	万人	-	516.55	-	327	-	161
用水普及率	%		100.00		100	100	100
供气总量(人工、天然气)	万立方米	-	51160	-	25903	-	19497
其中：家庭用量	万立方米	-	18577	-	18285	-	9357
用气人口	人	-	4605500	-	2280600.00	-	1521500.00
液化石油气供气总量	吨	-	134200	-	158112	-	5100
其中：家庭用量	吨	-	21500	-	52830	-	5100
用液化气人口	人	-	560000	-	980000.00	-	90000.00
(二)公共交通							
年末实有公共汽(电)车运营车辆数	辆	-	5573	-	5155	-	1746
全年公共汽(电)车客运总量	万人次	-	115095.70	-	104487	-	28253
年末实有出租汽车数	辆	-	17844	-	11193	-	5375
轨道交通线路长度	公里	-	115	-	87	-	
轨道交通客运总量	万人次	-	26294.38	-	9224.5	-	
(三)绿地							
绿地面积	公顷	-	28724	-	18341	-	6507
其中：公园绿地面积	公顷	-	7282	-	3660	-	1883
建成区绿化覆盖面积	公顷	-	19426	-	17733	-	6599
十四、环境保护							
工业废水排放量	万吨	9134	-	40150.00	-	6338.00	-
工业废气排放量	万平方米	21166401	-	46867832.00	-	5240.00	-
工业二氧化硫产生量	吨	243710	-	244056	-	145786	-
工业二氧化硫排放量	吨	131344	-	94370	-	116010	-
工业氮氧化物产生量	吨	83273	-	115380	-	64662	-
工业氮氧化物排放量	吨	80459	-	94648	-	63800	-
工业烟(粉)尘产生量	吨	2196455	-	3807882	-	1670745	-
工业烟(粉)尘排放量	吨	83226	-	72465	-	137301	-
工业重金属产生量	吨		-	1	-	448	-
工业重金属排放量	吨		-	0	-	0	-
一般工业固体废物综合利用率	%	90.20	-	83.66	-	23.94	-
污水处理率	%	95.00	-	83.4	-	87.08	-
污水处理厂集中处理率	%	95.00	-	87.32	-	87.08	-
生活垃圾无害化处理率	%	100.00	-	81.56	-	100	-
空气质量达到及好于二级的天数	天	191	-	282	-	210	-

抚顺		本溪		丹东		锦州	
全市	市辖区	全市	市辖区	全市	市辖区	全市	市辖区
106	70	80	62	140	34	100	26
99	70	43	37	74	14	73	12
4	3	6	6	2		1	1
229	164	438	211	541	179	47	38
2156	1167	1623	1077	2474	898	5685	2719
2774	1738.00	1899	1244	3016	1305	1445	470
109	81	266	208	399	193	146	61
-	69856.00	-	198708	-	68975	-	48801
-	1396.00	-	1024	-	1055	-	1115
-	933	-	362	-	785	-	535
-	129	-	118.60	-	32.09	-	82.90
-	21213	-	25702	-	5409	-	14518
-	15194	-	23619	-	3898	-	11121
-	2491	-	1768	-	1525	-	2556
-	131	-	94.00	-	63.99	-	96.30
	99	98.95	98.95	100.00	100.00	100.00	100.00
-	18700	-	6992	-	5561	-	10372
-	6719	-	3648	-	3408	-	6853
-	746800.00	-	766800	-	731640	-	955000
-	38696	-	6415	-	14015	-	122
-	24839	-	2340	-	5101	-	122
-	560000.00	-	150000	-	97250	-	10000
-	1188	-	831	-	647	-	539
-	23500	-	28131.00	-		-	12891.00
-	4977	-	3939	-		-	3904
-		-		-		-	
-		-		-		-	
-	5130	-	5332	-	2038	-	3081
-	1382	-	958	-	725	-	1228
-	5671	-	5500	-	2071	-	4415
2190.00	-	2656	-	4327	-	3353	-
23627892.00	-	47789024	-	12578645	-	11560222	-
149600	-	80375	-	79571	-	83682	-
54283	-	65470	-	30544	-	38535	-
52822	-	49755	-	28829	-	23459	-
43101	-	48434	-	18926	-	20189	-
2291111	-	2592825	-	1257913	-	837639	-
77166	-	152206	-	45563	-	47706	-
	-	8	-		-	2	-
	-	0	-		-	0	-
49.25	-	14.40	-	89.81	-	93.13	-
85	-	93.69	-	89.99	-	74.14	-
85	-	91.59	-	65.65	-	61.82	-
100	-	99.95	-	100.00	-	87.44	-
242	-	260	-	308	-	238	-

附录2 续表 6

指标名称	单位	营口		阜新		辽阳	
		全市	市辖区	全市	市辖区	全市	市辖区
一、行政区划							
所辖行政区数	个	4	-	5	-	5	-
所辖行政县(旗)数	个		-	2	-	1	-
所辖行政县级市数	个	2	-		-	1	-
二、土地面积及水资源							
行政区域土地面积	平方公里	5242	702	10355	490	4736	1081
其中：建成区面积	平方公里	174	110	77	77	104	104
城市建设用地面积	平方公里	174	110	160	160	104	104
其中：居住用地面积	平方公里	58	33	43	43	37	37
公共设施用地面积	平方公里	5	4	8	8	3	3
工业用地面积	平方公里	22	6	40	40	27	27
水资源总量	万平方米	132100	-	52314	-	56662	-
三、人口与就业							
(一)人口							
年末总人口	万人	233.29	92.59	191.01	77.22	179.85	87.60
农业户籍人口	万人	116.95	-	105.28	-	101.38	-
年平均人口	万人	232.90	92.19	191.05	77.36	179.94	87.70
年出生人口	人	21493	9108	15062	5589	12672	6439
年死亡人口	人	14680	5166	12530	6460	10677	6010
年末总户数	万户	88.43	37.21	68.54	30.65	68.35	34.21
常住人口	万人	244.60	105.80	178.60	72.33	185.00	92.24
城镇人口	万人	156.35	-	103.70	-	113.70	-
(二)从业人员							
从业人员期末人数(城镇)	人	272361.00	209215.00	214596.00	160876.00	185393.00	151166.00
第一产业(农、林、牧、渔业)	人	588.00	448.00	4161.00	447.00	3084.00	2050.00
第二产业	人	126644.00	106024.00	103520.00	91852.00	87759.00	77408.00
(1)采矿业	人	1136.00	515.00	52416.00	51553.00	1161.00	1007.00
(2)制造业	人	78054.00	64966.00	17551.00	11793.00	59225.00	54088.00
(3)电力、热力、燃气及水生产和供应业	人	8118.00	7435.00	8008.00	6911.00	3352.00	2899.00
(4)建筑业	人	39336.00	33108.00	25545.00	21595.00	24021.00	19414.00
第三产业	人	145129.00	102743.00	106915.00	68577.00	94550.00	71708.00
(1)批发和零售业	人	7731.00	4484.00	5481.00	3818.00	3567.00	3141.00
(2)交通运输、仓储和邮政业	人	26969.00	23265.00	4313.00	2825.00	5159.00	4898.00
(3)住宿、餐饮业	人	2543.00	2287.00	952.00	727.00	1231.00	1192.00
(4)信息传输、计算机服务和软件业	人	3014.00	2510.00	5237.00	4757.00	2572.00	2572.00
(5)金融业	人	11832.00	11828.00	8771.00	7112.00	6855.00	5834.00
(6)房地产业	人	4421.00	3878.00	4083.00	3725.00	3644.00	3362.00
(7)租赁和商务服务业	人	4560.00	3274.00	2265.00	1804.00	4365.00	4056.00
(8)科学研究、技术服务和地质勘查业	人	3310.00	2341.00	3259.00	2500.00	2916.00	2296.00
(9)水利、环境和公共设施管理业	人	7035.00	4365.00	6133.00	4073.00	8743.00	6831.00
(10)居民服务和其他服务业	人	513.00	331.00	606.00	126.00	575.00	501.00
(11)教育	人	23002.00	12066.00	27127.00	15695.00	18692.00	11368.00
(12)卫生、社会保障和社会福利业	人	13437.00	8124.00	13001.00	8803.00	11394.00	8406.00
(13)文化、体育和娱乐业	人	2081.00	1692.00	1737.00	1284.00	1559.00	1278.00
(14)公共管理和社会组织	人	34681.00	22298.00	23950.00	11328.00	23278.00	15973.00
(15)国际组织	人						
城镇私营和个体从业人员	人	656760	392424	232542	215101	155264	107307
城镇登记失业人数	人	15538	9496	16350	14196	10517	7090
四、综合经济							
(一)地区生产总值(当年价格)	**万元**	**15460811**	**9372959**	**6061578**	**3362581**	**10146163**	**4871823**
第一产业增加值	万元	1105177	268890	1195048	58696	667453	152172
第二产业增加值	万元	7769602	5195818	2708752	2060756	5892154	2615351
第三产业增加值	万元	6586032	3908251	2157778	1243129	3586556	2104300
地区生产总值(2010年价格)	万元	14456591	9324487	5576488	3327153	9784902	4634856
人均地区生产总值	元	63234	88712	33882	43149	54800	61950
地区生产总值增长率	%	6.50	6.59	3.90	5.40	5.90	4.00

盘锦		铁岭		朝阳		葫芦岛	
全市	市辖区	全市	市辖区	全市	市辖区	全市	市辖区
2	-	2	-	2	-	3	-
2	-	3	-	3	-	2	-
	-	2	-	2	-	1	-
4065	251	12985	659	19698	1137	10414	2347
73	73	50.00	50.00	57	57	76	76
73	73	43.00	43.00	53	53	26	26
26	26	18.00	18.00	16	16	3	3
1	1	1	1	5	5	3	3
20	20	7	7	18	18	20	20
14360	-	173900.00	-	83707	-	65800	-
129.24	64.29	302.04	43.80	340.63	61.16	280.68	99.00
21.08	-	198.00	-	236.71	-	158.69	-
129.10	64.19	301.97	43.80	340.08	60.87	280.29	98.51
11548	5971	23438.00	3196.00	36436	5157	27852	9564
7104	2626	17091.00	2975.00	17603	6047	16588	5209
46.21	23.03	106.40	16.10	113.27	20.04	98.17	37.05
144.00	74.70	266.10	44.20	297.30	66.95	257.50	88.90
103.40	-	128.60	-	130.93	-	122.00	-
483213.00	245897.00	253571.00	60084.00	302745.00	127185.00	264649.00	186121.00
171347.00	96.00	16261.00	56.00	2475.00	291.00	2929.00	340.00
193330.00	164443.00	112211.00	20513.00	124393.00	56223.00	139890.00	124116.00
101839.00	101839.00	49420.00		7690.00	3.00	9063.00	6595.00
40169.00	33834.00	31717.00	9937.00	45212.00	12668.00	82639.00	77966.00
4942.00	3956.00	8550.00	5868.00	9408.00	6776.00	6343.00	4011.00
46380.00	24814.00	22524.00	4708.00	62083.00	36776.00	41845.00	35544.00
118536.00	81358.00	125099.00	39515.00	175877.00	70671.00	121830.00	61665.00
9191.00	7865.00	10169.00	7705.00	11691.00	9879.00	5318.00	4167.00
7042.00	3557.00	6967.00	2800.00	7760.00	3727.00	7488.00	4666.00
2826.00	2113.00	261.00	17.00	1207.00	747.00	1864.00	763.00
2196.00	2084.00	3144.00	2549.00	3191.00	2827.00	2912.00	2892.00
9067.00	8467.00	6809.00	1219.00	14043.00	8469.00	10407.00	8037.00
5937.00	5281.00	3812	883	4645.00	2322.00	2647.00	1768.00
10987.00	9829.00	2583	895	3362.00	2384.00	4494.00	2931.00
4873.00	3708.00	5770	2064	5285.00	2437.00	4477.00	2290.00
8485.00	6039.00	5837	1814	6336.00	2732.00	6053.00	2200.00
803.00	603.00	355	57	4460.00	4026.00	950.00	406.00
17906.00	8090.00	29698	5267	46535.00	9539.00	27645.00	10157.00
8824.00	5815.00	14125	5003	17008.00	5398.00	13196.00	5731.00
1781.00	1233.00	1514	968	1650.00	754.00	940.00	356.00
28618.00	16674.00	34055	8274	48704.00	15430.00	33439.00	15301.00
232143	155380	191359	71098	155380		235248	63201
13128	13128	17305	3439	18677	5895	17198	5845
13039536	**8427500**	**8672909**	**1540954**	**9935232**	**2311755**	**7215505**	**3376879**
1146254	35980	2071894	79842	2147002	184775	950664	228748
7392959	4969510	3615656	599191	4229105	1059877	3196171	1702011
4500323	3422010	2985359	861921	3559125	1067103	3068670	1446120
11511967	4417254	8360917.00	1465449.00	9026303	2248661	6521223	3122607
90615	114714	32562	35161	33379	33844	28021	37564
6.10	8.70	2	2	3.90	3.70	4.50	3.00

附录2 续表 7

指标名称	单位	营口		阜新		辽阳	
		全市	市辖区	全市	市辖区	全市	市辖区
(二)财政							
公共财政收入	万元	1603585	1242297	712144	500823	1148000	703039
其中：税收收入	万元	1212358	957454	501880	345281	783548	494095
其中：企业所得税	万元	98787	75948	37104	27287	62938	47423
个人所得税	万元	31351	15289	8487	6902	15599	12178
公共财政支出	万元	2196512	1511691	1752720	1070746	1640131	1054198
其中：一般性公共服务支出	万元	177355	124996	154925	117331	174438	106424
科学技术支出	万元	10696	8053	4332	3823	21674	8681
教育支出	万元	206022	125389	202065	94501	169026	99942
文化体育与传媒支出	万元	23022	17073	23874	16239	18449	13620
医疗卫生支出	万元	162748	74402	97717	44790	105771	59478
节能保护支出	万元	30238	13940	62694	25323	21755	9228
城乡社区事务支出	万元	562417	467335	211003	126435	261112	134088
交通运输支出	万元	46318	42193	30667	17592	46607	21593
社会保障和就业支出	万元	430838	270878	287567	231745	324164	268986
住房保障支出	万元	79387	47786	87626	76662	71309	58349
(三)金融							
年末金融机构各项存款余额	万元	17277058	12190832	8346368	6173771	14081856	10452951
其中：居民储蓄存款余额	万元	10183115	6339765	5522274	3788234	8154462	5321162
年末金融机构各项贷款余额	万元	15113662	11899419	6994871	5253643	9115441	6895349
(四)保险							
保费收入	万元	389027	-	162616	-	238013	-
其中：财产险	万元	150852	-	62874	-	96544	-
人身险	万元	238175	-	99742	-	141469	-
赔款、给付	万元	118743	-	68755	-	95669	-
其中：财产险	万元	83736	-	35384	-	50665	-
人身险	万元	35006	-	33371	-	45004	-
五、工业							
规模以上工业法人企业:							
(一)工业企业数	**个**	**1375**	**888**	**659**	**425**	**606**	**262**
(1)内资企业	个	1221	793	635	412	572	242
其中：国有企业	个	3	2	8	7	7	7
私营企业	个	1000	663	522	358	451	166
(2)港、澳、台商投资企业	个	43	28	12	4	14	5
(3)外商投资企业	个	111	67	12	9	20	15
(二)工业总产值(当年价)	**万元**	**27826343**	**17491064**	**8745600**	**6118674**	**18932002**	**8317174**
(1)内资企业	万元	22533333	14119413	8065086	5585216	16215108	6033479
其中：国有企业	万元	32816	31155	63094	60956	43799	43799
私营企业	万元	14420676	8714667	5763202	4167976	9963047	1453378
(2)港、澳、台商投资企业	万元	1314608	849263	236413	127707	1911533	1612007
(3)外商投资企业	万元	3978402	2522388	444101	405751	805361	671688
(三)企业财务							
从业人员年平均人数	万人	20.07	13.21	12.90	10.80	10.92	6.49
流动资产合计	万元	10034970	6960583	3974075	3008785	7741445	5904661
固定资产合计	万元	8463666	6832580	3558439	2702891	5489548	3414554
主营业务收入	万元	27420536	17117193	8274123	5769291	18889307	8368312
主营业务成本	万元	23635145	14868016	7204927	4964855	16541330	7246663
主营业务税金及附加	万元	413717	323865	49009	39776	506638	447831
本年应交增值税	万元	1073549	605774	182710	157393	419178	274314
利润总额	万元	1628946	885952	346316	241980	770440	-41537
六、交通运输、通讯与能源							
(一)交通运输							
铁路旅客运量	万人	618.81	-	212.30	-	339.54	-

盘锦		铁岭		朝阳		葫芦岛	
全市	市辖区	全市	市辖区	全市	市辖区	全市	市辖区
1511776	883386	933917	210378	1017021	277926	816000	368523
1120137	666677	659770	178885	732085	186481	590000	298935
41772	25526	47419	11721	44876	23323	45000	23456
28238	24644	12467	5032	16284	5021	11000	7086
2041160	1107748	2090819	222006	2279700	627489	1674000	436564
172882	109717	251956	46464	215215	59566	146000	69044
19896	8639	28469	3237	17341	5244	23000	2289
162351	102764	266837	14263	313829	79640	254000	78695
24597	18903	22372	1587	32856	13480	22000	3989
101043	59275	145880	10059	201569	49852	127000	25630
54386	19068	72691	2524	81249	28157	19000	2098
421247	233824	327017	67713	219904	42347	102000	45230
23726	21030	26037	1425	39661	13296	38000	5231
281848	218752	283970	9102	427599	149970	396224	65632
80861	39376	56618	9407	93559	16864	57000	32561
13067206	10609196	10248135	4915662	12457893	5848650	13035000	7658425
8531712	6583180	7905599	3585383	9178366	3947740	8849623	3985624
7997416	6128703	7737348	3888257	8289123	4856074	8049000	4985213
303313	-	274348	-	241371	-	228452	-
99750	-	79798	-	93662	-	104304	-
203563	-	194550	-	147709	-	124148	-
121599	-	85916	-	129392	-	117817	-
50003	-	47264	-	69326	-	70787	-
71596	-	38652	-	60066	-	47030	-
507	**185**	**631**	**100**	**708**	**107**	**341**	**86**
473	166	602	91	686	104	327	82
4	4	6	1	3	1	3	3
301	54	477	70	555	69	208	33
11	6	10	3	13	2	2	1
23	13	19	6	9	1	12	3
29203728	**16637458**	**9143713**	**1582222**	**12613990**	**2822834**	**10355259**	**4572374**
27484636	15969432	8395218	1200291	12334844	2803090	10072784	4495686
1146935	1146935	159539	24283	23036	5470	529989	523467
10854311	1231263	4598651	499768	7736168	972882	3155873	226039
490240	98526	376611	309768	152416	17233	18864	
1228852	569500	371884.00	72163.00	126730	2511	263611	76688
18.32	13.94	13	2	11.50	2.26	10.46	5.75
8788298	6315563	3583112	726234	4128608	993208	4609790	1636200
11388403	8687201	6383508	1495493	5131047	1561004	3483431	1421700
29780716	17856735	9224721	1648923	12209483	2663445	10099103	4613900
26908511	15660788	7907051	1397317	10921608	2415112	8773097	3849100
1101284	1024309	62752	7175	213720	8225	495493	473500
933474	695871	210203	28707	442154	45922	229906	149600
136332	25011	304447	27897	281775	30710	173538	-36400
205.72	-	574.31	-	246.35	-	590.00	-

附录2 续表 8

指标名称	单位	营口		阜新		辽阳	
		全市	市辖区	全市	市辖区	全市	市辖区
铁路货物运量	万吨	1925	-	1099	-	1520	-
公路客运量(全社会)	万人	3887.00	-	1561.00	-	4205.00	-
公路货运量(全社会)	万吨	16489	-	4879	-	14384	-
水运客运量(全社会)	万人		-		-		-
水运货运量(全社会)	万吨	533	-		-		-
民用航空客运量	万人		-		-		-
民用航空货邮运量	吨		-		-		-
沿海港口货物吞吐量(规模以上)	万吨	33073	-		-		-
内河港口货物吞吐量(规模以上)	万吨		-		-		-
公路里程	公里	4426	-	6775	-	3454	-
境内高速公路里程	公里	189	-	311	-	159	-
民用汽车拥有量	辆	264511	-	198151	-	175267	-
其中：私人汽车拥有量	辆	208659	-	173051	-	135486	-
(二)邮电通信							
年末邮政局(所)数	处	70	32	95	26	99	66
邮政业务收入	万元	21800	-	11200	-	19645	-
电信业务收入	万元	206224	-	112648	-	133992	-
固定电话年末用户数	万户	55.22	-	44.10	-	44.73	-
移动电话年末用户数	万户	236.79	-	174.40	-	186.00	-
其中：3G移动电话用户	万户	86.02	-	58.41	-	69.60	-
互联网宽带接入用户数	万户	45.77	-	35.34	-	42.23	-
(三)能源电力							
综合能源消费量	万吨/标准煤	1298	-	318	-	538	-
全社会用电量	万千瓦时	1780265	1073345	496983	391497	1218284	613103
其中：工业用电	万千瓦时	1482183	886432	340405	277278	1043319	515446
城乡居民生活用电	万千瓦时	116109	63148	89328	50326	83278	44694
七、贸易、外经与旅游							
(一)贸易							
社会消费品零售总额	万元	4365120	2228963	2588517	1979915	3616370	2163016
限额以上批发零售贸易业商品销售总额	万元	4146339	2948659	2911205	2488065	4410767	3786442
限额以上批发零售企业数(法人数)	个	361	214	222	151	115	80
其中：零售业	个	224	141	129	98	75	55
限额以上批发零售贸易业企业财务							
年末从业人数	万人	1.87	1.29	0.96	0.81	0.53	0.43
流动资产合计	万元	1653208	923926	1107400	929427	1397531	1338679
固定资产合计	万元	265771	142792	140924	118902	123036	107619
主营业务收入	万元	3986437	2807874	2207224	1832590	3721205	3569825
主营业务成本	万元	3587039	2522069	2025819	1684103	3608256	3470363
主营业务税金及附加	万元	42694	24241	12208	11768	11355	10801
本年应交增值税	万元	46538	26008	17444	13658	13768	12974
利润总额	万元	142659	129051	52108	44406	17257	14616
(二)外经							
货物进口额(海关数)	万美元	234141	-	4968	-	34929	-
货物出口额(海关数)	万美元	500392	-	31216	-	66276	-
外商直接投资合同项目	个	15	12	8	4	6	6
当年实际使用外资金额	万美元	140134	100923	25106	20294	60003	60003
(三)旅游							
入境游客人数(含一日游游客)	人	69000	-	20353	-	38763	-
其中：外国人	人	61938	-	10745	-	36835	-
港、澳、台同胞	人	7062	-	9608	-	1928	-
国际旅游(外汇)收入	万美元	6221	-	874	-	2436	-
八、固定资产投资							
(一)固定资产投资							
固定资产投资(不含农户)	万元	11612587	8247410	4340733	2444455	7148333	3855065
其中：房地产开发投资	万元	1545606	1273223	1217045	852080	1148637	866738
其中：住宅	万元	1167478	957087	700399	561783	735942	533826
全年新增固定资产	万元	9782211	6317326	3465762	1784532	4870347	2233307

盘锦		铁岭		朝阳		葫芦岛	
全市	市辖区	全市	市辖区	全市	市辖区	全市	市辖区
492	-	1345	-	978	-	555	-
3370.00	-	4815.00	-	3000.00	-	3607.00	-
13800	-	7666	-	5225	-	12084	-
	-		-		-	59.70	-
15	-		-		-	53	-
	-		-		-		-
	-		-		-		-
3128	-		-		-	1842	-
	-		-		-		-
3545	-	11181	-	14818	-	8224	-
141	-	314	-	386	-	229	-
219783	-	190450	-	283594	-	229912	-
181702	-	159288	-	254698	-	178600	-
77	30	143	25	172	23	110	49
31000	-	24500.00	-	26400	-	29200	-
124326	-	160305.00	-	169506	-	155766	-
34.88	-	43.77	-	65.97	-	54.00	-
156.15	-	230.55	-	255.06	-	242.00	-
57.44	-	73.35	-	83.36	-	76.00	-
24.51	-	35	-	39.98	-	40.00	-
886	-	537	-	677	-	596	-
752345	528646	664436	151909	1105354	262342	891354	
585821	442285	428916	112751	909442	192848	628032	
57504	31964	105562	30255	98232	29738	97447	
3209563	2432675	3914175	824134	3760552	1037716	4035892	2294313
4338237	2700807	1750404	985018	2882333	1197952	2482309	1099954
224	170	119.00	35.00	214	79	162	85
126	100	78	27	131	46	99	50
1.02	0.80	1	1	1.42	1.15	1.17	0.70
1633270	1325547	405099	219179	1174006	254085	1097487	784455
469752	440176	107111	53815	234873	84479	140951	44042
3667230	2678614	1509004	820232	2456098	1080956	2148615	948095
3493724	2542436	1357619	723302	2289417	977011	2005743	893170
12941	12031	14277	12491	15935	12166	13074	1619
13062	10035	14290	12046	76973	13970	10311	4814
20193	8535	39288	24258	50074	31619	10315	-3074
25980	-	33533	-	18275	-	57885	-
65700	-	69261	-	75651	-	127733	-
7	3	7	2			6	2
74895	33519	55894	17346	25032	3991	55804	19172
106000	-	34000	-	18155	-	42340	-
48000	-	18114	-	12926	-	33409	-
58000	-	15886	-	5229	-	8931	-
9454	-	2718	-	1244	-	2302	-
11574017	2535895	6462606	1182924	8350033	1527394	5448911	1587744
2837162	1655505	1311961	394912	1219016	326182	1354893	733334
1916011	1126268	1040267.00	384972.00	872065	261443	928334	423953
9157356	1309189	5724815.00	906809.00	6405553	1094464	5452802	2376444

附录2 续表 9

指标名称	单位	营口		阜新		辽阳	
		全市	市辖区	全市	市辖区	全市	市辖区
(二)房地产							
商品房屋销售面积	万平方米	262.07	209.17	188.21	141.37	171.80	134.80
其中：住宅	万平方米	235.37	186.87	153.72	115.93	140.50	110.70
其中：别墅、高档公寓	万平方米	1.53	1.53	0.18	0.18	0.30	0.30
商品房屋销售额	万元	1124979	939681	736466	580976	759248	586628
其中：住宅	万元	954743	792938	536018	424799	553991	426390
其中：别墅、高档公寓	万元	7133	7133	479	479	1440	1440
待售面积	万平方米	270.57	213.53	161.26	123.08	69.10	52.50
(三)保障性住房建设							
保障性住房本年完成投资	万元	267879	177917	210927	156379	211549	191338
其中：廉租房	万元	4050	4050	3910	3910	875	710
保障性住房施工面积	万平方米	289.26	148.06	234.00	234.00	224.11	205.23
其中：廉租房	万平方米	3.37	3.37	2.40	2.40	3.00	2.82
保障性住房竣工面积	万平方米	30.86	27.66	52.50	33.40	36.44	29.84
其中：廉租房	万平方米					3.75	3.75
九、教育、科技、体育、文化与卫生							
(一)教育							
学校数							
普通高等学校数	所	3	-	2	-	3	-
中等职业教育学校数	所	15	13	17	15	12	10
普通中学数	所	101	39	95	37	81	38
小学数	所	164	51	81	38	199	61
专任教师数							
普通高等学校专任教师数	人	1066	1066	2262	2262	1114	1114
中等职业教育学校专任教师数	人	1375	1049	1053	865	728	552
普通中学专任教师数	人	7980	3672	6675	1581	6094	3134
小学专任教师数	人	7524	2971	4953	2154	5505	2630
在校学生数							
普通高等学校在校学生数	人	22248	22248	45017	45017	17281	17281
高中阶段在校学生数	人	51832	33340	48574	29694	40657	26016
中等职业教育学校在校学生数	人	18901	17096	16945	15056	15933	13335
普通中学在校学生数	万人	9.50	4.40	4.75	1.76	7.20	2.90
小学在校学生数	万人	11.18	5.00	8.47	3.14	7.60	3.70
初中毕业生升学率	%	90	92	68	94	99	99
成人高等学校在校学生数	人	3825	3825	4710	3102	201	201
(二)科技							
科技活动人员	人	8158	5715	6000	5160	6394	3948
R&D人员数	人	6014	4583	3573	3037	3544	2143
R&D内部经费支出	万元	187205	-	58324	-	109330	-
专利申请受理量	项	810	-	540	-	575	-
专利申请授权量	项	546	-	350	-	378	-
其中：发明	项	59	-	67	-	28	-
(三)文化							
体育场馆数	个	19	10	14	7	10	8
剧场、影剧院数	个	10	7	3	1	9	7
公共图书馆图书总藏量	千册、件	1364.76	1131.00	469.23	348.92	797.70	627.60
订销报刊杂志累计份数	千份	33214.20	23454.60	58.00	49.00	2700.62	1858.00
广播节目综合人口覆盖率	%	99.26	100.00	95.34	100.00	99.51	99.91
电视节目综合人口覆盖率	%	99.26	100.00	98.46	100.00	98.81	99.02
有线电视入户率	%	35.89	58.69	43.35	45.50	56.02	74.51

盘锦		铁岭		朝阳		葫芦岛	
全市	市辖区	全市	市辖区	全市	市辖区	全市	市辖区
379.02	230.59	408	126	413.72	72.77	186.20	77.20
328.12	201.88	331	120	333.98	60.86	167.55	71.20
10.26	4.53	1	1			0.01	
1611795	1069915	1707149.00	531070.00	1395896	290137	755154	302599
1270767	840000	1253334	493867	1106862	239942	639594	263613
64889	30000	6533	6533			35	
303.35	111.75	468	235	160.38	56.81	32.60	20.50
		344954.00		57369	13573	6900	
		3100.00		9744	3266		
		181.00		86.06	16.46	3.10	
		2		5.10	2.56		
		65		37.45	1.83	0.63	
		2		2.14			
2	-	5	-	1	-	1	-
6	3	20	14	14	6	12	10
74	38	110	19	171	31	132	60
51	48	320	31	668	96	545	106
491	491	1163	1163	499	499	494	494
573	355	236	229	1386	723	806	545
5854	3471	10709	2361	14778	2809	11128	4052
5121	2549	10479.00	1000.00	13262	2209	10418	3898
7056	7056	16626	16626	5470	5470	8700	8700
40311	23993	62090	25772	87750	26626	44704	16021
10360	6662	15312	8711	22761	11868	10746	8965
7.23	4.57	7	1	9.84	1.68	12.43	3.98
6.66	3.89	13	2	19.08	3.91	14.63	4.86
91	91	65	86	88	86	54	90
1600	1600	5453	5453	11392	10721	455	309
8449	7685	7223		5186	252	3541	2908
3405	3034	1621		2449	62	1840	1764
205058	-	28238	-	82622	-	30320	-
891	-	272	-	462	-	201	-
712	-	16	-	323	-	389	-
43	-	9.00	-	40	-	53	-
10	6	8.00	3.00	9	3	9	6
3	1	7.00	2.00	8	4	16	6
615.27	453.81	679.00	381.00	847.45	444.00	340.00	37.00
24096.85	15183.54	31867.65	9604.48	28874.77	11269.12	2938.00	
100.00	100.00			98.76	100.00	98.00	100.00
100.00	100.00			98.89	100.00	97.00	100.00
40.40	60.40	47	98	59.95	69.90	97.00	100.00

附录2 续表 10

指标名称	单位	营口		阜新		辽阳	
		全市	市辖区	全市	市辖区	全市	市辖区
(四)卫生							
医院、卫生院数	个	122	55	111	44	94	47
医院、卫生院床位数	张	10813	6071	10290	7544	11879	8292
医生数(执业医师+执业助理医师)	人	5130	3588	2784	2355	3891	2756
注册护士	人	4571	2970	4443	3917	3518	2998
十、人民生活							
在岗职工平均人数	万人	26.97	20.59	19.80	15.10	19.51	14.18
在岗职工工资总额	万元	1138099	910258	820330	644969	906131	717581
(一)居民收支							
家庭总收入	元	-	33796	-		-	
工资性收入	元	-	15889	-	11618	-	14371
经营净收入	元	-	4784	-	1527	-	2543
财产性收入	元	-	1402	-	1147	-	1628
转移性收入	元	-	6147	-	8271	-	5840
城镇居民人均可支配收入	元	-	28222	-	21195	-	24382
城镇居民人均消费支出	元	-	16674	-	15849	-	15908
其中:(1)食品烟酒	元	-	5085	-	4845	-	4489
(2)衣着	元	-	1919	-	1624	-	1659
(3)居住	元	-	3626	-	2938	-	3270
(4)生活用品及服务	元	-	1182	-	920	-	1057
(5)交通和通信	元	-	1064	-	1624	-	1788
(6)教育文化和娱乐	元	-	1748	-	1833	-	1988
(7)医疗保健	元	-	1610	-	920	-	1263
(8)其他用品及服务	元	-	438	-	398	-	394
(二)居民生活							
每百户居民家庭拥有量							
(1)家用汽车	辆	-	17	-	6	-	15
(2)消毒碗柜	台	-	4	-		-	4
(3)洗碗机	台	-	1	-		-	1
(4)固定电话	部	-	38	-	31	-	45
(5)移动电话	部	-	207	-	190	-	191
其中:接入互联网	部	-	65	-	72	-	68
(6)计算机	台	-	59	-	58	-	56
其中:接入互联网	台	-	49	-	52	-	43
(7)电冰箱(柜)	台	-	97	-	91	-	90
(8)彩色电视机	台	-	114	-	105	-	106
(9)中高档乐器	架	-	5	-	4	-	3
(10)照相机	架	-	23	-	16	-	29
(11)摄像机	架	-	9	-	4	-	8
(12)洗衣机	台	-	93	-	98	-	88
城镇人均住房建筑面积	平方米	-	27.50	-	28.43	-	28.40
居民消费价格指数(上年为100)	%	-	101.75	-	101.30	-	101.90
十一、社会保障							
城镇基本养老保险参保人数	人	542960	362865	529436	391226	640132	205812
城镇基本医疗保险参保人数	人	1175622	770260	878125	725182	852555	622907
城镇职工基本医疗保险参保人数	人	699358	480482	565528	486054	598297	449993
失业保险参保人数	人	227788	105934	200135	154615	223215	59979
工伤保险参保人数	人	355000	134885	235544	191821	283077	83580
生育保险参保人数	人	280000	117973	138614	119031	197045	65601
社会福利院数	个	101	59	99	33	78	47
社会福利院床位数	张	11020	6751	7601	3298	8200	4708
社区服务设施数	个	258	174	187	142	295	274
城市社区综合服务设施覆盖率	%	91.70	95.30	55.00	90.00	33.48	88.65
城镇居民最低生活保障人数	人	61876	34144	145706	87836	40559	28721

盘锦		铁岭		朝阳		葫芦岛	
全市	市辖区	全市	市辖区	全市	市辖区	全市	市辖区
72	37	131	27	194	29	66	50
7031	6096	11666.00	3135.00	14575	4519	14557	4010
3974	3125	5690	1774	4414	1431	5017	3356
4105	3502	4145	1429	5255	1943	4610	3400
46.69	23.20	25.77	6	31.18	12.54	24.68	15.00
1863271	1481465	1025765	241449	1263131	537021	1043539	672600
-		-		-	22423	-	
-		-	11222	-	12880	-	
-		-	2036	-	2105	-	
-		-	1103	-	1687	-	
-		-	4916	-	5751	-	
-	30857	-	19276	-	21065	-	23010
-	18882	-	12817	-	12177	-	14182
-		-	3849	-	3662	-	
-		-	1501	-	1204	-	
-		-	2818	-	3008	-	
-		-	191	-	623	-	
-		-	1150	-	1029	-	
-		-	1398	-	1260	-	
-		-	1059	-	1059	-	
-		-	351	-	332	-	
-		-		-	3	-	
-		-		-		-	
-		-		-		-	
-		-		-	25	-	
-		-		-	67	-	
-		-		-	16	-	
-		-		-	20	-	
-		-		-	16	-	
-		-		-	35	-	
-		-		-	38	-	
-		-		-	1	-	
-		-		-	9	-	
-		-		-	2	-	
-		-		-	34	-	
-	31.80	-		-	29.23	-	
-	101.40	-	101	-	101.90	-	100.50
567100	247659	432857	46160	430926	165433	540000	127300
1126004	682213	265855	10118	1027017	401361	948000	263123
515998	420688	557707.00	50694.00	455740	159414	592100	115030
323210	273070	262778	27621	240960	96148	246324	46502
355004	292991	351457	28011	280030	106970	363457	53203
202009	153325	292728	29765	182490	87788	262751	40520
29	7	8	3	279	49	8	1
3466	928	1741	755	11455	1676	1021	202
245	154	151	85	1019	264	32	28
100.00	100.00	86	86	66.04	136.08		
13653	9196	59488	12523	79869	31418	56325	19298

附录2 续表 11

指标名称	单位	营口		阜新		辽阳	
		全市	市辖区	全市	市辖区	全市	市辖区
十二、公共管理							
(一)事故							
交通事故死亡人数	人	111	57	78	34	92	45
交通事故损失额	万元	85	14	166	122	104	24
火灾事故死亡人数	人	1		1	1	3	1
火灾事故损失额	万元	776	338	1237	171	400	340
(二)社会治安							
刑事案件立案数	起	3961	2027	3244	1652	2225	1220
罪犯人数	人	1714	838	1408	720	2343	1441
其中：青少年人数(年龄14-25周岁)	人	146	50	140	70	309	146
十三、市政公用事业							
(一)基础设施							
城市维护建设资金支出	万元	-	4432	-	12344	-	86655
年末实有城市道路面积	万平方米	-	720	-	517	-	1341
排水管道长度	公里	-	553	-	285	-	885
供水综合生产能力(包括自备水源)	万立方米/日	-	56.30	-	35.00	-	65.80
供水总量	万吨	-	7160	-	7503	-	11218
售水量	万吨	-	4717	-	6303	-	8879
其中：居民生活用水量	万吨	-	1973	-	2995	-	2022
用水人口	万人	-	97.73	-	77.30	-	80.37
用水普及率	%	96.53	97.44	99.79	99.79	100.00	100.00
供气总量(人工、天然气)	万立方米	-	1913	-	4310	-	7328
其中：家庭用量	万立方米	-	1420	-	1638	-	1179
用气人口	人	-	720000	-	430000	-	386800
液化石油气供气总量	吨	-	6005	-	5220	-	11372
其中：家庭用量	吨	-	6000	-	4860	-	11372
用液化气人口	人	-	250000	-	170000	-	400000
(二)公共交通							
年末实有公共汽(电)车运营车辆数	辆	-	898	-	361	-	661
全年公共汽(电)车客运总量	万人次	-	13048.00	-	7034.00	-	10594.30
年末实有出租汽车数	辆	-	3091	-	2771	-	3579
轨道交通线路长度	公里	-		-		-	
轨道交通客运总量	万人次	-		-		-	
(三)绿地							
绿地面积	公顷	-	4064	-	2939	-	4373
其中：公园绿地面积	公顷	-	1021	-	970	-	847
建成区绿化覆盖面积	公顷	-	4335	-	3517	-	4373
十四、环境保护							
工业废水排放量	万吨	2795	-	4217	-	6625	-
工业废气排放量	万平方米	42932176	-	10696748	-	1700	-
工业二氧化硫产生量	吨	109198	-	174800	-	95900	-
工业二氧化硫排放量	吨	56092	-	109144	-	45633	-
工业氮氧化物产生量	吨	56873	-	35451	-	46195	-
工业氮氧化物排放量	吨	48190	-	28817	-	37190	-
工业烟(粉)尘产生量	吨	2580725	-	2354531	-	2306126	-
工业烟(粉)尘排放量	吨	96396	-	37983	-	46674	-
工业重金属产生量	吨	6	-	5	-		-
工业重金属排放量	吨	0	-	0	-		-
一般工业固体废物综合利用率	%	86.37	-	85.84	-	16.00	-
污水处理率	%	98.20	-	53.24	-	100.00	-
污水处理厂集中处理率	%	98.20	-	87.50	-	100.00	-
生活垃圾无害化处理率	%	77.78	-	99.55	-	100.00	-
空气质量达到及好于二级的天数	天	302	-	255	-	276	-

备注：1. 在“三、(一)”部分增加了“农业户籍人口”和“城镇人口”指标。

2. 在“十、(一)”部分，取消了“最低20%户人均可支配收入”和“最高20%户人均可支配收入”两个指标；增加了“其他用品及服务”1个指标。在“十、(二)”部分，增加了“消毒碗柜”、“洗碗机”2个指标；在“移动电话”和“计算机”两个指标下增加了“其中：接入互联网”指标；取消了“家用电脑”指标；“钢琴”修改为“中高档乐器”。在“十一”部分，“社区服务中心覆盖率”修改为“城市社区综合服务设施覆盖率”。

3. 在“十四”部分，增加了“工业废气排放量”、“工业氮氧化物产生量”、“工业氮氧化物排放量”、“工业重金属产生量”、“工业重金属排放量”、“污水处理率”和“空气质量达到及好于二级的天数”7个指标。“工业烟(粉)尘去除量”改为“工业烟(粉)尘产生量”。

盘锦		铁岭		朝阳		葫芦岛	
全市	市辖区	全市	市辖区	全市	市辖区	全市	市辖区
142	40	107	35	92	25	123	96
169	43	117	6	23	7	91	71
2	1	2		2		1	1
347	102	470		690	120	95	49
1256	595	1583	305	1941	439	2265	840
1888	877	1064	60.00	1068	109	2800	1136
181	98	218	9	188	36	751	203
-	86946	-	17838.00	-	19245	-	154300
-	942	-	695.00	-	421	-	580
-	638	-	448	-	659	-	630
-	30.56	-	22	-	25.32	-	35.00
-	7022	-	3837	-	4917	-	5367
-	6092	-	2270	-	3851	-	4321
-	1994	-	1242	-	999	-	1924
-	70.69	-	44	-	63.31	-	43.00
100.00	100.00	97.7	98	98.40	98.40	100.00	100.00
-	2448	-	4420	-	1145	-	7861
-	2281	-	2289	-	830	-	1825
-	516900	-	340000.00	-	443700	-	429200
-	14675	-	2945	-	5830	-	12665
-	14589	-	1402	-	3920	-	2050
-	190000	-	100000.00	-	110000	-	58032
-	568	-	405	-	267	-	670
-	9621.00	-	4633	-	4764.00	-	10052.00
-	3231	-	2232	-	1971	-	4368
-		-		-		-	
-		-		-		-	
-	2809	-	2068	-	1363	-	3117
-	902	-	539	-	586	-	750
-	3030	-	2252	-	1500	-	3199
4418	-	1208.00	-	727	-	2530	-
996	-	991.00	-	24791517	-	1398	-
103347	-	125836	-	114595	-	553317	-
55450	-	25274	-	45693	-	58190	-
27884	-	62386	-	28344	-	67620	-
27155	-	55738	-	27746	-	38083	-
909629	-	3501566	-	951872	-	1465504	-
15830	-	20211	-	85332	-	37679	-
	-	4	-		-		-
	-	4	-		-		-
92.47	-	65.91	-	70.03	-	55.90	-
100.00	-	100	-	100.00	-	91.70	-
100.00	-	100	-	94.90	-	91.70	-
100.00	-	100	-	100.00	-	86.00	-
265	-	240	-	81	-	263	-

附录3 2014各市

区名称	行政区域土地面积(平方公里)	年末总人口(万人)	年平均人口(万人)	常住人口(万人)	年出生人口(人)	年死亡人口(人)	年末总户数(万户)	从业人员期末人数(城镇)(万人)	#第二产业	#第三产业
沈阳市										
和平	61.10	64.5	70.2	70.4	5150	4745	23.11	21.85	8.2	13.7
沈河	58.00	71.53	71.53	84.4	5517	5905	24.8	26.44	13.1	13.3
大东	101.00	68.95	69.11	79.2	5497	5781	25.69	11.76	6.7	5.1
皇姑	66.90	81.7	81.52	94	8067	6573	29.18	15.20	3	12.2
铁西	487.40	105.42	104.84	115.9	12116	9055	38.75	25.42	15.2	10.2
大连市										
中山	40.00	36.14	36.05		3993	2777	13.71	15.51	0.65	14.82
西岗	24.00	29.67	29.71		3298	2554	11.51	10.27	3.57	6.69
沙河口	35.00	65.40	65.51		7775	4707	24.11	11.86	4.29	7.57
鞍山市										
铁东	41.77	53.40	53.20	53.50	4363	2518	19.03	14.45	4.57	9.51
铁西	29.89	38.59	37.20	35.11	2029	3120	12.41	5.46	1.11	2.68
立山	48.41	41.70	41.80	42.50	2974	4173	15.80	8.97	2.28	0.88
抚顺市										
新抚	110.90	30.58	30.70	30.30	2055	2375	12.26	9.20	5.60	3.60
东洲	604.00	30.53	30.73	30.65	1628	2908	13.24	4.70	3.47	1.17
望花	112.00	30.60			2091	2749	12.70	5.30	3.50	1.80
丹东市										
元宝	91.60	18.43	18.43	18.43	1489	1716	7.47	2.94	0.69	2.25
振兴	130.08	37.32	37.32	40.59	3228	3038	14.30	11.80	4.70	7.10
锦州市										
古塔	67.62	25.96	26.08	25.96	1854	1702	9.54	4.29	3.24	1.04
凌河	30.00	38.55	37.60	37.56	2575	2710	15.01	4.70	2.67	1.95
营口市										
站前	82.32	27.23	27.21	30.79	2263	1913	11.15	5.60	2.50	3.10
西市	35.00	17.37	17.01	17.37	1323	1343	7.47	2.58	1.72	0.86
辽阳市										
白塔	35.00	36.38	36.39	36.65	2761	2451	14.63	6.54	2.43	4.11
文圣	305.00	12.84	12.87	12.84	839	900	4.74	1.73	1.28	0.45
宏伟	149.89	14.00	14.00	14.00	1108	798	5.37	7.90	4.80	2.20

注：本表数据为快报数。

市辖区基本情况

城镇私营和个体从业人员(人)	年末城镇登记失业人员数(人)	地区生产总值(当年价格)(万元)	第二产业增加值	第三产业增加值	地区生产总值(2010年价格)(万元)	人均地区生产总值(元)	地区生产总值增长率(%)	公共财政收入(万元)	税收收入
113732	9795	7536680	999836	6536071	6981832	107360	5.2	982153	858378
		8838254	1148522	7689732	8379250	104718.65	7.6	1021759	852217
87537	12394	5915378	3962865	1950860	5651354	74595	5.3	788369	750812
	12911	4388171	822056	3566115	4179045	44246	5	376404	339489
189000	16397	10026945	6681564	3249557	9608385	86851	5.1	1229129	906844
		6647224	272916	6374308	5753437	193627	5	250058	243821
		3070849	895205	2175644	2806281	102362	2	145006	141036
		3949142	1174824	2774318	3641295	56765	5	248369	203849
	7643	3757136	731190	3023392	3555953	70623	6	216951	172973
	3947	2915917	1942004	958181	2879506	78385	4	223169	70981
	3565	2460507	1609143	846149	2497328	58864	4	253992	204589
		1855764	668487	1167524	1714918	60686	6	160161	117339
29400	4301	1993993	1364040	561329	1901760	64888	4	169759	132179
	3215	1327480	809291	501237	1264093	43316	3	101494	76292
		585873	178873	394716	548729		6	49673	44658
35187	4576	1251267	452393	777923	1117738		5	125118	114241
206707	1947	1833613	944401	887735	1712868	70307	4	96430	79147
173230	3520	1115108	484953	627817	1016897	29115	8	124004	92217
		1471287	682554	787222	1488272	46038	8	236502	186517
		1020509	600197	419146	1001839	58745	7	68945	61366
129984	6528	1434327	276051	1157520	1337944	39404	7.1	130760	124171
32945	630	487299	234977	206890	453804	37952	6.0	84864	72345
	1960	1711477	1402524	295895	1653177	122189	1.1	122335	103322

附录3 续表 1

区名称	公共财政支出(万元)	一般性公共服务支出	科学技术支出	教育支出	文化体育与传媒支出	医疗卫生支出	城乡社区事务支出	社会保障和就业支出	住房保障支出	规模以上工业企业数(个)
沈阳市										
和平	475914	104527	10712	67839	2344	26025	99367	75082	56519	27
沈河	524441	156981	5825	90485	5543	21112	83976	111232	8358	56
大东	450573	48696	8306	83744	7979	24613	83406	42131	66229	115
皇姑	259523	33510	3686	65092	8185	16621	60639	33635	4481	39
铁西	878520	43044	17195	88880	8512	29408	334114	72561	109406	483
大连市										
中山	175000	19765	7606	39303	1756	10743	38560	45267	3441	7
西岗	139624	25665	1379	22500	2192	10701	25503	33681	6042	16
沙河口	232460	17933	1704	49038	986	10768	16575	44627	1431	37
鞍山市										
铁东	238829	24175	1106	28988	1146	4427	112557	35016	14121	6
铁西	140885	15272	1322	14464	335	3495	50627	29019	15002	141
立山	407315	30593	26895	7036	273	5006	179643	39757	60679	116
抚顺市										
新抚	111880	9927	227	8322	94	4283	10244	14657	1644	23
东洲	149057	7182	2148	9945	173	6562	33281	54110	3272	134
望花	93651	7807	224	11959	260	4498	8194	17820	1561	28
丹东市										
元宝	55024	6338	140	11831	307	3279	4871	12167	4854	27
振兴	101076	11659	1359	15337	262	5888	20962	27307	4589	26
锦州市										
古塔	98079	20110	1158	11623	189	2718	17632	28798	5320	21
凌河	133509	21234	485	15780	141	5583	30726	17998	6031	9
营口市										
站前	104300	28014	414	5284	336	3130	35474	10745	4572	289
西市	40842	10147	135	6106	150	1254	5013	12236		193
辽阳市										
白塔	62095	14738	913	15172	232	3926	8441	12952	485	14
文圣	108198	17109	630	5078	345	4498	40872	8077	15959	76
宏伟	92039	14128	1759	13155	490	5174	13546	8778	337	55

规模以上工业总产值(当年价、万元)	内资企业	港、澳、台商投资企业	外商投资企业	规模以上工业从业人员年平均数(万人)	规模以上工业流动资产合计(万元)	规模以上工业固定资产合计(万元)	规模以上工业主营业务收入(万元)	规模以上工业主营业务成本(万元)	主营业务税金及附加(万元)	规模以上工业本年应交增值税(万元)
500172	434257	56517	9398	1.2436	976519	724075	515865	453156	3250	13505
978629	893574	45299	39757	1.1928	1096605	404266	973692	850783	5385	18763
18647875	3360024	177603	15110248	7.2432	7031956	3823911	18117203	13446345	871171	701095
1724497	1720197	4300		2.1379	1313618	368152	1654107	1489255	3402	7813
26136476	19698253	1891772	4546451	18.2361	15280647	7026488	26162688	23179546	91381	357301
83019	59956	23063		0.13	86696	16088	85703	75831	319	1081
2872685	2863723		8962	1.44	8383419	1596285	2697029	2505345	66694	13637
1640362	1463254		177108	1.91	1334759	857692	2080626	1828527	6281	52259
79086	79086			0.30	93162	78445	67259	65727	635	1759
3278228	2977375	168829	132023	2.01	1846507	657188	3124351	2901808	11851	43469
1941957	1845194	36864	59898	3.54	1990347	826426	1998803	1632960	26032	60219
856196	733574	5706	116916	0.52	257409	208854	294651	268669	1010	1963
6835180	6732133	24921	78126	3.40	586306	2857693	6722421	6018850	537376	178698
1889530	1884266	5264		2.00	965666	944648	1891350	1753608	5899	38267
478283	393197	43965	41121	0.54	169236	76452	447001	386258	5064	17226
258088	105101	13261	139726	0.67	219074	73303	242980	223997	622	6130
3024344	2968128	11349	44867	1.40	481695	490790	2900515	2312760	409915	71837
111300	79500	13600	18200	0.56	171000	83300	118100	85300	700	3800
3922696	3739219	62935	120543	4.03	757835	552683	3806120	3140156	277896	131187
2232244	2093257	42113	96874	1.34	483522	374777	1989558	1667852	10704	78614
118116	82756	7272	28088	0.33	275954	73050	117959	93481	1636	2831
676364	676364			0.62	503502	353640	683296	556686	18063	29170
6215491	4153872	1580682	480937	3.84	4258659	2390622	6294156	5509222	413892	182398

附录3 续表 2

区名称	规模以上工业利润总额(万元)	社会消费品零售总额(万元)	限额以上批发零售贸易业商品销售总额(万元)	限额以上批发零售企业数(法人数、个)	限额以上批发零售企业年末从业人数(万人)	限额以上批发零售企业流动资产合计(万元)	限额以上批发零售企业固定资产合计(万元)	限额以上批发零售企业主营业务收入(万元)
沈阳市								
和　平	-9102	6980948	5592866	279	2.1	1959667	448390	4652969
沈　河	3484	9576435	58614694	358	3.6	3615025.2	742178.1	49541841.7
大　东	2041730	2527829	3712139	166	1	1309884	119623	3320549
皇　姑	41122	2839780	5214938	197	0.94	1722593.3	749357.2	4149901.2
铁　西	463347	5413872	7949487	292	1.99	2909603	279031	6884030
大连市								
中　山	1204	5910653	11915544	300	3.05	5220543	603773	10178856
西　岗	251975	2497873	2291452	118	0.76	1445317	90388	2022295
沙河口	65653	4367429	3625510	187	0.92	1642604	99675	3256683
鞍山市								
铁　东	-2248	2394194	4768432	96	0.60	1838095	442233	4181054
铁　西	63388	890364	998984	93	0.22	251027	84146	836412
立　山	89518	581057	798227	136	0.20	74201	20026	716686
抚顺市								
新　抚	-1718	1176578	1707665	44	0.70	249910	83707	1195350
东　洲	-365235	683285	96572	24	0.07	30829	5799	136110
望　花	-18261	705001	156800	8	0.21	85578	15381	148253
丹东市								
元　宝	23644	852511	148819	42	0.10	26424	3550	142896
振　兴	4295	1062822	581945	50	0.22	156824	32913	383617
锦州市								
古　塔	-37556	1392960	1167951	57	0.45	218492	28567	1148942
凌　河	-2000	1337657	693329	36	0.74	128098	32685	477361
营口市								
站　前	235483	826858	792082	96	0.32	289213	56831	709835
西　市	105906	72187	223973	36	0.09	29359	9555	226760
辽阳市								
白　塔	729	1432076	673989	32	0.28	89792	82187	591963
文　圣	47098	99888	34084	9	0.01	8212	508	31413
宏　伟	-155041	183906	2813076	17	0.05	1162624	4857	2731389

限额以上批发零售企业主营业务成本(万元)	限额以上批发零售企业主营业务税金及附加(万元)	限额以上批发零售企业本年应交增值税(万元)	限额以上批发零售企业利润总额(万元)	当年实际使用外资金额(万美元)	固定资产投资(不含农户)(万元)	房地产开发投资(万元)	住宅(万元)	全年新增固定资产(万元)
4278247	23039.4	135103	65518	83376	7061326	2532848	1596065	5232286
49091194.6	109914.7	123136.8	-502264	75289	7182905	3958277	1669185	4388304
3097473	6409	27349	35055	38558	5276459	630735	447625	4030159
3834435.6	20125.5	33023.3	31103.8	30838	6004577	1276542	935586	4338611
6518433	13137	78450	-52036	94135.9	7030656	1008446	903966	6600287
9462838	23748	103683	232230	57000	2476267	2267264	2267264	374690
1699707	51038	47825	149570	35300	439003	156840	91833	101715
3072476	4365	27474	259	35210	1928483	1313477	732847	563168
3918344	34358	42434	104860	16672	1624610	1030276	704402	541481
731495	4681	14801	51903	41883	2889879	267992	157319	129118
645504	17392	15257	16707	42612	2480344	349932	280873	659752
1084765	14638	19570	41102	3614	745598	105686	33195	476511
127709	275	6641	-2217	2266	650311	125600	100660	2654505
82604	960	1573	2513	4916	714736	163251	97175	714736
121515	3195	1487	7682	3000	792242	304113	260212	
352217	2411	1385	-741	6413	1151656	306889	204338	634539
1016368	17026	25532	60672	200	650392	317853	265467	423442
416463	1683	9868	10284	12070	796069	347542	296562	385847
618729	8158	6707	40649	15055	1155514	267529	246907	774585
184590	2436	5777	13204	5100	955342	265562	197233	358590
526495	10212	13204	20616	1180	463887	371292	240075	37869
26689	204	331	2172	1135	1273170	281257	110722	333351
2711675	137	-861	-8754	20150	1039697	78381	71207	805291

附录3 续表 3

区名称	商品房销售额(万元)	住宅(万元)	待售面积(万平方米)	普通中学数(所)	小学数(所)	普通中学专任教师数(人)	小学专任教师数(人)	高中阶段在校学生数(人)	普通中学在校学生数(万人)	小学在校学生数(万人)
沈阳市										
和平	1089009	813636	119.12	22	25	2699	1572	12085	2.66	2.6643
沈河	1322853	909741	151.2	24	30	2695	2078	9495	2.53	3.251
大东	654504	487462	69.58	23	29	1824	1289	9548	2.08	2.6138
皇姑	681630	308190	27.95	27	27	3039	2204	17564	3.70	4.1743
铁西	1040453	965631	88.7	40	43	2596	2213	13192	3.65	4.6261
大连市										
中山	586906	465937	55.60	13	23	1303	1066	2456	1.10	1.30
西岗	37046	34431	8.20	11	20	800	735	1367	0.69	1.10
沙河口	622820	438057	100.33	20	31	1267	1266	924	1.21	2.25
鞍山市										
铁东	143801	126291	4.00	11	23	1288	1086	1174	1.08	1.95
铁西	369911	73514	1.07	12	22	1466	1194		0.72	1.52
立山	497509	174991	21.13	15	19	1111	912		0.79	0.38
抚顺市										
新抚	207406	181204		6	12	614	629		0.50	0.80
东洲	106614	70396	13.28	10	15	721	868		0.40	0.68
望花	53965	53851	3.30	13	12	1217	919	5820	0.57	0.83
丹东市										
元宝	206948	198200	3.87	1	10	89	367		0.07	0.48
振兴	185505	157520	3.20	2	19	128	894	234	0.08	1.10
锦州市										
古塔	110630	102485	5.81	1	10	60	744		0.04	0.94
凌河	453133	424043	6.07		14		1017			1.60
营口市										
站前	288503	224327	5.95		11		690			1.03
西市	233256	194217	35.43		7		451			0.54
辽阳市										
白塔	134701	108799	43.82		13		987			1.31
文圣	287621	182152	5.30	6	10	448	423	2735	0.27	0.41
宏伟	48648	44186	3.33	6	11	574	370	3649	0.76	0.62

医院、卫生院数(个)	医院、卫生院床位数(张)	医生数(执业医师+执业助理医师)(人)	注册护士(人)	在岗职工平均人数(万人)	在岗职工工资总额(万元)	家　庭总收入(元)					城镇居民人均可支配收入(元)	城镇居民人均现金消费支出(元)
							工资性收　入	经营净收　入	财产性收　入	转移性收　入		
29	13378	4913	7273	20.2946	1225201	38564	21138	5033	1077	11316	34270	24833
44	7843	5969	3376	24.4972	1128370						36820	
37	6967	4402	2194	11.8587	833508						31290	
41	8232	3895	4315	12.2664	734468						31350	
39	9391	4237	5441	24.7813	1315382	31400	10313	948	3572	16567	31400	20675
16	4910	2019	2508	13.77	1113637						37301	
23	3603	1976	2705	9.80	654756						36284	
30	7776	4379	5361	11.20	754121						35855	
27	4154	1475	1951	10.23	501665							
10	2123	658	1042	5.54	186026							
12	4215	1003	1475	6.00	172970							
9	230	369	556	8.30	430154							
15	822	810	341	4.66	263610						23739	
8	705	145	348	5.04	214997						22206	
1	20	152	70	2.82	74576						23823	
13	390	507	322	11.00	334946						25229	
199	350	406	340	3.60	197155							
2	244	98	77	4.89	200316							
33	1388	995	719	5.60	246369							
4	80	357	338	2.47	71165							
7	3230	1520	3130	5.99	259852						27236	
9	527	180	160	1.28	47152							
5	955	275	379	4.90	303006						33733	

附录3 续表 4

区名称	食品	衣着	居住	家庭设备用品及服务	医疗保健	交通和通信	教育文化娱乐服务	城镇基本养老保险参保人数(人)	城镇基本医疗保险参保人数(人)	失业保险参保人数(人)
沈阳市										
和平	8183.2	2494.2	2411.3	1401.2	1796.3	4041.8	3178.9	322007	577459	284369
沈河								9679	9687	257121
大东								258036	124414	198154
皇姑								218549	134196	123120
铁西	10233	2009	2374	1603	2163	1537	641	470373	727032	291041
大连市										
中山										
西岗										
沙河口										
鞍山市										
铁东								92638		16832
铁西										16649
立山								80469	104388	13440
抚顺市										
新抚								62634	44117	59100
东洲								199839	164388	68243
望花								106390	173710	76461
丹东市										
元宝										
振兴										
锦州市										
古塔								15025	22111	9441
凌河								15598	24144	10420
营口市										
站前								34804		22000
西市								22126		11847
辽阳市										
白塔								91052	59647	39251
文圣								26515	95716	4961
宏伟								50625	122892	18691

社会福利院数(个)	社会福利院床位数(张)	社区服务设施数(个)	城市居民最低生活保障人数(人)	交通事故死亡人数(人)	交通事故损失额(万元)	刑事案件立案数(起)	犯罪人数(人)	绿地面积(公顷)	公园绿地面积
7	644	17150	9842	22	77.4	7554	1196	996.9	519.7
7	1217	9437	28267	378	1471	9411	1079	1985	450.6
1	300	130	10800	37	99.93	1158	1378	2257.3	475.2
12	1530	124	11969	19	70	5515	1573	1818.7	666.1
10	1813	649	16585	73	563	1772	2187	2039	680
15	1578	61	3488	4	1	531	546		
22	1609	73	4297	6	99	362	293		
28	1854	101	7300	16	79	819	1190		
29	3231	119	7937			651	916	2498.7	266.7
13	1601	79	11454			469	696	435.0	44.0
17	1782	119	12174			337	541	231.0	57.8
19	1375		16267						
15	1504	352	25276			206	315	1200.0	141.9
14	833		23364	22	11	281	362	225.0	110.0
8	422	35	7276			608	292		
12	728		7275			981	335	1020.5	316.7
			5752					1.0	
8	160	15	8293						
20	1528		11917			251	350		
17	1100		14430						
9	520	66	20587	78	452	98	142		
6	604	8	35975	15	76	140	218		
9	817	62	2392	7	450	164	214	587.8	122.8

附录4 沈阳经济区主要经济指标

年 份	年末总人口(万人)	生产总值(亿元)	全社会固定资产投资(亿元)	社会消费品零售总额(亿元)	实际利用外商直接投资(亿美元)	出口总额(亿美元)	地方财政一般预算收入(亿元)
2000	2311.5	2433.5	625.6	1059.7	10.4	24.6	136.0
2001	2316.9	2670.9	720.6	1169.2	13.3	22.6	166.5
2002	2319.1	2985.6	873.1	1299.6	20.0	26.1	182.5
2003	2320.5	3420.2	1173.5	1377.2	29.8	34.9	178.1
2004	2327.8	4161.6	1784.3	1554.8	30.0	52.7	228.0
2005	2334.8	4907.6	2479.2	1762.0	24.1	61.2	289.6
2006	2343.8	5790.6	3256.4	2016.7	34.8	78.5	353.8
2007	2354.1	7059.3	4297.4	2367.3	57.1	97.9	467.0
2008	2359.4	8539.3	5739.0	2899.9	68.0	132.3	601.8
2009	2363.5	9694.9	7237.8	3428.4	81.2	81.6	719.1
2010	2363.3	11737.0	9130.5	3941.0	82.7	112.6	1088.0
2011	2363.6	13939.9	9921.5	4632.5	91.1	138.4	1431.7
2012	2356.8	15297.6	12199.6	5358.1	99.2	165.9	1662.2
2013	2352.7	16555.4	13889.1	6094.3	108.4	192.0	1773.9
2014	2354.6	15966.6	13232.3	6830.7	98.8	198.1	1731.1

附录5 沿海经济带主要经济指标

年 份	年末总人口(万人)	生产总值(亿元)	全社会固定资产投资(亿元)	社会消费品零售总额(亿元)	实际利用外商直接投资(亿美元)	出口总额(亿美元)	地方财政一般预算收入(亿元)
2000	1715.8	2040.7	580.1	807.5	16.4	87.4	125.5
2001	1722.9	2226.3	623.3	888.3	19.4	92.6	154.2
2002	1729.5	2470.3	727.6	985.2	21.0	102.1	160.8
2003	1733.9	2843.3	943.9	987.4	28.2	116.8	176.6
2004	1738.1	3373.2	1260.7	1125.3	25.5	142.6	190.5
2005	1746.1	3915.3	1822.7	1280.0	12.5	180.7	231.8
2006	1757.7	4632.0	2366.2	1466.4	25.9	213.5	304.8
2007	1769.9	5533.2	3176.8	1719.3	34.8	264.9	406.2
2008	1779.6	6726.4	4245.7	2087.5	54.9	300.5	518.0
2009	1784.9	7613.7	5450.5	2467.4	77.5	260.1	636.3
2010	1784.7	9259.9	7349.2	2901.9	132.3	335.4	898.8
2011	1785.9	11150.9	8119.7	3410.6	161.2	401.5	1181.4
2012	1782.5	12606.4	10012.9	3945.5	179.1	448.5	1404.0
2013	1778.3	13742.3	11590.1	4484.3	193.2	492.1	1544.0
2014	1782.3	13614.7	11520.7	5022.9	186.9	413.4	1436.8

附录6 辽西北主要经济指标

年 份	年末总人口(万人)	生产总值(亿元)	全社会固定资产投资(亿元)	社会消费品零售总额(亿元)	实际利用外商直接投资(亿美元)	出口总额(亿美元)	地方财政一般预算收入(亿元)
2000	824.8	282.0	98.3	134.8	0.5	0.7	15.8
2001	826.1	310.9	110.0	147.5	0.9	0.8	19.3
2002	827.5	350.6	123.7	159.9	1.1	0.9	20.2
2003	828.9	413.8	160.1	171.4	1.6	1.3	21.4
2004	830.1	514.9	201.6	198.8	1.2	2.5	25.1
2005	834.0	620.0	266.2	226.6	0.3	3.4	39.9
2006	837.6	739.1	443.9	260.7	0.8	4.0	40.2
2007	838.7	936.6	643.3	306.8	1.5	5.3	55.8
2008	839.3	1206.5	1000.3	378.7	2.2	6.1	79.5
2009	841.0	1411.8	1352.9	448.0	3.1	9.0	108.7
2010	836.7	1757.4	1809.5	592.8	4.8	9.9	176.4
2011	838.0	2167.1	1761.2	696.9	6.0	10.0	242.1
2012	834.4	2455.9	2165.2	805.0	7.7	10.5	285.7
2013	832.5	2649.3	2484.3	915.8	9.7	14.1	286.6
2014	833.6	2467.0	1915.3	1026.3	10.6	17.6	266.3

附录7 2014年各市农业

县　名	行政区域面积（平方公里）	乡(镇)个数（个）	常住户数（户）	常住人口（万人）	户籍人口（万人）	其中：农业户籍人口（万人）	第一产业从业人员（人）	第二产业从业人员（人）	第三产业从业人员（人）
苏家屯区	782		159808	48.3	42.89	19.99	52470	67230	39762
东陵区	800		191806	47.5	32.4	19.1	47066	90661	110134
沈北新区	892		131452	42.7	32.04	17.7	52605	105091	75491
于洪区	499		245489	66	43.5	20.9	48718	170790	143410
辽中县	1460	15	162961	42.4	53.3	41.4	138200	52442	64210
康平县	2167	12	120377	31.7	35.2	26	79268	86543	31183
法库县	2280.62	19	138238	40.1	44.78	35.4	140681	95948	53316
新民市	3296.6	24	247990	65.5	69.1	52.8	163205	94832	71526
甘井子区	492		453229	123	74		7412		
旅顺口区	404.5		111628	30.57	20.97	4.27			
金州区	1043.6		240150	89	60.8	18.5	40284		
长海县	142.04	5	28131	8.84	7.24	0.3	24502	5000	16625
瓦房店市	3643	21	342684	98	99	63	267603	184516	147021
普兰店市	3375.02	8	331968	94	92.3	61.3	229131	229167	115991
庄河市	4114	21	284830	90.03	90.37	66.7	156300	144485	167475
千山区	341	3	37273	11.8	11.3	9.4	22524	17919	14740
台安县	1393	10	118575	37.2	37.4	30.3	125164	36823	57832
岫岩满族自治县	4502	21	153737	51.4	51.3	40.9	124888	56891	72921
海城市	2565.9	21	374238	118.36	108.33	80.56	181483	276404	276464
顺城区	348	3	170739	43	43	6	14397	12721	10292
抚顺县	1754	8	41826	11.6	11.6	10.5	47340	13231	15077
新宾满族自治县	4287	15	101575	30.21	29.81	21.42	91345	19788	36679
清原满族自治县	3921	14	122023	33	33.84	23.02	102375	23235	32781
平山区	179		127600	34.9	31.8	1.73	4032	121952	42923
溪湖区	303.4		33250	20.9	17.37	3.17	12474	7852	8094
明山区	413		144925	41	34	3.41	10887	18736	15688
南芬区	619		30493	8.33	7.56	3.23	7576	3885	4925
本溪满族自治县	3343	11	99907	28.9	28.9	17.7	44869	29101	38042
桓仁满族自治县	3547	12	105452	30.64	29.8	20.84	64174	29037	52975
振安区	672	5	69466	20	17	10.33	31129	22109	24365
宽甸满族自治县	6114.7	22	151631	43.26	48.98	31.5	123454	25140	42569
东港市	2398.8	15	207432	66	60.8	45.9	136372	82553	104956
凤城市	5515	18	186393	56.9	57.61	38.9	133107	51811	103403
太和区	220	4	60247	16.8	14.7	8.3	23375	24730	19510
黑山县	2497	20	212514	61.32	61.46	44.67	181176	34421	79656
义县	2476	16	134992	42.71	42.33	34.46	113407	41973	45570
凌海市	2585	18	172850	52.06	52.06	43.59	152005	52990	76529
北镇市	1694	15	158532	51.71	51.71	41.91	171330	26796	47346
鲅鱼圈区	259	3	142058	34.2	37.1	10.3	32113	40851	29920

县区基本情况

地区生产总值（万元）	第一产业增加值（万元）	农业（万元）	林业（万元）	牧业（万元）	渔业（万元）	第二产业增加值（万元）	其中：工业（万元）	第三产业增加值（万元）	其中：农林牧渔服务业（万元）
3300505	304240	118353	980	178449	6458	1993559	1884840	1002706	4755
4299813	63718	39851	4366	19466	35	2611039	2373517	1625056	4281
4333376	306066	133030	561	166574	5901	3343939	3254252	683371	20355
4665284	113269	83052	3940	21329	4948	3130884	2968954	1421131	9153
3953754	748569	280021	14089	398486	55973	2293623	2254795	911562	44766
1985467	351114	147488	15864	185655	2107	1084155	1020522	550198	12979
3115355	466839	185107	20603	259335	1794	1929886	1888394	718630	15728
4424826	800807	396161	8530	356527	39589	2703907	2552057	920112	25236
9635337	94290	23051	1235	5214	64790	5586586	4767823	3954461	6698
2840156	193615	35242	1503	17020	139850	1684725	1576576	961816	13385
16611661	502749	201881	2358	106439	192071	10485372	8759032	5623540	57729
892955	504888	1251	172	905	502560	72092	58991	315975	73400
10227642	902108	384622	8211	222627	286648	6729380	6428773	2596154	93676
7123563	916613	316298	11370	315606	273339	4258829	3871861	1948121	81345
6683873	1216647	304552	19413	226987	665695	3412284	2976785	2054942	71033
762607	57639	27542	97	28906	1094	470290	415384	234678	1102
2377605	476373	201874	907	255335	18257	1296973	1158258	604259	5346
1960335	305091	201295	4404	89981	9411	1003458	948793	651786	3782
8285475	448047	220471	2306	210808	14462	4099859	3726120	3737569	7301
1721823	85380	30280	12842	34105	8153	596804	234205	1039639	2369
878511	168959	71165	23054	46804	27936	500454	442197	209098	4553
1227995	256167	105092	34675	76512	39888	516510	447252	455318	7238
1392450	257605	102906	40489	75515	38695	695296	552391	439549	6756
2241373	13509	4420	888	8140	61	554888	392252	1672976	558
1794543	39497	14783	4062	19586	1066	1253631	1205555	501415	1343
1593686	70246	31539	16486	21504	717	655970	409947	867470	1433
640432	39865	9494	4816	21391	4164	444171	418351	156396	1405
1783341	216436	63558	82848	46974	23056	1006131	919543	560774	2265
1659354	256628	94895	100579	39416	21738	790469	702514	612257	2499
467383	66682	51025	2490	10085	3082	250531	141017	150170	1836
1522619	282497	116343	27315	67078	71761	658467	599696	581655	7926
3489016	715405	249450	1364	64258	400333	1583145	1358520	1190466	18278
2739455	296434	125561	34130	106824	29919	1346030	1294606	1096991	10934
1104783	76079	52605	464	22960	50	750646	676564	278058	337
1723962	536254	209880	3511	315836	7027	657657	651332	530051	7946
1265077	229549	81650	1930	143684	2285	628194	623799	407334	2907
2748608	545290	272228	2847	170215	100000	1548569	1518691	654749	9010
1552909	500716	296818	3313	189821	10764	576464	559791	475729	6884
4690936	103383	26836	3501	10666	62380	2366464	2088340	2221089	707

附录7 续表 1

县　名	行政区域面积(平方公里)	乡(镇)个数(个)	常住户数(户)	常住人口(万人)	户籍人口(万人)	其中：农业户籍人口(万人)	第一产业从业人员(人)	第二产业从业人员(人)	第三产业从业人员(人)
老边区	217.4	3	43750	11.97	10.9	6.5	16571	19580	15059
盖州市	2946.29	19	244254	70.9	70.52	51.71	213438	71578	154265
大石桥市	1598	13	262785	69.76	70.3	48.2	144899	92002	89823
海州区	70.9	1			26.7	2.1	3041	16749	24507
新邱区	125.6	1			8.4	1.8	4406	4197	2504
太平区	94.8	2	68167	16.4	16.4	1.1	4788	1619	5210
清河门区	98	2	20590	4.5	4.6	2.5	5865	4732	2814
细河区	69.59	1	54024	14.9	14.7	1.3	2101	28952	46441
阜新蒙古族自治县	6717.9	35	234534	66	72.54	66.89	227407	52191	30343
彰武县	3623.34	24	144426	41.4	41.9	33.3	138163	18433	57495
文圣区	305	4	52353	14.55	14.86	6.4	20904	13945	11663
弓长岭区	335	2	38517	9.1	9.1	3.3	8068	4280	6893
太子河区	268.75	4	54573	15.86	16	11.34	36708	25151	24312
辽阳县	2452	15	170250	49.6	48.3	39.6	114959	65057	58674
灯塔市	1156	11	169490	45.76	45.15	36.18	141205	53851	65597
双台子区	127.09	1	86827	24.5	20.1	4	9611	11067	16693
兴隆台区	276		230619	57.75	44.11	2.51	12327	58946	82236
大洼县	1734	15	162270	48.9	38.6	10.43	116218	51829	95046
盘山县	2007.77	13	96553	29.39	27.77	10	109745	34817	42609
银州区	78	1	110000	30	30	1	4290	12243	9696
清河区	480	3	32913	9.6	9.6	6	16767	8001	12878
铁岭县	2249.5	14	137194	38.85	38.85	34.89	111501	36549	64276
西丰县	2683	18	122219	34.78	34.42	27	86295	18372	48623
昌图县	4317	33	310506	98.08	102.89	79.71	231590	82956	108627
调兵山市	262	3	97394	24.8	23.7	5.86	17834	66433	12929
开原市	2838	18	199700	55.5	58	43	119370	60395	76456
双塔区	431.15	4	147000	44.2	40.4	9.4	20182	42985	50720
龙城区	635.54	6	65296	20.6	20.6	15.4	40343	26700	24399
朝阳县	3762	27	169726	56.02	56.59	54.1	199901	71791	59029
建平县	4868	24	184286	58.6	58.4	45.6	178006	91918	113831
喀喇沁左翼蒙古族自治县	2238	20	136697	37.19	42.55	33.53	100410	18469	69899
北票市	4490.6	27	221835	58.3	57.61	38.03	122004	43897	74476
凌源市	3282	22	197609	57.73	65.63	51.67	197002	67526	67859
连山区	1150	9	158924	42	42	18	247	27790	17960
龙港区	181.2	1	87381	22.7	22.7	3.3	9550	73660	77345
南票区	992.97	10	103182	30.8	28.7	21.6	220	9081	5393
绥中县	2763	25	198620	57.6	64.8	52.17	201741	42458	46680
建昌县	3195	28	189429	62.85	62.85	54.2	159824	59377	124097
兴城市	2118.5	19	195957	58.8	54.3	41.1	115951	41980	40160

地区生产总值（万元）	第一产业增加值（万元）	农业（万元）	林业（万元）	牧业（万元）	渔业（万元）	第二产业增加值（万元）	其中：工业（万元）	第三产业增加值（万元）	其中：农林牧渔服务业（万元）
2190224	162863	27468	2556	41134	91705	1539163	1433563	488198	3451
2070988	374047	179535	10631	87251	96630	919607	811913	777334	4866
4190092.46	455227.48	224533.04	6578.45	156480.92	67635.07	2460934.49	2365024	1273930.49	1153
699286	7533	2269		5264		242667	121847	449086	124
303572	12413	3871		8542		191836	167499	99323	301
441988	9112	1458		7654		257690	206154	175186	129
250885	13276	7169	26	6081		162433	150145	75176	289
497388	8150	1954	1074	5122		230079	111814	259159	244
1520895	609944	292773	12199	298873	6099	346303	311410	564648	20714
1178102	526408	257870	39584	224530	4424	301693	237997	350001	17509
615025	45432	23729	231	21338	134	292308	221477	277285	121
663140	21998	7220	1926	11708	1144	410936	401665	230206	60
578902	70928	33491	2628	26968	7841	290912	268268	217062	1878
2584136	253166	107254	6231	93530	46151	1643999	416527	686971	1860
2677864	262181	143026	3224	79490	36441	1632881	1588882	782802	15066
1399069	17615	9753	110	2958	4794	765595	633610	615859	365
3534365	18365	13847	111	3261	1146	1308000	1138000	2208000	414
3055855	639749	281091	2027	75958	280673	1756472	1614305	659634	11169
1550295	470944	210381	821	90939	168803	690885	602189	388466	4323
818256	9421	7422	206	1623	170	213412	127078	595423	115
417895	38435	13860	2790	21290	495	213422	192867	166038	375
1502419	367804	138720	19221	204356	5507	695247	655927	439368	719
637577	255858	83291	16046	150895	5626	151455	118954	230264	319
2161776	813445	347918	16217	442858	6452	713098	572785	635233	8150
1095528	58762	28139	697	29168	758	695736	653394	341030	80
1734663	479144	175630	28463	267772	7279	686041	577081	569478	709
1533632	59030	29481	4361	25188		579451	316049	895151	4630
800257	125554	57609	15977	51898	70	488427	313346	186276	1383
1427205	369807	215284	23459	130488	576	577784	471152	479614	18295
1682406	362216	154906	73010	134130	170	811427	700453	508763	11524
1229419	346937	225593	18075	102819	450	500698	415947	381784	6573
2002775	463866	280515	24573	158398	380	944832	800000	594077	2505
1668295	419401	223351	13400	181430	1220	666886	558809	582008	5479
1762154	93448	18725	772	73019	932	1156857	979812	511849	2262
1221429	23500	2884	44	5303	15269	464028	43000	733901	460
399317	118273	43364	1215	73694		86179	81178	194865	3748
1578934	393418	150817	3231	122585	116785	619881	498961	565635	9862
620309	136083	54302	8467	71921	1393	161762	96329	322464	4861
1281312	184774	36325	4575	55655	88219	511616	462706	584922	5761

附录7 续表 2

县 名	公共财政收入(万元)	各项税收(万元)	公共财政支出(万元)	其中：农林水事务支出(万元)	科学技术支出(万元)	医疗卫生支出(万元)	教育支出(万元)
苏家屯区	285442	226913	301832	22243	1250	17790	52574
东陵区	838672	677386	576673	24081	40343	19689	44866
沈北新区	342410	315601	409843	26600	7407	18734	44290
于洪区	431819	380378	314619	7000	2927	7500	15000
辽中县	249650	197440	340343	31241	910	27209	86938
康平县	171611	140672	302313	70812	711	22425	57009
法库县	310200	248200	368287	66265	1367	20128	72855
新民市	303457	233833	445555	106589	1703	38446	110941
甘井子区	475311	2744995	541779	6306	8117	18713	98713
旅顺口区	355196	266323	366859	12202	5936	18217	36721
金州区	1034143	2323196	958466	35178	34996	54313	126239
长海县	48123	18373	83216	5593	837	5586	12525
瓦房店市	728145	505827	806611	43558	3519	35417	108200
普兰店市	433472	303300	517878	27610	2326	20621	89175
庄河市	418251	418145	583670	43901	4996	41078	83518
千山区	106066	141697	126575	9839	1548	10540	11529
台安县	115700	64255	219689	38340	2202	15856	21700
岫岩满族自治县	115004	59404	229469	29853	728	24690	33282
海城市	418570	385710	545710	48429	2575	114181	73353
顺城区	157650	121973	132255	4923	356	7713	18622
抚顺县	82831	64768	148919	35217	168	9768	15633
新宾满族自治县	100900	72376	221978	68670	2046	15622	24571
清原满族自治县	174982	91800	184973	32287	1095	8421	23604
平山区	129005	104563	130315	1357	2051	2971	14002
溪湖区	292031	270434	297144	4743	4549	1423	1271
明山区	126896	103643	124862	5717	2253	3979	18861
南芬区	72001	56806	91135	6904	113	1919	11299
本溪满族自治县	200600	188160	282489	41846	3797	14073	34496
桓仁满族自治县	151139	104962	268576	51354	3664	18655	48311
振安区	47030	49219	69778	14461	362	7204	13747
宽甸满族自治县	162169	126247	311939	74936	681	25474	57388
东港市	335486	266072	510661	86892	1052	28067	54361
凤城市	289146	189280	439886	50536	971	26427	65727
太和区	107196	86780	132142	13266	1590	6043	16090
黑山县	123000	83505	318690	60836	4781	30622	27065
义县	120000	79379	255199	68284	4579	20354	32034
凌海市	210246	163554	344636	127882	3950	23129	36881
北镇市	163173	92239	264460	63438	4131	21042	34364
鲅鱼圈区	426744	449551	343659	7992	1740	30419	36399

年末金融机构各项存款余额（万元）	其中：城乡居民储蓄存款余额（万元）	年末金融机构各项贷款余额（万元）	耕地面积（公顷）	设施农业占地面积（公顷）	农业机械总动力（万千瓦特）	化肥使用量（折纯量）（吨）	农　药使用量（吨）	地　膜使用量（吨）	有效灌溉面积（公顷）
2749983	1646391		35913	3838	35.9	10960.7	313	402	9473
1152046	976521		26459	181	13.5	7261	166.1	132	1579.6
2592610	1619311		49606.2	286	34.3	8484.4	337.3	476	14510
234275	117740		26364	1029	27.32	6784	279.85	302	14479.27
1361861	1205353		102205	9447	43.52	29826	514	724	43386
774751	553519		123661	856	35.5	28213	403	546	9329
986608	813110		155825.22	3484	53	42058	839.77	1358	29913
1781798	1503377		216850.83	19906	110	70219	1081.7	4247	57165.52
			1490	570	8.1	1057	153	11	696.26
2936571	1934976		6393	1054	33	4044	302	76	3260
15252172	7430925		23333	3361	32.1	15445	755	728	11020
441472	345383		1366.98	13	5.56	191.03	14	5	236
5709122	4278635		90690	4504	127	56190	4897	1928	26735
4221039	3185730		133185.71	7145	92.65	39922	3950	657	17738
4170030	3257167		132493	6664	80	51395	2394	1425	27093
694762	379141		8814	60	22.2	5382	355	50	5860
910356	808431		101136.32	11330	42.2	30586	757	516	26170
1592000	1442000		58019	1835	35.9	17515	1234	453	10770
5462165	4662009		83269	7124	66.7	41507	1259	712	31280
			8448.15	122	5.7	2159	80	29	6271
371065	324583		25407	293	13	3956	142	188	3490
939711	774817		57406	424	30	10278	560	84	7572
1013720	749234		37867	192	22	13471	430	370	15370
1006542	649218		1128	66	3	613	19	11	1128
1031030	341426		2002	73	3.7	717.2	50.2	40.4	1149
136340			5067	181.3	5.6	800	47	151	1101
369431	295682		5050	13	2.9	852	57	24	641
1165551	893077		32357	38	22	4118	331	77	1970
1168939	886913		35471	268	19.56	5870	259	191	7557
453000			12133	774	10.3	3277	92	195	1705
1369784	1129639		39660	620	53.6	12099	587	577	1387
3144595	2496477		79111	8036	65.9	35710	1114	1023	53000
2152101	1841994		60102	1663.39	70.8	18398	791	2740	9156
797118	782628		8787.12	767	10.8	3500	198	106	3250
1516921	1289875		171813	8662	82	74080	1987	491	47567
932371	759516		86383	2791	44.8	19434	377	202	35764
1494229	1255070		115075.05	4070	73.7	30091	1979	1657	41430
1561417	1407013		80882	10934	73	40707	2009	561	45700
5035888	2476461		4403	501	12	4948	463	114	2860

附录7 续表 3

县　名	公共财政收入(万元)	各项税收(万元)	公共财政支出(万元)	其中：农林水事务支出(万元)	科学技术支出(万元)	医疗卫生支出(万元)	教育支出(万元)
老边区	264112	190141	172963	10709	2163	6325	20343
盖州市	110294	88467	305282	24679	1198	29767	34293
大石桥市	250994	166437	373500	35875	1445	58502	46340
海州区	57328	42439	81957	2250	650	3614	17774
新邱区	39706	32429	53338	2039	1	1976	6213
太平区	64665	25635	59632	997	288	2143	11008
清河门区	33929	31870	32340	750	55	515	4980
细河区	54193	43118	83556	2495	87	2478	9999
阜新蒙古族自治县	118548	90474	397539	123599	309	33238	66486
彰武县	92772	66125	284436	90890	200	19689	41078
文圣区	84864	72345	108198	4147	630	4498	5078
弓长岭区	93636	66101	109636	9200	355	2738	11486
太子河区	51232	42029	78750	8770	2272	6142	5302
辽阳县	185157	131222	265363	37556	10182	22036	38894
灯塔市	259804	234123	320570	43986	2804	24558	29945
双台子区	88775	62039	96772	4869	292	4915	6627
兴隆台区	355156	416671	295959	6580	5973	6260	16804
大洼县	401451	308648	583565	66106	3129	20799	30666
盘山县	348824	144638	370158	51568	4938	19229	28458
银州区	99017	80973	90780	3121	297	5648	10044
清河区	44841	37043	66435	12703	778	3641	7555
铁岭县	73882	63675	186600	57822	3559	18252	29102
西丰县	58103	40388	166599	42010	1197	15712	26237
昌图县	108810	97300	457590	110566	5230	37358	72195
调兵山市	128066	66808	149084	8994	2839	6139	21686
开原市	218788	179979	335199	63768	6114	26986	41808
双塔区	74498	69871	109699	7821	985	7625	15339
龙城区	62689	54519	113536	14202	1715	10576	10610
朝阳县	123049	90852	294236	54801	888	29719	49541
建平县	215007	154442	394788	84129	1310	30276	59849
喀喇沁左翼蒙古族自治县	78516	64301	236441	53257	2374	27388	35021
北票市	193507	147097	409476	67755	2463	31681	34998
凌源市	129016	88912	317020	70417	5062	32653	54781
连山区	150000	112260	184543	40399	2766	11779	35782
龙港区	140007	115067	102188	2878	1579	3241	18093
南票区	32077	16826	88976	15771	323	10246	15632
绥中县	150155	118403	320000	59272	7500	26797	48343
建昌县	54135	41646	261971	49499	2227	26594	54341
兴城市	135000	122849	288756	54935	3378	29225	38289

年末金融机构各项存款余额(万元)	其中：城乡居民储蓄存款余额(万元)	年末金融机构各项贷款余额(万元)	耕地面积(公顷)	设施农业占地面积(公顷)	农业机械总动力(万千瓦特)	化肥使用量(折纯量)(吨)	农药使用量(吨)	地膜使用量(吨)	有效灌溉面积(公顷)
661093	531239		6339.1	350	20.3	2694	168	85.9	8000
1930312	1487778		35628	5700	40.17	27248	2693	791	13784
3164435	2359819		67083.01	1299	47.63	24500	1003	1027	34167
1705742	1098452		1400	25.77	3.1	922	10.9	3.6	200
			3066	52	3.1	1033	9.5	1.3	410
			1132	435	2.5		14.2	6.03	226
48750	37940		3814	350	3	1111	54	14	347
			2339	157	2	1461	16	29	650
1285062	1033736		319128.8	2732	177.2	99604.58	2317	961	70170
887535	704621		130565	1887	71.9	62495	2210	346	34349
			11483	249	4	3100	69	71	1850
636800	576670		4877	42	1.82	712	71	52	99
			14822.46	493	6	3192	205	236	7174
1792569	1421524		81640.64	2808	29.92	25045	963	714	22872
1870148	1460295		65687.75	3800	29.92	20775	623	266	25546
3310960	1934191		4426.76	37	4.3	2014	79	7	3616
4523575	2723124		7522	82	6	7257	107	20	7440
1496420	1116720		73012	4149	31	22842	542	279	54753
1093368	950342		59178	6748	35.84	22511	542	297	45151
2996000	505716		2000	282	3.6	1625	24	43	942
381678	315520		15366	50	5.85	3140	67	59	559
1147959	558358		104353	1505	42.2	31676	1748	354	32077
615214	500929		80453	833	44.25	23452	822	353	12510
1734000	1376000		327047	2034	105	123396	4681	1061	71950
1595685	1219322		13906.4	51	7.67	4179	159	118	3666
1387737	1224991		119080	2579	56	36816	1153	618	50400
97014	81127		7846	1979	4.5	8733	6	310	2221
551574	412065		19869.5	3600	9.4	3909	90	111	7780
590832	531748		93434	15153	36.1	27994	95	633	16666
1942839	1553545		183495.23	3140	64.5	23971	272	3004	37299
945595	798867		63586	10654	26.2	10823	122	821	27610
1706327	1271555		116899	7349	38.81	20713	53	1724	19282
102300	57816		44809	26535	26.5	23664	219	2441	19290
402617	319397		25058	302	15.31	8758	255	71	2544
5495255	2794212		2435.8	51	1.1	722	22	43	200
336120	233284		25184	866	16.8	3118	381	206	6800
1829776	1596131		80864	5392	76.96	36271	4081	498	26660
919517	800780		68517	1472	37	19268	352	142	7160
1945787	1549626		78061.04	1080	22	16182	718	102	19800.2

附录7 续表 4

县　名	农作物播种面积(公顷)	粮食作物播种面积(公顷)	其中：良种播种面积(公顷)	其中：稻谷(公顷)	小麦(公顷)	玉米(公顷)	大豆(公顷)	油料播种面积(公顷)
苏家屯区	36581	29745	29745	9277		19900	512	274
东陵区	21517	19380	19380	990		17420	560	697
沈北新区	42106	27667	27667	11270		16088	302	100
于洪区	21737	18328	18328	7135	28	10798	209	
辽中县	92612	74500	74500	36270	580	35690	1610	2962
康平县	96997	65411	60900	2393	140	53810	3060	25849
法库县	127633	96733	96733	4450	410	87033	2570	7873
新民市	195002	143733	143733	35270	230	101533	2400	5264
甘井子区	1378	366				289	46	1
旅顺口区	4411	2467	2467		97	2160	107	9
金州区	21681	14697	10221	350		11561	1656	503
长海县	678	604.7	561		0.1	516	22.3	1.3
瓦房店市	89834	76012	76012	840		55379	9236	1323
普兰店市	90541	76020	77000	6103		54863	10870	3095
庄河市	110795	98978	84268	19258		63163	10752	1167
千山区	9436	8233				7877	315	106
台安县	84720	70960	70960	16040	100	53880	770	3026
岫岩满族自治县	58247	47700	47700	1500		41960	2780	1905
海城市	95118	82220	82220	18060		62670	950	406
顺城区	5931	4863	4863	511		4037	158	78
抚顺县	17013	14020	14020	2167		11001	257	272
新宾满族自治县	39946	34130	34130	8816		22804	1670	20
清原满族自治县	47956	33810	33280	7000		25540	700	24
平山区	1128	822		20		755	18	
溪湖区	2154	1756	1667	70		1507	57	124.5
明山区	3262	2315	2314	139		1899	116	101
南芬区	2544	1982	1982			1831	114	
本溪满族自治县	23323	20145	20145	1222		16145	1215	125
桓仁满族自治县	26074	22773	22773	7452		13534	991	92
振安区	10762	6860	188	392		5809	238	60
宽甸满族自治县	38596	30274	30274	523	109	25591	2354	974
东港市	90263	72045	71508	43858		25394	665	1604
凤城市	62821.1	51512.3	51512.3	3750		41810	3010	911
太和区	9350	5558	5558			5251	152	70
黑山县	154872	130250	130250	5450		120980	1200	14848
义县	81486	62570	62570	47		54606	2188	10820
凌海市	99719	80050	80050	13420		57740	2550	4090
北镇市	90544	67160	67160	10060		55860	650	4986
鲅鱼圈区	3627	2761				2405	127	34

花生（公顷）	蔬菜播种面积（公顷）	粮食总产量（吨）	其中：稻谷（吨）	小麦（吨）	玉米（吨）	大豆（吨）	油料产量（吨）	花生（吨）	糖料产量（吨）
274	5785	220000	85561		132793	1211	708	708	
697	961	130000	5328		122348	1175	1473	1473	
100	8385	203500	97740		105121	606	390	390	
	3123	168958	64247	177	103175	298			
2962	13420	625000	335184	2335	281001	4188	7195	7195	
25849	4401	517411	18965	727	461596	8716	74594	74594	
7719	10766	659000	40000	1100	593830	6100	26228	25966	
3975	30604	1001500	280921	725	679789	6480	12935	10002	
1	921	1252			1053	130	2	2	
9	1903	9000		677	7520	377	29	29	
491	4988	58594	1995		50308	2385	869	855	
1.3	70.4	3291		2	2861	30	3	3	
1249	9734	233000	6930		185906	10285	3291	3224	
3015	10480	243000	31934		197100	9783	4973	4935	
1167	7448	542500	133400		361400	22500	3580	3580	
106	1022	42372			42016	277	108	108	
3026	9887	440000	115488	450	321233	2079	8444	8444	
1905	8070	223000	10350		203701	4587	5619	5619	
406	11743	468000	134970		328555	2326	909	909	
76	805	35411	4599		29278	427	190	185	
272	1978	77000	14485		57750	290.5	652	652	
20	2062	176500	57361		112007	2505	44	44	
20	2625	171000	37750		128636	1050	130	98	
	266	4322	132		3997	51			
124.5	261.5	8025	412		7357	157	493.9	493.9	
	751	13173	1006		11309	373	42	42	
	555	11041			10637	304			
125	1275	88000	7349		71329	2177	245	245	
85	1238	115000	46162		63468	1207	223	204	
60	3224	35097	1825		30906	511	159	159	
321	2350	162615	3060	308	148221	4746	1715	583	
1588	9583	525000	328797		185307	1176	6777	6771	
900	4511	255000	21533		224461	4013	2774	2743	
70	3697	19834			19046	85	153	153	
14496	8935	865000	50480		791850	3780	35359	34412	
10820	7646	181000	355		166838	2624	12828	12828	
3816	9737	361500	96448		232343	4532	6766	6318	8706
4986	17529	452500	78393		371360	838	9408	9408	
34	636	17362			16421	351	105	105	

附录7 续表 5

县　　名	农作物播种面积(公顷)	粮食作物播种面积(公顷)	其中：良种播种面积(公顷)	其中：稻谷(公顷)	小麦(公顷)	玉米(公顷)	大豆(公顷)	油料播种面积(公顷)
老边区	6710.5	5809		3416		2367	26	
盖州市	38330	28907	28907	2699		23630	1069	127
大石桥市	55205	50431		32209		17420	530	49
海州区	1529.6	1342	1370	22		1286	12	
新邱区	2839.3	2394	2394	22		2229	39	236
太平区	942	843				820	11	
清河门区	4832	3168	3235			3000	59	134
细河区	2115	1202			7	1166	12	671
阜新蒙古族自治县	329732	222609		23	2	199770	7587	95306
彰武县	182198	120534	120534	4121	53	107793	3906	50360
文圣区	10038	8839		1423		7262	43	10
弓长岭区	3140	2599		125		2344	35	51
太子河区	17022	13737.3		5579		7714	85	294
辽阳县	67793	59040	59040	17740		39190	730	300
灯塔市	59285	51348		22624		27785	376	213
双台子区	4028	3767		3616			151	
兴隆台区	7538	7440		7407		18	15	
大洼县	67944	58570	50785	54753		643	3174	10
盘山县	64150	56890		40200		15110	1100	110
银州区	2254	1735		748		944	12	1
清河区	10135	9827		559		9061	172	6
铁岭县	87190	73450		19130		52070	1340	160
西丰县	55631	48870	47382	4730		41110	590	5
昌图县	313825	251031	251031	11300	150	225301	3742	39422
调兵山市	12124	10606	10606	700		9613	293	
开原市	95760	75490	80513	22530		49260	3500	660
双塔区	10342	7561	7561		99	6701	96.1	149
龙城区	21377	14040	14038			12884	25	103
朝阳县	84150	69300	69300		800	65940	70	1086
建平县	154586	140310	140310	30	30	91880	1640	1902
喀喇沁左翼蒙古族自治县	51194	40540	38645		300	34960	970	1575
北票市	103173	66765	65000		150	64090	350	941
凌源市	64079	35810	29648	10	100	32294	694	22
连山区	22701	19009	19009			17597	343	1736
龙港区	2496	2379				2374	5	9
南票区	27545	23129	23129	7	5	21943	254	894
绥中县	83753	61010	58958	6120		44020	3690	5722
建昌县	48333	44747	44747		9	38117	1727	57
兴城市	63440	43280	43280	480		39190	1180	16754

花生 (公顷)	蔬菜播 种面积 (公顷)	粮　食 总产量 (吨)	其中：稻谷 (吨)	小麦 (吨)	玉米 (吨)	大豆 (吨)	油料产量 (吨)	花生 (吨)	糖料产量 (吨)
	891	39066	26122		12863	81			
127	6558	133386	22360		101160	2774	206	206	
49	4356	456000	347820		102582	1026	76	76	
	187	6162	32		6049	15			
236	209.3	9935	165		9496	52	354	354	
	99	5329			5284	20			
134	958	12960			12420	82	100	100	
671	242	7125		50	6973	28.08	478	478	
94907	11155	1070000	138	11	1026929	8321	128144	127822	
50244	6743	750500	38709	155	679818	9291	116995	115028	
10	681	41293	11819		28667	138	26	26	
18	358	19989	1044		18185	100	129	79	
294	2527	114051	53985		59220	232	821	821	
298	7585	336000	133050		191788	1474	1274	1273	
213	7035	395000	174800		215145	1149	311	311	
	261	31715	31237			478			
	98	63197	62997		130	70			
	9364	520000	504559		4017	11424	15		
107	6117	510000	373860		131457	3858	236	231	2768
1	502	15374	6892		8356	72	18	18	
6	162	80062	4561		74794	463	22	22	
120	12947	510000	132829		361548	9304	447	339	
5	3351	230500	21285		201580	2655	13	13	
39422	20506	2006000	101700	112	1737115	16839	120719	120719	
	1253	90602	6825		82898	879			
660	11630	513500	174044		325731	11428	2418	2418	
15	2450	19871		515	16484	245	1300	267	
36	6528	56196			52951	38	365	35	
227	12717	309500		7200	286363	84	3166	586	720
2	4568	755000	234	121	600772	666	2373	3	89193
375	8790	140000		1575	126657	1527	3072	1282	
425	30056	402500		866	395448	749	2147	1336	
	27825	84572	24	574	78232	344	35		
1736	1716	28256			26270	34	195	195	
9	108	4944			4942	2	1	1	
868	3068	34294	84	30	27777	110	515	455	
5669	16349	211200	26199		149954	5438	5076	4956	
44	3396	86000		51	321730	3497	113	77	
16631	2980	81800	3600		62562	266	7734	7552	

附录7 续表 6

县　　名	园林水果产量(吨)	肉　类总产量(吨)	猪肉产量(吨)	禽蛋产量(吨)	奶类产量(吨)	蔬菜产量(吨)	水产品产　量(吨)	规模以上工业总产值(万元)
苏家屯区	70030	148209.23	34835	80079	29347	327025	12800	9358976
东陵区	20007	12947	8692	12782	16553	84559	1520	10102016
沈北新区	13652	95803	27128	127225	138698	556634	6880	18308428
于洪区	5711	15057.1	11604.5	7924	3781	268816	5300	13322179.21
辽中县	70074	234334.4	94551	110277	29903	1243987	88680	10994143
康平县	46688	127164	65506	28426	3422	304743	4114	6497389
法库县	27443	180445	87613	77546	188932	381023	2060	12440182
新民市	37473	181098	116505	318487	104593	2069320	58800	12398997
甘井子区	24926	7606	6592	68	792	50305	79229	3911061
旅顺口区	31949	15135	6377	16935	9039	94865	258008	2197218
金州区	64602	33501	14563	30305	22181	398406	368453	28889775
长海县	368.5	915.3	823.2	128.36		3699	719976.7	68786
瓦房店市	698722	242144	72451	55395	6211	587252	161443	25465502
普兰店市	302484	208665	72800	92186	16247	667841	219064	12894561
庄河市	286086	205308	64000	64078	2056	441356	605050	14269400
千山区	109295	14558	3640	35941	1526	55684	2062	1126461
台安县	101172	431931	94087	104187	4600	701875	27323	4722252
岫岩满族自治县	43322	102345	36624	26102	740	605205	14266	4427124
海城市	149528	132743	55773	231503	4695	983760	21500	14413384
顺城区	15058	29166	18057	11142	7763	39133	951	1328691.7
抚顺县	57448	28542	11860	16701	38952	77953	2540	3099780
新宾满族自治县	5750	45937	14722	16766	2259	86383	4235	2706004
清原满族自治县	11108	40812	9637	32476	165	52984	4590	3989755
平山区	780	1420	1093	33181		11061	120	1117532
溪湖区	9509	8012	4195	7840	1534	13536.5	130	4158352
明山区	1586	6494	4824	6386	311	12475	441	1743052
南芬区	2101	20300	9390	5966	252	31080	551	1675284
本溪满族自治县	11884	35925	15210	15960	450	66323	7541	3298111
桓仁满族自治县	30370	28473	9694	10362		51376	8307	1435206
振安区	9268	26095	8465	6739	7776	188165	2480	960577.4
宽甸满族自治县	44369	62092	23815	24895	3890	120311	74600	1981705
东港市	137526	99659	37518	94650	8370	560885	435851	5406264.3
凤城市	12038	151479	33511	22825	4555	175010	23200	2588940
太和区	6176	8866	4756	17844	11163	483727	345	3899984
黑山县	95564	280140	187159	367067	38870	851683	11430	4188923
义县	44445	116874	69413	23717	200507	396016	1765	3543270
凌海市	98523	121095	92920	48008	11810	818839	179203	7667104
北镇市	386951	149002	88650	145560	2875	824544	11450	3130499
鲅鱼圈区	105676	7295	3433	5833	782	33486	121500	6356462

规模以上工业企业从业人员年平均人数(人)	规模以上工业企业主营业务收入(万元)	公路里程(公里)	民用汽车拥有量(辆)	固定电话用户(户)	移动电话用户(户)	互联网宽带接入用户(户)	全社会用电量(万千瓦时)	社会消费品零售总额(万元)	出口总额(万美元)
41108	7421588	921.7	16339	135966	308543	36875	171436	1386353	19420
66405	9844363	955.42	19853	130416	113563	13029	83349	1914019	136561
91576	18015708	858.4	8990	91990	588122	52171	146209	900939	61076
113857	12557576	1088.9	26094	110451	131257	69477	149376	921495	48446
48977	10992407	1534.59	65000	104025	311300	66824	97015	959512	6465
80399	6372721	1741	18800	66600	236000	38800	13385.88	469383	4179
89888	12479034	1816.69	47124	57693	315895	32737	119271	595813	1452
88642	12254243	2637.7	21992	113716	527475	62382	97109	1214704	13335
51129	3124146			150990	315214	98897	318727	4639753	449935
36012	1955697	287.6	39000	504138	109694	60445	110913	690132	120001
162516	25794651	813.5	242662	377468	1761127	195284	793289	3798479	1013034
793	54620.4	307.23	4906	22000	59700	12000	12689	135491	826
185391	20691389	2855	132995	460000	860000	175000	305597	1860463	64500
141865	11049752	3631.3	83757	185593	557547	73536	255195	1791352	150600
135457	13578435	3342.7	84827	200922	570352	57521	109928	1718112	74809
8892	1238590	337					1	69388	2586
33559	4555451	1518	28941	117179	315141	42534	149951	762598.6	5569
18908	4302927	2715	30744	255710	375000	273900	87480	1019574	4330
73301	13778132	2328	107191	211253	1052200	140537	703382	2589260	41690
12710	1251052.9	525	22874	151477	171186	32166	69941	1236174	15403
14348	2959014	1167	9492	41688	49438	26404	61886	85590	1239
17109	2561815	1963	22471	59133	177255	30844	36210	344824	2316
28813	3834882	2088.9	16490	67056	196112	36663	39021	360608	3630
9701	1142139.1	110	9325	92831	121901	15950	425642	1432610.3	1920
20050	3145120	318	7981	50155	100066	56602	94524	226296.3	11941
8865	1743052	175	27600	119278	191086	7900	211800	721514	3500
7331	16258473	350	400	21500	55000	11500	38500	44120	2600
17292	3276222	1386	7468	78211	56830	6600	97327	490993	
11207	1351169	1701	7982	57707	220500	43896	40825	422731	3713
10070	897631	739	2850	53210	60980	9870	29903	180389.3	17093
15657	1998885.6	3164	20185	136101	82211	22121	54807	652046	4700
63322	5195452.3	1852	46122	176587	247246	51068	107268	1178539.7	69761
25117	2588940	2346	26400	151200	396500	64850	203879	815255	12491
19444	3851749	273	16098	33073	89200	37435	83947	207439	4333
41060	3827820	429	36600	114069	396186	56154	59892	648150	2060
25134	3414903	1634.5	24180	77359	235667	42360	50259	269469.4	5257
29113	7664696	1878.97	27000	80300	402000	43000	10.05	648150	4714
13430	3097345	1614	31778	109875	356228	45526	64396	576528	400
38325	6498197	255	17000	96690	96100	9410	596000	1081000	186570

附录7　续表 7

县　名	园林水果产量(吨)	肉类总产量(吨)	猪肉产量(吨)	禽蛋产量(吨)	奶类产量(吨)	蔬菜产量(吨)	水产品产量(吨)	规模以上工业总产值(万元)
老边区	631	24927.4	8889	8998	2104	80294	88500	3834610
盖州市	514359	86217	24479	52092	2171	305918	196000	3243452
大石桥市	44067	102860	34931	101623	4705	444243	93500	7087985
海州区	992	4321	3108	8708	6320	11719		529246
新邱区	2056	4777.4	3191	4684.4	1480	11623		623075
太平区	855	3916	3288	2782	870	7750		914687.3
清河门区	5550	9237	2730	450	630	35670		760000
细河区	10	2679	2042	2674	3204	10286		484340.2
阜新蒙古族自治县	115666	322730	163909	98189	171968	638750	2280	1443491
彰武县	239928	194917	115606	75369	94354	527345	5000	1183435
文圣区	7120	6030	3402	10386	1130	33902	1150	670811
弓长岭区	3485	2661	1111	1962	76	20942	500	469649
太子河区	6734	11948	8110	4321	4091	77003	450	837600
辽阳县	65493	46142	22682	16822	520	358172	33896	5061477
灯塔市	17268	48527	29888	26429	795	338761	51210	6301430
双台子区		2469	2054	2433		11105	3300	1102026
兴隆台区	18	3253	2285	3100	6	8400	1225	6032110
大洼县	9840	147310	54950	37529	7936	712298	275365	8329508.5
盘山县	2211	69631	30077	59285	7315	468775	127030	4326065
银州区	1325	1923	613	705	498	27640	218	426333
清河区	21851	22316	11894	4044	31948	9736	570	698508
铁岭县	37465	170806	87865	20512	34867	729866	5397	1923833
西丰县	42092	113426	44121	16732	1158	210001	1684	450917
昌图县	100006	595742	441650	127725	33836	1262352	5210	2243806
调兵山市	5215	17684	10800	1415	8624	95938	478	1159222
开原市	108618	294153	96807	37843	16009	745864	6909	1783915
双塔区	13363	13079	5237	35298	5100	118167		1048350
龙城区	23169	34096	9290	145899	55000	148992	70	1774484
朝阳县	311028	164304	97801	124308	26928	1167140	776	1877920
建平县	25406	99245	46943	96859	85374	236072	300	1418801
喀喇沁左翼蒙古族自治县	32974	88287	32200	79944	584	877305	900	1734334
北票市	54983	189584	68012	94861	8621	1128573	680	2417244
凌源市	51106	131039	39013	50794	6525	1700831	1300	1163603
连山区	45695	34025	19446	34335	11337	73485	3000	3626001
龙港区	1215	1299	1081	1455	1024	8759	40029	715000
南票区	36066	35515	17836	63970	19218	215897		236557.5
绥中县	652532	285997	180340	62161	3139	1892544	228000	1956022
建昌县	162880	75073	53524	34486	682	185487	1200	235163
兴城市	49745	62122	46720	12465	9056	189939	164520	2110500

规模以上工业企业从业人员年平均人数(人)	规模以上工业企业主营业务收入(万元)	公路里程(公里)	民用汽车拥有量(辆)	固定电话用户(户)	移动电话用户(户)	互联网宽带接入用户(户)	全社会用电量(万千瓦时)	社会消费品零售总额(万元)	出口总额(万美元)
24409	3698442	387.2	2100	27200	181200	20800	62200	191859	119000
20494	3290654	2052	50000	151000	450000	46500	156098	678494	20346
47795	7008847	1684	96604	134810	576666	86820	550822	1172272	78611
10348	507284	520	8106	46087	421355	23527	12378	1349183.7	1900
4378	601217.5	77.3					16992	64969.6	610
11835	917507.3	60					12354	107918	5266
2967	730000	62	4080	11430	54100	8879	21253	40500	
8023	463036.3	163.9	2528	32414	124230	37816	26977	201020.7	3770.1
11862	1346226	3432.27	12814				95780	438606.8	2800
9446	1158607	2684	38949	115870	124568	25012	38413	169995.1	3100
12045	677882	158					103897	19877	3379
4065	466253	294	8955	17052	65200	5200	23652	234716	768
13079	806500	284.7	7457	40552	89952	41079	95800	212428	9576
21706	5073243	1394	3831	151892	122093	22853	378054	499192	9499
22795	6257198	922.71	39276	98900	365000	84500	249244	2416292	1150
3804	920066	755	36251	49660	56620	48637	32141	872267	7900
26606	5077300	1009	102351	275478	270014	384572	58954	1560000	15541
30037	7813419.2	1331	39258	100192	390000	60000	80699	526825	14228.6
15283	4228046	1651.55	29137	346000	72000	43000	87513	250063	10089
5565	425493	46		109548	883752	142371	132682	529039	4979
5654	714459	379	11000	15570	93000	12100	26263	170946	3401
12519	1906779	2331	17412	35239	237992	21326	66471	350288	7874
2774	442922	1412	9024	190000	49737	24313	25800	328792	2119
18168	2184631	4244	17580	189520	215654	16890	61631	786556	6554
59628	1256738	363	20137	16878	206700	43752	20863	448685	6175
21152	1778501	2502	35876	121504	511191	95009	68473	784985	7926
10220	945389	305	7986	30432	179350	22510	73128	774578	3090
12229	1718055	414	1510	31650	23300	3650	189214	263137.8	
10753	1847920	2572	5226	82000	305555	28900	74308	498595	8918.7
12193	1356721	3455	35839	140980	410000	55000	123573	541057	5186
12832	1715610	779	20606	77460	310000	28850	145205	377645.1	8887
26606	2260405	3382	60384	111900	299352	54000	159780	618549	3810
45871	1115172	2129	61858	297000	371000	125000	267946	686990.4	5139
32169	3722503	991	5927	35301	117527	15405	242560	1314435	4860
17147	683135	210	6509	43060	85121	6190	51303	725080.5	30902
7372	200098.8	838	495	64447	69101	10028	89267	254795.6	2100
10231	1819698	2217.7	41011	63302	415100	71871	68882	704733.7	6632
6389	232163	1926	19752	98400	348700	40076	47730	251886	450
19110	1981100	480	32521	120855	360050	18550	79226	716701.6	12000

附录7 续表 8

县　名	当年实际使用外资金额(万美元)	固定资产投资(万元)	新增固定资产(万元)	房地产开发投资(万元)	住宅(万元)	普通中学(所)	小学数(所)	普通中学专任教师数(人)
苏家屯区	3437	4369542	4466801	486229	446101	26	15	1423
东陵区	17227	4910533	2574330	2766777	2307619	6	16	917
沈北新区	64836	4913922	946130	3214855	2663120	19	13	1489
于洪区	19577	4335781	1686971	2944152	2341910	17	35	887
辽中县	6896	3912564	3427568	446223	437468	24	24	1162
康平县	6896	2337678	2596139	42320	38830	18	9	2150
法库县	1424	3707096	2803399	118129	99864	3	22	1064
新民市	8525	4597556	3411832	332649	276067	31	8	1417
甘井子区	102600	7895253	4414283	3544281	2766215	22	69	2040
旅顺口区	38550	4226611	2265691	1091435	958505	14	28	970
金州区	429000	15435839	10617233	2727415	1982828	39	55	2768
长海县	11000	502047	481305	23750	16973	7	8	284
瓦房店市	202421	10849284	4478639	418639	362929	36	76	2182
普兰店市	60535	7268017	5885405	412182	323532	36	89	2172
庄河市	67242	5466208	4058286	340396	284477	34	140	2740
千山区	16696	624882	283704	64924	53461	9	19	762
台安县	6800	1836761	867631	91359	61275	18	101	892
岫岩满族自治县	3945	1507312	772135	38186	26246	26	130	1542
海城市	28440	7903073	4080825	523091	433452	38	262	2827
顺城区	6170	624267	326731	485202	375810	9	15	662
抚顺县	61	514045	644067	4859	320	10	8	284
新宾满族自治县	3342	1203293	1110902	88900	73316	18	32	1526
清原满族自治县	5062	1282557	822232	94293	71697	15	41	986
平山区	7017	1211000	670459	102150	80061	11	20	970
溪湖区	9683	2950000	1384871	274551		3	13	53
明山区	7201	1273000	1009750	338796		2	9	76
南芬区	7010	697000	82800	17700	17700	1	4	145
本溪满族自治县		1481000	907561	166624	125930	10	14	1147
桓仁满族自治县	9002	1240030	438830	226181	167290	8	20	477
振安区	3800	861340	530514	162110	159753	8	37	425
宽甸满族自治县		1526233	1358219	91945	80599	22	142	1175
东港市	11742	2124950	1501768	255833	158655	30	122	1850
凤城市	5000	1572348	716228	149406	120661	28	137	1392
太和区	12013	645354	74751	292572	231771	7	26	268
黑山县	9000	1260327	1052288	133029	123887	9	89	2175
义县	9300	1342958	910825	87756	72927	21	111	1206
凌海市	12290	1900069	1531981	175083	112169	30	42	1528
北镇市	9154	1268271	843817	163471	107217	21	89	1687
鲅鱼圈区	35085	2033134	1719129	438370	306398	15	31	1621

小学专任教师数(人)	普通中学在校学生数(人)	小学在校学生数(人)	专业技术人员(人)	农业技术人员(人)	全年专利授权数(件)	公共图书馆图书总藏量(千册)	医疗卫生机构床位数(床)	医疗卫生机构技术人员(人)	执业(助理)医师(人)
1315	15795	21284	4974	369		130	3263	4252	3540
1247	9173	20734	9312	4210		165	1920	879	554
1321	20221	19006	10667	212	138	245	1605	1464	644
1294	9126	24532	423	310	470	260	1573	488	191
2193	20398	25059	6092	200	33	143	1113	2358	822
425	13890	16300	10473	1234	9	120	1295	1350	234
1717	13727	18823	8541	1176	51	88.58	896	1410	765
2231	16001	33452	9015	485	92	142	2191	1892	782
2833	28846	58206	7100	289	850	592	5266	6219	2433
751	10596	13187	10051	140	61	242	2010	1659	532
2785	32582	52123	9187	71	940	1419.78	3280	3997	1157
286	3129	3382	1538	119	10	152.77	295	291	131
2898	25635	40658	32724	1245	172	1640	7709	4645	2602
2541	19551	33236	36298	7532	19	1630	3560	2972	1142
2406	30248	30675	17308	1151	89	1200	2976	3871	1631
669	5862	5671	3615	299		49	245	168	77
1444	10477	18075	6004	350	35	49.1	1537	1827	834
2476	13866	28259	7250	500	15	85	1708	2086	1053
5011	33928	67160	13326	652	176	180	3729	3544	3167
944	5438	11467	4850	51		10	362	402	178
480	2428	4474	1469	192	6	36	449	302	140
1239	8914	13115	6637	496		65.1	1064	958	353
1331	6692	13172	5485	141	13	64	1276	998	582
1145	7542	8601	3451	24	41	677	2670	147	53
443	1604	4815	1512	80		40	225	206	32
973	237	4950	1340	77	71	120	281	217	65
430	1200	2170	686	17	2	8	75	67	25
1069	10740	15683	5266	479	13	18	1366	1140	330
1090	5374	13131	4781	109	11	50	1160	816	399
707	2480	6295	1674	85	37	63	641	346	241
2253	10338	21390	8200	550	7	97	2418	1462	622
1909	18969	28139	11206	468	51	170	2887	2169	917
2596	17586	30052	8703	471	32	100	3049	1661	1158
614	1920	5809	4454	384	13	110	777	343	119
2269	18778	24608	8983	697	15	86	1973	1367	761
1836	14417	18810	5809	430	29	105	1050	1038	358
1564	20598	20879	7650	627	14	107	1839	981	748
2124	20353	27156	7151	604	10	115	1440	1065	1018
1299	16819	27346	4741	62	45	230	2886	4100	1660

附录7 续表 9

县　　名	当年实际使用外资金额（万美元）	固定资产投资（万元）	新增固定资产（万元）	房地产开发投资（万元）	住宅（万元）	普通中学（所）	小学数（所）	普通中学专任教师数（人）
老边区	21301.6	1765505	1917922	170239	113792	4	3	366
盖州市	10637	1665082	1662137	60149	48595	33	83	2278
大石桥市	28573.9	1700095	1762996	212234	161796	27	62	2436
海州区	2300	406660	377216	240586	158996	8	10	866
新邱区	2000	241609	92030	16763	13468	4	12	198
太平区	2210	377543	302111	67855	63331	7	11	327
清河门区		184000	153000	30600	25600	2	8	179
细河区	2200	573912	172474	401438	265765	4	9	371
阜新蒙古族自治县	3600	1036739	836351	104766	59393	25	30	3537
彰武县	4600	1005830	792008	260199	79223	29	26	1568
文圣区	1135	991913	908522	352964	217348	6	10	448
弓长岭区	3056	510059	343909	14800	12250	2	3	207
太子河区	1285	568252	246990	121008	99572	1	7	30
辽阳县	1370	1673759		151700	113297	20	93	1046
灯塔市	230	1619509	1107996	130199	88819	16	67	1123
双台子区	8066	91.1	13.7	41	33	7	13	729
兴隆台区	29384	3279958	2304481	1240601	788401	21	32	1587
大洼县	22976	5118595	5118595	1091093	735686	18	21	1904
盘山县	5098	2264022		90564	54057	18	16	1796
银州区	4322	396631	435433	183122	177703		20	
清河区	4351	486391	25500	36171	31650	4	5	290
铁岭县	10548	1742193	927052	222238	164815	7	48	898
西丰县	2225	293418	136268	47150	30018	14	42	729
昌图县	5100	1537557	1510694	200544	127848	41	123	2710
调兵山市	4805	436769	538917	125050	103277	9	14	602
开原市	6810	1269745	1579340	322067	229337	26	60	2120
双塔区	2190	721840	544490	166158	128399	4	36	147
龙城区		967608	463660	266998	191025	9	55	425
朝阳县	4478	1125843	182808	176126	158886	35	197	2063
建平县	4490	1334610	1389895	233108	126238	35	102	2245
喀喇沁左翼蒙古族自治县	3405	1208684	524947	137990	103154	12	45	1891
北票市	2128	1803204	1196658	159713	130000	27	99	2352
凌源市	4453	1115064	867200	185897	118100	26	129	1918
连山区	11000	971343	857750	565146	286790	16	47	1460
龙港区	5612	480586	172234	168068	137107	6	10	658
南票区		135815	114670	121	56	12	13	788
绥中县	11259	1455572	1319393	276727	25845	30	128	2556
建昌县	760	363542	484541	67953	54464	24	180	2225
兴城市	11014	1506825	1016606	223916	16	30	113	1960

小学专任教师数(人)	普通中学在校学生数(人)	小学在校学生数(人)	专业技术人员(人)	农业技术人员(人)	全年专利授权数(件)	公共图书馆图书总藏量(千册)	医疗卫生机构床位数(床)	医疗卫生机构技术人员(人)	执业(助理)医师(人)
503	2871	5142	2871	132	35	56	300	692	326
3126	16420	37107	8445	480	47	114	2043	1347	877
2323	27396	33705	8252	173	179	1572	3029	4392	1842
842	4526	9648	1879	15	14	10461	4330	4198	1279
308	1134	2276	766	10	9	10	240	177	13
458	2335	4689	1380	46			550	520	160
310	1312	3074	365	31		10	116	227	128
485	4427	7129	1307	51	18	32	230	700	245
2288	31688	32934	10448	2000	12	63	1842	1430	640
2783	14397	29014	7602	410	10	45	1455	1270	537
423	2650	4070	1100	15		20	530	452	120
353	1818	3694	1200	20	5	34	1228	511	189
414	198	3619	8051	1655	10	10	269	157	44
1415	11814	19894	5701	79			1977	454	
1820	11801	22822	5731	164	11		1670	959	954
585	6610	8879	3320	39		15	1260	1069	500
1229	20470	18778	1094	42		57	2741	2485	906
2066	17582	21239	10708	1041	18	241	1410	1096	749
1544	17904	12340	5373	268	29	87	618	554	285
841		17017	22	10	120	9	350	1698	315
385	1978	3805	1357	10	67	10.3	216	212	93
1374	9683	12571	4776	366	123	41	1176	807	632
1162	7089	13346	4924	820	20	46.17	1291	958	492
4553	24608	44403	23521	11202	36	58	2043	1933	1461
779	5353	9423	8500	102	56	47	1033	1819	788
2230	12990	25505	13365	1561	18	116	1992	1893	847
1805	1351	29516	2500	65		60	208	150	140
920	3426	8140	1960	25	29	10	480	512	350
2262	22716	35472	8700	310	8	96	1100	1529	740
2281	26422	30393	8919	890	25	470	1887	2292	1095
2030	23544	21384	8387	705	28	60	1377	2211	757
2378	25549	25557	12410	510	10	105	2871	2424	1022
2892	30892	40840	9766	769	9	95	3332	1261	1114
1327	14608	25490	4471	160	30	31	1155	4560	2084
763	7602	12969	1784	12	61	26	3128	530	500
1230	5690	10410	2354	67		15	927	441	200
1515	29770	35579	6070	503	93	73	1145	980	186
2579	28453	37330	9757	198	8	50	2401	1232	1042
2015	15774	29234	7580	465	8	75	1668	1385	289

附录7 续表 10

县　　名	城镇居民人均可支配收入（元）	农村居民人均纯收入（元）	各种社会福利收养性单位数（个）	各种社会福利收养性单位床位数（床）	城镇基本养老保险参保人数（人）	城镇基本医疗保险参保人数（人）	失业保险参保人数（人）	新型农村合作医疗参保人数（人）
苏家屯区	26939	14644	6	925	113750	192925	62000	171430
东陵区	32100	16920	11	1019	52400	87124	82613	170416
沈北新区	28200	17675	10	1205	96504	203152	77659	158959
于洪区	32330	19786	9	1530	117460	96766	65740	127704
辽中县	27650	12869	10	768	24187	64598	21614	359960
康平县		11462	8	200	39000	43410	14880	245386
法库县	21352	13357	8	1310	25320	16267	16995	345409
新民市		12485	10	2000	32477	89428	32983	505654
甘井子区	34046		65	8000				
旅顺口区	32978	25270	18	2187	130677	174527	47728	55107
金州区	35196		18	2221	305130	800000	229400	163451
长海县	29700	30400	4	432	14539	49813	8632	1384
瓦房店市		13063	39	5962	87000	280000	61000	565587
普兰店市			32	4436	93000	257000	59000	594391
庄河市	24428	12951	30	5737	93048	221285	38095	620366
千山区		22451	25	2112	58652	33471	25784	93063
台安县		12027	21	2401	60547	46748	5104	302452
岫岩满族自治县		11449	28	2527	106008	81223	8740	398532
海城市		13195	44	3740	214328	115090	40000	759686
顺城区	27925		27	1840	160437	103382	53672	50097
抚顺县		11542	9	686	17685	17045	9740	99239
新宾满族自治县		10255	15	1044	30404	25027	15427	210358
清原满族自治县		10480	23	1650	51003	41969	22138	220524
平山区	28759		4	165	139580	80351	129821	17042
溪湖区	24943		3	490	5478	23242	123	35827
明山区	28849	16390	29	2378	5935	14510		31976
南芬区	24046	14925	2	330	38200	37900	1800	28190
本溪满族自治县		11732	6	550	66236	73118	22093	159759
桓仁满族自治县	12821	11698	11	1130	63042	48778	18700	193358
振安区	23305	11528	22	1460				96234
宽甸满族自治县		11219	12	1059	86880	81418	13819	302560
东港市		12449	24	1817	174528	123666	23031	441529
凤城市		13605	24	1473	135200	45706	30358	390059
太和区			4	320	14278	20291	5922	71526
黑山县		11858	27	1843	45585	165495	18500	459643
义县		9659	18	1904	37682	48015	12005	312464
凌海市		12226	26	1820	64635	119560	25457	374431
北镇市		11832	19	1510	9729	94401	12040	383768
鲅鱼圈区	31651		5	1200	115825	246508	46000	186859

新型农村社会养老保险参保人数(人)	城镇居民最低生活保障人数(人)	农村居民最低生活保障人数(人)	森林面积(公顷)	自然保护区面积(公顷)	工业二氧化硫排放量(吨)	氮氧化物排放量(吨)	烟(粉)尘排放量(吨)	污水处理厂数(座)	污水处理厂集中处理率(%)
84077	2477	4379	10944	4267	6377	4458	3364	2	70
41595	5315	3607	17000		4348.48	1556.66	69.54	4	100
73763	1380	1656	13979.7		8782.75	4488.48	6888.66	8	96
64650	5529		8412		7002.33	3113.72	5101.95	11	82
199678	5663	20597	18985.4		2167.45	516.57	2133.4	1	100
128915	3457	11055	90667	12750	11139.62	12284.87	2467.28	2	90
117962	3937	9399	66667	30000	7875	7763	5317	2	90
258710	6262	12505	64045	467	3915.4	1086.3	3101.1	3	100
	7923		23285		20298	25183	15179		
9674	3918		14387	9072				3	91
32336	3701	3281	22599.6		7248.62	9253.39	4150.47	5	77
533	1571		6733	1720	299	59		26	65
410000	102563	176345	135441		5921	4900	3879	4	90
390000	5622	20157	123700		5405.79	11771.11	6193.61	3	94
373485	4297	21746	161727	3775	8464.5	4071.1	3493	3	75
10226	1052	2441	9932						
191098	1400	9356	37682	11620	1797.99	878.95	2909.87	5	95
146805	4409	20095	330524.8	10568	9020	4195.44	5022.66	1	90
426544	4195	12675	94359	35268	30857	6497	11600	4	95
29759	16010	2750	16375		256	174	1070	1	92
61183	579	4539	114362	10434	85.76	20.72	63.67	19	82
125183	6049	14307	338956	10460	941	418	2754	6	95
143189	8199	24037	278904	18931	3283	665	6779	2	80
	10060	746	10305		1223.49	257.13	101	1	90
12651	20446	4275	19847	1547	658	258	142	3	95
16340	8244	1804	29601		1541	516	2597	1	90
13367	1739	1165	50333		1796	390	1643	1	85
96522	5409	6103	275322	2524	5522	5575	9362	1	99
141704	6578	6744	278000	15200	3860	683	7826	1	83
18864	2886	2355	40667	2261	2494.7	911.2	2195.6		
74786	6864	13059	478467	43717	4307.6	714.7	4437	1	85.7
149799	2540	13674	50507	81430	1940	297	1918	2	81.1
96539	11090	12739	296269	66796	6733.04	2936.22	12045.99	1	90
42165	954	932	2008.2		6857.26	7585.24	4554.21		
169917	4540	15086	24000	8350	5466	815	3298	1	97
176640	4271	20962	87359	5921	374.77	349.75	452.08	1	99
337723	3316	18902	41029		5043.75	2984.53	2386.63	1	80
264130	1427	11361	39791.7	14000	2107	580	882	2	99.99
24688	5849	6093	2800		2607	630	2071	2	80

附录7 续表 11

县 名	城镇居民人均可支配收入(元)	农村居民人均纯收入(元)	各种社会福利收养性单位数(个)	各种社会福利收养性单位床位数(床)	城镇基本养老保险参保人数(人)	城镇基本医疗保险参保人数(人)	失业保险参保人数(人)	新型农村合作医疗参保人数(人)
老边区	29784		8	1880	40677	42958	24985	60892
盖州市			30	3145	74120	186000	15040	506628
大石桥市	28872	17492	9	1314	106500	227186	46847	414885
海州区	22442	13200	15	651	40102	46394	12853	13392
新邱区	19325	12560	5	200	21328	17656	8730	16497
太平区	20443	9030	8	1293	22104	33320	9918	11500
清河门区	20332	13574	1	52	3560	2610	1378	17384
细河区	24934	22858	7	900	24900	38063	11138	17255
阜新蒙古族自治县	22200	11689	30	1580	74752	93912	26217	567537
彰武县	19466	9800	12	1079	45230	38710	19303	318382
文圣区	20000	13000	7	709	23953	94209	4800	70027
弓长岭区	24067		9	730	22902	30814	7974	29262
太子河区	19500		5	320	33065	82782	10436	98203
辽阳县		11765	15	1449	91462	66254	23966	379620
灯塔市			14	999	82050	122100	17742	343031
双台子区			2	458	37564	110227	15242	34106
兴隆台区	38413		1	222	62858	200578	52462	32607
大洼县	29150	13042	14	719	90672	70710	35081	221657
盘山县		13045	11	1585	74879	140605	31787	233252
银州区	23354		9	1036	32038		6894	23270
清河区	21928		7	806	11918	20056	1502	50606
铁岭县		11715	6	830	44472	70316	15568	316756
西丰县		9593	8	550	36422	78540	3641	255359
昌图县		10764	18	1950	63348	197000	22529	823310
调兵山市		11935	3	410	51130	109612	65226	53464
开原市		12122	6	2700	77332	162450	32243	396289
双塔区	21885		4	875	21525	16189	10693	91730
龙城区	20206		11	785	17385	55469	11069	148385
朝阳县			29	2352	58741	46357	21234	489975
建平县		9756	17	1850	77175	136293	27526	447326
喀喇沁左翼蒙古族自治县	23986	9655	6	940	32012	78886	26021	294204
北票市	11356	10758	75	1344	96092	145040	38015	346602
凌源市		9769	22	1300	64912	140000	27500	461920
连山区	19449	10300	14	1249	51450	117604	847	160645
龙港区	29850				51456	95103	20102	33249
南票区	16160		8	662	14301	48115	4300	170310
绥中县			20	1785	66333	129069	16000	446175
建昌县		9424	18	2097	39507	42776	12032	504322
兴城市		9774	10	1616	66800	116500	17100	396240

新型农村社会养老保险参保人数(人)	城镇居民最低生活保障人数(人)	农村居民最低生活保障人数(人)	森林面积(公顷)	自然保护区面积(公顷)	工业二氧化硫排放量(吨)	氮氧化物排放量(吨)	烟(粉)尘排放量(吨)	污水处理厂数(座)	污水处理厂集中处理率(%)
8969	1572	2572	927		800.13	227.3	746.7	2	99
302639	13061	41583	163963	31947	1857.82	416.43	1548.29	3	69.7
223482	14200	19386	55568.7	11505	13986.34	3706	8309	1	
9192	26511	937	785		1937	1685	927		
896	9861	2140	3194.6		19988.7	1233.6	2324.9		
902	24941	693	2056.5		2500	95	100		93
6380	9510	1390	360		1510	105	2610	4	90
1585	13869	673	2466		2561.7	613.8	4019.9	2	
247391	4989	29437	150900	22243	30735.88	5181.25	19048.32		
141639	2487	18617	4.2		6200	439	10289	1	99
16869	38830	3666	10577		1085.7	8960.84	1395.1	1	
11857	2002	1753	20039.4		1380	779	1072	1	96
30187	33202	57657	1350		1500	1450	900	1	99
50816	6247	23603	127176.5	2177	4382.17	1543.92		2	90
129948	4233	21379	18754.8		13968.58	10304.88	10808.36	1	99
13028	6900		102.9		745.6	127.3	113.2	1	100
1853	2337		479		1330	271	668		100
118950	5899	9188	7470	17469	692.1	120.9	751.7	9	99
72649	10118	9454	10536	400	1392.97	170.14	815.45	10	78
3400	13106	894	598.7		2266	1608	3718	1	98
30797	2476	4291	26797.6		4707	17874.9	1330.74	1	84.92
176651	3608	15600	68466.6	32051	855.6	2479.86	451.19		
146301	9980	26567	159121	6667	480	279	657	2	95
186000	13569	39971	79333		1860		5640	1	90
20356	4313	2745	3232		8004	10456	5630	2	90
158271	9621	21465	125826	2536	1893	3095	3594	1	93
52837	16633	3759	13600		691.4	789	622	2	80
71525	6155	6503	28400	4857	1320	101		2	
292750	603	9590	76924	37645	1145.9	1438.6		1	
270945	3843	12354	226667	13134	5855	2590	5536	1	80
129952	4219	7795	94667	28795	3675	1751	4360	1	87
157635	26756	18884	36833	2200	2452	324	6000	3	90
281784	11604	15545	39579.5	57574		2150	4192.1	2	99
97837	4052	10996		10008	1840	129	139		
10720	1446	1002	3669.4		490	173	430	2	99
113108	9880	12661	25667		983.58	215.47	564	1	95
308000	5796	26421	149882.4	2502	7178	22337	7002	1	99
313711	8160	20072	113335	22349	2348	232	359	1	86
235400	8053	25277	54769.8	15680	1982	729	2987	1	90

附录8　2014年东北三省国民经济主要指标

指　　标	合　计	辽　宁	吉　林	黑龙江	辽宁相当于三省合计(%)
国民经济核算					
地区生产总值(亿元)	57469.1	28626.6	13803.1	15039.4	49.8
第一产业	6421.2	2285.8	1524.0	2611.4	35.6
第二产业	27215.6	14384.6	7286.6	5544.4	52.9
第三产业	23832.3	11956.2	4992.5	6883.6	50.2
人均地区生产总值(元)	154587.0	65201	50160	39226	42.2
地区生产总值指数(上年=100)		105.8	106.5	105.6	
第一产业		102.2	104.6	105.6	
第二产业		105.2	106.6	102.8	
第三产业		107.2	106.9	108.9	
人均地区生产总值		105.7	106.4	105.6	
人　口					
年底总人口(万人)	10829.6	4244.2	2752.4	3833.0	39.2
自然增长率（‰）		0.26	0.4	0.91	
就　业					
就业人员合计(万人)	4009.4	2562.2	1447.2		63.9
城镇就业人员	2029.4	1340.2	689.2		66.0
乡村就业人员	1980.0	1222.0	758.0		61.7
城镇登记失业人数(万人)	113.2	41.0	32.3	39.9	36.2
城镇登记失业率(%)		3.40	3.37	4.47	
固定资产投资					
全社会固定资产投资总额(亿元)	36070.4	24730.8	11339.6		68.6
#房地产开发	7655.5	5301.3	1030.1	1324.1	69.2
#国有经济	8885.2	4944.7	2616.4	2997.3	55.7
集体经济	3375.5	290.7	87.5	68.8	8.6
个体经济	11078.1	10607.7	401.6	372.1	95.8
财　政					
公共财政收入(亿元)	5697.5	3192.8	1203.4	1301.3	56.0
公共财政支出(亿元)	11428.0	5080.5	2913.3	3434.2	44.5
物价总指数(上年＝100)					
商品零售价格指数		101.0	101.2	100.8	
居民消费价格指数		101.7	102.0	101.5	
人民生活					
城镇居民人均可支配收入(元)		27855	23218	22609	
农村居民人均纯收入(元)		11585	10780	10453	
城市人均住宅建筑面积(平方米)		29.0	28.2		
农村人均住房面积(平方米)		32.0	26.2		
城市居民的恩格尔系数(%)		28.3	26.1	27.5	
农村居民的恩格尔系数(%)		28.3	29.6	28.2	
农　业					
农林牧渔业总产值(亿元)	12156.2	4498.4	2763.0	4894.8	37.0
播种面积(万公顷)	2455.4	416.4	561.5	1477.5	17.0
粮食产量(万吨)	11528.9	1753.9	3532.8	6242.2	15.2

附录8　续表

指　标	合　计	辽　宁	吉　林	黑龙江	辽宁相当于三省合计(%)
规模以上工业企业主要指标					
工业总产值(亿元)	87055.0	50090.6	23540.9	13423.5	57.5
#国有及国有控股	27361.1	12664.8	8370.7	6325.6	46.3
利润总额(亿元)	4560.6	2107.6	1445.9	1007.1	46.2
#国有及国有控股	1509.4	175.5	701.4	632.5	11.6
税金总额(亿元)	3280.9	2114.4		1166.5	64.4
#国有及国有控股	1948.0	974.3		973.8	50.0
产品销售率(%)	292.7	97.4	97.5	97.9	33.3
#国有及国有控股	294.6	98.3	98.2	98.1	33.4
原油产量(万吨)	5685.8	1021.9	663.9	4000.0	18.0
天然气(亿立方米)	64.4	7.0	22.3	35.1	10.9
发电量(亿千瓦小时)	3235.0	1607.0	753.9	874.1	49.7
成品钢材(万吨)	8857.9	6962.2	1412.2	483.5	78.6
水泥产量(万吨)	14211.4	5875.6	4663.7	3672.1	41.3
汽车产量(万辆)	388.4	121.8	255.0	11.6	31.4
交通运输业					
货运量(万吨)	349961.0	231743.0	53023.0	65195.0	66.2
货物周转量(亿吨公里)	200487.0	12353.5	186154.0	1979.5	6.2
客运量(万人)	179086.0	95364.0	35464.0	48258.0	53.3
旅客周转量(亿人公里)	49181.0	1181.5	47263.0	736.5	2.4
邮电通信业					
邮电业务总量(亿元)	1395.1	649.6	328.2	417.3	46.6
本地固定电话用户数(万户)	2366.5	1151.2	574.8	640.5	48.6
移动电话用户数(万户)	10605.6	4535.5	2612.3	3457.8	42.8
互联网用户数(万户)	1671.6	772.1	414.9	484.6	46.2
国内商业					
社会消费品零售总额(亿元)	24889.3	11793.1	6080.9	7015.3	47.4
对外贸易					
进出口总额(亿美元)	3153.4	1139.6	1624.8	389.0	36.1
出口总额	1116.0	587.6	355.0	173.4	52.7
进口总额	894.6	552.0	127.0	215.6	61.7
利用外资					
实际利用外商直接投资(亿美元)	345.1	274.2	20.0	50.9	79.5
旅　游					
国际旅游人数(万人次)	540.1	260.7	137.7	141.7	48.3
#外国人	326.2	200.6	120.0	132.3	61.5
国际旅游收入(亿美元)	28.6	16.18	6.80	5.6	56.6
金　融					
金融机构人民币存款余额(亿元)	77708.0	42053.1	16400.1	19254.8	54.1
#储蓄存款余额	43345.2	21396.8	8556.7	10856.9	49.4
金融机构人民币贷款余额(亿元)	59002.5	33023.5	12587.3	13391.7	56.0